乐亭 2017 年鉴

LAOTING YEAR BOOK

乐亭县地方志（年鉴）编纂委员会　编

中国财富出版社

图书在版编目（CIP）数据

乐亭年鉴．2017／乐亭县地方志（年鉴）编纂委员会编．—北京：中国财富出版社，2018.4
ISBN 978-7-5047-6639-7

Ⅰ．①乐…　Ⅱ．①乐…　Ⅲ．①乐亭县—2017—年鉴　Ⅳ．①Z522.24

中国版本图书馆CIP数据核字（2018）第087774号

策划编辑　李彩琴　　**责任编辑**　戴海林　杨白雪
责任印制　尚立业　　**责任校对**　孙会香　张营营　　**责任发行**　王新业

出版发行　中国财富出版社
社　　址　北京市丰台区南四环西路188号5区20楼　　**邮政编码**　100070
电　　话　010-52227588转2048/2028（发行部）　　010-52227588转321（总编室）
010-68589540（读者服务部）　　010-52227588转305（质检部）
网　　址　http://www.cfpress.com.cn
经　　销　新华书店
印　　刷　乐亭县金正印刷包装制作有限公司
书　　号　ISBN 978-7-5047-6639-7/Z·0008
开　　本　889mm×1194mm　1/16　　**版　　次**　2018年7月第1版
印　　张　31　　**印　　次**　2018年7月第1次印刷
字　　数　960千字　　**定　　价**　268.00元

县城区一景（水韵名居）

海上日出

2016 年 3 月 8 日，市长丁绣峰到乐亭调研重点项目建设

2016 年 5 月 26 日，县委书记王东群就高考工作深入乐亭一中调研

2016 年 11 月 30 日，县委书记董立群参加唐山市 2016 年第四季度重点项目集中开工暨中拉产业园乐亭区域能源中心项目奠基仪式

2016 年 11 月 30 日，代县长张福林参加唐山市 2016 年第四季度重点项目集中开工暨中拉产业园乐亭区域能源中心项目奠基仪式

2016年11月，乐亭县对接北京在通州区举办招商协洽会

2016年2月，唐山境界实业有限公司高清洁燃料二期项目开工

2016年5月，北京燕化永乐（乐亭）生物科技有限公司28000吨/年新型环保型农药复配制剂项目开工

河北乐亭经济开发区内的境界实业有限公司厂区

河北乐亭经济开发区内的上海电器风电设备河北有限公司风机制造车间

华能集团乐亭风电基地一景

2016年，乐亭县城区工业聚集区内的新希望六和大型肉鸡加工生产线

2016年，乐亭县城区工业聚集区内唐山百德福生物科技有限公司生产车间

乐亭县城区工业聚集区远眺

境内的唐港高速公路

境内的唐港铁路

唐山港京唐港区一景

全国爱国主义教育基地——李大钊纪念馆（秋景）

生态环境优美的社区——水悦华庭小区

胡家坨镇西黄口村孝德园

古滦河生态公园一景

2016年4月1日，县委常委、常务副县长张福林等县领导与机关干部一起参加全民义务植树活动

滦河防护林带

古河乡稻区一景

设施白黄瓜

设施鲜桃

庞各庄乡设施蔬菜基地

优良种猪、奶牛规模养殖场

乐亭县中心渔港

斑节对虾

海蟹丰收

乐亭碧海浴场（星星湾浴场）

大东方购物广场（东城店）

夏日超市商品琳琅满目

乐亭县农村淘宝服务中心

县领导慰问驻地部队

乐亭县获“全国双拥模范县”五连冠

共产党员志愿服务活动

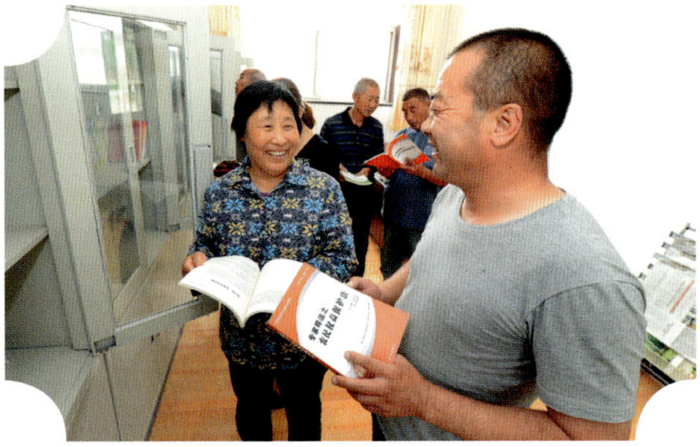

乐亭镇韩坨村农家书屋

法治宣传进校园

河北乐亭第一中学

乐亭县第一实验
小学区域教研

阎各庄中心幼儿园“童心向党　快乐成长”六一文艺汇演

乐亭县医院

社区义诊志愿服务

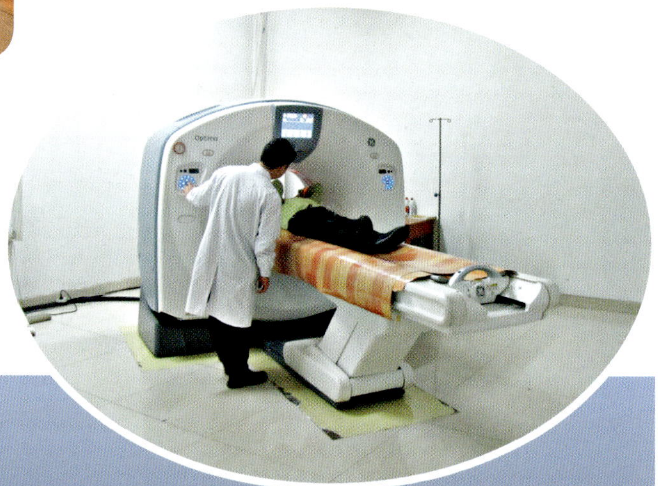

CT检查

乐亭县中医医院

2016年，唐山市乒乓球传统项目学校及训练网点乒乓球比赛

2016年，乐亭县“新郎酒杯”羽毛球比赛

“盛世鼓舞”乐亭县第三届擂鼓大赛

乐亭县广场舞交流展演

文艺大篷车下乡演出

2016年11月，乐亭皮影赴西非贝宁开展文化交流活动

2016年10月，庆祝中华人民共和国成立67周年乐亭秧歌展演

《乐亭年鉴（2017）》编辑部

主　　编　史洪峰

执行主编　赵　延

编　　辑　张自勇　赵　延　陈光生

摄　　影　刘江涛　刁洪业　张金武　薛晓明　李　岩　于　洋　常永辉

《乐亭年鉴（2017）》承编单位提供资料人员

（排名不分先后）

王会丰　楚　甜　张建新　孟向松　刘海滨　赵丽瑾　刘　萌　郝　鑫　马　静　吕更新
任　杰　裴建伟　冯婷婷　刘　涛　李秋菊　陈　庆　赵志杰　马长礼　徐梦梅　张伟伟
曹玉平　梁艳芳　魏丽岩　张永丰　姚　娜　田　力　钟　晨　陶　丽　薛晓明　陈慧颖
韩　锋　郝志超　王政清　田文涛　张　烨　李晓松　张　乐　崔延军　王国良　杨瑞娟
周博雯　宋小宁　王　倩　安向敏　张双姐　张耀强　高　光　孟庆忠　孟庆军　贾志辉
潘　刚　刘亚鹏　李　琦　王　菲　吴　琼　项　炜　刘尚坤　薛志信　倪建清　翟彦鹏
阴鹏鹤　袁　媛　王东平　王　兵　张志茹　李希文　高银花　王晓梅　徐　晖　李亚君
周晓红　赵大庆　孙旭彤　付家龙　王应欣　牛二宁　王　竹　王欣荣　徐海瑜　郗慧颖
吕海萍　艾红梅　才立伟　李　杰　邱小兵　王永威　刘鑫欣　魏玉超　张　伟　徐嘉慧
徐田辉　姚丽娟　杨洪滨　董晓佳　王东松　杨梦雅　张慧明　张大明　任东伟　杨宏伟
李　颖　王福鑫　李圣兰　李建坦　王　亮　魏君生　金　鹏　白　梅　王海侠　刘桂梅
刘志营　王海永　赵艳玲　马建红　牛晓强　田少青　孙军红　赵国静　赵方杰　杨一平
杨　宇　刘　刚　杨学谦　勾晶晶　陈维全　张　研　王　卓　王春妹　李江华　王　宏
安　冉　陈贵民　阚向颖　李亚男　史秉材　刘云春　陈爱华　滕志强　姚　迪　陈　艳
崔晓莹　于海新　王庆丽　孙渴望　王学勇　吴晓慧　张媛美　李晓彤　景　林　陈　婷
刘学敏　李　哲

编辑说明

一、本年鉴以乐亭县行政区划名称命名，规范名称为《乐亭县年鉴》，通用简称为《乐亭年鉴》。

二、《乐亭年鉴》是乐亭县人民政府主办的年刊，逐年编纂出版，国内外公开发行。《乐亭年鉴（2017）》是乐亭县人民政府主持编纂的县内第三部地方综合性年鉴。

三、《乐亭年鉴（2017）》的编纂，坚持以马列主义、毛泽东思想、邓小平理论和“三个代表”重要思想、科学发展观为指导，深入贯彻落实中共中央总书记习近平系列讲话精神，客观、全面、系统地记述本行政区域内2016年度自然、政治、经济、文化、社会等方面的发展状况，为当代与后人提供资料与借鉴。

四、《乐亭年鉴（2017）》设特载、大事记、乐亭概况、中国共产党乐亭县委员会、乐亭县人民代表大会、乐亭县人民政府、中国人民政治协商会议乐亭县委员会、人民团体、军事、政法、城乡建设、环境保护、综合管理、财政·税务、项目建设·招商引资·园区建设、农业、工业、建筑业、交通·邮电、商贸服务业、旅游业、金融业、科学技术、教育、文化·体育、卫生、社会·民生、乡镇·街道、人物、文献文件辑存、统计资料共31个栏目。栏目下设分目、条目，条目为基本记述单元。

五、《乐亭年鉴（2017）》资料来源以各承编单位提供的为主，辅以当事人提供的资料、经考订的口碑资料、专题调研资料和有关的报刊资料、网络资料等。

六、《乐亭年鉴（2017）》对地名、组织、机构、会议和政策、法律法规等称谓，首次使用为全称，再次使用为规范简称。人物称谓，除个别重要者外一般直呼其名。

七、《乐亭年鉴（2017）》计量单位采用国家法定标准（使用千米、公顷，不使用公里、亩，引文除外）。数字使用以中华人民共和国国家标准《出版物上数字用法的规定》为依据。入鉴数据以统计部门公布的为准，统计部门不掌握的，采用相关职能部门考核后数据。两者矛盾之处，以调查核实结果为准。

八、《乐亭年鉴（2017）》统用现代语体文，力求朴实、严谨、生动、规范。用字执行第九届全国人民代表大会常务委员会第十八次会议通过的《中华人民共和国国家通用语言文字法》、国家语言文字工作委员会1992年公布的《出版物汉字使用管理规定》以及1996年公布的《简化字总表》等规定。

九、《乐亭年鉴（2017）》因编纂时间紧、任务重，加之编辑水平有限，难免有疏漏之处，敬请读者提出宝贵意见。

目　录

乐亭县人民代表大会

乐亭县人民政府

中国人民政治协商会议乐亭县委员会

人民团体

军 事

政　法

城乡建设

环境保护

综合管理

财政·税务

项目建设·招商引资·园区建设

农　业

工　业

建筑业

交通·邮电

商贸服务业

旅游业

金融业

科学技术

教　育

文化·体育

卫 生

社会·民生

乡镇·街道

人　物

文献文件辑存

统计资料

特　载

抢抓历史新机遇　增比进位求突破 为建设沿海强县美丽乐亭而努力奋斗

——在中国共产党乐亭县第十三次代表大会上的报告

（2017 年 2 月 16 日）

董立群

同志们：

现在，我代表中国共产党乐亭县第十二届委员会向大会作报告。

中国共产党乐亭县第十三次代表大会，是在乐亭加速发展、跨越赶超关键时期召开的一次团结务实、开拓奋进的重要会议。大会的主题是：高举中国特色社会主义伟大旗帜，深入贯彻习近平总书记系列重要讲话特别是视察唐山重要讲话精神，进一步抢抓历史新机遇，增比进位求突破，努力夺取全面建成小康社会的新胜利，为建设沿海强县美丽乐亭、争创全国百强县而努力奋斗！

今天的乐亭，正处在一个蓄力追赶、加速跨越的发展阶段，面临着千载难逢的发展机遇，肩负着前所未有的发展重任，承载着人民群众的热切期盼。确定这样的大会主题，就是要求我们进一步增强机遇意识和争先意识，动员全县各级党组织和党员干部，团结带领广大人民群众，站在新起点，开启新征程，凝心聚力，众志成城，真抓实干，全力谱写乐亭改革发展的新篇章！

一、五年来的主要工作

县第十二次党代会以来特别是党的十八大以来，面对经济发展的新常态和改革发展稳定的繁重任务，在以习近平同志为核心的党中央和省市委的坚强领导下，县委团结带领广大党员干部群众，深入贯彻落实中央和省市委一系列重大决策部署，开拓创新、担当实干，顺利完成县第十二次党代会确定的目标任务，实现了经济发展增比进位，社会事业繁荣进步，社会大局和谐稳定，政治生态风清气正，开创了乐亭经济社会发展的崭新局面。

（一）着力抓牢项目建设，综合实力持续增强。坚持抓牢招商引资上项目这个“牛鼻子”，突出打好“沿海”“京津”两张牌，以省级乐亭经济开发区、城区工业园区和中国（乐亭）拉美产业园为主战场，连续开展“产业项目建设突破年”“项目建设落实年”“项目建设提升年”等活动，园区供水、供电、供气等重大基础设施进一步完善，承载能力大幅增强，“投资乐亭、事事畅通”的营商环境全面优化，形成有力磁吸作用，聚焦了众多投资者的目光。五年来累计实施千万元以上重点项目 346 个，其中亿元以上项目 100 个，项目建设摘掉落后“帽子”，跨入全市前列。精品钢铁、临港化工、装备制造、新型能源、食品·生物医药等重点产业集群加速崛起，促进地区生产总值、固定资产投资、一般公共预算收入、规上工业增加值等主要经济指标增速跃居全市前列，县域经济快速发展入选“2015 年唐山市十大亮点工程”，受到国务院督查表扬，全县综合经济实力明显增强。

（二）着力推进转型升级，发展新旧动能加快转换。以深化供给侧结构性改革为引领，加快发展新旧动能转换，促进三次产业蓬勃发展。现代农业提质升级，环城现代农业园区被命名为省级现代农业园区，建成冀东国际农产品物流中心、新希望六和等一批新的农业龙头企业，农业产业化经营率达到76%。工业经济量质齐增，加大传统产业技改投入，发展战略性新兴项目，提升了产业层次、技术水平和产品档次。服务业繁荣发展，成功创建国家电子商务进农村示范县，阿里巴巴、京东等知名电商纷纷入驻我县，“互联网＋服务业”方兴未艾，金融保险等新兴服务业逐步兴起，临港物流、旅游业不断壮大，县域经济发展质量和效益明显提升。

（三）着力实施统筹发展，城乡面貌明显改善。加强城乡规划和管理，实现县域规划多规合一、全域覆盖。实施新水厂、雨污管网改造、供热改造等基础配套工程，县城承载功能加快提升。大力推进旧城搬迁改造，既改善了群众生活条件，又改善了县城面貌。推进县城精细化管理，提升了管理质量和效率，荣获河北省人居环境奖，入选河北省“洁净城市”。率先在全省开展多村联建示范区，打造出多条精品线路、多个精品新村，农村基础设施不断完善，农民生产生活条件明显改善，美丽乡村建设让群众享受更加优良的生活环境。

（四）着力提升民生福祉，社会大局保持和谐稳定。持续实施十大实事工程，解决了一大批群众关注的热点难点问题。高中全部进城，城乡教育逐步走向均衡，公办教育与民办教育互动互促。大力推进文化名县建设，乐亭大鼓、皮影、地秧歌等国家级非物质文化遗产在传承中发展，公共文化服务体系不断完善，乐亭文化影响力进一步扩大。引进京津知名医院合作办医，共享京津优质医疗资源，智慧云医疗建设扎实推进，三级医疗服务体系更加健全。坚持托住底线，不断提高社保、低保、医保水平，加快发展慈善事业，抓好优抚安置以及就业工作，深入开展扶贫济困，形成多层次的社会保障体系。“双拥”工作成效明显，连续五届荣获“全国双拥模范县”称号。加强和创新社会管理，连续两次被评为“全国平安建设先进县”。扎实开展多层次精神文明创建，建设社会主义核心价值观涵育基地，大力弘扬大钊精神和人格风范，社会风正气顺，人民安居乐业。

（五）着力加强环境治理，生态文明成效显著。践行绿色发展理念，持续打好环境治理攻坚战。狠抓工业企业污染治理和节能减排工程，全县二氧化硫、氮氧化物等主要污染物总量持续下降。深入开展大气污染防治等环保专项治理行动，累计淘汰10蒸吨以下燃煤锅炉412台，空气质量连续三年位居全市第一。持续开展植树造林，大力提升古滦河生态水系等重点区域绿化档次，县城建成区绿化覆盖率达到43.87%，全县森林覆盖率达到27.7%，城乡生态环境不断提升。

（六）着力推进全面从严治党，政治生态持续优化。坚持以习近平总书记系列重要讲话精神为指引，扎实开展党的群众路线教育实践活动、“三严三实”专题教育、“两学一做”学习教育以及解放思想大讨论活动，切实增强“四个意识”，始终在思想上、政治上、行动上与党中央和省市委保持高度一致。加强宣传思想工作，落实意识形态责任制，全社会团结奋斗的共同思想基础进一步巩固。注重在工作一线发现和选任干部，形成凭实绩用干部的鲜明导向。实施党建示范工程和农村“领头雁”工程，统筹抓好“三支队伍”建设，基层组织战斗力、创造力得到提升。认真落实市委“四个干”抓落实机制，在县级干部中持续开展“九个一”活动，在乡科级单位实施重点工作任务项目化管理，夙兴夜寐、激情工作的氛围日益浓厚。严格落实党风廉政建设“两个责任”，驰而不息纠正“四风”，加大案件查办力度，形成优良的政治生态。加强人大、政协、群团工作和国防后备力量建设，调动和发挥方方面面的积极性，凝聚起方方面面的力量。

各位代表、同志们，五年来成绩的取得，是中央和省市委坚强领导的结果，是各级党组织和广大党员苦干实干的结果，是全县人民团结奋斗的结果。在此，我代表中共乐亭县第十二届委员会，向全县广大党员和干部群众，向所有关心和支持乐亭发展的社会各界人士，表示衷心的感谢并致以崇高的敬意！

在充分肯定成绩的同时，我们也要看到存在的问题和困难，主要是：沿海临港优势发挥不充分，对外开放水平不高，综合经济实力与面临的机遇和优势相比还不相称，与争创全国百强县的目标有较大差距；产业结构不够优化，传统产业占比大，新兴产业体量小，产业层次偏低，新的发展动能有待增强；财税结构不尽合理，新增税源少，税源支撑弱，财政收支矛盾依然突出；新型城镇化发展不足，城乡发展仍有很多短板，农村基础设施欠账较多；民生稳定压力较大，环境保护、安全生产等任务繁重；一些党员干部思想保守、思维僵化，精神状态不佳，担当意识不强，部分党组织软弱涣散，党风廉政建设和反腐败斗争任务仍然艰巨。我们必须高度重视这些问题，采取有力措施加以解决。

二、坚定走加快转型、量质齐增、跨越提升新路

当前，乐亭正处在重大历史机遇最为集中的时期，处在各种优势最能有效释放的时期，处在发展跨越提升最为有利的时期。综合研判乐亭所处的发展阶段和历史方位，我们需要也完全可以走出一条具有时代特征、乐亭特色的发展新路。

从面临的时代背景看乐亭，我们具备乘势而上走新路的有利条件。世界经济进入深度调整，跨境投资并购加速推进，新一轮科技革命浪潮风起云涌，为我们加快转型提供了难得契机。我国经济发展长期向好的基本面没有变，随着引领经济发展新常态一系列重大政策的出台，尤其是供给侧结构性改革的实施，将释放出更多改革红利，“中国制造 2025”“互联网 +”行动计划、“大众创业、万众创新”等经济新动能的效力不断显现，为我们创新发展提供了更大空间。

从面临的发展大势看乐亭，我们拥有大有可为走新路的历史机遇。国家“一带一路”倡议深入实施，京津冀协同发展纵深推进，河北沿海地区发展上升为国家战略，唐山入选国家构建开放型经济新体制试点城市，乐亭毗邻京津、沿海临港、腹地广阔的优势更加突出。尤其是省委深化扩权强县改革，河北举全省之力推进河钢乐亭临港基地建设，北戴河机场正式通航，唐山全力推进京唐城际铁路开通，这些都将给我县带来不可估量的发展势能。只要我们坚定信心、顺势而为，就一定能够闯出发展新路，实现更好发展。

从所处的发展阶段看乐亭，我们必须奋发进取走好发展新路。未来五年，将是乐亭实现全面跨越提升的重要机遇期，也是我县发展效能实现重大突破的紧要窗口期，必须以时不我待的责任感和使命感，努力在走发展新路上奋勇争先。这条新路，是加快转型之路，要从守着沿海却是内陆保守思想向沿海开放观念转变，从固守传统产业向精准发展新兴产业转变，从资源要素依赖向创新驱动发展转变，坚持以提高发展质量和效益为中心，实现经济效益、社会效益、生态效益共同提升；这条新路，是量质齐增之路，要坚持做强增量、做优存量、做大总量，加快转方式调结构，着力构建现代产业体系，努力实现量增质更优；这条新路，是跨越提升之路，要坚持好字当头、又好又快，加速补齐乐亭发展短板，大力推动发展阶段、发展层次的整体跨越和提升，让人民群众在发展中有更多获得感、幸福感。

走好发展新路，我们要坚持继承和创新，全力实施“123348”发展战略：“1”，即坚持建设沿海强县美丽乐亭、在全省增比进位、在全国争创百强“一个目标”；“2”，即打造园区经济、城区经济“两大板块”；“3”，即打好沿海、京津、人文“三张牌”；“3”，即激发改革、开放、创新“三大动力”；“4”，即突出扩充经济总量、做强产业支撑、加快发展速度、提升发展质量“四大任务”；“8”，即培育壮大精品钢铁、临港化工、装备制造、新型能源、现代农业、海洋产业、食品·生物医药、现代服务业八大产业。

走好发展新路，我们要不断强化“四个必须”：一是必须以习近平总书记系列重要讲话精神引领航向，切实增强政治意识、大局意识、核心意识、看齐意识，把中央和省市委的方针政策、决策部署同乐亭发展实际紧密结合起来，确保始终沿着正确的方向前进。二是必须牢牢抓住发展这个第一要务，扭住项目建设这个中心，千方百计引进项目，全力以赴推进项目，科学高效服务项目，推动乐亭经济跨越发展。三是必须坚持以人为本，把更多财力物力投向民生领域，投向群众最需要的地方，努力让发展成果惠及更多城乡居民，切实增强群众的幸福感和获得感。四是必须大力加强党的建设，把抓好党建作为最大政绩，严格落实全面从严治党主体责任，不断提升党员干部忠诚干净担当干事的能力，为各项事业发展提供坚强保障。

今后五年工作的指导思想是：全面贯彻党的

十八大和十八届三中、四中、五中、六中全会精神，以邓小平理论、“三个代表”重要思想、科学发展观为指导，深入学习贯彻习近平总书记系列重要讲话精神，坚持“五位一体”总体布局、“四个全面”战略布局和“五大发展理念”重要遵循，坚决落实省委“四个加快、六个扎实”和市委“四个干”要求，深入实施“123348”战略，积极适应把握引领经济发展新常态，大力推进供给侧结构性改革，坚定走加快转型、量质齐增、跨越提升新路，牢牢抓住招商引资上项目这个“牛鼻子”，充分发挥沿海临港优势，扩大双向开放，增强综合实力，推进发展共享，全面建成小康社会，加快建设沿海强县美丽乐亭，在全省增比进位，在全国争创百强。

今后五年，我们要努力实现两大奋斗目标：一是全面建成小康社会，让全县人民过上更加殷实和宽裕的小康生活。二是加快建设沿海强县美丽乐亭，在全省增比进位，在全国争创百强。建设沿海强县美丽乐亭，我们要抓住“强”和“美”两个关键，强要提升实力，繁荣昌盛；美要幸福和谐，生态宜居。在全省增比进位，在全国争创百强，我们既要“补”，又要“追”，补要补齐短板，固本培元；追要换挡提速，跨越发展。

今后五年，我们要在七个方面实现突破：

——综合实力实现新增强。经济保持中高速增长，经济总量加快扩充，发展质量和效益明显提高，地方财力不断增强，小康社会各项监测指标全面完成。全县地区生产总值和一般公共预算收入年均增长速度保持全市领先水平，固定资产投资年均增长 22% 以上。

——转型升级取得新进展。传统产业质量效益显著提升，战略性新兴产业加快成长，创新能力不断增强，产业发展水平迈向中高端。工业经济竞争力加速提升，重大产业形成支撑，产业集群加速壮大，工业投资年均增长 23% 以上，技改投资年均增长 20% 以上。农业产业化、规模化、集约化、品牌化水平不断提升，农业产业化经营率达到 77.5%。现代服务业发展活力得到迸发，服务业增加值年均增长 7.5% 以上。三次产业发展方式加快转变，发展模式不断创新，结构更加合理。

——改革开放开创新局面。全面完成中央和省市委确定的改革任务，在重点领域和关键环节改革上取得重要突破。对外开放步伐加快，开放的区域和领域、深度和广度不断拓展，实际利用外资和进出口总额增速高于全市平均水平，经济外向度大幅提升，沿海开放型经济新体制加快形成。

——城乡统筹迈出新步伐。城镇化进程加快，城镇基础设施更加完善，公共服务水平进一步提升，具备条件的农村基本建成美丽乡村。城乡统筹发展、产城教融合互动，城镇化率达到 54% 以上。

——人民生活得到新改善。城乡居民人均可支配收入年均增长 8% 以上。城镇就业持续增加，农村劳动力转移就业规模不断扩大，城镇登记失业率有效控制，社会保障实现全民覆盖，总体实现基本公共服务均等化。

——生态文明取得新成效。新型能源产业不断壮大，清洁生产和资源循环利用体系加快完善，资源综合利用率和废弃物处理率稳步提高，大气、水、土壤污染防治取得明显成效，县城绿化覆盖率、全县森林覆盖率不断提高，空气质量保持全市领先，绿色、低碳、循环的发展模式初步建立。

——社会文明实现新提升。社会主义核心价值观深入人心，文明城市建设水平不断提升，社会文明程度和公民文明素质显著提高。人民民主更加健全，社会事业全面发展，公共文化服务体系更加完善，法治乐亭建设取得重大进展，全国平安建设先进县成果不断巩固提升，社会更加和谐稳定。

同志们，全面建成小康社会，加快建设沿海强县美丽乐亭，在全省增比进位，在全国争创百强，体现了全县人民的根本利益和共同意志。我们一定要坚定信心、矢志奋斗，努力把宏伟蓝图早日变为美好现实！

三、抢抓机遇，发挥优势，构建沿海开放发展大格局

乐亭发展的优势在沿海，空间在沿海，潜力在沿海，希望在沿海。要充分发挥沿海临港优势，积极抢抓京津冀协同发展、“一带一路”、环渤海地区合作发展等战略机遇，以全域开放的大气魄摆开大战场，以全民招商的大氛围闯出开放发展的新天地。

（一）深入对接京津冀协同发展。充分挖掘京津优势资源“富矿”，真正把协同发展成效体现在新增产业项目和创新成果转化上。坚持精准定位，主动服从服务于国家战略布局和京津冀区域发展全局，努力把乐亭打造成为京津产业转移承载基地、京津绿色农产品供应基地、京津旅游休闲养老养生基地、京津社会服务协作基地。坚持精准招商，围绕疏解非首都功能和拓展科研成果转化渠道，抓好内引外联，打好招商“组合拳”，力促京津优质资源不断涌入，确保每年实施投资10亿元以上京津合作项目3个以上。坚持精准搭建承接平台，积极参与京津冀产业链上下游分工体系，强化与京津等地产业功能区合作，瞄准建材、化工、生物医药等重点领域，量体裁衣建好专业园区，确保京津外迁企业落得下、留得住、发展好。同时，积极引进“长三角”“珠三角”南资北移项目，大力承接省市产业布局调整项目，形成全方位开放对接的大格局。

（二）突出抓好项目建设。坚持把招商引资上项目作为加快乐亭发展的中心任务，不断加强招商引资规范化建设，创新招商方式，壮大专业招商队伍，营造全民招商氛围，着力引进实施对产业转型有正向拉动作用的项目、符合供给侧结构性改革要求的项目、有利于提高全要素生产率的项目、能催生新项目的“母体”项目、对财政贡献大的项目，用雄厚的项目基础支撑起跨越赶超的坚实步伐，每年确保新开工千万元以上重点项目100个以上，其中引进投资超10亿元项目6个以上。要进一步完善重点项目建设协调、调度、监督、管理、考核机制，盯紧关键信息、关键项目、关键节点，加快推进实施，努力形成项目建设“洽谈一批、签约一批、开工一批、投产一批”的良性局面。要把项目建设作为评价政绩和选拔干部的重要依据，对在项目建设中工作扎实、成效明显的干部，优先提拔，委以重任。

（三）倾力打造重大产业支撑。进一步细分产业发展方向，明确阶段性发展重点，以实施“重大产业支撑项目攻坚年”活动为引领，加快项目和产业集聚，增上投资十几亿、几十亿的重大项目，打造产值几十亿、上百亿的领军企业，培育产值超百亿、几百亿的产业集群，为县域经济发展提供强大支撑。着力构建六大产业支撑体系。一是大力发展精品钢铁产业。抓住河北钢铁布局调整机遇，着力推动德龙、中厚板等钢铁企业优化升级，举全县之力推进河钢乐亭临港基地、凯源镍铁等重大项目，打造汽车板、船舶板等智能化、高端化的钢铁制造基地。二是大力发展临港化工产业。以唐山开展“石化基地建设突破年”等活动为契机，充分发挥临港优势，以石油化工为龙头，全力推进旭阳石油炼化项目，大力发展石化产业；加快境界高清洁燃料二期等项目建设，做大做强煤制甲醇、焦油深加工、粗苯精制煤化工产业链；以燕化永乐为龙头，抓好环保型农药及医药中间体、水性材料漆、特种行业防腐漆、石墨烯电解液等项目，壮大化工产业集群，打造全国重要的临港化工基地。三是大力发展装备制造产业。积极对接“中国制造2025”，依托钢铁产业优势和沿海临港优势，瞄准汽车组装及部件、集成建筑、环保设备、工程机械等重点领域，引进培育一批先进装备制造业项目落户，尤其是着力推进北环新能源电动汽车、中船重工重装码头等龙头项目加快建设，提升我县装备制造业对县域经济的贡献率。四是大力发展新能源产业和循环经济。用足用好富集的海上风电资源，重点发展风电装备制造、风机安装及维护相关产业，积极推进沼气、地热能源开发利用，壮大再生资源利用等循环经济，加快祥云飞龙再生资源综合利用等重点项目建设，打造全省沿海新型能源和循环利用基地。五是大力发展食品医药产业。依托城区工业园区，积极承接北京药企转移，加快生物医药项目建设，力促食品加工企业做大做强，争取每年引进食品医药企业6家以上，不断壮大食品·生物医药产业集群。六是大力发展健康养老产业。立足滦河口生态旅游区的优质生态资源，深化与实力雄厚的大集团、大公司合作，逐步打造集生态旅游、健康医疗、养老养生为一体的健康养老产业集群。

（四）大力发展园区经济。坚持把园区作为引领经济发展的主阵地，强化抓项目、抓基础设施、抓税收、抓管理职能，不断提升园区承载能力，增强园区发展活力。河北乐亭经济开发区要充分发挥临港区位、交通便利、空间广阔等优势，按照“区中建园”规划思路，细化功能分区，加快特色园区建设，着力建好中国（乐亭）拉美产业园，大力发展沿海临港产业，特别是重化工产业，确保每年入区投资亿元以上项目不少于30个，主要经济指标增速保持在20%以上，朝着建成主营业务收入千亿元园区目标加速前进。城区工业园区要进一步扩区增容，重点提升创新服务功能，鼓励创业、创新、创投、创客“四创联动”，建设一批低成本、便利化、全要素、开放式的众创空间，着力培育技术密集型、劳动密集型、资金密集型产业，尤其是战略性新兴产业，打造以食品加工、生物医药、精密装备、现代服务、科技企业孵化为主导的产业园区，成为产城教融合发展的重要支点。

四、转换动能，补齐短板，推动三次产业协调发展

积极适应把握引领经济发展新常态，把推动经济转型升级作为促进县域经济发展的主攻方向，加快新旧动能转换，着力推动三次产业健康协调发展。

（一）以新型工业化引领工业经济做大做强。把建设沿海强县的重点放在工业强县上，坚持大项目支撑、园区式承载、集群化推进，不断提升工业经济实力。加快发展战略性新兴产业，大力培育先进装备制造、新材料、节能环保、生物、新能源和清洁能源等重点产业，确保每年新开工新兴产业项目13个以上，加快形成一批具有强大支撑作用的先导产业，切实以优质投资形成优质增量，从而调优存量。大力实施规上企业、上市公司培育工程和小微企业成长计划，夯实壮大工业经济基础。推动传统产业改造升级，以提高全要素生产率为导向，引导传统工业企业实施创新驱动战略，通过技术设备升级、两化深度融合、科研成果转化等手段，增强传统产业的生机与活力，加速向中高端迈进。

（二）以深化供给侧结构性改革引领现代农业发展。加快转变农业发展方式，培优培强农业龙头企业，大力发展各类农民专业合作组织，提高农业产业化水平、组织化程度。以提高农业供给质量为主攻方向，进一步优化农业产业结构和区域布局，加大农村土地规模流转力度，实施优势特色农业提质增效行动计划，巩固放大果菜、畜禽、水产品等特色农业优势，推动农业规模化经营。大力发展现代农业园区，实现现代农业园区县域内全覆盖，原野、佳丰等9个县级园区创建市级园区，万事达、丰汇等5个市级园区创建省级现代农业园区，全县创建国家级可持续发展示范区。坚持“接二联三”方向，将初级的种养殖与精深加工结合起来，把丰富的农业资源变成终端产品，推动农业全环节升级、全链条增值。创新发展绿色农业，加强农业生态保护，着力解决农药、化肥过度使用问题，集约利用农业用水，推进农业可持续、绿色发展。坚持质量兴农，实施农业标准化战略，健全农产品质量和食品安全标准体系。着力加强农业品牌创建，以科技、品牌增强市场美誉度和竞争力。大力发展“互联网＋农业”，依托农村电商平台，合作开办网上“乐亭特色农产品馆”，打造乐亭农产品物流网，拓展乐亭农产品销售渠道。

（三）以业态拓展创新引领服务业繁荣发展。发挥临港优势，密切关注港口贸易结构的变化和带来的产业聚集，尤其是加快推进中心渔港向商港转变，加强港口与物流业联动发展，大力发展与临港产业相关联的生产性服务业。发展壮大旅游产业，抓实具体旅游项目，完善旅游要素，延伸旅游链条，做活旅游经济。加快滦河口生态旅游区开发建设，重点培育集生态旅游、健康医疗、养生养老为一体的大健康产业，与红色、蓝色旅游相互补充、相互融合、相互促进。以“互联网＋”为方向，积极发展电子商务，引进更多知名电商企业，促进城乡电子商务蓬勃发展。坚持创新创业结合、线上线下结合、孵化转化结合，大力推广众创、众包、众扶、众筹商业模式，营造大众创业、万众创新的浓厚氛围。顺应服务消费增长迅速的新趋势，引领消费新理念，推动消费加快升级，提高消费层次和水平。打造区域性商业中心，提升冀东国际农产品物流中心、老呔商城和民俗风情街商圈档次，培育大型商业综合体和专业市场，改造升级农村集贸市场，完善城乡流通体系。依托县城人口的聚集和两大园区产业的聚集，创新发展金融保险、文化创意、健康医疗、教育培训等新型服务业态，培育发展新亮点，增强发展新动能。

五、城乡统筹，规划引领，建设美丽乐亭

全力推进以人为核心的新型城镇化，突出规划的引领性和严肃性，不断优化城乡空间布局，加快城乡一体化进程，持续做强县城、做精小镇、做美乡村。

（一）建设宜居城市。瞄准建设沿海中等城市的目标，按照补齐短板、满足急需、分步实施的原则，持续实施县城建设攻坚行动，不断提升县城品位和形象。实施“小县大县城”战略，统筹推进县城扩容升级，县城建成区面积达到25平方千米以上，城镇化率达到54%以上。综合运用好棚户区改造等政策，全面完成城中村及危旧小区搬迁改造，改善城区人居环境。积极推进产城教融合发展，加快教育、医疗资源整合，大力发展城市经济和都市服务业，增强县城吸纳产业、集聚人气的功能，迅速扩大县城规模。加强城区基础设施建设，完善城区路网格局，推进城区集中供水、供热、供气、污水处理、垃圾处理等基础设施建设，提升县城综合承载能力。引导房地产业持续健康发展，加快去库存节奏，使商品房库存率保持在合理区间。突出培育县城文化底蕴，以特色广场、公园、展览馆、体育中心、商业中心等为载体，营造具有浓郁乐亭文化氛围的“城市会客厅”。健全县城土地、公共服务、基础设施等市场化运作机制，吸引民间资本参与城市建设和管理，提升经营城市水平。全面加强县城精细化管理，推进城市配套费、污水处理费、城市用水等管理方式改革，提升管理城市的科学化水平。实施“互联网＋城市”行动，建设综合性城市管理数据库，推动信息技术广泛应用，努力打造“智慧城市”。

（二）建优特色小城镇。突出打造汀流河、姜各庄、阎各庄三个重点镇，带动其他小城镇加快建设。科学确定规划定位，依托各自区位条件、资源禀赋、产业特点，打造不同特色的小城镇。坚持以业兴镇，以发展特色园区、培育主导产业、建设专业市场、推进乡村旅游等方式推动城镇扩容升级，加快要素产业集聚，辐射拉动周边农村发展。尤其是阎各庄镇要以纳入全省重点培育的100个特色小镇为契机，明确主攻产业，集聚生产要素，注重有效投资，突出功能集成，打造具有明确产业定位、文化内涵、旅游业态和社区功能的发展空间平台，实现快速崛起。

（三）建好美丽乡村。把美丽乡村建设作为新农村建设的综合抓手，与现代农业、乡村旅游统筹推进，由点到片、由片到面，推动农村产业升级和人居环境改善。大力推广农村清洁能源，推进农业面源污染综合治理，实行农业废弃物资源化利用，健全农村环境管护长效机制，全方位改善农民群众生产生活条件。加快基础设施向农村延伸，加快农村道路改造、农村电网改造和现代水利基础设施建设，巩固农村饮水安全提升工程。大力推动城镇公共服务向农村延伸，努力实现城乡等值化、社会治理和谐化、生产生活绿色化，确保实现美丽乡村建设全覆盖。

六、突出重点领域，深化改革创新，提升发展效率和活力

紧跟中央全面深化改革步伐，把改革创新作为破解瓶颈制约和发展难题的有效抓手，以改革强动力，以创新增活力，构建全民干事创业新体制，加快推动经济社会跨越发展。

（一）深化重点领域改革。以深化扩权强县改革为契机，持续加大重点领域改革力度，高质量完成上级交付的改革试点任务。深化行政管理体制改革，全面推开相对集中行政许可权，设立行政审批局，做好省市下放、调整事项的承接和落实，持续推进简政放权、放管结合、优化服务。深入推进商事制度和公共资源交易市场化改革，进一步简化审批程序和环节，加强事中事后监管，提高政务服务和管理水平，激发全民干事创业热情。深化农村产权制度改革，落实集体所有权、稳定农户承包权、放活土地经营权，大力发展农村股份合作制经济，发展适度规模经营。推进开发区（园区）体制机制改革，探索推行“市场化运作、企业化经营”机制，引入社会资本参与开发区（园区）建设；深化开发区（园区）人事薪酬制度改革，形成人员能进能出、岗位能上能下、待遇能高能低的人事薪酬制度，增强开发区（园区）发展的生机与活力。深化财税体制改革，探索县、乡、开发区（园区）分税制改革，加快财政事权和支出责任划分，深化绩效预算管理改革。同步深化金融、投融资体制改革，加快壮大金融业，用好政府和社会资本合作模式，推进重大基础设施建设和公共服务供给，实现政府投融资平台健康发展。

（二）提升科技创新能力。以政府投入撬动社会投资，建立以市场为导向、企业为主体、产学研紧密结合的创新体系。面向科技前沿，立足我县产业体系，找准科技创新在传统产业转型升级和战略性新兴产业培育中的切入点，推动既有企业特别是重点企业在产学研一体化方面取得突破。面向高等院校、科研院所争取科研成果，让更多大学和科研单位走进乐亭，让更多科研成果在乐亭转化。创优人才成长环境，力争引进一批纳入国家、省“千人计划”的人才，助力经济发展。强化企业创新主体地位，大力培育科技型企业，尤其是培育壮大一批“科技小巨人”企业，提升科技创新对县域经济发展的贡献率。全县培育10家以上高新技术企业，科技型中小企业达到400家以上。

（三）持续优化营商环境。把打造良好营商环境作为着力点，坚持问题导向，着力解决干部作风、行政效率、公共服务、市场秩序等方面的突出问题，努力建设法治化、便利化的营商环境。扎实推进“放管服”改革，用政府权力的“减法”换取市场活力的“加法”。严格落实权力责任清单制度，推进政府监管体制改革，创新监管模式和手段。依法打击扰乱市场经济秩序行为，让市场活而不乱。全面推进“互联网＋政务服务”，深化网上办事、网上监察，提高行政效率。要全面构建“亲”“清”政商关系，主动为市场主体服务，为企业发展排忧，持续营造“投资乐亭、事事畅通”的良好环境。

七、强化绿色理念，治理环境污染，提升生态文明建设水平

牢固树立“绿水青山就是金山银山”理念，坚持科学治霾、精准治污，持续抓好污染治理和生态修复，努力让天蓝地绿水清成为环境常态。

（一）加强环境污染治理。实施“蓝天行动”，持续推进大气污染防治，突出重点区域、重点行业、重点企业，加强源头治理，减少燃煤消耗，实施新型能源替代。实行产业准入制度，严格项目准入标准，从源头上杜绝高耗能、高污染项目落户。着力推进烟尘综合治理，强化城市扬尘、秸秆焚烧和机动车尾气排放监管。实施“碧水行动”，扎实开展水污染治理攻坚，全面落实“水十条”，加快推进重点企业污水排放口规范化建设，完善城区雨污分离管网，将生产生活污水全部纳入污水处理厂，推进废水回收利用。实施滦河流域及近岸海域水污染治理工程，恢复渤海近岸海域水质功能。做好集中式饮用水水源地保护，加强地下水水质监测及污染防治，全面关闭城区自备井，努力修复地下水生态。实施“净土行动”，全力实施土壤污染防治，全面落实“土十条”，积极推广土壤质量改善的治理技术。加大环保执法力度，提高环境监管能力，促进生态环境持续改善。

（二）转变生产生活方式。坚持绿色、低碳、循环理念，着力采用新技术、开发新工艺，不断降低能源消耗。大力发展循环经济，依托园区和产业，形成链条式产业循环。推进资源再生利用产业发展，加快实施资源回收利用项目，提升工业废弃物综合利用水平。积极发展节能环保产业，开发利用海上风电、地热、沼气和工业余热等能源，改善能源结构。推进清洁供暖，按照企业为主、政府推动、居民可承受的方针，尽可能利用清洁能源。推进公共机构节能工作，广泛应用建筑节能技术，强化节能增效。

（三）实施全域绿化攻坚。以建设森林城市为目标，大力推进植树造林和城区绿化，不断提升绿化覆盖率，构建区域生态支撑系统。加强姜各庄林场、城区林地建设，推进长河、古滦河以及河流沿岸的生态绿化，形成以水系、绿廊为纽带，以城区公园为重点，古滦河生态公园、社区公园、滨河绿带、街旁绿地和防护绿地为补充的生态园林绿地网络。持续实施增绿扩绿工程，加强近海防护林、基干防护林、环村林带、通道走廊绿化建设，构建生态屏障，提高森林覆盖率。

八、发展社会事业，强化社会治理，全力推进社会和谐稳定

围绕全面建成小康社会目标，落实以人民为中心的发展思想，想群众之所想、急群众之所急、解群众之所困，在学有所教、劳有所得、病有所医、老有所养上持续取得新进展。

（一）大力发展社会事业。千方百计增加就业，实施全民创业工程，促进创业带动高质量就业，推动居民收入增长与经济增长同步。以办好人民满意的教育为目标，科学合理调整教育布局，优化教育资源配置，大力提高办学条件。推进教育领域综合改革，提高各类教育水平。积极吸引京津等地优质教育资源，谋划建设高等院校，支持民办教育健康发展，鼓励社会力量和民间资本提供多样化教育服务。加强教师队伍建设，培育良好师德师风，深化职称改革，实施名师培育工程，提升教育质量，重振教育大县雄风。深化医药卫生体制改革，建立覆盖城乡的基本医疗卫生制度和现代医院管理制度。完善公共卫生服务体系和服务模式，提升县级医疗机构设施水平，全面建立社区卫生服务站，完成乡镇卫生院改扩建。全力推进智慧云医疗建设，建立健全完备的区域卫生信息化平台，县域信息、健康档案和电子病历实现全覆盖。加强与知名医疗机构对接，强化卫生人才队伍建设，大力培养医学高端领军人才，提高医技水平。做好人口和计划生育工作，缓解人口老龄化问题。加快养老服务体系建设，加强养老机构服务质量监管，引进社会资本发展医养结合的健康养老产业，持续推进五保供养、低保救助、扶危济困工作，促进慈善事业发展。做好双拥优抚工作，继续争创全国双拥模范县。

（二）加强民主法治建设。支持人大及其常委会依法履行职能，支持政协围绕中心工作开展专题调研、建言献策。巩固和发展最广泛的爱国统一战线，支持工会、共青团、妇联、工商联、科协等群团社会组织改革创新。落实党管武装根本原则，积极推动军民深度融合发展。加强法治乐亭建设，全面实施“七五”普法宣传教育，推进全民学法用法守法，提高各级干部运用法治思维和法治方式解决问题的水平。加强执法规范化建设，落实司法体制改革任务，推进司法公开，强化执法监督，提高审判质量，不断提升司法公信力。

（三）提高社会管理水平。完善立体式社会治安防控体系，积极开展严打专项行动，重点打击黑恶势力和暴力犯罪、“盗抢骗”、破坏发展环境等犯罪行为，提升群众安全感和满意度。加强全民安全教育，加大公共安全投入，健全公共安全体系。完善社会应急管理体制，积极应对自然灾害、事故灾难、公共卫生、社会安全、环境安全等突发公共事件，提高危机管理和抗风险能力。坚持以群众工作统揽信访工作，严格落实信访稳定责任制，强化领导干部接访、包案督访制度，依法规范信访秩序，增强源头预防能力，及时就地解决群众合理诉求，着力化解信访积案，确保社会大局和谐稳定。落实安全生产责任制，坚决遏制安全生产事故发生。坚持源头严防、过程严管、风险严控，完善食品药品安全监管体制，保障人民群众食药安全。

九、引领导向，凝心聚力，加强新形势下宣传思想文化工作

宣传思想文化工作事关全局，必须坚持巩固壮大主流思想舆论，弘扬主旋律，传播正能量，激发全社会团结奋进的强大力量。

（一）深化社会主义核心价值观建设。突出思想引领，用习近平总书记系列重要讲话精神统一思想行动，凝聚奋进力量。深化中国特色社会主义和中国梦宣传教育，高扬主旋律，唱响正气歌。全力打造“嘉言善行·文明乐亭”特色品牌，推动社会主义核心价值观落细落小落实。突出正风化人，深入开展道德模范评选表彰，深化拓展志愿服务活动，倡导社会新风，带动更多人向上向善。积极培树乐亭人文精神，大力弘扬以爱国主义为核心的民族精神和以改革创新为核心的时代精神，充分发挥大钊故乡的政治优势，做好大钊精神的传承、丰富、宣传和弘扬，唱响“大钊故乡党旗红”的主旋律。

（二）牢牢掌握意识形态工作领导权、管理权和话语权。强化党委（党组）意识形态工作主体责任，形成党委统一领导、党政齐抓共管、宣传部门组织协调、有关部门分工负责的党管意识形态工作格局。强化舆论引导和舆情管控，用正能量和正面声音占领舆论阵地，提高新闻舆论传播力、引导力、影响力、公信力。要在更大范围更广领域宣传乐亭，对外传播乐亭好声音，提高乐亭的知名度和美誉度，为建设沿海强县营造良好舆论氛围。大力支持传统媒体与新媒体融合互动，增强网络安全意识，加强网上思想文化阵地建设，善于运用网络走群众路线，提高各级干部懂网、用网、管网水平，有效应对网络舆情，及时回应社会关切，使党的主张成为网上最强音。

（三）提升文明城市创建水平。以宜居、和谐、活力、特色沿海城市创建为目标，发挥基础优势，依据《全国县级文明城市测评体系》制定创建标准和工作清单，确定时间表和路线图，落实创建责任，组织开展对标创建。明确创建重点任务，集中力量突出抓好环境卫生、五小行业、交通治安、公共秩序、市场秩序、文化环境、社区环境、素质提升等专项整治行动。深化“八大文明示范工程”，全面推进文明单位、文明村镇、文明社区、文明家庭等创建活动，大力培树文明示范典型，发挥辐射带动作用，引导群众广泛参与，形成以点带面、合力共建的工作格局。

（四）促进文化体育事业繁荣发展。以建设文化名县为目标，积极推进中华优秀传统文化传承发展，深入挖掘县域传统文化，做好乐亭大鼓、皮影、评剧、地秧歌等非物质文化遗产的传承、保护、开发、创新，力求在传承中弘扬，在创新中发展，创作出更多既具传统韵味，又富时代特点的文艺精品。实施文化惠民工程，推进县城、乡镇文化综合服务中心和农村文化广场建设，健全县乡村三级文化服务体系，打造一批文化活动品牌，丰富城乡群众文化生活。大力发展文化产业，促进文化产业与其他产业融合发展，每年新增文化市场主体20家以上，新增规模以上文化企业2家以上。深化文化体制改革，加快文化人才培养，增强文化事业发展动力。完善群众体育基础设施，建设县游泳馆、羽毛球馆等体育健身场所，开展全民健身运动，发展体育事业和体育产业。

十、强化担当，持续发力，坚定不移推动全面从严治党

办好乐亭的事情，顺利实现未来五年奋斗目标，关键是坚持党要管党、从严治党。全县各级党组织要始终把全面从严治党牢牢抓在手上，着力营造风清气正的政治生态，把各级党组织建设成为各项事业发展的坚强领导核心。

（一）加强思想政治建设。完善党委（党组）理论中心组学习制度，系统把握党中央治国理政新理念新思想新战略，教育引导广大党员干部把中国特色社会主义共同理想作为精神支柱和政治灵魂，切实筑牢保持党的团结统一的思想基础。贯彻党的群众路线，践行“三严三实”，引导全县党员严格遵守党章党规，牢固树立“四个意识”，切实增强“四个自信”，站稳政治立场，严守纪律规矩。坚决维护以习近平同志为核心的党中央权威，坚持把落实中央和省市委决策部署与推动乐亭发展实际有机结合起来，切实做到有令即行、政令畅通，上下一心、共谋发展。

（二）严肃党内政治生活。认真落实《关于新形势下党内政治生活的若干准则》，着力增强党内政治生活的政治性、时代性、原则性和战斗性。坚持民主集中制这一党的根本组织原则，把充分发扬党内民主与维护党的团结统一有机结合起来，做到发扬民主、善于集中、敢于担责，既保护党员积极性、激发党员创造性，又增强党的执行力、提高党的战斗力。严肃党的组织生活，坚持“三会一课”制度，抓好专题民主生活会和领导干部双重组织生活会，认真开展批评与自我批评。加强党内监督，认真执行党内监督条例，健全监督体系，织密监督网络，突出监督重点，形成监督合力，增强监督实效。

（三）加强领导班子和干部队伍建设。认真贯彻好干部标准，落实省委“五个重用”“五个调整”“五个不用”的要求，把德才兼备、公道正派、人岗相适、群众公认作为根本原则，凭政绩、凭功劳选任干部。尤其在招商引资、项目建设、信访稳定、征地搬迁等重点工作一线发现干部、培养干部，打造一支能征善战、作风过硬、善作善成的干部队伍。选好配强乡镇党政正职和县直单位“一把手”，加大优秀年轻干部选拔培养力度，重视妇女干部、非党干部的培养，进一步优化领导班子结构，增强整体效能。坚决整治选人用人上的不正之风，严把政治关、品行关、作风关、廉洁关，政治上有问题，一票否决；廉洁上有硬伤，决不能选进来。围绕全县经济社会发展大局，突出重中之重，改革完善领导班子和领导干部考评体系，让考核工作更加贴近核心，更加贴近实际，减少弹性空间，增强可操作性和精准度。推进干部培训工作制度体系建设，促进干部素质大提升。加强党管人才工作，进一步提高人才工作科学化水平。

（四）强化基层组织建设。扎实做好乡镇党委书记、村党组织书记和农村致富带头人“三支队伍”建设，加强基层党组织“堡垒指数”、党组织书记“星级指数”、党员“先锋指数”管理，

开展基层党组织书记“双述双评”，对基层党建工作实行量化考核。高度关注农村“两委”班子建设，着力解决农村党组织软弱涣散问题，积极推进后进村转化，切实增强农村基层党组织的凝聚力和号召力，夯实党在农村的执政基础。深入推进服务型党组织建设，更全面、更高效地服务群众。积极探索新形势下“互联网+党建”模式，创新非公有制经济组织和新社会组织党建工作，激发党建工作活力。

（五）驰而不息改进作风。以营造风清气正的政治生态和锤炼担当实干的工作作风为主线，着力解决干部队伍中存在的懒政怠政不作为、效率低下不担当等问题，让那些勇于直面问题、敢于担当责任、善于化解矛盾的干部有为有位，对那些对群众漠不关心、干工作敷衍了事、见困难避而远之的干部严肃问责。县委要做担当的表率，按照“三个区分开来”的要求，注重约束与激励并重，为担当者担当，为干事者撑腰。持续推进县级干部“九个一”活动，在乡科级单位实施重点工作任务项目化管理，激发广大党员干部干事创业积极性。

（六）深入开展反腐倡廉建设。各级党组织要切实履行全面从严治党主体责任，严字当头，敢管善管。强化“永远在路上”的警觉和韧劲，认真落实中央“八项规定”精神，运用好监督执纪“四种形态”，坚持抓早、抓小、抓细、抓常，防微杜渐，坚决防止“四风”反弹。深化纪检监察体制改革，加强巡察工作，深化政治巡察，发现问题、形成震慑。坚持廉政教育与反腐惩戒“两手”抓、“两手”都要硬，扩大廉政教育覆盖面，创新廉政教育手段，延伸反腐败领域，保持反腐败高压态势。纪委要聚焦中心任务，强化监督执纪问责，推动形成不敢腐、不能腐、不想腐的长效机制。

同志们，实干成就梦想，奋斗创造辉煌。让我们更加紧密地团结在以习近平同志为核心的党中央周围，高举中国特色社会主义伟大旗帜，在中央和省市委坚强领导下，进一步抢抓历史新机遇，增比进位求突破，为全面建成小康社会，加快建设沿海强县美丽乐亭、争创全国百强县而努力奋斗！

加快转型升级　实现跨越提升
朝着建设沿海强县美丽乐亭目标加速前进

——在县委十三届一次全体（扩大）会议上的讲话

（2017年2月18日）

董立群

这次全体（扩大）会议的主要任务是认真贯彻中央、省、市经济工作会议和县第十三次党代会精神，全面总结2016年工作，科学安排2017年任务，动员全县各级党组织和广大党员干部，锐意进取，担当实干，促进县域经济加快转型升级，实现跨越提升，朝着建设沿海强县美丽乐亭、在全省增比进位、在全国争创百强的目标加速前进。

2016年，面对严峻复杂的形势和艰巨繁重的任务，我们努力适应把握引领经济发展新常态，认真贯彻中央和省市委决策部署，坚持以招商引资上项目为中心，落实“四个干”机制，全面唱响“实干兴乐”主旋律，实现经济快速发展和各项事业长足进步。

（一）县域经济持续上扬，主要经济指标增速走在全市前列。全年完成地区生产总值345.18亿元，比上年增长7.6%，增速全市第一；固定资产投资209.96亿元，比上年增长25.9%，增速全市第一；全部财政收入20.53亿元，比上年增长26.4%；一般公共预算收入12.23亿元，比上年增长10%，增速全市第一；规模以上工业增加值75.52亿元，比上年增长7.7%，增速全市第二；社会消费品零售总额132.84亿元，比上年增长10.7%，增速全市第二；城镇居民和农村居民人均可支配收入分别达到31378元和14789元，分别比上年增长8.6%和8.9%，增速分别位居全市第三和第一；实际利用外资8982万美元，比上年增长16.3%；进出口总额35190万美元，比上年增长12.1%。

（二）以园区为承载平台，推动开放、协同发展。把河北乐亭经济开发区和县城区工业聚集区作为开放招商的主阵地，目前共入驻企业169家，拉动园区主要指标大幅攀升，其中河北乐亭经济开发区全年主营业务收入增长42.75%，固定资产投资增长33.65%，税收增长73.6%；县城区工业聚集区主营业务收入增长150.4%，固定资产投资增长26.7%，税收增长50%。精准承接北京非首都功能疏解和京津产业转移，派驻挂职干部精准招商，共签约、落地京津项目69个，北京海德润生物制药、北京燕化永乐环保农药制剂、实宝来大型游乐设备等一批重点项目建成投产或运营。中国（乐亭）拉美产业园完成规划编制，加速搭建国际经贸合作平台。

（三）以项目建设为抓手，实现新旧动能转换提速。持续实施数量质量“双提升”计划，加速项目集聚，实现量质齐增。全县实施固定资产投资1000万元以上重点项目202个，涉及总投资355.6亿元，其中亿元以上项目61个；完成工业技改投资100.27亿元，增长22.4%；高新技术产业增加值增长43.3%；大众创业、万众创新活力全面激发，新登记各类市场主体5184家，增长64.7%，诚成肥业、鼎晖食品成功挂牌上市，新增规模以上工业企业13家，高新技术企业2家，科技型中小企业50家，科技小巨人企业5家。

（四）坚持统筹发展，城乡经济与城乡建设齐头并进。把发展现代服务业作为拉动城乡经济快速增长的新引擎，服务业增加值完成144.35亿元，增长9.9%，增速全市第一；规模以上服务业营业收入实现20.19亿元，比上年增长93.8%；新增规模以上服务业企业11家；金融业增加值增长10.3%；旅游业接待游客和创收分别增长116.5%和132.6%。年内实施重点农业项目29个，在全市农业产业化项目观摩活动中综合排名第一。完成中心城区控制性详细规划，实施重点道路雨污分流等市政工程，城市管理更加精细，被授予省“洁净城市”称号。小城镇建设加快推进，阎各庄镇入选全省重点培育的100个特色小镇。深化美丽乡村建设，扎实开展12个专项行动，大力推进“四美五改”，投资8489万元对42个省级重点村实施452个建设项目，韩坨村被评为“省级美丽乡村”，农民群众生产生活环境显著改善。

（五）倾力增进民生福祉，群众幸福感、获得感明显增强。县委、县政府为群众办的十大实事工程全部兑现。民生投入力度持续加大，涉及1991户的棚户区改造工程加快推进，提前实现高中全部进城，与北京市解放军301、安贞等知名医院开展合作，群众居住、就学、就医条件显著提升。全年城镇新增就业5601人，城镇登记失业率控制在3.02%以内，群众有了更多获得感。

（六）抓落实、重实干的氛围日益浓厚，优良政治生态加速形成。认真落实市委“四个干”机制，在县级干部中持续开展“九个一”活动，在乡科级单位实施重点工作任务项目化管理，在全县营造出夙兴夜寐、激情工作的干事环境。大力培育和践行社会主义核心价值观，夯实全县人民团结奋斗的共同思想基础。扎实开展“两学一做”学习教育，在省市率先推行党员先锋指数管理，树立起“自己提拔自己”的鲜明用人导向，有效激发了广大干部干事创业热情。严格落实党风廉政建设“两个责任”，形成风清气正的优良政治生态。

这些成绩的取得，是在中央和省市委正确领导下，全县广大干部群众同心同德、拼搏奋斗的结果，在此，我代表县委向全县各级党组织和广大干部群众致以衷心的感谢和崇高的敬意！

2017年是党的十九大胜利召开之年，是实施“十三五”规划的关键一年，做好今年经济社会发展各项工作意义重大。关于当前经济形势，中央和省市经济工作会议作了深刻分析。我们要自觉把乐亭发展放到国际国内大形势、大背景中来分析、研判和谋划，不断提升抓好各项工作的战略把控力、宏观指导力和微观决断力。最根本的是以习近平总书记系列重要讲话精神引领航向，坚决贯彻中央和省市委决策部署，走好加快转型、量质齐增、跨越提升的新路，加快建设沿海强县美丽乐亭，在全省增比进位，在全国争创百强。最关键的是立足乐亭实际，既要把握稳中求进的总基调，又要进中求快、快中求好，牢牢抓住招商引资上项目这个中心，打造重大产业支撑，持续扩大经济总量，调整优化经济结构，加快新旧动能接续转换，推动经济发展质量和效益不断提升。最紧要的是树立问题导向，补齐在经济发展、城乡建设、社会事业发展中的短板，引导经济社会朝着更高质量、更有效率、更加公平、更可持续的方向发展。最有效的是严格落实“四个干”机制，在县级干部中开展“九个一”活动，在乡科级单位实施重点工作任务项目化管理，强化责任担当，大兴求真务实之风，明确目标，精准发力，以钉钉子精神狠抓工作。

今年工作的总体思路是：全面贯彻党的十八大和十八届三中、四中、五中、六中全会精神，深入贯彻习近平总书记系列重要讲话精神，统筹推进“五位一体”总体布局，协调推进“四个全面”战略布局，认真落实中央、省、市经济工作会议和县第十三次党代会提出的目标任务，牢固树立和贯彻落实新发展理念，适应把握引领经济发展新常态，坚持以招商引资上项目为中心，大力实施“123348”战略，落实“四个干”机制，解放思想、奋发作为，扩大开放、改革创新，全面做好稳增长、促改革、调结构、惠民生、防风险各项工作，促进经济又好又快发展与社会和谐稳定，加快建设沿海强县美丽乐亭，在全省增比进位，在全国争创百强，以优异成绩迎接党的十九大胜利召开。

2017年全县经济社会发展的主要目标是：地区生产总值同比增长7.5%以上，规模以上工业增加值增长8%以上，服务业增加值增长8.5%以上，一般公共预算收入增长10%，固定资产投资增长25%以上，社会消费品零售总额增长10%，进出口总额增长5%，实际利用外资增长5%。每万元生产总值能耗和二氧化碳排放量、化学需氧量、二氧化硫、氨氮和氮氧化物排放量、PM2.5平均浓度、森林覆盖率均完成市达任务。城镇和农村居民人均可支配收入均增长8.5%，城镇登记失业率控制在4%以内。这些指标的设定，考虑了与上级指标计划的相互衔接，也契合了“十三五”规划任务，体现了建设沿海强县美丽乐亭、在全省增比进位、在全国争创百强的客观需要，既积极向上又照顾实际，经过努力是完全可以实现的。各级各单位要深刻理解、准确把握，全力做好经济社会各项工作，确保乐亭发展提质升级、行稳致远。

今年要着力抓好以下七个方面的工作。

一、扎实开展“重大产业支撑项目攻坚年”活动，精准抓实项目建设，完善产业体系

做大产业规模、优化产业结构、提升产业层次既是转变发展方式的重要抓手，也是增强发展实力的主要支撑。我们把今年确定为“重大产业支撑项目攻坚年”，就是要明确战略重点、主攻方向，合力而为。

（一）大力发展园区经济，切实把园区这个主战场打造成引领发展的“火车头”。园区是集聚项目、壮大产业、拉动经济、支撑增长的主战场。要全力建设河北乐亭经济开发区，加快220KV变电站、滨海小镇、二滦河大桥、华阳区域能源中心、东区路网、地下管网等重大基础设施工程建设，持续提升承载能力，确保年内引进产业项目30个以上，其中开发区自行引进10亿元以上项目不少于3个，主营业务收入增长45%以上、固定资产投资增长50%以上、税收增长20%以上。城区工业聚集区要进一步扩区增容，年内至少引进千万元以上项目15个，主营业务收入增长30%以上、固定资产投资增长35%以上、税收增长20%以上。要把开发区（园区）改革摆在更加突出位置，进一步明确两个园区的职能定位，突出抓项目、抓税收、抓管理、抓基础设施四个重点，在目标任务和具体措施上细化量化，压实责任，强化考核，真正把开发区（园区）建设成为拉动县域经济增长的强大引擎。

（二）以六大产业体系为引领，统筹抓好重大产业项目实施。要围绕精品钢铁、临港化工、装备制造、新型能源、食品医药、健康养老六大产业体系，狠抓河钢乐亭临港基地、旭阳石油炼化、境界二期、凯源镍铁、祥云飞龙、中船重工、北环新能源电动汽车等重大产业项目不放松，确保项目按照时间节点要求加快推进。要强化项目推进机制，继续实行县级干部分包项目制度，以上率下，层层传导，推动落实；持续开展项目观摩测评，看新不看旧，看实不看虚，充分发挥测评结果指挥棒作用，对排名靠前的单位在干部选拔、评优评先上优先考虑，对排名靠后的单位进行全县通报；坚持重点项目建设调度、管理、考核机制，对北京曙光药业等在建项目拉出清单、倒排工期、挂账督办，没有开工或开工后没有进度的要向县委、县政府作出说明；要对重大产业项目实行一个项目、一套班子跟踪服务，对推诿扯皮、工作不力的严肃问责，千方百计推动项目开工建设、运营投产。要按照“一二三产一齐抓、抓大不放小”的思路，年内突出抓好100个千万元以上新开工项目，其中亿元以上项目35个，10亿元以上项目不少于6个，洽谈签约储备项目200个以上，形成“氛围浓、项目多、见效快”的良好局面。

（三）举全县之力推进河钢乐亭临港基地项目，打造县域经济发展的重大支撑。该项目是省、市委举全省、全市之力推动钢铁产业向沿海转移的重大项目，对河北、唐山钢铁产业布局优化和产业转型升级具有重大意义，也必然对我县经济总量扩张和产业结构优化产生巨大推动作用，必须举全县之力来保证项目顺利推进。要按照开工时间倒排任务，把一项项任务落实到具体时间节点，与河钢集团搞好对接，抓紧协调解决项目产能指标、煤炭消费指标、环保排放指标等问题，全力跑办用海测量组卷、区域环境影响报告书、子项目立项、铁路规划调整等各项工作，确保4月开工建设。特别是要按照绿色、智能的定位，坚持高端化发展方向，以全流程节能环保技术优化和资源能源高效利用为前提，最大限度实现清洁生产、绿色制造，引领河北、唐山钢铁产业再创辉煌。

（四）强化全员招商、专业招商，进一步拓展对外开放的深度和广度。继续加强与经济文化顾问和知名商会协会的沟通联系，重点对京津产业转移项目“深耕细作”，选派更多挂职干部，加大小团组招商、驻点招商力度，全年引进京津项目不少于40个。积极对接长三角、珠三角等地区，向上海和江浙地区派驻招商小组，力争收获更多南资北移、港资北移成果。按照国家级标准打造中国（乐亭）拉美产业园，积极探索深化国际互联合作，全年争取入驻项目10个以上。抓住省市生产力布局向沿海推进的有利机遇，大力承接省市产业布局调整项目，形成全方位对外开放的大格局。着力加强招商引资规范化建设，出台统一政策，避免打乱仗。实行分工负责制，进一步明确引进单位、招商部门与落户园区的责任，切实做到各司其职、衔接有序。建立洽谈时“评估”、签约前“会诊”、落地后“跟踪”一条龙工作机制，确保项目在各个环节科学高效推进。要瞄准生产基地在乐亭、总部注册在外地的企业，打好感情牌、政策牌，争取把更多税收留在乐亭。

二、主动把握新旧发展动能加快转换的时代特征，千方百计推动实体经济增长与转型互促互动

实体经济是经济发展的根基。我们必须把振兴实体经济摆在突出位置，围绕调结构、稳市场、防风险、提效益、增后劲，有效落实“三去一降一补”五大任务，加快新旧发展动能转换。

（一）坚持抓传统产业转型与新兴产业培育并举，铸强工业经济支柱。就当前乐亭的发展阶段来讲，加快做大总量是题中之义，乐亭的产业转型既不是单纯的“凤凰涅槃”，也不是单纯的“腾笼换鸟”，而是要加快提档升级，走“增量带动”和“存量优化”的并行之路。一方面，要坚持统筹谋划、分类指导，加快改造提升传统产业。积极引导企业利用先进技术提升生产工艺、优化产品结构，全力淘汰落后产能，不断向价值链高端攀升。全年要确保完成规模以上工业总产值314亿元以上，同比增长8%以上；实施省、市重点技改项目5个以上；完成工业投资167亿元，增长25%；完成技改投资121亿元，增长21%。要坚决完成去产能的政治任务，今年市里明确提出我县要化解炼铁产能22万吨、炼钢产能29万吨，我们已经签订了责任书、立下了军令状，必须按时保质完成任务，确保企业稳定、社会稳定，发改局要结合相关部门拿出具体意见。另一方面，要坚持内引外联、拓展提升，逐步推动新兴产业增量扩面。重点实施境界实业二期50万吨/年甲醇制高清洁燃料、北京海德润生物医药、北京燕化永乐二期等一批战略性新兴产业项目，积极推进新一代信息技术在企业研发设计、生产过程控制、管理营销等全流程的应用，争取打造1个具有“智能制造”“互联网+”特色的亮点项目，培育2～3家省、市级两化融合重点企业。

（二）深入挖掘优势潜力，促进现代服务业发展提速突破。乐亭县沿海临港、资源丰富、要素聚集，发展现代服务业有优势、有潜力。今年唐山港货物吞吐量将达到5亿多吨、集装箱达到220万标箱，已经进入由大进大出向优进优出的转型期。我们要依托港口，以服务工业经济为方向，高度关注货流带来的产业聚集，充分发挥水路、公路、铁路联运优势，加大临港物流项目招商引资力度，培育壮大临港物流产业，加快形成集运输、仓储、代理、加工、信息于一体的现代物流体系，促进实体经济发展。要大力推动消费加快升级，促进传统商贸业繁荣发展，进一步提升冀东国际农产品物流中心、老呔商城和民俗风情街的功能和品位，挖掘消费潜力，构建新型商业街区，打造城市商业综合体。要积极推动红蓝绿三色旅游互动发展，加快李大钊纪念馆和故居全国红色旅游经典景区建设步伐，加大滦河口生态旅游区开发建设力度，拓展旅游业发展空间。要充分运用“互联网+”模式，发展电子商务等新型流通业态，加强与知名网站、电商的合作，突出培育线上平台，推进商业模式和营销网络创新，实现线上线下一体化经营。

（三）充分发挥科技创新驱动力，掀起新一轮创新创业热潮。要深入推进产学研合作，发展产业技术创新联盟，推进既有企业与京津高校、科研院所优势互补、深度融合，大力引进科技型企业，推动更多科技成果在乐亭转化。要充分发挥城区工业园区中小企业“孵化器”作用，以增加产品附加值为方向，进一步延伸和完善中小企业服务平台功能，努力形成大众创业、万众创新的火热局面。全年高新技术产业增加值要增长15%以上，新增各类市场主体3500家以上，中小微企业500家以上。要争取引进一批高端创新人才，建立有效的人才引进及流动机制，重点面向京津引进一批带技术、带成果的创新团队。要认真落实各项优惠政策，切实为科技创新发展创造良好环境。

（四）全面提升服务精准度，大力培植有助于实体经济减负前行、加速成长的“优质土壤”。要坚持“强服务是本职、优服务是天职”理念，对大企业大集团实施一企一策、一事一策，重点服务、重点保障；对优势成长型企业强化要素支持、政策扶持；对面广量大的中小企业简化服务流程，提升审批效能，实现企业追求与政府支持的同频共振。要充分发挥政府的桥梁纽带作用，积极搭建银企对接、产销衔接平台，加快推动个转企、小升规、规改股、股上市，年内新增规模以上工业企业10家以上。要鼓励和引导更多企业通过挂牌上市降低融资成本，今年力争新增“新三板”及以上挂牌企业2家。要高度关注防范金融风险去杠杆，健全重点行业、重点企业风险预警防控机制，确保我县金融生态安全有序、健康稳固。

（五）强化要素配置，提高准入门槛，实现发展质量、发展效益的不断提升。要创新供地模式，坚持土地供给指标分配有保有压，优先保障重大支撑项目的用地需求。要深入开展“僵尸企业”清理工作，腾出更多发展空间，经济开发区和城区工业园区要切实摸清底数，完成“僵尸企业”出清。要为重大项目扫清障碍，不断强化环境容量、燃煤指标等要素保障，下大决心解决项目占地遗留问题。要提高市场准入标准，对不符合国家产业政策、低水平重复建设的项目坚决禁入、淘汰，对跑马圈地、成长性不强、贡献度不大的企业坚决摒弃，最大限度提升经济发展质量和水平。

三、以深化农业供给侧结构性改革为方向，大力推进现代农业“接二连三”创新发展、提质增效

农业提质增效是农民增收的核心。要以创建农村产业融合发展试点示范县为契机，深入推进农业供给侧结构性改革，加快现代农业发展步伐。

（一）以现代农业园区建设为引领，不断提高农业产业化、集约化、规模化、组织化水平。要树立全域园区理念，以省级环城现代农业园为引领，以姜各庄、中堡两个市级园区为重点，发挥技术集成、产业融合、核心辐射功能，整体推进高端设施农业发展。要突出抓好土地流转工作，通过经营权流转、股份合作、代耕代种、土地托管等多种方式推进农业规模经营。要积极引导农民在自愿的基础上，通过村内互换并地等方式，实现按户连片耕种，年内确保实现新增土地流转面积200公顷。要大力延伸产业链条，年内农业产业化经营率要达到76.3%。要积极培育农业经营主体，年内打造省级标准农民专业合作社2家以上，新发展家庭农场和专业大户50家以上，形成多元化主体共同参与、相互促进的格局。

（二）以农业重点项目建设为切入点，发展壮大加工型农业龙头企业，不断提增农产品附加值。要立足我县优质农产品资源，把培育和发展精深加工型农业龙头企业作为现代农业发展的主攻方向，今年每个乡镇（街道）至少要抓一个精深加工型的农业项目。要大力推广“龙头企业+合作社+农户”经营模式，引导现有龙头企业主动参与到园区建设中来，建立起“捆绑经营”和“订单模式”，在提高企业效益的同时，最大程度降低农户经营风险。要加大对农业企业的扶持力度，加快推动新希望六和、诚成肥业等重点企业上项目、扩规模，努力培育一批收入超亿元的农业企业。

（三）以果菜、畜禽、水产等产业为重点，不断提高农产品品种和科技支撑水平。要突出加快种业创新步伐，实现品种的更新、研发、提纯以及优良品种的引进、推广、普及，尽快构建产学研相结合、育繁推一体化的现代种业体系，年内繁育优质果品和蔬菜种苗要分别达到500万株和5000万株以上。要大力发展特色规模畜禽养殖，提高养殖效益。要科学有序开发滩涂资源，支持集约化海水健康养殖，发展现代化海洋牧场，推进远洋捕捞。要大力培养新型职业农民，积极引进农业专家和科技人才，建立健全新型农业社会化科技服务体系。要大力推进“互联网+现代农业”发展，加快建立农业农村大数据实验室，将农业科研与推广应用相结合，推进新技术、新产品的转化应用与示范推广。

（四）以农产品“品牌化”建设为突破口，不断提升综合竞争力和市场开发水平。要建立健全农产品质量安全追溯体系，积极开展无公害农产品、绿色、有机食品和农产品地理标志认证，年内制定修订农业标准5种以上，开展农产品标准化生产和“三品一标”质量认证10种以上，建设果菜标准园10个、畜禽养殖标准化示范场（小区）5个。要积极争创一批名优产品，年内创建省级名优品牌2个，积极培育“乐亭桃”“呔诚”等成为县域公用品牌。要进一步加强与北京、天津以及国内各大城市的对接，年内建成一批占地333.33公顷以上的优质农产品生产基地，万事达、丞起等直供北京“绿色”农产品供应基地要达到1333.33公顷。

四、突出美丽乐亭特色，提升新型城镇化发展水平

以建设中等城市为目标，统筹推进县城建设、特色小镇建设和美丽乡村建设，不断提升县城和镇区吸纳人口、集聚产业的作用，全面提升新型城镇化发展水平。

（一）着眼补齐短板，梯次推进重大基础设施建设。在完成控制性详细规划基础上，坚持适度超前与满足急需相结合，科学编制消防、电力、通信、供水、供热、地下管线等专项规划，完善“多规合一”的规划体系。要突出解决城乡混居、规划不同步等问题，以实施县城攻坚行动破题开路，完成发展大路周边区域棚户区改造，启动重要基础设施关联节点城中村搬迁改造，年内确保再搬迁改造1000户。坚持“外通”与“内顺”并举，探索多元化投资模式，统筹推进重大交通项目和镇村道路建设，启动新东外环、发展大路南延、腾飞西街及西外环道路工程，完成马大线、汀会毛线、九间房至滦河口段道路改建等工程，不断完善县域交通体系。加强公共基础设施建设，加快城南供热站、天然气门站、城南水厂等工程建设，改造提升北外环水厂，关闭城区自备井，实施中燃翔科公司搬迁工作，全面完善城市综合功能。

（二）着眼自我发展，提升经营城市水平。积极探索国有建设用地、公共空间、公共基础设施等方面的价值产出点，在确保公共服务功能的基础上，以经营城市产出反哺城市运行。加强重要交通枢纽、医教功能区、公园水系、城区工业园区等关键区域周边的国有建设用地收储，把握供地节奏，实现国有建设用地增值。围绕河钢乐亭临港基地建设随迁人群、棚户区改造货币化安置人群的住房需要，加快去库存，稳步推进房地产开发，培育新的经济增长点。探索供水、供热等公共服务市场化经营之路，不断完善社会化服务体系。

（三）着眼内涵提升，不断加强城市管理。对照县级全国文明城市标准，全面开展对标创建，集中攻坚，不断提升文明城市创建水平。积极推进城管综合执法改革，科学界定城管部门管理与服务职能，提升城市管理水平。全面推进城市数字化管理，进一步整合资源，完善网格化管理，提高城市管理综合效能。加强城市基础设施日常维护，保证各种设施效用正常发挥。建立市政设施建设监管机制，落实防范措施，确保市政工程高质量。推进城区污水处理厂科学运行，加大污水处理费征缴力度。加强对违章建筑、露天烧烤、施工扬尘、门店外溢、马路市场等问题的治理，打造良好的城市秩序。

（四）着眼乡土特色，科学推进小城镇建设。依托历史文化、产业基础、资源禀赋，构建分工合理、功能互补、特色鲜明、协同发展的新型城镇体系。汀流河、姜各庄、阎各庄三个镇要放大重点镇优势，明晰定位，特色发展。汀流河镇要做足产城融合发展文章，着力推动特色产业、优势企业、重点项目和各类发展要素快速集聚，推进农民就地城镇化。姜各庄镇要依托特色优势产业，注重完善生产生活生态配套，拉开发展框架。阎各庄镇要探索深化“扩权强镇”实施路径，启动实施阎各庄小石庄中心社区（富鑫家园）省级中心村建设项目，配套完善基础服务设施，建成旅游服务、商贸流通功能叠加的现代新型社区。其他乡镇也要因地制宜，明确提升重点，努力打造各具特色的现代小城镇。

（五）着眼乡愁记忆，进一步增强美丽乡村的吸引力。以实施“四美五改·美丽乡村”行动为载体，与现代农业、乡村旅游、生态建设相结合，由点到片、由片到面，统筹实施30个省级重点村道路硬化、村庄绿化等“12个专项行动”。加强农村环境综合整治，大力实施“三清一拆”和秸秆禁烧专项行动，探索长效管护模式，引入社会资本解决农村垃圾治理、污水处理等问题。加大清洁燃烧炉具、灶具、沼气等能源化利用技术的普及应用，年内推广高效清洁燃烧炉具10000台（套）。突出抓好农村大中型沼气工程，扩大联户供气规模。积极推进农发行贷款项目，实施农村村内道路硬化工程，不断提高美丽乡村建设水平。

五、狠抓落实落地，全面深化各领域改革

坚持把改革放在牵动全局的重要位置，精准落实中央、省市重大改革举措，突出重点领域和关键环节，实现发展活力最大化释放。

（一）以效率、担当为标准，深化政务服务体制改革。要以我县被列入全省59个“进一步扩权的县”为契机，在更广领域、更大范围把改革引向深入。深化“放管服”改革，全面建立清单管理制度，持续推进简政放权，提高权限下放承接落实能力，完善事中、事后监管，大力推行“互联网+政务服务”，最大程度方便群众和企业。深化行政审批体制改革，按照上级要求成立行政审批局，由行政审批局负责直接实施职责范围内的行政审批事项，强化过程监管和服务支撑，不断提升行政效能，努力实现“一颗印章管审批”。

（二）以搞活、增收为重点，深化财税金融改革。全面落实绩效预算改革目标要求，加强财政资金监管，千方百计保运转、保民生。积极培植工业税源，增加工业税收在公共财政收入中的占比，加大非税收入征收力度，进一步增加收入、增强实力。积极对接省财政直管县政策，建立经济开发区、城区工业园区项目、税收一起抓的工作机制，强化乡镇税收征管责任，健全完善财税征管体制。进一步搞活金融市场，规范资本运营，引导县内各类银行积极向上级争取政策支持，不断创新贷款投放模式，优化存贷款比例，助力县域经济发展。积极推进投融资体制改革，探索推行重大基础设施项目PPP模式，支持县属融资平台公司创新经营方式，降本提效，保证资金科学合理使用，为县域发展提供支撑。

（三）以创新、增效为主线，深化农村综合改革。落实农村土地承包经营权“三权分置”办法，年内完成所有村农村承包地和集体土地确权登记颁证工作。深入推进农村股份合作制改革，加快镇级农村产权交易平台建设，形成城乡一体的产权交易市场体系。加快供销合作社改革，构建更具活力的为农服务体系。以中国供销集团与海航集团合作成立供销大集入驻为契机，推进冀东国际农产品物流中心改制，拓展农产品线上线下销售渠道，优化农产品物流体系。围绕农村产业融合发展试点示范县建设，打造10个示范乡镇、100个示范村，以农业园区为载体，创新农业发展机制和经营模式，推动农村第一、第二、第三产业融合发展。

六、以满足群众需求为导向，着力办好一批可感可见的实事好事，提升人民群众获得感

发展的成效最终要体现在群众幸福指数的提升上。我们必须牢固树立以人民为中心的发展思想，持续用力，久久为功，让有限的财力发挥更大作用，让群众共享改革发展成果。

（一）科学谋划实施“十大实事工程”。围绕改善住行环境、扩大创业就业、加强社会保障、提升教育医疗水平等方面科学谋划一批重点民生项目和惠民工程，向全县人民作出庄严承诺，年底必保完成。今年的“十大实事工程”，要特别突出一个“实”字，既尽力而为，又量力而行，不开空头支票，真正把群众最盼、最急、最忧、最想的事情办好办实。

（二）切实提升社会保障水平。坚持办好人民满意的教育，进一步改善办学条件，培养名校、名师、名校长，狠抓师德、师风建设，提高各学段教育教学质量，争取高考再创佳绩。深化医药卫生体制改革，加快构建分级诊疗制度，在县医院新建6000平方米综合楼，在中医院建设残疾人托养中心，在全省率先架构云医疗健康管理平台，提高医疗水平。深入实施“全民参保登记计划”，城乡居民社会养老保险综合参保率达到95%以上。落实就业创业政策，确保城镇新增就业4000人。扎实做好双拥工作，积极发展慈善事业，促进计生管理服务创新，强化社会救助托底功能，织密织牢社会保障安全网。

（三）不断加快文化体育事业发展。实施文化惠民工程和文化精品战略，抓好县图书馆、博物馆、文化馆改造升级，年内力争10个以上乡镇文化综合服务中心达到三级站以上标准，在农村实现文化信息资源共享工程、村文化活动室、有线电视、农家书屋、文化广场“五个全覆盖”。制定出台我县加快发展文化产业的实施意见，培育壮大文化企业，推进文化与多产业融合发展。大力弘扬传统文化，做好乐亭大鼓、皮影、地秧歌等国家级非物质文化遗产的保护和传承。积极推动全民健身，不断完善体育基础设施，启动县游泳馆和羽毛球馆建设，丰富群众活动场所，力争引进省和国家级体育赛事，扩大乐亭知名度。

（四）持续改善生态环境。强力实施大气污染防治，抓好重点企业除尘设施升级改造及散料堆场、秸秆垃圾焚烧、露天烧烤、餐饮业油烟排放等点面源污染深度治理，确保年内PM2.5平均浓度持续下降，空气质量全市领先。倡导绿色生产方式和消费方式，抓好农村散煤替代和清洁能源高效集中利用，推进畜禽养殖废弃物处理和资源化利用。扎实开展水污染治理攻坚工作，重点开展地下水超采综合治理，加强古滦河生态水系和长河垃圾清理，打造水清河净、水绿交融的靓丽风景。做好城乡绿化工作，年内新增造林866.67公顷以上。持续开展“零点行动”“利剑斩污”专项行动，严厉打击破坏生态环境的违法犯罪行为，提高执法威慑力。

（五）扎实推进平安乐亭建设。围绕为党的十九大胜利召开打造安全稳定的社会环境，全面加强平安乐亭建设各项工作。加强社会治安综合治理，依法打击各类违法犯罪行为，加强重大节会期间安保工作。严格落实信访稳定主体责任和属地责任，坚持领导干部接访下访、包案督访等制度，深入开展矛盾纠纷隐患排查，大力推进诉访分离，将信访纳入法治化轨道。全面推进依法治县，打造法治政府，促进司法公正，推进司法公开，做好“七五”普法宣传。严格落实安全生产责任制，盯紧重点区域、重点企业、重点部位落早、落实、落细，严防发生安全生产事故。加强食品药品安全治理，进一步巩固省级食品药品安全示范县创建成果，积极推进社会共治，全力维护食品药品安全，确保社会大局和谐稳定、人民群众安居乐业。

七、凝心聚力抓落实，以崭新的面貌和精神状态推进乐亭各项事业不断向前

县乡党委换届已经完成，新班子要有新气象、新思路、新作为。各级干部特别是领导干部要把落实中央和省市县委决策部署作为政治责任，强化担当，努力提升抓落实的本领，让乐亭发展呈现出真真切切的变化。

（一）精准确定工作重点。发展工作千头万绪，各级各部门特别是“一把手”，要善于抓主要矛盾，紧贴县委工作中心，围绕全县发展大局，认真分析把握乐亭现状，充分运用系统思维和实事思维，科学确定本部门本单位的工作方向、目标、思路、重点和举措，按照彦龙书记强调的“交换—比较—反复”方法，切实做到干什么精准、怎么干得力、谁来干明确、什么时间干成清楚，一抓到底，立干立成。

（二）坚持提升能力素质。面对新形势、新任务，全县党员干部都要增强能力恐慌感，不断加强知识学习、加强调研思考、加强实践历练，打破思维定式，全面增强经济发展新常态下的战略思维能力、统筹施策能力、抢抓机遇能力、驾驭形势能力、依法执政能力、防控风险能力。要深入学习、系统研究“互联网+”行动计划、“中国制造2025”、产业技术联盟、创客空间、城市经济等发展新形势、新业态，形成工作的新思路、新办法，努力成为引领经济发展新常态的行家里手，推动乐亭更好更快发展。

（三）树立鲜明用人导向。干事、干成事关键在用人。我们必须树立起鲜明用人导向，引导广大党员干部通过干事干成事，实现“自己提拔自己”。特别是要结合全市“抓机遇、促转型、干成事、出亮点”活动和治理不作为、慢作为、乱作为专项行动，深入推进机关作风整顿，挖掘正反两方面的典型，让担当实干的人受到激励，让碌碌无为的人感到不安，让胡作非为的人得到惩戒，打造形成干事创业的浓厚氛围。

（四）大兴实干苦干之风。经济发展新常态下实现转型升级、跨越提升，艰难险阻肯定不少。我们必须保持“咬定青山不放松”的战略定力，强化敢于担当的责任意识，朝着既定目标一步一个脚印地走下去，一项一项要进度，一件一件抓落实，持之以恒、长抓不懈，直到抓出成效、抓出业绩。必须发挥“啃硬骨头”的拼搏精神，憋足一口气，铆足一股劲，不服输、不退缩，在难题面前敢于开拓，在矛盾面前敢抓善管，在风险面前敢担责任，逢山开路、遇水搭桥，拿出过硬措施一个一个清除发展中的障碍，把好的思路、好的蓝图变为现实。

同志们，展望新的一年，机遇与挑战并存，希望与责任同在。让我们紧密团结在以习近平同志为核心的党中央周围，以更加饱满的政治热情、更加振奋的精神状态、更加务实的工作作风，坚定信心，迎难而上，开拓进取，真抓实干，朝着建设沿海强县美丽乐亭、在全省增比进位、在全国争创百强目标加速前进，以优异成绩向党的十九大献礼！

同志们，中国共产党乐亭县第十三届委员会第一次全体会议的议程，经过全体委员的共同努力，已经圆满完成。现在我宣布：中国共产党乐亭县第十三届委员会第一次全体会议胜利闭幕！

政府工作报告

——2017年2月27日在乐亭县第十六届人民代表大会第一次会议上

乐亭县人民政府代县长　张福林

各位代表：

现在，我代表乐亭县人民政府，向大会作工作报告，请审议，请县政协各位委员和列席会议的同志提出意见。

一、十五届政府工作回顾

2012年以来，在县委的坚强领导下，在县人大、县政协的监督支持下，全面贯彻落实上级各项决策部署，紧紧围绕乐亭发展大局，牢固树立新理念，主动引领新常态，深入践行“四个干”工作机制，经济社会发展态势强劲、亮点纷呈。

五年来，我们致力于扩总量、提质量，县域经济实现增比进位。紧紧扭住发展这个第一要务，担当实干，砥砺前行，开创了经济逆势上扬的大好局面。2016年，完成地区生产总值345.18亿元，比2012年增长30.4%，年均增长8.1%；一般公共预算收入12.23亿元，比2012年增长50.43%，年均增长10.75%；固定资产投资209.96亿元，比2012年增长156.7%，年均增长31.2%；第三产业增加值144.35亿元，比2012年增长44%，年均增长10.1%；规模以上工业增加值75.52亿元，比2012年增长35%，年均增长9%；实际利用外资8982万美元，比2012年增长58.9%，年均增长17%；进出口总额35190万美元，比2012年增长125.9%，年均增长23%；城镇居民人均可支配收入31378元，比2012年增长41.5%，年均增长9.5%；农民人均可支配收入14789元，比2012年增长43.9%，年均增长9.7%。主要经济指标增速连续3年保持全市领先水平。县域经济快速发展入选“唐山市十大亮点工程”。作为全国落实相关政策措施成效明显的20个县（市、区）之一得到国务院督查表扬，并从发行企业债券“直通车”等六方面给予激励措施。

五年来，我们致力于抓招商、促协同，项目建设后来居上。连续开展“项目建设提升年”等活动，率先精准对接京津，推行挂职招商、经济文化顾问招商，充分汇集各方智慧和力量，持续深挖一体化发展这座“金矿”，全面开发南资北移这个“富矿”，招商引资和项目建设数量不断攀升，质量持续提高。协同发展成效显著，引进北环新能源汽车等一批有规模、有科技含量、有发展前景的产业项目，与解放军307医院等单位合作共建了一批社会事业项目。五年累计实施千万元以上项目346个，其中亿元以上项目100个；引进京津项目75个，建成运营29个；引进世界500强企业4家、国内500强企业11家、高新技术企业8家。项目建设一举甩掉“落后”帽子，连续3年保持了全市先进地位。

五年来，我们致力于夯基础、提档次，园区经济不断迈上新台阶。举全县之力汇聚各类要素，推进项目集聚，打造产业集群，开发区功能优势持续释放。经济开发区晋升省级开发区和“循环经济示范试点”，成为“京津冀开发区创新联盟”首批会员单位。基础设施建设累计投入50多亿元，供电、道路、燃气、给排水、污水处理等一批基础工程加速推进，建成企业59家、在建56家。2016年，主营业务收入、税收分别完成 382.28 亿元和 6.51 亿元，年均增长 40.1% 和 81.5%，位列全省 150 家经济开发区第 34 位。城区工业园区被确定为全国首家县级中小企业孵化基地和省级重大项目孵化器，基础投入突破 11 亿元，入驻企业 50 多家，成为产城融合发展的重要支撑。对接国家“一带一路”倡议，把握唐山举办“中拉企业家峰会”机遇，以“区中建园”模式在经济开发区规划建设“中国（乐亭）拉美产业园”，并与巴西、智利等拉美国家建立业务往来，国际交流合作迈出坚实步伐。

五年来，我们致力于强增量、优存量，转型升级步伐持续提速。坚持提升现有、培育新兴并重，加减乘除并举，加快推进转型升级。2016 年，新增高新技术企业 2 家，高新技术产业增加值增速 43.3%，在规模以上工业增加值中占比达到 19.8%。五年累计完成工业投资 415.5 亿元，技改投资 289.4 亿元，规模以上工业企业达到 74 家，比 2012 年增加 41 家；科技型中小企业达到 145 家；市场主体达到 2.1 万户，比 2012 年增加 10391 户。鼎晖食品石交所上市，诚成肥业“新三板”成功上市，实现历史性突破。

五年来，我们致力于提品质、增优势，现代农业加速二次腾飞。第一、第二、第三产业融合发展迈出新步伐，农业产业化经营率达到 76%。冀东国际农产品物流中心等龙头骨干项目相继建成，有效带动了农产品流通、加工和附加值的提升；环城现代农业示范园区被命名为省级现代农业园区，丞起现代农业示范区被命名为全国休闲农业与乡村旅游五星级示范园。农民专业合作社达到 886 家，其中国家级示范社 3 家、省级 12 家、市级 45 家，发展联合社 7 家，培育家庭农场 97 家。农产品检测合格率达到 99% 以上，“乐亭甜瓜”荣获国家地理保护产品，培育省级著名商标 8 个、河北省名牌产品 8 项，顺利通过“国家农业综合标准化示范县”验收，入选“全国一二三产业融合发展试点示范县”。以农民为投资主体，在全省首家建成拥有 22 艘远洋渔船的捕捞船队。全面深化与北京二商、一轻、首农等农业领军企业的多领域合作，农产品外向度和竞争力进一步增强。农村集体产权确权登记等工作有序推进，为深化农村改革奠定了基础。

五年来，我们致力于抓规模、增亮点，第三产业实现长足发展。扎实推进国家级电子商务进农村综合示范县建设，电子商务实现村级全覆盖，阿里巴巴“农村淘宝”等电商平台良性运营，多种地方特色农产品上线销售，网络交易额快速增长。“一站多能”的乐亭模式在全省推广，作为唯一县区代表在“2016 中国（河北）电子商务发展论坛”上作典型发言。健康养老、文化创意、教育培训等新型服务业态发展迅速，规模以上服务业企业累计达到 37 家。李大钊纪念馆、故居功能更加完善，全国红色经典景区创建有序推进，先后荣获多项国家级荣誉。滦河口生态旅游区开发、乡村旅游全面推进，临港物流业繁荣活跃。2016 年，社会消费品零售总额达到 132.84 亿元，比 2012 年增长 54.5%，年均增长 12.3%。

五年来，我们致力于抓内涵、促统筹，城乡建设实现良性互动。中等城市建设迈出坚实步伐，建成区面积达到 17.9 平方千米，人口 14.62 万人。县域规划实现“多规合一”、全域覆盖。着力推动县城硬件水平大提升，公共空间得到拓展优化。老呔商城、民俗风情街等一批地标性建筑相继完工。县城扩容在省市率先起步，新一轮全市规模最大的旧城搬迁改造正在有序推进。发展大路、新水厂、新汽车站等一批市政设施和保障性住房等民生工程投入使用，古滦河生态公园等园林景观建成开放。大力推进“产城教”融合发展，不断丰富城市历史文化元素，县城更加宜居宜业。建设“社会主义核心价值观涵育基地”，巩固提升“三城”联创成果，城市管理保持了先进地位，荣获“河北省人居环境奖”，入选省级“洁净城市”。特色小城镇和内涵式美丽乡村实现良性互动。阎各庄镇入选全省重点培育的 100 个特色小镇，黄坨村、大黑坨村、苑张庄村、韩坨村被评为“省级美丽乡村”，农村面貌发生积极变化，生产生活条件不断改善。无害化厕所基本实现全覆盖，全市第一；基本消灭农村危房；率先实现城乡公交一体化。

五年来，我们致力于提效能、重生态，两个环境建设取得新成效。认真落实“四个干”机制，县级干部、乡科级干部扎实开展“九个一”活动和重点工作任务项目化管理，深入一线、靠前指挥，充分发挥了以上率下作用。全面推进“放管服”

改革，优化营商环境，“投资乐亭、事事畅通”的环境品牌进一步打响。积极探索“互联网+政务服务”“网上审批、网上监察”经验在全市推广。坚持绿色发展理念，健全完善网格化责任体系，形成全社会齐抓共管环境保护的良好局面。深入落实《中华人民共和国环保法》《中华人民共和国大气污染防治法》《中华人民共和国水污染防治法》等法律法规，加强环境执法，推进重点行业、重点领域深度治理，圆满完成主要污染物减排任务，PM2.5平均浓度持续下降，空气质量连续3年保持全市第一。造林绿化加速推进，全县森林覆盖率提高3.5个百分点。

五年来，我们致力于保民生、增福祉，人民群众获得感得到新提升。连续开展实事工程，一批民生问题得到有效解决。城镇、农村居民人均可支配收入增幅始终保持在8%以上，位居全市前列。县体育中心、特教学校等重点工程投入使用。积极推进教育资源整合，实现高中全部进城，引进民办教育，举办高等职业教育，教育格局不断优化，顺利通过国家义务教育均衡发展评估验收。稳步推进医药卫生体制改革，云医疗健康管理平台两大模块在全省率先运行，县医院与解放军307医院共建肿瘤专科技术协作医院。新中医院投入使用，新农合补偿水平位居全市前列。全面加强文化名县建设，乐亭大鼓、皮影、地秧歌这些国家级非物质文化遗产在传承中发展，公共文化服务体系不断完善，乐亭文化影响力进一步扩大。继续保持“全国文化先进县”“中国曲艺之乡”“中国民间文化艺术之乡”等多项荣誉。大力实施科技兴县战略，被评为“全国科普示范县”“全国科技进步先进县”，防震减灾工作连续两年荣获全国先进单位称号。双拥工作蝉联“全国双拥模范县”五连冠。社保、就业、城乡低保、扶贫济困等工作稳步推进，社会保障体系更加健全。全面开展信访维稳、安全生产、食品药品安全、打击侵犯知识产权等多项攻坚行动，连续两次被评为“全国平安建设先进县”，获得“省级食品药品安全综合示范县”“河北省人民防空系统先进集体”等多项荣誉，社会保持了和谐稳定的良好局面。民族宗教、邮政、通信、金融、保险、发改、统计、国土、电力、审计、气象、残联、档案、防灾减灾、民兵武装等工作也都有了新进步。

在推动经济社会发展的同时，更加重视和加强政府自身建设。深入开展“党的群众路线教育”“三严三实”“两学一做”“解放思想大讨论”“爱唐山、做贡献”等主题实践活动，牢固树立“四个意识”，全面落实“八项规定”，坚决反对“四风”，忠诚、干净、担当、实干的良好风貌基本形成。扎实推进依法行政，维护公平正义，政府法制化水平持续提升。聚焦“八破八立”，深化机关作风整顿，强化履职能力，行政效能和执行力显著增强。自觉接受人大法律监督、政协民主监督和社会监督，人大代表建议、政协委员提案按时办复率100%。

各位代表，在多重困难挑战并存的形势下，我们顶住了压力，战胜了挑战，经受了考验，取得这样的成绩实属不易。这是市委、市政府和县委坚强领导的结果，是全县上下团结奋斗的结果。在此，我代表县政府，向全县人民，向人大代表、政协委员、人民团体和各界人士，向驻乐部队、武警官兵、政法干警，向关心支持乐亭发展的老领导、老同志，向所有为乐亭发展做出积极贡献的同志们、朋友们，表示衷心的感谢并致以崇高的敬意！

肯定成绩的同时，我们也清醒地看到乐亭在发展中还存在不少困难和问题：一是沿海临港优势发挥不充分，对外开放水平不高，综合经济实力与面临的机遇和优势相比还不相称，与争创全国百强县的目标有较大差距。二是产业结构不够优化，传统产业占比大，新兴产业体量小，工业经济小而弱，产业层次偏低，新的发展动能有待增强；土地、资金、环境容量等要素制约有待进一步破解。三是财税结构不尽合理，新增税源少，税源支撑弱，财税收入组织力度有待加大，财政收支矛盾依然突出。四是新型城镇化发展不足，城乡发展仍有很多短板，农村基础设施欠账较多。五是民生稳定压力较大，环境保护、安全生产等任务繁重。六是政府职能转变还不到位，个别部门、个别干部思想不够解放，精神状态不佳，担当意识不强，能力本领还不能完全适应新形势的要求，营商环境还有待进一步提升，等等。对此，我们一定坚持问题导向，强化责任意识，以担当进取的作风、革故鼎新的勇气，奋力开创政府工作新局面！

二、十六届政府目标任务和 2017 年重点工作

新一届政府履职的五年，是全面建成小康社会的决胜阶段，更是乐亭加速崛起、增比进位、实现跨越发展的关键时期。展望未来，随着京津冀协同发展、“一带一路”倡议深入实施，“中国制造 2025”“互联网 +”行动计划等经济新动能不断释放，乐亭将迎来发展机遇最为集中、综合优势最能有效释放、跨越提升最为有利的“黄金发展期”。乐亭县第十三次党代会紧跟时代步伐，把握大势，顺势而为，科学描绘了未来五年发展的宏伟蓝图，激发了全县人民干事创业、在新常态下展现县域发展新作为的昂扬斗志。我们一定要牢牢把握机遇，凝聚力量，乘势而上，共同谱写建设“沿海强县、美丽乐亭”的新篇章！

今后五年，我们必须全力实施“123348”发展战略。“1”，即坚持建设沿海强县美丽乐亭、在全省增比进位、在全国争创百强“一个目标”；“2”，即打造园区经济、城区经济“两大板块”；“3”，即打好沿海、京津、人文“三张牌”；“3”，即激发改革、开放、创新“三大动力”；“4”，即突出扩充经济总量、做强产业支撑、加快发展速度、提升发展质量“四大任务”；“8”，即培育壮大精品钢铁、临港化工、装备制造、新型能源、现代农业、海洋产业、食品 · 生物医药、现代服务业八大产业。

今后五年，我们必须坚决贯彻县委十三次党代会确定的指导思想：全面贯彻党的十八大和十八届三中、四中、五中、六中全会精神，以邓小平理论、“三个代表”重要思想、科学发展观为指导，深入学习贯彻习近平总书记系列重要讲话精神，坚持“五位一体”总体布局、“四个全面”战略布局和“五大发展理念”重要遵循，坚决落实省委“四个加快、六个扎实”和市委“四个干”要求，深入实施“123348”发展战略，积极适应把握引领经济发展新常态，大力推进供给侧结构性改革，坚定走加快转型、量质齐增、跨越提升新路，牢牢抓住招商引资上项目这个“牛鼻子”，充分发挥沿海临港优势，扩大双向开放，增强综合实力，推进发展共享，全面建成小康社会，加快建设沿海强县美丽乐亭，在全省增比进位，在全国争创百强。

今后五年，我们要全面建成小康社会，让全县人民过上更加殷实和宽裕的小康生活；加快建设沿海强县美丽乐亭，在全省增比进位，在全国争创百强。建设沿海强县美丽乐亭，我们要抓住“强”和“美”两个关键，“强”要提升实力，繁荣昌盛；“美”要幸福和谐，生态宜居。在全省增比进位，在全国争创百强，我们既要“补”，又要“追”，“补”要补齐短板，固本培元；“追”要换挡提速，跨越发展。

今后五年，我们要在综合实力、转型升级、改革开放、城乡统筹、人民生活、生态文明、社会文明七个方面实现突破。全县地区生产总值和一般公共预算收入年均增长速度保持全市领先水平，固定资产投资年均增长 22% 以上。工业投资年均增长 23% 以上，技改投资年均增长 20% 以上。农业产业化经营率达到 77.5%。服务业增加值年均增长 7.5% 以上。实际利用外资和进出口总额增速高于全市平均水平。城镇化率达到 54% 以上。城乡居民人均可支配收入年均增长 8% 以上。空气质量保持全市领先，绿色、低碳、循环发展模式初步建立。社会文明程度和公民文明素质显著提高。

五年看头年。2017 年是实施“十三五”规划的重要一年，也是全面落实县第十三次党代会精神的开局之年，做好全年工作意义重大。我们将深入贯彻中央和省市决策部署，在县委的坚强领导下，牢固树立新理念，精准把握新机遇，主动引领新常态，自觉把乐亭发展置于河北“四个加快”“六个扎实”和唐山“三个努力建成”“三个走在前列”工作大局之中，唱响“四个干”和“实干兴乐”主旋律，按照“细致、精致、极致”的要求，统筹推进经济增比进位和各项事业全面进步。主要目标：地区生产总值同比增长 7.5% 以上，规模以上工业增加值增长 8% 以上，服务业增加值增长 8.5% 以上，一般公共预算收入增长 10%，固定资产投资增长 25% 以上，社会消费品零售总额增长 10%，进出口总额增长 5%，实际利用外资增长 5%。城镇和农村居民人均可支配收入均增长 8.5%，城镇登记失业率控制在 4% 以内。重点抓好以下九方面工作。

（一）坚持把握优势机遇，着力在协同开放上展现新作为。牢牢把握京津冀协同发展、“一

带一路”倡议深入实施、唐山打造沿海经济增长极等重要机遇，打好“沿海”“京津”“人文”三张牌，持续扩增经济总量，提升发展质量。进一步放大沿海临港优势。树立强烈的沿海意识和开放思维，拉开大框架、构建大格局，努力把得天独厚的优势发挥到最大化，把各类要素、项目、产业全面向沿海推进，依港兴县、依海崛起。进一步加强与京唐港、曹妃甸港的功能对接，推进商港建设，统筹谋划运用好铁路、高速等综合交通体系，提速港产城互动，做大临港物流等各类产业发展的新优势。坚持节约、集约、有效利用滩涂荒地资源，承接重大项目，培育与资源区位相匹配的临港产业集群。依托产业和港口，提高进出口产品承接力，下大力培育县内进出口企业。年内主要经济指标增速保持全市先进水平。持续扩大对接京津成果。充分发挥驻京津团队等多方力量的作用，强化与京津冀经济部门、商会、企业的联系，全面掌握转移和对接的重点，在产业项目、社会事业、公共服务等方面高效对接、全面发力。精准搭建承接平台，围绕延伸主导产业链、培育新兴产业，吸引更多建材、化工、生物医药等重点领域项目入驻；全力服务已落户项目，确保早见成效。积极引进教育、医疗、健康养老、文化旅游等社会公共服务项目，借势发展。年内引进京津项目不少于40个，实施投资10亿元京津合作项目3个以上。坚持做大国际合作新样板。主动融入“一带一路”建设，大力推进对外开放。全面提速“中国（乐亭）拉美产业园”发展，完善基础配套功能，加大宣传推介力度，加速人才集聚培养，吸引更多国际国内战略投资者，促成全方位、多领域交流合作，年内争取入驻项目10个以上。

（二）坚持重大项目产业支撑，着力在招商引资、项目建设上展现新作为。坚定不移地把抓招商、上项目、扩大有效投资作为一切工作的“定盘星”、县域发展的“顶梁柱”，大力实施“重大产业支撑项目攻坚年”活动，加速壮大产业集群。举全县之力抓实抓牢以河钢乐亭临港基地等为龙头的项目建设。河钢乐亭临港基地、凯源镍铁、祥云飞龙、中船重工等重大项目，对我县经济总量扩张和产业结构优化具有巨大推动作用，必须举全县之力保证其顺利推进。要调动一切可以调动的力量，运用一切可以运用的办法，千方百计搞好对接服务，有什么问题解决什么问题，务求取得重大突破。要更加关注项目总量，做到“一二三产项目一起抓、大中小项目一起上、内外资项目一起引”，在做大总量中调优存量。要更加关注项目质量，从财政贡献率、产业关联度、企业发展前景等方面严格把关，突出抓好一批对产业转型有正向拉动作用的项目、符合供给侧结构性改革要求的项目、有利于提高全要素生产率的项目、能催生新项目的“母体”项目、对财政贡献大的项目，真正形成新的增长点。要更加关注项目进度，实施全过程“保姆式”服务，确保顺利推进，对迟迟不能履约的及时清退。年内，突出抓好100个千万元以上新开工项目，其中亿元以上项目35个，10亿元以上项目不少于6个，洽谈签约储备项目200个以上。全力以赴打造重大产业支撑。围绕做强产业链、拓展新领域，全力推进精品钢铁、临港化工、装备制造、新型能源、食品医药、健康养老六大产业渐次崛起，构筑县域经济发展的“四梁八柱”。大力发展精品钢铁产业。抓住河北钢铁布局调整机遇，举全县之力推进河钢乐亭临港基地、凯源镍铁等重大项目，着力推动德龙、中厚板等钢铁企业优化升级，打造汽车板、船舶板等智能化、高端化的钢铁制造基地。大力发展临港化工产业。加快境界高清洁燃料二期等项目建设，做大做强煤制甲醇、焦油深加工、粗苯精制煤化工产业链；以燕化永乐为龙头，抓好环保型农药及医药中间体、水性材料漆、特种行业防腐漆、石墨烯电解液等项目，壮大化工产业集群，打造全国重要的临港化工基地。大力发展装备制造产业。瞄准汽车组装及部件、集成建筑、环保设备、工程机械等重点领域，引进培育一批先进装备制造业项目落户，尤其是着力推进北环新能源电动汽车、中船重工重装码头等龙头项目加快建设，提升我县装备制造业对县域经济的贡献率。大力发展新能源产业和循环经济。用足用好富集的海上风电资源，重点发展风电装备制造、风机安装及维护相关产业，积极推进沼气、地热能源开发利用，壮大再生资源利用等循环经济，加快祥云飞龙再生资源综合利用等重点项目建设，打造全省沿海新型能源和循环利用基地。大力发展食品医药产业。依托城区工业园区，积极承接北京药企转移，加快生物医药项目建设，力促食品加工业做大做强，争取每年引进食品医药企业6家以上，不断壮大食品·生物医药产业集群。大力发展健康养老产业。立足滦河口生态旅游区的优质生态资源，深化与实力雄厚的大集团、大公司合作，逐步打造集生态旅游、健康医疗、养老养生为一体的健康养老产业集群。以大手笔、大气魄、大作为，持续优化招商格局，提升招商质量。坚持“统一政策、统一标准、统一模板、统一关口、统一跟踪”，整合招商政策，发挥导向作用，提高招商引资精准度。按照增比进位要求，逐级拉出招商清单，明确任务、压实责任，建立洽谈时“评估”、签约前“会诊”、落地后“跟踪”一条龙工作机制，确保项目在各个环节科学高效推进。坚持全员招商、专业招商并重，选调懂经济、善招商的精干力量，打造专业团队；广泛调动各界力量充分参与，进一步浓厚全员招商氛围。深入推进驻点招商、挂职招商、小团组招商、产业链招商、企业主体招商，向京津、上海和江浙地区派驻招商小组，瞄准京津、长三角、珠三角以及世界500强、国内500强，盯住省市转型企业，开展“一对一”“点对点”招商，力争引进更多大项目、好项目。精准对接上级政策，围绕特色产业、城乡基础设施、民生工程等重点，抓好项目谋划包装申报，争取更多项目进入上级“盘子”。

（三）坚持强化园区功能，着力在做强跨越发展主阵地上展现新作为。深化开发区各项改革，强化抓招商引资上项目、抓基础设施、抓税收、抓管理“四大职能”，引进先进理念和管理机制、运营模式，不断增强发展动力和创新活力。经济开发区瞄准千亿级园区目标，按照“区中建园”思路，细化功能分区，重点发展精品钢铁、临港化工、装备制造等核心主导产业，在体量、效益、贡献方面全力谋求新突破。优化土地等要素的配置办法，提升配套功能，确保东区路网及配套设施、烟台道南延、220千伏变电站等工程建成完工，加快推进华阳区域能源中心、二滦河大桥、滨海小镇等重点工程。年内，引进产业项目30个以上，其中开发区自行引进10亿元以上项目不少于3个，主营业务收入增长45%以上、固定资产投资增长50%以上、税收增长20%以上。城区工业园区进一步扩区增容，提升创新服务功能，重点围绕食品、医药、轻工电子、现代服务、科技企业孵化等谋划发展。推进上海航天蒸汽管网、唐山天然气管网等基础设施项目和高科六路北段、创业一街东延等路网工程。年内，至少引进千万元以上项目15个，主营业务收入增长30%以上、固定资产投资增长35%以上、税收增长20%以上。

（四）坚持转型升级，着力在加快新旧动能转换上展现新作为。深入推进供给侧结构性改革，提高全要素生产率，突出抓好“三去一降一补”五大任务，走“增量带动”和“存量优化”并行之路，让发展更具生机和活力。以久久为功的韧劲，大力培育新技术、新产业、新业态、新模式，打造转型新动能。重点实施海德润生物医药等一批战略新兴项目，力争高端装备制造、生物医药、新能源、新材料、节能环保等领域率先突破。以健康养老、临港物流、滨海休闲旅游为重点，大力发展现代服务业，推动产业向高端化发展。借势与京津的协同创新，巩固扩大与知名高校、创新团队、重点科研项目的对接联系，争取更多项目落户乐亭，实现成果转化。年内力争打造1个具有“智能制造”“互联网+”特色的亮点项目，培育2～3家省市级两化融合重点企业，新开工新兴产业项目13个以上，高新技术产业增加值增长15%以上。改造提升旧动能，让传统产业在新常态下迸发新活力，带动实体经济发展壮大。优化生产要素配置，延伸产业链条，推动产业向价值链高端攀升。抓好重点企业技改项目，增强企业竞争力和市场占有率。全面加强银企合作，降低企业运营成本。大力盘活停产、半停产企业，加快处置“僵尸企业”，积极稳妥化解过剩产能。年内，实施省、市重点技改项目5个以上；完成工业投资167亿元，增长25%；完成技改投资121亿元，增长21%。完成规模以上工业总产值314亿元以上，同比增长8%以上。坚持以增加农民收入、保证有效供给为核心，以提高农业供给质量为主攻方向，提高综合效益和竞争力。改造提升传统商贸服务业，推进重点商贸区域和领域开发。深度推进大众创业、万众创新，培育壮大各类市场主体。借势

"互联网+"新动能，大力推进国家级电子商务进农村综合示范县建设，依托城区工业园区等基础优势，着力构建立体式、多元化的创新创业平台，拓展"双创"空间，鼓励"四创联动"，吸引更多优秀人才到乐亭施展才华。加大市场准入、要素配置等政策支持力度，推动"个转企、小升规、规改股、股上市"。年内，争取新增规上工业企业10家以上、高新技术企业2家以上，中小微企业500家以上、科技型中小企业45家以上，各类市场主体3500家以上。

（五）坚持提质增效，着力在深化农业供给侧改革上展现新作为。深度推进农业与第二、第三产业融合发展，优化产业体系、生产体系、经营体系，提高土地产出率、资源利用率、劳动生产率，扩大比较优势。加强创新引领，提升科技支撑能力和成果转化能力。重点推动绿昕公司与河北科技师范学院综合实验站等项目，壮大丞起、金畅等企业种苗繁育能力，年繁育优质果蔬种苗5500万株以上。加快中国农科院蔬菜花卉研究所与鸿春农业公司的新品种、新模式实验基地建设，继续开展省蔬菜产业创新团队在万事达等3个合作社的示范实验。科学有序开发滩涂资源，支持海水养殖集约化发展，建设现代化海洋牧场，推进远洋捕捞。积极引进农业专家和科技人才，培育新型农民。大力发展"互联网+现代农业"，推进新技术、新产品转化应用与示范推广。做大做强特色优势产业，提升标准化、品牌化、市场化水平。围绕农业综合标准化示范县建设，修订农业标准5种以上、"三品一标"质量认证10种以上，建设果菜标准园10个、畜禽养殖标准化示范场（小区）5个。加快制定县级公用品牌培育方案，重点将"呔诚""乐亭桃"等商标培育成为县域农业公用品牌，争创省级名优品牌2个以上。对接北京、天津等国内大城市，建设一批占地333.33亩以上的优质农产品生产基地，直供北京绿色农产品供应基地达到1333.33万亩，优质特色农产品纳入二商、首农销售渠道。加快清洁农业建设步伐，提升可持续发展水平。积极推广农业清洁生产技术、生产模式，降低农产品质量安全风险，促进农业节本增效。大力推行高效生态循环的种养模式，加大清洁能源普及应用，推广使用清洁炉具10000台，突出抓好大中型沼气工程，扩大联户供气规模。探索建立可持续运营管理机制，推进农业废弃物资源化利用，逐步提高农作物秸秆综合利用率。发展壮大精深加工型农业龙头企业，提升农产品附加值。以入选"全国一二三产业融合发展试点示范县"为契机，坚持"接二联三"方向，将初级的种养殖与精深加工结合起来，把丰富的农业资源变成终端产品，拓展农业产业链、价值链。大力推广"龙头企业+合作社+农户"经营模式，推行"捆绑经营"和"订单生产"，提高企业效益，最大程度降低农户经营风险。加快推动新希望六和等重点企业上项目、扩规模。精心组织实施果菜、畜禽、水产等联合体，形成农产品精深加工产业带，积极打造全产业链，提升农产品核心竞争力。年内每个乡镇（街道）至少要抓一个精深加工型的农业项目，农业产业化经营率达到76.3%。积极发展适度规模经营，提升现代农业示范区建设标准。重点扶持发展环城现代农业园区和姜各庄、中堡万事达等省市级园区建设，加快推进国家级可持续发展示范区创建。积极推动土地流转规模经营，新增流转面积200公顷，力争市级以上农业园区基本实现规模流转。大力培育新型农业经营主体，争取打造省级标准农民专业合作社2家以上，发展家庭农场和专业大户50家以上。抓好中低产田改造、高标准农田建设、节水灌溉、滦河治理等工程，为农业提质升级创造条件。

（六）坚持统筹互动，着力在推进城乡一体化发展上展现新作为。瞄准中等城市目标，按照以城带乡、城乡互动，以产促城、产城融合要求，加快新型城镇化步伐，推动城乡一体化发展。大力实施攻坚行动，让县城更具魅力。坚持适度超前与满足急需相结合，完成控制性详规，科学编制各类专项规划，完善"多规合一"的规划体系。推进县城扩容升级，全面实施发展大路周边区域棚户区改造，启动重要基础设施关联节点城中村搬迁改造。完成马大线、汀会毛线、九间房至滦河口段道路改建等工程，启动新东外环、发展大路南延、腾飞西街及西外环道路工程。启动庞各庄220千伏变电站和县城北外环110千伏变电站建设，加快新供热站、天然气门站、城南水厂、雨污管网等工程，改造提升北外环水厂，实施中燃翔科公司搬迁。坚持“产城教”融合发展，依托城区工业园区、冀东国际农产品物流中心等平台，打造城市商业综合体，活跃城市经济。积极探索国有建设用地、公共空间、公共基础设施等方面的价值产出点，在确保公共服务功能的基础上，以经营城市产出反哺城市运营。全面加强城市数字化、人性化、精细化、效能化管理，进一步浓厚历史文化气息，争创2017年度河北省人居奖，提升群众的幸福感和舒适度。着力培育典型亮点，让小城镇彰显特色。积极探索各具特色的新型城镇化发展路径，打造高质量的特色小城镇。完善城镇功能分区和产业布局，提升公共服务等综合配套水平。因地制宜推进汀流河、姜各庄、阎各庄三个重点镇建设，以业兴镇，发展特色园区、培育特色产业、建设特色专业市场，推动扩容升级，辐射带动周边乡村发展。探索实施现代农业园区和农村新型社区“两区”联建，启动省级中心村项目——阎各庄小石庄中心社区（富鑫家园）建设。突出抓好内涵建设，让美丽乡村宜居宜业宜游。统筹实施“12个专项行动”，提升建设质量和档次。积极推进农发行贷款项目，研究多元化投资方式，改造农村水利、电力、道路等基础设施。围绕红、绿、蓝三色旅游资源和特色农业，重点打造观光、休闲、体验相结合的生态文化旅游田园综合体。加强农村环境综合整治，引入社会资本解决农村垃圾治理、污水处理等问题。全面深化农村各项改革，激活农业农村内生发展动力。

（七）坚持开源节流，着力在做实财税金融工作上展现新作为。更加注重财税贡献率，夯实税源基础，优化税收结构，活跃金融局面，为县域经济发展提供有力支撑。推进财政增收。大力培育工业等骨干税源，加大非税收入征缴力度，拓宽财源，增强实力。帮助骨干企业、重点行业准确掌握政策和市场导向，及时规避风险，确保税收稳定增长。坚持项目、税收一起抓，确保建设、投产等各阶段的税收合法合规留在县内。瞄准生产基地在乐亭、总部注册在外地的企业，打好感情牌、政策牌，争取在本地纳税。健全完善财税征管体制机制，做强综合治税平台，推进依法治税，强化乡镇（街道）、各级各单位的征管责任和协税护税意识，堵塞漏洞、消除盲点，确保应收尽收。精准对接省财政直管县政策，努力把各类有利因素运用到极致。完善政府预算体系，最大限度压减“三公”经费，优先保障民生和重大项目。加快金融创新。强化融资平台监管，保障资金科学规范运转，降本提效。力争把国家去产能资金、专项建设资金、地方政府置换债券、鼓励新兴产业发展等一系列政策运用到最大化。充分发挥融资平台作用，加强与国开行、农发行等金融机构的对接联系，探索推行重大基础设施项目PPP模式，在棚户区改造、基础设施建设、农村环境改善等方面争取更多信贷支持。深化政银企合作，积极开发金融产品，切实提高金融服务实体经济和改善民生的能力。全面防范金融风险。抓好企业上市。帮助企业转变观念、推行现代管理模式，通过挂牌上市，拓宽融资渠道，提升竞争实力。今年力争新增“新三板”及以上挂牌企业2家。加快推进企业债券发行工作，为发展注入新动能。

（八）坚持绿色发展，着力在优化生态环境上展现新作为。牢固树立“绿水青山就是金山银山”的理念。大力发展循环经济，严格产业准入，依法严厉打击一切破坏环境的违法行为，建设天蓝地绿水清的美丽乐亭。年内，每万元生产总值能耗和二氧化碳排放量、化学需氧量、二氧化硫、氨氮和氮氧化物排放量、PM2.5平均浓度、森林覆盖率均完成市达任务。强力实施大气污染治理。坚决落实国家和省市决策部署，加快重点节能减排工程建设，持续推进环保深度治理。巩固10蒸吨以下燃煤锅炉治理成果，大力实施清洁能源替代工程，加快农村洁净型煤推广。加大秸秆垃圾禁烧整治力度，加强道路扬尘、建筑工地扬尘和散料堆场治理，严格防治面源污染。完善重污染天气应急预案，科学预警，精准应对，确保PM2.5平均浓度持续下降，空气质量全市领先。大力开展水污染治理。深入贯彻国家“水十条”，全面推行“河长制”，确保滦河、长河断面水质全部达标。进一步规范企业污水排放，安装在线监测设备并联网运行，达到纳水要求的企业污水全部纳入污水处理厂。推进水源地安全防护，开展地下水超采综合治理。全面关闭城区自备井。有力推进土壤污染治理。全面落实“土十条”，坚持源头严控，分级管理，确保土壤安全。

加强农业面源污染防治，建立科学合理的垃圾处理系统。同时，大力开展生态修复，完成造林绿化 866.67 公顷以上，推动森林覆盖率持续提高。

（九）坚持以人为本，着力在增进民生福祉上展现新作为。统筹抓好各项民生事业，切实把惠民利民的实事工程谋划得更具体、落实得更扎实，让人民群众有更多获得感、幸福感。让社会事业更加繁荣。扎实推动教育改革，寻求与京津优质学校联合办学，提升各阶段教育教学质量，争取高考再创佳绩；加强师资队伍建设，塑树良好师德师风；加大教育投入，做好河北省教育督导评估工作，办好人民满意教育。深化医药卫生体制改革，加快构建分级诊疗制度，在中医院建设残疾人托养中心，在全省率先架构云医疗健康管理平台。培育践行社会主义核心价值观，深化文明城市等各项创建活动，唱响主旋律，汇聚正能量，提升公民文明素质和社会文明程度。大力实施文化惠民工程，健全县乡村三级文化服务体系，推进乡镇文化综合服务中心建设，实现农村文化信息资源共享工程等“五个全覆盖”。大力发展体育事业和体育产业，完善群众体育基础设施，启动建设县游泳馆、羽毛球馆等体育健身场所，开展全民健身行动。积极承办省以上体育赛事。继续做好双拥工作，保持全国领先水平。统筹推进人防、档案、计生等各项事业发展。让保障体系更加完善。全面推进社保体系建设，城乡居民社会养老保险综合参保率达到 95% 以上。深入落实就业创业政策，城镇新增就业 4000 人以上。进一步强化农民工工资支付和劳务派遣等工作。探索医养结合养老模式，拓宽社会化养老方式。做好五保供养和城乡低保工作，实现应保尽保。积极发展慈善救助、扶贫济困事业，强化社会化救助托底功能。让社会环境更加和谐。围绕为党的“十九大”胜利召开打造安全稳定的社会环境，全面加强平安乐亭建设。加强社会治安综合治理，依法打击各类违法犯罪，强化重大节会期间安保工作。以群众工作统揽信访工作，严格落实信访稳定责任制，坚持领导干部接访、包案制度，增强源头预防能力，着力化解信访积案。严格落实安全生产责任制，盯紧重点区域、重点企业、重点部位“落早、落实、落细”，严防安全生产事故发生。巩固省级食品药品安全示范县创建成果，积极推进社会共治，全力维护食品药品安全，确保社会大局和谐稳定、人民群众安居乐业。

重任千钧唯担当。“建设沿海强县美丽乐亭、在全省增比进位、在全国争创百强”的目标已经非常明确。这是县委的正确决策，是全县人民的热切期盼，更是政府系统义不容辞的责任。我们必须坚定信心、矢志奋斗，以“钉钉子”精神狠抓落实，抓铁有痕、踏石留印，撸起袖子加油干，确保圆满完成各项任务。

三、加强政府自身建设

历史的重任，时代的挑战，对新一届政府提出了更高要求。唯有加强政府自身建设，才能保证工作有效落实。

大兴学习之风，扎实开展“两学一做”，坚持用先进理论武装头脑、指导实践，做到学以致用。创造性地贯彻上级政策，拓宽谋划发展的思路，强化推进发展的措施，提升领导发展的能力，全面推进学习型政府建设。

牢记群众观点，坚持把群众利益放在首位，常怀惠民之心、恪守为民之责、善谋富民之策、多办利民之事，以实际行动取信于民、造福于民。把为民服务作为政府工作的不懈追求，努力把人民群众的美好向往尽快变成现实，让发展成果更多的惠及全县人民，提升群众幸福指数。

加快政府职能转变，以深化扩权强县改革为契机，全面抓好“放管服”等各项改革，大力推行“互联网 + 政务服务”，打通信息孤岛，让信息多跑路、让群众少跑腿。加强事中事后监管，做到该放的放开、该管的管好，让市场和社会活而有序。深化行政审批体制改革，按照上级要求成立行政审批局，不断提升行政效能，进一步优化发展环境。

坚持依法行政，推进综合执法改革，坚决纠正不公不严，全力维护社会公平正义。严格执行政府议事规则，完善法律顾问制度，做到重大事项事前讨论和集体研究决定。自觉接受人大法律监督、政协民主监督和社会各方面监督，认真办理代表建议、委员提案。深化政务公开和政府信息公开，及时回应群众关切，保持良性互动，忠实履行宪法和法律赋予的职责。

大力倡导“马上就办、办就办好”的作风，

敢于担当、事争一流。加强调查研究，深入一线察民情、接地气、出实招。坚持“三个区分开来”，激发政府工作人员干事创业内生动力。深化机关作风整顿，完善责任机制和督查机制，各项工作都要做到高标准、严要求。严格落实“四个干”，全面提升政府执行力。

树牢“四个意识”，时刻与以习近平同志为核心的党中央保持高度一致，坚决维护县委权威。始终坚持把纪律和规矩挺在前面，严格执行《中国共产党廉洁自律准则》《中国共产党纪律处分条例》，加强和规范党内政治生活，落实党内监督责任。深入践行“四种形态”，全面落实“八项规定”，坚决反对“四风”，在依法用权、干净用权中保持廉洁，在守纪律、讲规矩、重名节中严格自律，不断开创廉洁政府建设新局面。

各位代表，时代赋予发展重任，奋斗才能铸就辉煌。让我们更加紧密地团结在以习近平同志为核心的党中央周围，在中央和省市县委的坚强领导下，开拓奋进、主动作为，夙兴夜寐、激情工作，为“建设沿海强县美丽乐亭、在全省增比进位、在全国争创百强”而努力奋斗！

大　事　记

1月

6日　乐亭县举办“阳光青年”文艺志愿者服务队成立首场演出暨河北广电乐亭分公司宽带及高清互动业务开通仪式，各乡镇（街道）、县直单位、企业团组织负责人以及“阳光青年”文艺志愿者服务队全体成员140余人参加活动。

6—7日　乐亭县教育工作接受市教育工作督导评估组综合督导评估，并以高标准通过评估考核。

7日　副市长李国忠到乐亭县调研项目建设情况，深入河北乐亭经济开发区供水项目、上海电气风电装备制造项目、境界甲醇制高清洁燃料项目和冀东国际农产品物流中心实地查看，听取相关情况汇报并进行座谈。县委书记王东群、县长董立群等县领导陪同。

是日　县红十字会举行第四期“蓓蕾计划”救助金发放仪式，乐亭镇、毛庄镇、乐安街道等14个乡镇（街道）的70余名贫困学生得到爱心企业及个人捐助的助学金和学习用品。

9日　县委书记王东群、县长董立群等县领导率全县多家单位负责人观摩指导由吉林仟客莱饲料科技有限公司投资、唐山仟客莱生物科技有限公司兴建的年产24万吨饲料及饲料添加剂项目。

10日　中共乐亭县县委十二届六次全体（扩大）会议在县文化中心礼堂召开。出席全会的有县委委员42人，候补委员8人。不是县委委员的县四大班子成员及其他在职副县级干部，曾任县级实职的离退休老干部、军休干部代表，县纪委全体委员，市党代表和部分县党代表，驻乐部队正团级单位主要领导，规模企业主要负责人，不是县委委员、候补委员的各乡镇（街道）、县直各单位党政主要负责人和部分党员干部代表列席会议。县委书记王东群作题为《用党员干部的辛苦换取乐亭发展大跨越、群众福祉大提升》的讲话。县委副书记、县长董立群作县委《关于制定乐亭县国民经济和社会发展第十三个五年规划的建议（讨论稿）》的说明。会议审议并通过了这个建议。

是日　县公安局组织民警开展第30个全国公安机关“110宣传日”宣传活动，县四大班子相关领导参加。

11日　北京海德润生物医药项目开工建设。该项目坐落于县城区工业聚集区，占地面积7.73公顷，总投资3.87亿元，建设中药前处理、中药提取、保健品制剂生产、健康产业等项目。

12日　县文联、县书法家协会联合举办的“下基层迎新春春联笔会”在胡家坨镇泗沟港村举行，全县20名书法家现场为村民书写春联。

13日　省工信厅副厅长童腾飞到乐亭县调研项目建设情况，深入河北乐亭经济开发区旭阳化工项目、供水项目、上海电气风电装备制造项目、境界甲醇制搞清洁燃料项目和冀东国际农产品物流中心实地查看，听取相关情况汇报。县委书记王东群、县长董立群等陪同。

是日　第四届乐亭县道德模范先进事迹首场报告会在李大钊纪念馆报告厅举行，县委相关领导出席。

是日　县文广新局在县文化中心举办中国象棋比赛，全县30余名象棋爱好者参赛。

14日　团县委组织青年志愿者到汤家河镇王家伙房村农村淘宝村级服务站，结合年货节开展志愿服务活动，为村级服务站年货节活动的开展增添了光彩。

15日　经省爱国卫生运动委员会评定，庞各庄乡获2015年度“河北省卫生镇”称号，是2015年度全市唯一获此称号的乡镇。乐亭镇关帝庙村、马头营镇八里桥村、阎各庄镇前罗庄村、古河乡齐庄子村、毛庄镇何官营村、姜各庄镇向阳坨村、大相各庄乡榆林村获“河北卫生村”称号。

中旬　李大钊纪念馆网站入选全国首批党性教育基地网上展馆，并正式上线共产党员网。

17日　团县委联合唐山阳光公益组织开展“春雨行动”助学送温暖活动，走访慰问胡家坨镇、姜各庄镇和汀流河镇的15户贫困学生家庭，赠送价值3000余元的米、面、食油、过冬衣物和学习用品。

20日　县红十字会举行“红十字博爱送万家”救助物资发放仪式，为县内77户贫困家庭发放价值2.3万余元的大米、面粉和食用油。

21日　北京军区某部队为县图书馆捐赠图书《强军之路》10卷、《军队新的历史使命论》《军旅英才》等，共200册。

21—22日　“动岚杯”职工乒乓球比赛在县体育中心举办，全县基层33支代表队180余人参赛。县人大、县政协相关领导出席开幕式并观看比赛。

23日　由县广播电视台新闻频道和县文广新局联合主办，县电视台新闻综合频道《咱村咱事》栏目组承办的首届“农行杯”农民新春大联欢在县文化中心礼堂举办，县政协相关领导与社会各界观众共同观看演出。

24日　县委常委班子召开“三严三实”专题民主生活会。市委组织部副部长赵明阁、市委第六巡回督导组组长单立军等到会指导。县委书记王东群主持会议。县委副书记、县长董立群，县委副书记黄玉刚，县委常委周桂强、张福林、刘彩恩、安爱军、张国勇、孙自生、李强、李亚峥参加会议。县人大常委会主任孟宪福、县政协主席于红列席会议。

25日　县政府党组召开“三严三实”专题民主生活会，县委副书记、县政府党组书记、县长董立群主持会议，副县长张福林、张国勇、赵长玺、董志毅参加会议。董立群代表县政府党组和各位班子成员作表态发言并强调，要把这次专题民主生活会作为新的起点，以更大力度抓好作风建设，以更大力度加强班子自身建设，努力把县政府党组建设成为政治坚定、务实创新、执政为民、团结和谐、清正廉洁的坚强领导集体，为全面建设沿海强县美丽乐亭而不懈奋斗！

26日　国家卫计委网站公布《全国爱卫会关于2015年国家卫生城市（区）和国家卫生县城（乡镇）复审结果的通报》，乐亭县城顺利通过复审，被全国爱卫会确认为“国家卫生县城”。

27日　乐亭县与上海航天机电有限公司总投资5亿元的多元能源项目选址县城区工业聚集区，并签订协议。县委常委、常务副县长张福林等出席签约仪式，县政协副主席王学兵代表乐亭县签署协议。

31日　市委常委、组织部长丁荣进到乐亭县检查指导安全生产工作，并走访慰问困难群众。县委书记王东群等陪同。

是日　县委书记王东群、县长董立群、县人大常委会主任孟宪福、县政协主席于红等四大班子领导对特困职工、困难群众和复员军人、老党员、离职村干部集中开展走访慰问活动。

是日　乐亭县2016年新春文艺汇演在县文化中心礼堂举行，王东群、董立群、孟宪福、于红等县四大班子领导观看演出。

是月　在团中央“百县千乡”分类示范创建活动中，乐亭县被授予2015年度“全国农村基层团建示范县”称号，为唐山市唯一获此称号的县（市）区。

是月　庞各庄乡马各庄村民俗展览馆建成，实行不规范开馆（有人参观即开），民俗馆陈列老物件300多件，包括过去使用的农具、农村家庭的装饰旧物和木制的井架、双轮马车、犁杖、织布机、抗震救灾时的铁锅瓷碗、牲口棚的马槽、“生产队”时期的粮食口袋等。

是月底　乐亭县嘉和捕捞有限公司的8艘远洋捕捞渔船在山东省荣成市石岛码头整装待发，准备远赴非洲的毛里塔尼亚地区进行围网作业。这是河北省民间资本第一次投资远洋渔业，开创了河北省民营捕捞企业远洋生产的先河。

2月

1日 市妇联慰问组到乐亭县走访慰问贫困学生及贫困家庭，县政协相关领导陪同。

2日 县政协党组召开“三严三实”专题民主生活会，县政协主席于红主持会议，副主席王学兵、景学文、赵恩生、边红玉参加。

3日 县长董立群等县领导率县安监局、质监局、公安局、市场监督管理局等部门主要负责人深入部分重点企业，实地检查指导安全生产工作。董立群强调，安全生产责任重大，安全生产关系到企业发展，关系到人民群众生命财产安全，关系到社会发展稳定大局，要深刻认识做好安全生产工作的重要性和紧迫性，始终做到警钟长鸣，常抓不懈。

6日 县委书记王东群等县领导深入北京环卫集团环卫站、供电公司、县医院、中医院等地，慰问节日期间坚守在一线的干部职工。

14日 县委组织全县副科级以上领导干部收听收看省直机关作风整顿动员电视电话会议，县委书记王东群、县长董立群、县人大常委会主任孟宪福、县政协主席于红等四大班子领导在县分会场收听收看大会实况。王东群就贯彻落实会议精神发表意见。

15日 “美丽乐亭·天地同春”秧歌及擂鼓展演在县青春广场举行，县委书记王东群、县长董立群、县人大常委会主任孟宪福、县政协主席于红等四大班子领导参加活动。

16—18日 中国人民政治协商会议乐亭县第九届委员会第五次会议在县文化中心礼堂召开，会议应到委员176名，实到159名。县政协主席于红，副主席王学兵、景学文、赵恩生、边红玉，秘书长李大海出席会议，县委书记王东群、县长董立群、县人大常委会主任孟宪福应邀出席会议，县委、县人大、县政府其他领导，曾担任过县政协主席的老领导，不是县四大班子成员的在职副县级干部应邀出席会议。景学文主持开幕式。县政协主席于红受政协乐亭县第九届委员会常务委员会的委托，向大会作题为《团结社会各界，扎实履行职能，为加快建设沿海强县美丽乐亭贡献力量》的工作报告。会议审议通过了这个报告。审议通过了《中国人民政治协商会议乐亭县第九届委员会第五次会议选举办法》（草案）和《提案工作报告》。在乐市政协委员，不是县政协委员的各乡镇街道、县直各单位党政主要负责人，不是县政协委员的各乡镇党委、街道党工委副书记、规模以上企业代表参加大会开幕式。

17—18日 县第十五届人民代表大会第五次会议在县文化中心礼堂召开。大会应到代表216名，实到193名。大会主席团常务主席、执行主席王东群、董立群、黄玉刚、孟宪福、程兵、王凤亭、王剑秋、赵文忠出席会议。县政协主席于红，县政府各位副县长、县政协各位副主席及其他县级干部出席会议。大会主席团常务主席、执行主席孟宪福主持会议。董立群代表县人民政府向大会作《政府工作报告》。孟宪福代表县人大常委会向大会作《乐亭县人大常委会工作报告》。大会听取并审议通过《政府工作报告》。审查批准《乐亭县国民经济和社会发展第十三个五年规划纲要（草案）》，审议通过《关于乐亭县2015年国民经济和社会发展计划执行情况与2016年国民经济和社会发展计划（草案）的报告》（书面）、《关于乐亭县2015年财政预算执行情况和2016年财政预算的决议（草案）的报告》（书面）、《乐亭县人大常委会工作报告》《乐亭县人民法院工作报告》《乐亭县人民检察院工作报告》。会议补选王剑秋、赵文忠为乐亭县第十五届人大常委会副主任，陈武为乐亭县人民政府副县长，刘润才、肖仲学、苗振刚为乐亭县第十五届人大常委会委员。县委书记王东群在闭幕式上讲话。

19日 县长董立群等县领导率县国土、发改、工信等经济部门负责人，深入河北乐亭经济开发区、县城区工业聚集区等地对在建项目进行现场办公。董立群强调，要进一步增强紧迫意识，加快推进项目建设步伐，以高效的工作方式，卓有成效地抓好项目建设各项工作。

21日 乐亭县第三届“盛世鼓舞”擂鼓大赛在青春广场举行，全县14个乡镇、街道的代表队参加比赛。

是日 李大钊纪念馆、团县委、县教育局在李大钊纪念馆瞻仰大厅联合举办“红领巾小讲堂”大钊知识竞赛活动，县第一、第二、第三、第四实验小学的少先大队辅导员和少先队员、热心观众等120余人参加。

23日　团县委、县就业服务局在县渤海职业技术培训学校联合举办2016年第一期青年之声——服务青年就业技能培训班开班仪式。该培训班旨在提高青年技能水平，服务青年就业。培训班为期25天，全县72名农村青年参加培训。此类培训班年内举办6期，培训城乡青年240人。培训班开设装载机、叉车、起重机等实用技能课程，培训结束后学员将统一参加考试，合格后颁发全国通用的资格证书。

24日　团县委青年中心和青年创业就业服务中心联合举办青年之声——服务青年就业招聘会，30余家用人单位提供就业岗位150多个，近20名求职者与用人单位达成初步就业意向。

25日　乐亭县在文化中心礼堂举办2016年非物质文化遗产专场演出，经典乐亭大鼓、乐亭地秧歌和乐亭皮影戏现场演出，500余名群众观看。

26日　县妇联、县政府农业办公室、县农工委、县农牧局联合举办巾帼创业农业科技知识培训活动，全县200余名妇女创业精英参加培训，县委相关领导出席。

27日　乐亭县承担的国家科技富民强县专项行动计划项目“设施蔬菜无公害生产关键技术集成与示范”，经专家组严格评审，顺利通过验收。

28日　团县委、县就业服务局在县人才市场联合举办青年之声——服务青年就业招聘会，近140家企业提供就业岗位600多个，近100名求职者与用人单位达成初步就业意向。

29日　县委、县政府召开重点项目集中开工现场会，市委常委、副市长刘建立，县委书记王东群、县长董立群、县政协主席于红等四大班子领导及其他在职副县级干部，各乡镇（街道）党政主要负责人、党员干部代表，县直各单位主要负责人，集中开工项目单位负责人参加活动。集中开工的16个项目，涵盖战略新兴产业、能源和基础设施、传统产业升级、农业产业化、现代服务业等领域，涉及亿元以上项目11个、10亿元以上项目3个，总投资80.5亿元，年内计划完成投资39.5亿元。

3月

1日　县委召开乡镇（街道）党委书记抓基层党建工作述职评议会议，听取各乡镇（街道）党委书记抓基层党建工作述职汇报，总结经验，查找不足，明确任务，进一步强化党委书记管党意识和管党责任，增强党委书记抓党建工作的责任感和使命感。市委组织部副部长赵明阁，县委书记王东群，县委副书记、县长董立群，县政协主席于红等四大班子领导出席。

是日　乐亭甜瓜农业标准化示范区代表河北省参加由国家质检总局、国家标准委主办的全国农业标准化示范区建设20周年成果展。

是日　2016年“千场大鼓进百村”活动启动仪式在县文化馆举行，20余名乐亭大鼓艺人组成13个演出队，深入13个乡镇演出，至3月15日结束。

2日　农业部农业技术推广服务中心首席专家张真和到乐亭县就蔬菜产业发展情况进行专题调研，深入马头营镇西石碑村、新寨镇撒马店村、庞各庄乡迎好村等地，进温室大棚实地查看，了解蔬菜产业发展、布局分布及特色产业状况。张真和对乐亭县蔬菜产业的发展给予肯定。

是日　县总工会联合县医院医务人员到唐山市德龙钢铁有限公司开展“关爱女职工健康义诊咨询活动”，为女职工免费体检120余人次，发放宣传资料500余份，对体检中发现的一些妇科常见病、多发病给予诊治。

3日　县委书记王东群率四大班子考察团一行70余人赴迁安市学习考察当地经济社会发展与项目建设先进经验，深入迁安市规划展馆、南部新市区、红星美凯龙国际家居城市综合体、首钢股份公司迁安钢铁公司、唐山中溶科技有限公司年产30万吨无水乙醇项目等地实地考察，听取相关负责人介绍，了解项目建设、产业集群发展、基础和配套设施建设及项目的结构质量、组织管理、外部环境等情况。县长董立群、县人大常委会主任孟宪福、县政协主席于红等四大班子领导参加。

4日 省“洁净城市”评估验收组到县检查验收，县长董立群等陪同。评估验收组对乐亭县创建活动给予高度评价。

是日 唐山市承接京津特种化工产业转移对接会议在曹妃甸渤海国际会议中心举行，县长董立群参加会议。会上，乐亭县同北京北农天风农药有限公司烟草抑牙剂、水溶肥料及进出口物流平台项目，唐山帮协精细助剂有限公司阴离子表面活性剂、非离子表面活性剂和农用混合型乳化剂项目，天津艾格福农药科技有限公司杀虫剂、杀菌剂、除草剂及生物制剂3个项目成功签约。

5日 即日为“学雷锋纪念日”，县文明办组织卫计、工商、质检、司法等10余家单位到茂源社区广场和曙光社区为群众开展志愿服务活动，发放健康知识、法律知识等相关资料，演出乐亭大鼓等文艺节目，进行义务体检。

7日 县政府召开2015年度土地卫片执法监督检查工作会议，县长董立群等出席。

8日 市委副书记、市长丁绣峰到乐亭县就重点项目、6号港池建设及国务院激励措施等相关工作进行调研。丁绣峰一行实地考察了化工码头、北环集团环保装备产业园和境界高清洁燃料二期、庆义中心渔港、阿里巴巴县级运营服务中心、上海航天分布式能源等项目，并召开座谈会听取相关情况汇报，协调解决项目推进中存在的问题，对下步工作提出明确要求。县委书记王东群、县长董立群、县人大常委会主任孟宪福、县政协主席于红等四大班子领导参加。

是日 县委、县政府召开妇女干部、年轻干部、非党干部座谈交流会议，县四大班子相关领导出席。

是日 县商务局申报的商贸物流标准化试点项目获批，乐亭县圣大物流有限公司和唐山吊桥食品有限公司获150万元财政补贴。

10日 县委理论中心组集中学习新出版的《知之深爱之切》一书，深刻领会中共中央总书记习近平系列重要讲话精神。县委书记王东群主持会议，县委副书记、县长董立群，县人大常委会主任孟宪福、县政协主席于红等四大班子领导参加。

12日 县政府召开财税工作会议，回顾总结2015年财税工作，客观分析当前财税形势，安排部署2016年财税任务。县长董立群强调，要认清形势，统一思想，坚定完成财税任务的信心和决心，全力打好财税增收攻坚战，确保圆满完成全年财税目标任务。相关副县长出席。

14日 县市场监督管理局组织开展假冒伪劣商品集中销毁活动，销毁假冒伪劣商品30余类，其中假酒308瓶，假冒品牌饮料1636箱，不合格罐头1702箱及其他假冒伪劣食品2000余件。县人大、县政府相关领导出席。

15日 县委书记王东群深入新高中项目、冀东国际农产品物流中心和古滦河生态公园等地，调研县城市建设和社会事业类部分重点项目建设情况，了解工作开展中遇到的困难和问题，要求相关部门予以协调解决。县长董立群、县人大常委会主任孟宪福、县政协主席于红等四大班子领导参加。

是日 县市场监督管理局、县消协、县卫计局等部门、单位与县内部分商家在大东方购物广场西城店门前广场联合开展宣传活动，各部门通过设置咨询台、发放宣传资料、提供法律法规咨询、传授真假商品识别方法等，现场与消费者零距离互动，解答消费者咨询。同时，县市场监督管理局还在各乡镇集市开展宣传。活动中，发放各类宣传材料3万余份，受教育群众2万余人次。县四大班子相关领导参加。

17日 县政府召开十五届五次全体（扩大）会议暨廉政工作会议，县长董立群主持会议并讲话。董立群指出：这次会议的主要任务是深入贯彻落实中央、省市一系列重要会议和县委全会、县“两会”精神，按照“四个干”抓落实机制，对2016年各项工作进一步明确细化，逐级夯实责任，加压鼓劲，提振士气，充分调动各级各单位和全县上下以更加务实的精神、不达目的不罢休的干劲儿，加快推进“沿海强县、美丽乐亭”建设。县政府各位副县长、党组成员出席会议，分别就分管战线工作进行了安排部署。县人大、县政协相关领导应邀出席。

是日 第25届中国金鸡百花电影节执委会到乐亭县举办金鸡百花电影节市场营销专场推介会，县内40多个单位参会。县政府、县政协相关领导出席。

18日　县老科协组织农业系统的专家会员到汀流河镇徐于村开展“科技、文化、卫生”三下乡服务活动，针对当地种植结构和气候特点，就果树管理、测土施肥、典型病害防治等问题进行技术讲解，发放宣传材料1000余份，解决群众农业生产中的实际问题。

是日　乐亭镇苑张庄村被省美丽乡村建设领导小组授予“2015年度河北省美丽乡村”称号，为全县唯一。

是日　县就业服务局、县总工会、县妇联联合开展“春风行动”大型招聘会，近160家企业提供就业岗位1500多个，涉及300多个工种，求职人员800余人，有300余人与用人单位达成就业意向。

22日　县政府与湖南益阳高平教育集团举行合作办学签约仪式，县委书记王东群、县人大常委会主任孟宪福、县政协主席于红等四大班子相关领导出席，市教育局领导出席会议并讲话，副县长杨冬梅代表县政府与湖南益阳高平教育集团签约。

22—28日　县水务局节水志愿者在城区举行“世界水日”“中国水周”宣传活动，向群众及沿街商店发放节水宣传册、宣传袋等宣传资料5000余份，利用宣传车在城区巡回播放节水宣传片等。

23日　市委常委、常务副市长王久宗到乐亭县现场督导项目建设情况，深入河北乐亭经济开发区诚佑节能润滑油项目、境界实业高清洁燃料二期项目、布鲁弗雷型煤项目等地实地查看，了解项目建设情况，听取相关情况汇报。县长董立群等县委、县政府领导陪同。

是日　团县委、县教育局、县工商联、县青企协会组成联合调查组，对全县14个乡镇（街道）231个行政村的300名贫困学生完成走访工作，确保贫困生信息准确无误。

是日　县气象局组织开展“世界气象日”宣传活动，普及气象科普知识，宣传气象发展成就，增强广大群众防灾减灾意识。

24—25日　省委书记、省人大常委会主任赵克志在唐山调研时强调，唐山要围绕习近平总书记提出的“三个努力建成”的奋斗目标，牢固树立新发展理念，着力推进供给侧结构性改革，努力实现经济社会又好又快发展，不辜负总书记对唐山的殷切期望。赵克志在考察了南湖生态城等地后，到乐亭县考察了境界实业有限公司、上海电气风机制造（河北）有限公司等企业，仔细询问企业今年生产经营情况和面临的困难问题，就传统产业转型发展、新兴产业加速壮大与企业负责人深入交流探讨。在乐亭期间，赵克志参观了李大钊纪念馆。省委常委、秘书长、统战部部长范照兵，省委常委、唐山市委书记焦彦龙参加调研。

28日　县委理论中心组集中学习省委书记、省人大常委会主任赵克志来唐山时的讲话精神，县委书记王东群、县长董立群、县人大常委会主任孟宪福、县政协主席于红等四大班子领导出席。

是日　乐亭县被省住建厅授予“洁净城市”称号，全省仅10个县（市、区），唐山市仅乐亭县获此称号。

29日　省财政厅党组成员、副厅长李杰刚及市财政局领导一行7人到乐亭县调研财政工作，县委书记王东群、县长董立群及县财政局、市场建设服务中心主要负责人陪同。

是日　县政法委与县妇联共同主办《中华人民共和国反家庭暴力法》培训会，全县妇女干部、妇女代表100余人参加。

是日　县政协组织部分农林科技界委员和农业科技专家到马头营镇开展送科技下乡活动，接受农民群众现场咨询30余人次，发放科技信息、种植技术、现代农业、畜牧养殖、科普惠农等图册、宣传材料1000余份。县政协相关领导参加活动。

30日　乐亭县召开第十二届纪律检查委员会第六次全体会议。县委书记王东群、县人大常委会主任孟宪福、县政协主席于红等四大班子领导出席。县委常委、纪委书记孙自生主持会议。

31日　县妇联、县广播电视台在县文化中心礼堂举行“寻找最美家庭·建设美丽乐亭”颁奖暨“爱在乐亭”最美家庭故事荟，县委、县政协相关领导出席，各乡镇、街道相关负责人、受表彰的最美家庭等700余人参加活动。

是日　县政府召开环保工作会议，动员全县上下迅速行动，以超常的精神状态、过硬的工作举措，全力打好环保治理攻坚战，促进全县生态环境持续改善。县长董立群及县政府相关领导出席。

是月　胡家坨镇大黑坨村被中宣部列为2016年全国100个社区宣传思想文化工作示范点，为全市唯一入选的社区。

是月　《乐亭县交通运输志（古代—2014）》（冀出内准字2016第AT003号）出版发行。

是月　李大钊纪念馆被省妇联评为“河北省‘三八’红旗集体”。

4月

1日　王东群、董立群、孟宪福、于红等四大班子领导与机关干部一起，到河北乐亭经济开发区植树地点参加全民义务植树活动，拉开了全县全民义务植树活动的序幕，当天栽植白蜡4000余株。

是日　县委召开组织、宣传、政法工作会议。县委书记王东群及县委、县人大、县政协相关领导出席。

是日　全省农村电子商务全覆盖工作实践操作培训会在石家庄市召开，县商务局在会上介绍了乐亭县建设农村电子商务服务站的经验做法，是此次培训会上唯一进行典型发言的县（区）。

6日　全国人大常委会委员、财经委主任委员李盛霖一行到乐亭县调研，深入县城区工业聚集区、新学校（产城教融合发展项目）及河北乐亭经济开发区实地查看，听取相关情况汇报，并乘车考察了城市建设情况，对乐亭县项目建设及城市建设工作给予充分肯定。省人大常委会副主任王雪峰、市人大常委会主任安树彦、市人大常委会副主任张羽、县委书记王东群、县长董立群、县人大常委会主任孟宪福等陪同。

8日　唐山学院党委书记刘学东率党委中心组一行50余人到李大钊纪念馆参观学习，县委相关领导陪同。

11日　县第三实验小学作为河北省唯一代表，到山东省青岛市参加教育部举办的全国第五届中小学生艺术展演活动。在为期一周的展演活动中，县第三实验小学“皮影艺术工作坊”以“根植乡土文化传承皮影艺术”为主题，向全国各地的与会者展示了皮影艺术，并获优秀组织奖。

是日　市人大常委会副主任张羽率人大执法检查组到乐亭县就贯彻落实《中华人民共和国安全生产法》和《河北省安全生产条例》开展执法检查，县人大常委会主任孟宪福等县领导陪同。

14日　县委、县政府召开农业农村工作会议，贯彻落实中央和省市农业农村工作会议精神，分析当前形势，全面安排部署2016年重点工作。县委副书记、县长董立群及四大班子相关领导出席。

是日　湖北省当阳市农村电子商务考察组到乐亭县参观考察电子商务进农村建设情况，县委组织部、县政法委及县商务局相关负责人陪同。

是日　乐亭县农村淘宝举行团支部成立大会，团县委全程参与指导，该支部为全省首个农村淘宝团支部。

15日　县农牧局的日光温室群物联网监控预警站大屏幕显示出位于中堡镇的万事达监控点传来的监测数据，空气温度和湿度、土壤温度和湿度、风速等各种监测数据一目了然。随着该远程监控系统投入使用，标志着乐亭县农作物苗情会商、诊断进入信息化时代。

15—16日　唐山市政府组织各县（市、区）政府和有关部门主要负责人，实地观摩了19个县（市、区）、开发区（管理区）的28个上年四季度以来的新竣工项目。乐亭县两个项目参加观摩测评，均为承接北京市产业转移项目，位居同类项目县（市、区）第一名。

19日　科技日报社社长李平等参观李大钊纪念馆，并举行重温入党誓词活动。县人大常委会主任孟宪福等陪同。

21日　唐山海港经济开发区党工委书记兼管委会主任宗玉田率党政考察团到乐亭县参观考察项目建设情况。县委书记王东群、县长董立群、县人大常委会主任孟宪福、县政协主席于红等陪同。

是日 团县委在李大钊纪念馆报告厅举办纪念“五四”运动97周年表彰会暨学习习近平总书记系列重要讲话精神青年读书班。县四大班子相关领导出席，全县各条战线的团干部和优秀青年代表240余人参加。

22日 市人大立法调研组到乐亭县就《唐山市城市绿化管理条例》进行座谈，征求县城管、发改、水务、财政等相关部门的意见，吸纳借鉴乐亭县城市绿化管理先进经验。

是日 县政府召开创建省级食品药品安全县推进会议，总结2015年工作，安排部署2016年工作任务并对创建省级食品药品安全县进行全面动员部署。县长董立群等县领导出席。

是日 科技日报社、中信国安集团一行到乐亭县参观考察，县人大常委会主任孟宪福等县领导陪同。

是日 县委、县政府召开全县党政机关公务用车制度改革工作会议，县委、县政府相关领导出席，各乡镇（街道）及县直各单位相关负责人参加。

23日 省委常委、组织部部长梁田庚等到李大钊纪念馆参观，并举行重温入党誓词活动。县委书记王东群、县长董立群等陪同。

24—25日 由县总工会、乐亭农村信用联社联合举办的“信合杯”全县职工乒乓球比赛在县文化中心举行。

25日 县委召开“两学一做”学习教育动员会议，贯彻落实中共中央总书记习近平系列重要讲话精神和中央、省、市委的有关要求，对全县“两学一做”学习教育活动进行动员部署。县委书记王东群、县长董立群、县人大常委会主任孟宪福、县政协主席于红等四大班子领导出席。

是日 中国（乐亭）拉美产业园战略规划评审会在商务部研究院召开，乐亭县拉美产业园战略规划方案通过了专家评审。

是日 李大钊纪念馆宣讲团赴唐山职业技术学院开展宣讲活动，宣传、弘扬、传承大钊精神。

26日 乐亭县2016年离退休干部春季运动会在县老干部局举行。各乡镇、街道、县直单位的1500余名离退休干部参赛，县委相关领导出席。

是日 乐亭县举行乐亭手机台上线仪式暨互联网+助推政企发展专题讲座，县委、县人大、县政协相关领导出席。

是日 县总工会召开工会会员卡发放动员大会，县委相关领导出席并讲话。

是日 县政协组织部分政协委员对农村综合服务中心建设情况进行视察并召开座谈会，县政协主席于红等参加视察，县人大相关领导应邀出席。

27日 团县委联合唐山市德龙钢铁有限公司举办2016年度青年职工技能比武大赛，73名青年技术能手参赛，分设钳工、焊工、电工、天车工4个组别，采取理论考试和实践操作考试相结合的方式进行。

28日 县水产中心在姜各庄镇金鹏养殖场召开南美白对虾工厂化循环生产现场推广会，促进县内工厂化水产养殖产业转型发展，提质增效。至月底，县内首批工厂化循环生产的南美白对虾成功上市。全县此类养殖场8家，养殖面积2万余平方米。

30日 深圳河北商会一行到县城区工业聚集区、冀东国际农产品物流中心、河北乐亭经济开发区参观考察，听取情况介绍并瞻仰李大钊纪念馆。县委书记王东群等县领导陪同。

5月

1日 乐亭县全面实施营业税改增值税政策。

是日 按照2016唐山世园会执委办的安排，乐亭县在唐山世园会会场内举办首场“世园文化主题日”专场文艺演出，原创歌曲《梦起东方》《我是农民工》《老呔儿，老呔儿》，原汁原味儿的乐亭大鼓《矬老婆》、乐亭皮影《风清气正绘宏图》等节目体现了乐亭地域特色，吸引游客驻足观看。

是日 经农业部批准，总投资800万元建造的100吨级渔政船13213号在大连旅顺滨海船舶修造有限公司码头下水，投入使用。

3日 乐亭镇组织机关中层干部、各村支部书记和村委会主任80余人，到滦县、滦南、玉田、遵化等地先进村就基层组织建设、农村面貌改造提升、经济发展等进行观摩学习。

5日 县政协组织部分政协委员联合县卫计局、县医院、县中医院及县红十字会到新寨镇胡鄂常各庄村开展送医疗下乡活动，县政协相关领导参加。

9日 由市安监局主办、县安监局承办的危化应急救援比武大赛在唐山旭阳化工有限公司举行。县政府相关领导参加活动。

是日 县科技局、县教育局、县人防办及县广播电视台联合举办以“争创科学防震小家庭，共建平安和谐大社会”为主题的乐亭县“纪念唐山抗震40周年防震减灾知识竞赛”，县政府相关领导现场观看。

10日 由河北日报、河北工人日报、燕赵都市报等媒体记者组成的洁净城市记者行活动采访组一行到乐亭县参观采访，县委相关领导参加活动。

是日 县政府召开美丽乡村建设情况观摩调度会议，县长董立群强调，各级各单位要从思想认识、建设进度、成效成果等方面高度重视，推动美丽乡村建设迈上新台阶。县政府相关领导参加。

是日 县妇联召开“巾帼建功、党员示范”活动表彰会议，县妇联全体机关干部、各镇乡（街道）妇联主席、县直单位妇委会主任、“巾帼建功、党员示范”活动先进集体和个人代表80余人参加。

11日 省直机关工委离退休老干部一行参观李大钊纪念馆，县委相关领导陪同。

是日 市人大常委会副主任秦少清一行到乐亭县调研农作物秸秆综合利用情况，给予高度评价。县长董立群及县人大、县政府相关领导陪同。

11—12日 全市农业产业化重点工作推进会议与会人员到乐亭县观摩农业产业化项目建设情况，对乐亭县农业产业化项目建设情况给予充分肯定。县委书记王东群、县长董立群等县领导陪同。

11—12日 乐亭县森林公安局、县野生动物保护协会大清河救助站与北京顺义国际学校联合，在大清河沿海区域举行“爱护鸟类、亲近自然”友好活动，该校来自20多个国家的60多名中学生参加。

12日 县人防办在文园广场举行以“减少灾害风险，建设安全城市”为主题的宣传活动，向群众发放人民防空宣传单500余张、《防空防灾知识宣传手册》200余册，解答群众咨询300余人次。

13日 省委常委、纪委书记陈超英一行到乐亭县参观考察项目建设情况，深入唐山境界实业有限公司和上海电气风机制造有限公司实地查看，了解项目建设情况，听取相关情况汇报，还参观了李大钊纪念馆。市委常委、纪委书记崔晗，县委书记王东群、县长董立群等县领导陪同。

是日 滦南县考察团到乐亭县参观考察项目建设、城市建设情况，县委书记王东群、县长董立群等陪同。

17日 县人大执法检查组一行到唐山旭阳化工有限公司、水韵名居小区、大东方购物广场和县消防队开展《中华人民共和国消防法》执法检查活动，县人大相关领导参加。

18日 乐亭县举行新希望六和高端肉鸡全产业链项目建成投产仪式，县委书记王东群、县长董立群、县人大常委会主任孟宪福等县领导出席。

19日 乐亭县召开学习李保国先进事迹暨推进全国文明县城建设工作会议，县委书记王东群、县长董立群、县政协主席于红等县领导出席。

21日 全国“作物根蛆类害虫综合防治技术研究与示范”项目技术成果2016年现场交流会在乐亭县召开。中国农科院、中科院、国家农业部、中国农业大学、河北省农业厅等全国20余家单位的专家学者70余人参加，县长董立群等出席。

是日 乐亭县2016年第一届导游员网络电视大赛预赛正式开赛。11月17日进行决赛。

25日 京津冀巾帼创业行三地妇女创业就业基地交流活动在乐亭县举行，河北省妇联、天津市妇联、北京市妇联、唐山市妇儿工委及唐山市妇联相关负责人100余人参加，县委相关领导出席。

是日　市人大常委会副主任王金凯一行到乐亭县调研《中华人民共和国城乡规划法》和《唐山市城乡规划条例》贯彻执行情况，先后到县城龙居地产乐府和水悦华苑实地查看，了解项目建设情况并进行座谈。县人大常委会主任孟宪福及县人大、县政府相关领导陪同。

是日　县委书记王东群就高考备考工作到县一中和县二中实地调研，慰问一线教职员工。王东群强调，全县各相关部门要全力配合高考各项工作，确保高考工作顺利、有序进行。县政府相关领导参加调研。

是日　县政协召开城区工业聚集区企业家座谈会暨金融知识讲座。县政协主席于红等出席，县政府相关领导应邀出席。

26日　中央宣传部、司法部在北京市召开第八次全国法治宣传教育工作会议，对全国“六五”普法先进集体和先进个人进行表彰。汤家河镇史庄村村民史秉才获“2011—2015年全国法治宣传教育模范个人”称号。

是日　平泉县政府县长曹佐金，县委常委、副县长李勇率相关部门负责人到乐亭县参观考察城市规划建设管理工作，考察了古滦河生态公园、城市棚户区改造等项目，参观了李大钊纪念馆。县人大常委会主任孟宪福及县政府相关领导陪同。

是日　民建唐山市委相关负责人到新寨镇中心小学，对该校“春蕾计划”项目21名贫困学生进行爱心捐助，捐赠8400元助学金及书包等学习用品。

是日　县红十字会举行志愿服务基地揭牌仪式暨爱心驿站走进特教学校志愿服务活动，爱心人士为特教学校的孩子们捐赠了学习用品。

是日　中堡镇离退休老干部党支部组织离退休老党员40余人捐款2000余元，为14名成绩优秀的学生购买发放学习用品。

27日　由市卫计局、市耳鼻咽喉科质量控制中心和市协和医院组成医疗专家团，到乐亭县进行巡讲和义诊，义务诊治患者100余人次，发放健康资料260余份。

是日　团县委、县教育局联合举行“童心相连、让爱飞扬”唐山博杰学校爱心助学活动。唐山博杰学校向汤家河镇羊兰坨小学捐赠校服、运动服和乐队礼服等311套，博杰学校的学生们将亲手制作的工艺品义卖所得5238元现金捐赠汤家河镇贫困小学生。唐山博杰学校和汤家河镇羊兰坨小学近500名师生参加活动。

是日　县综合职业技术学校举办2016年校园招聘会。首钢建设集团曹妃甸分公司、唐山市德龙钢铁有限公司等72家国家级、省市级大中型企业参加招聘活动。近400名即将毕业的学生参加应聘，其中98%的学生与用人单位签订初步用人协议。

28日　北京燕化永乐年产2.8万吨新型环保型农药复配制剂项目在河北乐亭经济开发区化工产业园举行开工仪式。

30日　县长董立群调研全县敬老院安全管理工作，先后到县光荣院、民政事业服务中心和庞各庄敬老院实地查看。董立群强调，各级各部门要始终坚持“安全第一，预防为主”的方针，不断完善制度，强化管理，最大限度保障入住老人生命财产安全。县政府相关领导参加调研。

是日　唐山市“生态建设·唐山在行动”专栏记者一行到乐亭县就推进环境治理和生态文明建设工作进行采访宣传，县委宣传部、县环保局相关负责人陪同。

是日　由李大钊纪念馆、团县委、县教育局联合举办的红领巾小讲堂——“童心向党、红色传承”演讲比赛在李大钊纪念馆报告厅举行，300余名师生参加。

是日　县教育局和马头营镇组织开展爱心捐助活动，爱心企业陈氏集团向马头营初级中学的45名贫困学生捐赠3万余元助学款和学习用品。

31日　县爱卫办、县卫计局、县市场监督管理局和县教育局在文园联合开展第29个“世界无烟日”宣传活动，提高居民健康素养水平，强化社会控烟意识。活动中发放宣传资料1000余份。

是日　乐亭县2016年中小学“童心向党”文艺汇演在县青少年活动中心举行，全县近20所中小学校的师生代表欢聚一堂，共庆“六一”儿童节。

是日 县关工委组织开展献爱心活动，为县二小10名品学兼优的学生捐助3000元助学金，并为该校捐助价值5000元的运动器材。

31日—6月1日 陕西省紫阳县人大考察团到乐亭县考察行政法律法规检查工作方面的做法和经验。县人大相关领导陪同。

是月 《乐亭年鉴（2015）》由中国财富出版社出版发行。

6月

1日 即日起，按上级统一安排，县内海域封海休渔，到9月1日止。

6日 省委召开“两学一做”学习教育活动座谈会，县委书记王东群作为7家发言单位代表之一，介绍了乐亭县在“两学一做”学习教育活动中的经验和做法。

7日 县医院与北京解放军301医院成功开通远程诊疗服务。

8日 副市长贾文雅到乐亭县调研指导安全生产工作，深入唐山中厚板材有限公司、唐山旭阳化工有限公司等地，了解企业安全生产、生产设备运行、人员素质培训及应急救援队伍专业化水平等情况，并就做好安全管理工作与企业负责人进行沟通交流。县委书记王东群陪同。

9日 由乐亭县群众艺术节组委会、县文广新局主办，县老体协承办的“发展体育运动，增强人民体质，同心共筑中国梦”全民健身活动暨“全民健身在路上、全县文明过端午”广场健身操展演在青春广场举行。全县各健身活动指导站、体育协会、俱乐部的近1000名健身操爱好者参加展演。

14日 县政府与浙江雅购网络科技有限公司签订战略合作框架协议，县委常委、常务副县长张福林代表乐亭县与浙江雅购网络科技有限公司签约。

是日 迁西县商务局主要领导带队到乐亭县参观学习电子商务全覆盖工作，参观考察了乐亭镇蔡各庄、韩坨村综合信息服务站、县级电商服务中心和县级物流配送中心。

15日 唐山职业技术学院负责人到乐亭县就联合办学进行合作对接，县长董立群，县人大、县政府、县政协相关领导参加。

是日 县委、县政府召开2016年棚户区改造百日攻坚行动动员大会，县长董立群在会上强调，全县上下要坚定信心，团结一致，奋力争先，以夙兴夜寐的工作作风，昂扬担当的精神状态，坚决打好棚户区改造征收百日攻坚战。县四大班子相关领导出席。

是日 县红十字会“世界献血者日”宣传暨无偿献血志愿服务分队成立授旗仪式在大东方购物广场（东城店）广场举行，唐山市中心血站和县红十字会相关领导为县无偿献血志愿服务分队授旗，志愿者们面对队旗庄严宣誓，20余名志愿者走上献血车无偿献血。

是日 国家验收组对乐亭县创建国家农业综合标准化示范县项目进行考核验收，以97分的成绩通过验收，成为全国首批农业综合标准化示范县。乐亭县国家农业综合标准化示范县创建工作始于2014年3月，通过3年攻坚，农业标准化覆盖率97%，产品商品化率100%，经济效益增加32.37亿元。

是日 团县委联合县教育局、县工商联、县广播电视台和县青年企业家协会举行希望工程爱心助学金发放仪式，各主办单位按照小学生和初中生每人300元、高中生每人500元的标准，向受助学生代表发放助学金。

16日 县教育局举办“高平杯”首届小学生足球联赛，9所学校的12支球队参加。比赛采取5人赛制，比赛时间为40分钟。7月5日结束。

17日 县长董立群到姜各庄镇向阳坨村、前郑庄村和大庄村调研指导美丽乡村建设、后进村治理整顿和“两学一做”学习教育等工作。

是日 县机关事务管理局、县水务局、县工信局、县科协、县委宣传部、县发改局等单位组织开展2016年以“节能领跑、绿色发展”为主题的公共机构节能宣传周活动。

18日 县委组织县直各机关、团体、企事业单位的党员干部开展“创建文明县城，共产党员在行动”环境卫生整治志愿服务活动，县委相关领导参加。

19日 2016中国—河北电子商务发展论坛在唐山市举办，乐亭县作为“国家级电子商务进农村综合示范县”“以群众需求为根本、打造一站多能‘乐亭模式’”的做法受到与会人士的认可，称“乐亭模式”值得推广与复制。

22 日　国家发展和改革委员会公布全国农村产业融合发展试点示范县名单，全国 137 个县（市、区）入选，河北省有 5 个县区入选，乐亭县以自身优势为依托，以新型技术渗透（申报类型）为核心成功入选，为唐山市唯一入选县区。

是日　县政府召开全县防汛抗旱工作会议，对防汛抗旱工作进行安排部署，对防汛责任制落实、预案修订、河道清障、通信预警、抢险队伍和物资、防汛检查、重点防洪工程建设、闸站启闭设备检修等工作进行具体安排。县长董立群及县政府相关领导出席，各乡镇（街道）及县直相关单位负责人参加。

23 日　中国记协组织 30 多名机关党员干部到李大钊纪念馆开展“七一”党日活动。

是日　县政协主席于红及部分政协委员视察农村清洁能源开发利用情况，先后到毛庄镇洲绿大型秸秆联户沼气工程项目、庞各庄乡宏拓大型联户沼气工程项目和齐顺生态有机肥项目实地查看。县政府相关领导应邀参加。

24 日　晚，“阳光青年”文艺志愿者服务队专场文艺演出在青春广场露天舞台举行，拉开了乐亭县第六届群众文化艺术节“激情广场”文艺演出活动的序幕。

是日　乐亭县 2016 年高考再创佳绩。全县普通高考考生 2771 人，比上年减少 175 人。重点本科纯文化生上段 540 人，比上年净增 134 人，上段率 19.49%，比上年增长 5.4%；普通本科文化生及特长生上段 2244 人，上段率 80.98%，上段人数、上段率均创历史新高。乐亭一中 1588 人参考，重点本科上段 519 人，比上年净增 124 人，上段率 32.68%；普通本科上段 1471 人，上段率 92.63%；其中，600 分以上理科 68 人、文科 10 人；理科应届毕业生毕聪博 701 分，通过清华大学领军人才自主招生考试，获 20 分加分，以总分 721 分的成绩被清华大学录取；文科应届毕业生张子瑶以 654 分的成绩夺得唐山市文科状元，并获中国人民大学自主招生加分 30 分。

25 日　湖北省人大常委会副主任苏晓云一行 12 人到李大钊纪念馆参观。县委书记王东群、县长董立群、县政协主席于红等领导陪同。

26 日　全国工商联模范代表 150 人到李大钊纪念馆参观。县委书记王东群等领导陪同。

27 日　省政协副主席艾文礼一行参观李大钊纪念馆。县委书记王东群、县长董立群、县政协主席于红等领导陪同。

是日　乐亭县在城区工业聚集区举行北京曙光药业乐亭分公司生物医药项目开工仪式。项目总投资 1.2 亿元，占地面积 2.67 公顷，主要生产片剂、散剂、胶囊剂、酊剂等。县长董立群、县政协主席于红等县领导出席。

28 日　省委、省政府在石家庄召开河北省“六五”普法总结表彰暨“七五”普法动员大会。会议对全省“六五”普法先进集体和先进个人进行表彰。乐亭县获“河北省 2011—2015 年普法先进县”称号，这是继获“五五”普法先进县后第二次获得此称号。

是日　乐亭县入选“全省绩效预算管理示范县”，为唐山市两个绩效预算管理示范县区之一。8 月 12 日全省绩效预算管理示范县座谈会在石家庄市召开，乐亭县介绍了 2016 年绩效预算管理工作开展情况，指出了当前绩效预算管理中存在的问题，提出了改进的意见和建议。

是日　县妇联、县商务局应邀参加京津冀女企业家“创新发展、提质增效”主题交流会暨创新创业合作项目发布签约仪式。乐亭县和曹妃甸区作为全市县区代表进行投资环境和项目招商推介。

29 日　水利部总规划师张志彤一行到乐亭县调研滦河防汛工作，深入滦河大堤袁庄至段庄子规划段和姜各庄石各庄段，实地查看防洪除涝工程建设情况，听取相关情况介绍。县政府相关领导陪同。

是日　唐山市“网上审批、网上监察”推进工作现场会在乐亭县召开，市委常委、常务副市长王久宗，市委常委、纪委书记崔晗等市领导和县委书记王东群出席会议。县委、县人大相关领导参加。县委书记王东群、毛庄镇相关负责人分别作了典型发言。与会人员参观了县政务服务中心、毛庄镇便民服务中心、县便民服务信息平台总部、乐安街道蔡各庄综合服务中心。

是日 市委常委、常务副市长王久宗深入乐亭县中堡镇北东村北滦河围埝和滦河防汛前线指挥所，实地查看滦河治理工程建设情况，了解防汛基础设施建设、物资储备、应急保障等情况。县委书记王东群、县政府相关领导陪同。

30日 市委常委、副市长李忠娟到乐亭县调研工业经济运行和科技工作情况，深入中厚板材有限公司、境界实业有限公司、上海电气风电装备制造基地项目工地及玛多咖植物提取项目工地实地查看，了解项目建设情况，听取相关情况汇报。县委书记王东群、县长董立群等县领导陪同。

是日 县委书记王东群走访慰问中华人民共和国成立前老党员和生活困难党员，为他们送去党和政府的关怀。

是日 县长董立群走访慰问中华人民共和国成立老党员和生活困难党员，为他们送去党和政府的关怀。

7月

1日 巴西中拉经贸中心集团总经理、巴西西星公司总裁袁烈和巴西华人协会监事长刘皓一行到乐亭县考察中拉产业园情况，并就中拉经贸中心与中拉产业园两个平台深度合作进行洽谈。县长董立群陪同考察并座谈。

是日 晚，乐亭县在青春广场举办“红色乐章”庆祝建党95周年专场文艺演出，县四大班子相关领导观看演出。

4日 县委组织部分离退休老干部对全县重点项目进行现场观摩，老干部们深入唐山境界实业有限公司、北京环卫集团装备生产基地项目、上海电气风电装备制造基地项目、三期供水项目、惠唐金属科技项目及农村综合信息服务平台等重点项目建设现场，实地察看项目建设进展，听取相关情况介绍。随之召开会议，向老干部通报工作情况。县委书记王东群、县政协主席于红等四大班子领导出席。

是日 县人大常委会相关领导及部分人大常委会委员、人大代表对全县贯彻实施《中华人民共和国教师法》情况进行执法检查，深入马头营小学和县综合职业技术学校等地实地查看，了解校园硬件建设、设施配备、绿化美化及文化建设等情况，听取相关情况汇报并召开座谈会。县政府相关领导应邀参加检查。

5日 唐山军分区司令员吴小潭到乐亭县滦河腰庄段防汛工程现场实地调研防汛工作，并慰问驻训官兵。县长董立群、县武装部政委等陪同。

是日 唐山市沿海县区野生动物保护联席会议在乐亭县召开。市森林公安局、市林业综合执法大队、市林政资源管理处相关领导及乐亭、滦南县，丰南、曹妃甸区，唐山海港经济开发区林业执法工作负责人参加。会议对乐亭县野生鸟类保护工作给予充分肯定。

6日 保定市安新县考察团到乐亭县学习考察文明县城创建工作，深入乐安广场、古滦河生态公园、县行政服务中心及茂源社区实地参观考察，听取相关情况介绍。县委相关领导陪同。

是日 在穆斯林传统节日——开斋节到来之际，县委相关领导、县民政局相关负责人到姜各庄镇清真寺慰问回族群众，召开回族群众代表座谈会，并向全县穆斯林群众致以诚挚的问候和良好的祝愿。

7日 在县城区范围内组织实施试鸣防空警报活动。

是日 北京市财政局、北京市农委、北京二商集团一行12人对乐亭县万事达生态农业发展有限公司供应北京蔬菜生产新增133.33公顷基地进行验收，对蔬菜生产基地的规模、规章制度、操作规程、生产记录及生产情况等实地查验并给予充分肯定。

7—8日 县委召开县级干部“九个一”活动汇报暨经济形势分析会议，对全县46个重点项目进行观摩，并对所观摩的项目进行实名制测评打分，听取县级干部“九个一”活动开展情况的汇报，之后召开经济形势分析会议，总结上半年项目建设及经济运行情况，安排部署下步工作任务，引导各级党员干部进一步认清形势、再鼓干劲，确保圆满完成全年目标任务。

县委书记王东群主持会议，强调，各级各部门要进一步振奋精神，鼓足干劲，攻坚克难，努力开创建设沿海强县、美丽乐亭的新局面！县委副书记、县长董立群，县人大常委会主任孟宪福等四大班子领导出席。

9日　世界英才杂志社常务副社长、玉雕大师邵忠田向李大钊纪念馆捐赠李大钊玉雕像，捐赠仪式在李大钊纪念馆瞻仰大厅举行。中国人民解放军原副总参谋长张黎上将，市委常委、组织部长丁荣进，世界英才杂志社执行社长、总编辑董文林，县委书记王东群等出席捐赠仪式。

10日　乐亭方言入选教育部、国家语委中国语言资源保护工程。入选的方言将以数字化方式存入国家和省语言资源有声数据库永久保存，为当代和后代留下宝贵的语言资料。

12日　市委常委、常务副市长王久宗率2016年第二季度全市重点项目建设观摩会与会人员，到乐亭县观摩重点项目建设情况，县长董立群、县人大常委会主任孟宪福、县政协主席于红等领导陪同。

14日　由人民日报社、中央党史研究室、全国红色旅游工作协调小组办公室共同主办的“我最向往的党史纪念地”评选结果揭晓，全国20个党史纪念地入选，李大钊故居和纪念馆榜上有名。

是日　市法院、市妇联在乐亭县召开联席会议暨分片交流培训会。乐亭县、丰南区、滦南县、唐山海港经济开发区等7个县区的法院、妇联的相关负责人参加会议。

15日　乐亭县2016年地震应急避险演练在县第二实验小学举行。县人大、县政府、县政协相关领导出席。

18—19日　投资拉美暨第十届中国—拉美企业家高峰会推介会在唐山举行，乐亭县参加会议并推介了中国（乐亭）拉美产业园的情况。参加推介会的拉美国家使节、国际商会会员企业代表60余人，在国家国际商会、市贸促会人员的陪同下，考察乐亭县中拉产业园和京唐港。县长董立群等县政府领导陪同。

20日　乐亭县出现2016年首次强降雨天气，全县各部门协调联动，坚守防汛一线，全力保障度汛安全。

是日　由县委组织部、县人力资源和社会保障局、团县委联合举办的青年创业就业导师团成立仪式在县青年创业就业服务中心举行。主办单位向28位青年创业就业导师颁发聘书。

22日　省高等教育学会后勤管理分会秘书长会议在乐亭县召开，河北师范大学、河北大学、河北科技大学等10余家高校相关负责人参加会议，县委书记王东群等县领导出席。

23日　县政府召开安全生产、防汛抗洪、财税工作会议，县长董立群强调，各级各部门要进一步增强积极性和主动性，确保不发生安全生产事故、确保平稳度汛、确保人民群众生命财产安全、确保社会大局稳定，推动财政持续增收，为“沿海强县、美丽乐亭”建设做出新贡献。县政府相关领导出席。

26日　全国工商系统先进模范代表一行瞻仰李大钊纪念馆，县委书记王东群等陪同。

是日　省改革办召开的唐山市南部县区改革工作座谈会在乐亭县召开，乐亭县、滦南县、丰南区、曹妃甸区相关负责人参加会议，县长董立群等县委、县政府相关领导参加。

是日　县森林公安局与大清河野生动物救助站对治愈的3只国家重点保护鸟类红隼举行佩戴环志放飞活动。

27日　县委书记王东群、县人大常委会主任孟宪福等县领导分工慰问驻乐部队和革命老前辈。

是日　县委书记王东群深入姜各庄镇滦河险段等地，实地调研防洪除涝工程建设情况，听取相关情况汇报。县委、县政府相关领导参加调研。

28日　唐山市水稻病虫害全程防控及新药械使用现场观摩培训会在乐亭县召开，与会人员参观了水稻全程防控试验示范基地——乐亭县原野水稻现代农业园区，并就新型植保药械如何使用进行了技术培训。各县区相关部门负责人及新型农业企业代表150余人参加会议。县政府相关领导出席。

29日　全国双拥模范城（县）命名暨双拥模范单位和个人表彰大会在北京召开。大会宣读了关于命名416个市（州、区）县为全国双拥模范城（县）的决定。乐亭县被命名为“全国双拥模范县”，县长董立群、县武装部政委、县民政局局长代表乐亭县在唐山分会场参加会议并领奖。“全国双拥模范县”每4年命名一次，2000年后乐亭县连续五届被命名为“全国双拥模范县”。

是日 “乐亭县供销农民专业合作社联合社”在冀东国际皮毛市场挂牌成立，并召开成立大会。县政府相关领导出席。

是日 由省书法家协会、市书法家协会、县文联和县书法家协会共同举办的省书法示范村评估暨烛光计划走进乐亭培训会召开，县政府相关领导出席。

30日 原地质矿产部副部长夏国治一行5人到李大钊纪念馆参观。县人大常委会主任孟宪福等陪同。

是日 市委常委、组织部长丁荣进到乐亭县宣讲中共中央总书记习近平在唐山考察时的重要讲话精神，并检查指导暑期安保、防汛抗洪、安全生产、信访维稳、农业生产等方面工作，县委书记王东群、县长董立群等县领导分别陪同检查。

31日 安徽省政协原副主席李宏塔及家人一行6人参观李大钊生平事迹陈列展览。

是日 晚，由县民政局主办的“鱼水情深”迎“八一”军民联欢会在县青春广场举行。

8月

1日 县委理论中心组组织集中学习中共中央总书记习近平在唐山考察时的重要讲话精神和省委书记赵克志在第二次县（市区）委书记工作交流会上的讲话，县委书记王东群、县长董立群、县人大常委会主任孟宪福、县政协主席于红等四大班子领导出席。

是日 市农业重点项目观摩组到乐亭县观摩考察农业产业化项目建设情况，先后到环城现代农业园区和新希望六和集团肉鸡产业链项目等地实地查看，听取相关情况汇报。县委书记王东群、县长董立群陪同。

3日 省高院党组书记、院长卫彦明调研县法院各项工作开展情况，详细了解县法院执行工作、“一乡一庭”模式和诉讼调解等工作的开展情况。县人大常委会主任孟宪福等领导陪同。

4日 中国社会科学院拉美研究所所长吴白乙、河北师范大学副书记戴建兵和富海集团董事长赵立志一行7人到乐亭县参观考察，参观了百善学校、李大钊纪念馆、县城区工业聚集区北京医药产业园、庆林肽生物科技有限公司、六和馨美滋食品有限公司、农村综合信息服务中心、冀东国际农产品物流中心、唐山境界实业公司、北京环卫集团、北京实宝来游乐设施有限公司、上海电气风机制造（河北）有限公司及浩淼三期供水项目等，并就推进中拉产业园建设和教学研一体化合作开展交流座谈。

是日 2016年唐山市美丽乡村建设社会体育指导员培训在乐亭县开班，乐亭、滦南县，曹妃甸区，唐山海港经济开发区、唐山湾国际旅游岛的112名村级体育骨干参加培训。

是日 县委、县政府在北京市通州区召开承接产业转移对接会议，县长董立群等县领导出席，县发改局、县工信局、县招商局、县市场监督管理局、河北乐亭经济开发区、县城区工业集聚区及相关乡镇主要负责人与通州区130多家企业的代表参加对接活动。

5日 县委、县政府召开加强换届风气监督、确保换届风清气正专题会议，县委书记王东群、县长董立群、县人大常委会主任孟宪福、县政协主席于红等四大班子领导出席。王东群强调，此次换届，要特别讲政治、特别讲大局、特别讲纪律、特别讲操守，认真贯彻中央和省市县委的决策部署，自觉遵守换届纪律，把主要精力用在做好当前工作上，自觉服从和维护组织关于干部人事安排的决定，正确对待个人的进退留转，并教育引导干部强化四个意识，恪守换届纪律，确保换届过程中思想不散、秩序不乱、工作不断。同时，对破坏换届纪律、损害党和人民利益的行为要敢于挺身而出，做坚决的斗争，确保换届工作风清气正，圆满“收官”。

7—10日 由市教育局、市体育局主办，乐亭高平中学承办的市中学生篮球赛在乐亭县举行，各县区及市直学校的28支代表队、425名运动员参赛。

8日 乐亭县第三次全国农业普查综合试

点动员暨培训会议在乐鼎大酒店举行，为期5天，分为培训和试点入户调查。参加试点工作的普查员由全县14个乡镇、街道农普办成员及试点乡镇、村调查员64人组成。试点单位为庞各庄乡马王庄村321户，划分6个小区，同时还对该乡7家农业生产单位进行试点普查。

是日　县委书记王东群、县长董立群、县人大常委会主任孟宪福、县政协主席于红及四大班子相关领导深入县城区工业聚集区现场办公。

10日　北京市通州区产业转移企业联盟组织北京外迁企业一行19人到乐亭县参观考察。县人大常委会主任孟宪福等四大班子相关领导及县发改局、县国土局、县住建局、县环保局、县招商局、河北乐亭经济开发区、县城区工业聚集区等部门（单位）负责人参加考察、座谈活动。

11日　乐亭县与京东集团签约构建“工业品下乡、农产品进城”双向通道，县人大、县政府相关领导出席签约仪式。

14日　河北省第七届少儿曲艺大赛现场决赛在秦皇岛市抚宁区举行。乐亭县文联选送的少儿乐亭大鼓《放鸟劝学》获二等奖。

16日　县医院与市人民医院举行合作签约仪式，市政协副主席、唐山市人民医院院长胡万宁，县委书记王东群、县长董立群，县政协主席于红及县人大、县政府相关领导出席。

16—20日　乐亭县渤新文化产业开发有限公司和瀚博文化产业开发公司应邀在内蒙古自治区赤峰市国际会展中心参加2016年蒙冀辽文化产业博览会。会上展出书画作品70余件，皮影雕刻、木雕等手工艺品100余件。瀚博文化产业开发公司刘志伟创作的国画《八仙醉酒图》、渤新文化产业开发有限公司吴志群的皮影雕刻双获2016年蒙冀辽文化产业博览会一等奖。

19日　省人大《中华人民共和国道路交通安全法》执法检查组到乐亭县检查落实情况，深入县公安局交警大队指挥中心实地查看，了解交通指挥系统并进行座谈。检查组对乐亭县《中华人民共和国道路交通安全法》落实情况给予肯定。市人大常委会副主任曹金华、县长董立群、县人大常委会主任孟宪福及县委、县人大、县政府相关领导陪同。

是日　市政协主席郭彦洪到乐亭县调研中拉（乐亭）产业园建设情况，深入惠唐金属科技项目、唐山境界实业有限公司、北京环卫集团环卫装备制造基地项目、上海电器风电装备制造基地项目及浩森三期供水项目等地进行实地调研，听取相关情况汇报。县委书记王东群、县政协主席于红等县委、县政府、县政协相关领导陪同。

是日　县政协对城市文化内涵建设进行视察，先后到青春广场、县数字影院、县图书馆和崔景哲艺术馆等地实地查看，了解城市文化内涵建设并进行座谈，就城市文化建设进行交流讨论。县政协相关领导参加视察活动。

23日　省供销社副主任郭志江率调研组对乐亭县深化供销合作社改革工作进行专题调研，先后到县供销社农村综合服务中心、农村电商综合服务中心，乐亭镇、汀流河镇和中堡镇基层供销社等地，了解基层供销社现状及发展规划，听取县供销社综合改革试点工作进展情况汇报。县委书记王东群、县长董立群及县委、县政府相关领导陪同。

是日　副市长陈冲率相关部门负责人到乐亭县检查食品安全工作，深入县农牧局监测站、刘美实业有限公司、大东方购物广场（东城店）等地实地检查，对乐亭县食品安全工作给予高度评价。县委书记王东群、县政府相关领导参加检查活动。

是日　县政府召开美丽乡村建设观摩调度会议，与会人员实地观摩了毛庄镇颜庄村、胡家坨镇西黄口村、姜各庄镇董庄村、汤家河镇孟庄村和乐亭镇栗家湾坨村美丽乡村的建设情况，并现场听取相关情况汇报。县长董立群及县政府相关领导出席。

是日　迁安、滦南、乐亭3地国画作品交流联展在乐亭县举办，县人大相关领导参加活动。

24日　县委理论中心组组织开展学习中共中央总书记习近平“七一”重要讲话精神活动。县委书记王东群，县委副书记、县长董立群，县人大常委会主任孟宪福，县政协主席于红等四大班子领导参加。

25日 县森林公安局与大清河野生动物救助站对24只反嘴鹬进行佩戴环志放飞活动。当年5月，护鸟志愿者从非法捡拾鸟蛋人员手中截获一批野生鸟蛋，经市野生动物保护协会大清河救助站人工孵化、野化训练后放飞。

9月

1日 河北省首家扇贝养殖气象指数保险在乐亭县正式签约。国家渔业互保协会、省渔业互保协会、省水产技术推广站、安华农业保险公司、县水产中心领导及县兴乐水产养殖合作社社员代表、养殖大户出席签约仪式。签约的扇贝养殖户涉及9家，参保面积1333.33公顷，入保费用120万元，保额2000万元。保险期为9月1日—12月15日。

3—10日 县卫计局组织“2016年全国‘服务百姓健康行动’大型义诊周”活动，在文园开展大型义诊活动，县医院、县中医院的医疗人员为群众免费测量血压、血糖并解答群众提出的问题。

5日 县政府召开安全生产工作会议，对全县安全生产工作进行安排部署，县政府相关领导出席。

7日 县长董立群主持召开全县重点基础设施项目推进工作会议，对包括唐山市下达乐亭县的20个重点项目在内的相关工作进行专题调度。县政府相关领导出席。

8日 市人大常委会副主任曹金华一行到乐亭县调研农村饮水安全工作，先后到庞各庄乡庞西村、大相各庄乡史庄村和新寨镇一村实地调研，听取相关情况汇报。县人大常委会主任孟宪福及县人大、县政府相关领导陪同。

是日 县委书记王东群率相关部门负责人深入部分重点项目建设工地现场办公，到北京燕化永乐生物科技股份有限公司环保型农药制剂和北京海德润制药有限公司生物医药产业园项目实地查看，了解工程进展情况，现场解决项目推进中遇到的问题。王东群指出，要抢工期、赶进度，确保项目早竣工、早投产。县四大班子相关领导参加。

9日 县委、县政府召开2016年教师节表彰暨教育工作会议，县委书记王东群、县长董立群、县人大常委会主任孟宪福、县政协主席于红等四大班子领导出席。

10日 县文联、县教育局和县书法家协会主办，县文化馆承办，县老年大学、县博御画室协办的2016年“重温史诗”主题书画展览，以“纪念红军长征胜利80周年、缅怀世纪伟人毛泽东”为主要内容，展出县内老中青少书画作者创作的作品100余幅。县人大常委会主任孟宪福出席活动。

14日 县政府召开安全生产工作会议，贯彻落实省安全生产会议，安排部署下一步安全生产工作。县长董立群等县领导出席。董立群强调，安全生产工作责任重大、任务艰巨。各级各部门要始终坚持高标准、严要求，恪尽职守；要健全完善安全生产长效机制，加强安全监管体系、安全生产基础和安全生产文化建设。要切实担当起抓好安全生产工作的重要职责，全面落实安全生产责任制，强化政府、部门和企业责任，扎扎实实地把安全生产各项工作落到实处，为推动全县经济社会持续健康发展创造稳定和谐的安全环境。

19日 县委书记王东群率相关部门负责人深入部分重点项目建设工地现场办公。王东群指出，要抢工期、赶进度，确保项目早竣工、早投产。县委、县政府、县政协相关领导参加。

19—21日 京津冀首届蔬菜产销对接大会在保定高碑店举办，乐亭县组织3家蔬菜专业合作社的30多个产品参展，乐亭万事达果菜专业合作社和东方友谊食品配送公司在大会上签约。

22日 乐亭高平中学举行初中部、高中部开学典礼，县人大常委会主任孟宪福及县人大、县政府相关领导出席。

24日 县政府在李大钊纪念馆报告厅举行2016年保障性住房（廉租房、公租房）分配抽签仪式。

24—25日 县总工会在县文化中心礼堂举办“迎国庆职工乒乓球比赛”，全县基层工会的35支代表队参赛。

25日 县委、县政府举行第三季度重点项目集中开工活动，市人大常委会副主任王连灵，县委书记王东群、县政协主席于红等四大班子领导及其他在职副县级干部，各乡镇（街道）党政主要负责人、主管项目工作副职、经济办主任，县直各单位党政主要负责人、主管项目工作副职，河北乐亭经济开发区党员干部代表，集中开工项目单位负责人，北京环卫集团环卫电动车项目施工方代表参加活动。此次集中开工的有13个项目，涵盖战略新兴产业、高端装备制造、节能环保产业、钢铁产业升级等领域，涉及亿元以上项目11个、10亿元以上项目3个，总投资57.09亿元，年内计划完成投资14.6亿元。

26—27日　市政协十一届十八次常委会在乐亭县召开，会议期间，与会人员对乐亭县项目建设情况进行参观指导，市政协主席郭彦洪，副主席张艳春、刘长锁、胡万宁、杨方、徐建君、苏铁成、苏春生、张月仙参加活动。县委书记王东群、县长董立群、县人大常委会主任孟宪福、县政协主席于红等四大班子领导陪同。王东群向与会人员致辞。

26—29日　第二十届中国（廊坊）农产品交易会在廊坊国际会展中心开幕，乐亭县展示了刘美烧鸡、奇世罐头、罗锅香油、孤竹国酒及雷刚苹果、蕻雪马梨、呔诚果蔬、汀香甜瓜等特色优质农产品60多种。在本届农交会"名优果品擂台赛暨果王评选活动"中，乐亭县老米沟农业开发有限公司的红富士苹果和雷刚果蔬专业合作社的澳洲青苹果被评为"果王"。

28日　全市公安机关第四届警学理论研讨会在乐亭县召开。

29日　县委组织广大共产党员走进社区，开展"建设文明城，党员做先锋"环境卫生整治志愿服务活动，县人大常委会主任孟宪福、县政协主席于红等四大班子领导参加活动。

30日　县委、县政府在烈士陵园举行公祭烈士活动，深切缅怀为民族独立、人民解放和国家富强、人民幸福英勇牺牲的革命先烈，县委书记王东群、县长董立群、县人大常委会主任孟宪福、县政协主席于红等四大班子领导及其他在职副县级干部，县委、县政府机关党员干部代表、烈属代表、老战士代表、解放军和武警官兵代表100余人参加活动。

是月　李大钊纪念馆入选"美丽河北·最美特色建筑"，全省共10个单位入选。

是月　由县政协、县文广新局组织编纂的100余万字的《乐亭县文化志》内部出版。

10月

8日　县委宣传部组织召开《乐亭民间艺术丛书》专家评审会，对《中国乐亭民间艺术丛书》之《乐亭皮影》《乐亭地秧歌》《乐亭民歌》《乐亭与评剧》《乐亭大鼓书段精选》5本书进行论证评审。省、市、县的专家参加评审，县委相关领导出席。

9日　省农业厅、省委省政府农村工作办公室印发《关于2016年河北美丽休闲乡村和河北美丽田园认定结果的通知》，乐亭镇韩坨村、赵蔡庄村分获"河北美丽田园"和"河北美丽休闲乡村"称号。

是日　县委书记王东群率相关部门负责人深入部分城建项目建设工地现场办公，调研文明城建设工作。深入金融大街桥长河两侧（排污口）工程、曙光街拟建社区市场项目、茂源街雨污分流和辅道维修工程、乐府项目、幽园文化墙和星级酒店项目等地实地查看，了解工程进展情况，现场协调解决工程项目推进中遇到的问题。县人大、县政府、县政协相关领导参加。

10日　全市重点项目建设观摩会议与会人员到乐亭县观摩重点项目建设情况，先后到北京燕化永乐生物科技股份有限公司环保型农药制剂项目和北京海德润制药有限公司生物医药产业园项目施工现场，对项目整体规划、施工进展、工程质量等进行实地查看。市委副书记、市长丁绣峰，市委常委、常务副市长王久宗等市领导出席活动。县委书记王东群、县长董立群、县人大常委会主任孟宪福、县政协主席于红等四大班子相关领导陪同。

11日　中共中央委员、中华全国供销总社党组书记、理事会主任王侠一行到乐亭县调研，先后到县供销社农村综合服务中心和乐亭镇韩坨村等地进行实地查看，了解电子商务、产权交易、专业合作社财务管理、合作社联合社组建和新型基层供销社组建等情况，听取相关情况汇报。王侠一行还参观了李大钊纪念馆。市委副书记、市长丁秀峰等市领导，县委书记王东群、县长董立群等县领导陪同。

12日 北京华阳新能源投资有限公司乐亭区域能源中心项目举行开工仪式。

14日 珠海市副市长贺业民一行16人到河北乐亭经济开发区考察中国（乐亭）拉美产业园发展情况及上海电气、境界实业、北京环卫、三期供水等重点项目。双方就拉美产业园发展进行经验交流并达成互促合作意向。

是日 市供销合作总社考察团到乐亭县观摩深化供销社综合改革工作。县政府相关领导陪同。

14—15日 第十届中国—拉美企业家高峰会在唐山市举行。会上，乐亭县向与会人员介绍了中国（乐亭）拉美产业园的情况，县委书记王东群在会上致辞，诚邀国内外客商到中国（乐亭）拉美产业园投资兴业。县长董立群代表县政府与中拉经贸（巴西）有限公司签署战略合作协议，合作共建双边产品展销、国际贸易、物流运输、产能合作平台。县政府相关领导参加系列活动。

15日 县老干部局在崔景哲艺术馆举办纪念中国工农红军长征胜利80周年老干部书画展，展出作品100余幅。县人大相关领导参加活动。展览至10月30日结束。

16日 教育部在青海省西宁市举办第十四届全国初中信息技术与教学融合优质课大赛，中学英语教师石晓震、毛庄初中语文教师梁月获一等奖，县第三初级中学数学教师陈茹、化学教师何颖获二等奖。

16—18日 由省委宣传部主办的“我是长征精神传承人”演讲比赛在西柏坡举行。全省30多家爱国主义教育基地的45名讲解员参赛，李大钊纪念馆讲解员左婷获得一等奖。

20日 北京市朝阳区农产品质量安全考察团一行25人到乐亭县考察农业质量安全生产情况，参观了丞起现代农业园区、乐亭县农产品质量检测站，听取了相关情况介绍，对乐亭县农业工作取得的成果表示赞赏。

24日 县城管局清掏工人王青海被省委宣传部、省总工会、省住建厅授予“美丽河北·最美环卫工人暨第二届河北省环卫行业最佳城市美容师”称号，全省97人、全市12人获此荣誉。

25日 全国宣传干部管理学院第13期新任县委宣传部部长培训班一行39人到李大钊纪念馆开展党性教育和现场教学活动。县长董立群及县委相关领导陪同。

是日 县长董立群到姜各庄镇大庄村、前郑庄村，就后进村转化整顿和“两学一做”学习教育调研指导。董立群强调，村“两委”要统一思想，凝心聚力，提升为群众服务的本领，下决心改善村容村貌。要想办法带领群众提高收入，研究致富的思路和方法。要讲奉献，要有作为，要有摘掉后进村的总体规划，提高经济收入，让群众过上幸福生活。

是日 县政府召开今冬明春大气污染防治和安全生产工作会议，县政府相关领导出席。

27日 县长董立群深入河北乐亭经济开发区和县城区工业聚集区现场办公，强调，要抢工期、赶进度，确保项目早竣工、早投产。县人大常委会主任孟宪福、县政协主席于红及四大班子相关领导参加。

28日 市委常委、唐山军分区政委史学勃一行到县人民武装部调研指导四个秩序规范化建设工作，考察了县人民武装部作战值班室、器材室、办公室、保密室、学习室和图书室，听取相关情况汇报。县委副书记、县长董立群，县武装部政委参加活动。

是日 市政协副主席胡万宁到乐亭县视察调研县域经济发展情况，先后到河北乐亭经济开发区燕化永乐环保型农药项目、境界高清洁燃料项目、上海电气风机装备制造项目及冀东国际农产品物流中心项目实地考察，听取相关情况汇报。县政协主席于红及县政府、县政协相关领导陪同。

是日 县政府召开第三次全国农业普查工作推进会议，县政府相关领导出席。

是月 阎各庄镇杨家埝村村史馆建成开馆，馆内存放大红柜、煤油灯、织布机、青石碾子等老物件儿100多件，记录了上一代人生存、奋斗的史实。

11月

1日　县委召开乡镇换届工作动员会议，安排部署乡镇换届工作，县委相关领导出席。

2日　县政府召开河钢项目对接会议，县长董立群及县政府相关领导出席。董立群指出，各相关部门一定要搞好该项目的服务工作，切实解决好项目审批中出现的各种问题，把各项工作按要求落到实处，各职能部门要加强协调配合，各司其职、各尽其责，抓紧解决阻碍该项目进展的不利因素，切实解决该项目审批过程中遇到的困难和问题，确保项目早日开工，加快沿海强县建设进程。

2—3日　第九届中国（香港）国际服务贸易洽谈会在香港举办。乐亭县随唐山市服务贸易代表团赴港参会，走访了相关企业，并在省举办的推介会上，就本县基本情况和投资环境做了专题推介。

2—3日　全市2016年食品生产监管工作推进会暨食品生产企业负责人培训会在乐亭县召开，迁安、丰南等9个县（市）区监管人员及辖区食品企业负责人350余人参会。

5日　由县群众文化艺术节办公室、县文广新局主办，郎酒集团新郎酒事业部乐亭总代理骏业酒行、渤新文化产业有限公司协办的2016年首届“新郎酒杯”羽毛球比赛在县体育馆举行，全县各机关、企事业单位31支代表队参赛。

6日　县委召开全县领导干部会议，宣布省、市委关于乐亭县委、县政府主要领导任免职的决定，省委10月16日决定，免去王东群同志的乐亭县委书记职务。省委10月28日批准董立群同志任乐亭县委书记；市委10月27日决定张福林同志任乐亭县委副书记、提名乐亭县县长人选。市委常委、组织部长丁荣进作重要讲话，董立群、张福林分别作表态发言。县四大班子领导及其他县级干部，中层正职以上领导干部参会。

7日　由河北省群艺馆、北京市群艺馆、天津市群艺馆联合主办的第二届京津冀曲艺邀请赛在石家庄市新华区文体中心举行。县文广新局选送的由王兴杰演唱、张旭武伴奏的乐亭大鼓《嫦娥望长空》从京津冀三地的京韵大鼓、天津时调、乐亭大鼓、相声等6个曲艺种类12个节目中脱颖而出，获最佳表演奖。

8日　由教育部主办的“第十四届全国小学与信息技术融合课比赛”在天津滨海新区圆满落幕。县第二实验小学数学教师李艳侠获一等奖，县第三实验小学科学教师赵二丽、英语教师赵卫华分获二等奖。

是日　唐山市德龙钢铁有限公司举办捐资助学活动，发放助学金2.16万元，县内30名中小学生得到资助，其中初中生、小学生每人600元，高中生每人1000元。

11日　定州市政协主席、市委常委、党组书记、常务副市长陈业鹏率考察团到乐亭县学习考察，县委副书记、提名乐亭县县长人选张福林、县政协主席于红及县委、县人大、县政府、县政协相关领导陪同。

12日　国家、省、市卫计委领导参观李大钊纪念馆和故居。县人大、县政府、县政协相关领导陪同。

13日　县委书记董立群等县领导率县招商局、城区工业聚集区、姜各庄镇、汀流河镇主要负责人赴江苏省张家港市进行招商推介，考察了张家港市经济技术开发区和保税区及科技创新展示中心、爱康实业集团、软件动漫产业园、江苏化工品交易中心、康德馨集团，与张家港市委主要领导进行了会谈交流，就乐亭县派驻张家港驻点招商人员进行了商定。是日，董立群一行又赴上海市进行招商推介，先后与上海泰胜风能装备股份公司、上海电气风电集团公司领导进行对接，就上海泰胜风能装备股份公司风电装备制造基地建设、上海电气风电乐亭基地二期项目推进工作进行交流，两个公司均表示马上启动项目建设工作。

15日　县第十五届人大常委会第三十一次会议审议了董立群的辞职申请，决定接受董立群辞去乐亭县人民政府县长职务；决定张福林为乐亭县人民政府代理县长。本次会议作出关于县乡两级人大换届选举时间的决定，全县统一选举日为12月27日。

是日　县委召开常委会议，成立以县委书记董立群为组长的换届选举领导小组，审议通过了县人大常委会党组关于换届选举工作的意见。

16日 沧州军分区政委张广战率考察团到县人武部参观四个秩序规范化建设工作，市军分区司令员吴小潭，县委常委、武装部政委周桂强及县委、县政府相关领导陪同。

是日 县召开县乡人大换届选举工作部署会议，对县乡两级人大换届选举工作进行全面部署，县人大常委会主任孟宪福及县委、县人大相关领导出席。

17日 北京环卫集团党委书记、董事长母秉杰一行到乐亭县考察北京环卫集团环卫装备乐亭生产基地项目，县委书记董立群，县委副书记、代县长张福林及县政府相关领导陪同。

是日 由60余名县人大代表、政协委员联合组成的视察组，集中视察全县重点项目建设情况，先后对燕化永乐环保型农药项目、境界高清洁燃料项目、上海电气风机装备制造项目、六合肉鸡产业线项目等重点项目实地查看，听取相关情况汇报，全面了解项目建设进展情况。县人大常委会主任孟宪福、县政协主席于红及人大、政协相关领导参加活动。县委副书记、代县长张福林及县政府相关领导应邀参加。

是日 小堡佰富苑企业环节退出暨乐亭招商协洽会在北京市通州区召开，县委副书记黄玉刚及县委、县政府相关领导出席，北京市通州区宋庄镇小堡村佰富苑工业园区的60余家企业代表参加。

17—23日 应贝宁中国文化中心邀请，乐亭皮影对外文化交流团一行7人赴西非贝宁科托努和波多诺伏执行文化部“部省合作”非物质文化遗产交流任务，演出受到观众欢迎。

18日 省公共资源交易平台达标验收组到乐亭县审核验收公共资源交易平台整合达标工作。县政府相关领导出席。

22日 省人大调研组到乐亭镇调研人大信访工作，县人大相关领导陪同。

是日 县委副书记、代县长张福林就安全生产、食品药品安全和城建重点项目建设进行现场办公，先后到大东方购物广场（东城店）、刘美实业有限公司、新汽车站、新供热站、富强街供热管网及雨污分流工程等地实地查看，听取相关情况汇报。县政府相关领导，县市场监督管理局、县安监局、县住建局、县城管局等相关单位负责人参加。

是日 河北科技师范学院与唐山绿昕农业开发有限公司在县环城现代农业园区举行揭牌仪式，推动“政产学研用”融合发展。县委、县政府相关领导出席。

是日 国家级非物质文化遗产“乐亭大鼓、乐亭皮影”艺术教育传承基地揭牌、签约仪式在唐山师范学院举行。县政府相关领导、唐山师范学院院长及唐山师范学院音乐系师生200多人出席。

23日 乐亭县渤鑫渔业专业合作社联合社成立。联合社由乐亭县兴乐水产养殖专业合作社、乐亭县海乐渔业专业合作社、乐亭县泓乐水产养殖专业合作社组成，是全省首家渔业专业合作社联合社，涵盖全县渔业捕捞、扇贝养殖、海参养殖三大主要产业，社员总数368户。

23—24日 国家西甜瓜产业技术体系在石家庄市召开2016年度总结交流会议，乐亭县作为甜瓜生产骨干县参加。

24日 市委常委、常务副市长王久宗到乐亭县督导调研河北钢铁乐亭基地项目建设情况，深入项目现场实地查看，了解项目各项工作准备情况，听取相关情况汇报。县委副书记、代县长张福林及县委相关领导陪同。

是日 华北理工大学副校长王胜本、后勤集团公司总经理高云天一行到万事达现代农业园考察调研。

26日 乐亭县通过省级食品药品安全示范县验收。

27—28日 第十四届全国高中信息技术与教学融合优质课大赛在昆明落幕，乐亭一中教师孙爱坤获得二等奖。

29日 市委常委、市纪委书记刘德明到乐亭县调研，深入燕化永乐农药环保制剂项目、境界实业有限公司高清洁燃料项目和县农村综合信息服务平台等地实地查看，听取相关情况汇报。对乐亭县各项工作取得的成果予以肯定。县委书记董立群，县委副书记、代县长张福林，县人大常委会主任孟宪福，县政协主席于红等县领导陪同。

30日　唐山市2016年第四季度重点项目集中开工暨乐亭区域能源中心项目在中国（乐亭）拉美产业园举行奠基仪式，中国贸促会副会长王锦珍、副市长曹全民等领导和县委书记董立群，县委副书记、代县长张福林，县人大常委会主任孟宪福，县政协主席于红等四大班子领导及其他在职副县级干部；各乡镇、街道党政主要负责人，党员干部代表；县直各单位主要负责人，集中开工项目单位负责人参加活动。此次开工的有8个亿元以上项目，涵盖战略新兴产业、高端装备制造、传统产业升级等领域，涉及总投资22.39亿元，已完成投资5.2亿元，其中10亿元以上项目1个。王锦珍在活动中致辞，曹全民宣布唐山市2016第四季度重点项目集中开工。

是日　由乐亭县铸升金属制品厂起草的《水磨开刃机制钢锹通用技术要求》通过省专家组审定，成为省级地方标准。

30日　举行第五期"蓓蕾计划"救助金发放仪式，乐亭镇、毛庄镇、乐安街道等13个乡镇（街道）的57名贫困学生得到爱心企业及个人捐助的价值3.71万元的助学金和学习用品。

30日—12月1日　市老促会调研组到乐亭县调研老区村建设情况，先后到汤家河镇史庄村、乐亭镇栗家湾坨村、毛庄镇街上村和汀流河镇丰庄村实地查看，了解老区村发展建设情况，听取相关情况汇报，并就如何加强老区村建设发展与县领导进行交流。调研组对乐亭县老区重点帮扶村建设情况给予高度评价。县委副书记、代县长张福林及县委相关领导陪同。

12月

4日　开展国家宪法日暨全国法制宣传日宣传活动，县四大班子相关领导参加。县司法局、县人社局、县国土局和县地税局等27个依法治县领导小组成员单位及县直有关部门180余名工作人员，在县城东大街，开展以"大力弘扬宪法精神，协调推进'四个全面战略布局'"为主题的集中宣传活动。活动中，接待群众法律咨询1000余人次，发放法律知识图书2000余册，各类法制宣传材料近1万份。

5日　县检察院举办"检察开放日"活动，部分人大代表、政协委员受邀走进检察机关，零距离感受检察工作。县人大、县政协相关领导参加。

6日　市妇联在乐亭县举行巾帼巧手创富创业项目拉练观摩推进会议暨乐亭县巾帼创业基地落成仪式。市妇联领导、全市各县区妇联主席和巧手创富带头人及乐亭县各乡镇（街道）妇联主席、县直单位妇委会主任140余人参加活动。县委相关领导致辞，市妇联领导讲话。

7日　县委副书记、代县长张福林率相关部门负责人对危化品和烟花爆竹行业安全生产情况进行督导检查，先后到县盛安烟花爆竹销售有限公司和境界实业有限公司等地实地检查，了解企业安全生产情况，听取相关情况汇报。张福林强调，各级各部门要进一步提高认识、强化措施，要抓长效机制，坚持开展经常性安全生产大检查，持续打击违法违规行为。要不断学习、培训，要提升装备水平、检查能力和执法水平。要善于抓重点，善于调动各个系统和乡镇的积极性，把责任分解，压力传导。要不断探索新路径，研究新情况，采用新机制，解决新问题，有效防范和坚决遏制安全生产事故发生，确保人民群众生命财产安全，为乐亭经济社会又好又快发展做出积极贡献。县政府相关领导参加。

7日　乐亭县被列入省爱国卫生运动委员会印发的《河北省健康城市健康村镇建设发展规划（2016—2020年）》第一批健康城市和健康村镇试点名单，为全省唯一一个健康县城试点。

8日　国家农业部公布第二批国家级海洋牧场示范区名单，乐亭县兴乐海洋牧场榜上有名。

是日　市委常委、副市长于学强到乐亭县调研项目建设情况，深入惠唐乐港金属科技项目、燕化永乐项目和境界高清洁燃料项目等地实地查看，了解项目建设情况，听取相关情况汇报，并进行座谈。县委书记董立群及县委、县政府相关领导陪同。

9日　团县委联合县广播电视台举行2016年度青年文明号授牌仪式。县委相关领导出席。

13日　乐亭大鼓电视专题片《鼓韵书魂》发布会在县教师进修学校举行。县委宣传部、县文广新局、县广播电视台、县文联等单位负责人及社会各界人士参会。

14日 县第三实验小学通过“河北省依法治校示范校”复审验收。

15—16日 中国曲艺家协会全国少儿曲艺创作工作座谈会在乐亭县召开，同时中国曲协督查组对乐亭县“中国曲艺之乡”建设工作进行复审验收。中国曲协副主席、天津市文联副主席籍薇等“中国曲艺之乡”督查组成员及参加座谈会的与会人员考察了县第一实验小学“曲艺进校园”工作、传统文化元素公园——文园、“三枝花”戏曲茶楼、艺术雕塑、渤新文化产业公司等，对乐亭县曲艺工作给予充分肯定。

15—16日 乐亭县综合职业技术学校英语教师李洁亭代表河北省参加由中国职业技术教育学会教学工作委员会在海南省海口市举办的全国“创新杯”英语教师信息化微课设计大赛，获得二等奖。

16日 由民盟中央社会服务部指导，民盟河北省委、北京四中网校联合主办，唐山市教育局协办的“京津冀互联网+教育信息化发展高峰论坛”在唐山一中召开。会上，北京四中网校正式吸纳乐亭一中为“北京四中数字校园合作学校”成员单位，并举行签约授牌仪式。

是日 县委理论中心组集中学习党的十八届六中全会和省第九次党代会精神，县委书记董立群强调：全县各级领导干部要把学习宣传党的十八届六中全会和省委第九次党代会精神作为当前和今后一个时期的重要任务，立足乐亭实际，迅速掀起学习热潮、真正学深悟透会议精神实质，科学谋划当前工作，以时不我待的紧迫感和使命感，不断激发干事创业的热情、努力实现会议确定的各项目标任务，推动全县各项经济指标在全市增比进位，确保实现“十三五”良好开局。县委副书记、代县长张福林，县人大常委会主任孟宪福、县政协主席于红等四大班子领导参加学习活动。

是日 仟客莱华北中部开业暨仟客莱挂牌上市庆典在县城区工业聚集区举行。

17日 乐亭一中被清华大学评定为2016年生源中学。

19日 李大钊故居和纪念馆景区入选《全国红色旅游经典景区名录》。

22日 全国组织干部学院一行39人到李大钊纪念馆参观，并举行重温入党誓词活动。县委书记董立群，县委副书记、代县长张福林等陪同。

是日 团县委联合县教育局、县广播电视台、县工商联、县青年企业家协会，在县青少年活动中心举行希望工程爱心助学金发放仪式，发放助学金12.47万元，惠及14个乡镇（街道）中小学生194名。县委相关领导出席，各乡镇（街道）团委书记、爱心企业家代表和受助学生260余人参加。

是日 县供电公司35千伏变电站（中堡）1号主变、2号主变分别经过3次全电压空载冲击试验后，带电正常，顺利投运。

23日 市政协主席郭彦洪到乐亭县视察美丽乡村建设情况，深入胡家坨镇西黄口村，参观了美德故事街、礼义诚信街、文化园、锦云亭等特色建筑，实地考察了市政协委员捐建的学习室、图书室，听取相关情况汇报，对乐亭县美丽乡村建设工作给予高度评价。市政协副主席张艳春，县委书记董立群，县委副书记、代县长张福林，县政协主席于红等县领导陪同。

24日 首都经贸大学考察团一行到乐亭县参观考察，先后到县城区工业聚集区、唐山港京唐港区集装箱码头和河北乐亭经济开发区等地实地参观，并就拟投资建设汽车制造厂及相关配套设施问题与县领导和相关部门交换意见。县委书记董立群，县委副书记、代县长张福林等陪同。

是日 市人大常委会副主任李全民到乐亭县调研人大换届选举工作，深入胡家坨镇西黄口村和大黑坨村实地调研，了解人大换届选举工作开展情况，并进行座谈，对乐亭县人大换届选举工作给予肯定。县人大常委会主任孟宪福及相关领导陪同。

是日 县委书记董立群率相关部门负责人深入海畅环保科技项目、实宝来大型游乐设备生产制造项目和仟客莱宠物级饲料项目等地现场办公，了解工程进展情况，协调解决项目建设中遇到的问题，推动项目建设加快发展。县委副书记、代县长张福林及县委、县政协相关领导参加。

26 日　乐亭县举行党的十八届六中全会和省第九次党代会精神宣讲报告会，市委第一宣讲团成员、县委书记董立群做宣讲报告，董立群强调，要深刻领会和全面贯彻十八届六中全会和省第九次党代会精神，把全县党员干部的思想、行动统一到中央和省委精神上来，进一步推动县域经济社会又好又快发展。县委副书记、代县长张福林主持报告会，县四大班子领导及其他在职副县级干部，各乡镇、街道党政主要负责人，县直各单位主要负责人及主管负责人参加报告会。

26—27 日　乐亭县中小学生乒乓球比赛在青少年活动中心举行，全县 71 支代表队、213 名运动员参赛。

27 日　乐亭县开展县乡两级人大换届选举，依法选举县、乡两级人大代表。董立群、张福林、孟宪福、于红等四大班子领导及机关干部在县党政机关选区第一投票站投票。各乡镇、街道、县直各单位的选民在各自选区投票。全县本地户籍人口 43.09 万人，经确认有选民资格并依法登记的选民 39.04 万人。此次换届选举，县级人大代表名额 219 名，乡级人大代表名额 856 名。全县划分县级代表选区 137 个，其中农村选区 125 个；划分乡级代表选区 598 个，其中农村选区 559 个。

是日　中国共产党乐亭县第十二届委员会第七次全体会议召开，县委常委董立群、张福林、黄玉刚、周桂强、安爱军、张国勇、孙自生、李亚铮出席会议。县人大常委会主任孟宪福、县政协主席于红列席会议。参加会议的有中共乐亭县第十二届委员会委员、候补委员，中共乐亭县纪律检查委员会委员列席会议。会上，县委书记董立群作《关于召开中国共产党乐亭县第十三次代表大会决议（草案）》的说明。会议由张福林主持。黄玉刚宣读了《中国共产党乐亭县第十二届委员会第七次全体会议关于召开中国共产党乐亭县第十三次代表大会的决议（草案）》。会上，通过了《关于召开中国共产党乐亭县第十三次代表大会的决议（草案）》。定于 2017 年 2 月下旬召开中国共产党乐亭县第十三次代表大会。

30 日　晚，乐亭县迎新年第六届原创文艺作品展演在文化中心礼堂举行。县委相关领导和 1000 余名观众观看演出。

是月　在中国教育电视协会和中央电化教育馆联合举办的第十三届全国中小学校园影视评选活动中，县综合职业技术学校的人物专访《执着的追梦人》获一等奖，县第一实验小学的《校园鼓韵浓》、县第三实验小学的校园 MTV《阳光少年》、县第四实验小学的课本剧《丰碑》获二等奖，县第二实验小学的《雏鹰之梦》、新寨小学的《以人为本育桃李，幸福教育馨满园》获三等奖。

是年　全县有 8 项主要经济指标增速在全市（14 个县、市、区）排名 5 个第一、2 个第二、1 个第三。其中，地区生产总值 345.18 亿元，比上年增长 7.6%，增速全市排名第一；第三产业增加值 144.35 亿元，比上年增长 9.9%，增速全市排名第一；规模以上工业增加值 75.52 亿元，比上年增长 7.7%，增速全市排名第二；固定资产投资 209.96 亿元，比上年增长 25.9%，增速全市排名第一；社会消费品零售总额 132.84 亿元，比上年增长 10.7%，增速全市排名第二；公共财政预算收入 12.23 亿元，比上年增长 10%，增速全市排名第一；城镇居民人均可支配收入 31378 元，比上年增长 8.6%，增速全市排名第三；农村居民人均可支配收入 14789 元，比上年增长 8.9%，增速全市排名第一。

乐亭概况

建置沿革

【地理位置】 乐亭县地处唐山市东南部，北纬39°05′46″～39°34′38″，东经118°40′48″～119°18′37″。北、东北倚滦河与昌黎县相邻，东南濒临渤海，西北、西和西南与滦南县、曹妃甸区接壤。县境陆域成倒挂三角扇形。县境东起姜各庄镇九间房村，西至古河乡丰台桥村，东西49千米。北起中堡镇后沙铺村，南至唐山海港经济开发区托管的捞鱼尖村，南北52千米。全境陆域面积1307.7平方千米，属河北省第一沿海大县。

县城位于陆域中部偏北、乐亭镇境内中心，西北距唐山市70千米，东北距秦皇岛市110千米，南距唐山港京唐港区25千米，西南距曹妃甸港区65千米，西距天津市154千米，西北距北京市230千米，距省会石家庄市411千米。

【历史沿革】 商汤（又称成汤、武汤，商代第一位王）十八年（公元前1582年），分封圣贤和功臣之后立诸侯国，冀、幽一带封为孤竹国，乐亭境域属孤竹国。

周惠王（姬阆）十三年（公元前664年），齐桓公为救燕北伐山戎、攻令支、灭孤竹后撤兵南归，是地属燕。周襄王（姬郑）十一年（公元前641年），是地属燕国辽西郡；周景王（姬贵）十五年（公元前530年），是地仍属辽西郡。

秦并六国后，划分天下为36郡，是地仍属辽西郡。

前（西）汉，汉景帝（刘启）四年（公元前153年），海阳侯绝国改为海阳县归辽西郡，是地为海阳县境域。

后（东）汉，辽西郡置五城，即阳乐、海阳、令支、肥如、临渝，是地属海阳。三国时期（220—280年）是地属魏，为乐安亭。

晋武帝（司马炎）咸宁五年（279年）分幽州置平州，海阳县仍属幽州。赵石虎伐燕，海运军粮一千一百万斛（石）屯于乐安城，晋为乐安镇（今乐亭镇），实为赵（石）属地。

前燕，晋穆帝（司马聃）永和六年（350年），前燕伐后赵（石），赵将弃乐安镇逃走，是地又属前燕。

北魏，太武帝（拓跋焘）太延二年（436年）灭前燕，是地属北魏，乐安镇属海阳县。

北齐，文宣帝（高洋）天保七年（556年），省州县，是地属肥如县。

隋文帝（杨坚）开皇六年（586年）将肥如并入新昌，开皇十八年（598年）改新昌为卢龙县，是地又属卢龙县。

唐太宗（李世民）贞观十五年（641年）于临榆城置临渝县，武则天神功元年（697年）改临渝为石城县，是地属石城境域。玄宗（李隆基）开元二十八年（740年）建置马城县，乐安镇属之。

五代十国，契丹辽太祖（耶律阿保机）天赞二年（923年），契丹克平州，以平州为卢龙军节度使，乐安镇属之。

辽景宗（耶律贤）保宁二年（970年），置滦州领军，下辖义丰、马城、石城三县，乐安镇属马城。

金太宗（完颜晟）天会元年（1123年），置滦州节度使，领县四：义丰、石城、马城、乐亭（由马城县南部析出），为乐亭建县之始，治所在乐安镇。

元成宗（孛儿只斤·铁穆耳）大德四年（1300年）改平滦路为永平路，下辖义丰、石城、马城、乐亭4县。惠宗（孛儿只斤·妥懽帖睦尔）至元三年（1337年）将石城并入乐亭，当年又将石城并入义丰。至元四年（1338年）马城亦并入义丰，故永平路下辖义丰、乐亭2县。

明太祖（朱元璋）洪武二年（1369 年）改永平路为平滦府，洪武四年三月又改平滦府为永平府，下辖滦州，滦州下辖义丰、乐亭 2 县。

清代沿用明代制度，乐亭县仍属永平府滦州管辖。

1912 年民国建立，废府州设道，乐亭县属直隶省津海道（天津）。民国 17 年（1928 年）撤销津海道，改直隶省为河北省，乐亭县直属河北省。

1933 年，国民政府与日军签订《塘沽协定》，划冀东为特区，两年后又签订《何梅协定》，由汉奸殷汝耕成立的"冀东防共自治委员会"改为"冀东防共自治政府"，乐亭县即在冀东 22 县之内，属滦榆区。

1938 年，"冀东防共自治政府"又迁至唐山，成立"冀东道尹公署"，乐亭县又属于"冀东道"。1943 年 8 月建立昌乐联合县（抗日政府），属冀热辽行署第四专署。1945 年 11 月，昌乐联合县改为乐亭县政府，属冀热辽区第十七行政督察专员公署。1946 年属冀东区第十三行政督察专员公署。1949 年 3 月改属冀东行署第十二专员公署。

中华人民共和国成立后，乐亭县属河北省唐山地区管辖。1983 年 3 月，实行市管县体制，撤销唐山地区，乐亭县划归秦皇岛市。5 月，乐亭县又划归唐山市管辖至今。

【行政区划】 2016 年，全县有 3 个乡，10 个镇，1 个街道办事处，473 个行政村，12 个社区居委会。

按照县委办公室《关于贯彻落实省委、省政府〈关于加快新型城镇化与城乡统筹示范区建设的意见〉的通知》要求，启动古河、庞各庄、大相各庄乡撤乡设镇工作。6 月 16 日，省民政厅领导到乐亭县调研撤乡设镇工作，调研组一行先后深入大相各庄、古河、庞各庄 3 个乡实地查看相关情况，对 3 个乡的行政区划调整给予肯定。市民政局印发《筹备撤销乡建镇的复函》，10 月完成了 3 个乡的《筹备完成申请验收报告》并上报市民政局，待验收。

自然环境

【地质地貌】 乐亭县地处燕山褶皱带南缘凹陷区，地层内部为中生界、新生界沉积层，基底由太古界和元古界变质岩组成。为滦河冲积、海相沉积平原，地势低平，自西北向东南缓缓倾斜，坡度为 1/6000 ~ 1/3000，海拔高度为 1 ~ 15 米。

地质　地壳结构。乐亭县地质构造属华北断块，地壳结构与整个华北断块地壳结构基本相同。华北地块是一个古老的地质块体，基底由太古界和元古界变质岩组成，其后的构造演化，深刻地受古老基底的控制。古生界为相对稳定阶段，进入中新生界后便转为强烈的活动发展阶段。新生界以来，华北地块区内发育了一系列不同方向、不同切割深度的活动断裂带。乐亭区域凹陷系断裂运动的产物。

中生界的晚侏罗系所产生的燕山运动波及整个华北地台，断裂运动成为这一时期构造运动主要形式，形成中国东部同生构造盆地。断裂不仅控制盆地边界，而且也是盆地内次一级构造单元的边界。地处燕山褶皱带南缘乐亭凹陷的发育和沉积，受着黄骅拗陷北部边界断层——昌黎断裂及滦河断裂的控制，因此，形成乐亭凹陷的位置：黄骅拗陷北部，北以昌黎断裂及燕山褶皱带相隔；东以滦河断裂与昌黎凹陷、姜各庄凸起相邻；南以超复关系与马头营凸起、柏各庄及柏各庄东潜山带相连；西端和老王庄凸起是断裂及超复关系，呈近东西走向。

凹陷特点。1964—1983 年大港油田地球物理勘探公司进行的地质钻探，钻遇地层有太古界花岗岩，得知凹陷内主要有中生界、新生界沉积层。

中生界　乐亭凹陷内中生界主要有侏罗系和白垩系。侏罗系沉积在凹陷西部较东部厚，其岩性以安山岩为主，覆盖在古老的温和岩、花岗岩上面。白垩系超复于侏罗系之上，其沉积因受断裂活动的控制，沉积厚度小于侏罗系，分布范围也不如侏罗系广。岩浆岩为花岗闪长岩、花岗岩、正长石。

新生界　中生代末，被抬升的中生界遭到剥蚀，凹陷下沉接受新生界的沉积，沉积范围仅 560 平方千米，较中生界小。它超复于中生界之上，其岩性为紫灰色泥岩和沙质泥岩。凹陷被抬升遭剥蚀，而后又整体下沉接受沉积，和整个华北盆地地层是一致的。

地貌　地貌形成。乐亭县地面为燕山褶皱带

南缘、渤海北岸滨海平原。北部平原成土母质为滦河冲积物，上部为黄褐黄色的沙质黏土、下部为细沙。南部沿海平原为海相沉积物。两者之间淤积物呈交错沉积，基岩埋深 800 ~ 1000 米。

全新世后，滦河冲积扇三角洲的顶点两次下移。首先下移到汀流河镇，此期间其沉积物主要分布于王滩镇以西的部位，使西部海岸线向海推进并形成岸外沙坝体系。当顶点下移到会里附近时，其沉积物主要分布于王滩镇以东，将海岸线向东南推进。在放大的卫星照片上，可看到王滩镇以西的离岸沙坝向陆延伸，以东的离岸沙坝发育在外侧，在小港附近两者斜交在一起，并在小港附近形成没有潟湖的岸段，岸外 7 千米即为 10 米等深线的深水区。

滦河古河道在地表似有河谷形态，有的留下一些浅洼地，常年芦苇丛生，低处有积水；有的已面目全非，只能在航线上有显示。1976 年发生地震时，从航片上观察，某些喷水冒沙的连线为河道的形迹。由此可见，除地表古河道外，地下亦有众多的埋藏古河道，故滦河冲积扇三角洲是滦河多次东西移动（改道）形成的。在海域内，为单调的水下三角洲，其边缘可达 20 米等深线。

地貌现状。乐亭县地貌单一，为平原类型，其微型地貌丰富。

坑塘洼地　乐亭县沿海地带有自然形成的洼地，多生长芦苇、黄蓿，后多数改造成稻田；村庄附近皆有坑塘，少数为天然形成，多数是建房取土所为，分布均匀。

沙丘　境内小沙丘较多，大部分在 20 世纪 70 年代发展农业规划方田时被平掉，形成沙地。

滨外沙坝（离岸沙坝）　大网铺岗，位于董庄村南 8 千米处，为一长条形沙岗，长 2 千米，最宽处 0.5 千米，面积 1 平方千米。灯笼铺岗，位于董庄村东南 7 千米处，也是一长条形沙岗，长 3 千米，最宽处 0.5 千米，面积 1.5 平方千米，海拔高度 0.8 米。灰坨，在二排干渠西 2.5 千米处，为一椭圆形沙坨，长 1.5 千米，宽 0.5 千米，面积 0.75 平方千米，海拔高度 3.1 米。这些滨外沙坝现基本与陆地相连，无人居住。

潟湖　乐亭县海岸沙坝和滨外（离岸）沙坝将沿岸分割成许多封闭、半封闭潟湖和海湾潟湖。胜利铺一带的封闭潟湖已转化成滨海沼泽。半封闭潟湖在滦河口、湖林河口一带发育成宽 2 千米左右的湖面，低潮潟湖大都出露，成为潮滩。

潮流通道　沿海潟湖与海水相通的渠道较多。其成因是离岸沙坝在发育过程中不连续，中断处成了海水出入的通道，如浪窝口与王八湾之间的通道；最多的是由于河流冲决沿岸沙堤或滨外沙坝后，形成的潮流通道，如稻子沟入海口、老米沟口、湖林河口、大清河口等。

河流　境域自西向东依次有骨干河流（不含滦河和小青河两条界河）：新河、盐场北侧渠、老滦河底（大清河）、石碑新河、新潮河、小河子、湖林新河、小长河、老米河、二滦河、老米沟、稻子沟 12 条，总长 366.8 千米，总集水面积 1133 平方千米（含滦南县汇入的 89.1 平方千米）；有重点排水渠：新河西支、新河东支、陈红渠等 17 条，总长 160.9 千米，流域面积为 407.28 平方千米。

【气　候】 乐亭属滦河冲积平原，地势平坦开阔，北高南低，海拔 1 ~ 15 米。气候温和湿润，属暖温带滨海半湿润大陆性季风型气候，春夏秋冬四季分明，冬季受西伯利亚和蒙古冷空气影响，盛行偏北风，夏季受太平洋副热带高压影响，盛行偏南风。具有春季干燥多风、夏季闷热多雨、秋季昼暖夜寒、冬季寒冷少雪的特点。

2016 年，全年平均气温 12.7℃，年降水量 816.8 毫米，年日照时数 2523.6 小时，比常年（2527.8 小时）偏少 4.2 小时；年平均风速 2.4 米 / 秒；无霜期 223 天，初霜日 10 月 24 日，终霜日 3 月 15 日。

【温　度】 2016 年，年平均气温 12.7℃，比常年（11.1℃）偏高 1.6℃；月平均气温 8 月最高，为 26.5℃，极端最高气温 34.8℃，出现在 7 月 24 日；月平均气温 1 月最低，为 −5.4℃，极端最低气温 −18.5℃，出现在 1 月 24 日。平均地面温度（0 厘米地温）14.2℃，平均地温 7 月最高，为 30.1℃；1 月最低，为 −5.7℃。极端最高地面温度 61.2℃，出现在 7 月 11 日；极端最低地面温度 −19.7℃，出现在 1 月 24 日（见表 1）。

表 1　　2016 年乐亭县地温情况

数值 项目 / 月份	月平均地温（℃）	日最低≤ 0℃日数（天）	极端最高地面温度（℃）	出现日期（日）	极端最低地面温度（℃）	出现日期（日）
1	-5.7	31	15.8	31	-19.7	24
2	-0.2	28	25.5	25	-15.7	2
3	9.7	18	44.0	29	-7.3	1
4	19.1		52.2	30	0.9	8
5	24.8		58.3	26	4.7	13
6	27.5		59.6	9	12.6	2
7	30.1		61.2	11	17.4	5
8	27.3		47.7	6	13.4	26
9	22.2		37.3	6	6.8	29
10	13.4	2	31.7	3	-0.9	31
11	3.4	23	19.0	18	-7.1	24
12	-1.2	31	10.4	3	-10.5	29

【降　水】 2016 年，全年降水量 816.8 毫米，比常年（573.5 毫米）偏多 243.3 毫米，偏多 42.42%。冬季（1—2 月）季降水量 11.0 毫米，比常年偏多 36%；春季（3—5 月）季降水量 48.7 毫米，比常年偏少 43%；夏季（6—8 月）季降水量 607.4 毫米，比常年偏多 58%；秋季（9—11 月）季降水量 147.7 毫米，比常年偏多 63%；12 月月降水量 2.0 毫米，比常年偏少 2.4 毫米。

【水　文】 水文地质。乐亭县可利用含水体系主要为新生界、古生界、元古界含水体系。

新生界含水体系　包括第四系、第三系含水体系。

第四系含水体系。第四系含水体系厚度一般小于 550 米；自上而下分为（Ⅰ、Ⅱ、Ⅲ、Ⅳ）4 个含水层组，地质时代分别相当于 Q4、Q3、Q2、Q1（见表 1）；岩性主要为砂（亚砂土）、砂砾石、亚黏土等（见表 2）。

表 2　　第四系含水层组厚度对照

含水层组	时代	底界埋深（米）	厚度（米）
Ⅰ	Q_4	15 ~ 20	15 ~ 20
Ⅱ	Q_3	120 ~ 200	105 ~ 180
Ⅲ	Q_2	400	200 ~ 280
Ⅳ	Q_1	550	150

第四系为滦河冲洪积和海（湖）积相沉积形成。根据地下水成因及赋存条件，平面上依咸淡水分界线分为两个水文地质区：山前冲洪积倾斜平原全淡水水文地质区，滨海冲积、海（湖）积低平原有咸水水文地质区。阎楼坨、阎各庄、蔡庄、公官营、苇场一线以北为山前冲洪积倾斜平原全淡水水文地质区，以南为滨海冲积、海（湖）积低平原有咸水水文地质区。上部浅层水属潜水或微承压水，下部深层水属承压水。

山前冲洪积倾斜平原全淡水水文地质区。全区面积 484 平方千米，区内全部为淡水。按开采深度分为浅层开采段及深层开采段。浅层开采段相当于第Ⅰ含水组和第Ⅱ含水组上段，赋存潜水及微承压水，为目前本区主要开采层。底板深度80～100米，含水层总厚度50～70米，单位涌水量20～50立方米/时·米，含水层岩性主要为中、粗砂及中砂砾石（砂砾石）。地下水流向由北向南。主要补给来源为大气降水，主要排泄为人工开采。区内地下水丰富，水质良好。水化学类型以重碳酸为主，矿化度小于2克/升。局部地区，如大相各庄乡、新寨镇的少数村庄浅层地下水中氟化物超标。深层开采段相当于Ⅱ组下段和Ⅲ组上段，含水层底板埋深250～300米，目前在乐亭县城、会里、徐家店水源地有所开采，其他地区开采较少。单位涌水量10立方米/时·米左右，含水层岩性以中细砂为主。水化学类型以重碳酸型为主，矿化度小于2克/升。第Ⅳ含水组开采较少。

滨海冲积、海（湖）积低平原有咸水水文地质区。全区面积824平方千米。区内地下水分布有两种形式：上部为咸水、下部为深层淡水的双层结构和上部为浅层淡水、中部为咸水、下部为深层淡水的3层结构。按开采深度分为浅层开采段及深层开采段。

浅层开采段（指由滦河近代沉积，在咸淡水界线以南覆盖于咸水体之上的347.8平方千米的浅层淡水）相当于第Ⅰ含水组或Ⅰ+Ⅱ含水组。含水层由细砂、粉砂、局部粗砂组成，底板深度20～80米，单位涌水量5～10立方米/时·米，水化学类型为重碳酸·氯化物型或氯化物·重碳酸型，是当地农业灌溉的主要开采层。局部地区氟化物超标。

浅层淡水以南至海岸线的浅层水，按矿化度分为微咸水（2～3克/升）区、半咸水（3～5克/升）区及咸水（大于5克/升）区，水化学类型为氯化物·重碳酸型至氯化物型，单位涌水量10立方米/时·米左右，目前基本未开采利用。微咸水区、半咸水区及咸水区的分布面积分别为128.5平方千米、87平方千米和260.7平方千米。

深层开采段相当于第Ⅲ含水组或Ⅱ+Ⅲ含水组，含水层顶板埋深80～200米，底板埋深259～271米，含水层总厚度103～167米，岩性以细砂为主，单位涌水量10～20立方米/时·米。区内地下水由东北向西南流动。地下水的补给来源主要为侧向径流及越流补给，水化学类型以重碳酸－钠·钙、重碳酸－钠型为主，矿化度小于0.5克/升。古河——马头营一带由于超采，已形成地下水漏斗区。

第三系含（热）水体系。第三系含（热）水体系主要分布在西起乐亭与曹妃甸区界，东至海田村至南部海边，北起中石碑、东徐各庄、王各庄一线，南至南部海边，全区面积335平方千米的地热异常区内。该含水体系位于第四系之下，岩性以泥岩与各类砂岩为主，顶板埋深一般300～550米，底板埋深一般700～1900米；厚度1000～1327米，由北向南逐渐增加；热储层厚度520～690米。其底界温度一般为60℃～80℃。水化学类型为氯化物·重碳酸－钠型，矿化度小于2克/升。单井涌水量2000立方米/日左右，地热水主要用于冬季供暖、渔业养殖等。

古生界、元古界含（热）水体系　位于第三系之下，面积同第三系，岩性主要为碳酸盐岩。深度3000米以浅，热储层厚度541～858米，顶板埋深1400～2600米，最深可超过3000米，热水温度高（推测67.63℃～159.63℃），矿化度小于2克/升，水化学类型与第三系水化学类型一致。

自然资源

【矿产资源】　乐亭县矿产资源主要有铁矿、海盐、油气、地热水和地下卤水。

铁矿　在中堡镇鲁家坨、毛庄镇于家坨磁异常查证中，鲁家坨工区2号异常钻探验证见106米磁铁矿，预计为亿吨以上的大型铁矿。未开采。

海盐　乐亭盐区地处渤海之滨，有取之不尽的海水，并且海水含盐量大，沙渍少，为县境内发展海盐生产提供了得天独厚的天然资源优势。海水是晒盐的原料，含有多种元素，海水的含盐量和海水浓度高低受盐场周围径流入海淡水及季节、气候影响较大。月份之间变化的一般规律：春、冬海水浓度较高，七、八月份最低，最高为一、二、十二月份。

油气　据大港油田物探公司钻探资料分析，乐亭凹陷内油气资源可能来自下第三系、中生界及石炭—二迭系。生油层研究资料表明，凹陷下第三系生油门限深度值为2800米。据此为标准，乐亭凹陷内第四系和第三系埋深超过这一深度的面积有21平方千米。地质钻探结果表明，下第三系中有暗色泥岩（例如乐3井录井中下第三系分层井段有近140米厚的紫灰色泥岩和沙质泥岩），这些暗色泥岩有可能成为凹陷的生油母岩。由于乐亭凹陷里沉积了巨厚的中生界和约500米厚的石炭—二迭系，据钻探证实这些地层中含有一定数量的煤层及煤系地层，寻找这些地层中的煤成气就成为凹陷内找气的又一领域。虽然石炭—二迭系及中生界曾遭到剥蚀，一次成气可能被破坏，但凹陷内后期又沉积了较厚的第三系、第四系（最厚达3000米），深部（埋深超过4000米）地层中的煤有条件转化成煤气。凹陷里埋深超过4000米的中生界和石炭—二迭系面积达180平方千米，是为凹陷里找煤成气的物质基础。据钻井揭示，乐亭凹陷内砂、泥岩地层发育，为油气的储集和保存创造了条件；凹陷内下第三系和中生界大角度北倾及发育的数条断层又有利于油气的运移；凹陷中的局部构造又为油气的富集提供场所。因此，乐亭凹陷内找油找气（特别是煤成气）的地质条件是具备的。

地热水　地热水资源主要指上第三系地下热水资源，位于第四系之下，底板埋深小于1900米。地温异常中心位于长芦大清河盐化集团有限公司至翔云岛林场一带，地温梯度大于4℃/100米。

2000年，冀东油田在长芦大清河盐化集团有限公司6工段施工井1185米，水温92℃。钻孔产水量1500～2000立方米/日，矿化度1.38～1.42克/升。2002年9月，长芦大清河盐化集团有限公司施工两眼地热井用于供暖，其中1号井1410米，井口温度70.1℃，供热后排水温度55℃；2号井1000米，井口温度68℃，供热后排水温度50℃。除此，在县水产养殖场、捞鱼尖孵化场、新戴河旅游公司等处，也有地热水的开发利用。

乐亭县地热水资源的开发利用尚处于起步阶段，工作程度较低，开采井缺少全面系统的地热地质资料，需进一步进行地热地质勘查工作，从而为开发利用地热资源提供地质依据。

地下卤水　含盐量高的咸水即称卤水。据《大清河盐场志》记载：“盐区内地下表层有大量的咸水。经探查，深度在17.5米至42米，咸水浓度随坡降而异，距海岸线较远的北侧（二工段）浓度为11.5° Bé（波美度），距海岸线最近的南侧（老九工段）浓度低于海水浓度，仅为1.2° Bé（波美度）。高于海水浓度的则可以汲取，用于晒盐。”另据县钻井队提供，乐亭沿海一带地下表层均有大量咸水。因凿井汲水制盐成本高，尚未开发利用。

【生物资源】　农作物资源　2016年，乐亭县农作物资源有粮食作物、经济作物、食用菌类、蔬菜类等。粮食作物主要有玉米、小麦、水稻、甘薯、马铃薯、豆类等。经济作物主要有花生、棉花、瓜类（西瓜、甜瓜）等。食用菌类主要有平菇、鸡腿菇、香菇、杏鲍菇、草菇、木耳、银耳、金针菇、羊肚菌、菜树菇等。蔬菜类主要有黄瓜、西红柿、豆角、茄子、辣椒、韭菜、白菜、甘蓝、萝卜、西葫芦、葱、蒜等。中草药等也有零散分布。

果树资源　乐亭县处于果树适生区，2016年主要栽培树种有苹果、桃、葡萄、梨、大樱桃等，且品种资源丰富。苹果主要栽培品种有红富士、红嘎拉、黄嘎拉、王林、美国八号、藤牧一号、摩里斯、寒富、金冠、乔纳金、新红星等，澳洲青萍苹果少有栽培；梨主要栽培品种有五九香梨、爱宕梨、黄金梨、黄冠梨、大果水晶梨、金花梨、爱甘水梨、圆黄梨、晚秋黄梨等；葡萄主要栽培品种有巨峰、玫瑰香、京亚，少有栽培的品种有藤稔、维多利亚、乍娜、夏黑、奥古斯特、摩尔多瓦等；桃主要栽培品种有春雪、金奥油桃、中油五油桃、中油四油桃、2020黄油桃、突围、大京红、早凤王、大红桃、早久保、久保、重阳红、绿化九、北京15、北京24等；大樱桃主要栽培品种有红灯、美早、拉宾斯、雷尼尔、艳阳、萨米脱、早大果、砂蜜豆、布鲁克斯、意大利早红等，另外有优质砧木吉塞拉5号、吉塞拉6号；杏主要栽培品种有金太阳、凯特；李子主要栽培品种有紫琥珀、黑宝石、尤萨李；其他树种如桑葚、山楂、枣、核桃等少有栽培。

花卉资源 乐亭县的花卉种类多，范围广泛。春季有迎春、连翘、玉兰、碧叶桃花、芍药、牡丹、丁香、榆叶梅、海棠、樱花等；夏季有凤仙花、荷花、石榴花、月季花、紫茉莉、茉莉花、睡莲、紫薇、扶桑、美人蕉、百合花等；秋季有昙花、木槿、菊花、鸡冠花、牵牛花等。

海洋植物资源 境内海域浮游植物24科37属67种，主要隶属于圆筛藻属、角毛藻属、根管藻属和菱形藻属等。其中硅藻类12科20属49种，甲藻类4科5属7种，绿藻类3科6属6种，蓝藻类2科2属2种，裸藻类1科2属2种，金藻类1科1属1种。优势种主要包括小球藻、条纹小环藻、密联角毛藻、中肋骨条藻、舟形藻、衣藻。

野生动物资源 野生鸟类资源。乐亭县濒临渤海湾，有着丰富的湿地资源，地处国内三大鸟道之一，是野生鸟类迁徙线上重要的落脚点，也是多种鸟类生息繁衍的重点区域。县内鸟类资源有雉、鸭、鸮、鸽、鹤、鹳、鸨、鸥、鹰、隼、雁、鸫、雀、莺、鹭、伯劳、杜鹃等。据统计，2016年有野生鸟类328种，包括国家重点保护野生鸟类15目31科114种，其中国家一级重点保护野生鸟类有丹顶鹤、东方白鹳、白鹤、遗鸥等12种，国家二级重点保护野生鸟类有黄嘴白鹭、灰鹤、白尾鹞、苍鹰等47种，河北省重点保护野生鸟类有灰雁、苍鹭、夜鹭等55种。

陆地动物资源有黄鼬（黄鼠狼）、兔、鼠、鼬鼠、刺猬、蝙蝠、龟、蟹、蚌、蠃、蚶、蛎、车螯、蛏、鳖、虾、蜗牛、蛤蜊、蚕、蜂、蝉、蛾、蛙、木虻、蚱蜢、蚯蚓、蜘蛛、蜣螂、蝼蛄、蛴螬、蝴蝶、螳螂、蟋蟀、蠓、蝎、蛇、蚰蜒、蜥蜴、蚁蛭等40多种。

海洋浮游动物。境内海域浮游动物12大类44种。其中水母类9种，桡足类7种，糠虾类1种，端足类1种，涟虫类1种，等足类1种，十足类1种，多毛类1种，线虫类1种，毛颚类1种，浮游幼虫14种，其他类6种。优势种有强壮箭虫、中华哲水蚤、双毛纺锤水蚤、小拟哲水蚤、真刺唇角水蚤、拟长腹剑水蚤。

海洋底栖动物。海洋底栖动物约97种，分别隶属腔肠、纽形、环节、软体、节肢、棘皮、脊索7个动物门。其中环节动物29种，主要品种有异须沙蚕、锐足全刺沙蚕、长吻沙蚕等；软体动物23种，主要品种有长蛸、短蛸、青蛤、杂色蛤、文蛤、魁蚶、蛏等；节肢动物22种，主要品种有绒毛细足蟹、钩虾、中华近方蟹等；棘皮动物10种，主要品种有砂海星、棘刺猫参、沙矶子等；脊索动物9种，主要品种有鲬、牙鲆、虾虎鱼等；腔肠动物和纽形动物各2种。

海洋游泳动物。海洋游泳动物43种，其中鱼类29种，隶属16科29属，主要品种有鲈鱼、梭鱼、日本鲳鱼、尖尾虾虎鱼、小黄鱼、鲯鱼、鳀鱼、青鳞鱼、半滑舌鳎、黄盖鲽等；甲壳类10种，隶属6科10属，主要品种有中国对虾、日本对虾、鹰爪虾、三疣梭子蟹、虾姑等；头足类4种，隶属3科4属，主要品种有长蛸、短蛸、日本枪乌贼、双蝮耳乌贼等。

【水资源】 乐亭县水资源包括自产地表水资源、地下水资源。

乐亭县多年平均水资源总量1.39亿立方米（1956—2009年），其中地表水资源总量6852万立方米，地下水资源量1.34亿立方米，地表水与地下水重复计算量为6343万立方米。

全县多年平均年水资源可供量4.95亿立方米，其中自产地表水可供量3700万立方米，境外引水量2.49亿立方米，浅层地下水可采量9400万立方米，深层地下水可采量7400万立方米，污水处理可利用量1100万立方米，微咸水可利用量1000万立方米，海水淡化可利用量2000万立方米。

2016年，全县供水量13945万立方米（地表水供水量3500万立方米，地下水供水量10445万立方米），其中农业用水量10713万立方米，林牧畜渔用水量1287万立方米，工业用水量900万立方米，城镇公共用水量175万立方米，居民生活用水量825万立方米，生态环境用水量45万立方米。

【土地资源】 2016年，乐亭县土地总面积160707.5公顷（县国土资源局调查数据）。其中，耕地面积67341.82公顷（含唐山海港经济开发区托管的王滩镇53个村，汤家河镇1个村，马头营镇4个村；翔云岛林场，唐山海港经济开发区等），占土地总面积的41.9%。在耕地面积中水田面积7756.91公顷，水浇地面积54536.86公顷，旱地面积5048.05公顷。园地面积8740.56公顷，占土地总面积的5.44%。在园地面积中果园面积8733.61公顷，其他园地面积6.95公顷。林地面积3578.56公顷，占土地总面积的2.23%。在林地面积中有林地面积2931.21公顷，灌木林地面积5.92公顷，其他林地面积641.43公顷。草地面积1434公顷，占土地总面积的0.89%。城镇村及工矿用地面积32698.75公顷，占土地总面积的20.35%。在城镇村及工矿用地中城市用地面积3381.65公顷，建制镇用地面积3893.89公顷，村庄用地面积13282.2公顷，采矿用地面积10960.62公顷，风景名胜及特殊用地面积1180.39公顷。交通运输用地面积5475.78公顷，占土地总面积的3.41%。在交通运输用地中铁路用地面积239.83公顷，公路用地面积2152.55公顷，农村道路用地面积2773.46公顷，港口码头用地面积309.94公顷。水域及水利设施用地面积40182.36公顷，占土地总面积的25%。在水域及水利设施用地中河流水面面积3102.61公顷，水库水面面积293.05公顷，坑塘水面面积10112.93公顷，沿海滩涂面积21550.94公顷，内陆滩涂面积826.56公顷，沟渠面积3346.42公顷，水工建筑用地面积949.85公顷。其他土地面积1255.67公顷，占土地总面积的0.78%。在其他土地中设施农用地面积678.07公顷，田坎面积1.37公顷，盐碱地面积575.67公顷，沙地面积0.35公顷，裸地面积0.21公顷。

自然灾害

【生物灾害】 2016年，全县主要农作物病虫草鼠害发生较重，发生面积约39.39万公顷·次，其中病虫害26.62万公顷·次，农田草害7.75万公顷·次，鼠害4.68万公顷·次，飞蝗2600公顷·次，螺害800公顷·次。病虫害中玉米病虫害约9.88万公顷·次，蔬菜作物病虫害约9.42万公顷·次，小麦病虫害约2.47万公顷·次，水稻病虫害约1.88万公顷·次，花生病虫害约8066.67公顷·次，棉花病虫害约7866.67公顷·次，马铃薯病虫害约5400公顷·次，大豆3.66.67公顷·次，其他作物1133.33公顷·次，土煌发生面积约4066.67公顷·次。其中，小麦蚜虫、小麦草害、玉米蓟马、玉米螟、蔬菜病害等偏重发生，农田鼠害、蔬菜虫害中等发生。全县防治面积约54.04万公顷·次。其中，专业化防治面积3.76万公顷·次。

林木病害主要包括杨腐烂病、溃疡病、杨花叶病毒病、杨叶斑病、杨冠瘿病、柳瘿螨害、国槐扁枝病、白蜡白粉病、苹果轮纹病、苹果腐烂病、梨黑星病、梨干腐病、桃细菌性穿孔病、桃疮痂病、桃流胶病、葡萄霜霉病、葡萄炭疽病、葡萄穗轴褐枯病、葡萄白腐病、葡萄褐斑病。

林木虫害主要有美国白蛾、杨干象、杨扇舟蛾、白杨透翅蛾、柳瘿蚊、草履蚧、槐尺蠖、春尺蠖、大青叶蝉、光肩星天牛、桃红颈天牛、舞毒蛾、杨小舟蛾、天幕毛虫、苹果绵蚜、山楂红蜘蛛、金纹细蛾、金龟子、苹果小卷叶蛾、绿盲蝽、桃蛀螟、桑白蚧、桃蚜、桃潜叶蛾、梨星毛虫、梨黄粉虫、梨小食心虫、梨木虱、椿象、刺蛾科昆虫、天蛾科昆虫。

【气象灾害】 2016年无重大气象灾害。

人　口

【人口总量】 2016年，考核年度（2015年10月1日—2016年9月30日）乐亭县人口总量为42.58万人。

【人口分布】 乐安街道办事处总人口为全县最多，为5.92万人；乡镇中姜各庄镇人口最多，为4.84万人；乐亭镇、阎各庄镇、中堡镇、毛庄镇总人口均在3万人以上；其他乡镇总人口为2万多人。

【人口构成】 人口构成有人口年龄结构、适龄上学人口、服兵役适龄人口、户口属性4个方面。

人口年龄结构　全县60岁以上人口为10.79

万人，占全县总人口的25.34%；65岁以上人口为6.81万人，占全县总人口的15.99%。劳动人口为24.99万人，占全县总人口的58.68%；少年儿童为5.88万人，占全县总人口的13.81%，抚养比39.15%。

适龄上学人口 入托人口为1.14万人，小学适龄人口为2.06万人，初中适龄人口为1.11万人，高中适龄人口为1.04万人。

服兵役适龄人口 男性为7759人，女性为7534人。

户口属性 农业人口为36.35万人，占全县总人口的85.38%；非农业人口为6.21万人，占全县总人口的14.58%，其他人口为167人，占全县总人口的0.04%。

【人口变动】 *人口自然变动* 2016年全县出生人数2766人，其中男性1379人，女性1387人，出生率为6.5‰；死亡人数3124人，死亡率为7.34‰；全年自然增长人数为-358人，自然增长率为-0.84‰。

人口机械变动 2016年，县内人口的机械变动主要以婚迁、升学和毕业回迁为主，部分为务工、经商定居。全年迁入人数963人，迁出人数2800人。

中国共产党乐亭县委员会

综　述

2016年，中国共产党乐亭县委员会（简称县委）认真贯彻党的十八大和十八届三中、四中、五中、六中全会精神，深入贯彻中共中央总书记习近平系列重要讲话精神，积极适应把握引领经济发展新常态，认真贯彻中央和省市委决策部署，坚持以招商引资上项目为中心，落实“四个干”机制，坚守发展、生态、民生三条底线，统筹把握稳增长、调结构、治污染、惠民生、防风险的平衡点，持续实施“11348”工程，加快经济增比进位，着力推进供给侧结构性改革，着力推动工业转型升级，着力培育新的经济增长点，着力加强生态环保，着力保障和改善民生，着力加强和改进党的建设，全面唱响“实干兴乐”主旋律，实现了经济快速发展和各项事业长足进步。全县有8项主要经济指标增速在全市（14个县市区）排名5个第一、2个第二、1个第三。其中，地区生产总值345.18亿元，比上年增长7.6%，增速全市排名第一；第三产业增加值144.35亿元，比上年增长9.9%，增速全市排名第一；规模以上工业增加值75.52亿元，比上年增长7.7%，增速全市排名第二；固定资产投资209.96亿元，比上年增长25.9%，增速全市排名第一；社会消费品零售总额132.84亿元，比上年增长10.7%，增速全市排名第二；公共财政预算收入12.23亿元，比上年增长10%（按可比口径为14.2%），增速全市排名第一；城镇居民人均可支配收入31378元，比上年增长8.6%，增速全市排名第三；农村居民人均可支配收入14789元，比上年增长8.9%，增速全市排名第一。

【开放发展不断深化】　2016年，县委、县政府把河北乐亭经济开发区和县城区工业聚集区作为开放招商的主阵地，共入驻企业169家，拉动园区主要指标大幅攀升，其中河北乐亭经济开发区全年主营业务收入增长42.75%，固定资产投资增长33.65%，税收增长73.6%；县城区工业聚集区主营业务收入增长150.4%，固定资产投资增长26.7%，税收增长50%。精准承接北京非首都功能疏解和京津产业转移，派驻挂职干部精准招商，共签约、落地京津项目69个，北京海德润生物制药、北京燕化永乐环保农药制剂、实宝来大型游乐设备等一批重点项目建成投产或运营。中国（乐亭）拉美产业园完成规划编制，加速搭建国际经贸合作平台。

【项目建设量质齐增】　2016年，持续实施数量质量“双提升”计划，加速项目聚集，实现量质齐增。全县实施固定资产投资1000万元以上重点项目202个，涉及总投资355.6亿元，其中亿元以上项目61个；完成工业技改投资100.27亿元，比上年增长22.4%；高新技术产业增加值增长43.3%；大众创业、万众创新活力全面激发，新登记各类市场主体5184家，比上年增长64.7%，诚成肥业、鼎晖食品成功挂牌上市，新增规模以上工业企业13家、高新技术企业2家、科技型中小企业50家、科技小巨人企业5家。

【统筹发展步伐加快】　把发展现代服务业作为拉动城乡经济快速增长的新引擎，全年实现服务业增加值144.35亿元，比上年增长9.9%；实现规模以上服务业营业收入17.16亿元，比上年增长67.4%；新增规模以上服务业企业17家；金融业增加值比上年增长10.3%；旅游业接待游客和创收分别比上年增长117%和137%。年内实施重点农业项目29个，在全市农业产业化项目观摩活动中综合排名第一。完成中心城区控制性详规，实施重点道路雨污分流等市政工程，城市管理更加精细，被授予省“洁净城市”称号。小城镇建设加快推进，阎各庄镇入选全省重点培育的100个特色小镇。深化美丽乡村建设，扎实开展12个专项行动，大力推进“四美五改”，累计投资1.63亿元对42个省级重点村实施452个建设项目，韩坨村被评为“省级美丽乡村”，农民群众生产生活环境显著改善。

【民生福祉持续增强】 县委、县政府为群众办的十大实事工程全部兑现。民生投入力度持续加大，涉及1991户的棚户区改造工程加快推进，提前实现高中全部进城，与北京解放军301、安贞等知名医院开展合作，群众居住就学就医条件显著提升。全年城镇新增就业5601人，城镇登记失业率控制在3.02%以内。

【政治生态风清气正】 认真落实市委“四个干”机制，在县级干部中持续开展“九个一”活动，在乡科级单位实施重点工作任务项目化管理，在全县营造出夙兴夜寐、激情工作的氛围。大力培育和践行社会主义核心价值观，夯实全县人民团结奋斗的共同思想基础。扎实开展“两学一做”学习教育，在省市率先推行党员先锋指数管理，树立起“自己提拔自己”的鲜明用人导向，有效激发了广大干部干事创业热情。严格落实党风廉政建设“两个责任”，形成风清气正的优良政治生态。

县委领导机构及工作机构

【县委领导机构及领导成员】 中共乐亭县第十二届委员会于2011年9月5日由中共乐亭县第十二届代表大会选举产生，由49名委员、9名候补委员组成。同日，召开中共乐亭县第十二届委员会第一次全体会议，以无记名投票方式差额选举常务委员会委员11名，等额选举书记1名，副书记2名。到2016年年底，中国共产党乐亭县委员会设书记1名，副书记2名，常委9名（不含书记、副书记）。

县委书记 王东群（10月免）
董立群（10月任）

县委副书记 董立群（10月免）
张福林（10月任）
黄玉刚（12月免）
孙自生（12月任）

县委常委 周桂强
张福林（10月任副书记）
刘彩恩
安爱军
张国勇
孙自生（12月任副书记）
孙志东（12月任）
王学龙（12月任）
石井满（12月任）
李　强（12月免）
李亚峥
王剑秋（12月任）

【县委工作部门】 2016年，县委工作部门9个：县纪律检查委员会（与监察局合署办公）、县委办公室、县委组织部、县委宣传部、县委统一战线工作部（台湾工作办公室）、县委政法委、县委农工委（统筹委）、县委县直属机关工作委员会、县机构编制委员会办公室。

县纪律检查委员会

书　记 孙自生（12月免）
孙志东（12月任）

副书记、监察局长 史贵宝

县委办公室

主　任 李　强（12月免）
阚永康（12月任）

常务副主任 曹克新

县委组织部

部　长 李亚峥

常务副部长 赵文忠（4月免）
陈会峰（4月任）

县委宣传部

部　长 安爱军（12月免）
姚清华（12月任）

常务副部长 王亦波

县委统一战线工作部

部　长 王学兵（4月免）

李亚峥（4月任）
常务副部长 康兴华
县委政法委
书　记 刘彩恩（12月免）
王剑秋（12月任）
常务副书记、国安办主任 董双福
县委农工委
书　记 张国勇（12月免）
缺　职
常务副书记 裴建忠
县委县直属机关工作委员会
书　记 张继光
县机构编制委员会办公室
主　任 王利民

【县委直属事业机构】 2016年，县委直属事业机构3个：县委党史研究室、李大钊纪念馆（副县级）、县委党校。

县委党史研究室
主　任 王海静
李大钊纪念馆
馆　长 姚清华
县委党校
校　长 缺　职
李亚峥（2月任、8月免）
黄玉刚（8月任）
常务副校长 徐建富

【县委派出机构】 2016年，县委派出机构2个：中共河北乐亭经济开发区工作委员会、中共乐亭县城区工业聚集区工作委员会。

中共河北乐亭经济开发区工作委员会
书　记 陈　武（1月免）
张丽杰（1月任）
中共乐亭县城区工业聚集区工作委员会
书　记 王学兵（4月免）
刘向东（4月任）

县委重要会议

【县委全委会议】 2016年1月11日，中共乐亭县委召开十二届五次全体（扩大）会议，全体县委委员、候补委员参加会议，不是县委委员的县四大班子成员及其他在职副县级干部，县纪委常委、委员，市党代表和部分县党代表，曾任县级实职的离退休老干部、军休干部代表，驻乐部队正团级单位主要负责人，规模企业主要负责人，不是县委委员、候补委员的各乡镇（街道）、县直各单位党政主要负责人，各乡镇（街道）、县直各单位党员干部代表列席会议。县委书记王东群代表县委常委会向全会作工作报告，全面总结2015年工作，确定乐亭县“十三五”发展思路，审议通过了《中共乐亭县委关于制定乐亭县国民经济和社会发展第十三个五年规划的建议》，并对2016年工作进行部署。

【县委常委会议】 2016年，县委召开县委常委（扩大）会议35次，收录6次。

1月7日下午，县委书记王东群在县委会议中心大会议室主持召开县委十二届第九十一次常委（扩大）会议。会议传达了省委办公厅关于认真学习贯彻《中国共产党廉洁自律准则》《中国共产党纪律处分条例》的通知精神，并就学习贯彻做出部署。会议研究了县委十二届六次全会暨项目观摩总结会议相关事宜，会议议定根据会议讨论和征求意见情况，对《县委常委会工作报告》和《中共乐亭县委关于制定国民经济和社会发展第十三个五年规划的建议》及其说明做进一步修改完善后，提交县委十二届六次全会审议。县委十二届六次全会拟于1月11日在县文化中心礼堂召开。

1月22日上午，县委书记王东群在县委会议中心大会议室主持召开县委十二届第九十二次常委（扩大）会议。会议传达了中央政治局“三严三实”专题民主生活会精神。会议研究了县十五届人大五次会议相关事宜，听取了拟提交县十五届人大五次会议审议的《政府工作报告》（讨论稿）、《乐亭县国民经济和社会发展第十三个五年规划纲要》（草案）、《乐亭县人民代表大会常务委员会工作报告》《关于乐亭县2015年财政预算执行情况和2016年财政预算（草案）的报告》《关于乐亭县2015年国民经济和社会发展计划执行情况与2016年国民经济和社会发展计划（草案）的报告》《乐亭县人民法院工作报告》

（讨论稿）、《乐亭县人民检察院工作报告》（讨论稿）以及县十五届人大五次会议筹备等有关情况的汇报，会议议定县十五届人大四次会议于2016年2月16日至2月18日召开。

3月10日下午，县委书记王东群在县委会议中心小会议室主持召开县委十二届第九十四次常委（扩大）会议。会议开展了理论中心组学习。会议研究了县纪委十二届六次全会《工作报告》和《会议预案》。会议议定拟于近期择机召开县纪委十二届六次全会，《工作报告》根据会议研究讨论情况做进一步修改完善。由县纪委书记孙自生牵头，县纪委负责，县委办等相关单位配合，抓紧做好县纪委十二届六次全会筹备的各项工作。

6月12日上午，县委书记王东群在县委会议中心小会议室主持召开县委十二届第一百零一次常委（扩大）会议。会议传达了《中共河北省委办公厅关于学习贯彻全国科技创新大会精神的通知》《关于全省贯彻落实中央八项规定精神督查情况的报告》；会议听取了县委组织部关于全县“两学一做”学习教育进展情况和下步安排；会议传达了省委书记赵克志在全省“两学一做”学习教育座谈会上的讲话精神、市委书记焦彦龙在市委常委会听取县（市、区）委书记汇报时的讲话精神。

11月1日上午，县委书记董立群在县委会议中心小会议室主持召开县委十二届第一百二十次常委（扩大）会议。会议传达学习了党的十八届六中全会公报及中央、省市委相关文件精神。会议强调，要把学习党的十八届六中全会精神和做好当前各项工作有机结合，扎实做好经济发展、民生改善、社会稳定、意识形态等各方面的工作，把全县上下的力量凝聚起来，把各方面的积极性调动起来，更加积极主动地投身“沿海强县、美丽乐亭”建设。

12月3日下午，县委书记董立群在县委会议中心小会议室主持召开县委十二届第一百二十三次常委（扩大）会议。会议传达了省第九次党代会精神和省委书记赵克志在参加省第九次党代会唐山代表团审议时的讲话精神。会议指出，全县上下要认真学习和深刻把握省第九次党代会精神和省委书记赵克志在参加唐山代表团审议时的讲话精神，把思想和行动统一到省市委的决策部署上来，自觉用大会确定的新思想、新理念和新要求武装头脑、指导实践，增强学习贯彻、践行落实的坚定性和自觉性。会议传达了国家和省市安全生产工作会议精神，对全县抓好安全生产工作作出部署。会议指出，全县各级各单位要认真贯彻落实近期全国、省、市安全生产紧急视频会议精神，牢固树立安全发展理念，坚持群众利益至上，始终把安全生产放在首要位置，抓好大检查和日常监控，强化隐患治理，严格落实安全生产责任制，努力防范和坚决遏制各类事故的发生。

【县四大班子工作联席会议】 2016年，县委召开县四大班子工作联席会议3次，收录3次。

2月18日上午，县委书记王东群在县文化中心候会室主持召开县四大班子工作联席会第一次会议。会议听取了县四大班子近期工作完成情况和下步工作安排情况，就重点工作进行安排部署。会议强调，一是抓好项目建设工作；二是抓好新学校建设工作；三是抓好冀东国际农产品物流有限公司股权改制工作；四是抓好重点工作任务分解；五是抓好迎接年底考核工作；六是抓好“一问责八清理”和作风整顿工作；七是抓好人文环境建设工作；八是抓好信访稳定工作；九是抓好中央投资专项基金落实工作；十是抓好首季开门红调度工作；十一是抓好国土五项工作；十二是抓好电子商务进农村各项工作。

11月28日上午，县委书记董立群在县委会议中心小会议室主持召开县四大班子工作联席会第二次会议。会议听取了县四大班子领导近期重点工作汇报，并就当前重点工作进行安排部署。会议强调，一是全力抓好项目建设；二是做好省委巡视“回头看”各项准备工作；三是抓好冀东果菜批发市场股权改制扫尾工作；四是抓好我县列入省直管县前期准备工作；五是抓好县城亮化工作；六是抓好企业债券发行工作；七是抓好工业项目污水处理费收取工作；八是抓好城区自备井关闭工作。

12月12日下午，县委书记董立群在县委会议中心小会议室主持召开县四大班子工作联席会第三次会议。会议听取了县四大班子领导近期重点工作汇报，并就当前重点工作进行安排部署。会议强调，一是全力以赴推进招商引资和项目建设；二是抓好省市年度目标考核调度工作；三是做好2017年主要经济指标测算和谋划工作；四是听取分管战线工作汇报；五是安排好理论中心组学习；六是扎实做好换届工作；七是抓好社会稳定工作；八是做好各类检查验收准备工作；九是抓好环境保护、安全生产工作；十是做好市领导来乐亭准备工作；十一是做好省委巡视组再督导准备工作。

【县委专题会议】 2016年4月1日，县委在县青少年活动中心以“三会合一”的形式召开全县组织、宣传、政法工作会议。县委书记王东群，县委常委、政法委书记刘彩恩，县委常委、宣传部部长安爱军，县委常委、纪委书记孙自生，县委常委、办公室主任李强，县委常委、组织部部长李亚峥及有关县级领导出席会议。各乡镇（街道）党（工）委书记，副书记、组织委员、宣传委员、综治办主任，县直各单位主要负责人，县委组织部、县委宣传部、李大钊纪念馆、县文广新局、县广播电视台、县文联领导班子成员，县委政法委、县法院、县检察院、县公安局、县司法局领导班子成员、中层正职参加会议。县委常委、办公室主任李强主持会议。会议全面总结了2015年组织、宣传、政法工作，对2016年组织、宣传、政法工作进行了安排部署。县委书记王东群讲话，分别就组织、宣传、政法工作提出了具体意见。

县委办公室

【概　况】 2016年，县委办公室在县委的领导下，认真落实县委十二届六次全会精神，按照省委书记赵克志提出的“细致、精致、极致”的要求，努力提升“三服务”水平，充分发挥参谋助手、综合协调、督促检查等职能作用，较好地完成了各项目标任务，为保障县委工作高效运转和重大部署落实做出了贡献。同时，坚持围绕中心，做好服务全县大局的各项重点工作。年内引进的总投资2.1亿元的唐钢板材加工配送中心及钢结构加工项目、总投资1.2亿元的唐钢调质高炉矿渣成纤及建筑保温板项目当年开工当年投产，总投资2亿元的大连燕园农业古滦河生态公园进口彩叶苗木基地项目一期工程已经建成。

【综合文字】 紧扣县委工作中心，找准调查研究与文字服务工作的结合点，圆满完成县委主要领导讲话起草、重要文稿撰制等项工作。全年起草县委领导讲话50余篇；撰写县委主要领导在省市会议及上级领导来乐亭考察调研等重要工作汇报40余篇。

【调查研究】 坚持把搞好调查研究作为服务领导决策的根本着力点，围绕事关全县经济社会长远发展的战略性问题，年初以项目化管理清单形式给各科室下达调研任务，定期组织调研交流会，全体同志共同修改完善调研文章，形成一批高质量的调研成果。围绕破解经济社会发展的瓶颈制约，针对全县招商引资项目建设的现实情况，联合县发改局、县工信局等多家单位开展调研，形成《关于乐亭县项目建设有关情况的调研报告》，得到多位县领导肯定性批示，相关建议纳入领导决策视野，为加快全县招商引资项目建设提供了有益借鉴。

【法规工作】 加强公文知识培训，2016年县委办公室法规科组织县委政法委、县委组织部、县委宣传部、县发展改革局、县住房和城乡规划建设局、县国土资源局、县财政局等17家单位集中参观市委办公厅组织的全省党政机关公文案例展览；组织全县公文知识培训会议，邀请市委办公厅法规处领导为各级各单位文字骨干进行授课；组织党委部门公文制发工作培训会议，规范公文处理程序，提升公文制发水平。加强公文审核把关，全年审核下发文件、通报、通知、会议纪要等文件120余件，促进了公文高效顺畅运行。及时做好规范性公文备案，年内向市委办公厅报备公文10件，做到了无差错、无遗漏。

【信息外宣】 认真研究省、市信息载体文风布局，增强上报针对性，提高采用率。《机遇叠加真抓实干 成就“乐亭速度”》《乐亭县域经济在新常态下实现增比进位》《乐亭县域经济在困境中实现逆势增长》等稿件呈阅省委被采用，并获得了省委领导范照兵、田向利的批示；《乐亭县落实相关政策措施成效明显获国务院的督查表扬》动态信息得到市长丁绣峰批示，批示数量创历年新高。《乐亭县域经济在困境中实现逆势增长》《“四个干”抓落实机制在乐亭全面开花结果》等46篇外宣文章，被《河北经济日报》《唐山劳动日报》等省市级媒体刊用，为扩大乐亭在外影响力起到积极作用。

【督促检查】 紧盯县委重要会议精神的贯彻，落实县委十二届六次全会精神，牵头制订县级干部“九个一”活动任务和2016年乡科级干部重点工作项目化管理清单，加强对县委常委会、县四大班子工作联席会等会议议定事项的跟踪督导，全力做好县委主要领导批办件办理，加强专项督导，为县委决策全面落实保驾护航。紧盯省委重点工作任务29项排名指标和市委重点工作任务12项排名指标，提前协调督导，确保全县各项工作取得佳绩。

【综合协调】 规范办文办会，2016年处理公文1130余件，做到了零差错、零失误。大力提高会务服务水平，规范会议组织程序，年内组织召开各类会议150余次。改善后勤服务，圆满完成唐山世园会、金鸡百花奖颁奖等重大活动的用车保障任务。耐心接待来访群众，努力协调化解问题，维护了机关办公秩序，树立了良好机关形象。

【机要保密】 机要工作努力保持和巩固省市先进地位。建立保密工作责任制，与全县114家单位签订《保密责任书》，组织全县各单位在工作中实际接触、知悉国家秘密事项的人员签订《保密承诺书》。

【应急值班】 坚持“值守”“应急”两大核心任务要求，推进信息型、应急型、综合型、主动型值班工作格局形成。充分发挥综合协调、应急处置的桥梁纽带作用，扎实推进全县值班网络体系建设，加强对各级各单位值班备勤工作的督导，修订完善领导带班、值班岗位责任、首办责任、责任追究、值班资料归档等一系列工作制度，促进了值班工作科学化、规范化建设。完善紧急情况重大事件报告、处置工作机制，明确各类突发重大事件报告时限、程序和要求，为全县各级处理紧急情况重大事件提供严密的制度保障。

【素质提升工程】 2016年，县委办公室大力加强领导班子和干部队伍建设，不断提升综合素质，增强服务本领。围绕中央省市工作部署、“两学一做”学习教育、礼仪知识教育、办公室制度建设、党风廉政建设等领域和内容，组织全体机关干部进行学习，有针对性地组织各科室就调研稿件、科室工作进行交流座谈，提升机关全体人员的整体素质。树立正确用人导向，优化干部队伍。按照“班子带队伍，队伍促工作”的思路，加强干部培养锻炼，全年有2人得到提拔和交流，其中1人交流到其他县直单位担任“一把手”，1人走向乡镇副科级领导岗位。深化党风廉政建设，营造风清气正的工作环境。认真贯彻县委和县纪委关于党风廉政建设的各项规定，把廉政教育作为队伍建设的重要内容，切实增强全室干部廉洁从政的自觉性。深入贯彻中央“八项规定”要求，在精简会议文件、改进调查研究等方面严格自律，促进了党风廉政建设工作深入开展。

【全面深化改革】 认真贯彻省、市改革办公室的工作部署，按照县委全面深化改革领导小组的要求，及时将省市部署的改革任务分解细化各专项工作小组和有关工作部门，注重加强沟通联系，准确掌握落实情况，确保工作有部署、落实有检查、成效有评估，协调推进全县深化改革各项工作。制订《建立全面深化改革工作群众联络员队伍的实施方案》，建立了20名各界代表组成的全面深化改革工作群众联络员队伍，建立改革联络员微信群。省改革办组织的唐山南部地区改革座谈会在乐亭县召开，并作为唐山唯一一家单位接受省改革办“放管服”改革评估。

县委机要局局长 孟庆莹
国家保密局局长 赵彦生
县委督查室主任 李宗军
县委研究室主任 周东明（8月免）
缺　职

国家密码管理局局长　马云丰

组　织

【**概　况**】 2016年，乐亭县有基层党（工）委38个，基层党支部959个，党员33944名。县委组织部深入学习贯彻党的十八大、十八届五中、六中全会精神和中共中央总书记习近平系列重要讲话精神，按照年初总体工作思路和任务目标，围绕中心、服务大局，突出重点、狠抓落实，以深入开展"两学一做"学习教育为契机，各项工作取得新进展。

【**党员教育**】 党员"两学一做"学习教育　坚持将"两学一做"学习教育与解放思想大讨论活动相结合，与推动经济社会发展相结合，与开展服务群众工作相结合，坚持全覆盖、常态化、重创新、求实效，呈现良好发展态势。县委始终把开展"两学一做"学习教育作为一项重大政治任务，摆在突出位置，县"两学一做"联席会议先后召开"两学一做"学习教育推进会、调度会17次，县委中心组先后组织学习13次，切实做到先学一步、深学一层。采取集中学习、个人自学等形式，组织全县机关党员干部学习中共中央总书记习近平系列重要讲话，围绕"履行八项义务、强化四个意识、做到四个服从"和"强化看齐意识，严守纪律规矩"进行专题讨论。统一为全县3.3万名党员赠发《中国共产党章程》和一图读懂明白纸，印发《"两学一做"学习教育简报》53期，开展"手抄党章100天，学思践悟大家谈"活动，做到以写促学。乐亭县先后四次迎接省、市督导检查，得到省、市督导组的肯定，并在全省"两学一做"学习教育座谈会上做了典型经验发言。

党员电化（远程）教育　2016年，县委组织部按照省委、市委组织部要求，在全县范围内开展"百村调查"活动，实施了党员电化（远程）教育终端站点改版升级工程，基层站点管理和使用水平得到巩固和提高。全县488个基层站点全部完成改版升级工作，完成对乡镇远程教育干部和基层枕垫管理员的业务培训。发挥远程教育站点和农村综合服务中心有机融合的特色优势，探索远程教育服务群众的新模式。实现远程教育进综合服务中心，方便党员干部群众学习，同时在"两学一做"学习教育中发挥学习、教育、引领、提升作用。开展全县党员教育电视片观摩交流活动，深入发掘先进典型、先进人物，打造精品专题片。制作《执著地追梦人》《永不退休的爷爷》等电视片12部，并在县广播电视台展播，其中微电影《远来的钓客》、电视片《我家老马》获省级三等奖；微电影《远来的钓客》获市级一等奖；《我家老马》获市级二等奖；《退而不休、永葆本色》获市级三等奖。全年向中央组织部报送电视片16部，其中在全国远教频道播出9部，向市委组织部上报党建类新闻30条，及时更新乐亭党建网等学习平台内容，宣传县内党建工作。

【**基层组织建设**】 农村"三支队伍"建设　县委组织部把基层党建工作纳入领导班子和领导干部目标考核内容，制定各乡镇党委书记抓基层党建工作清单，加大党建工作考核的权重。落实农村党组织书记星级化管理和"双述双评"制度，从优秀村党组织书记中推荐选拔公务员，年内2名优秀村党支部书记被招录为公务员；建立农村致富带头人信息库和村级后备干部人才库，全县推荐选拔优秀致富带头人2795人、推荐农村后备干部888人。结合农村电商人才培养，将50名优秀农村淘宝合伙人列为村级后备干部预备人选，从全县874家农民合作社领办人中选拔致富带头人439人。

后进村精准帮扶　县委组织部对确定的73个后进村实行县级领导包村、县直部门工作组帮村、"第一书记"驻村、乡镇党委抓村的"四位一体"整顿转化模式，将后进基层党组织作为县级干部基层联系点，调研指导工作，帮助解决实际问题。选派驻村工作组驻村精准帮扶，乡镇党委书记履行"直接责任人"职责，逐村攻坚克难抓转化，形成"一级抓一级、层层抓落实"的工作格局。逐村建立台账，制定治理方案，因村施策，分类施治，确保全部如期转化。开展领办代办服务，为群众办理各类事项3200余件。

基层服务型党组织建设　县委组织部集中开展全县农村综合服务中心基础建设扫尾工作，完成对已建成的综合服务中心电子设备的安装调试，实现457个农村综合服务中心站点的电脑、电视、网络、办公设备、牌匾等各项配套设施全部安装调试到位。年内，电商企业招募电商服务人员达成进驻意向近300个村，已实现进驻200余个。与县供销联社等单位达成合作意愿，相关电商经营项目陆续入驻村综合服务中心，农村综合服务中心服务功能进一步完善。

农村干部教育管理 县委组织部推荐选拔186名优秀农村党组织书记参加2016年省级“万人示范培训”；对全县756名村“两委”正职、联建村负责人和122名大学生村官进行培训。在“一村一档”电子信息系统的基础上，印发农村干部履历表，为2600多名农村“两委”干部规范建立人事档案。按照省委组织部相关文件精神，提高全县在职农村干部的基础职务补贴标准，并全额列入县财政预算，通过实施绩效管理和考核，激发广大农村干部工作积极性。加强大学生村官管理，锤炼良好作风，提高素质能力。

非公企业与社会组织党组织建设 县委组织部全面掌握非公企业与社会组织的经营信息和党建信息，剔除“僵尸”企业、“一企多照”企业和“空壳”企业，建立“两新”组织已建党组织台账和覆盖攻坚党组织台账，实行挂图作战，挂牌督办，逐一销号。对没有党员或党员少的非公企业和社会组织，通过选派党建工作指导员、联络员和建立工青妇等群团组织，为建立党组织创造条件。对分散的小微企业、个体工商户等，采取片区联建、同业共建、龙头带建、村企联建等方式实现应建快建，能建尽建。

【党员发展】 2016年，县委组织部以改善年龄、文化和从业结构为重点，发展优秀青年和一线人员入党，注重从致富能手、复员军人、村委会干部和后备干部、优秀妇女和非党大学生村官中的青年发展党员。全县有基层党（工）委38个，其中乡镇党委13个，党工委4个，县直单位党委16个，企业党委5个；有党组22个；党总支33个；党支部959个，其中农村党支部473个，机关党支部165个，企业党支部110个，事业单位党支部158个，其他类党支部53个。有党员33944名，其中在岗职工党员6213名（其中：公有制经济单位中的党员5566名，非公有制经济单位中的党员647名），农村党员19542名，离退休党员4959名，其他党员3230名（含学生毕业未就业人员、复员未就业人员、下岗职工等）。

【党员管理】 开展党组织关系集中排查。县委组织部探索实行查阅党员名册、查阅党员档案、查阅党员交纳党费和参加党支部活动记录、查阅组织关系介绍信存根、查阅党员现实表现情况，核实党员花名册上有名无人党员、有人无名党员的“五查阅、两核实”工作法，深入排查失联党员、“口袋”党员。组织开展以“组织找党员、党员找组织”为主要内容的“双找”活动，接失联党员“回家”。对取得联系、确有不合格表现或违纪违法行为的党员进行相应组织处置，对受处置的党员，由所在党支部确定政治素质高、责任心强的党员与其结成“帮教对子”，通过签订帮教转化工作目标责任书，定期谈心谈话、定期考核进行重点帮教，促其早日转化。规范党员日常管理，通过核准党员信息、完善党员档案、开展定期排查，形成严管党员长效机制，防止党员再次失联及产生新的失联党员的现象。

【干部推荐选拔】 2016年，县委组织部按照中央《推进领导干部能上能下若干规定（试行）》精神和省委“五个重用”（重用对党忠诚的干部、重用务实肯干的干部、重用敢于担当的干部、重用善谋发展的干部、重用躬身实践的干部）、“五个不用”（不用信念不牢、品行不端的干部，不用跑官要官、投机钻营的干部，不用滥用职权、不讲规矩的干部，不用拉帮结派、闹不团结的干部，不用不干不净、以权谋私的干部）、“五个调整”（调整心思不集中、工作不在状态的干部，调整为官不为、混世度日的干部，调整思想保守、得过且过的干部，调整人岗不适、不能担当的干部，调整不严不实、作风漂浮的干部）要求，推进领导干部能上能下，建立相关制度，明确“下”的标准，疏通“下”的渠道，营造健康的政治生态。通过落实“四个干”机制，大力选拔“忠诚、干净、担当、干事、干成事、不出事”的优秀干部，彰显干部“自我提拔”的鲜明导向，形成风清气正、政通人和、干事创业的良好政治生态。全年调整干部5批次，其中提拔干部74人，平职调整59人，免职9人。同时，组织抽调220余人分成20个拆迁小组，参与县城发展大道南延、温柏庄、西高村部分区域、高安大吕庄村部分区域的征地搬迁工作，让干部在一线历练，着力提升领导干部能力本领，有效激发广大干部的干事创业热情。

【公务员管理】 2016年，县委组织部严格执行《中华人民共和国公务员法》，严把“入口”，公务员队伍管理有序、队伍稳定。年内，通过省、市、县、乡四级联考录用公务员42人，安置省定向选调生6人，非定向选调生15人，从村党支部书记中公开招录2人，新批参照公务员管理1人。

【干部考评】 贯彻落实“四个干”工作机制。县委组织部会同县委、县政府两办督查室，以县委县政府安排部署的重点工作、省市下达的重点工作、各单位自行谋划的重点工作为主要内容，谋划制定《2016年度重点工作任务动态管理清单》，于5月印发全县。对全县117家单位《2016年度重点工作任务动态管理清单》完成情况进行定期督导考核，确保重点工作的完整性和连续性。组织开展县级干部“九个一”（引进一个新项目、分包一个开工项目、跑办一个争取上级资金项目、引进一个总部经济、扶持一个重点企业、培育一个上市公司、发展一个知名品牌、分包一项重点工作、分包一个乡镇）活动，涉及570项分包工作，取得明显成效。科学对接省、市考评指标体系，对“省增比进位26项、重点工作29项、经济社会发展7项排位指标和省综合考评指标以及市排位指标12项、综合考评指标任务”进行分解落实，及时做好省、市达考评指标的督导、调度工作。修改完善2016年《综合考评办法》，形成《乐亭县乡科级领导班子综合考评办法》，加强对领导班子的综合考评，不断完善科学合理的考核体系、强有力的监控体系、权威科学的评价体系和严格的考核奖惩体系。

【干部培训】 2016年，县委组织部实施“双提升”（理想信念、服务发展能力提升）工程，稳步推进干部教育工作。选派乡科级以上领导干部94人次参加省、市各类调训。举办党务干部党性教育培训班、科级干部理想信念教育提升班等主体培训班6场次，参训干部800余人次；举办“学重要讲话，做合格党员”等3场素质提升大讲堂，培训干部1500余人次。与山东省潍坊市市委党校、江苏省连云港市市委党校及唐山市市委党校、秦皇岛市市委党校开展业务合作，促进培训资源共享与信息交流，提升培训质量。谋划京津冀协同发展与引资引才引项专题讲座、经济干部暨商业精英专题研讨班等班次。选派挂职招商干部30人，出台《乐亭县赴外地挂职招商干部管理规定》，组织对驻外挂职干部专项考核，全面了解挂职干部的工作、生活状态。先后3次赴京对北京经济技术开发区、北京市朝阳区发改委等8家挂职单位进行回访，与挂职单位领导进行座谈，挂职单位对县派驻挂职干部工作表现给予肯定。

【人才培育】 2016年，县委组织部完善人才工作网络，明确各单位的人才工作负责人，指导督促乡镇、园区和重点企业配强党管企业人才机构和人员力量，完善县、乡镇（园区）、企业三级人才工作网络，构建人才工作齐抓共管的新格局。结合县科技局等部门，谋划制定《乐亭县关于鼓励和促进科技创新实施意见》，在创业平台建设、创新型人才引进与培养等方面提出具体指导意见，打造和培养高端人才队伍。着力推进农村青年实用人才“金字塔”培养工程，先后组织农村领军型青年人才赴山东省潍坊市、江苏省连云港市开展专题培训，创建乐亭现代农业产业示范园等4家“农村青年实用人才‘金字塔’培养工程实训基地”。组织开展人才宣传月活动、专业技术人才下乡服务活动，开展人才工作调研，整合完善承启院士工作站、乐亭中小企业服务中心、乐亭青年企业家协会等平台资源，搭建企业和人才对接交流的桥梁。

【干部监督】 2016年，县委组织部按照“一问责八清理”要求，抓好领导干部经商办企业情况清理，对全县900余名科级干部及其亲属经商办企业情况进行全覆盖查询，对需清理的责令其及时整改，对需提示提醒的进行书面提醒，确保整改落实到位。加大领导干部经济责任审计力度，实施领导干部经济责任审计5人次。健全干部监督工作联席会议制度，成员单位扩大到16家。落实干部监督信息月报制度，协调干部监督联席会议成员单位定期报送《干部监督信息情况报告表》及《干部受处分情况报告表》，收集干部违纪违法信息90余条。按上级要求完善并认真落实科级干部因私出国（境）制度，规范干部行为。

【县乡换届工作】 2016年，县委组织部按照省、市委换届工作相关要求，加大对换届工作领导力度，县乡换届工作有序推进。配合市委换届考察组完成对县级班子换届的干部考察，做好县级换届相关工作。11月，乡镇党委政府换届工作全面展开，组织召开全县乡镇换届动员大会和换届工作培训会议，确保2017年1月底之前完成换届工作。

宣　传

【概　况】 2016年，乐亭县宣传工作围绕全县中心工作，贯彻落实中央和省、市宣传思想文化工作会议精神，用中国特色社会主义和中国梦凝聚思想共识，营造抢抓机遇、增比进位、决胜全面建设小康社会的舆论氛围，深化社会主义核心价值观建设，优化京津冀协同发展的人文环境，推进文化事业和文化产业发展，为建设沿海强县美丽乐亭提供思想保证、精神力量、道德滋养和文化条件，全面完成县达年度重点工作任务，整体工作继续保持全市各县（市）区前列。年内，胡家坨镇大黑坨村被中宣部列为全国100个社区宣传思想文化工作示范点，为唐山市唯一入选社区。县文化馆、县非物质文化遗产传承中心、史家文化大院被授予河北省“服务农民、服务基层”文化建设先进集体。县网信办获河北省第二届优秀网络文化作品“五个一”评选活动优秀组织奖。全县获奖作品15个，占全省的1/30，占唐山市的1/2。有2人获河北省“燕赵文化之星”称号，全县获此称号的达6人次。县供电公司、中堡镇老干部支部、曙光社区“春雨志愿服务队”、金铎商贸有限公司张丽君等志愿服务组织和个人被评为全省志愿服务先进典型。3月，省委宣传部到唐山市专题督查调研，乐亭县作典型发言，并向省、市委宣传部报送了《种好“责任田”、守好“主阵地”——乐亭县落实意识形态工作责任制综述》典型经验。县委宣传部刘凤敏撰写的《京津冀协同发展关键要补齐“短板”》获全国“五个一百”网络正能量精品百篇网络正能量文字作品，全省仅2篇入选。

【干部理论学习】 持续深化学习宣传贯彻中共中央总书记习近平系列重要讲话精神，制订印发《关于进一步加强党委（党组）中心组学习的意见》和年度学习安排，坚持每月推荐学习专题和学习要点，编发《理论学习参考资料》16期，组织县委中心组集中学习15次。与“两学一做”学习教育相结合，领学与督学相结合，加强和改进县乡两级中心组学习，有针对性地提高领导干部理论学习的效果和质量。组织广大党员、干部深入学习中共中央总书记习近平系列重要讲话和对河北对唐山的重要指示精神，推动干部理论学习宣传向纵深发展。完成《知之深 爱之切》图书征订4770册，超额完成省市下达任务。组织开展《知之深 爱之切》读书活动，征集学习体会165篇，评选优秀文章27篇。

【党员教育】 深化中国梦宣传教育，组织开展“赶考行”、百姓故事汇、基层宣讲等活动，切实推动党的理论和路线方针政策在党员群众中入脑入心。组织开展“中国梦·唐山篇章”诗词楹联颂党恩活动，全县5人的多个作品获奖。组织开展“转型筑梦、绿色逐梦、创业追梦”实践活动优秀案例及微电影微视频作品征集活动。在全县组织开展“问计于民、问需于民”建言献策活动，收到各类建议3472条，梳理归纳有价值的建议195条。组织开展纪念建党95周年系列活动，会同有关部门组织党员干部和青少年参观李大钊纪念馆、李大钊故居，重温入党誓词，组织党员干部开展“我为基层讲党课”，学习宣传李保国先进事迹，走访慰问生活困难党员和老党员。举办“纪念中国共产党成立95周年”文艺演出、弘扬大钊精神系列宣传及群众性主题教育活动、“迎七一”在职党员进社区志愿服务等8项重点活动，激发全县人民爱党爱国热情。

【扫黄打非】 贯彻省、市“扫黄打非”行动部署，以净化出版物市场、清除网上有害信息、保护知识产权为工作主线，以查缴政治性非法出版物和清除网上有害信息为首要任务，通过抓好各项重点工作，进一步强化日常监管，扎实有效开展“扫黄打非”专项行动。至年底，全县出动执法人员700余人次，检查文化经营单位350家次，责令整改6家，现场整改30家次，受理举报4起，查处网吧违规案件1起，取缔无证歌厅1家，取缔出版物经营摊点3处，收缴非法书刊260多本、盗版光盘100余张，“扫黄打非”工作取得阶段性成果，为县域经济发展打造良好的社会文化环境。

【爱国主义教育及基地建设】 2016年，依托“李大钊生平事迹陈列展览”“李大钊廉洁风范展览”和李大钊故居复原陈列，结合“两学一做”学习教育内容，深入研究大钊思想精髓，挖掘教育内涵，充实完善讲解词，充分宣传大钊革命业绩，全年接待海内外游客132万人次。年内，李大钊纪念馆被人民日报社、中央党史研究室、全国红色旅游工作协调小组评为全国20家“我最向往的党史纪念地”之一；被省妇联评为省“三八”红旗集体；被省委宣传部评为“美丽河北·最美建筑”。李大钊英勇就义89周年纪念日（4月28日）前后，李大钊纪念馆大钊精神宣讲团先后到唐山职业技术学院、东北大学秦皇岛分校等地开展“青春中华——李大钊与中国梦”主题宣讲活动11场。为庆祝中国共产党建党95周年，展现中国共产党创建史，李大钊纪念馆举办“李大钊与中国共产党的创建”专题展览，赴浙江省嘉兴市进行巡展。与浙江省嘉兴南湖纪念馆联合举办“开天辟地——中国共产党创建史图片展”，在李大钊纪念馆展出，展览分“探索救亡图存的道路”“中国共产党成立”两大部分，共80块展版，再现了中国共产党创建的整个历史背景和过程，宣传了党的光辉创建史，教育和引导广大党员干部群众坚定理想、信念，受教育人数2.15万人。

【对外宣传】 2016年，新闻宣传工作聚焦全县经济社会发展，做大做强正面宣传，对内凝聚力量，对外展示形象，为全县经济健康、持续、快速发展提供了良好的舆论环境。年内，在市级以上各级各类重点报刊发稿399篇，其中，在《唐山劳动日报》发稿253篇，头版51篇，头版头条8篇，二版头条20篇。在唐山电视台、《唐山劳动日报》发稿继续保持全市领先。特别是在省级以上重点报刊、电台、电视台发稿创历史新高，在国家级媒体发稿28篇，在省级报刊发稿137篇。在国家级、省级主要新闻媒体发稿排名均居全市第三位。在省市级报刊开办乐亭形象专版7个，其中在《河北经济日报》刊发专版2个，在《唐山劳动日报》刊发专版5个。加强县广播电视台的管理，推进乐亭文明网及“乐亭发布”微信平台、乐亭手机电视台等新媒体建设。在国家、省、市级重点新闻网站及知名商业网站首发新闻稿件518篇，网络评论文章409篇，网络及新媒体影响面进一步扩大。广泛推介《魅力乐亭》《在水一方》宣传册、《中国乐亭》宣传片及《魅力乐亭》H5宣传片，提升乐亭对外影响力和美誉度。落实党委新闻发言人制度，建立健全舆情突发事件应对机制预案，完善网络舆情应急处置机制。加强舆情监控，落实网络社情民意、新闻事件舆情周报、直报制度，妥善做好热点问题和突发事件舆论引导，牢牢掌控网络舆论的主动权。全年编发《舆情专报》14期，上报舆情信息6000余条，有效应对处置负面舆情40余次，做到了反应快捷、应对科学、处置果断，有效维护了乐亭县的良好形象。

精神文明建设

【概　况】 2016年，乐亭县精神文明建设工作以学习宣传贯彻中共中央总书记习近平系列重要讲话精神为指导，围绕县委关于精神文明建设工作的总体部署，以思想道德建设为根本，以巩固全国文明县城创建成果、全面提升城乡精神文明建设水平为目标，培育和践行社会主义核心价值观，开展多层次文明教育和群众性精神文明创建活动，切实加强公民思想道德建设，不断提高公民文明素质和社会文明程度，为加快建设“沿海强县美丽乐亭”提供强大思想保证、精神动力和道德支撑。

【培育和践行社会主义核心价值观】 坚持不懈地用优秀传统文化、红色革命文化、社会主义先进文化涵养、铸就和弘扬乐亭人文精神，推动社会主义核心价值观落地生根。2016年，投资300余万元，依托城市标志性建筑及公园、广场，以历史文化、民间文化、道德文化为内容，在古滦河公园设置乐亭美德故事大型壁画，在幽园建设乐亭历史文化浮雕墙，在文园设置多组民间艺术雕塑，在乐安广场设立好人榜，在各公园（广场）设置文化景观石，在县文化中心建成乐亭历史文化专题展馆、将军院士展馆、著述作品集成馆等，建成以两馆（李大钊纪念馆、历史文化展览馆）、两场（青春广场、乐安广场）、三园（文园、幽园、古滦河生态公园）为主要载体的社会主义核心价值观涵育基地。基地以文载道、以文化人，突出融合融入，强化感知认同，使核心价值观与乐亭优秀地域文化相融合，植入城市景观，丰富充实了核心价值观的文化内涵和传播载体。10月，中宣部第13期新任职县委宣传部长培训班到乐亭进行现场教学，各级领导对该基地建设给予充分肯定。省委相关领导就乐亭县以地域文化引领价值共识凝聚精神力量的做法作出批示并给予肯定。该项目申报了2016年度全市宣传文化战线“十大亮点工作”。

【文明县城巩固提升】 贯彻落实全省文明城市创建推进会议精神，巩固全国文明县城创建成果，召开全县动员会议，印发《关于全面巩固提升全国文明县城创建水平的实施意见》《乐亭县推进全国文明县城建设工作责任分工》等文件，强化主体责任，明确目标任务，组织开展对标创建，掀起文明县城创建高潮。深化“八大文明示范工程”（文明示范大道、文明示范商业街、文明示范集市、文明示范工地、文明示范生态小区、文明示范机关大院、文明示范文化广场和文明示范窗口）创建，注重内涵提升。举办文明礼仪知识专题培训，召开金融行业、执法部门、窗口单位等创建工作座谈会，有针对性地提出推进措施，不断加大文明县城创建力度，圆满完成省综合测评。

【公民道德实践活动】 以“善行河北”“大爱唐山”“嘉言善行·文明乐亭”为主题，加强社会公德、职业道德、家庭美德、个人品德教育，广泛开展多层次的道德实践活动，在各条战线各行各业大力培树道德标杆。以报告会、电视展播等形式，广泛开展道德模范事迹巡讲、巡演，传播正风正气，弘扬社会美德。推进道德讲堂、善行功德榜建设，组织文明单位、文明村镇（社区）开办孝德讲堂、道德讲堂。加强政务诚信、商务诚信、社会诚信和司法公信建设，开展道德领域突出问题专项教育和治理，着力在全社会形成守信光荣、失信可耻的氛围。以群众文化艺术节、“我们的节日”、中华经典诵读、全民阅读等群众性文化活动为载体，弘扬传统文化。常态开展志愿服务活动，扶贫助困“春雨行动”“在职党员到社区报到”、志愿者上街文明劝导等活动，收到良好效果。

【农村精神文明创建】 坚持城乡统筹发展，以美丽乡村建设为主题深化农村精神文明建设，开展文明村镇创建，改善村容村貌，推进新农村建设，提升农村精神文明建设水平，满足农民日益增长的物质文化需求。组织开展“十星级文明户”“五好文明家庭”“美丽庭院”“最美家庭”等创建活动，着力提升农民文明素质。集中开展农村环境卫生整治，有序推进村民中心建设，绘制“美丽乡村”文化墙，建立完善村规民约，健全红白理事会、道德评议会等群众自治组织，推动移风易俗，倡导文明乡风。2016年全县创建文明示范村104个。

【未成年人思想道德建设】 发挥学校教育功能，开展社会主义核心价值观、大钊精神、雷锋精神、文明礼仪、志愿服务、法律知识、传统文化“七进”校园活动。深入开展“我的中国梦”主题教育活动，以主题班会、升旗仪式、演讲、征文、书画、网上寄语等活动，将社会主义核心价值观融入课堂教学、融入社会实践、融入日常行为规范和习惯养成。围绕礼仪、诚信、友善、孝德主题，开展“做一个有道德的人”主题实践活动。各中小学举行“童心向党”歌咏比赛活动。发挥校园环境育人作用，培育校园感恩文化、网络文化、孝心文化、书香文化等。完善推广德育工作“双向”评价体系建设。成立家庭教育指导服务中心和21个家教指导服务站，组建由教师、医生、优秀家长、法律工作者组成的志愿服务队，开展公益性家庭教育指导服务。加强校园周边环境综合治理，加大互联网、“黑网吧”整治力度，开展清理非法出版物专项行动，向未成年人倡导绿色文明上网，抵制各种不良信息对未成年人的侵害。

【文化名县建设】 2016年，挖掘利用乐亭传统文化资源，促进文化事业繁荣发展。坚持以人民为中心的工作导向，实施文化惠民工程，有序推进乡镇综合文化服务中心提档升级，建设农村文化广场459个，实现全县行政村（社区）文化广场全覆盖。农村有线数字电视户户通工程进展顺利，文化惠民工程重点项目得到有效落实，城乡公共文化服务水平再创新高。组织开展新春文化活动和乐亭县第六届群众文化艺术节，为群众搭建舞台，让百姓唱主角，群众文化活动丰富多彩。连续5年对文化队伍、文化精品、文化传承人实施奖补政策。举办第六届原创作品展演，歌曲《太行山上那棵树》《风清莲香》《百姓心》、皮影戏《榆钱谣》等深受群众喜爱。注重挖掘保护本地传统文化资源，建立乐亭皮影、乐亭大鼓两个传承基地，完成百善学校修复主体工程，建成新寨镇胡常各庄抗战胜利遗址，纪录片《呔商传奇》影响广泛。承办全国少儿曲艺创作座谈会，“中国曲艺之乡”顺利通过复查验收。乐亭大鼓在唐山世园会展演3个月300余场次，吸引了国内外游客驻足观看，展现了乐亭传统艺术的魅力，同时扩大了民间艺术之乡影响。

【重点项目建设】 唐山实宝来游乐设备生产项目运转良好，是全市38个亿元以上重点文化产业在建项目之一，多次纳入市县项目观摩范围，自2015年年底试生产后，承接国内外订单17个，2016年1万平方米新厂房建成投入使用。乐亭县逸隆汽车服务有限公司物流项目主体完工。推进《呔商》电视剧项目进程，年底完成剧本创作初稿，剧本在进一步修改完善中。《呔商》电视剧、乐亭历史文化展览中心作为唐山市文化产业重点项目，在第十二届中国（深圳）国际文化产业博览会期间进行推介。年内，重点项目建设争取上级资金支持191万元。

纪检监察

【概　况】 2016年是“十三五”开局之年，是全党贯彻实施《中国共产党廉洁自律准则》和《中国共产党党内监督条例》的第一年，是乐亭县抢抓京津冀协同发展历史机遇、“11348”战略任务强力推进之年，也是全县纪检监察系统持续深化“三转”（转职能、转方式、转作风）、践行执纪监督“四种形态”（党内关系要正常化，批评和自我批评要经常开展，让咬耳扯袖、红脸出汗成为常态；党纪轻处分和组织处理要成为大多数；对严重违纪的重处分、作出重大职务调整应当是少数；而严重违纪涉嫌违法立案审查的只能是极少数）的重要一年。在市纪委和县委的坚强领导下，全县各级党组织和纪检监察机关坚决贯彻全面从严治党要求，坚持把纪律和规矩挺在前面，保持政治定力、强化政治担当，认真履行“两个责任”（党委负主体责任，纪委负监督责任），强力正风反腐，党风廉政建设和反腐败工作取得新的进展和明显成效。

【县纪律检查委员会工作机构】 2011年9月，中共乐亭县纪律检查委员会（简称县纪委）召开十二届一次全会，选举产生乐亭县纪律检查委员会第十二届领导机构，其中书记1名，副书记2名（其中1名兼任县监察局局长），常委7名（含书记、副书记）。县纪委与县监察局合署办公，监察局设局长1名，副局长2名。2016年，县纪委有书记1名，副书记1名（兼任县监察局局长），常委5名。县纪委（监察局）内设机构有办公室、干部管理室、纪检监察一科、纪检监察二科、审理室、信访室（投诉举报中心）、教育调研科、执法和效能监督科、党风政风监督科9个职能科室；派出机构设有县直第一纪工委（监察分局）、县直第二纪工委（监察分局）、县直第三纪工委（监察分局）、乡镇第一纪工委（监察分局）、乡镇第二纪工委（监察分局）、乡镇第三纪工委（监察分局）、乡镇第四纪工委

（监察分局）。

【县纪律检查委员会会议】2016年3月30日，在县青少年活动中心会议室召开中国共产党乐亭县第十二届纪律检查委员会第六次全体会议，县委、县人大、县政府、县政协领导班子成员，县法院院长，县检察院检察长，其他在职副县级干部，县纪委委员；各镇乡（街道）党政主要负责人，纪委（纪工委）书记、专职纪委（纪工委）委员；县直各单位主要负责人、纪检组长（纪委书记）或主管副职；县纪委（监察局）机关、纪工委（监察分局）全体人员参加会议。会议回顾总结了2015年全县党风廉政建设和反腐败工作，研究部署2016年工作任务。县委书记王东群出席会议并讲话。县委常委、纪委书记孙自生作题为《坚持全面从严治党，努力实践“四种形态”，为加快建设沿海强县美丽乐亭提供坚强政治保证》的工作报告。

【党性党风党纪教育】 开展任前廉政考试、谈话活动 会同组织部门对101名拟任职、提拔的科级干部开展任前廉政考试、任前廉政谈话，做到应考尽考、应谈必谈。

开展党纪条规教育和警示教育 以《中国共产党廉洁自律准则》和《中国共产党党内监督条例》学习宣传为重点，开展党校讲坛、巡回宣讲等活动，使《中国共产党廉洁自律准则》成为广大党员干部的自觉追求，使《中国共产党党内监督条例》成为不可触碰的高压“红线”；发挥李大钊廉洁风范展馆作用，全县各单位分批组织党员干部1780余人次赴李大钊廉洁风范展馆和故居，开展“重温入党誓词、传承伟人精神”主题活动，浓厚“廉荣腐耻”氛围；开展“看监狱、算得失、知荣辱”警示教育活动，全县有16个单位480余人次，赴河北省监狱管理局冀东分局开展廉政警示教育，实现了警钟长鸣、防线长筑。各单位分别开展警示教育，特别是乡镇专门召开村干部警示教育会，组织观看电视专题片《永远在路上》，警示教育片《蜕变》《镜鉴》《不可触碰的底线——衡阳破坏选举案警示录》等，教育引导党员干部守纪律讲规矩，廉洁从政。

发挥“互联网＋传统媒体”作用 统筹乐亭纪检监察网站、微信公众平台“乐亭纪委发布”、乐亭电视台等媒体资源，发布最新党纪条规、反腐倡廉信息及工作动态等474条。加强对外对上宣传报道，组织撰写、上报反腐倡廉新闻稿件，被市级以上报刊媒体采用74篇。

【落实党风廉政建设责任制】 明确责任分工 结合落实省委“两个责任”实施意见、“清单”和市委“三项制度”要求，协助县委制订印发《乐亭县2016年党风廉政建设主体责任清单》，明确党委（党组）领导班子的20项责任、主要负责人的10项责任和工作部门的24项责任，为全县各级党组织落实工作职责提出了刚性要求。起草县委常委县政府副县长党风廉政建设职责范围及党风廉政建设和反腐败工作分工、县直单位贯彻落实党风廉政建设和反腐败工作部署的分工安排，层层分解任务，明确具体责任。

抓好督查考评 要求各单位每半年报告一次主体责任落实情况；将主体责任考核纳入乡科级领导班子综合考评体系，加大考核权重、完善考评细则，综合运用多种方法细化量化责任落实情况考核；采取抽查与自查相结合、明察与暗访相结合、经常性检查与专项检查相结合的方式，对各单位落实主体责任情况进行有效监督。

严肃责任追究 坚持有权必有责、有责要担当、失责必追究原则，重点围绕省委巡视组提出的落实主体责任存在问题，抓住党员领导干部这个“关键少数”，突出压力向基层传导这个重点，积极协助县委认真抓好整改落实，对落实主体责任不力的8名科级干部进行了严肃问责。

【纠正“四风”】 保持日常明察暗访高压态势 严格落实作风建设常态化明察暗访机制，紧紧盯住重要时间节点，突出重点部门和重点场所，针对违反中央“八项规定”精神和“四风”问题，组织开展不定时、不定点、不定人、不间断明察暗访。通过检查发现违反“八项规定”精神和“四风”问题15件，涉及党员干部15人。分2批次对涉及的10个单位进行了全县通报，党政纪处分15人。

开展节日期间廉洁自律检查 组成6个专项检查小组，以遏制“四风”问题反弹为工作重点，围绕公车私用、公款送礼、公款吃喝、公款旅游、利用节假日突击花钱和滥发津贴、奖金、实物等易发多发问题，对全县所有县直单位、14个乡镇（街道）及全部基层所站开展专项监督检查，查纠违规问题20件，其中工作日午间饮酒4件、办公用房使用不规范问题14件、违规使用停放公车1件、违反工作纪律1件。给予党政纪处理9人，约谈11人，针对基层所站办公用房超标及干部作风建设等方面存在的问题，约谈5家单位的9名主管副职、纪委书记。

【“一问责八清理”专项行动】 2016年2—6月，按照省市工作部署，县纪委部署开展“一问责八清理”专项行动。专项行动得到县委、县政府主要领导的大力支持，县委主要领导提出明确要求，强调各有关单位特别是单位“一把手”绝不能心存侥幸，要把长期积压、亟待解决的问题查出来、摆上位，认真加以解决；县专项行动领导小组切实加强组织领导，各牵头部门和责任单位各负其责，工作中引入“四个干”机制，绘制流程图，明确责任人，严格落实“四单一书”制度，扎实推进专项行动各项工作任务；县纪委在充分发挥专项行动办公室组织协调作用的同时，加大问责力度，确保问责到位。此次专项行动梳理查找各类问题1038个，全部整改到位，制定完善各类制度1085个，问责591人，其中党政纪处分43人。

【“捉小鬼”专项行动】 县纪委按照市纪委要求召开专门会议进行传达研究，制订印发《关于“捉小鬼”专项行动工作方案》，在全县有关党政机关、企事业单位，所有政务中心、公共资源交易中心、便民服务中心、各类服务窗口及基层所站，树立统一格式告示牌208块，将举报内容和途径面向社会和群众集中公示；成立7个监督检查和快速行动组，围绕“小鬼难搪”的10种表现，开展侵害群众利益问题专项整治行动，重点针对乡镇（街道）干部和村（社区）两委班子成员，整治优亲厚友、显失公平、不正确履行职责等侵害群众利益行为的突出问题，对存在的侵害群众利益行为的36人进行立案查处，对不正确履行职责和工作态度不端正的6名人员进行诫勉谈话，对其他相关责任人进行了批评教育。此外，还检查发现教育系统学校代收保险费用等不规范收费问题65件，对相关责任人进行了严肃问责。

【违纪案件查处】 突出纪律审查重点　把科级干部违纪问题、“四风”问题、农村干部经济问题作为纪律审查工作的重点抓紧抓好。

强化问题线索管理　搭建“四位一体”的群众诉求举报平台，形成覆盖全县的信访举报网络，实行县纪委班子成员定期接访、机关干部下访、重要线索委局领导亲自批办、盯办等制度。

优化人员配置增强审查力量　分2批次抽调全县14个乡镇（街道）纪委（纪工委）书记或副书记参与委局办案工作，每批为期6个月，充实办案人员，提升业务素质；突出纪工委监督审查工作职能，通过人员整合、交叉办案等方式，有效发挥纪工委纪律审查作用。2016年新立案件107件，结案102件，其中查处科级干部14人，移送司法机关7人。此外对12名党员干部进行了诫勉谈话，对2名党员干部进行函询。开展案件审理质量检查工作，保持了零申诉。

【信访维稳】 2016年年初，按照中、省、市纪委的统一要求，成功开通和启用中央纪律检查委员会《监督执纪问责信息管理系统》，实现了中央、省、市、县四级联网。联网办公后，为上级纪委全面掌握案件转办、查办情况，转办、查办信息提供了准确依（数）据。全年受理群众信访举报432件，接听政策咨询类举报电话283次，接待群众来访474人次。全部信访件中，属检举控告的362件，占信访举报总量的83.8%；属纪检监察业务范围外的70件，占总量的16.2%；属实名举报126件，占总量的29.17%。年内，县纪委通过信访渠道转交办信访案件问题线索247件，其中科级干部问题线索56件。在全市“一问责八清理”专项行动、重心下移“捉小鬼”解决群众反感的“小鬼难搪”问题专项行动中发现和上报各类问题线索130件，较好地发挥了案源主渠道作用。

农村工作

【概　况】2016年，乐亭县农村工作按照省委、省政府提出的“统筹推进现代农业发展、美丽乡村建设、脱贫攻坚、山区综合开发和乡村旅游”五位一体的发展模式，围绕打造沿海发展增长极、京津冀协同发展示范区、全省新型城镇化与城乡统筹发展示范区、国家级现代农业示范区“一极三区”，建园区、抓龙头、带基地、育大户，全县龙头企业建设水平、农业规模化经营水平、农村环境整治水平和新型城镇化建设水平“四个提升”，培育建成精品果菜、畜禽珍皮、水产品、甜玉米、清洁能源“五大龙型经济”，农民收入持续较快增长，农村人居环境明显改善，农村社会和谐稳定，为全县经济社会发展提供了有力支撑。

【落实农村政策】 2016年，乐亭县紧跟省、市决策部署，精心组织，周密部署，强化措施，狠抓落实，农村土地承包经营权确权登记颁证工作稳步推进。全县农村土地承包经营权确权登记颁证工作涉及13个乡镇、451个村，应确权耕地面积5.35万公顷。到年底，农村土地承包经营权确权登记颁证工作完成外业调查397个村4.69万公顷，占总任务的87.66%；完成二次公示无异议的387个村4.46万公顷，占总任务的83.36%；管理系统平台安装调试到位。

全年受理有关农村土地承包方面信访案件93件，涉及14个乡镇（街道）。信访内容集中在承包家庭消亡，亲属要求继续经营其原承包土地问题；二轮延包后新生人口户要求补地问题；婚嫁妇女土地承包权益问题；机动地超标问题；土地补偿款分配问题；批准农转非及本县有偿办理农转非户口人员的土地分配问题；土地确权登记中要求分户、并户及其他相关政策问题。在办理农村土地信访案件中，以《中华人民共和国农村土地承包法》《河北省农村土地承包条例》及有关农村政策为依据，坚持以法服人、以理服人原则。对上访人所提出的问题，实行“点对点”即时反馈，使各乡镇（街道）及时、准确掌握情况，密切关注群众动态，有针对性地做好群众工作。同时注重实地调查、实情掌握，对苗头性、倾向性、潜在性问题及时发现、疏导，将问题化解在萌芽状态，确保农村社会稳定。

【农村民主政治建设】 围绕“保证人民群众依法直接行使民主权利”这一中心，不断加强基层民主政治建设。深入推进“五规范一满意”（规范公开内容、规范公开时间、规范公开形式、规范公开阵地、规范公开管理，公开效果群众满意）活动和“阳光村务”网上运行工作，村务公开工作基本实现电子信息化，农民群众满意度逐步提高。

【美丽乡村建设】 围绕环境美、产业美、精神美、生态美“四美”要求，统筹推动省级重点村、省级中心村示范点、市级重点片区和农村环境整治工作，逐步形成以点带面、全域推进的建设格局。累计投资1.65亿元，实施42个省级重点村建设项目452个，建成新寨二村省级中心村示范点和以大黑坨、西黄口、向阳坨、董庄4个节点村为骨架的大钊故居市级片区建设。乐亭镇韩坨村、胡家坨镇西黄口村被确定为省级美丽乡村精品村。同时，投资2700万元，对473个村实施“两改一清一拆”（改造城中村和永久保留村、改造危旧住宅和旧厂房，清除垃圾杂物和残垣断壁，拆除违章建筑）治理。通过实行“月考评、月通报”制度，农村环境面貌、群众观念和长效机制落实等均得到全面提升。

统一战线

【概　况】2016年，乐亭县统战工作贯彻落实中央、省市委“大统战格局”工作部署，实行“统战部牵头，民宗局、台办、侨联合署办公”的“1 + 3”工作模式，负责联系民主党派和无党派人士，发挥民主党派和无党派人士参政议政和民主监督作用；贯彻执行党的民族宗教政策，维护民族团结，宗教稳定；开展以祖国统一为重点的海外统战工作；负责中国共产党党外（简称党外）人士的政治安排，加强党外后备干部队伍建设；指导工商联做好非公有制企业和非公有制经济界代表人士工作。

【统战工作调研】 2016年，县委统战部深入基层开展专题调研2次，完成调研报告2篇，有1篇被省委统战部、市委统战部采用，并获得2016年度全省统战工作实践创新成果奖。向市委统战部报送信息18篇。

【非党干部培养推荐】 2016年，县委统战部将非中共党员干部培养作为事关乐亭改革、发展、稳定的一项长期战略任务，放在统战工作的突出位置，不拘一格培养举荐党外干部，使一批优秀党外干部走上领导岗位。年内，全县有县级党外人大代表74名，县级党外人大常委会委员9名；县级党外政协委员108名，县级党外政协常委会委员22名；党外县级干部3名，党外科级干部39名。县人大、县政府、县政协领导班子全部配齐了党外干部。在县监察局、县农牧局等16个县政府工作部门配备党外干部17名，基本达到1/3的要求。县级人民团体8个，有3个单位配备党外干部。党外干部的教育培训，实行党内外干部统一领导、统一研究、统一部署、统一落实。贯彻落实党的十八大作出的建设学习型、服务型、创新型马克思主义执政党的战略部署和提高干部素质能力的要求，增强干部教育培训的统筹性、针对性、实效性。

【非公有制经济工作活力增强】 2016年，县委统战部组织机关干部、非公有制经济界人士、工商联系统人员学习中共中央总书记习近平在全国政协会议民建、工商联界委员联组会上的重要讲话精神。围绕中共中央总书记习近平强调指出的我国基本经济制度必须坚持“两个毫不动摇”、发展非公有制经济“三个没有变”开展座谈，让民营企业从政策中增强获得感。引导非公有制经济人士议成长、话梦想、讲贡献，并结合实践活动，让企业家发挥作用。开展理想信念教育实践活动，引导非公有制经济人士树立中国特色社会主义共同理想，自觉把个人的追求融入到中华民族的共同奋斗目标中。建立行之有效的长效机制，举办企业家交流活动，结合企业发展历程和企业家个人成长经历，进行座谈交流，帮助其开阔视野，提高素质。鼓励非公有制经济人士参加本行业组织的各类培训班，引导企业抓住机遇、找准方向，帮助企业做大做强。组织非公经济界人士实地考察，以实际行动参与扶贫开发、光彩事业、公益慈善等社会公益事业。

【民族宗教工作】 以开展“民族团结月”活动为载体，组织志愿者到民族宗教聚集村进行爱国、爱家的宣传教育，发送宣传材料1500余份，扩大民族宗教工作的宣传面和知晓率。以少数民族示范社区为基点，继续改进工作机制、工作内容和工作模式，探索社区民族工作的新模式、新路子，突出以点带面、模范带动作用。对外来少数民族流动人口进行走访，了解其所关注的内容，就子女上学、就医、参保等受关注内容与各部门协调沟通，帮助解决实际问题。注重对学校清真食堂的监管，加强从业人员资格审查，不定期对学校食堂的清真窗口储藏、加工等进行检查，确保学生吃上放心的饭菜。组织召开专门会议，传达学习全国宗教工作会议精神，统战干部、民宗干部、乡镇（街道）统战委员、宗教教职人员、信教群众50余人参加。开展以“坚持中国化、共筑中国梦”为主题的教育实践活动。采取集中学习、发放宣传册、橱窗宣传等形式宣传全国宗教工作会议精神，其中集中学习1次，发放宣传册3000册，橱窗展示14个。

【海外统战】 2016年，县委统战部用良好服务吸引侨商回乡创业。邀请美国、英国等乐亭籍侨胞回乐亭参观考察6人次，向海外侨胞宣传县域的区位优势和有关产业政策，为侨胞与乐亭企业家开展商贸洽谈、投资合作提供服务和帮助。借助河北经济贸易洽谈会、唐山陶博会等重要展会平台，促成加拿大华商总投资2000万美元的海产养殖项目落户县内。

加大对台交流与合作，扩大领域，发展规模，提升层次。年内，县级领导赴台交流5人次，有多名民营企业家赴台交流。严格落实中央各项惠台政策，切实维护广大台湾同胞的合法权益，不断强化服务意识和服务本领，积极为台胞台属提供力所能及的服务，及时稳妥调处涉台纠纷。

向中国侨联申报李大钊纪念馆、李大钊故居“中国华侨国际文化交流基地”。为6户贫困归侨、侨眷争取省、市帮扶资金8600元。利用下乡走访等活动开展《中华人民共和国归侨侨眷权益保护法》及侨务政策的宣传，发放侨务手册1500册，接待群众咨询11人次。

政法工作

【概　况】2016年，全县政法机关和综治维稳单位贯彻落实上级决策部署，勇于担当，履职尽责，扎实推进平安建设、法治建设和政法队伍建设，各项工作再上新台阶，为建设沿海强县、美丽乐亭做出贡献。

维护稳定工作有成效　全县政法机关和综治维稳单位深化对敌斗争，全面加强国家安全工作，人民防线建设得到巩固；连续开展矛盾纠纷排查调处活动，各级民调组织调解纠纷1620件，县法院审、执结案件3571件；全力做好重点人员的疏导稳控工作，依法维护信访秩序，先后行政拘留违法人员30名，确保全国“两会”、唐山世园会、中东欧领导人峰会、暑期、纪念抗震救灾40周年等重点时期的大局稳定，信访量处于低位运行状态。

综合治理工作深入扎实　全面落实综合治理措施，连续组织开展“打黑除恶灭霸扫痞”等专项行动，年内破获各类刑事案件344起（其中命案3起），抓获犯罪嫌疑人257人（其中逃犯93人），打掉痞霸团伙5个，破获痞霸案件40起，始终保持对违法犯罪的高严态势。突出抓好科技防范和群防群治建设，科技防范二期工程在全市率先开通运行，立体化防控网络得到完善。加强特殊人群的管控和社区矫正工作，推进农村基层组织“四个覆盖”，社会治理水平和基层基础工作得到加强。

法治建设水平稳步提升　对“六五”普法期间的成功经验进行提炼升级，在突出县域特色的基础上，因地制宜提出“七五”普法工作的任务和目的，先后申报了全省法治宣传教育先进县和史秉才全国法治宣传教育模范个人，扩大全县普法工作的社会影响力。发挥普法志愿者和业余文艺宣传队的作用，强化普法宣传阵地建设，全民的法治素养和法治意识得到增强。

服务中心工作取得实效　县公安局围绕全县工作中心开展安保工作，妥善处置各类群体性事件；县检察院落实上级反腐败工作安排部署，严肃查办发生在惠民利民、工程建设、扶贫开发等领域职务犯罪案件；县法院把依法服务、保障全县项目建设作为重点工作之一，主动加强与相关部门的沟通、协调，协助政府部门预防和破解项目建设中遇到的法律难题；县司法局组织律师、法律工作者为85家企业担任法律顾问，全年受理公证事项299件，办结264件，法律援助76件次。综治、维稳、防范等部门结合自身职能，围绕中心，履职尽责，扎实有效地开展各项工作。

政法队伍建设得到加强　深入开展“两学一做”学习教育、正风肃纪行动、大学法活动和职业化建设活动，提高干警的政治业务素质。深入开展执法监督检查和司法公开活动，着力解决执法中存在的突出问题，政法干警公平公正执法的主动性和自觉性有了新的提高。注重实效，促进队伍建设与业务工作双丰收，政法队伍整体素质和战斗力得到提高。

【构筑大维稳格局】县委、县政府确立发展是第一要务，稳定是第一责任的意识，把平安建设工作作为全县各项工作的基础性、保障性工程纳入经济社会发展总体规划，摆上全局工作的重要位置。全县政法机关和综治维稳单位努力化解社会矛盾，社会政治稳定的局面得到保持和发展。强化社会矛盾源头预防，连续组织开展矛盾纠纷排查活动，健全完善“三大调解”工作体系，年内各级民间调解组织调解民事纠纷1620件。政法各部门入驻群众工作中心后，接待群众来访239人次，涉及案件31件，及时将案件交有关部门办理，确保件件有着落。组织政法各部门开展为期3个月的涉法涉诉越级访专项治理活动，推进律师参与化解和代理涉法涉诉信访案件工作，及时召开专题会议组织政法各部门认真学习上级文件，领会文件精神和工作要求。政法各部门结合实际做好各项基础工作，县司法局建立全县律师人才库和名录，并在县司法局网站上公布，方便信访人自主选择律师。同时，协调涉法涉诉信访案件承办单位主动支持、配合律师开展工作。制定出台《关于律师参与化解和代理涉法涉诉信访案件的实施办法》，推进律师参与化解和代理涉法涉诉信访案件工作稳步开展。深化开展对“法轮功”等邪教组织的专项斗争，推进国家安全人民防线建设，筑牢国家安全第一道防线。强化重点稳控和应急处置，严密防范境内外敌对势力煽动、炒作，确保全国“两会”、唐山世园会、中东欧领导人峰会、暑期、抗震救灾40周年等重要节点、重点时期的大局稳定。

【综合治理工作全覆盖】 深化平安乐亭建设，人民群众安全感得到提升 连续组织严打专项行动，破获各类刑事案件344起（其中命案3起），抓获犯罪嫌疑人257人（其中逃犯93人），分别比上年上升33.3%和2.3%。查处各类治安案件1702起，处罚违法人员306人，其中行政拘留181人，全县未发生群死群伤的道路交通、火灾和爆炸事故。开展“打黑除恶灭霸扫痞”专项行动，先后打掉痞霸团伙5个，抓获犯罪嫌疑人58名，破获痞霸案件40起。县检察院立案侦查各类职务犯罪5件10人，其中贪污贿赂犯罪4件6人，渎职侵权犯罪1件4人，涉案金额75万余元。突出抓好科技防范和群防群治建设，完善立体化防控网络。加强特殊人群管控和社区矫正工作，推进农村基层组织“四个覆盖”，社会治理水平和基层基础工作得到加强。

推进法治宣传教育，提高法治建设水平 深入推进法治宣传教育，制定《乐亭县“七五”普法规划（草案）》，助推“七五”普法实施。为强化普法工作，给社区普法提供平台，制作高标准法制宣传专栏12块，实现县城社区、城中村法治宣传平台全覆盖。不断掀起普法高潮，发放法制宣传材料8000余份，举办各类普法培训班30余期，组织送法下乡活动10余次，为群众提供方便快捷的法律服务，营造学法用法氛围，为全面启动“七五”普法做舆论准备。6月28日，被省委组织部、宣传部、司法厅等6部门评选为“‘六五’普法先进县”。

服务经济社会发展能力得到提升 县公安局围绕全县中心工作，积极配合有关部门做好拆违拆迁、重点项目建设和县委、县政府大院的安保工作，通过妥善处置各类群体性事件，行政拘留扰乱公共秩序违法人员等措施，服务全县经济社会发展大局。县检察院向服务经济社会发展延伸检察职能，开展民营企业调查走访座谈，结合办案加强青少年法制教育，深入开展涉农检察工作。县法院深入重点企业进行调研，协助完善经济合同，帮助企业堵塞漏洞。依法、及时、公正审理涉及民营企业、项目建设的合同纠纷，避免机械司法，保障企业正常经营。全县律师、法律服务工作者为85家企业及其他经济组织、34个行政机关及事业单位担任法律顾问，办理法律援助76件，解答法律咨询1612人次，接待群众来访2642人次。

【执法监督】 县政法各部门全面强化执法监督，加强执法规范化建设，坚持法治导向、改革导向、问题导向和调控导向，落实政法各部门的主体责任、政法委员会的指导、监督、协调责任和党委、政府的保障责任，对错案必查，对办理错案的人员必查，对有错不究的机关、部门和人员必查。政法各部门严格依照法律和上级规定的权限、程序和标准履行职责，从源头解决随意性执法、选择性执法的问题。严格落实罪刑法定、疑罪从无、非法证据排除等法律制度，健全完善执法办案终身责任制和错案跟踪追究机制，预防发生冤假错案。健全执法巡查、案件评查、协调督办制度，落实重大执法活动和事项报告备案等制度，提升执法监督的实效。深化执法司法公开，推进“阳光司法”“阳光执法”，发挥司法公开的倒逼机制作用，做到以公开促规范，以规范促公正。全力推动涉法涉诉信访改革，加强初信初访办理，实行诉访分离，确保法律事项归法律、信访事项归信访。全体政法干警恪守法治精神，严守法定程序，坚守执法底线，确保所办理的每一起案件都经得起法律和历史的检验。

【政法队伍建设】 加强思想政治建设 继续深化“两学一做”学习教育，使之常态化、制度化。开展增强“四个意识”学习教育活动，引导广大干警坚定信念，保持清醒的政治头脑，强化政治意识、大局意识、核心意识、看齐意识，强化道路自信、理论自信、制度自信、文化自信，始终在思想上、政治上、行动上与以习近平为核心的党中央保持高度一致，做政治上的明白人。

加强履职能力建设 实施干警教育培训五年计划，全面提高干警业务和综合素质。着力提升四个方面的能力：提升做好新形势下群众工作能力，突出解决好群众最关心的问题，通过教育、协商、疏导等方式化解矛盾纠纷，把执法司法过程变成联系服务群众、维护群众合法权益的过程；提升维护社会稳定能力，保持高度警觉和敏感性，综合施策解决矛盾和问题，不断提高工作的主动性和实效性，坚持预防和应急并重、常态和非常态结合，提高预防能力和处置水平；提升服务经济发展能力，破除与己无关的思想、自我封闭的思想、以执法者自居的思想、重打击轻保护的思想、单纯维稳的理念，为项目建设出力，为县域经济发展护航；提升创新社会治理能力，在解决突出问题上下功夫，解决好影响社会和谐稳定的源头性、根本性、基础性问题，在社会治理中发挥主力军作用。

加强纪律作风建设 认真落实党风廉政建设的主体责任，深入开展正风肃纪专项行动，保持督查的制度化、常态化，及时发现队伍中存在的问题，做到早提醒、早纠正、早处理。对于发现的原则问题，严格落实“一案双查”，既查办当事人，也查办责任领导，确保作风建设落到实处、取得实效。

搞好职业保障 完善政法干警依法履职保护机制，依法严惩暴力袭警抗法等违法犯罪行为，维护执法司法权威。强化安全装备保障，加强实战培训，最大限度为干警执法提供良好保护。落实政法干警抚恤优待政策，坚持年度健康体检及心理危机干预，落实休假制度，为干警身心健康提供保障。

县直机关党建

【概　况】 2016年，中共乐亭县委县直机关工作委员会（简称县直机关党工委）所属党组织有9个总支，54个支部，1720名党员。县直机关党工委主要承担县直党政群机关及企事业单位党的组织建设、党员教育管理和党建业务指导工作。贯彻落实中央、省、市、县委的会议精神，坚持“四个干”工作机制，围绕重点工作任务动态管理清单，加强县直机关党的思想、组织、作风建设，为建设沿海强县、美丽乐亭提供组织保障。

【思想政治建设】 2016年，县直机关党工委认真贯彻落实党的十八届四中、五中、六中全会精神，全面落实从严治党责任，铸牢共产党员的精神之魂。

开展“两学一做”专题学习教育 县直机关党工委建立机关党员干部学习交流党章党规微信群，发布党章、党规知识，交流学习心得体会。4月，组织机关党务干部和基层学习骨干举办“学党章、学准则、学条例”培训班，邀请县纪委、县委党校的有关人员，就《中国共产党党内监督条例》《中国共产党纪律处分条例》和《中国共产党章程》的相关知识进行解读。5月，组织举办学党章党规、学系列讲话知识竞赛，并在县电视台通过手机平台进行网络直播和电视转播。在县直机关党员干部中开展“手抄党章100天，学思践悟大家谈活动”。7月，组织举办“迎七一，手抄党章100天”硬笔书法展，收到书法作品120余幅，集中展出62幅。

开展社会主义核心价值观教育 县直机关党工委组织县直机关党组织开展“迎世博文明礼仪我先行”主题教育活动，清明节组织入党积极分子在乐亭县革命烈士纪念馆举办缅怀革命先烈公祭活动，弘扬革命传统。6月，邀请唐山市社科专家、唐山师范学院退休教授张亚钧就如何提高机关党员干部的道德修养进行专题授课。在县直机关开展书香机关评选活动，建立文化阵地、开设道德讲堂、评选道德模范，在机关党员干部中倡导以社会主义核心价值观为引领的道德风尚。

开展“爱唐山、做贡献，为英雄城市增光，为大钊故乡添彩”教育 学习贯彻党的十八届六中全会精神和中共中央总书记习近平视察唐山重要讲话精神，组织专题理论辅导36场次，支部书记讲党课32场次，引导机关党员干部全面准确把握全会精神的丰富内涵和精神实质。10月，县直机关党工委组织举办“爱唐山，做贡献”征文活动，收到征文作品23篇。制作电视专题片，宣传优秀法官张庆伟为民执法、秉公办案的先进事迹，总结了5个基层党组织和9名优秀党员的典型经验，比学赶超、奋力争先的氛围浓厚。

【**县直机关基层组织建设**】 *加强机关党组织规范化管理* 县直机关党工委严格落实机关党组织书记第一责任人的职责，履行管党职责，层层落实机关党建工作责任制。全年谋划重点工作20项，按照时间节点推进，高标准完成全年目标任务。实行机关党建项目化管理、清单式考核，要求县直机关各总支、支部谋划党建项目不少于3项，11月集中对基层党建目标进行了考核验收。

夯实基层党建工作 加强基层党的组织建设，8月召开基层党组织换届工作培训会议，对基层党组织换届进行专题培训和安排部署。调整总支2个，基层支部13个，充实支部班子成员46名。严格党员教育管理，在机关党员中开展“三亮一评”（亮身份、亮职责、亮承诺，党员评定）活动，政务中心党支部和信访局党支部对党员实施先锋指数管理，探索新的教育管理模式。组织35名预备党员到李大钊纪念馆进行入党宣誓并召开“纪念建党95周年座谈会”，进一步增强党性观念，坚定理想信念。严把入口关，对112名入党积极分子集中进行理想信念教育。坚持学习培训制度，强化机关党员教育管理，机关党员干部的综合素质得到提升。在2016年市委组织部、市人事局、市直机关工委、市总工会组织的公务员技能大赛中，有2名选手进入总决赛并获得二等奖。

【**县直机关作风建设**】 建设服务型党组织，县直机关党组织继续坚持“一联五”联系群众制度，机关党员干部深入企业、项目建设一线、农村联系和服务群众。2016年，机关党员干部走访联系群众3000余人次，为群众办实事、办好事375件，开办组织科技讲座180余场次。在县直机关党组织中成立党员志愿服务队伍75个，注册党员志愿者1300余人，集中组织开展在职党员进社区、法律宣传、交通文明劝导等志愿服务活动4次，参与活动的志愿者2000余人。

党　校

【**概　况**】 2016年，县委党校落实全国及省、市党校工作会议精神，聚焦县委、县政府中心工作，加强党校建设，提高干部培训质量，继续申办李大钊干部学院，扎实推进各项工作，为建设沿海强县美丽乐亭提供智力支持。

【**干部理论培训**】 *开展主题班培训* 发挥党校资政育干职能，为县域经济社会发展培训各级党员干部。年内举办主体培训班8期，培训学员1655人。举办全县科级干部“学系列讲话、做合格党员”大讲堂，组织30名理论骨干到秦皇岛市委党校培训，举办乐亭县农村青年实用人才“双向培养”工程培训班、党务干部提高党性修养大讲堂、“两学一做”学习教育示范推进专题培训班，与县人力资源和社会保障局合作，举办全县公务员公共管理培训班3期。

开展“我为基层讲党课”活动 年内围绕“两学一做”学习教育安排，累计送课到县政协机关等县直18个单位，送课到乡镇实现全覆盖，送课到村达126个村，举行讲座160余次，培训人员5000余名。1名教师被评为唐山市“两学一做”学习教育宣讲先进工作者。

开展调研活动 县委党校不断深化党员干部理论培训实践，坚持理论与实践相结合，将4月确定为“调研月”，组成4个调研组，围绕县工业园区项目建设、农村电商发展、文化建设及懒政怠政问题等课题，分别到县直、乡镇和企业挂职调研，历时一个月时间，形成有价值的调研报告4篇，分送有关部门参阅。

【**打造高素质的教师队伍**】 实施“三个一”（围绕拟定的专题，每人每学期编写一篇优秀教案、撰写一篇优秀论文、形成一篇有价值的调研报告）精品工程，着力打造名师名课。以落实“四抓”（抓学习厚积资本，抓教学夯实功底，抓调研总结经验，抓科研丰硕成果）为主线，大力推进“三个一”精品工程。学期初，为每位教师划定教学科研任务清单。学期末，组织交流与评选活动，建立“三个一”精品工程成果档案，以此作为年终评优评先的硬件，对优秀教案和调研科研成果给予奖励。

学习借鉴先进经验。组织全体教师赴秦皇岛市委党校听课学习，借鉴教学和管理经验；先后赴上海市浦东干部学院，山东省潍坊市、临沂市市委党校参观考察，学习外地先进党校特色经验；选派教师到市委党校跟班听课，学习借鉴新的教学方法、教学经验；选派4名骨干教师到中国人民大学参加十八届六中全会精神师资培训班，为宣讲六中全会精神厚积功底。

组织教师参加省、市委党校教学比赛，参加省、市国防教育精品课评比和征文评比活动，获得多项奖励。通过确定课题、认真备课、组织试讲等环节，严格把关，遴选出4名优秀教师，完成优质课录像编辑上报工作。

【加强和改善党校办学条件】 县委党校落实全国党校工作会议精神，采取有效措施，逐步改善党校硬件设施建设相对滞后的局面，积极探索党校发展的新路子。

争取财政支持，利用有限资金，维修了严重漏雨的校舍屋顶，增设学员电子阅览室和图书阅览室，选购图书5000册，为学员提供了新的学习研究平台，改善了党校干部培训氛围，优化了教育培训环境。

建设"师资库""课题库"。经多方调研协商，聘请10名县内外优秀领导干部、知名人士、专业技术人员为兼职教师，并为其颁发聘书，实现专兼职教师优势互补，同时引进了新的培训课题。

举办李大钊精神研讨会。邀请县内各界知名人士，围绕党校建设发展、弘扬大钊精神等内容召开座谈会2次，征求社会各界人士对县委党校建设发展的意见和建议，明确办学方向，把弘扬大钊精神、争创省级示范性党校工作落到实处。

【党校教学基地建设】 立足"李大钊精神+"的红色资源优势，以申办李大钊干部学院为契机，加强党校教学基地建设。年内，完成党校教学基地谋划，经多方考察，确定建立以李大钊纪念馆为龙头的红色教学基地，以冀东国际农产品物流中心为龙头的绿色教学基地，以河北乐亭经济开发区为龙头的蓝色教学基地，以乐亭县博物馆为龙头的人文教学基地，为外向型培训打好基础。创造条件把党校打造成为培养造就优秀党员和优秀党员干部的红色学府。

党史研究

【党史编研】 2016年，县委党史研究室把深化党史研究作为第一要务，围绕中心服务大局，扎实推进党史基本著作编写工作。《中国共产党乐亭历史（第二卷）》初稿经过4轮审稿通稿、4轮修改完善，形成征求意见稿，统审小组对征求意见稿进行5轮修改后形成送审稿，经编写组初审、编写组及离退休老干部和专家学者二审、上级党史部门及县委领导三审后形成定稿。年底送出版社审定印刷出版。全书稿35万字。年鉴编写工作有序进行，75万字的《中共乐亭年鉴（2015年卷）》编纂工作完成，7月出版发行，向县级领导及县直机关、乡镇、老区村等发放800册。完成《中共乐亭年鉴（2016年卷）》资料收集工作，并形成电子版，在修改校对后，年底形成约70万字的定稿。启动《中共党史人物》编写工作，年底完成初步方案及目录分解。谋划改革开放新时期研究的相关专题，全年形成改革开放新时期研究的相关专题15个。配合省委党史研究室开展李大钊思想研究宣传活动，谋划相关专题10个。

【党史宣传教育】 组织党史宣讲团开展宣讲活动，在清明节、"七一"、"八一"、烈士纪念日、"十一"等期间，深入河北乐亭经济开发区、县烈士陵园、县军休所、武警中队、汤家河镇、古河乡、汀流河镇、乐亭镇韩坨村、汤家河镇大杨庄村、汤家河镇葡萄庄子村、移动公司等机关、企业、农村开展宣讲活动34场次，受教育干部群众近3000人。编纂常规刊物进行宣传教育，4月完成《乐亭党史文苑》第三辑的出版发行，7月完成第四辑的出版发行工作。举办展览进行宣传，清明节期间与胡家坨镇联合在李大钊故居广场举办"清明节的铭记——大钊故里英烈事迹展"，展出胡家坨镇12名英烈人物的事迹，活动在唐山电视台新闻联播节目中播出。协助庞各庄乡办红色展馆谋划思路，提供资料。发放党史书籍进行宣传教育，向各级领导、县直机关、乡镇、街道、部队、烈士纪念馆、图书馆、档案馆等免费发放《乐亭党史文苑》第三辑和第四辑、《侵华日军罪行史证——抗日战争时期乐亭县人口伤亡和财产损失》《中共乐亭年鉴（2015年卷）》《党史博采》2000余册。

【纪念唐山抗震40周年活动】 编纂《乐亭党史文苑·纪念抗震40周年专辑》并出版发行。该专辑重温地震灾难的惨烈，展现灾难面前大爱无疆、舍己为人的人性光辉；重点展示乐亭县震后40年，全县人民在历届县委、县政府的领导下，弘扬“公而忘私、患难与共、百折不挠、勇往直前”的抗震精神，在恢复建设、改革开放、科学发展、奋勇前行中的不平凡历程、取得的突出成就、积累的宝贵经验。撰写的纪念抗震40周年文章《奋斗的历程，辉煌的成就》于7月28日在“乐亭发布”微信平台刊登。为市委党史研究室编纂纪念唐山大地震40周年书籍提供《新唐山40年·乐亭发展篇》资料。通过查阅档案、向有关部门征集资料等方式，收集整理乐亭县震后40周年恢复重建、改革发展中取得的突出成就，形成2万字的材料上报。

【纪念建党95周年活动】 配合省、市、县电视台录制“七一”特别节目。在纪念中国共产党成立95周年之际，河北电视台在河北新闻联播节目中推出红色河北系列报道，县委党史研究室在开篇《共产主义运动的先驱——李大钊》中接受采访，介绍李大钊革命生涯的有关情况。其间在市、县电视台分别录制了李大钊及乐亭党史方面的情况。开展网络知识竞赛活动。按照省、市党史研究室安排部署，“七一”前夕对全县县直机关、各乡镇（街道）印发《关于组织参加纪念中国共产党成立95周年网络知识竞赛活动的通知》，全县41家单位560人参加活动。开展党史征文活动。“七一”前夕，按照中央、省、市党史研究室《关于第三届全国党史文化论坛征文的通知》精神，撰写并上报论文4篇。结合县委开展的“两学一做”学习教育开展宣讲活动。“七一”前后宣讲10场次，受教育人数近1000人。

【党史信息反馈】《乐亭县委党史研究室进企业开展宣讲活动》信息于3月9日在河北党史网刊登。《〈侵华日军罪行史证——抗日战争时期乐亭县人口伤亡和财产损失〉正式出版发行》信息于3月18日在唐山党史网刊登。“清明节的铭记——缅怀大钊故里革命英烈”事迹展暨报告会活动信息于4月1—11日分别在《河北经济日报》《唐山劳动日报》、环渤海新闻网、河北党史网、唐山党史网、唐山党史信息第9期、《光明日报》刊载。《乐亭县党史宣讲团清明节宣讲革命英烈事迹》信息于4月5日在河北党史网、4月6日在唐山党史网刊登。《乐亭党史宣讲团深入干休所开展“两学一做”学习教育报告会》信息于5月6日在河北党史网刊登。《乐亭县委党史研究室开展“学习革命先烈精神、争做合格共产党员”主题报告会》信息于6月28日在河北党史网刊登。《〈乐亭党史文苑·纪念抗震40周年专辑〉出版发行》信息于7月26日在河北党史网刊登。《〈中共乐亭年鉴〉（2015年卷）出版发行》信息于7月26日在河北党史网刊登。

老干部工作

【概　况】 2016年，县委老干部局围绕县委、县政府中心工作，立足职能，以“四个干”要求为主线，不断创新工作方法，推动老干部工作取得新成效。到年底，全县离退休干部总数4912人。其中离休干部221人（含异地安置的19人），在离休干部中享受县级待遇的72人（含县级实职6人），一般待遇的149人；退休干部4691人，其中行政机关退休干部1528人，事业单位退休干部2642人，企业退休干部521人，在退休干部中享受县级待遇的70人（含县级实职32人），一般待遇的4621人。汀流河镇关工委、大相各庄乡关工委被评为“河北省关心下一代工作先进集体”，县人大常委会原副主任、县关工委名誉主任高庆荣被评为“全省关心下一代工作荣誉奖”，中堡镇老干部党支部书记李云翔被评为“全省关心下一代工作先进工作者”。

【老干部政治、生活待遇全面落实】 2016年，县委老干部局坚持每月11日组织县级实职老干部上站学习，每2个月1次深入基层老干部党支部组织学习制度；坚持定期组织召开老干部通报工作会议，县委主要领导向县级实职老干部通报全县经济社会发展情况，并征求老干部的意见、建议，共谋乐亭发展大计；组织老干部参观考察县内外工农业重点项目，共享改革发展成果。年内组织县级实职老干部和全县各单位离退休干部党支部书记赴唐山世园会参观学习2次，感受唐山震后40年的巨大发展；春节、重阳节期间，组织全县各单位采取多种形式对离退休干部特别是因病住院、家庭困难和异地安置的老干部进行重点走访慰问。"八一"前夕，对10名军休老干部及遗属进行了慰问。按规定订阅报刊，全县所属财政负担的离休干部、县级退休干部书报费发放到位，满足老干部订阅报刊的需求。各企业及自筹自支事业单位离退休干部的书报费由老干部所在单位或主管部门按要求全部发放到位。5月初，为全县347名离休干部和县级待遇退休干部进行健康体检。在对全县所有离退休干部的各类信息实行动态化管理的基础上，建立所有离休干部健康档案，有针对性地提供医疗保健服务；采集离休干部遗属信息（包括病故离休干部姓名、原单位，遗属姓名、住址、联系方式等），建立信息台账，以便更好地落实相关待遇。年内为31名身患重大疾病且生活困难的离退休干部发放特困帮扶资金5万元；为生活不能自理的离休干部审批护理费186人次；帮助患病老干部解决医药费报销问题22人次，帮助家属处理老干部丧葬事宜26人次。落实新精神，为210名离休干部遗属每人发放2000元取暖费。邀请县医院专家为老干部进行健康知识讲座2次。

【离退休干部党组织建设加强】 2016年，县委老干部局对全县离退休干部党组织和党员状况进行调查统计，全面掌握离退休干部党员基本情况。到年底，全县有离退休干部党支部54个，离退休干部党员2029人，其中离休党员224人，退休党员1805人；65岁以下的离退休干部党员约占总数的48%，65～80岁的约占45%，80岁以上的约占7%。年内，县委老干部局班子成员深入乡镇基层老干部党支部，协助所在党委调整、充实汤家河镇、新寨镇、乐亭镇老干部党支部配齐配强支部班子。组织全县老干部党支部开展"两学一做"学习教育，举办全县老干部党支部书记和老干部专管员培训班，从加强党的建设、增强支部战斗堡垒作用、提高服务管理水平等方面进行培训。

【老干部文化养老工作水平提升】 2016年，县委老干部局积极筹措资金，努力改善县老年大学、老干部活动中心环境设备，更新教学器材，修缮活动场地；结合"四就近"（就近学习，就近活动，就近得到关心照顾，就近发挥作用）原则，重点做好乐安社区老干部活动中心、富强社区老干部活动室建设，满足老干部就近学习活动的需求。拓宽老年大学学员活动平台，在原有二胡、电子琴、书画、计算机、健身舞等课程的基础上，增设评剧、乐亭大鼓和声乐课程，增收学员50名，传承地方文化，丰富老干部晚年生活。依托县老年大学、夕阳红艺术团深入胡家坨镇、汤家河镇、茂源社区等开展文艺下乡演出20场次。乡镇老年学校开展特色办学，重点做好中堡镇的诗歌创作、汀流河镇的健身操、大相各庄乡的书法绘画、阎各庄镇和马头营镇的戏曲文艺等特色教育，以点带面，推动基层老年教育的发展。

【离退休老干部发挥余热】 2016年，县委老干部局在全县离退休干部中开展"我的家风"主题征文活动，共征集优秀作品64篇。作者以个人亲身经历和切身体会为切入点，寻找挖掘家庭传承的家风家训或自身在教育子女上的经验做法和感人故事，以家风带民风，以民风清社风。继续开展爱心助学和"五老牵手红领巾"活动。全县建立"夕阳关爱基金"7个，全年老干部捐资2.7万元，资助贫困生450余名，奖励优等生140名。县委老干部局、县关工委聘请10名拥护中国共产党、品德高、爱孩子、有专长、身体好的"五老"担任少先队志愿辅导员，并在全县少先大队中发起"五老牵手红领巾·共圆美丽中国梦"主题活动。深入乐亭一中、县第一实验小学、阎各庄中心小学、陶庄小学、大黑坨小学等举办革命传统教育报告会5场次，家庭教育讲座4场次，全县6000余名学生和家长从中受益。县老促会向上级争取帮扶资金20万元，用于老区村改善生产条件。组织县内老科技工作者深入老区村开展科技讲座3场次，解答技术咨询800余人次，发放宣传材料1500余份，促进了农业增效、农民增收，在服务发展、服务群众方面发挥余热。

【举办纪念红军长征胜利80周年书画展】 2016年6月，县委老干部局联合县关工委以建党95周年和纪念红军长征胜利80周年为契机，以书画形式抒发爱党爱国情怀，对未成年学生进行革命传统教育。在全县离退休干部、中小学生中开展“翰墨丹青颂党恩，老少共谱爱国情，展示阳光心态，体验美好生活”主题书画比赛，征集作品175幅，其中25幅优秀作品参加市展评并获奖。10月15—30日，在崔景哲艺术馆举办以纪念红军长征胜利80周年、讴歌美好生活为主要内容的老干部书画展，展出作品162幅并选出100幅优秀作品辑印成《翰墨情深》书画集，主题鲜明、意境高远，充分体现出乐亭县离退休干部和老年大学国画班学员颂长征、爱家乡，缅怀革命先辈丰功伟绩，积极参加建设大钊故乡的时代风貌。

【举办离退休干部春季运动会】 2016年4月26日，全县离退休干部春季运动会在县老干部活动中心举行，县委常委、组织部部长李亚峥出席开幕式，并与老干部一起观看文艺演出。运动会设有门球过门、“钓鱼”、象棋比赛、小皮球投篮、铁饼掷准、地滚球碰瓶等比赛项目14个，全县各乡镇、街道，县直各单位的1500余名老干部运动员参加，设置一、二、三、四等奖及纪念奖。运动会本着安全第一、友谊第一、重在参与、相互学习的宗旨，老干部以愉悦的心情、精彩的比赛展示了老当益壮、永葆活力的精神风貌。

【李云翔被评为“全省关心下一代工作先进工作者”】 李云翔，男，79岁，曾担任乡镇武装部部长、乡镇人大主席团主席，1999年退休。2004年开始担任中堡镇离退休老干部党支部书记兼镇关工委常务副主任。李云翔全心全意做好老干部党支部书记工作，坚持用真心、耐心、诚心教育和帮助青少年，为青少年办实事、办好事、排忧解难。2005年，李云翔着手成立中堡镇“夕阳关爱基金小组”，吸纳热心公益的“五老”人员60余名，实施“123”爱心工程（联系1个学校，组织2次德育报告，帮助3名困难学生），常年开展爱心助学活动。到2016年已坚持11年，捐资助学款达6万余元，救助困难学生73人，奖励优秀学生54人。在“夕阳关爱基金小组”的关心帮助下，有9名学生走进了大学校门。李云翔任劳任怨、真抓实干、不求回报、无私奉献的精神，赢得了当地群众和青少年的拥护和爱戴。2013年李云翔被省委办公厅、省政府办公厅评为“全省关心下一代工作先进个人”，2014年被中央组织部评为“全国离退休干部先进个人”，2016年被评为“全省关心下一代工作先进工作者”。

县委老干部局
局　长　钱静辉

信　访

【概　况】 2016年，乐亭县信访局坚持用群众工作统揽信访工作，着力在矛盾隐患排查、领导接访约访下访、信访积案化解等方面出真招、用实劲，维护全县和谐稳定。年内，进京“非访”、进京赴省到市集体访发生量在低位运行，信访工作完成情况处于全市前列。在4月20日、7月22日两次全省县（市、区）委书记工作交流会上，信访工作均受到省委领导表扬。在全年重点工作排名中，信访维稳攻坚工作位居全市第一。

【群众来信来访】 2016年，县信访局受理群众来访1649批次、6603人次，全部妥善处置。承办国家、省、市交办案件16件，承办上级转送案件358件，受理网上信访案件154件，按期结案率100%。

【信访基层基础工作】 2016年，县信访工作落实县级干部包乡镇包部门、乡镇干部包村、村干部包户的工作机制，干部下沉、重心下移，做到层层有责任、层层抓落实，实现排查无缝隙、全覆盖。在乡镇（街道）、村（社区）建立民情信息员队伍，形成横向到边、纵向到底的排查网络。年内，全县排查矛盾纠纷761件，全部制定化解稳控措施；排查出有越级访苗头的重点信访人员168人，全部建立台账，落实包案领导，明确责任单位，同时录入公安机关数据库。建立信访矛盾村级初级化解、乡镇（街道）攻坚化解、县联席会议集中协调化解的“三级化解”工作机制，逐案落实包案领导、责任单位、责任人、办理时限，实行挂账督办，办结一件销号一件。

【**信访协调督办**】 2016年，县委、县政府高度重视群众来信来访工作，多次组织召开会议，研究教育资源整合引发的信访问题，协调调度涉军群体信访案件、兴农农村资金合作社、信达商场非法集资等有关信访案件，制定化解稳控措施。县联席会议先后15次分层级召集县直单位主要负责人、主管副职，各乡镇（街道）党委书记、主管副职研究信访工作，学习传达省、市文件、会议精神，对重要敏感时期信访维稳以及信访攻坚行动、进京“非访”、越级访治理等工作进行部署、推进。县委、县政府主要领导率先垂范，公开接待来访群众，妥善化解了一大批“钉子案”“骨头案”。在县委、县政府特别是主要领导的带动下，全县各级各部门尤其是单位“一把手”，真正做到了思想认识、工作举措、领导责任“三个到位”，全县上下构建起县联席会议牵头抓总，各乡镇（街道）、县直各单位齐抓共管、多措并举、综合施治的信访工作新格局。

【**信访日常化解**】 依托信访矛盾村级初级化解、乡镇（街道）攻坚化解、县联席会议集中协调化解的“三级化解”工作机制，县联席办印发《县级领导及县直部门主要负责人包案督访实施方案》，梳理了73件重点信访案件由相关县级领导分包。县级包案领导对所分包信访案件进行认真研究，掌握案情，逐案制定化解稳控措施，综合运用法律、政策、经济、行政等手段和教育、协商、调解、疏导等办法，妥善化解信访问题。对一些法度之外、情理之中的积案，从以人为本的角度出发，在政策允许的范围内，帮助信访人解决生产生活中的实际困难，做到诉求有理的解决问题到位、诉求无理的思想教育到位、生活困难的帮扶救助到位、行为违法的依法处理到位。在信访攻坚行动中，12件信访积案全部办结，息诉罢访9件，息诉率75%。

【**信访依法处置**】 强化信访法律法规宣传教育，引导群众通过正常的信访渠道依法逐级有序反映诉求，使信访人逐步树立进京“非访”不但不利于信访问题的解决，反而触犯相关法律法规，要受到依法处置的观念，从根本上减少进京“非访”问题的发生。认真落实冀公法〔2015〕100号等文件规定，对进京“非访”、缠访闹访、集体访组织者严厉打击，决不手软。2016年，对36名违法上访人员进行了行政拘留，特别是对4月25日原跃进煤矿临时工到市集体上访的组织者，公安机关迅速行动，连夜调查取证、固定证据，对12人予以行政拘留，其中9人行政拘留15天，其他3人拘留5～10天，有效震慑了违法上访行为，全县信访秩序得到进一步规范。

【**重要时期信访**】 2016年，县信访局高度重视紧急突发事件的应急处置工作，平稳处置了教育资源整合引发的信访案件、信达商场集资案件、多起涉军及其他利益群体信访案件、农民工讨薪案件及由回迁安置引发的集体上访案件，将影响降至最低。在重要敏感时期，县联席办对各类情报信息及各级来访等情况以《信访动态》《信访要情》的形式进行汇总、分析、报告，全县信访稳定各类信息实现资源共享，为领导决策和解决问题赢得主动权。在重要敏感节点，均抽调精干力量进京、赴省、到市值班，随时处理各类突发问题。县公安等部门成立应急工作队，随时待命，快速反应，协调联动，及时控制和妥善处置进京集体访、非正常访、恶性事件、突发群体性事件隐患。在全国“两会”、唐山世园会、暑期、十八届六中全会等敏感时期实现了进京集体访、进京非正常访、进京出丑滋事事件及大规模群体性事件“四个零指标”的目标任务。

县信访局
局　长　颜广君

机关事务管理

【**公共基础设施改善**】 2016年，县机关事务管理局投资近30万元对机关大院供暖进行集中并网改造，实现节能环保，提升供暖质量。投资近30万元对机关大院老旧自来水管道进行全面更换，杜绝跑冒滴漏，提升供水质量。投资16万元对县委楼西侧花园进行改造升级，加强中心花园的绿化养护和各种照明设施的维修更换，改善提升了机关环境。对县委办公楼、政府办公楼、纪委办公楼、信访局办公楼、机关食堂的下水管道、房水、墙体墙面进行维护维修，确保机关工作正常运转。实施暖心工程，各办公楼卫生间安装卫生纸盒、纸抽，投资3万元安装热水交换器，对开水箱进行升级和更换，杜绝了“千滚水”现象。

【后勤综合保障能力提高】 2016年，县机关事务管理局以“两学一做”学习教育为契机，以“管理、保障、服务”为主线，以转变服务意识、提高服务质量、拓宽服务领域为宗旨，内强素质、外树形象、上下一心，通力协作，从大局着眼，在小事上下功夫，从点滴上见精神，认真履行职责，保障各项工作高效运转。

规范财务运行　规范财务管理，引进“金算盘”软件，对财务账目进行细化和分工，强化工作人员责任意识，提高办事效率。对21家预算单位的账务按时进行结账、对账，对各单位收入、支出及资金情况及时编制财务决算报表。将财务报销程序软件升级为电子财务共享平台，实现电子数据传输核算报账。

做好安保工作　制定保安工作守则，明确职责要求，统一着装、规范言行、强化纪律、狠抓落实，严格把好进入机关大院关。投资9万余元安装智能车牌自动识别系统，实现车辆通行智能化，确保进出大院通行顺畅，安全高效。加强与公安、信访等部门的配合，对来访人员严格实行登记制度，对上访人员及时进行引导分流并做好疏导解释工作。加强大院机关巡逻防护，实行24小时监控，夜间不定时巡逻，确保安全无事故。

加强会议中心管理　投资15万元完成会议室电视电话会议高清改造工程，加强电力设施的维修维护，从细节抓起，保重点、提档次、抓质量，认真做好会前、会中的服务工作，确保会议按时、正常召开。全年完成会议服务433场，涉及参会人员2.7万余人次。

改善就餐环境，提高就餐质量　投资2万元对食堂厨房整体设施改造升级，加强食堂工作人员培训，提高烹饪技能和膳食服务水平。科学制定每周菜谱，做到荤素合理搭配，改善膳食质量，提高用餐标准，得到机关干部职工的好评。加强食品采购、储存、加工管理，狠抓各项制度落实，确保食品安全，让干部职工吃得放心、吃得舒心。

规范车辆管理　加强驾驶员安全教育，组织司机参加交警大队组织的交通知识竞赛，提高驾驶员交通安全意识。车辆实行定点加油、定点维修制度，一车一卡，定点采购，用油公开。统一为车辆安装ETC（不停车电子收费）设备，实现了车辆高效行驶。推进公务用车改革，涉及参改车辆30辆，5月底前全部调配到位，并完成相关手续交接，保留车辆按要求完成标示喷涂。加强院内车辆停放管理，严格按照标识停放，保持了良好的停车秩序。

加强保洁管理　平稳完成帮扶人员退出和新招录帮扶人员的培训，健全保洁制度，实行分片包干制，做到全天保洁，无卫生死角，确保院落干净整洁。加强绿化管护，扎实做好浇水、施肥、防病治虫、修剪、杂草清除等工作，营造环境优美、心情舒畅的办公环境。

加强节能管理，推进节能降耗工作　协调推进全县公共机构节能工作宣传，增强各公共机构的节能意识，倡导采用节能新技术，推进各类机关从节水、节电等方面节能降耗，在全县节能减排工作中发挥示范带头作用。完成公共机构能源资源消耗统计工作，开展能耗调查和统计工作，准确及时向上级公共机构节能办公室上报相关数据，有效推动了公共机构节能工作开展。

【接待服务水平提升】 2016年，县机关事务管理局主动适应全县经济跨越发展、增比进位，各级领导到乐亭考察调研及投资客商日益增多的新形势，坚持把接待工作作为展示乐亭形象、优化发展环境、提升对外知名度和影响力的重要内容，规范接待工作，提升精细化服务水平。多渠道了解接待对象来访目的、生活习惯、兴趣爱好，使接待预案更有针对性和前瞻性。实行重要公务接待呈批制度，认真落实领导批示意见，科学安排接待活动，简化接待程序，做到热情周到。严格落实八项规定，强化接待费用管理，有效控制开支，杜绝浪费，做到了“一提一降”（提高接待质量，降低接待费用）。全年接待各级领导及客商156批次2135人次。

县机关事务管理局

局　长　裴建利（8月免）
周东明（8月任）

机构编制管理

【**概　况**】2016年，乐亭县机构编制委员会办公室（简称县编办）围绕县委、县政府和市编办的工作部署，转观念、转重心、转方法、转作风，着力推进简政放权，深化政府职能转变和行政体制改革，深入开展调查研究，加强机构编制管理，完善机构编制信息平台建设，规范做好事业单位登记管理工作，全面推进中文域名注册登记管理、机关群团统一信用代码办理和机关事业单位网站名称规范化管理工作。

【**编制管理**】围绕县域经济社会发展，做好机构编制工作　建立编制动态调整机制，稳妥做好机构调整工作，运用弹性控制手段，在总量不变的情况下，用好用活现有编制，做到有减有增，动态调整。对职能加强或新增职能的机构，整合资源、挖掘潜力，相应调整：设立县政务中心、县国土资源局（海洋局、地理信息局）海域动态监管中心、县委全面深化改革领导小组办公室、县委干部考评委员会办公室、县委非公经济和社会组织工作委员会、县水务局工程质量与安全监督站。

组织实施县政府机构改革后续工作　根据省、市统一部署，县编办围绕转变政府职能为核心，理顺职责关系，明确和强化责任，优化政府组织结构，规范机构设置，完善运行机制，在上年度县政府机构改革的基础上，根据部门（单位）职能变化，做好相关部门（单位）机构职能理顺调整工作，运用弹性控制手段，在总量不变的情况下，用好用活现有编制，做到有减有增，动态调整。

深入基层开展课题调研活动　县编办与县教育局联合组成调研组，利用两周时间对全县教育系统各教学单位教职工及学生的基本情况进行全面调研，安排专人对调研数据进行统计分析，掌握具体情况，为领导决策提供翔实准确的资料。

【**行政审批制度改革**】及时衔接上级取消下放事项　2016年，贯彻落实国务院和省市决定取消、下放行政审批事项的精神，先后起草了《乐亭县人民政府办公室关于做好市政府下放行政权力事项衔接落实工作的通知》《关于转发〈唐山市人民政府办公厅关于衔接落实国务院取消国务院部门行政许可事项和第二批中央指定地方实施行政审批事项的通知〉的通知》《关于转发〈唐山市人民政府办公厅关于衔接省政府部门再取消下放一批行政权力事项的通知〉的通知》，就下放项目的下放方式、审批条件、运行程序、办理时限等完成了与上级业务主管部门的对接，动态调整了本部门的权力清单和责任清单，并在县政府网站进行公开。

清理规范审批中介服务　2016年，按照市文件精神，起草《乐亭县人民政府关于衔接落实国务院第二批清理规范192项国务院部门行政审批中介服务事项的通知》和印发《乐亭县审改办关于衔接省审改办取消一批省政府部门行政许可中介服务事项的通知》，明确清理规范的范围、主要措施和方法步骤，完成行政审批中介服务事项清单和行政审批中介服务收费清单的编制工作。保留县政府部门行政许可中介服务事项17项，其中审批要件既可由申请人委托中介机构编制，也可由申请人自行编制的6项，必须由申请人委托具有相应资质的中介机构编制的11项；调整县政府部门行政许可中介服务事项2项，纳入县政府部门行政许可程序的技术性服务事项5项，县政府部门取消的行政许可中介服务事项10项。

全面推行“两集中、两到位”，规范行政审批行为　2016年，县编办全面推行“两集中、两到位”（把一个部门的审批事项向一个科室集中、行政审批科室向行政审批服务中心集中，进驻行政审批服务中心的审批事项进入大厅落实到位、工作人员授权到位）改革，将县行政服务中心、县电子政务中心（城乡一体化信息服务中心）、县农村综合信息服务平台整合为集行政审批服务、城乡一体化便民服务、政府门户网站、农村综合信息平台等管理体系为一体的“乐亭县政务中心”，建立县、乡、村政务中心（便民服务中心）；重新调整优化相关审批单位内设机构，成立行政审批服务科。到1月底，已设置（调整设置）行政审批机构的相关部门（单位）22 家（单设 12 家，挂牌 10 家），成建制进驻行政服务中心。与县纪委、县政务中心结合全面梳理行政审批事项，自 1 月 1 日起，全面实施网上审批。构建以行政审批服务科或行政首席代表为核心的行政审批服务运行机制，不断提高行政审批服务事项的窗口现场办结率。

梳理编制公共服务事项目录及办事指南，简化优化服务流程　落实省、市《关于简化优化公共服务流程方便基层群众办事创业的通知》的要求，制订印发《乐亭县简化优化公共服务流程方便基层群众办事创业工作实施方案》，县政府各部门梳理了包括公共教育、劳动就业、社会保障、医疗卫生等与群众生产生活密切相关的公共服务事项 193 项，并及时编制了办事指南，待省市编办公布《市直单位公共服务事项目录及办事指南》后再做最后修改，通过县政府和各部门门户网站统一向社会公开。

【**事业单位管理**】2016 年，县编办通过事业单位在线网、重点督促等方式方法，提高登记管理工作效率，按时按质完成事业单位法人年度报告公示工作。到 3 月底，全县办理事业单位法人年度报告 246 家，合格率 100%。开展县直机关、群团统一社会信用代码赋码发证工作。到 6 月底，全县已领取统一信用代码证书机构 50 家，其中机关 45 家，群团 5 家。强化管理，努力推进中文域名注册管理规范化。通过精心组织，周密部署，主动服务，强力推进等措施，完成了全县 517 家单位中文域名注册及域名续费工作。

表 3　中共乐亭县县委 2016 年重要文件一览表

文　号	文件名称	发文单位	发文日期
乐字〔2016〕1 号	关于县级领导分包镇乡街道的通知	县委	2 月 23 日
乐字〔2016〕2 号	关于印发《2015 年度建设沿海强县表彰奖励办法》的通知	县委 县政府	3 月 17 日
乐字〔2016〕3 号	关于进一步开展后进村（社区）集中治理整顿的实施意见	县委	4 月 8 日
乐字〔2016〕4 号	关于鼓励和促进科技创新的实施意见（试行）	县委 县政府	4 月 13 日
乐字〔2016〕5 号	印发《关于在全县党员中开展“学党章党规、学系列讲话，做合格党员”学习教育实施方案》的通知	县委	5 月 10 日
乐字〔2016〕6 号	关于全面巩固提升全国文明县城创建水平的实施意见	县委 县政府	5 月 19 日
乐字〔2016〕7 号	关于成立乐亭县环境保护工作领导小组的通知	县委 县政府	5 月 24 日
乐字〔2016〕8 号	关于巡视整改情况的通报	县委	5 月 25 日
乐字〔2016〕9 号	关于印发《2016 年县委县政府为群众办的 10 件实事》的通知	县委 县政府	5 月 26 日
乐字〔2016〕12 号	关于成立乐亭县国土工作领导小组的通知	县委 县政府	6 月 15 日
乐字〔2016〕13 号	关于调整乐亭县统一战线工作领导小组和民族宗教工作领导小组的通知	县委	6 月 15 日
乐字〔2016〕14 号	关于印发《2016 年度县委常委、县人大常委会主任、县政协主席、县政府副县长党风廉政建设职责范围及工作要求》的通知	县委 县政府	6 月 17 日
乐字〔2016〕15 号	关于认真落实习近平总书记重要批示精神广泛开展向李保国同志学习活动的通知	县委	6 月 29 日
乐字〔2016〕16 号	关于调整乐亭县防汛抗旱指挥部组成人员的通知	县委 县政府	7 月 20 日
乐字〔2016〕17 号	关于表彰 2016 年度优秀教育工作者和优秀教师的决定	县委 县政府	9 月 9 日
乐字〔2016〕18 号	关于县委常委、人大常委会主任（副主任）、政协主席分包督导县乡人大换届选举工作的通知	县委	12 月 19 日

续 表

文 号	文件名称	发文单位	发文日期
乐发〔2016〕1号	关于制定乐亭县国民经济和社会发展第十三个五年规划的建议	县委	2月1日
乐发〔2016〕2号	关于落实发展新理念推动农业农村工作新跨越的实施意见	县委 县政府	4月14日
乐发〔2016〕3号	关于认真做好乡镇领导班子换届工作的通知	县委	11月1日
乐发〔2016〕4号	批转县人大常委会党组《关于做好县乡两级人民代表大会换届选举工作的意见》的通知	县委	11月15日
乐发〔2016〕5号	关于印发《乐亭县乡科级领导班子综合考评办法》的通知	县委	11月29日
乐发〔2016〕6号	关于认真学习宣传贯彻省第九次党代会精神的通知	县委	12月19日

表4　　中共乐亭县县委办公室2016年重要文件一览表

文 号	文件名称	发文单位	发文日期
乐办发〔2016〕1号	关于印发《乐亭县“一问责八清理”专项行动实施方案》的通知	县委办公室 县政府办公室	2月25日
乐办发〔2016〕2号	关于印发《乐亭县党政机关公务用车制度改革实施方案》的通知	县委办公室 县政府办公室	4月22日
乐办发〔2016〕3号	关于印发《“一问责八清理”专项行动问责工作方案》等12个文件的通知（5月4日发）	县委办公室 县政府办公室	4月20日
乐办发〔2016〕4号	关于印发《乐亭县2016年美丽乡村建设实施方案》的通知	县委办公室 县政府办公室	5月6日
乐办发〔2016〕5号	关于中国共产党成立95周年纪念活动的通知（纸质印发）	县委办公室	6月29日
乐办发〔2016〕6号	关于印发《乐亭县党风廉政建设主体责任和监督责任清单》的通知	县委办公室	6月30日
乐办发〔2016〕7号	关于进一步加强少年儿童和少先队工作的实施意见	县委办公室	7月13日
乐办发〔2016〕8号	关于印发《乐亭县党委（党组）意识形态工作责任清单》的通知（纸质印发）	县委办公室	8月11日
乐办发〔2016〕9号	关于印发《乐亭县贯彻落实中央环境保护督察组督察反馈意见整改方案》的通知	县委办公室 县政府办公室	8月23日
乐办发〔2016〕10号	关于印发《乐亭县深化供销合作社综合改革实施方案》的通知	县委办公室 县政府办公室	9月19日
乐办发〔2016〕11号	关于认真学习宣传党的十八届六中全会精神的通知	县委办公室	11月4日
乐办字〔2016〕1号	关于做好2016年节假日期间值班工作的通知	县委办公室 县政府办公室	1月1日
乐办字〔2016〕2号	关于开展2016年新春文化活动的意见	县委办公室 县政府办公室	1月5日
乐办字〔2016〕3号	关于印发《县领导和县直单位主要负责人包案督访方案》的通知	县委办公室 县政府办公室	1月10日
乐办字〔2016〕4号	关于做好春节前扶贫慰问活动的通知	县委办公室 县政府办公室	1月20日
乐办字〔2016〕5号	关于印发《乐亭县落实〈唐山市贯彻落实京津冀协同发展规划纲要分工方案的意见〉工作方案》的通知	县委办公室 县政府办公室	2月19日
乐办字〔2016〕6号	印发《关于进一步创新信访工作加强联合接访的实施意见》的通知	县委办公室 县政府办公室	4月12日
乐办字〔2016〕7号	关于印发《乐亭县2016年农业农村工作要点》的通知	县委办公室 县政府办公室	4月14日
乐办字〔2016〕8号	关于成立推进医教工作领导小组的通知	县委办公室 县政府办公室	4月14日

续　表

文　号	文件名称	发文单位	发文日期
乐办字〔2016〕9号	关于成立乐亭县行政执法与刑事司法衔接工作领导小组的通知	县委办公室 县政府办公室	5月10日
乐办字〔2016〕10号	关于印发《乐亭县第六届群众文化艺术节实施方案》的通知	县委办公室 县政府办公室	6月3日
乐办字〔2016〕11号	关于印发《开展精准扶贫工作的实施方案》的通知	县委办公室 县政府办公室	7月4日
乐办字〔2016〕12号	关于做好2017年度重点党报党刊发行工作的通知	县委办公室	11月18日
乐办字〔2016〕13号	关于废止乐办发〔2009〕6号文件的通知	县委办公室 县政府办公室	11月21日
乐办字〔2016〕14号	关于开展2017年新春文化活动的意见	县委办公室 县政府办公室	12月29日

乐亭县人民代表大会

综　述

2016年是"十三五"规划的开局之年，是全面建成小康社会、加快建设中等城市、争创全国百强县的关键之年，也是县十五届人大履职的最后一年。乐亭县人民代表大会常务委员会（简称县人大常委会）以贯彻落实中国共产党的十八大、十八届三中、四中、五中全会精神和推动京津冀协同发展为主线，紧紧围绕县委十二届六次全会作出的重大决策部署，与党委同频共振，与人民同向同心，按照"创新、务实、精准、高效"的工作导向，认真履行宪法和法律赋予的各项职责，全年组织召开人大常委会会议7次、主任会议6次，开展执法检查、视察、调研活动19次，听取和审议专项工作报告11项，任免"一府两院"工作人员48人（次）。

县人大领导机构及工作机构

【县人大领导机构及领导成员】 乐亭县第十五届人大常委会是由乐亭县第十五届人民代表大会第一次会议选举产生的，由主任1名、副主任4名、委员19名组成。2016年有主任1名，副主任4名，委员18名。

主　任 孟宪福
副主任 王凤亭
程　兵
王剑秋（2月补选）
赵文忠（2月补选）

【县人大常委会工作机构及主要负责人】 2016年，县人大常委会工作机构设办公室、财经科、法制科、代表科、文卫科。

办公室主任 陈巧敏
财经科科长 李跃军（1月免）
刘润才（1月任）
法制科科长 鲁德海
代表科科长 裴树平
文卫科科长 宋敬武

县人大重要会议

【县人民代表大会】 2016年2月18—20日，乐亭县第十五届人民代表大会第五次会议召开，应到代表216名，实到193名。会议听取和审议县政府工作报告、县人大常委会工作报告、县法院工作报告和县检察院工作报告；审议乐亭县2015年国民经济和社会发展计划执行情况与2016年国民经济和社会发展计划（草案）的报告（书面报告），审查批准乐亭县2015年国民经济和社会发展计划执行情况与2016年国民经济和社会发展计划；审议乐亭县2015年财政预算执行情况和2016年财政预算（草案）的报告（书面报告），审查批准乐亭县2015年财政预算执行情况和2016年财政预算，并对以上6个报告作出相应决议。补选县人大常委会副主任2名、县政府县长1名，县十五届人大常委会委员3名。

【县人大常委会会议】 2016年，乐亭县第十五届人大常委会举行会议7次，收录7次。

1月22日，县十五届人大常委会举行第26次会议。县人大常委会主任孟宪福，副主任程兵、王凤亭和委员共16人出席会议。县委常委、县政府常务副县长张福林，县人大常委会党组成员王剑秋，县政府办公室、县法院、县检察院负责人，各乡镇人大主席及被提请任命人员列席会议。县人大常委会主任孟宪福主持会议。会议进行了人事任免事项。根据有关法律规定，作出关于召开县十五届人大五次会议的决定。会议审议通过县第十五届人大第五次会议主席团和秘书长建议名单（草案），议案审查委员会主任委员、副主任委员、委员建议名单（草案），计划预算审查委员会主任委员、副主任委员、委员建议名单（草案），县人大常委会关于县第十五届人大第五次会议列席人员的决定，县人大常委会 2015 年工作报告；会议还进行了其他事项。

3 月 31 日，县十五届人大常委会举行第 27 次会议。县人大常委会主任孟宪福，副主任程兵、王凤亭、王剑秋、赵文忠和委员共 18 人出席会议。县委常委、县政府常务副县长张福林，县法院院长李月臣，县政府、县检察院相关部门负责人、各乡镇人大主席及部分县人大代表列席会议。县人大常委会主任孟宪福主持会议。会议审议通过《乐亭县人大常委会 2016 年工作要点》和《乐亭县人民代表大会常务委员会规范性文件备案审查办法》。会议还进行了其他事项。

6 月 3 日，县十五届人大常委会举行第 28 次会议。县人大常委会主任孟宪福，副主任王凤亭、程兵、王剑秋、赵文忠和委员共 19 人出席会议。县政府副县长孙磊，县法院院长李月臣，县政府、县检察院相关部门负责人、各乡镇人大主席及部分县人大代表列席会议。县人大常委会主任孟宪福主持会议。会议审议通过县人大常委会执法检查组关于检查《中华人民共和国消防法》实施情况的报告、县政府关于全县市场建设管理工作情况的报告，表决通过人事任免议案，举行了新任命人员向宪法宣誓仪式。

8 月 4 日，县十五届人大常委会举行第 29 次会议。县人大常委会主任孟宪福，副主任王凤亭、程兵、王剑秋、赵文忠和委员共 19 人出席会议。县委常委、县政府常务副县长张福林，县政府、县法院和县检察院相关部门负责人、各乡镇人大主席及部分县人大代表列席会议。会议由县人大常委会主任孟宪福主持。会议听取和审议通过了县政府关于 2016 年上半年国民经济和社会发展计划执行情况、2016 年上半年财政预算执行情况、2015 年度财政预算执行和其他财政收支的审计工作报告、县人大常委会执法检查组关于检查《中华人民共和国教师法》《河北省实施〈中华人民共和国教师法〉办法》实施情况的报告。

9 月 29 日，县十五届人大常委会举行第 30 次会议。县人大常委会主任孟宪福，副主任王凤亭、程兵、王剑秋、赵文忠和委员共 18 人出席会议。县委常委、县政府常务副县长张福林，县法院院长李月臣，县检察院检察长张世新，县政府相关部门负责人，各乡镇人大主席及部分县人大代表列席会议。会议由县人大常委会主任孟宪福主持。会议听取和审议通过县法院关于审判公开工作情况的报告，并开展专题询问。12 名县人大常委会委员和县人大代表就审判公开工作从 12 个方面进行当场询问，县法院相关负责人一一做了相应回答和解释，县法院院长李月臣做了表态发言。

11 月 15 日，县十五届人大常委会举行第 31 次会议。县人大常委会主任孟宪福，副主任王凤亭、程兵、王剑秋、赵文忠和委员共 18 人出席会议。县委副书记、县政府常务副县长张福林，县政府、县法院、县检察院相关部门负责人，各乡镇人大主席及特邀县人大代表列席会议。会议由县人大常委会主任孟宪福主持。会议听取和审议通过县乡两级人大换届选举工作的有关事项，表决通过人事任免议案。县人大常委会主任孟宪福就学习贯彻中国共产党十八届六中全会精神及县乡人大换届选举工作提出具体意见。

12 月 22 日，县十五届人大常委会举行第 32 次会议。县人大常委会主任孟宪福，副主任王凤亭、程兵、王剑秋和委员共 16 人出席会议。县委常委、县政府副县长、县委农工委书记张国勇，县法院院长李月臣，县政府、县检察院相关部门负责人，各乡镇人大主席及特邀县人大代表列席会议。会议由县人大常委会主任孟宪福主持。会议审议批准县政府 2016 年财政预算调整方案；审议通过县政府关于“六五”普法工作情况的报告和实施“七五”普法规划的说明，县人大常委会关于在全县开展第七个 5 年法治宣传教育的决议，县政府关于县十五届人大五次会议代表建议、批评和意见办理情况的报告，并开展了专项工作评议。

县人大常委会重要活动

【审议重大事项】 县人大常委会组织相关人员依法对“十三五”规划纲要草案进行初审，并提出了修改意见。纲要草案修改后，经县十五届人大五次会议审议获得批准。组织召开县人大常委会会议听取和审议县政府关于国民经济和社会发展计划执行情况、财政预算执行情况、财政预算调整情况、2015年财政预算执行和其他财政财务收支审计工作、代表建议办理等情况的报告，分别形成审议意见，提出县政府要依法科学理财、加强代表建议办理等意见建议，相关科室进行了督导落实。

【向宪法宣誓实施】 2016年2月，县人大常委会制定《乐亭县人民代表大会常务委员会实施宪法宣誓制度操作规程（试行）》，规定凡经县人民代表大会选举、人大常委会任命或者决定任命的国家工作人员，依照法定程序产生后，组织开展向《中华人民共和国宪法》宣誓仪式，增强国家工作人员的责任意识和公仆意识。在县十五届人大五次会议上新当选的县人大常委会副主任和委员、县政府政府副县长依照《乐亭县人民代表大会常务委员会实施宪法宣誓制度操作规程（试行）》向《中华人民共和国宪法》进行了庄严宣誓，在各乡镇召开的人代会和县人大常委会会议上，也相继落实了这一程序。

【专题询问工作开展】 县人大常委会组成专题询问调研组，就县法院审判公开工作向社会广泛征求意见建议，发放调查问卷300余份，征求到问题和建议140余条，实地察看了12368值守中心、立案大厅、互联网公开等情况，现场旁听了民事合同纠纷案件庭审；召开座谈会听取县法院审判公开工作情况汇报，了解县法院审判公开工作的现状。在此基础上，拟订20条针对性比较强的询问问题。通过“面对面”问询，触及审判公开工作的方方面面。为确保专题询问取得实效，询问会结束后，认真梳理各方面的意见和建议，拟定了专题询问意见，经主任会议研究确定后，交县法院办理，并对交办意见进行跟踪督导。推动县法院工作的不断规范，审判公开工作不断提高，为实现阳光司法、提升司法公信力加油助力。

【代表建议办理】 2016年2月18—20日县第十五届人民代表大会第五次会议期间，人大代表提出批评、意见和建议35件，年内闭会期间1件，其中县政府承办的33件。

人大代表的建议是政府了解民声的重要渠道，也是民愿诉求的集中反映。为强化监督实效，促进民愿落实，县人大常委会对人大代表建议办理工作实行“四个一”（一名人大常委会领导分包、一个相关科室督办、一名工作人员负责、一个月至少督办一次）督办机制，切实扭转代表建议“重答复、轻落实”的局面，提高了代表建议解决率和代表满意率。组织开展优秀代表建议和先进承办单位评选活动，提升代表建议质量，调动承办单位的积极性。对县十五届人大五次会议后人大代表建议办理工作进行专项工作评议，组织县人大常委会组成人员，通过实地查看、听取汇报等形式，对县交通运输局、县水务局、国网冀北乐亭县供电公司等13个被评议单位的建议办理情况进行了深入调研；县人大常委会第32次会议听取和审议了县政府代表建议办理情况报告，并进行了满意度测评。年内，36件代表建议全部办结。

【视察调研和执法检查】 2016年，县人大常委会组织对农村文化建设、美丽乡村建设、项目建设工作进行了视察，对《中华人民共和国安全生产法》《中华人民共和国消防法》《中华人民共和国教师法》贯彻实施情况进行了执法检查；与县政协联合组织40名省、市、县三级人大代表和政协委员，对全县项目建设工作进行了视察，促进了相关工作的顺利开展和法律法规的贯彻落实。

县人大常委会组成人员、人大代表和县人大常委会机关工作人员分别对规范性文件备案审查工作、农村中小学及幼儿园布局情况、市场建设管理情况、职称改革、财政预算执行、高标准基本农田建设、财政预算调整、二孩政策执行等情况进行了调研，提出许多有价值的意见和建议，推动全县社会、经济、法制等各项工作不断发展。5月，县人大常委会组织的对市场建设管理工作进行调研时提出的提高认识、统一思想，合理布局、规划先行，引入多元投入机制，加大监管力度，规范经营，制定和完善相应的市场管理办法和行业规范的建议被相关部门采纳，促进了市场建设的发展。县人大常委会组织的对全县中小学及幼儿园布局情况的调研，掌握了全县教育基本现状；

提出的调整布局及加强学校管理和教师队伍管理的建议，被县政府及县教育部门采纳，促进了教育资源的整合和教育事业的发展。

【代表工作深入开展】 2016年，县人大常委会坚持把代表工作作为人大工作的基础，不断丰富代表活动形式，完善服务保障机制，为代表依法履职创造条件。

丰富代表活动 组织县人大代表和县乡人大干部20人，赴全国人大会议中心参加2016年第四期人大代表和人大干部能力提升培训班，就选举工作、人大代表工作、加强和改进县乡人大工作、认真贯彻新《中华人民共和国预算法》、进一步改进人大监督工作及国际安全形势等接受培训，人大代表、人大干部的业务能力得到加强，拓展了工作思路。在全县推广“人大代表之家”平台建设，备齐各种办公设施，健全各项规章制度，并通过开展代表学习交流活动、组织代表走访接待选民等多种载体，力促“代表之家”发挥作用。

畅通履职渠道 搭建履职平台。在调研、视察、走访等形式的基础上，搭建代表履职平台，在全县建设“人大代表之家”联络平台16个，并通过开展多种活动实现了有效运转。拓展联络方式。继续开展“双联”活动，密切与人大代表和人民群众的联系，同时依托互联网，开通“乐亭县人大常委会”微信公众账号，运用手机等即时通信工具及时发布人大信息，保障代表和群众的知情权。强化乡镇指导。鼓励和支持乡镇人大主席团按照新修订的地方组织法，充分发挥闭会期间的职能作用，组织乡级人大代表听取和审议乡镇政府专项工作报告，对法律法规实施情况进行检查，对基层站所开展工作评议，增强乡镇人大工作活力。

【组织县乡人大代表换届选举】 县人大常委会承担县乡两级人大换届选举组织责任，在县委的统一领导下，严格按照法律规定，精心组织、全面指导，经过宣传发动、划分选区、名额分配、选民登记、提名推荐候选人、投票选举等步骤，选举产生县级人大代表217名，乡级人大代表853名，圆满完成县乡两级人大代表的换届选举工作。

县人大办公室

【概　况】 2016年，县人大办公室强化服务举措，有效推动各项工作的顺利开展。贯彻执行中央八项规定，开展办公用房和公务用车专项治理工作，以更加务实的作风，树立县人大常委会机关新形象。始终把思想政治建设放在首位，以党的群众路线教育实践活动、“三严三实”专题教育、解放思想大讨论活动和“两学一做”学习教育为契机，通过认真学习规定篇目，深入查找思想禁锢，彻底摒弃陈旧观念，有效解决了县人大常委会领导班子和机关干部在思想、工作、纪律、作风方面存在的突出问题，促进了机关建设，造就了一支对党忠诚、个人干净、敢于担当的人大干部队伍。围绕县委决策部署，精心选定审议议题，并组织相关人员就审议内容开展调研、视察、执法检查等活动。圆满完成了县十五届人大五次会议和7次县人大常委会会议的组织筹备工作。

【专项工作评议】 在上年对代表建议办理工作开展专项评议的基础上，继续采取这一措施督促县政府及相关部门加大建议督办力度。评议过程中，县人大常委会组成人员通过实地查看、听取汇报等形式进行前期调研；在前期调研的基础上，召开常委会会议，听取和审议县政府关于代表建议办理工作的专项报告，并对代表建议承办单位进行满意度测评，将评议结果向社会公布；评议后，形成常委会审议意见交县政府及相关部门整改落实，并进行跟踪督办。通过专项工作评议活动的创新开展，既有效畅通了民意渠道和途径，也对政府相关部门的工作给予鞭策和促进，加快人民群众诉求的解决和落实。

【加强自身建设】 县人大常委会高度重视机关自身建设，不断转变工作作风，切实增强履职能力，努力提高工作水平。强化干部政治意识。深入开展“三严三实”专题教育和解放思想大讨论活动，以“两学一做”学习教育为契机，通过认真学习规定篇目，深入查找思想禁锢，增强机关干部人大意识、危机意识和创新意识，培养终身学习理念和突破常规的勇气，破除“守摊度日”的保守畏缩思想。提升干部综合能力。坚持轮流讲课制度，加强机关干部与上级人大常委会、同级“一府两院”和各乡镇的联系沟通，锤炼提升机关干部文字写作、语言表达和办事协调能力。通过一系列的培养教育，让夙兴夜寐、激情工作成为机关常态，努力打造一支忠诚、干净、实干、担当的人大干部队伍。

【强化对外宣传】 强化宣传阵地。《人大之窗》增设“学习园地”新版块，设立“两学一做”专题教育和解放思想大讨论专栏，内容进一步丰富，知识性、可读性增强。全年编辑出版6期，向驻乐亭县省、市人大代表和全体县人大代表及各镇乡、县直各单位赠阅3000余份，在宣传人大制度、推进依法治县、保障人大代表知情权等方面发挥了重要作用。强化信息报送。通过明确责任、定期汇总通报等措施，激发机关人员积极性，形成全员办信息的局面。2016年，在国家、省、市刊物上发表宣传乐亭人大工作的文章20余篇。

县人大财经科

【关注热点问题调研】 针对人大代表提出的意见和建议，着重对全县市场建设管理情况、全县高标准基本农田建设情况及县政府对《中华人民共和国畜牧法》贯彻实施情况进行了调研。调研活动中，调研组均深入最基层，实地查看相关工作开展情况，零距离倾听群众的心声和愿望，着重分析查找存在问题及原因，提出切实可行的意见和建议。为引起县政府的高度重视，实实在在为群众解决实际问题，先后向县人大常委会递交调研报告3篇，提出合理化建议12条，推动全县市场建设与管理工作的健康运行，推进高标准基本农田建设工作并取得初步成效，促进了全县畜牧业的快速发展。

【围绕中心工作视察】 2016年，县委把美丽乡村建设作为重点工作全面部署。为推动此项工作取得成效，县人大财经科组织部分县人大代表组成视察组，对全县美丽乡村建设工作进行视察。在实地查看、听取汇报后，视察组针对存在问题，提出可行性意见和建议。同时对视察情况进行认真总结和整理，撰写了具有参考价值的视察报告，促进美丽乡村建设工作取得突破。

【工作监督力度加大】 县人大财经科不断加强对全县财政预算运行情况的工作监督，监督工作的实效性得到提高。针对客观存在的重编制、轻执行的现象，在履行法定监督程序的基础上，主动加强与县政府和县财政局的沟通，及时掌握预算执行情况，建立预算执行情况报告制度。报请县人大常委会听取和审议县政府《关于2011年财政预算调整情况的报告》和《关于2012年上半年财政预算执行情况》。要求县财政局定期向县人大常委会报送收支项目情况表，并尽可能地细化，还要做必要的说明，使监督工作经常化、规范化。通过专题调研的形式，审查支出资金的准确性和合理性，提高财政资金的使用效率，强化对预算的刚性监督，实现从过去偏重形式上履行法定程序向注重多层次、全方位的实质性监督转变。

县人大法制科

【司法监督加强】 2016年，县人大法制科从群众关注的热点难点问题入手，有针对性地开展专题询问、调研、视察、执法检查活动，有效促进各司法职能部门工作的开展。

围绕审判公开进行专题询问，实现阳光司法 依法开展审判公开专题询问工作，不断增强审判工作的透明度，努力满足人民群众的知情权、参与权、表达权和监督权，构建开放、动态、透明、便民的阳光司法机制。为开展好专题询问工作，县人大法制科专程赴天津市东丽区人大常委会考察学习，并根据《中华人民共和国各级人民代表大会常务委员会监督法》，结合县域实际，制订了专题询问工作实施方案，并成立了专题询问调研组，通过发放调查问卷、深入基层法庭调研、旁听庭审、召开座谈会等形式对审判公开工作进行了全面了解。在掌握第一手资料的基础上，拟订了20个有针对性的询问问题。专题询问会议上，经过“面对面”问询，触及审判公开工作的方方面面。询问人员问出了重点和“辣味”，应询人员答出了责任和担当。询问会结束后，县人大法制科拟订了专题询问意见，经县人大常委会主任会议研究确定后，交县法院办理，审判公开工作水平得到提高。

视察县检察院涉农检察工作，维护农民群众的合法权益　2016年7月，县人大法制科组织部分常委会委员、人大代表对县检察院涉农检察工作进行了视察。视察组深入马头营镇察看涉农检察工作室，召开部分人大代表、村干部参加的座谈会，征求各方面的意见和建议；深入县农牧局，相关负责人介绍了涉农执法部门工作落实情况；听取县检察院关于涉农检察工作的汇报；就工作开展情况进行座谈讨论，提出了切实可行的意见和建议，力求从源头减少涉农职务犯罪案件的发生，维护农民群众的合法权益。

开展执法检查，促进法律法规的贯彻实施　为推动《中华人民共和国消防法》的贯彻实施，按照县人大常委会工作安排成立执法检查组。于2016年4—5月，对县政府贯彻执行《中华人民共和国消防法》的情况进行了执法检查。执法检查组深入唐山旭阳化工有限公司，实地察看消防安全状况，听取汇报。检查水韵名居高层住宅及大东方购物广场（东城店）的消防安全情况，并观摩了大东方购物广场（东城店）微型消防站演练，听取了县政府贯彻执行《中华人民共和国消防法》情况的汇报。执法检查组对全县消防工作取得的成效予以肯定，也针对存在的问题提出意见和建议，有力地促进了消防安全工作，全县无较大以上火灾事故发生。

调研律师执业监管工作，规范律师执业行为　10月，县人大法制科对全县律师执业监管工作进行了调研。调研组深入春潮、乐航律师事务所，了解律师工作开展情况，查看相关档案资料，听取县政府关于律师执业监管工作的汇报。全县有律师事务所3家，合伙所1家，个人所2家，执业律师10名。年内，全县律师代理案件261件，解答法律咨询1612人次，接待群众来访2642人次。调研组在肯定律师执业监管工作取得成绩的同时，提出了意见和建议，促进了律师执业监管工作，律师执业行为得到规范。

【增强信访工作实效】　县人大法制科把处理涉法涉诉信访案件作为密切联系人民群众、拓宽监督渠道的一项重要工作。坚持以民为本，热情接待来访群众，把信访接待视为“窗口工程”，对来访的群众，从态度上接近、情感上体谅、言语上打动，缩短心理距离、掌握心理动态，用满腔热情和真挚感情，消除上访人的激愤、不安和怨气，拉近与来访人的距离，为避免矛盾激化、及时有效地解决问题奠定良好基础。年内，接待来信来访32件次。建立来访登记制度，认真交办信访案件，做到不积压、不滞留。加大督办力度，努力使信访问题有效化解。

【配合省、市人大立法调研】　4月，市人大常委会调研组就《唐山市城市绿化管理条例》到乐亭县进行立法调研。县人大法制科根据征求意见提纲，结合本地实际，制订了征求意见的具体方案，对每个参与单位分别定量，要求提供实质性的意见和建议。座谈会上参会人员结合乐亭县创建国家园林县城的经验，提出了多条切实可行的意见和建议，增强了立法的民主性、科学性和实用性。省人大常委会就《河北省农村扶贫开发条例》征求意见，县人大法制科对各乡镇及相关部门印发通知，广泛征求意见建议，并及时进行了反馈。

县人大代表科

【夯实代表工作基础】　2016年，县人大代表科以“因人施教、分类培训”为总体要求，采取多种形式实施培训活动。

浓厚科室学习氛围　县人大代表科全体人员以学习为先导，强练基本功，工作中遇到实际问题同研究、共探讨，做到学、思、用相结合，吃透弄清法律法规的相关规定，了解熟悉政府施政措施、法检工作流程、各级经济政策。以撰写信息报道、调研文章为契机，注重提升写作能力，力求做到专兼并进，全面发展，努力成为人大工作的行家能手。

提升乡镇人大主席和机关干部培训规格　5月9—15日，县人大常委会组织各乡镇人大主席、县人大常委会机关干部20人，赴全国人大会议中心参加2016年第四期人大代表和人大干部能力提升培训班。经过培训，深化了业务知识的学习，开拓了人大工作思路，县乡人大工作人员的业务水平得到提升，推动县乡人大工作向更高层次迈进。

【提升建议办理实效】 县人大代表科按照《乐亭县人大常委会关于县人大代表建议、批评和意见的提出和办理办法》，不断深化代表建议督办工作。

确定重点建议 县十五届人大五次会议闭幕后，及时召开主任会议，对会议期间收到的代表建议进行综合分析，从中确定5件建议作为县人大常委会2016年度重点督办件，严格落实“四个一”督办机制，由县人大常委会各位主任分包，并明确督办科室和责任人员进行重点督办。

督导代表建议办理 8月，县人大代表科联合县政府督查室组成督导组，深入县公安局、县交通运输局、县市场建设服务中心等代表建议承办单位，对2016年代表建议办理情况进行跟踪督导。督导组听取相关承办单位的工作汇报，并就“城南农贸市场搬迁至冀东国际农产品物流中心区域”“大钊路与西外环交叉路口信号灯南移”“给予联村公路修复政策与资金支持”等建议的办理情况进行了实地察看，及时了解建议办理过程中存在的问题和困难，提出相应措施和建议，促进代表建议的落实。

开展专项工作评议 在上年对代表建议办理工作开展专项评议的基础上，继续采取专项评议措施督促政府及相关部门加大建议督办力度，畅通民意渠道和途径，加快群众诉求的解决和落实。

【县乡人大代表换届选举】 2016年11月始，根据《中华人民共和国宪法》《中华人民共和国选举法》《中华人民共和国地方各级人民代表大会和地方各级人民政府组织法》的规定和省、市人大换届选举工作的安排部署，在县委的领导下，坚持充分发扬民主、严格依法办事，及时建立组织机构、召开动员大会、制订实施方案、培训选举骨干，利用多种形式进行广泛宣传发动，提高选民积极性。在换届选举的每一阶段，县人大代表科深入各乡镇、街道及各选区，进行检查指导，发现问题，及时解决，确保换届选举工作顺利进行。

县人大文卫科

【法律监督和工作监督】 2016年，县人大文卫科全面开展全县农村中小学及幼儿园布局情况调研，深入部分学校实地察看，听取县教育情况汇报，了解全县农村中小学及幼儿园布局的基本情况，查找存在的问题，提出具体意见和建议。通过实地察看、听取汇报等形式，对全县职称评聘情况开展调研，全面了解职称评聘工作情况，查找存在问题，提出意见和建议。召开全县教育与发展专题调研座谈会。开展《中华人民共和国教师法》和《河北省实施〈中华人民共和国教师法〉办法》执法检查，通过执法检查活动的开展，切实维护教师的合法权益，提升教育教学水平，规范师德师风建设，提高教师队伍整体素质，推动全县教育事业健康发展。开展农村文化建设视察，针对视察中发现的问题，提出“强化农村文化建设与农村经济发展的紧密结合”“助推农村文化市场的发展、加强农村文化基础设施建设”“着力培养高素质文化队伍、开拓创新、丰富农村文化生活载体”等意见和建议。对全县二孩政策执行情况开展调研，通过实地察看、听取汇报，了解全县二孩政策执行情况，针对存在的问题提出意见和建议。

【会议宣传报道】 县人大文卫科在十五届人大五次会议期间，负责大会宣传报道工作。针对宣传报道工作时间紧、任务重的特点，积极协调相关部门，精心谋划，提前运作。通过全科人员的共同努力，圆满完成了会前、会中和会后的各项宣传报道工作，保证了县人民代表大会宣传报道工作的准确性和时效性。

【配合省、市人大常委会及工作机构开展活动】 2016年3月，配合市人大常委会食品安全情况跟踪调研组到县调研；5月，配合省、市人大常委会开展“颂党恩·谱华章·筑梦想”书画比赛，呈报参赛作品6幅。

表 5　　乐亭县人大常委会 2016 年重要文件一览表

文号	文件名称	发文单位	发文时间
乐人常〔2016〕6 号	乐亭县人大常委会关于印发《乐亭县人民代表大会常务委员会实施宪法宣誓制度操作规程（试行）》的通知	县人大常委会	2 月 3 日
乐人常〔2016〕9 号	乐亭县人大常委会关于印发《乐亭县人大常委会 2016 年工作要点》的通知	县人大常委会	3 月 31 日
乐人常〔2016〕10 号	乐亭县人大常委会《关于做好代表建议办理工作的通知》	县人大常委会	3 月 31 日
乐人常〔2016〕17 号	乐亭县人大常委会关于印发《县乡两级人大换届选举时间的决定》	县人大常委会	11 月 15 日
乐人常〔2016〕18 号	乐亭县人大常委会关于《乐亭县选举委员会组成人员的决定》	县人大常委会	11 月 15 日
乐人常〔2016〕19 号	乐亭县人大常委会关于《各乡镇选举委员会组成人员的决定》	县人大常委会	11 月 15 日
乐人常〔2016〕20 号	乐亭县人大常委会关于批准《乐亭县选举委员会关于县乡两级人大换届选举工作的实施方案》的决定	县人大常委会	11 月 15 日
乐人常〔2016〕23 号	乐亭县人大常委会关于批准《县政府关于 2016 年财政预算调整情况的报告》的决定	县人大常委会	12 月 22 日

乐亭县人民政府

综 述

乐亭县人民政府（简称县政府）辖10个镇3个乡政府，1个街道办事处，473个行政村，12个社区居委会。全县总面积1307.7平方千米，耕地面积5.46万公顷（不含唐山海港经济开发区托管的王滩镇53个村、汤家河镇1个村、马头营镇4个村，唐山湾国际旅游岛托管的翔云岛林场等），户籍人口43.12万人。

2016年是“十三五”规划的开局之年，是全面贯彻中央和省、市、县委决策部署，抢抓京津冀协同发展、国家“一带一路”倡议深入实施、环渤海地区合作发展等重大机遇，自觉把乐亭县发展置于河北“三区一基地”和唐山“三个努力建成”的工作大局的一年。县政府紧密团结和依靠全县人民，深入开展“三严三实”“两学一做”学习教育，严格落实中央“八项规定”，贯彻市委、市政府“四个干”抓落实机制，树牢创新、协调、绿色、开放、共享的发展理念，继续深入实施“11348”工程，唱响“实干兴乐”主旋律，强力推进经济增比进位，统筹推进民生改善、城乡建设、社会事业等各项工作，为全面建成小康社会、加快建设中等城市、争创全国百强县打下坚实基础。全县有8项主要经济指标增速在全市（14个县市区）排名5个第一、2个第二、1个第三。其中，地区生产总值增速全市排名第一；第三产业增加值增速全市排名第一；规模以上工业增加值增速全市排名第二；固定资产投资增速全市排名第一；社会消费品零售总额增速全市排名第二；公共财政预算收入增速全市排名第一；城镇居民人均可支配收入增速全市排名第三；农村居民人均可支配收入增速全市排名第一。是年，再次被中国地震局评为“2016年度全国县级防震减灾工作先进单位”，实现“全国双拥模范县”五连冠，成功创建全省首个“国家农业综合标准化示范县”，成功入选“全国农村产业融合发展试点示范县”。

【开创项目建设新局面】 2016年，乐亭县深入实施项目建设数量质量“双提升”计划，加速项目集聚，实现量质齐增。高度关注产业龙头，围绕延伸产业链条做强主导产业，全力推进骨干项目建设，对河钢乐亭临港基地、北环新能源电动汽车等重大项目，千方百计搞好对接服务，保证按时间节点顺利推进；高度关注项目总量，坚持“一二三产项目一起抓、大中小项目一起上、内外资项目一起引”，在做大总量中调优存量；高度关注项目质量，从财政贡献率、产业关联度、发展前景等方面严格把关，确保真正形成新的增长点；高度关注项目进度，实施全过程“保姆式”服务，确保顺利推进。全年县政府主要领导召开项目建设会议（含县政府常务会议、县长办公会议、专题会议、现场办公会议、专题调研等）93次，督导项目进度，解决项目施工建设、手续办理中的实际问题，研究制定推进项目建设的措施，部署重点项目建设。全县实施固定资产投资1000万元以上重点项目202个，涉及总投资355.6亿元，其中亿元以上项目61个。新希望六和肉鸡产业链、唐钢惠唐金属科技等61个项目当年建成投产；中心渔港综合项目一期工程、炳旭专用工程机械底盘制造等27个续建项目扎实推进；北京海德润生物医药产业园、北京燕化永乐环保型农药复配制剂等39个项目开工建设；另有中船重工海装重装码头及海上风电开发等72个项目签约待上；旭阳化工东奥炼油、东方化工厂整体搬迁及苯乙烯建设等78个项目深入洽谈。在全市重点项目观摩活动中，综合测评成绩取得 2 个第一名、2 个第二名。

【提升招商引资工作实效】 2016 年，乐亭县招商引资工作对接京津成效显著。充分发挥驻京津团队等各方力量的作用，强化与京津冀经济部门、商会、企业的联系，精准掌握对接和转移的重点，在产业项目、社会事业、公共服务等方面高效对接、全面发力，全年签约、落地京津项目 69 个。招商地域、领域持续扩大。瞄准长三角、珠三角以及世界 500 强、国内 500 强企业，盯住省市转型企业，开展“一对一”“点对点”招商，吸引大项目、好项目落户。深入研究乐亭在外人才资源，扎实开展“凤还巢”工程，鼓励在外企业家回乡发展。唐山金鼎盛生物科技有限公司保健咖啡等 5 个项目开工建设，河北功倍农药有限公司生物菌肥等 3 个项目成功签约，涉及总投资 20.3 亿元。依托会展平台扩大乐亭对外影响，先后借势唐山市承接京津特种化工产业转移对接会、通州区产业转移对接会、民企入冀——唐山（北京）投资说明会、民企入冀——河北（北京）投资说明会、深圳市河北商会招商座谈会，全面宣传推介乐亭资源、产业优势，举办小团组招商、专题洽谈会等专项对接活动 30 场次，接待来乐客商 126 批次、800 余人次，扩大了乐亭县的知名度。深入推进驻点招商、挂职招商、产业链招商、企业主体招商等模式，专业招商、全民招商氛围更加浓厚。

【推进园区发展上规模、提档次】 2016 年，乐亭县坚持把河北乐亭经济开发区和县城区工业聚集区作为开放招商的主阵地，全面深化园区各项改革，全力推进各类要素、项目集聚，打造产业集群，功能优势持续释放，入驻企业达到 169 家，拉动园区主要经济指标大幅攀升。河北乐亭经济开发区瞄准千亿级园区目标，进一步理清“区中建园”思路，细化功能分区，重点发展精品钢铁、临港化工、装备制造等核心主导产业，体量、效益、贡献实现新突破。坚持以优化要素配置为核心，采取市场化等多元模式，全面提升承载能力。投资 11.12 亿元，完善 43.2 千米东区路网及配套设施，涉及道路 11 条；有序推进 220 千伏变电站建设；加快北京华阳乐亭区域能源项目进度；积极推进中心渔港、LNG 码头等工程。坚持以园区为平台，做新机制、做优服务、汇聚项目，产业集群度大幅提升。全年主营业务收入 382.28 亿元，比上年增长 42.75%；实现税收 6.51 亿元，比上年增长 73.6%；固定资产投资增长 33.65%。河北乐亭经济开发区位列全省 150 家经济开发区第 34 位。县城区工业聚集区坚持走产城融合发展之路，进一步扩区增容，提升创新服务功能，水、电、路、讯、气、暖、标准厂房等各项配套功能更加完善，食品、生物医药、轻工电子、现代服务、科技企业孵化等产业发展迅速。全年主营业务收入增长 150.4%，固定资产投资增长 26.7%，税收增长 50%，成为产城融合发展、创业就业的重要平台。对接国家“一带一路”倡议，把握唐山举办第十届中拉企业家高峰会机遇，以区中建园模式在河北乐亭经济开发区规划建设中国（乐亭）拉美产业园，并与巴西、智利等拉美国家建立业务往来，国际交流合作迈出坚实步伐。

【经济结构调整优化和转型升级】 2016 年，乐亭县进一步优化三次产业结构，强力壮大第二产业，加速培育第三产业，扩总量、调结构、提质量，推进经济健康协调发展。大力培育新技术、新产业、新业态、新模式，重点实施唐山境界实业有限公司二期、北京海德润生物医药、北京燕化永乐二期等一批战略新兴项目，高端装备制造、新能源、新材料、节能环保等领域实现率先突破。借势与京津的协同创新，巩固扩大与知名高校、创新团队、重点科研单位的对接联系，使更多项目落户乐亭，实现成果转化。全年新增规模以上工业企业 13 家、高新技术企业 2 家，高新技术产业增加值增长 43.3%。持续壮大实体经济，狠抓重点企业技改项目，大力盘活停产、半停产企业，加快处置“僵尸”企业，企业竞争力和市场占有率实现新提升。全年完成工业技改投资 100.27 亿元，比上年增长 22.4%。其中，唐山境界实业有限公司 50 万吨甲醇制高清洁燃料项目被列为省级重点技改项目，唐山中厚板材有限公司储焦储矿系统污染治理升级改造等 8 个项目被纳入全市规模以上工业企业“1+1”重点技改项目。年末，全县实现工业总产值 333.71 亿元，比上年增长11.91%，其中规模以上工业产值292.05亿元，比上年增长13.76%。工业投资133.56亿元，工业用电量24.52亿千瓦时，分别比上年增长24.9%、4.14%。实现民营经济增加值302.3亿元。全县新增各类市场主体5184家，比上年增长64.7%，市场主体达2.1万户。扎实推进中小企业名牌战略，组织完成河北省刘美实业有限公司、乐亭县同利面粉厂、乐亭县四季香糕点厂3家企业申报名牌产品工作；为乐亭县同利面粉厂申报2016年省、市级中小企业名牌产品，市级获批；为河北省刘美实业有限公司申报2016年省中小企业名牌产品延期复审。加大小微企业的扶持力度，落实担保贷款4100万元。

农业经济注重园区建设、产业化项目建设和品牌化发展。初步形成省、市、县现代农业园区三级联创、梯次推进的发展格局，其中省级园区1个，市级园区5个，县级园区9个。环城现代农业园区围绕“五大功能区”建设，投资5000万元建成年育苗能力3000万株的绿昕育苗工厂和占地面积2.67公顷的高端温室示范推广区，带动2000公顷老旧棚室改造升级。投资1.2亿元的丞起温泉养生项目开业运营，体验式休闲农庄、采摘园年接待游客10万人次。投资2.5亿元的禹鑫有机肥项目在加紧实施中。万事达现代农业示范园区蔬菜、果品、苗木、养殖四大生产、观光区全面推进，在京津冀首届蔬菜产销对接大会上，与北京二商集团东方友谊食品配送公司成功签订3500吨蔬菜销售协议。姜各庄现代农业园区将畜禽养殖、果蔬种植与休闲旅游有机融合，栽植各类苗木24万株，辐射带动20个村开展农业生态观光旅游。围绕精品果菜、畜禽珍皮、水产品、甜玉米、清洁能源“五大龙型经济”，实施农业产业化项目29个，涉及总投资71亿元，当年完成投资18.7亿元，其中加工类16个，市场流通类7个，畜禽养殖类3个，水产养殖类1个，新能源类2个。投资1.2亿元的硒普科技项目全部完工，配套建设的硒普农业示范园区土地整理完毕，推广富硒农产品种植面积66.67公顷。投资7268万元的兴乐海洋牧场被农业部认定为“国家级海洋牧场”。海德润生物医药、庆林小分子肽、年产24万吨预混及配合饲料、远洋渔船、鲜活海参加工等一批投资规模大、牵动力强的农业产业化项目深入实施。积极开展农业标准体系建设，被确定为全省首个“国家农业综合标准化示范县”，并被列为2016年首批“全国一二三产业融合发展试点示范县”。制定完善无公害生产质量标准和技术操作规程10项，新增精品果菜基地2个、标准化畜禽养殖场2个、水产健康养殖示范场5家，1.8万公顷果菜基地通过省级环评认证，韭菜、西红柿等产品获农业部“绿标”认证，农产品检测合格率达99%。深入实施“1+1”技物配套服务模式和农业科技特派员制度，与北京农管家科技有限公司合作，建设基于移动互联网的农技推广服务平台，入驻各类农技专家30人，为农民在线服务10万人次。新型农业经营主体数量、质量实现双提升，新增市级以上农业重点龙头企业6家、家庭农场13家、专业大户20家，新认定万事达、四合、原野、富民4家省级农民专业合作社，农民专业合作社总数达886家。雷刚果树专业合作社被评为“国家级示范社”，亿家安、晨升、高勇、昌乐4个家庭农场被省农业厅批准为“2016年度省级示范家庭农场”，渤鑫渔业合作社成为全省首家渔业专业合作社联合社。培育“张玉兰”“连谊”省著名商标2个和“江悦”“吊桥”“海珠”“刘三刚”“鼎辉”市知名商标5个，省级以上农业品牌达20个。全县实现农林牧渔业总产值137.26亿元，比上年增长4.5%；农业产业化经营率76%。全县蔬菜总产量266.68万吨，比上年增长1.4%；果品总产量54.86万吨，与上年基本持平；水产品总产量13.76万吨，增长0.3%。农业基础设施项目建设有序进行。年内，跑办农业基础设施建设项目57项，其中滦河治理工程、高标准农田建设项目、地下水超采综合治理项目、田间工程项目等按时间节点要求顺利推进。农村清洁能源利用模式推广普及，新增联户供气3000户，联户供气规模达到48个村、1.6万户，推广清洁燃烧炉具2.33万台，煤改太阳能13户，农村洁净型煤得到广泛利用。农村土地承包经营权确权登记颁证工作稳步推进。土地流转步伐不断加快，新增土地流转面积259.73公顷，累计流转面积9780公顷，土地流转率20.38%。

扎实推进国家级电子商务进农村综合示范县建设，电子商务实现村级全覆盖，阿里巴巴“农村淘宝”等电商平台良性运营，多种地方特色农产品上线销售，网络交易额快速增长。“一站多能”的乐亭模式在全省推广，作为唯一县区代表在2016中国（河北）电子商务发展论坛上作典型发言。供销社综合改革工作成效显著，注册成立乐亭县新合作供销社有限公司企业集团、乐亭县供销社农民合作社联合社、乐亭县供销社农村综合服务中心，并在14个乡镇（街道）选聘社会能人及大学生村官组建、创办新型基层供销合作社。乐亭县供销社综合改革工作受到中华全国供销合作总社主要领导的高度评价。健康养老、文化创意、教育培训等新型服务业态发展迅速，规模以上服务业企业累计达到37家。李大钊纪念馆、故居功能更加完善，全国红色经典景区创建有序推进，先后获得多项国家级荣誉。滦河口生态旅游区开发、乡村旅游全面推进，临港物流业繁荣活跃。建立乐亭县旅游局网站及微信公众账号，发布政务信息、推介招商项目、介绍乐亭旅游环境等，成为对外宣传的又一平台。参加市旅游局组织的广州、深圳、上海等地旅游推介与招商活动，组织参加“迎世园”天津、北京、石家庄、保定、太原站推介会，参加第二十一届北方旅游交易会新闻发布会等活动，提高县域旅游知名度。年内，全县旅游业接待国内外游客342.46万人次，旅游创收30.94亿元。完善县域农村集贸市场基础配套设施，阎各庄、姜各庄、胡家坨3个镇的农村集贸市场升级改造工程完成并投入使用。金融业发展态势良好。鼎晖食品石家庄股权交易所上市，诚成肥业“新三板”成功上市，实现历史性突破。全县实际利用外资8982万美元，比上年增长16.3%。进出口总额3.52亿美元，比上年增长12.1%。其中，出口总额8290万美元，下降6.5%；进口总额2.69亿美元，增长19.5%。

【城乡建设实现良性互动】 2016年，乐亭县县城建成区面积17.9平方千米，人口14.62万人。按照高水平规划、高标准建设的要求，委托河北和腾城乡规划设计有限责任公司对《河北乐亭经济开发区总体规划（2014—2030）》进行修订；委托唐山市规划建筑设计研究院对乐亭县城区工业聚集区4条道路宽度进行规划调整；联系规划设计单位完成42个村的规划编制工作。总投资6亿元、占地面积11.16公顷、建筑面积23.23万平方米的水悦华苑一期工程建设基本完成。总投资5.5亿元、占地面积14.94公顷、建筑面积15.46万平方米的乐府一期工程主体完工，内外装修在进行中。总投资5.5亿元、占地面积12.25公顷、建筑面积18.33万平方米的冀东果菜批发市场原址开发项目基础施工进行中。基础设施建设，金融大街东延道路剩余工程建设完工。城南供水厂项目前期各项手续完成，达到开工条件。投资2.1亿元实施城南新供热站及供热管网建设，已完成项目总工程量的95%。农村危房改造任务360户（翻建268户、修缮92户），当年全部竣工。富强街、茂源街雨污分流工程全面完成。投资433万元完成金融大街、茂源街、南北大路辅道维修。投资27.1万元在城区路口设置高杆灯32基。投资12.96万元接通将军路（原健康路）与茂源街交叉口污水管道，同时随热力公司管道修建铺设雨水管道。大连燕园一期工程完成。投资137.8万元完成青春广场喷泉维修改造工程。6月，启动2016年棚户区改造百日攻坚行动，范围包括发展大路南延、腾飞街北侧滨河路与乐港公路围合区域、乐港公路以西西高村、温柏蒙庄村、大吕庄村5个区域，总占地面积123.87公顷，涉及被征收户1991户，总建筑面积约34.45万平方米，到年底评估收量基本完成，签订协议653户，完成总量的33%。

坚持以项目建设带整治、促发展，整体推进中心村、省级重点村、市级重点片区和一般村建设。累计投资1.63亿元，实施42个省级重点村建设项目452个，完成街道硬化21.7万平方米、村庄绿化48.5万平方米、整饰临街建筑立面2.7万平方米。完成滨海公路连接线、青乐公路（前庞河至姜各庄段）、平青乐公路（汀流河至关帝庙段）维修改造工程。启动实施省道323姜各庄至玉田（乐亭段）新改建项目。建成新寨二村省级中心村示范点，完成住宅楼、商业楼、社区服务中心等主体工程建设，总建筑面积2.9万平方米。大钊故居片区围绕大黑坨、西黄口、向阳坨、董庄4个节点村，统筹实施街道硬化、村庄绿化、电商服务网点建设等12个专项行动。阎各庄镇被确定为“百个省级特色小镇”。“两改一清一拆”行动不断深入，投资2700万元对全县473个村的垃圾杂物、庭院、残垣断壁和路障等进行整治。实施绿色生态工程建设，完成造林绿化面积2013.07公顷。依托乐亭县农业农村发展有限公司，启动总投资8亿元的农村公路改造提升项目。

【社会事业全面进步】 2016年，县委、县政府致力于保民生、增福祉，人民群众获得感得到新提升。出台《关于鼓励和促进科技创新的实施意见》。唐山境界实业有限公司和唐山海洋牧场实业有限公司获批高新技术企业，培育申报科技型中小企业50家、科技小巨人企业5家。培育申报的“河北省海洋环境保护与修复工程技术研究中心”省级研发平台通过专家组评审。综合性地震监测台站投入运行，文园建设为国家Ⅲ类应急避难场所，防震减灾工作再次在全国县级综合考核中获先进单位。改善办学条件，新学校投入使用，职校实训楼、二中宿舍楼、第五幼儿园、第六幼儿园、5个乡镇教师周转宿舍和6所幼儿园改扩建基本完工。引进湖南益阳高平教育集团，创办民办教育——乐亭高平中学，农村高中进城提前实现上级要求。与唐山职业技术学院共同举办高等教育，教育机制日益健全。教育教学质量大幅提升，中考夺得市状元，高考重点和普通本科上线率分别增长5.7%、27%。1人考入清华大学、1人夺得市文科状元。3所足球特色学校通过国家级验收；乐亭县第三实验小学作为河北省唯一代表参加全国第五届中小学生艺术展演，受到与会领导的称赞。在全省农村艺术教育试验县交流会上做典型发言。

投资1000万元的瀚博文化发展有限公司，列入唐山市文化产业项目库。举办4场“世园文化主题日”专场文艺演出和300余场乐亭大鼓演出活动。乐亭皮影先后赴印度、西非贝宁开展文化交流活动。在唐山师范学院、华北理工大学新建乐亭大鼓、乐亭皮影艺术教育传承基地。新建农民健身工程25套，发放体育健身器材96套。承办唐山市乒乓球训练网点及传统项目学校比赛、唐山市中学生篮球赛。县急救中心和阎各庄、马头营卫生院门诊病房投入使用。深化医药卫生体制改革，县级公立医院进一步调整医疗服务价格，全年降低医疗服务费用2160万元，将全部让利于民。与京、津知名医院开展合作，服务患者1600余人次；加入唐山人民医院医疗集团，与开滦医院签订重点科室协作协议。新农合筹资标准提高到560元，累计补偿90.42万人，医疗费用3.53亿元，补偿支出1.91亿元，实际补偿比54.58%。认真落实“全面二孩”政策，建立惠民型计生体系，全县人口和计划生育工作保持良好发展态势。民办彩虹老年公寓主体完工。持续提高城乡低保标准，开展全面清理核查工作，实现从“人保”向“户保”的转移。启动撤乡设镇工作。落实各项创业就业扶持政策，全年城镇新增就业5601人，城镇登记失业率控制在3.02%以内。

【生态环境和发展环境取得新成效】 2016年，乐亭县把环境建设作为促进发展的生命线，着力打造乐亭环境品牌。认真落实“四个干”机制，县级干部、乡科级干部扎实开展“九个一”活动和重点工作任务项目化管理，深入一线、靠前指挥，充分发挥以上率下作用。全面推进“放管服”改革，优化营商环境，“投资乐亭、事事畅通”的环境品牌进一步打响。积极探索“互联网+政务服务”，“网上审批、网上监察”经验在全市推广。坚持绿色发展理念，健全完善网格化责任体系，形成全社会齐抓共管环境保护的良好局面。深入落实《中华人民共和国环境保护法》《中华人民共和国大气污染防治法》《中华人民共和国水污染防治法》等法律法规，加强环境执法，推进重点行业、重点领域深度治理，完成唐山旭阳化工有限公司燃煤锅炉脱硫等工业减排工程8项，利信畜禽养殖场等7家畜禽养殖工程，唐山中厚板材有限公司、唐山市德龙钢铁有限公司等钢铁企业除尘脱硫改造工程，9家涉挥发性有机物排放企业深度治理，县城污水处理厂升级改造和张氏纸业工业废水治理，淘汰10蒸吨以下燃煤锅炉226台。省考核滦河入海口姜各庄断面水质、市考核长河入海口断面水质达标。空气质量达到和优于二级天数220天，比上年增加56天。全社会能源消费总量308.53万吨标准煤，比上年增长3.8%。万元地区生产总值能耗0.9080吨标准煤，下降3.51%。4项主要污染物中二氧化硫削减 15%，化学需氧量削减 550%，氨氮削减 412%，氮氧化物由全市统一核算；PM2.5 下降率 29.8%；空气质量改善率下降 16.5%。主要污染物减排指标、空气质量持续保持全市第一。

【被列为全省首个国家农业综合标准化示范县】 2016 年 6 月 15 日，国家标准化管理委员会对乐亭县承担的第八批国家农业综合标准化示范县项目进行抽查验收，综合考评分数 97 分，被列为河北省首个“国家农业综合标准化示范县”。

2013 年 12 月，乐亭县获批建设国家级农业综合标准化示范县项目，成为全国首批 39 个示范县（市）之一，建设期限为 3 年。自 2014 年起，乐亭县全面启动建设国家级农业综合标准化示范县项目，以蔬菜种植、果树栽培、毛皮动物养殖和扇贝养殖 4 大主导产业为重点，以“一行一品”“一业一品”为产业导向，推动县域农业战略性调整。3 年时间全县举办大型标准化培训班 200 余期，开展现场技术指导 4000 余场次，培训指导农户 43 万人次。截至 2016 年 6 月，全县果菜种植示范面积 5.33 万公顷，扇贝养殖示范面积 2.93 万公顷，标准化覆盖率 97%，产品质量监督抽查合格率 98%。示范户人均收入平均年增长 18.9%，农业经济效益增加 32.37 亿元。

【入选全国农村产业融合发展试点示范县】 2016 年 6 月 22 日，国家发展和改革委员会公布全国农村产业融合发展试点示范县名单，全国 137 个县（市、区）入选，河北省有 5 个县区入选，乐亭县以自身优势为依托，以新型技术渗透（申报类型）为核心成功入选，为唐山市唯一入选县（区）。

【“双拥模范县”实现五连冠】 2016 年 7 月 29 日，全国双拥模范城（县）命名表彰大会在北京召开。大会宣读了关于命名 416 个市（州、区）县为全国双拥模范城（县）的决定。乐亭县被命名为“全国双拥模范县”，县长董立群、县武装部政委、县民政局局长在唐山分会场参加会议并领奖。

乐亭县双拥工作在县委、县政府的坚强领导下，全县军民团结一心、通力协作，全力维护社会和谐稳定，合力推进经济社会发展，有力地推动了全县经济平稳较快发展和部队全面建设。全国双拥模范县每 4 年命名 1 次，自 2000 年至 2016 年乐亭县已连续五届被命名为“全国双拥模范县”。

县政府领导机构及工作机构

【县政府领导机构及领导成员】 本届人民政府由县十五届人民代表大会第一次会议选举产生，7 名成员组成，其中县长 1 名，副县长 6 名。2016 年 1 月 22 日，县十五届人大常委会第二十六次会议，决定任命闫利民为县政府副县长（挂职）。2 月 17—18 日，县第十五届人民代表大会第五次会议，补选陈武为县政府副县长。3 月 31 日，县十五届人大常委会第二十七次会议，决定接受赵长玺、刘振凯、吴素波辞去县政府副县长职务。11 月 15 日，县十五届人大常委会第三十一次会议，审议了董立群的辞职申请，决定接受董立群辞去县政府县长职务；决定张福林为县政府代理县长；决定任命王书平为县政府副县长（挂职）。至年末，县政府有县长 1 名，副县长 8 名。

县政府领导成员

县　长　董立群（11 月辞）
代县长　张福林（11 月任）
常务副县长　张福林（10 月任）
副县长　张国勇
杨冬梅
赵长玺（3 月辞）
刘振凯（3 月辞）
董志毅
陈　武（2 月任）
吴素波（挂职　3 月辞）
孙　磊（挂职）
闫利民（挂职　1 月任）
王书平（挂职　11 月任）

【县政府工作部门】 2015 年，县政府工作部门 24 个：县政府办公室（档案局、爱国卫生运动委员会办公室、人民防空办公室）、县发展改革局（物价局、粮食局）、县教育局、县工业和信息化局（科学技术局）、县公安局、县民政局（民宗局）、县司法局、县财政局、县人力资源和社会保障局、县国土资源局（海洋局、地理信息局）、县环境保护局、县住房和城乡规划建设局、县交通运输局、县水务局、县农业畜牧水产局（林业局）、县商务局（招商局）、县文化广播电视新闻出版局（体育局、版权局）、县卫生和计划生育局、县市场监督管理局（食品药品监督管理局、工商行政管理局、食品安全委员会办公室）、县审计局、县统计局、县安全生产监督管理局、县质量技术监督局、县旅游局。县监察局与纪律检查委员会合署办公未计入。

县政府办公室

主　任　阚永康

县发展改革局

局　长　马立存

县教育局

局　长　郑洪涛

县工业和信息化局

局　长　袁凤祥

县公安局

局　长　张海民

县监察局

局　长　史贵宝

县民政局

局　长　艾锡宏

县司法局

局　长　张乐群

县财政局

局　长　付　兴

县人力资源和社会保障局

局　长　张永超

县国土资源局

局　长　刘志强

县环境保护局

局　长　郭印峰

县住房和城乡规划建设局

局　长　吴春利

县交通运输局

局　长　张丽杰（4月免）
骆建永（4月任）

县水务局

局　长　高应宽

县农业畜牧水产局

局　长　王蕴超

县商务局

局　长　陈利勤

县文化广播电视新闻出版局

局　长　白玉奇

县卫生和计划生育局

局　长　马振一

县市场监督管理局

局　长　郭政祥

县审计局

局　长　杨学勇

县统计局

局　长　韩志强

县安全生产监督管理局

局　长　边志功

县质量技术监督局

局　长　王秀元

县旅游局

局　长　白建新

【县政府直属事业机构】 2016年，县政府直属事业机构1个：县城市管理行政执法局。

县城市管理行政执法局

局　长　高　绪

【上级垂直管理部门】 2016年，上级垂直管理部门7个：县国家税务局、县地方税务局、国网冀北乐亭县供电公司、县烟草专卖局、县气象局、县邮政分公司、中国人民银行乐亭县支行。

县国家税务局

局　长　张　青（10月免）
夏　珂（10月任）

县地方税务局

局　长　李　存

国网冀北乐亭县供电公司

经　理　王松涛（4月免）
卢昌宏（4月任）

县烟草专卖局

局　长　杨志勇

县气象局

局　长　龚　宇

县邮政分公司

经　理　王文涛

中国人民银行乐亭县支行

行　长　史长文（5月任）

【县政府派出机构】 2016年，县政府派出机构2个：河北乐亭经济开发区管理委员会、县城区工业聚集区管理委员会。

河北乐亭经济开发区管理委员会

主　任　陈　武（1月免）

张丽杰（1月任）

县城区工业聚集区管理委员会

主　任　刘向东（4月免）

朱永红（4月任）

【市批县政府所属事业单位】 2016年，市批县政府所属事业单位2个：县滦河口生态旅游区开发办公室、县房屋征收办公室。

县滦河口生态旅游区开发办公室

主　任　赵东锋

县房屋征收办公室

主　任　王孝杰

县政府重要会议

【县政府全体（扩大）会议】 2016年，召开县政府全体（扩大）会议1次。

3月17日上午，在县委会议中心大会议厅召开十五届人民政府第五次全体（扩大）会议暨廉政工作会议，县委副书记、县长董立群，县委常委、常务副县长张福林，县委常委、副县长兼农工委书记张国勇，副县长杨冬梅、陈武，县政府党组成员、县政府办公室主任阚永康，县政府党组成员、公安局局长张海民及县政府组成部门领导班子成员，县直其他有关单位行政一把手，各乡（镇）长、街道办主任，规模工商企业负责人参加会议，县人大常委会副主任王剑秋、县政协副主席赵恩生，县公安局政委武前来应邀出席会议。会上，各副县长就分管工作进行了安排部署，董立群主持会议并讲话。会议的主要任务是深入贯彻落实中央、省市一系列重要会议和县委全会、县"两会"精神，按照"四个干"抓落实机制，对2016年各项工作进一步明确细化，逐级夯实责任，加压鼓劲，提振士气，充分调动各级各单位和全县上下以更加务实的精神、不达目的不罢休的干劲儿，加快推进"沿海强县、美丽乐亭"建设。

董立群指出，一要精准把握形势，冷静客观看待成绩和差距，进一步强化新常态下推动经济增比进位的责任感和紧迫感。从大的发展环境看，乐亭县正处在机遇与挑战并存的阶段，必须化压力为动力，在发展上实现更大的作为。必须清醒地认识到，乐亭县与先进地区的差距还很大，奋力赶超的任务还很重。要辩证地分析我们谋发展、抓落实的干劲儿和闯劲儿，发扬成绩，弥补不足。二要牢牢把握关键环节，提振干事创业的激情和斗志，以奔跑的状态确保各项工作不折不扣落实到位。抓落实要咬定目标，精准发力；要强化责任，主动作为；要规范运作，依法行政；要政令畅通，提高执行力；要提高标准，争先创优；要拓宽眼界，树立开放思维；要加强学习，提升本领；要注重实效，脚踏实地。三要把纪律和规矩挺在前面，深入推进反腐倡廉建设，保持风清气正的良好环境。要用铁的纪律筑牢反腐倡廉防线，要驰而不息纠正"四风"，要严格干部队伍教育管理，要切实担负起党风廉政建设责任。董立群强调，美好未来要靠实干来创造，灿烂明天要靠拼搏来实现。在县委的坚强领导下，在县人大、县政协的监督支持下，各级各部门要解放思想，凝心聚力，抢抓机遇，奋发作为，为全面建设"沿海强县、美丽乐亭"做出新的更大贡献！

【县政府常务会议】 2016年，召开县政府常务会议2次，收录2次。

3月29日下午，在县委会议中心小会议室召开十五届人民政府第八次常务会议。县委副书记、县长董立群主持会议。县委常委、常务副县长张福林，县委常委、副县长兼农工委书记张国勇，副县长杨冬梅、陈武、孙磊，县政府党组成员、县公安局局长张海民，县政府党组成员、县政府办公室主任阚永康出席会议。县人大常委会副主任王剑秋，县政协副主席赵恩生应邀列席会议。县委宣传部、县委农工委、县公安局、县环保局、县市场监督管理局、县人社局、县国土局、县农牧局、县城管局、县财政局、县卫计局、县质监局、县教育局、县发改局、县民政局、县工信局、县旅游局、县交通运输局、县供销联社、县电视台、县住建局、县安监局、县水务局、县商务局、县气象局、河北乐亭经济开发区、县城区工业聚集区、国网冀北乐亭县供电公司、县法院、县检察院、县司法局、县总工会、县信访局、县审计局、中国人民银行乐亭县支行，各乡镇、街道等相关单位负责人64人列席会议，会议研究了《创建省食品药品安全县工作方案》，听取县市场监督管理局情况汇报，并进行深入讨论，原则同意该方案。会议指出，食品药品安全是一项重要民生工程，国家和省、市、县始终高度重视，全社会广泛关注，必须抓实抓好。会议要求，一要高度重视，协同创建，打好总体战。二要加强食品药品安全队伍、监管体系、硬件设施建设，从网格化管理、快速检测系统等方面给予更多人力物力支持，科学整合人才、设施等各类资源，做到统筹利用。三要解决好重点领域的问题，补齐短板。会议责成县市场监督管理局按照研究的意见，对《创建省食品药品安全县工作方案》进一步修改完善，与《乐亭县食品安全事故应急预案》一并由常务副县长张福林、副县长张国勇把关后印发，并进行专门安排部署。

会议研究了环保工作，听取县环保局关于2016年燃煤锅炉治理等4个方案汇报，进行认真研究，原则同意该局意见。会议指出，国家和省、市、县历来高度重视环保和生态建设，特别是2016年是唐山的“大考”之年，将承办世园会等一系列重大活动，做好环保工作显得尤为重要。会议要求，一是必须把环保工作摆上重要议事日程，提升到和发展同等重要的地位，不遗余力抓紧抓好，确保统筹协调推进。二是真正把网格化管理等各项监管措施不折不扣落实到位，全面落实好县乡村三级全覆盖监管。三是要把环保工作作为一项硬任务，履职尽责，保证效果。会议责成县环保局按照研究的意见对4个方案进一步修改完善，近期召开环保专项工作会议进行安排部署。

会议研究了建立治理拖欠农民工工资长效机制事宜，听取县人社局情况汇报，并进行深入讨论，原则同意该局意见。会议指出，农民工工资问题关系群众切身利益，事关社会稳定和经济发展。制定出台治理拖欠农民工工资长效机制，进一步明晰责任非常有必要。会议要求，一是长效管理机制务必体现可操作性和针对性、指导性。要认真总结过来经验和做法，将上级精神、法律法规同本地实际紧密结合，做到目标任务明确，职责分工具体，运作程序清晰。二是进一步加强常态化监管，规范行业、部门日常监管和问题受理，做到未雨绸缪，及时发现并有效解决苗头性问题。三是逐级明确责任，细化任务，做到分口把关，协同配合。会议责成县人社局按照研究的意见，对《全面治理拖欠农民工工资问题的实施办法》和《处置因拖欠农民工工资引发突发事件的应急预案》进一步修改完善，由常务副县长张福林把关后印发。

会议研究了河北乐亭经济开发区相关国有土地使用权出让事宜，听取县国土局相关情况汇报，并进行认真研究讨论。会议指出，经县国土局集体研究，确定位于河北乐亭经济开发区疏港公路东侧、黄海路北侧面积2.4公顷的商业服务设施用地和经省政府批复的冀政转征函〔2015〕419号国有建设用地使用权1号地（按照2宗地进行挂牌出让，第一宗面积0.91公顷、第二宗面积1.02公顷）使用权挂牌出让起始价科学合理，符合实际，原则同意。会议责成县国土局严格履行招拍挂程序，依法依规抓好相关工作落实。

7月12日下午，在县政府会议室召开十五届人民政府第九次常务会议。县委副书记、县长董立群主持会议。县委常委、常务副县长张福林，县委常委、副县长兼农工委书记张国勇，副县长杨冬梅、董志毅、陈武、孙磊、闫利民，县政府党组成员、监察局局长史贵宝，县政府党组成员、县政府办公室主任阚永康出席会议。县人大常委会副主任程兵，县政协副主席赵恩生应邀列席会议。县财政局、县国土局、县发改局、县住建局、县审计局、县国税局、县地税局、县城投公司、县人防办、河北乐亭经济开发区等相关单位负责人20人列席会议。会议研究了发展大路回迁安置区域开发项目预售价格测算工作，听取县住建局相关情况汇报，并进行深入讨论，原则同意将发展大路回迁安置区域开发项目预售价格确定为3500元/平方米。会议指出，这一价格的确定充分参考了近几年回迁安置房销售价格、发展大路周边区域商业开发住宅价格、建筑成本等各类因素，保持了政策的延续性，最大限度维护了群众利益。会议要求，县住建局与县审计、县物价等部门紧密结合，聘请高资质的评估单位再测算出涵盖所有成本的价格，并通过工作组将两种价格对比结果及时公开，让群众了解让利于民情况，全面加速搬迁改造进度。

会议研究了收回首钢宝业土地及地上附着物的有关事宜，听取了河北乐亭经济开发区相关情况汇报，充分征求县财政局、县国土局、县发改局等单位负责人意见，进行认真研究讨论，原则同意与首钢的协议，并责成县财政局尽快将第一笔补偿款1.1亿元拨付首钢，县国土局、河北乐亭经济开发区同时做好土地回收的各项准备。会议指出，经过与首钢多轮协商，成功达成首钢宝业土地及地上附着物收回协议，是适应京津冀协同发展大势、落实省市精神的具体体现，有利于乐亭和首钢双方的发展。第一，通过主动领取任务、积极与首钢对接洽谈，以给予适度补偿方式收回土地，贯彻落实了市委、市政府要求，解决方案得到了市委、市政府的支持和认可，县四大班子领导碰头会也进行了认真的研究。第二，立足维护乐亭利益、最大限度减轻负担，就相关条款进行多次磋商，最终达成双方都能接受、切实解决问题的协议，落实了县四大班子联席会议的要求和安排。第三，收回首钢宝业占地是服务河北钢铁产业转移、支持首钢京唐二期建设的需要，同时也为新项目入驻拓展了用地空间。第四，经过积极洽谈和努力争取，首钢同意可利用资产评估、分五年付清补偿款等关键协议条款，最大限度地维护了乐亭利益。会议责成常务副县长张福林、副县长陈武高度关注首钢宝业土地及地上附着物收回工作，全面做好各项后续工作。

【县长办公会议】 2016年，召开县长办公会议6次，收录6次。

1月6日上午，在县委会议中心小会议厅召开县长办公会议。县委副书记、县长董立群主持会议。县委常委、常务副县长张福林，县委常委、副县长兼农工委书记张国勇，副县长杨冬梅、赵长玺、董志毅、孙磊、闫利民，县政府办公室主任阚永康及有关部门负责人60人参加会议。会议研究部署了惠民实事工作，听取各责任单位2015年惠民实事完成情况汇报，并对2016年实事工程进行认真研究谋划。会议指出，惠民实事是最直接的民生工程，做好惠民实事工作，各级各部门责任重大、使命光荣。县委、县政府确定的2015年十件惠民实事工作，谋划得实、任务量大、投资规模大，在各责任单位的积极努力及各相关部门通力配合下，较好地完成了各项任务，有力地保障和改善了民生。会议要求，一是对照2015年惠民实事搞好“回头看”，加紧做好收尾工作。对上级政策有调整的个别项目，相关责任单位要向县政府提交书面报告讲明原因。同时，充分利用当前时间，加强督导盯办，加快协调推进，千方百计赶进度，确保实现更大突破。二是本着实事求是、科学负责原则，从解决群众最关心、最直接、最现实利益问题入手，认真谋划好2016年惠民实事，既要量力而为、亮点突出，又要具备前瞻性、可操作性，确保能够顺利实施。会议要求，各相关部门要将谋划的2016年惠民实事，于1月10日前上报政府办汇总，各位副县长把关后提交县长办公会研究。

会议研究部署了环境保护工作。会议指出，党中央、国务院及省、市对做好环保工作空前重视，提出了严格考核措施，启动了严厉问责机制。全县始终坚持经济建设与环境保护和谐发展理念，通过加强领导、加大监管重大减排工程、淘汰落后产能等措施，圆满完成了各项市达任务，空气质量综合排名始终位列全市各县（市）区首位。会议要求，各级各部门要切实提高思想认识，从以下方面进一步做好环保工作：一是强力推进重点企业深度治理，强化驻点减排工程督导检查，力促尽快完工，发挥作用。二是继续推进燃煤专项治理，环保等相关部门要采取果断措施督导推进，坚决治理到位。强力关停污水直排小企业，并确保两个污水处理厂正常运行，发挥减排作用。三是强力推进面源污染治理，坚决取缔露天烧烤、餐饮业油烟直排和秸秆垃圾焚烧；加强对建筑工地、交通干线、散料堆场、搅拌站、超载超限的治理；高度关注地下水污染、工业企业用水监管，依法打击偷排偷放、盗取地下水等违法行为。四是强力推进环境监管，全面落实重点企业在线监测、驻企驻点监管制度，实行全天候监管。发挥县乡村三级环保网格化监管体系作用，加大群防群治力度。五是强力推进案件查处。公安、环保等部门要密切配合，按照新《中华人民共和国环境保护法》有关规定，利用行政、法律等综合手段，加大对环境违法案件的查处力度，保持高压态势。会议强调，要全面做好接受中央环境保护督察组督查工作。这项工作，省市县已经分别作出了专项部署，各级各部门必须克服通常观念，杜绝侥幸心理，按照《环保重点任务责任分工》，对当前和今后环保工作进行再细化、再明确、再部署。要把好关键环节，查缺补漏，确保每个环节都做到细致入微。要注重各类文字、影像等资料收集和整理，由县环保局负责统一留档。要高度关注环境违法问题的解决和处理，推进生态环境持续改善，确保不出任何纰漏。同时，发挥好政务微信平台作用，及时反馈工作情况。

1月13日下午，在县委会议中心小会议厅召开县长办公会议。县委副书记、县长董立群主持会议。县委常委、常务副县长张福林，副县长杨冬梅、刘振凯、董志毅、孙磊、闫利民，县政府办公室主任阚永康及有关部门负责人51人参加会议。会议研究了《政府工作报告（讨论稿）》，听取县政府办公室工作汇报，进行了深入研究讨论。会议指出，《政府工作报告》通篇贯彻了党的十八届三中四中五中全会、省市委全会以及中央、省市经济工作会议，尤其是县委十二届六次全会精神，准确认识、适应和引领新常态，回顾总结了“十二五”时期和2015年全县经济社会发展情况，明确具体安排“十三五”时期和2016年各项重点目标任务，客观全面、亮点突出。会议责成县政府办公室按照研究讨论的意见，对《政府工作报告》做进一步修改完善后提交县政府常务会议研究。

会议研究了2016年惠民实事工程，听取各相关单位2016年惠民实事谋划情况的汇报，并进行深入研究。会议要求，惠民实事必须紧紧围绕群众看得见、摸得着、感受得到的关注点，认真回应社会关切，科学确定具体目标，并全力抓好落实，持续保障和改进民生。会议责成各相关部门和单位按照研究的意见，对谋划的惠民实事工程作进一步修改完善，由政府办汇总后提交县政府常务会议研究。

6月17日下午，在县政府会议室召开县长办公会议。县委副书记、县长董立群主持会议。县委常委、常务副县长张福林，副县长杨冬梅、陈武、孙磊，县政府办公室主任阚永康及有关部门负责人38人参加会议。会议研究了2016年防汛工作准备情况，听取县水务局相关工作汇报，充分征求各乡镇（街道）、县直有关部门负责人意见，并进行深入讨论。会议指出，当前全国各地已陆续进入汛期，受气候影响局地暴雨洪涝灾害不断，防汛形势严峻。就乐亭县而言，滦河历史上有过多次大的洪水，特别是2012年洪水给全县人民群众生产生活带来严重影响。为此，各级各部门务必要高度重视，严格按照县委、县政府既定部署，未雨绸缪，提早动手，全面准备，确保不出问题。会议要求，一是克服通常观念，做好防大汛、抗大旱的各项准备。各级各单位要切实把工作做实做细，以高度负责的态度，认真搞好“回头看”，避免流于常态。二是科学确定、认真检查防汛重点部位，加快推进重点工程建设。对防汛险工险段要做到底数清楚、检查排查到位。要千方百计争取上级资金，加大财政投入力度，加快实施进度，保证工程质量。同时，要积极争取上级支持，认真研究谋划好姜各庄镇石各庄村搬迁工作。三是做实各项防汛工作，严格按照既定方案，全面做好物资储备、抢险队伍建设、应急演练责任体系完善等各项重点工作，强化对各级各单位的督导检查，确保不出问题。四是高度关注城区防涝工作，城管、住建、交通等单位要履职尽责，密切配合，充分发挥好责任主体作用。要对城区防涝工作认真研究，周密部署，精心组织实施，确保排水设施、交通等各环节不出问题，特别要严防居民家中进水。五是抓好《中华人民共和国防洪法》的宣传贯彻和落实。各乡镇（街道）和水务等部门，要深入宣传落实《中华人民共和国防洪法》等法律法规，依法依规清理处置侵占河道、行洪区树障等问题，抓好典型案件的查处。六是做好全县防汛抗旱工作会议的准备。进一步部署各乡镇（街道）物资准备、险工险段分包、防汛检查等重点任务，确保责任落实。

会议研究了提高城乡居民最低生活保障事宜，听取县民政局情况汇报，并进行研究讨论，原则同意该局意见。会议指出，提高城乡居民最低生活保障标准，是民生工程、惠民实事，必须积极推进，认真抓好落实。会议要求，县民政局要按照上级相关政策，认真做好人员范围、数量的审核界定和抽查回访，确保做到公平、公正、公开，实现应保尽保。县财政局要搞好资金测算，确保及时足额发放。

会议研究了 2015 年度政府系统机关和事业单位考核、奖励工作，听取县人社局相关情况汇报，进行认真研究讨论，原则同意该局意见。会议要求，县人社局、监察局等单位要认真落实相关政策，对考核、奖励工作严格把关，做到公平、公正、公开，切实发挥考评工作的导向作用。

8 月 15 日下午，在县政府会议室召开县长办公会议。县委副书记、县长董立群主持会议。县委常委、常务副县长张福林，副县长杨冬梅、董志毅、陈武、闫利民，县政府办公室主任阚永康及有关部门负责人 33 人参加会议。会议研究了原公益性岗位帮扶人员帮扶期满退出相关问题，听取县人社局情况汇报，充分征求有关乡镇（街道）、县直相关部门负责人意见，并进行深入研究讨论，原则同意县人社局意见。会议要求：一是清退原公益性岗位帮扶人员，上级有明确具体政策，务必公平、公正、公开地组织开展好相关工作，确保平稳顺利进行。二是县人社局要严格按照政策要求，确定统一退出的时间节点，确保所有此类人员一次性全部清退。三是县人社局要结合相关用人单位，对此类人员从事的岗位、工种、发挥作用、退出影响等进行详细调研，逐单位列出清单并拿出具体意见。四是县人社局与相关用人单位要切实做好被清退人员的社保接续、再就业政策衔接等后续工作，不能一退了之、撒手不管。特别是对有实际困难的，要在政策范围内给予更多帮助，确保清退工作平稳有序开展。五是各相关单位原则上不再增加新的工作人员，个别有特殊需要的，由县统一掌握并按有关规定面向社会公开招录，做到退出和招录分开，确保公平、公正、公开。

会议研究了环城绿化带土地续租问题，听取乐安街道办相关情况汇报，并进行认真研究讨论，原则同意对环城绿化带土地进行续租。会议议定，乐安街道办要在把握以下原则的前提下，负责与土地出租方协商签订续租协议。一是土地租赁价格按 100 公顷、每 5 年提高 20% 标准计算，且树权归出租方所有。二是现有林带不允许大面积采伐，确保整体绿化效果不受影响，但可根据树木生长情况进行适度间伐。三是期间遇到城市发展、拆迁占地等情况，协议自行终止，但不再进行额外补偿。

会议研究了整合城乡居民基本医疗保险相关工作，听取县人社局相关情况汇报，并进行认真研究讨论，原则同意该局意见。会议要求，一是高度重视，加强领导，认真领会上级文件精神，把准吃透政策，尤其是对一些关键性问题的把握要及时请示上级部门，防止跑偏，同时密切关注和借鉴其他县区做法。要做到未雨绸缪，充分预测社会反响等各种影响因素，提早准备，确保推进工作积极稳妥。二是严格按照上级要求和会议研究意见，结合实际，进一步细化完善实施方案。三是加强审计，整合过渡期内人、财、物要冻结，确保人员稳定。四是全面做好机构、人员、基金、信息系统、报销制度、政策等方面整合，相关准备工作要提前安排，统筹推进。五是按照上级要求和全市其他县区进展，适时启动整合工作。会议责成常务副县长张福林、副县长杨冬梅牵头，副县长陈武配合，县社保局、县卫计局协同抓好城乡居民基本医疗保险整合工作。

12 月 6 日下午，在县政府会议室召开县长办公会议。县委副书记、代县长张福林主持会议。县委常委、副县长兼农工委书记张国勇，副县长杨冬梅、董志毅、陈武、王书平，县政府党组成员、公安局局长张海民，县政府党组成员、县政府办公室主任阚永康及有关部门负责人 40 人参加会议。会议研究进一步规范公益性岗位帮扶工作，听取县人社局情况汇报，充分征求有关乡镇（街道）、县直相关部门负责人意见，并进行深入研究讨论，原则同意县人社局意见。会议要求：一是人社部门抓紧启动公益性岗位帮扶人员招录工作，做到公平、公正、公开、透明，杜绝乱开口子，坚决把好事办好，确保2017年1月1日全部上岗。同时，帮扶期满的原公益性岗位人员必须按照上级政策要求一次性全部清退。二是人社部门要积极争取上级支持，最大限度开发公益性岗位，争取安排更多符合条件人员就业。三是政府办牵头、人社等部门配合，尽快召开会议就相关工作进行全面安排部署，确保人员清退工作平稳有序进行。人社、信访等部门和各相关用人单位要充分讲清政策，切实做好被清退人员的思想工作，争取理解支持，维护社会稳定。四是切实做好新老人员衔接，保持工作连续性。各用人单位要进一步增强大局意识，全面抓好人员清退工作。确有实际用人需要的，由县人社局严格按有关规定和程序公开招录。

会议研究调整机关事业单位工作人员基本工资标准和增加离休人员离休费问题，听取县人社局情况汇报，进行认真讨论，原则同意该局意见。会议要求：一是组织部、人社局要分别制订方案，由政府办一并组织召开调资会议，邀请组织部部长李亚峥出席。同时，要及时将有关情况向市反馈。二是由县财政局牵头、县人社局配合，灵通信息，积极跑办，最大限度争取上级支持。三是充分做好其他辅助性工作。人社部门负责上级有关政策解读，切实搞好非在编人员调查摸底，要精准到人、精准到岗位，并及时掌握上级政策走向和周边县（市）区动态，将有关情况及时报县政府。各相关部门也要充分做好非在编人员的思想疏导，讲清政策，争取理解和支持。四是县财政局要切实抓好资金筹措，保障及时足额发放到位。

会议听取《乐亭县与唐山唐乐公路公司关于独幽城收费站补充协议（二）》（简称《补充协议（二）》）有关情况汇报。听取县交通运输局相关情况汇报，充分征求与会单位意见，并进行认真研究讨论，原则同意修改把关后签署该《补充协议（二）》。会议要求，县交通运输局要按照会议研究的意见，本着严谨、规范的原则，对《补充协议（二）》进一步修改完善，特别要明确管辖权等内容。政府法制办要结合县法院共同对《补充协议（二）》严格把关，确保合同条款的严密性，防止履约过程中衍生其他问题。

会议听取乐亭县对兴运公交公司绩效考核办法和政策性补贴的汇报，听取县交通运输局相关情况汇报，并进行认真研究讨论，原则同意该局意见，将兴运公交公司运营车辆纳入补贴范围，并严格落实绩效管理。会议指出，实行城乡公交一体化运营是一项重要的惠民工程和公益事业，不仅为群众出行提供便利，而且有效完善提升城市功能。会议要求，县交通运输局、县城管局等单位要严格按照《绩效考核办法》，进一步强化对兴运公交公司的监督管理，引导企业不断提高服务质量和自身生存能力，成为提升城市形象、促进社会文明的流动“窗口”和靓丽风景。县财政局要将补贴资金列入预算，严格监督管理。会议责成县交通运输局按照会议研究的意见，对《绩效考核办法》进一步修改完善。

会议研究高平学校学费、住宿费收费标准，听取县发改局情况汇报，充分征求与会单位意见，并进行认真研究讨论，原则同意该局提出的收费标准。会议责成县发改局按照会议研究的意见进一步规范相关内容，并严格按规定程序报批。

会议研究了《乐亭县县级储备粮管理办法》，听取县发改局相关情况汇报，并进行认真研究讨论，原则同意《乐亭县县级储备粮管理办法》。会议责成县发改局按照会议研究的意见对《乐亭县县级储备粮管理办法》进一步修改完善，经政府法制办把关后发布实施，同时报县人大备案。

12月16日下午，在县政府会议室召开县长办公会议。县委副书记、代县长张福林主持会议。县委常委、副县长兼农工委书记张国勇，副县长杨冬梅、董志毅、陈武，河北乐亭经济开发区党工委书记、管委会主任张丽杰，县政府办公室主任阚永康及有关部门负责人37人参加会议。会议研究了惠民实事工程，听取各责任单位2016年惠民实事工程完成情况汇报，各位副县长就分管战线惠民实事完成情况做了点评，汇报了2017年实事谋划情况。会议指出，县委、县政府确定的2016年惠民实事工程，在各责任单位的积极努力及各相关部门的通力配合下，绝大多数都圆满完成了年初既定目标，有些项目还超额完成了任务，进一步保障和改善了民生。会议要求，相关单位要对2016年惠民实事工程搞好“回头看”，并按规定做好资金审计、工程验收等收尾工作，确保圆满收关。要精准确定2017年惠民实事项目名称，做到一目了然，既要把握县委、县政府实事求是、量力而行的总基调，又要积极主动，充分考虑解决群众最关心、最直接、最现实的利益诉求，确保能够顺利实施。县财政等部门要加大跑办力度，争取更多上级支持。县国土、发改等部门要加快明年成熟民心项目的申报、审批，力争早开工、早建成、群众早受益。县政府办要按会议研究的意见，对各责任单位上报的项目进行再梳理，为最终确定2017年惠民实事工程做好准备。

会议研究了调整机关事业单位工作人员基本工资标准和落实乡镇补贴相关问题，听取县人社局情况汇报，并进行认真研究讨论，原则同意该局意见。会议指出，按照上级相关政策调整落实机关事业单位非在编人员基本工资和乡镇工作补贴，充分体现了县委、县政府对事业单位非在编人员及乡镇工作人员的高度负责和关心关怀，县人社局会后要抓紧部署，尽快落实。会议要求，要切实把好事办好，尤其是乡镇补贴的发放，必须严格按上级政策规定的范围执行，县委组织部、县人社局、县教育局等各有关单位要认真做好不在政策规定范围、不能享受乡镇补贴人员的思想工作，把上级政策解释清楚并做好稳控。同时要针对河北乐亭经济开发区等单位的特殊性，深入做好人员在岗时间、工作现状等方面的调查摸底，并将情况及时向上级反映，最大限度争取支持。人社部门要时刻关注政策动态，只要上级政策有了新规定，就坚决贯彻执行。

会议研究了河北乐亭经济开发区天津道消防站资产管理事宜，听取河北乐亭经济开发区情况汇报，充分征求监察、审计、国土资源等部门负责人意见，并进行认真讨论。会议责成河北乐亭经济开发区结合有关部门，按照会议研究的意见，重新制定切实可行的解决方案，讨论成熟后再提交县政府研究。

【县政府专题会议】　2016年，召开县政府专题会议35次，收录14次。

1月28日下午，在县政府会议室召开研究河北乐亭经济开发区危化品车辆专项整治工作会议。县委常委、常务副县长张福林主持会议。河北乐亭经济开发区党工委书记、管委会主任张丽杰及河北乐亭经济开发区、县安监局、县公安局、县交通运输局、县城管局等部门负责人参加会议。会议听取有关部门关于河北乐亭经济开发区危化品车辆安全问题的汇报，就开展危化品车辆专项整治工作进行了安排部署。会议指出，危化品车辆是全县安全生产的重大隐患，也是部门监管的薄弱环节，必须引起高度重视。尤其是河北乐亭经济开发区危化品车辆违规行驶、停放，容易与大型货运车辆发生碰撞，从而引发危化品泄漏、扩散、火灾、爆炸等事故，严重威胁人民群众生命财产安全。分析产生隐患的原因，一是危化品运输从业人员安全意识淡薄，没有充分认识到危化品车辆行驶、停放过程中存在的危险，不了解相关的规章制度。二是部分涉及危化品车辆的企业，只考虑企业自身安全，未在企业内部设置专门停车场，导致危化品车辆在厂区周边违规停放。三是相关部门对危化品运输从业人员及危化企业的教育、监管、处罚不到位。为严防危化品车辆事故，会议要求各级各部门要以对人民群众高度负责的态度，做好安全生产工作，维护全县招商引资、项目建设的良好形象。对因工作不到位造成安全事故的，要从严从重处理。一是河北乐亭经济开发区、县安监局、县交通运输局、县交警大队、县城管局要抽调精干力量投入到危化品车辆专项整治中来，组织联合执法，搞好协同配合，对危化品车辆违章行为严管重罚。二是由县交警大队牵头，严厉打击河北乐亭经济开发区内危化品车辆违章停车行为。三是由县安监局牵头，做好危化企业、危化品运输车队的教育、管控工作，按照“一企一档”原则督导企业建立危化品运输台账。同时，对全县的各类危化品要逐一制订应急处置预案。四是县消防大队要抓紧落实河北乐亭经济开发区消防站人员和装备，广泛开展综合性、专业性、实战性应急演练，不断提高应急救援实战能力和水平。同时，加强与唐山及周边县区专业救援队伍的联系，整合河北乐亭经济开发区冶金、危化企业专业救援队伍和应急物资。一旦发生事故，能够做到冲得上、救得出。

2月19日下午，在县政府会议室召开研究新殡仪馆、公墓供地相关事宜工作会议。县委常委、常务副县长张福林主持会议。副县长杨冬梅及县民政局、县国土局等单位负责人参加会议。会议听取县民政局、县国土局关于新殡仪馆、公墓供地情况的汇报，并就相关问题进行深入研究讨论。会议指出，新殡仪馆和公墓建设是一项民心工程、实事工程，群众非常关注。有关部门要高度重视，千方百计采取有力措施，尽快完善相关手续，确保新殡仪馆、公墓按期投入使用，切实把好事办好、实事办实。会议议定，县国土局结合县民政局对新殡仪馆占地情况重新现场勘测，核定位于已批准规划区域范围的面积，对符合土地利用总体规划的部分要尽快组卷报批。规划区域范围之外的部分，由县国土局负责，按照现状尽快调整规划，确保新殡仪馆占地符合土地利用总体规划要求。县民政局尽快研究制定植树规划，清明节前完成公墓区植树任务。对于修建的围墙、牌楼等设施，由县民政、国土等部门协商，督导合伙人采取有效措施，尽快整改到位。县国土、民政等部门要各司其职，采取超常措施，尽快完善相关手续，既要依法依规，又要善于运用相关政策，做到既尽快整改又让合伙人利益损失最小。县政府督查室要加强督导，每周上报工作进度。

4月19日下午，在县委会议中心小会议室召开研究2015年以来已列入国家专项建设基金项目及谋划实施的能源项目工作会议。县长董立群主持会议。县委常委、常务副县长张福林，副县长陈武，县政协党组副书记、副主席、统战部部长兼城区工业聚集区党工委书记王学兵，县政协党组成员、副主席赵恩生，河北乐亭经济开发区党工委书记、管委会主任张丽杰出席会议。县政府党组成员、县政府办公室主任阚永康及县发改局、县国土局、县环保局、县财政局、县科技局、县水务局、县教育局、县住建局、县城管局等部门负责人参加会议。会议专题调度2015年以来已列入国家专项基金项目及谋划实施的能源项目进展情况，听取县教育局、县住建局、县城投公司、河北乐亭经济开发区、县城管局、乐亭镇、姜各庄镇等部门和单位相关项目进展情况汇报，并就相关项目在推进过程中存在的问题进行深入研究，对下步加快项目建设工作进行安排部署。会议议定，关于已列入国家专项建设基金项目，总体看都存在推进速度慢、工作进展不平衡问题，没有达到时间节点要求。各责任单位务必要高度重视，严肃对待，克服困难，全力以赴，千方百计加快推进。一是强化项目分包单位的主体责任，特别是明确责任主体。各个项目的分包单位就是推进项目的责任主体，项目建设进度达不到上级部门验收要求，将被实施问责。二是认真研究工作衔接手续，确保不出问题。各项目责任单位要结合分管领导，充分与县发改、县农发行等手续办理部门进行衔接，确保上级部门项目验收时不出问题。三是千方百计加快项目进度，确保按时间节点要求完成。绝大多数项目建设进度缓慢，没有达到规定时限要求，各项目责任单位要统筹考虑，研究切实可行办法整体推进，确保按照规定时限完成建设任务。四是由分管副县长牵头负责，研究手续跑办等方面存在的问题。各项目责任单位要帮助项目方跑办完善各种手续，县发改、国土、环保、财政等部门要加强与责任单位和项目方的沟通，主动协调，互相支持，为项目建设“开绿灯”，保障项目的顺利实施。关于谋划实施的能源项目，已经刻不容缓，各牵头单位和责任单位要分兵把口、各司其职，创新操作方法，灵活推进方式，确保完成，决不能影响全县大局。华阳背压机项目，一是由县政协副主席赵恩生负责通知项目方，要求项目方立即成立懂技术、懂项目的前沿工作班子，促进工作，加快进度。二是全面列出项目开工前、核准前的支撑性文件清单，按照协议要求，逐项列出完成时限进度表。三是关于先期建设的2台130吨调峰锅炉，关键是要速度“快”，工作组要以临战状态，拿出具体意见，全力推进。县环保、发改、国土等相关部门要帮助项目方，想方设法跑办燃煤指标、土地利用等各项手续，倒排工期，保障年底供气。上海航天分布式能源项目，一是按照合同约定三部分内容，确定时间跟进表，保障锅炉稳定供气。光伏发电项目部分，要确定好建设范围，由县政协副主席王学兵牵头，县城区工业聚集区负责，尽快拿出方案，及时盯办。城区供热改造项目，县住建等有关部门要就实施方案做最后一次论证，确保资金投入效益的最大化。同时，要做好土地调规、项目招投标等先期工作，为项目顺利实施做好准备。

4月30日下午，在县政府会议室召开研究河北乐亭经济开发区东区路网征地问题工作会议。县委常委、常务副县长张福林主持会议。县人大常委会副主任王凤亭，河北乐亭经济开发区党工委书记、管委会主任张丽杰及县国土局、县农牧局、县水产中心、县滦河口开发办、县公安局、县法院等部门负责人参加会议。

会议首先听取河北乐亭经济开发区关于东区路网征地问题的汇报，对相关问题进行深入研究，并充分征求县法院、县国土局、姜各庄镇、县滦河口开发办等部门、单位的意见。会议要求，各部门要加强沟通，密切配合，协调联动，确保5月底前完成征地任务。会议议定，成立河北乐亭经济开发区东区路网征地工作领导小组，负责对河北乐亭经济开发区东区路网征地工作进行组织协调，由县委常委、常务副县长张福林任组长，县人大常委会副主任王凤亭，河北乐亭经济开发区党工委书记、管委会主任张丽杰任副组长，县政府办公室副主任张彦光，县国土资源局局长刘志强，县农牧局局长王蕴超，县水产中心主任刘云舰，姜各庄镇党委书记苏华，县滦河口开发办主任赵东锋，县公安局副局长张毅，县法院党组副书记、副院长王奇彬，县检察院副检察长张善元为成员。领导小组下设办公室，负责河北乐亭经济开发区东区路网征地的日常工作，办公地点设在河北乐亭经济开发区管委会。由河北乐亭经济开发区管委会负责做好土地征用所需资金的筹集工作，确保按时足额到位。做好预征区域地籍地类调查，为后续工作开展奠定基础，由河北乐亭经济开发区管委会负责，县国土资源局协助。做好现状土地及地上附着物影像资料录制，由河北乐亭经济开发区管委会负责。对在征地范围内新建、扩建、改建建筑设施和抢栽抢种等非法行为予以严厉打击，由县公安局负责。确定好征收范围，一是保证拟建设道路区域应征尽征；二是根据资金量和征收难易程度依次确定征收地块，由河北乐亭经济开发区管委会、县国土资源局负责。摸清征收土地情况，做好群众工作和评估收量，由姜各庄镇、县滦河口开发办（姜各庄林场）负责。跑办相关林地征收审批手续，由县农牧局负责。

5月3日下午，在唐山港集团二楼待客室召开研究疏港公路南延问题工作会议。县委常委、常务副县长张福林主持会议。副县长陈武，河北乐亭经济开发区党工委书记、管委会主任张丽杰及县国土局、河北乐亭经济开发区、河北唐山海港经济开发区管委会、唐山港口实业集团有限公司、唐山港集团股份有限公司、唐山市国土资源局海港经济开发区分局等单位负责人参加会议。会议对疏港公路南延占地、工程建设等问题进行深入研究。会议议定，疏港公路南延路段长约500米，宽约30米，占地面积1.5公顷，属河北乐亭经济开发区规划区域。疏港公路建成有利于河北乐亭经济开发区、唐山海港经济开发区、唐山港集团的发展，三方协定同意修建疏港公路南延路段。唐山港集团同意为河北乐亭经济开发区建设提供沙土作为修路占地补偿。唐山港集团同意按乐亭县国土（海洋）部门要求依法办理该道路工程相关手续。

5月11日上午，在县政府会议室召开研究中储国际控股集团有限公司（国有独资）投资设立的珠海中企汇达资产管理有限公司和深庆有限公司整体迁入乐亭县的注册登记问题工作会议。县委常委、常务副县长张福林，县委常委、副县长兼农工委书记张国勇主持会议。姜各庄镇、县市场监督管理局等单位负责人参加会议。会议听取姜各庄镇关于中储国际控股集团有限公司（国有独资）投资设立的珠海中企汇达资产管理有限公司和深庆有限公司整体迁入乐亭县的有关情况汇报；听取县市场监督管理局对公司迁入和注册登记等方面的意见；征询县政府法制办等相关科室的建议。会议认为，外省企业整体迁入乐亭在县内尚属首例，这是县委、县政府一贯倡导“投资乐亭、事事畅通”理念的具体实践，是乐亭县招商引资的最新成果。各级各相关部门要站在全局的高度，为企业顺利迁入乐亭提供优质服务，扶持企业做大做强，为建设沿海强县、美丽乐亭做出应有贡献。会议议定，欢迎中储国际控股集团有限公司（国有独资）投资设立的珠海中企汇达资产管理有限公司和深庆有限公司整体迁入乐亭县。原则同意按企业方要求的企业名称、企业类型、经营范围等条件办理工商注册登记。县市场监督管理局、姜各庄镇以及各相关部门要强化服务，加强后续监管工作，推动企业合法经营和健康发展。

5月23日下午，在河北乐亭经济开发区会议室召开研究开发区基础设施建设工作会议，县长董立群主持会议。县委常委、常务副县长张福林，河北乐亭经济开发区党工委书记、管委会主任张丽杰出席会议。县政府党组成员、县政府办公室主任阚永康及县发改局、县环保局、县住建局、县财政局、县水务局、国网冀北乐亭县供电公司、县国土局、河北乐亭经济开发区等部门、单位负责人参加会议。会议系统听取河北乐亭经济开发区情况汇报，充分征求与会人员的意见，并就各项基础设施工程逐项进行全面研究部署。会议指出，开发区在县域经济发展中的地位越来越突出，全面抓好各项基础工程、提升档次和标准意义重大。特别是今年基础设施建设任务繁重、投资量大、时间紧迫，必须进一步明确目标，合理安排时间节点，全力以赴推进各项建设工程，为项目聚集创造更加优越的条件。会议议定，河北乐亭经济开发区东区开发迫在眉睫，必须坚持路网建设与征地同步开展的基调，做到一步到位。一是严格招投标程序，坚持超前谋划，提早做好招投标等各环节的准备工作，确保依法依规、及时高效推进。二是从道路红线、绿化等各环节，严格落实好省定的规划标准。三是水、电、讯、气、汽暖等各类配套设施要综合考虑，同步到位，严格工程质量监管，强化责任追溯体系建设。四是东区路网涉及的11条道路，要分清轻重缓急，本着及时满足项目建设需要的原则分步实施。五是严格按照财政资金监管的程序和办法，管理使用好信贷资金，确保不出问题。六是认真研究制定工程款给付的具体办法和标准，确保资金使用效益最大化。

关于东区路网及配套设施建设工程征地工作。一是县国土局要严格按照相关规定和程序，对征地工作科学掌握，发挥主导作用。特别是评估收量工作，县国土局、县财政局、涉及镇村、业主单位（河北乐亭经济开发区）、县监察局要深入现场，严格把关，阳光操作，共同对财政资金负责，确保依法依规运作。二是常务副县长张福林负责科学确定征地工作的时间节点。三是县国土局、县财政局等单位要切实履职尽责，强化具体措施，加强规划区内抢栽、抢种、抢建行为的监管，为有序开发创造良好环境。四是对滨海公司等融资平台，资金的使用和管理要制定具体的办法，县财政局要介入监管。

关于滨海大道工程。一方面，河北乐亭经济开发区要科学论证，抓紧做好规划设计等各项前期准备工作，为工程顺利实施奠定坚实基础。另一方面，要准确把握政策导向，认真研究相对于PPP（公共私营合作制）模式更有利的融资方式，千方百计降低融资成本。

关于铁路工程。要作为事关经济开发区基础建设和长远发展的重中之重来抓。一要精准把握关键环节，尽最大努力争取太原铁路局的支持。河北乐亭经济开发区要加强与太原铁路局的对接联系，力争尽快在规划设计等方面达成共识。二要结合项目建设发展的实际需求，认真研究，开拓思路，科学合理协调好各方面关系，明确建设业主，扎实有序推进下步整个工程建设。

关于祥云飞龙项目占地回填工程。一是河北乐亭经济开发区要严把工程造价关，搞好回头看，确保工程造价科学合理。二是千方百计缩短回填工期，为项目加快推进创造条件。三是政府平台今后要尽量避免参与项目土方回填，争取由投资方负责。

关于烟台道南延工程。河北乐亭经济开发区要拿出具体方案，报县政府研究。关于滨海小镇工程。一是河北乐亭经济开发区要迅速和唐山境界实业有限公司对接，就开发建设事宜进行深入研究和洽谈。二是进一步做好规划设计等各项前期工作。三是适应市场经济规律，抓紧研究制定多元投资机制，保证滨海小镇开发进度和质量。

关于热电联产项目。一是做强专业化的项目团队，必要时河北乐亭经济开发区等单位要抓好协助配合，拉出前期手续清单，共同全力跑办落实。二是积极争取燃煤指标。三是科学确定时间节点。本周制定具体工期表，报县委、县政府主要领导和分管领导。会议要求，各级各单位要全力支持配合河北乐亭经济开发区的基础设施建设，及时化解工作中的困难和问题，确保各项工程持续快速推进，不断提升开发区整体实力和综合竞争力。

7月23日上午，在县委会议中心大会议室召开全县安全生产、防汛抗洪、财税工作会议，县长董立群主持会议，县委常委、副县长兼农工委书记张国勇，副县长陈武出席会议。各镇乡长、街道办主任、县直各单位主要负责人，金融保险机构、安全生产重点监管企业、重点纳税企业主要负责人参加会议。会上，县委常委、副县长兼农工委书记张国勇与副县长陈武分别就防汛抗洪、安全生产及财税工作进行安排部署。县长董立群在全面客观分析当前形势的基础上，就进一步做好当前及下半年工作提出具体要求。董立群强调，各级各部门要切实明确主体责任，畅通信息渠道，及时弥补工作中的盲点盲区，真正把相关工作牢牢抓在手上。各方面工作要在取得阶段性成果的基础上，进一步加强组织领导，明确责任体系，提高工作标准，深化督导落实。一要时刻绷紧安全度汛这根弦，全力抓好滦河防洪、沿海防潮、城市排涝、农田除涝。二要一刻不放松地抓好安全生产工作，继续坚持隐患排查治理不间断、全覆盖；突出抓好重点行业、重点领域专项整治；突出抓好应急救援能力建设。三要持续推进财政增收，进一步凝聚保增收的整体合力，确保实现应收尽收，不断增强财政内生动力。

8 月 30 日上午，在县政府会议室召开研究推进河钢集团乐亭基地项目相关工作会议。县长董立群主持会议。县委副书记黄玉刚，副县长董志毅、陈武，河北乐亭经济开发区党工委书记、管委会主任张丽杰出席会议。县政府党组成员、县政府办公室主任阚永康及河北乐亭经济开发区、县环保局、县国土局、国网冀北乐亭县供电公司、滨海公司等部门、单位负责人参加会议。会议听取河北乐亭经济开发区关于河钢集团乐亭基地项目进展情况汇报，充分征求县级领导及与会人员意见，并就项目审批环节的手续办理及急需解决的问题进行深入研究，对下步加快推进项目实施提出了明确意见。会议指出，河钢集团乐亭基地项目被省市确定为钢铁产能整合的重大战略性项目，对加快省市钢铁产品升级、结构调整、产业转移具有深远意义。该项目规划建设 2000 万吨精品钢铁，分二期建设，一期建设规模 1000 万吨，计划于 2017 年 3 月开工，2019 年 6 月建成投产。二期建设规模 1000 万吨，计划到 2023 年建成投产。河钢集团乐亭基地落户河北乐亭经济开发区，将极大促进全县招商引资工作的快速发展。会议要求，要尽快列出项目手续办理流程图，明确责任部门和时间节点，涉及的职能部门必须积极帮助跑办各项审批手续。会议议定，与市环保局积极对接，抓紧研究该项目需要的环境容量、污染物排放指标及解决途径和来源，明确具体办理时间节点，并启动相关程序，由县环保局负责。该项目需要配套建设 450 万吨焦化厂，要与唐钢集团敲定焦化产能替代方案，争取利用唐钢集团内部焦化产能替代解决，确保 2017 年 3 月实现开工建设，由县委副书记黄玉刚负责。与省市商务部门联系跑办，全力做好河北乐亭经济开发区规划面积调整工作。由副县长董志毅负责。按照环评公众评价要求，抓紧确定出该项目环评半径 25 千米范围内涉及的村庄，并着手研究具体政策和应对措施，编制工作方案。由副县长董志毅负责。全力做好唐山中厚板材有限公司 1580 立方米高炉的环评公众评价工作。由副县长董志毅负责。对原首钢项目 997.93 公顷履行土地收储程序。由县国土局负责。抓紧与唐钢集团对接，尽快敲定 220 千伏变电站的建设方式（企业自建或供电部门建设），由国网冀北乐亭县供电公司负责。对河北乐亭经济开发区 1466.67 公顷土地（以实际测量为准，含原首钢占地）由滨海公司负责进行整理，使之具备承接河钢项目及其他招商项目的条件。尽快完成项目立项、银行对接等工作，落实项目资金，争取尽早开工。

9 月 7 日上午，在县政府会议室召开研究重点工程和基础设施建设相关工作会议。县长董立群，县委常委、常务副县长张福林，副县长董志毅、陈武，河北乐亭经济开发区党工委书记、管委会主任张丽杰出席会议。县政府党组成员、县政府办公室主任阚永康及县住建局、县国土局、县财政局、县发改局、县交通运输局、县城管局、河北乐亭经济开发区、县城投公司、县水务局等部门负责人参加会议。会议听取县住建局、县城管局、河北乐亭经济开发区、县交通运输局、国网冀北乐亭县供电公司关于重点工程和基础设施建设项目进展情况的汇报，并对存在的问题进行了研究讨论。会议指出，重点工程和基础设施建设项目是推进县城建设、提升县城功能品位的重要抓手，尤其是上报唐山市的20项基础设施建设项目和十大惠民实事工程，关系到乐亭县未来发展和广大人民群众的切身利益，各相关部门一定要密切配合，协调联动，确保各项任务保质保量按时完成。会议议定，对以上工作要牢牢盯住不放，把握时间节点，有条不紊推进。重大基础设施建设对乐亭的发展至关重要，年初确定的建设计划不能改，一定要必保完成。要强化责任意识、担当意识，新供热站等关键节点性的基础设施项目一定要千方百计加快推进，确保按时完成。宝丰街东延、供热管网改造以及其他涉及征地搬迁的城建项目，相关乡镇（街道）和部门要积极推进，严格把握政策，全面做好征地工作。对非法占地、漫天要价的行为，要依法依规坚决打击，决不能因个别户影响乐亭整体县城发展。各部门要全力支持、勇于担当、超前工作，依法依规做好重点工程和基础设施建设投资项目手续办理，决不能出现先上车后买票现象。要强化对项目的督导、调度，以分管县长为主，分头调度盯办，特别是重点工程、大项目，要明确任务，挂图作战，确保按时间节点推进。要超前谋划、科学安排筹建资金，加强对专项资金使用情况的监管，严格履行合同，控制拨付比例。县委督查室、县政府督查室要强化督导，每月对重点工程和基础设施建设项目进行专项督查，督查通报上报县委、县政府主要及主管领导，发各相关单位。

9月7日下午，在县委会议中心小会议室召开研究第三季度全市集中开工、已签约准备开工及洽谈成熟准备签约项目工作会议，县长董立群主持会议。县委常委、常务副县长张福林，县政协党组副书记、副主席、统战部部长兼城区工业聚集区党工委书记王学兵，河北乐亭经济开发区党工委书记、管委会主任张丽杰出席会议。县政府党组成员、县政府办公室主任阚永康及县发改局、县环保局、县住建局、县工信局、县水务局、国网冀北乐亭县供电公司、县国土局、县安监局、县招商局、河北乐亭经济开发区、县城区工业聚集区等部门、单位负责人参加会议。会议听取第三季度全市集中开工、已签约准备开工、洽谈成熟准备签约项目进展情况、存在问题及下步打算的汇报，充分征求县级领导及与会人员意见，并就加快推进项目建设及开展招商引资工作做进一步安排部署。会议指出，当前，在全县上下的共同努力下，招商引资和项目建设取得阶段性成果，一批项目开工建设、一批项目成功签约并加快落地。但客观冷静分析现状，仍存在经济基础薄弱、发展质量低、税收结构不合理等问题，必须不懈努力，毫不放松地继续大力推进项目建设和招商引资工作，保持工作的强劲势头。进一步振奋人心，浓厚氛围，大力发展工业经济，夯实乐亭经济基础。会议议定，一要以全市项目集中开工、项目观摩为契机打好项目建设翻身仗。要落实工作责任，搞好盯办，河北乐亭经济开发区作为项目第一责任人，要千方百计解决项目建设问题，按照协议规定明确具体建设周期。二要紧盯签约未开工项目。由县发改局（重点办）牵头，结合河北乐亭经济开发区、县城区工业聚集区、县招商局对所有的签约项目重新梳理，去伪存真，对一些不可行的项目坚决销号，每个签约项目要有明确的开工日期。三要做好洽谈招商工作。对符合产业政策项目给予大力支持，洽谈成熟项目抓紧签约，要动员全县再掀招商引资热潮。进一步加大招商引资力度，尽快落实在上海、天津、江苏等地派驻招商小组；河北乐亭经济开发区和县城区工业聚集区要明确专人，成立招商小组，外出招商引资；各乡镇、街道及县直单位也要真正走出去招商，浓厚全员招商氛围，特别要严格把关、严格审核、提高准入门槛和标准；重新研究加强招商引资的意见，进一步充实、完善相关措施，加大招商引资工作的考核、奖惩力度；支重办结合县招商局开办招商快报，每周编发招商动态，通报招商引资情况，进一步促进招商引资工作。四要进一步提高河北乐亭经济开发区土地利用效率，要围绕化工、装备制造等专业园区做好存量土地利用文章，做好闲置土地转让工作。

9月23日下午，在县政府会议室召开研究推进散煤治理和洁净型煤、炉具推广工作会议，副县长董志毅主持会议。县政府办公室及县环保局、县市场监督管理局、县农牧局、县新能源办公室、县发改局、县公安局、县国土局、县质监局等部门、单位负责人参加会议。会议指出，散煤污染整治是国家和省市安排部署的一项非常重要的环保大气污染治理任务之一，要以县城改气改电、农村洁净燃料替代和清洁利用、流通领域提质增效为重点，逐步建立完善散煤生产、经营、使用全过程质量监控体系和属地网格化管理、分级负责的全区域行政管理体系。要通过联动执法和深度整治，扎实推进大气污染防治工作并确保取得实效。会议强调，县委、县政府非常重视散煤治理工作，按照“党政同责、一岗双责”的要求，决定将散煤治理和洁净型煤及高效环保节能炉具推广作为当前大气污染防治的一项重要内容，各级各相关部门一定要提高认识，加强领导，密切合作，协调联动，明确目标任务，细化责任分工，将任务指标层层分解、抓好落实，切实提升散煤管控水平，有效降低散煤污染，确保全县空气环境质量持续改善。会议议定，县发改局负责县城建成区范围的洁净型煤和型煤专用炉具推广任务的指标分解和督导落实。县农牧局负责农村型煤推广、设施农业生产锅炉改造任务的指标分解和督导落实。县新能源办公室负责农村地区生物质成型燃料、高效清洁燃烧炉具推广及煤改太阳能任务的指标分解和督导落实。县市场监督管理局牵头，县公安局、县国土局、县环保局、县质监局配合，在全县范围内组织开展散煤治理专项行动，全面取缔无证照或证照不齐全煤炭经营点，对煤炭生产、经营、使用单位加强监管，确保全县散煤煤质达标。县环保局牵头与县市场监督管理局共同负责制定乐亭县散煤治理通告并以县政府名义印发。县新能源办公室负责制定乐亭县2016年农村地区推广高效清洁燃烧炉具煤改清洁能源实施方案，县农牧局负责制定农村地区型煤推广实施方案，县环保局负责制订乐亭县散煤污染整治专项行动方案。以上3个方案由县政府汇总印发，各级各相关部门要严格按照方案要求，确保完成各项任务目标。一是2016年全县散煤煤质抽检覆盖率、合格率达到70%以上；2017年全县散煤煤质抽检覆盖率、合格率达到85%以上；2018年全县散煤煤质抽检覆盖率、合格率达到90%以上。二是按照市政府“取缔一批、整顿一批、规范一批”的相关要求，2016年年底前完成对全县煤炭经营单位的深度整治。三是年底前完成散煤治理、洁净型煤专用炉具推广、设施农业生产锅炉改造、生物质成型燃料、高效清洁燃烧炉具推广及煤改太阳能等各项任务指标。

10月21日上午，在县政府会议室召开研究推进“双创”孵化园相关工作会议。县委常委、常务副县长张福林主持会议。副县长陈武、闫利民出席会议。县政府办公室及县住建局、县国土局、县城投公司等部门负责人参加会议。会议听取县城投公司关于“双创”孵化园进展情况汇报，在充分征求与会人员意见的基础上，对加快推进项目实施提出明确意见。会议指出，“双创”孵化园是推动“大众创业、万众创新”工作开展的重点项目。该项目按照“集聚发展，优化产业，典型示范”的园区建设总体思路设计，着眼于哺育高新成长型企业，重点吸引高科技、精密制造、食品生物医药、新型能源产业集群入孵。项目选址于县城区工业聚集区，占地面积20公顷，建筑面积48.3万平方米，计划总投资12.04亿元。会议要求，县城投公司要担负起“双创”孵化园项目推进的主体责任，认真研究把握，用足用好2015年国务院督查表扬给予的各项奖励政策，通过发行企业债券等多种方式为“双创”孵化园建设融资。各相关职能部门必须全力配合项目审批手续的办理。县本级具有审批权限的，要严格落实“五日快速审批”工作制度，限时办理；需报省、市审批的相关手续，县相关部门要明确一名分管负责人，全程协助县城投公司跑办，确保不影响项目实施进度。会议议定，县城投公司要履行好项目建设主体责任，抓紧手续跑办，明确节点要求，确保项目如期实施；项目建设所需资金采取城投公司发行企业债券方式进行融资；县城投公司要做好发行企业债券项目立项手续的办理、资产筛选组入、财务审计、主体评级和担保增信措施的谋划运作，争取11月底前完成债券发行；县国土局、县住建局等部门要密切配合、主动服务，尽快办理项目审批手续。

10月31日下午，在县政府会议室召开研究乐亭县公共资源交易中心建设工作会议，县委常委、常务副县长张福林主持会议。县政府办公室及县政务中心、县发改局、县住建局、县财政局、县国土局、县人社局、县编办等部门负责人参加会议。会议研究整合县财政局政府采购中心、产权交易中心，县国土局土地收储交易中心，县住建局工程建设交易中心，县发改局能源消费和产能交易中心相关职能及人员，拟成立乐亭县公共资源交易中心等相关事宜。会议议定，按照国务院办公厅《整合建立统一的公共资源交易平台工作方案》（国办发〔2015〕63号）文件精神，参照省、市公共资源交易监督办公室及省、市公共资源交易中心机构设置，拟成立乐亭县公共资源交易管理办公室，并拟成立乐亭县公共资源交易中心，由乐亭县公共资源交易管理办公室（乐亭县政务中心）对其实施管理。原县财政局政府采购中心、产权交易中心，县国土局土地收储交易中心，县住建局工程建设交易中心，县发改局能源消费和产能交易中心人员及相关职能全部整合到公共资源交易中心。本次会后，要立即整合到位，规范业务管理，达到人员整合、管办分离。公共资源交易中心要与相关部门搞好工作衔接，确保各项工作不断档。县编办要加强与省、市的沟通协调，尽快确定机构设置、人员编制方案，做到定岗、定编、定员、定责。

县政府办公室

【概　况】 2016年，县政府办公室贯彻落实中央和省、市、县委一系列重大决策部署，深入践行“四个干”工作机制，全面推进“两学一做”“爱唐山、做贡献”等主题实践活动，努力提高服务大局、服务领导、服务基层、服务群众的能力和水平，有力保障了政府各项工作的高效运转，为推动全县经济社会全面发展作出了积极贡献。

【文秘工作】 县政府办公室秘书科按照“认真、高效、协调、服务”的工作思路，围绕县政府中心工作，严格落实有关规定，使文件的收、发、传、送、批、借、存、销等环节达到程序化、制度化、科学化的要求。年内，接收办理上级公文2510件，县内公文1286件，县委办批转上级公文1270件，处理各种请示报告372件，做到了运转及时，件件有着落，并建立了完整的备查制度。在公文制作印发过程中，严格按照公文会签手续是否完善，附件材料是否齐全，公文用词用字是否规范等进行审核，确保不出任何差错。全年以县政府、县政府办公室名义制发的公文319件，制发无文号、各类通知、公告、快报类公文292件。

完善会议组织程序，从会议通知、会场布置、会议材料的制发、桌牌及议题表的制作到会场服务等都精心谋划、周密组织，确保会议圆满成功。对县政府重要会议，做到会前充分准备、会中积极服务、会后及时总结，为会议提供优质服务。全年组织召开或配合各科室组织召开大中型会议23次，小型会议80余次。

【综合文字】 年内，县政府办公室综合科完成县两会、县政府全会等各类综合性及专项会议材料40余篇，起草《乐亭县解放思想真抓实干在协同发展中加快沿海强县建设步伐》《省领导检查指导座谈会汇报提纲》《全市加快新兴产业发展助推产业转型升级》等各类汇报材料40余篇，起草领导致辞、会议主持词等20余篇，把关各类公文50余篇。做好县政府常务会议、党组会议、县长办公会议、专题会议记录和纪要的整理、编发工作，全年共形成各类会议纪要20余篇。

【信息外宣】 信息外宣工作成果丰硕　县政府办公室信息科围绕工作中心，及时总结提炼全县经济发展的新做法、新亮点，政务信息、外宣工作成效显著。全年共采写上报政务信息500余条，其中《乐亭县打好“两张牌”落实“四个干”加快县域经济发展》《乐亭县成功创建国家农业综合标准化示范县》等19篇文章被省政府办公厅刊发，涉及项目建设、招商引资、民生事业、城市发展、深化改革、体制创新等多领域内容的50余篇文章被市政府办公厅刊发，政务信息工作全市排名第一，全省前十名。同时，按照精简高效的原则，编发《政府快报》23期。

全面强化政务平台建设　创新“乐亭县政务调度群”管理模式，制发《调度群管理办法》，实行周通报、月排名制度，全年下发《每周情况通报》48期，《政务信息反馈情况排名》12期，处理各类政务信息8000余条，有效推进了政务工作全面落实，确保政令畅通。

门户网站作用加强　县政府办公室技术科以全县信息化总体规划为基础，本着“多网合一”

原则，整合利用现有网络资源，建设乐亭县电子政务外网，统一互联网出口进行集中管理，为全县81家县直单位和14个乡镇（街道）提供了更加畅通、安全、便捷、高效的网络环境。做好政府网站运行维护，定期做好网络数据备份和网络安全检查。充分发挥政府网站信息公开主渠道作用，全年在“中国乐亭”网站发布各类信息2300多条，在唐山市政府门户网站和市政府信息公开平台发布信息2100多条，总计采编发布信息近4400多条，采编发布信息总量比上年增长20%。年内，新设财政预决算公开、电子商务专栏、网上办事栏目，按上级要求链接了国务要闻、国务院客户端、省机关作风评议平台、河北省营商环境集中整治行动征集问题和建议。为积极稳妥推进全国政府网站普查工作，建立乐亭县政府网站微信管理群，以便高效快捷地完成好网站建设和维护工作。做好县内重大会议、活动的影像拍摄记录文字采编工作，及时在政府网站发布。做好上级来文、网络信息、公开公示、临时文件归档工作。

【调查研究】 深入开展调查研究，充分发挥参谋助手作用，坚持研究在领导决策之前、参谋在领导思想之中，努力为领导掌握全局、谋划工作、科学决策提供参考依据。先后就招商引资、园区发展、农业农村、项目建设、城乡发展、优化环境等方面组织专题调研，形成《推进开发区建设做强县域发展引擎》《乐亭经济“增比进位逆势上扬”情况调查》等调研文章11篇，全部在省、市相关媒体刊发，特别是农业供给侧改革的经验，被省政府研究室以《调研内参》的形式直接呈报省委、省政府主要领导。

【督查协调】 年内，县政府办公室督查室围绕县委、县政府确定的中心工作狠抓督查落实。探索“督考合一”工作机制，与“四个干”紧密衔接融合，对政府工作报告、惠民实事工程等重点任务进行目标分解，明确起止时限和责任单位、责任人，采用文件督查和实地督导相结合的方法，协调解决各类问题，确保工作优质高效完成。全力做好项目观摩、重要领导来乐的环境卫生、美丽乡村建设、重点工作任务动态管理清单、国土五项重点工作、懒政怠政等工作的督导检查工作。全年下发督办单23份，形成督查专报12期，政务督查5期，承办市政府督查室交办件96件，办理县领导信访批示件32件，做到件件有着落，事事有回音。

【提案建议办理】 2016年，县政府系统承办市人大代表建议政协提案10件、县人大代表建议33件、县政协提案77件，涉及经济发展、城建交电、农业农村、社会事业等方面。3月，承办工作会议与县政府全体会议合并召开，对2016年承办任务进行安排部署，严格落实主要负责人负总责、分管负责人直接抓、承办机构和承办人员具体办、办公室总协调的“3+1”承办工作机制，实现了承办工作法制化、规范化、程序化健康发展。年内，人大代表建议、政协提案全部按时办结，答复率、走访率、代表委员满意率均达100%，承办工作按时高效完成，赢得人大代表、政协委员对政府工作的认可。

【应急管理、处置】 2016年，县政府办公室应急办公室统筹规划，完善应急预案体系，健全应急管理体制机制，提高保障公共安全和处置突发事件的能力，预防和减少自然灾害、事故灾害、公共安全和社会安全事件造成的损失。年内，参与“3.23”冀昌渔02530号渔船事故应急处置工作。组织开展“5.12”防灾减灾宣传周活动，其中全市危化企业应急救援比武大赛在唐山旭阳化工有限公司举行；组织县电视台、科技、教育、人防等部门举行纪念唐山抗震40周年防震减灾知识竞赛；与县质监局组织京承电梯有限公司联合开展电梯应急救援演练活动。7月15日，组织县科技（地震）、人防、公安消防、卫生、红十字会等部门、单位举行“乐亭县2016地震应急避险演练”，检验地震应急预案工作流程和人员职责，锻炼了队伍，增强了工作协调能力，积累了经验，使广大群众掌握了正确的应急避险方法。全年组织协调相关部门启动（解除）重污染天气预警13次。

【农业农村工作协调服务】 2016年，县政府办公室农业办公室围绕全县农业农村总体工作部署和重点工作，履行服务三农、当好领导参谋的职能，在文稿起草、综合协调、办文办会、行政接待等工作中高标准、高质量、出精品、创一流。全年完成农业农村工作和消防工作会议领导讲话、工作汇报、典型发言等综合材料60多篇。加强与上级农业农村工作部门的沟通联系，强化与各乡镇、各部门的合作，稳妥处理各种关系，保证各项工作的周密细致、高效有序。年内，组织全县农业农村工作会议、防汛工作会议等30多场次；接待省部级以上领导、上级检查督导组、参观考察团30多批次，接待招商考察团队20余个。立足京津产业转移，多次组织乐亭县万事达生态农业发展有限公司、乐亭县四季香糕点厂、唐山吊桥食品有限公司、唐山圣大食品有限公司等农业企业与北京二商集团、北京首农集团、北京一轻集团等国内大型农业龙头企业开展产业对接，产品成功打入北京高端农产品市场，乐亭品牌知名度进一步提高。建立健全督察工作机制，加大对精品果菜、畜禽珍皮、水产品、甜玉米、清洁能源“五大龙型经济”建设进行重点督查，抓好跟踪调度，使领导在第一时间准确、直观、形象地掌握进展情况。在海德润生物医药、庆林小分子肽、年产24万吨预混及配合饲料、远洋渔船、鲜活海参加工等一批投资规模大、牵动力强的农业产业化项目建设过程中，积极协调各方力量，有效破解项目建设过程中融资、用地、拆迁等难题，保障项目建设的顺利进行。

【重点项目协调服务】 2016年，县政府办公室支重办公室坚持以“投资乐亭、事事畅通”为宗旨，以热情高效的作风开展服务工作，以坚韧不拔的精神解决企业遇到的问题，保障项目建设的顺利推进。协助燕化永乐新型农药、唐钢惠唐科技、布鲁弗雷型煤、腾龙再生、北京环卫集团制造基地等新入驻项目办理公司注册、立项、环评批复、土地使用证、规划许可、用水用电审批等前期手续，保证项目建设顺利进行；协助唐山中厚板材有限公司高炉、诚佑科技新型润滑油等项目补办立项、环评批复、土地使用证、规划许可等前期手续；为华阳区域能源中心项目、浩昌杰项目办理土地使用手续；解决唐钢惠唐科技项目进场施工面临缺水缺电问题、上海电气生产风机尺寸超宽，无法通过唐港高速收费站的运输问题。

【科教文卫协调服务】 2016年，县政府办公室文卫科围绕全县社会事业发展大局，履行参谋、服务、协调、督办职能，加强对科教文卫战线各相关部门的协调和联系，确保各项工作顺利推进。先后起草分管副县长讲话、汇报等工作文稿30余篇，办理分管县长批件和交办事项50余件，答复反馈率100%。组织筹备教师节表彰暨教育工作会议、乐亭县推进教育工作会议、第25届金鸡百花电影节乐亭推介会等20余次。成功组织唐山市教育督导评估、乐亭县与湖南益阳高平教育集团合作办学签约仪式、唐山市人民医院与乐亭县医院合作签约仪式、“世园文化主题日”专场文艺演出等活动10余次。配合县人大、县政协组织一法一办法、农村中小学布局、教育职称改革和农村文化建设等调研视察工作。组织相关部门深入社会事业项目现场督导检查，落实进度周报制度，组织协调现场办公、定期调度、情况反馈、检查验收等工作，确保目标任务圆满完成。完成乐亭县综合职业技术学校实训楼、乐亭二中宿舍楼、第五幼儿园、第六幼儿园、5个乡镇教师周转宿舍和6所幼儿园改扩建等基建工程。引进民办教育创办乐亭高平中学，农村高中进城，成功引进高等教育。4所乡镇卫生院改扩建、重症残疾人托养中心等一批重点项目扎实推进。

【财税金融协调服务】 2016年，县政府财税金融办公室按照县政府的工作部署，发挥职能作用，组织召开全县两节两会安全生产大会和财税工作会议等12次，起草印发《乐亭县安全生产攻坚行动实施方案》《唐山市世园会等系列重大活动期间深入开展安全生产大检查工作方案》等文件25件。督导县国税、地税、财政等相关部门加大税收征收力度，做好排查分类工作，杜绝税源跑冒滴漏，确保财税收入的稳定增长。督导安监、质监等相关部门不间断开展安全生产大检查、大排查活动，不定期深入各执法检查组进行督导检查，确保全县安全生产形势持续稳定。为国网冀北乐亭县供电公司重点变电站项目进行督导协调，确保工程顺利完工。多次邀请恒泰证券、中信证券等券商到乐亭为上市后备企业进行培训，组织重点后备企业赴先进地区学习上市经验，提高企业上市的积极性，鼎辉食品股份有限公司在石家庄股权交易所挂牌，诚成肥业股份有限公司在新三板挂牌，实现了县内新三板挂牌企业“零突破”。年内，县政府财税金融办公室协调人行等相关部门，对县内小额贷款公司、担保公司、典当行等通过查阅台账、银行对账单等方式进行不定期检查，杜绝非法集资现象发生，使全县金融生态环境持续稳定发展。各金融机构主动适应经济发展新常态，在金融产品、服务创新方面实现新跨越。县政府财税金融办公室结合相关部门相继出台《乐亭县银行业金融机构支持地方经济发展考核办法》等政策措施，明确各部门优化金融业发展环境、促进金融机构和企业双赢发展所承担的具体任务和考核激励机制。

【城乡建设管理协调服务】 2016年，针对城建系统重点难点工作，县政府办公室建交科认真学习领会上级相关政策，积极谋思路、出主意、想办法，为领导决策及时提供参考意见和依据。及时了解掌握规划编制、重点工程、棚户区改造、旅游、平台公司等方面的政策法规；遇到新要求、新变化、新情况及时反馈领导，确保领导掌握第一手资料，也为公文起草及各项工作开展奠定基础。全年起草各种文字材料70余篇，每月、每季定期上报材料及表格10余份。同时，全力做好集中供热改造、保障性住房分配、农村危旧平房改造、县城交通秩序整治、棚户区改造、城建重点项目建设等方面的督导协调工作，协助领导调研、组织迎查、会务准备等40余次。在解决棚户区改造、冬季供暖等一些信访案件工作中，密切与相关部门的沟通联系，形成工作合力，有效化解了一些矛盾、纠纷。全力推进2016年棚户区改造攻坚行动，深入了解工作组和责任单位工作中出现的问题，并及时反馈领导，组织专项工作调度会20余次；在集中供热改造、腾飞街及西外环征地等工作中，积极协调相关部门，形成工作合力，确保城建重点工作的顺利推进；协调县交通运输局、县城管局、乐亭镇、乐安街道办等部门、单位开展东外环路环境及交通秩序专项整治，全面改善了东外环路的环境秩序。

【商贸流通、环保、安全生产协调服务】 2016年，县政府办公室财贸科围绕“服务大局、服务领导、服务部门、服务项目、服务群众”工作中心，协调推进安全生产、食药安全、环境保护、交通运输、商贸流通、市场监管等工作，年内组织交通路政、运管和公安交警持续开展治超专项行动，特别是对经由滨海公路西段避站绕行车辆进行重点打击并取得成效；完成22处铁路框构涵技术档案交接并交由县交通运输局档案室保管，督导县交通运输局、乐亭镇、汀流河镇落实主体管理责任，抓好框构涵引道及附属设施日常养护并确保完好运行；推进公交事业健康发展，参与研究制定对客运公司实行绩效考核和政策性补贴办法；助推县域电商产业提质升级，巩固国家级电子商务进农村综合示范创建和农村淘宝合作成果，积极参与推进与京东集团签订战略合作协议，加速电子商务在农村推广应用，打造“一站多能”乐亭新模式；参与开展外贸稳增长精准帮扶活动，协调服务，精准施策，助力完成出、进口增长目标；全力服务推进中拉产业园建设，先后接待国内外重要客商、政要100余人次，组织参加第十届中拉企业家高峰会，提升中拉产业园知名度，配合推进华阳集团区域能源中心项目落地开工；持续组织开展安全生产、食药安全、环境保护综合整治活动，创建安全生产、食药安全、环境保护、双随机一公开工作微信群，提升协调督导推进重点工作制度化、信息化、规范化水平；协助完成省级食品药品安全综合示范县创建工作。

【电子政务】 2016年，县政府办公室电子政务中心坚持“关注民生，体察民情，反映民意，服务民众”的服务理念，抓热点、解疑点、办难点，着力解决群众生产、生活中的具体问题。依托市民公共服务热线，不断提升城乡一体化信息服务水平，完善工作制度，规范处理程序，做到事事有回音、件件有回复。全年办理市民公共服务热线市、县两级群众诉求8303件。其中，市中心交办682件，本县热线电话7621件；现场解答4552件，落实交办事项3751件。按期结案率100%，抽查回访群众满意率90%，收到群众感谢电话42个。县长电子信箱收到信件74件，全部落实交办，并及时对反映人进行回复，对涉及面较广、关注度较高的信件公开进行回复。城市巡查员发现上报部、事件425件，做到及时交办、处置，消除了一大批安全隐患。

定期对电子政务外网进行维护，协调相关部门及时排除网络运行当中的故障，配合各单位做好各项业务应用系统的安装使用，电子政务外网平稳运行。

不断完善各项制度，规范公开程序，严格公开内容，注重体制机制建设，大力推进“放管服”信息公开，着力做好重大决策预公开，政务公开工作扎实开展。

【法制建设】 2016年，县政府办公室法制办公室完善《乐亭县依法行政考核办法》，完成对全县行政执法部门和乡镇政府、街道办事处的依法行政考核。从市级和县级律师事务所聘请知识深厚、经验丰富的专职律师，保障为每位县长、副县长配备一名法律顾问。各乡镇、街道办和县政府组成部门全部建立法律顾问制度，配齐法律顾问，实现政府法律顾问制度全覆盖。加强对规范性文件的审查备案，严格落实“三统一”制度和规范性文件的制定、报送、备案程序。审查、备案和公布实施《乐亭县县级储备粮管理办法》。对县政府、县政府办公室以国务院、省政府、市政府宣布失效文件为依据制发的文件进行衔接清理，并兼顾清理了与现行上位法不一致、已被新规定涵盖或替代、调整对象已消失、工作任务已完成、适用期或有效期已过等文件，累计清理失效文件15件。凡清理的文件一律停止执行，不再作为行政管理的依据，并将清理结果向社会公布。衔接省行政执法信息管理系统，建立执法人员管理数据库，实现执法人员网上审批和注销，并实行动态管理。严格落实《河北省重大行政处罚备案办法》，对作出的重大行政处罚决定自生效之日起30日内必须向县政府法制办备案，已完成备案60余件。积极化解社会矛盾，年内办理行政复议案件7件，出具行政复议决定书7件。制定出台《关于建立行政机关负责人行政诉讼出庭应诉制度的通知》，配足配齐应诉工作人员，保障及时领取法律文书，提交答辩状、证据材料等工作按要求完成。累计参与行政应诉7件，并全部按时履行法院生效判决。

人事劳动管理

【人事人才管理】 2016年，乐亭县人事人才管理工作紧扣县域经济发展大局，创新载体，强化职能，为经济社会快速发展构筑坚实的人才保障和智力支撑。按照公开、平等、竞争、择优的原则，为县教育系统招聘纳入事业编制的教师194名；招聘劳务派遣形式工作人员34名。完成了全县政府系统21个部门、22个事业单位9099名工作人员的年度考核工作，考核确定优秀等次975名；开展2015年度高层次人才业绩考核工作，评出优秀等次61名，称职36名。完成政府系统98名股级干部的考察任免工作。平稳有序地开展车改后司勤人员的安置工作，各涉改单位上报专职司勤人员366名，均已妥善安置到位。认真落实企业军转干部的各项待遇，保证了全县企业军转干部的稳定。

完成了企事业单位专业技术人员2015年度考核工作，考核人数6554名，其中优秀等次672名；按照《河北省专业技术人员继续教育暂行规定》要求，完成2015年继续教育验证工作，验证人数7374名。完成2016年度唐山市优秀年轻人才暨河北省“三三三人才工程”第三层次人选选拔的推荐申报工作，申报成功2名。

根据省市关于2016年调整退休人员基本养老金政策要求，为1.6万名机关企事业退休人员调整了基本养老金，月人均增加基本养老金194元。完成421名机关事业单位工作人员的退休审批工作。完成公安系统133名人民警察的警衔津贴调标审批工作。为机关事业单位中的99名新参加工作及工作调动人员及时履行了工资变动手续。

【就业再就业】 2016年，乐亭县就业再就业工作围绕经济社会发展大局，全面落实各项就业优惠政策，正确处理扩大就业与经济发展的关系，促进充分就业，稳定就业局势的连续性。全年实现城镇新增就业5601人，城镇失业人员再就业2456人，其中困难人员680人，分别完成年度目标任务的110.91%、111.64%和107.94%；城镇登记失业率控制在3.02%，低于目标任务的1.18%；农村劳动力转移就业4901人，为年度目标任务的122.53%；开展职业技能培训702人，为年度目标任务的117%。

推进各类群体就业 县人力资源和社会保障部门突出抓好高校毕业生就业创业工作，加强政策宣传，印制县人力资源和社会保障局印发的《高校毕业生就业创业政策》宣传彩页5000份，向毕业生宣传就业创业政策；设立专门服务窗口，为高校毕业生就业提供多种服务。全年接收高校毕业生881人，推荐就业653人；继续推进就业见习工作，认定县教育局、县统计局等就业见习基地7家，征集见习岗位432个，274名高校毕业生实现就业见习；做好离校未就业高校毕业生就业服务工作，对省人力资源和社会保障厅分解的300名高校毕业生（其中就业155名）进行逐一走访，了解其就业状况和就业需求，同时对未就业的毕业生积极推荐就业岗位。继续加大政策扶持力度，鼓励困难人员就业。到年底，支出各类补贴资金1776.58万元，其中社保补贴1088.57万元，职业培训补贴、职业技能鉴定补贴52.06万元，就业见习补贴275.57万元，创业担保贷款贴息20.41万元；综合运用政策宣传、技能培训、市场交流、典型带动等措施，引导农民转变观念，多渠道促进就地就近转移就业。同时加强区域劳务合作，不断完善服务举措，推进有组织的劳务输出。年内，实现农村劳动力转移就业4901人。

提升劳动者就业创业能力 县人力资源和社会保障部门注重营造浓厚的创业就业氛围。通过印发《创业担保贷款政策》宣传彩页，利用网络、微信等媒介宣传创业就业政策，扩大政策知晓度。同时制定印发《关于进一步做好创业担保贷款工作的通知》，将创业担保贷款受理、初审关口前移至乡镇、街道劳动保障服务站，引导社会各界关心、支持和投身创业活动，营造良好创业就业氛围。提升创业服务水平及技能培训水平。积极征集创业项目，逐步加强创业指导专家队伍建设，努力提升创业培训效果，按照政策规定落实税费减免、创业补贴、创业担保贷款等扶持政策，努力推进创业带动就业工作开展。年内，开展创业培训241人，提供创业服务319人，为67名创业者发放创业担保贷款575.9万元；充分整合技能培训社会教育资源，重新认定管理到位、软硬件设施较好的职业培训基地8家，紧跟社会需求调整专业设置，严格落实“三堂课”（开班课、抽查培训课、结业课）制度，切实加强培训监管，确保培训收到实效。全年开展装载机、起重机、育婴员等各类工种培训702人。

提升公共就业服务水平 县人力资源和社会保障部门全力优化就业服务环境，以“两学一做”学习教育为契机，从优化环境、提升服务两方面入手，全面开展文明窗口创建工作。窗口工作人员全部明岗亮责，严格执行“首问首办责任制”及“一次性告知”等服务制度，坚决杜绝生、冷、粗、硬服务模式，全力优化就业服务环境。搭建人才交流平台和人事代理平台，以办好“逢八”市场招聘会及各类专场招聘会为“干”，以组织开展“春风行动”“民营企业招聘周”“高校毕业生就业服务月”及“就业见习”等各类专项行动为“枝”，以日常求职登记、岗位推介、政策咨询、网络招聘求职等日常业务为“叶”，全力搭建人力资源对接立体式供需平台。全年组织各类招聘会35场，4020家单位入场招聘，1万余人与会洽谈，达成就业意向1900余人；从便民、惠民、利民出发，优化和丰富服务内容，完善“一站式办公、一个工作日办结”等服务举措，做好社会保险代收缴、档案保管、职称评定、工资调整、退休手续办理等各项人事代理服务。全年为4601人代收养老保险3215万元，代收医疗、生育保险655万元，保管人事档案2.78万本，办理调资、职称评定、退休手续等5700多人。

【执法维权】 2016年，县人力资源和社会保障部门深入落实各项劳动法规和政策，努力构建和谐稳定的劳动关系，维护劳动者合法权益。

落实劳动法规和政策 深入开展劳动合同的签订、解除和劳动用工备案工作，逐步实现劳动用工备案系统全覆盖。到年底，全县有294家企业使用劳动用工备案系统，简化了备案程序，提

高了备案质量。各用人单位备案劳动合同1.45万份，其中2016年新增用工备案4391份，解除、终止合同备案3126份。劳动合同的签订率达到95%以上。完成机关事业单位工人技师、高级技师39人的考试报名工作。行政许可审批严格按照相关规定进行网上申报及审批，做到信用信息双公示。全县取得行政许可的劳务派遣单位19家。按照市人力资源和社会保障局文件要求，全县工勤技能岗位采取随来随聘的方式，为办事群众提供便利。

劳动争议案件处理　加大劳动人事争议调解仲裁工作力度，年内受理调解各类劳动争议案件131起，其中已调解结案96件，按时结案率100%，调解结案率81%，涉案标的1160万元。规范工伤认定程序，完成了98名受伤害职工的材料审查、工伤受理、初审、组卷上报及结论送达工作。

执法检查　不断加大劳动执法监察工作力度，全年审查用人单位240家，受理各类投诉案件103起，为805名农民工追讨工资965.38万元。全面落实建设领域农民工工资“预储金制度”。当年新开工的工程建设项目已按规定缴纳农民工工资预储金，已发放农民工工资2284.44万元。完善政府应急周转金制度，动用应急周转金42.15万元用于发放农民工工资。

【社会保障体系建设】2016年，县人力资源和社会保障部门以县政府年度内为群众办实事为契机，发挥社会保险作用，采取得力措施，打造普惠全民社会保障体系。

社保扩面　制定社会保险扩面征缴工作实施方案，完善社保扩面征缴工作机制，强力推进工作开展。到年底，全县企业养老保险、失业保险、工伤保险、医疗保险、生育保险、城乡居民养老保险参保人数分别为4.99万人、2.62万人、2.98万人、6.09万人、2.82万人和27.23万人，分别完成全年任务指标的100.03%、100%、94.34%、100.3%、98.1%和100.39%。

社保费征缴　到年底，征缴企业养老、失业、工伤、职工医疗、生育保险费分别为2.16亿元、1912万元、1416万元、1.41亿元和462万元，分别完成全年任务指标的89.9%、121.2%、134.7%、94%和95.3%。征缴城镇居民医疗保险费1029万元；征缴机关事业养老保险费1.51亿元，保障了各项保险待遇按时足额支付。

医疗保险　积极推进城乡居民医疗保险整合工作。根据省市文件精神，县政府出台《乐亭县整合城乡居民医疗保险制度实施方案》，积极稳妥推进全县城镇居民基本医疗保险和农村合作医疗制度整合工作。加强“两定点”管理工作。根据上级工作安排，对全县产生费用的5家定点医疗机构和45家定点药店进行拉网式专项检查，有效预防利用不正当手段骗取医疗保险费现象的发生。及时足额为参保职工和居民支付医疗费用。到年底，支付城镇职工医疗保险费9703万元，支付城镇居民医疗保险费456万元。

城乡居民社会养老保险　组织开展全县城乡居民社会养老保险2016年度续保缴费工作，新增参保人数1230人，参保总人数达到27.23万人，全县综合参保率保持在99.16%，当年城乡居民社会养老保险费1982万元全部征缴入库。根据冀人社发〔2016〕2号文件精神，及时调整城乡居民基础养老金最低标准，由每人每月90元提高至95元，城乡居民基础养老金调标工作落实到位。

失业保险　充分发挥失业保险金稳定就业岗位的作用，2016年2月为唐山市德龙钢铁有限公司争取援企稳岗资金704.37万元，3月为乐亭县博诚重型机械有限公司等97家企业争取稳岗补贴资金281.18万元，9月为76家企业争取稳岗补贴资金209.68万元，有效缓解了企业资金的压力，为企业发展注入了新的动力，就业岗位得以稳定。

【公开招聘纳入事业编制的教师194名】2016年9月，根据工作需要，为县教育系统公开招聘纳入事业编制教师194名。为规范招聘行为，防止各个环节中的随意性和不正之风，县人力资源和社会保障局采取四项措施保证招聘工作的公开、公平、公正。坚持公开办事制度。公开每个环节，按招聘公告公布的时间，及时张榜公布笔试和面试成绩及拟聘人员名单，增强工作的透明度，做到“政策公开、过程公开、结果公开”。

严格资格审核。与县教育局协调联动、紧密配合，重点审查报名人员的“四证一本”（身份证、毕业证、教师资格证、报到证、户口本），确保报考人员的信息录入准确、资料真实可靠。全力配合第三方工作。此次招聘出题、笔试、面试工作，全程委托第三方考试机构组织实施。笔试、面试期间学校周边环境和医疗救助等工作由县公安局、县医院负责，保证了笔试、面试工作的顺利进行。努力做好体检、考核工作。按照“以人为本、方便考生”的原则，与县医院、县公安局配合，快捷高效地完成了考生的体检、考核工作。到10月28日，拟聘用人员公示期满，拟按程序正式聘用。

民政管理

【社区管理】 2016年，县民政局根据社区实际情况，全面建立起以社区党支部为领导核心，以社区居民大会为决策机构，以社区居委会为执行机构的组织体系，形成“社区居委会—居民小组长—楼门长（楼院长）”的管理网络。各社区居委会分别设立了人民调解、治安保卫、公共卫生、物业管理、人口和计划生育、社会福利、公共文化、妇女儿童、老年人和残疾人权益保障等下属组织，为社区居民充分发挥自我管理、自我教育、自我服务、自我监督的自治职能打下了良好的组织基础。按照民政部、中组部《关于进一步开展社区减负工作的通知》要求，组织社区认真理清职责，明细事项清单，制订清理计划，逐项抓好落实。以医养融合养老服务为突破口，逐步构建居家为基础，社区为依托，机构为支撑的多样化医养融合养老服务体系。培育扶持2家社区居家养老服务中心，为无法出门的老人上门开展生活照料、家政服务、康复保健、精神慰藉等服务活动。

【拥军优抚】 2016年7月29日，全国双拥模范城（县）命名暨双拥模范单位和个人表彰大会在北京召开。大会宣读了关于命名416个市（州、区）县为全国双拥模范城（县）的决定。乐亭县被命名为“全国双拥模范县”，县长董立群、县武装部政委、县民政局局长代表乐亭县在唐山分会场参加会议并领奖。全国双拥模范县每4年命名一次，2000年后乐亭县连续五届被命名为“全国双拥模范县”。

年内，县民政部门以创建全国双拥模范县为目标，高标准落实优抚安置政策，高层次推动双拥任务落实，双拥创建工作形成持续发展的良好态势。

全县有优抚对象6691人，其中伤残人员443人，烈属216人，老复员军人443人，带病还乡退伍军人1456人，参战、涉核人员520人，60周岁农村籍退役士兵3310人，60周岁烈士子女303人。年初，按照国家、省市部署，完成了各类优抚对象调整抚恤补助标准工作。

优抚对象核查　2016年，县民政部门开展了优抚对象核查工作，按比例完成优抚对象入户核查1232人。年内，全县新增各类优抚对象488人，其中伤残军人4人，伤残人民警察1人，病故军人家属1人，带病还乡退伍军人20人，参战退役人员3人，60周岁农村籍退役士兵457人，烈士子女2人。新增人员已全部享受待遇，系统录入率达100%。

完善优抚保障体系　优抚资金纳入全县年度预算，及时足额兑现落实，各类优抚资金全部实行按月社会化发放。优抚对象医疗“一站式”服务累计为470人次报销，减免医疗费用41万元。全县现役士兵家庭优待金标准均按规定发放。集中供养优抚对象伙食标准每月人均600元。年内组织重点优抚对象短期疗养1期。

开展慰问活动　元旦、春节期间投入资金40余万元，慰问驻地部队及重点优抚对象代表，送去慰问品、慰问金和节日的祝福。

【退伍士兵与军休干部安置】 年内，接收符合安置条件的退役士兵24人，其中四期士官11人安置到各乡镇和街道办，三期士官13人安置到县国有企业。发放待安置期间生活费19万元。2015年度转业士官的安置工作圆满完成。

2016年接收退役士兵190人，其中转业士官14人。对退役士兵档案进行逐一审核，按要求归类建档。

为进一步深化退役士兵安置改革，提高退役士兵职业技能，促进城乡退役士兵就业，根据县委、县政府的统一部署，县民政局和县综合职业技术学校协调合作，对城乡退役士兵免费开展职业技能培训。培训专业主要有汽车修理、电工等，全年培训退役士兵96名。

年末，全县有军队离休退休干部63名，其中离休7名，退休56名。

民族宗教管理

【概　况】 乐亭县坚决贯彻执行党和国家的民族政策，尊重少数民族的风俗习惯和信仰，团结境内的少数民族同胞共同建设自己的家园。在民族团结方面做了大量的工作，宣传党和政府的少数民族政策，开展团结教育活动和爱国主义教育活动，表扬民族团结模范和生产模范，批判有碍于民族团结的各种错误思想，尊重少数民族生活习惯。

2016年，全县有满族、回族、蒙古族、壮族、朝鲜族、侗族、哈尼族、仫佬族、鄂伦春族、彝族、塔塔尔族、苗族、藏族、土家族、羌族、锡伯族、布依族、瑶族、水族、拉祜族、黎族、珞巴族、景颇族、佤族、高山族、保安族、俄罗斯族、柯尔克孜族、傈僳族29个少数民族，人口6000人。姜各庄镇一村、三村是少数民族聚居村，均为回族。

【宣传教育活动】 县民族宗教事务局（简称县民宗局）开展多形式的民族政策宣传活动。在县城各社区设立宣传橱窗16个、民俗风情宣传板16块，社区内组织文艺演出流动宣传2场，LED电子屏宣传民族政策200余条（次），发放宣传材料1000余份，在社区开辟民族政策宣传栏，及时宣传党的民族政策，反映社区民族工作动态。

【推进民族工作】 *不断增强民族团结* 在全县中小学深入开展“民族团结第一课”活动，教育学生树立正确的民族观；春节期间对8户少数民族贫困家庭进行分类帮扶慰问；联合县委统战部、县市场监督管理局等单位，对县内清真食品经营点、清真食堂、清真专柜进行联合检查2次；为少数民族聚居村姜各庄镇一村争取市民宗局少数民族发展项目资金15万元，争取市民宗局少数民族地区补助费4万元用于开展城市民族工作。

依法开展宗教工作 县民宗局与汀流河镇党委、政府协商，选址筹建天主教教堂，接待全国人大代表、市天主教两会会长方建平3次到乐亭调研筹建事项；争取市民宗局2万元资金支持，开斋节前对清真寺进行布置修缮，布置办公室1间，新建彩钢房1间，将厨房及冬季取暖设施移出室内，消除安全隐患。

县民宗局加强清真食品的督导检查，确保清真食品合法经营。全年对县内清真食品经营加工点进行走访检查2次，摸清底数，准确掌握域内流动少数民族食品经营情况。在开斋节前夕，县民宗局、县委统战部、县市场监督管理局、县公安消防大队组成联合执法组，对全县清真食品经营点和学校清真食堂进行联合检查，消除清真食品的安全隐患，确保清真必清，维护少数民族群众的切身利益。

行政审批服务

【概　况】 2016年4月，乐亭县行政服务中心更名为“乐亭县政务中心”，办公面积2700平方米。内设综合管理科、督察督办科、县电子政务中心，事业编制18人。进驻政务中心办公的窗口单位22个，进驻事项183项，网上审批事项275项。县政务中心着力打造“审批手续最简、办事效率最高、服务质量最佳”的一站式高效服务平台，全年受理审批事项6245件，办结率100%，群众满意率99%。

【缩短办理时限】 2016年4月，县委第97次常委会决定将县行政服务中心、县电子政务中心、县农村便民服务中心整合为乐亭县政务中心，整合涉及行政服务、社会服务、商品服务各种资源，实行一个平台对外，全面负责服务事项的办理。

县政务中心对审批流程进行重新梳理，着重清理审批环节中的前置条件，向进驻政务中心的所有窗口发放《事项前置环节调查表》，对前置条件进行逐一摸排，对重复的、不合理的前置条件一律取消；在审批步骤上不得多于受理一审核—审批—办结 4 步，简化审批步骤，缩短审批办理时限，提高审批效率。

【优化政务环境】 县政务中心注重打造“投资乐亭、事事畅通”的服务理念，动真格、用实招，切实开展“捉小鬼”专项行动。针对个别窗口工作人员作风不实、服务意识不高、政务服务有待规范等方面的问题，调整思路，采取统筹安排培训、开会沟通、例会讲评、加大值班巡查力度、强化纪检监察预警纠错功能、规范日常文明服务礼仪等举措，解决群众反感的“小鬼难搪”等问题，提升服务质量和水平。

县政务中心不断完善制度，规范管理。完善考勤、考评、监督、考核等规章制度，严格实行指纹机考勤，每天实行 4 次人脸识别考勤。要求进驻工作人员加强自我约束，做到令行禁止。把考勤、考核情况定期反馈进驻窗口单位，与进驻部门齐抓共管，共同监督，使进驻人员认真履职。制定《进驻政务中心审批大厅窗口及工作人员月度考核考评办法》《政务中心红旗窗口考核评选办法》《政务中心巡查制度》《乐亭县政务中心管理办法》《政务中心大厅文明服务规范用语》，建立健全《值日巡查工作台账》和《请销假台账》，以制度化、规范化、常态化建设推进政务中心服务大厅管理水平提升。

【服务方式创新】 县政务中心采取“延时服务、预约服务、上门服务”等特色服务措施，给项目建设提供最方便、最快捷、最优质的服务。对服务对象因故无法在正常工作日前来办理而又急需申办的事项，服务对象可事先通过电话直接向窗口预约，窗口提供节假日预约服务；对到下班时尚未办理完毕的事项，窗口提供延时服务，直至该事项办理完毕；对企业和个人提出申请的，提供上门服务。

做实“联合审批”，更好地服务重点项目。联合审批工作采用联席会议制的方式，按照“统一受理、一次告知、联合审批、限时办结、集中回复”的运行机制，不断提高行政效率和服务质量。先后为东方恒远钢结构制造有限公司钢构件项目、华北康港钢构有限公司钢结构制品及特种模板项目、华北易安德脚手架制造有限公司新型脚手架制造项目、中匠华湄模板制造有限公司新型模板体系项目、腾龙再生资源利用项目实行联合审批，为项目建设进程提速。

推进“互联网＋政务服务”服务模式，搭建统一的网上审批、网上监察系统平台，联通县、乡、村三级网络，实现县、乡镇两级符合条件的所有行政审批事项网上运行，达到县域范围内网上审批、网上监察全覆盖，并与市级平台实现对接，整体工作位于全市前列。

【市“网上审批、网上监察”推进工作现场会在乐召开】 6 月 29 日，唐山市“网上审批、网上监察”推进工作现场会在乐亭县召开。市委常委、常务副市长王久宗，市委常委、纪委书记崔晗，市委常委、组织部长丁荣进出席会议并讲话。全市各县区常委副县长、纪委书记、组织部部长及各政务中心主任参加。大会对乐亭县“网上审批”外网布点及 14 个乡镇（街道）、473 个行政村便民服务中心功能全覆盖，打通服务群众“最后一百米”的做法予以肯定，作为全市的试点进行推广。

【公共资源交易中心建设】 2016 年，按照省政府办公厅文件要求，县政务中心采取“政银合作”模式，投资 150 万元，腾空政务中心综合楼三层划归公共资源交易中心，重新划分功能区域，完善功能设置，建立有效运行机制。将原隶属于财政部门的政府采购中心、产权交易中心，隶属于住建部门的工程建设交易中心，隶属于国土部门的土地交易中心的人员和事项整体划转到公共资源交易中心管理。全年公共资源交易总数 110 宗，交易总额 9 亿元。

县政务中心

主　任　薛晓东

表 6 乐亭县人民政府 2016 年重要文件一览表

文号	文件名称	发文单位	发文时间
乐政发〔2016〕4 号	关于印发《乐亭县人民政府 2016 年重点工作任务》的通知	县政府	3 月 16 日
乐政发〔2016〕5 号	关于印发《乐亭县水污染防治工作方案》的通知	县政府	3 月 31 日
乐政发〔2016〕6 号	关于印发《乐亭县 2016 唐山世界园艺博览会等重大活动空气质量保障方案》的通知	县政府	3 月 31 日
乐政发〔2016〕7 号	关于印发《乐亭县进一步建立健全网格化环境监管体系工作方案》的通知	县政府	3 月 31 日
乐政发〔2016〕8 号	关于印发《乐亭县 2016 燃煤锅炉整治工作实施方案》的通知	县政府	3 月 31 日
乐政发〔2016〕10 号	关于印发《乐亭县教育资源整合方案》的通知	县政府	7 月 22 日
乐政发〔2016〕12 号	关于印发《乐亭县整合城乡居民基本医疗保险制度实施方案》的通知	县政府	9 月 6 日
乐政函〔2016〕6 号	关于开展第三次全国农业普查的通知	县政府	2 月 17 日
乐政函〔2016〕14 号	关于印发《乐亭县贯彻落实唐山市大气污染防治电视电话会议实施方案》的通知	县政府	3 月 3 日
乐政函〔2016〕29 号	关于印发《乐亭县迎世园城市环境卫生综合整治实施方案》的通知	县政府	4 月 7 日
乐政函〔2016〕31 号	关于印发《乐亭县创建省级食品药品安全县工作方案》的通知	县政府	4 月 13 日
乐政函〔2016〕38 号	关于印发《乐亭县城区交通秩序专项整治行动实施方案》的通知	县政府	4 月 27 日

表 7 乐亭县人民政府办公室 2016 年重要文件一览表

文号	文件名称	发文单位	发文时间
乐政办函〔2016〕9 号	关于全面做好《乐亭年鉴（2016）》编纂工作的通知	县政府办公室	3 月 1 日
乐政办函〔2016〕14 号	关于加强重污染天气应急预案管理工作的通知	县政府办公室	3 月 15 日
乐政办函〔2016〕19 号	关于印发《乐亭县 2016 年春季绿化工作实施方案》的通知	县政府办公室	3 月 29 日
乐政办函〔2016〕21 号	关于印发《乐亭县农资市场专项整治实施方案》的通知	县政府办公室	4 月 11 日
乐政办函〔2016〕24 号	关于印发《乐亭县食品安全事故应急预案》的通知	县政府办公室	4 月 13 日
乐政办函〔2016〕25 号	关于做好 2016 年重大动物疫病防控工作的通知	县政府办公室	4 月 18 日
乐政办函〔2016〕29 号	关于印发《乐亭县重点行业挥发性有机污染物综合整治方案》的通知	县政府办公室	4 月 21 日
乐政办函〔2016〕30 号	关于印发《乐亭县非法营运出租车专项治理工作方案》的通知	县政府办公室	4 月 21 日
乐政办函〔2016〕35 号	转发《乐亭县水务局关于加强地下水资源管理规范凿井秩序的意见》的通知	县政府办公室	5 月 4 日
乐政办函〔2016〕53 号	关于印发《2016 年乐亭县打击侵犯知识产权和制售假冒伪劣商品工作方案》的通知	县政府办公室	7 月 14 日
乐政办函〔2016〕57 号	关于印发《乐亭县 2016 年成品油市场秩序专项整治实施方案》的通知	县政府办公室	8 月 9 日
乐政办函〔2016〕67 号	关于印发《2016 年乐亭县水污染防治工作实施方案》的通知	县政府办公室	9 月 14 日
乐政办函〔2016〕68 号	关于印发《乐亭县贯彻实施质量发展纲要建设质量强县 2016 年行动计划》的通知	县政府办公室	9 月 14 日

续 表

文号	文件名称	发文单位	发文时间
乐政办函〔2016〕69号	关于印发《乐亭县简化优化公共服务流程方便基层群众办事创业工作实施方案》的通知	县政府办公室	9月27日
乐政办函〔2016〕73号	关于印发《乐亭县畜禽养殖禁养区专项整治实施方案》的通知	县政府办公室	9月5日
乐政办函〔2016〕76号	关于开展防范和打击非法集资集中宣传月活动的通知	县政府办公室	10月10日
乐政办函〔2016〕77号	关于印发《乐亭县散煤污染整治专项行动方案》的通知	县政府办公室	10月12日
乐政办函〔2016〕79号	关于印发《关于开展严厉打击乱捕滥猎和非法经营鸟类等野生动物违法犯罪专项行动实施方案》的通知	县政府办公室	10月20日
乐政办函〔2016〕82号	关于印发《乐亭县污染水环境“十小”项目取缔工作实施方案》的通知	县政府办公室	10月31日
乐政办函〔2016〕83号	关于印发《全县今冬明春火灾防控工作方案》的通知	县政府办公室	11月12日
乐政办函〔2016〕84号	关于印发《乐亭县2016年农村危房改造工作实施方案》的通知	县政府办公室	11月17日
乐政办函〔2016〕86号	关于加强今冬明春大气污染防治的通知	县政府办公室	11月18日
乐政办函〔2016〕87号	关于印发《乐亭县打击非法取水推进费税改革专项行动实施方案》的通知	县政府办公室	11月18日
乐政办函〔2016〕88号	关于衔接落实国务院第二批清理规范192项国务院部门行政审批中介服务事项的通知	县政府办公室	11月23日
乐政办函〔2016〕89号	关于印发《乐亭县今冬明春大气污染防治强化措施（2016—2017年）》的通知	县政府办公室	11月23日
乐政办函〔2016〕91号	关于全县2016—2017年度冬春农田水利基本建设的意见	县政府办公室	12月2日

中国人民政治协商会议乐亭县委员会

县政协领导机构及工作机构

【县政协领导机构及领导成员】 县政协第九届委员会于2012年1月10日选举产生，任期5年，至2017年。2016年2月16—18日，县政协第九届五次会议召开。至年底，县政协领导机构由主席1名、副主席4名、秘书长1名组成。

主　席　于　红

副主席　王学兵　景学文　赵恩生　边红玉

秘书长　李大海

【县政协工作机构及主要负责人】 2016年，县政协下设办公室、经济建设科和宣教科，行政编制15人。

办公室主任　曹正宏

经济建设科科长　汪力平

宣教科科长　安景刚

县政协重要会议

【县政协委员会会议】 每年召开1次。2016年2月16—18日，县政协第九届委员会第五次会议在县文化中心礼堂召开。应到委员176名，实到159名。县委、县人大、县政府的各位领导和不是县四大班子领导成员的在职副县级干部，以及曾担任过县政协主席的老领导，驻乐市政协委员，各乡镇、街道和县直部门各单位的主要负责人，规模以上企业代表参加会议的开幕式和闭幕式，不是县政协委员的各乡镇党委、街道党工委副书记应邀全程列席会议。会议听取审议了县政协主席于红代表县政协第九届委员会常务委员会所作的工作报告；列席县人大十五届五次会议，听取和讨论县长董立群所作的政府工作报告和《乐亭县国民经济和社会发展第十三个五年规划纲要（草案）》；听取县政协副主席王学兵代表县政协第九届委员会常务委员会所作的提案工作报告；审议并通过各项决议。会上，大会秘书处收到提案89件。大会闭幕后，县政协第九届委员会第五次会议提案审查委员会对收到的提案进行认真审查，认为委员提交的提案均符合立案条件，全部准予立案。

【县政协常委会例会】 2016年召开6次，收录6次。

1月22日上午，县政协在县委五楼会议室召开九届二十五次常委会议，县政协常委会组成人员参加会议。会议审议通过县政协第九届委员会常务委员会工作报告（草案）并推举了报告人；审议通过县政协九届委员会常务委员会关于九届四次会议以来提案工作的报告（草案）并推举了报告人；审议通过县政协关于表彰“四个十佳”和优秀政协委员的决定（草案）；听取并审议政协委员（常委）调整任免决定；审议通过县政协九届五次会议有关文件。会议由县政协主席于红主持。

2月18日上午，县政协在承启大酒店三楼大会议室召开九届二十六次常委会议，县政协主席、副主席，秘书长，各位县委常委、九届五次会议各讨论组召集人参加。会议听取各讨论组召集人讨论县政府工作报告、县政协工作报告情况汇报；审议通过九届五次会议政治决议（草案）。会议由县政协主席于红主持。

3月18日上午，县政协在县委五楼会议室召开九届二十七次常委会议，县政协主席、副主席，秘书长，县政协常委、县政协提案委员会全体成员、县政协机关干部参加。会议审议通过县政协提案委员会关于九届五次会议提案审查情况的报告（草案）；开展“政协邀请日”活动，听取县教育局局长郑洪涛所作的题为“扩大开放，增强活力，促进乐亭教育全面提质升级”专题讲座。会议由县政协主席于红主持。

7月21日上午，县政协在县委五楼会议室召开九届二十八次常委会议，县政协常委会全体组成人员、部分委员，全体机关干部参加。县委常委、常务副县长张福林，县委办公室、县政府办公室分管负责人应邀参加会议。会议听取审议县政府关于全县2016年上半年经济社会发展情况的通报；听取审议县委和县政府两办关于县政协九届五次会议提案办理情况的通报。会议由县政协主席于红主持。

9月21日上午，县政协在县委五楼会议室召开九届二十九次常委会议，县政协常委会组成人员、部分委员参加。会议开展“政协邀请日”活动，邀请县委党校教师就中共中央总书记习近平“七一”重要讲话进行专题辅导。会议由县政协主席于红主持。

11月10日，县政协召开九届三十次常委会议，视察全县教育资源优化配置工作，开展“整合引进教育资源，优化教育结构布局，服务全县经济社会发展”专题协商活动。县政协主席于红，县政府副县长杨冬梅，县政协副主席王学兵、景学文、赵恩生，秘书长李大海，九届政协常委及部分委员代表出席活动。县教育局局长郑洪涛及相关负责人陪同视察。与会人员先后视察了乐亭二中、县综合职业技术学校和年内开通教学的乐亭高平中学。之后召开座谈会议，县教育局汇报了引进优化教育资源、提高教育质量的工作情况，部分委员代表进行发言交流，在对全县教育工作给予充分肯定的基础上，对全县教育资源优化配置工作提出了意见和建议。会议由县政协主席于红主持。

县政协重要活动

【政治协商】 县政协充分发挥政协全委会议和常委会议协商作用，深入开展协商议政活动。九届五次全会期间，组织召开经济建设和社会事业发展2场次专题协商座谈会，政协委员与县领导面对面共同协商、共献良策、共谋发展，提出了20个方面涵盖65条意见和建议。会后，通过《政协专报》呈送县委、县政府主要领导，得到肯定并予以批示。着眼推动乐亭更好更快发展，由县政协领导牵头，组织部分委员成立课题组，开展调研活动，形成《关于我县土地规模流转情况的调研报告》《加强乡村医生队伍建设，筑牢三级医疗卫生“网底”，为实施“健康乐亭”工程夯实基础》《关于全面推进城镇精细化管理的调研报告》《关于乐亭县风电开发情况的调研报告》《整合文化资源壮大文化产业》等调研报告，分别以《政协专报》报送县委、县政府，受到主要领导重视，作出肯定性工作批示，为有关部门工作提供参考。注重发挥协商平台做用，先后审议县政协提案委员会关于九届五次会议审查报告、县政府关于2016年上半年经济社会发展情况通报、县委办公室县政府办公室关于县政协九届五次会议提案办理情况通报，开展“整合引进教育资源，优化教育结构布局，服务全县经济社会发展”专题协商活动。召开县城区工业聚集区企业负责人座谈会，组织县城区工业聚集区管委会和入园企业负责人就园区基本功能设施、投融资环境建设等进行讨论，征集意见建议10条，得到县委、县政府及相关部门的高度重视和积极回应，对优化县内招商引资环境、推进项目建设、加快企业发展发挥了积极作用。

【民主监督】 与县人大常委会共同组织开展全县重点项目视察活动，组织部分政协委员对农村综合服务中心建设、农村清洁能源开发利用、城市文化内涵建设等专项工作进行视察，提出意见建议50多条，实现有效监督，助推相关工作开展。组织部分委员参加法院“庭审”“检察开放日”等主题活动，先后4次组织委员参与唐山市中院执行局乐亭执行大队的“飓风行动”新闻发布会及执行统一行动，让委员监督政法系统工作，提出意见和建议，助力营造安全稳定的社会环境、公平正义的法制环境。

【参政议政】 发挥政协领导班子的带头作用，在全县重点项目建设和推进协同发展上有所作为。县政协领导班子成员带头，主动融入全县项目建设和京津冀协同发展大局，在项目建设中的分包、扶持，招商引资引进项目上加大力度，积极对接京津，联系各界，广交朋友，先后10余次赴外地联系项目和招商引资，邀请外地政协、工商联、投资商100余人次到县内参观考察。县政协主席于红多次赴天津、山东、深圳等地考察洽谈并形成报告报送县委；县政协相关领导负责的县城区工业聚集区、冀东国际农产品物流中心、河北乐亭经济开发区能源项目等工作取得明显进展；县政协相关领导、县工商联负责人赴北京市海淀区、朝阳区政协和工商联考察交流，并邀请海淀区政协和工商联考察团、朝阳区中小企业发展商会先后到乐亭考察，就建立常态化对接机制达成共识。在政协班子成员带动下，政协委员走出去与请进来相结合，利用友情、乡情、亲情，广泛开展“牵一线、搭一桥”活动，经政协委员联系，有15批次国家级产业协会和五百强企业负责人到乐亭考察对接，3个投资超亿元的项目签约落地。

发挥界别委员骨干作用，奉献和服务群众，助力社会和谐。3月，组织农林水牧界别政协委员到马头营镇开展科技下乡活动；5月，赴新寨镇胡鄂常各庄村开展送医下乡活动。活动中，委员们认真解答疑惑、体检诊治、发放资料和药品，送去群众所需的科技知识和致富信息，把健康检查和诊治送到百姓身边，受益群众近1000人；组织22名经济界县政协委员与县综合职业技术学校开展2016年毕业生校园招聘会，为300余名职校毕业生提供就业岗位。

【提案办理】 县政协把办好委员提案和社情民意信息作为调动委员参加活动积极性的重要环节，从九届五次全会收到的89件提案中选择10件重点提案进行督办，5件社情民意信息落实盯办。《加快中学阶段民办教育发展的建议》《建管并重，持续提升城镇精细化管理档次》《对科技创新引领助推县域经济发展的几点建议》等提案和建议被采纳，实现履职成果有效转化。县政协选择3篇优秀调研报告以《政协专报》形式报送县委、县政府主要领导，反映民生民意，体现委员活动的成果。

【文史编研】 2016年9月30日，作为庆祝中华人民共和国67周年的一份生日礼物，县政协与县文广新局共同承担编纂的《乐亭县文化志》印刷出版。全书100余万字，涵盖大事要事、行政机构、文化机构、文化队伍、文化管理、文化产业、文化活动等方面，全面、系统、客观地记录了乐亭县文化的发展历史和脉络，反映全县不同时期的文化景观，展示乐亭人民多年来创造的历史文化成就，提炼乐亭县多年来形成的文化积淀。《乐亭县文化志》的出版发行，对于研究乐亭民族民间文化历史、探寻民族民间文化发展规律、助力乐亭实现文化大繁荣大发展，有着历史意义和现实意义。

县政协办公室

【加强提案督办】 县政协九届五次会议收到委员提案89件，会后全部立案。提案涉及县内城市建设管理、社会事业、“三农”工作、党群工作等经济社会发展方面，建议内容的针对性、可操作性强，所关注的问题更加务实。在立案过程中，县政协提案委员会从严掌握立案标准，不断改进审查方式，从源头加强对提案质量的控制。对立意较好、但内容不够具体的提案，与委员沟通联系后进行充实完善；对内容相近的提案，与委员沟通联系后进行合并；对不符合要求的提案，与委员沟通解释，说明不予立案的原因。通过细致的工作，提高交办提案的质量。抓落实，提高办理实效。召开提案交办会议，按照归口管理的原则，将提案送交县委部门12件、政府部门77件，至年底全部办复，委员满意率达100%。为提高办理实效，按照“围绕中心、服务大局、提高质量、讲求实效”的原则，加强与提案承办单位的联系，精心组织提案走访，督办提案落实，通过主席领衔督办、政协专委会参与等方式，严格落实县政协提案委员会、县委县政府工作机构、提案者和承办部门“四见面”制度，对“主题鲜明、操作性强、成效明显、影响深远”的重点提案进行走访督办，切实把委员提案转变为促进工作的新举措、推动工作落实的新思路。筛选重点提案组织专题调研，梳理委员提出的意见建议，以《政协专报》的形式分别呈报县委、县政府主要领导审阅，使县委、县政府主要领导了解界别群众的呼声，促进提案民主化、科学化，增强提案的时效性。把对外宣传作为反映政协工作的有力载体，围绕提案相关工作积极撰写外宣稿件，《乐亭政协委员和领导见面有了新“通道”》《乐亭县政协提案凸显三个特点》《乐亭县政协开办“政协邀请日”》等36篇外宣稿件分别被河北政协新闻网、政协委员网等相关媒体采用，其中，《乐亭县政协创办政协专报》被《人民政协报》刊发，《创新载体 畅通渠道 乐亭：政协委员和领导有了“深度”交流》被《唐山劳动日报》刊发，提升了县政协的知名度和影响力。

【开展调查研究】 县政协组织委员对县内乡村医生队伍建设、农村土地流转进行调研，形成《关于我县土地规模流转情况的调研报告》《加强乡村医生队伍建设，筑牢三级医疗卫生“网底”，为实施“健康乐亭”工程夯实基础》等调研报告，以《政协专报》形式报送县委、县政府主要领导并受到重视，作出肯定性工作批示，为有关部门开展工作提供参考。

【参与中心工作】 接待北京市朝阳区中小企业市场发展商会、北京海归协会到乐亭考察活动；对接北大创新研究院包头分院；开展引智引项活动；服务县领导引进项目；多次接待中广核华北区风电公司代表到乐亭洽谈项目。力求深入细致，热情接待，先后迎接北京市海淀区政协、人民政协报社、秦皇岛市山海关区政协到乐亭开展投资考察和“两学一做”学习教育；组织联动，配合承办市政协十一届委员会常务委员会第十八次常委会议。接待市政协开展“围绕九大增长点建设情况开展监督性视察”为主题的委员界别活动。

【加强思想建设】 利用政协机关党支部会议、机关全体会议和“政协邀请日”等活动，学习党的十八大和十八届三中、四中、五中、六中全会精神，学习中共中央总书记习近平系列重要讲话精神，以及省、市、县委的会议和文件精神及《中国共产党党员领导干部廉洁从政若干准则》，加强对党员干部的理想信念教育、权力观教育和党纪国法教育，不断提高落实主体责任的实效。

【加强委员队伍建设】 深入开展“政协邀请日”活动，先后邀请县直部门主要负责人及市委党校教授到县政协举办专题讲座3场次，培训委员140人次，帮助委员知情明政，增强履职为民的理念、素质和能力。落实走访委员制度，倾听来自社会各界的呼声和反映，帮助委员解决实际问题。拓宽委员联系渠道，建立县政协委员微信群。深化委员履职情况考核，评定委员履职等级，激发委员履职活力。

县政协经济建设科

【开展送科技下乡活动】 2016年3月29日，由县政协领导带队，组织农林水牧界政协委员到马头营镇集市进行科技下乡活动。活动中，委员们认真解答群众提出的果树栽培和病虫害防治、品种改良、种植管理技术以及珍稀皮毛动物养殖、水产养殖方面的问题，发放相关资料1000余份，现场接受群众咨询500余人次。

【视察农村综合服务中心工作】 4月27日，县政协组织部分政协委员对农村综合服务中心进行视察，县政协主席于红和县人大、县政协相关领导参加视察活动。委员们实地观摩县便民服务体系管理中心、毛庄镇便民服务中心、乐安街道茂源社区和蔡各庄村综合服务中心，听取各观摩点的情况介绍，实地查看综合服务中心的运营管理情况，感受“互联网+”给群众带来的便利和实惠。实地视察后，召开了座谈会，由县人大领导为政协委员介绍了农村综合服务中心的功能及产生背景，政协委员纷纷发言，肯定全县农村综合服务中心工作取得的成果，并提出了建议。

【城镇精细化管理情况专题调研】 6月20日—8月31日，县政协组成城镇精细化管理情况专题调研组，考察了数字城管指挥调度中心、古滦河生态公园，实地参观唐山京环公司机械化清扫保洁作业，听取相关负责人的情况介绍。实地调研后，在县政协会议室召开座谈会，各相关单位负责人通报了辖区城镇精细化管理工作的整体情况，也提出了存在的问题，与会委员进行了讨论交流。调研组对交流发言情况进行了认真梳理，形成《关于全面推进城镇精细化管理的调研报告》，经主席会议、政协常委会会议研究审议后，报送县委、县政府，得到县主要领导的批示，为城镇建设管理工作助力。

县政协宣教科

【视察城市文化内涵建设情况】2016年8月19日，由县政协领导带队组织部分政协委员对全县城市文化内涵建设进行视察。县委宣传部领导出席活动。委员们实地观看青春广场文化石设置、体验数字影院3D观影效果，参观县图书馆和渤新文化产业有限公司、幽园乐亭历史文化墙、古滦河水系文化长廊、古滦河生态公园文化墙等。参观结束后召开座谈会议，县委宣传部相关负责人介绍了全县城市文化内涵建设的基本情况，委员们就如何更好地发挥这些文化阵地作用、以点带面扩大文化濡染在城市建设中的影响、建立更多的城市地标性建筑等，提出意见和建议。县委宣传部领导现场和委员们进行了交流互动。

【开展文化产业调研活动】8月4日，县政协领导率部分政协委员和相关单位负责人，到乐亭承起颐天园现代农业园、古滦河生态公园游船码头、滦河口生态旅游区、赵蔡庄村垂钓园等地，就文化产业发展情况进行调研。在掌握第一手资料、分析全县文化产业工作现状及存在问题的基础上，撰写了《我县文化产业工作现状及建议》调研报告，以《政协专报》形式报县委、县政府领导，同时报市政协并被《唐山政协》刊发。

【开展医疗下乡活动】5月5日，县政协组织政协委员到新寨镇胡鄂常各庄村开展医疗下乡活动。县卫计局、县医院、县中医院、县红十字会等医疗界政协委员和医务人员现场为胡鄂常各庄村及周边村居民开展内科、外科、妇科、皮肤科、肛肠科等医疗服务活动，并向群众发放免费药品。医疗诊断项目包括B超、心电图、胸透等，近200名群众接受义诊。县政协相关领导、新寨镇相关负责人参加活动。

【内外宣传】2016年，县政协本着“全市有位置，全省有影响，全国有声音”的目标，在国家级刊物及网络媒体发表文章7篇，省级刊物及网络媒体发表文章38篇，市级刊物发表文章6篇，展示县政协履职成果，提高乐亭县及县政协的知名度和影响力。组办《乐亭政协》报，通过在委员中确定重点作者和通讯员，从不同视角反映社情民意和委员心声，确保刊发数量和稿件质量，全年编发4期，合计6万余字。与县电视台联合开办“政协之声”栏目，全年播出小专题12期，宣传政协委员立足岗位履职奉献的先进事迹，反映县政协在履行职能和助推沿海强县建设中的作用。推荐4名政协委员参加乐亭县第四届道德模范评选。

【推动与北京产业对接】县政协贯彻国家京津冀一体化发展战略，积极与北京相关单位联系，加大宣传和推介力度，推动乐亭与北京企业的合作。组织县内物流园区和相关单位负责人到北京市考察，宣传乐亭的投资优势和发展潜力，扩大乐亭的在外影响；邀请北京市海淀区政协、朝阳区中小企业市场发展商会、北京海归协会等单位到乐亭实地调研，增进对乐亭的了解。北京市海淀区政协、朝阳区中小企业市场发展商会等单位先后到乐亭考察了医疗合作、冷链物流项目和唐山境界实业有限公司、新希望六和肉鸡产业链、冀东国际农产品物流中心等企业，深入了解河北乐亭经济开发区建设、投资环境和产业发展、基础设施配套等情况，为招商引资奠定基础。

人民团体

县总工会

【概　况】 2016 年，乐亭县总工会有基层工会组织 999 个，其中单独基层工会 982 个，联合基层工会 17 个，涵盖法人单位 1072 个；全县工会会员 11.64 万人。县总工会认真贯彻落实《中共中央关于加强和改进党的群团工作的意见》，深入开展“两学一做”学习教育，围绕中心，服务大局，各项工作取得新成绩。被省总工会评为“县级工会规范化建设达标单位”。

【基层组织建设】 2016 年，县总工会推进工会会员实名制工作。摸清辖区内工会会员底数、基层组织建设现状，实现动态化科学规范管理，确保辖区企业建会率、职工入会率保持在 85% 以上。建会工作成果显著。发挥乡镇（街道）总工会、园区工会联合会职能，实现符合条件的入区企业全部成立工会组织。工会组织活力增强。唐山市德龙钢铁有限公司获“全国模范职工之家”称号。对唐山境界实业有限公司从人力、物力方面予以倾斜，出资 5 万元购买办公及健身设施完善企业工会办公室、职工健身活动室、阅览室；公司投资 70 多万元建设职工文化长廊、LED 电子屏和室外健身设施，获“省级示范非公企业工会”称号。达标创优取得实质突破。按照依法建会、依法管会、依法履职、依法维权和改革创新目标要求，强化工会组织规范化建设，不断夯实各级工会干事创业、创新发展的工作基础。

【开展劳动竞赛】 2016 年，县总工会引导全县各级工会充分发挥工人阶级主力军作用，调动职工的劳动热情和创造活力。围绕企业节能降耗和职工技术创新，实现劳动竞赛向“智力型”“效益型”转变。全县各企事业单位结合工作实际，开展不同形式的“学技能、促转型、做贡献”劳动竞赛；组织全县职工开展“五小”（小革新、小发明、小改造、小设计、小建议）创新活动，取得较大技术创新成果 31 项，对 30 名技术创新优秀能手进行表彰；国网乐亭县供电公司“苑会满创新工作室”、唐山市德龙钢铁有限公司“郭相起创新工作室”分别升级为市级优秀创新工作室；举办企业创新培训班 2 期，数控车床、电气焊等技术培训班 6 期。

【建立和谐稳定的劳动关系】 2016 年，县总工会组织全县职工深入学习贯彻《河北省企业民主管理条例》，职工会员知晓率达 80%，达到预期目标。以非公企业为重点，做好工资专项集体合同续签工作，推进工资集体协商的规范运作。年内，全县 637 家企业，签订集体合同并进行工资集体协商的 606 家，覆盖职工 6.89 万人，签约率达 95%。完善工会劳动保护监督检查组织网络，开展劳动安全卫生协议续签工作，区域性安全卫生协议书续签 14 份，行业性安全卫生协议书新签 1 份，续签 6 份；深入开展“安康杯”竞赛，职工参与率达 90%；组织企业开展“安全在我心中”职工演讲比赛，选派 2 名选手参加全市演讲比赛均取得“优秀选手”成绩；开展群众性安全隐患排查，查处隐患 170 处，整改率达 100%。

【职工权益维护】 2016 年，县总工会发挥全县 35 个基层法律援助站作用，受理案件 3 起，解答法律咨询 29 起，帮职工讨回工伤费 44.6 万元，职工法律援助网络向基层扩展。完善工会劳动关系预警工作机制，劳动关系矛盾排查化解实现规范化、制度化和常态化，全县各级工会调处劳动争议3件，排查各项矛盾纠纷9件，化解矛盾纠纷6件。

【工会会员卡发放】 2016年，县总工会为全县1.97万名职工办理工会会员卡。通过协商洽谈，佳惠超市、动岚健身等10余个商家成为“工会会员卡消费特约单位”，为职工提供优惠优质服务。

【劳模管理、服务和宣传】 2016年，县总工会大力弘扬劳模精神，对17名市级以上企业退休职工劳模进行春节慰问，发放慰问金3500元；为41名市级劳模发放荣誉津贴5.84万元；为21名全国、省部级、市级患病劳模申请困难救助28.65万元。把握全省首次社会化推荐“五一劳动奖章”机遇，推荐县内4名优秀人才参与评选，县医院儿科护士王艳芳、唐山市德龙钢铁有限公司烧结厂张国全获“河北省五一劳动奖章”，唐山市德龙钢铁有限公司炼钢车间被评为“河北省工人先锋号”。结合全市抗震胜利40周年纪念活动，协助市电视台对省劳动模范、乐亭县大地汽车零部件公司技术员裴晓科进行宣传报道。

【困难职工帮扶救助】 2016年，县总工会投资45万元建成省一档开放式职工服务中心，内设综合服务大厅、接待室、法律咨询室、心理咨询室。综合服务大厅设置困难救助、医疗互助、就业援助、法律援助4个服务窗口，下设职工培训中心、职工健身活动中心、职工乒乓球活动中心、困难职工爱心超市“三个中心、一个超市”。县总工会依托职工服务中心，以“爱职工之心、解职工之难、救职工之急、谋职工之福”为工作理念，扎实有效开展工作，实现“一站式”服务。完善了县、乡镇（街道）、村（社区）三级帮扶工作网络，开展特困、困难职工调查摸底工作，实行特困、困难职工档案动态管理和帮扶工作信息网络化管理。走访慰问特困职工134户、困难职工630户，发放慰问金（物品）51.2万元，爱心超市发放米面油价值18.53万元。为5名罹患尿毒症，需肾透析的困难职工发放困难救助金2.5万元；对28户脱困无望职工进行生活救助，每户每季发放救助金900元，共发放10.08万元；为50户特殊生活困难职工家庭发放救助金4.5万元；发放春雨行动——精准帮扶资金9000元。为13名新考入大学的困难（特困）职工子女发放“入学救助金”2.7万元；为62名困难（特困）职工上学子女发放“大学在读全程救助金”20.3万元。全县有1.97万名机关、企事业单位在职职工参加职工重大疾病医疗互助活动，全年补助、救助116人次，发放补助、救助金53万元；为72名患病职工按照住院医疗费的不同分四个档次进行救助，发放医疗救助金7.58万元。加强“造血式”扶持，帮助困难职工、困难农民工实现创业就业愿望。帮助有创业意向的困难职工向市总工会申报获批6个创业项目，申请无息借款、物资援助12.5万元，得到省市总工会的肯定，《河北工人报》对此进行了报道。与县就业服务局联合举办“春风行动”启动仪式暨大型招聘洽谈会，发放宣传材料1000余份，100余家招聘单位提供就业岗位600个，为1350名谋职人员提供免费服务。聘请全国“三八”健康万里行使者到县为女职工进行保健知识讲座4场次；组织全县1905名女职工参加“安康团体互助保险”，为女职工筑起抵御疾病的坚强后盾；联合县医院为唐山市德龙钢铁有限公司160名一线女职工体检；对全县23个优秀女职工集体，90名优秀女职工工作者进行表彰；在唐山境界实业有限公司和县图书馆分别建成“爱心妈妈小屋”，推动全社会呵护关心职业女性。

【唐山市德龙钢铁有限公司工会获“全国模范职工之家”称号】 唐山市德龙钢铁有限公司工会以“激发工会活力、展示工会作为，打造样板式钢铁企业职工之家”为主题，开展系列特色活动，彰显工会活力。唐山市德龙钢铁有限公司工会下设职工生活委员会、女职工委员会、文体活动委员会、互助基金委员会、劳动竞赛委员会5个专业委员会和烧结、炼铁、炼钢、线材、带钢等12个分会、108个工会小组。民主选举产生工会主席、分会主席和工会小组长。公司先后投资2300多万元新建职工之家、文体中心及足球场、洗衣房、洗车房、停车场等服务设施，全天候为员工提供无微不至的服务。开展劳动竞赛、技术比武、岗位练兵、合理化建议征集、员工培训，职工参与率100%。2015—2016年，取得创新成果100余项，增创经济效益2亿元；有28项成果被命名为“唐山市职工技术创新活动优秀创新成果”。在唐山市职工职业技能大赛中，6名职工被评为“市级技术能手”。开展困难职工帮扶工作，累计为372名困难职工发放补助金39万余元。2015年12月（发证时间为2016年下半年），唐山市德龙钢铁有限公司工会被中华全国总工会授予“全国模范职工之家”称号。

县总工会

主　席　缺　职

黄玉刚（3月任）

常务副主席　苗振刚

共青团县委

【概　况】 2016年，中国共产主义青年团唐山市乐亭县委员会（简称团县委）学习贯彻党中央《关于加强和改进党的群团工作意见》文件精神，落实县委十二届六次全会和团市委十七届六次全会精神，发扬“党有号召，团有行动”的优良传统，围绕全县工作大局，解放思想，锐意进取，创造性地开展工作，团结带领团员青年唱响“实干兴乐”主旋律，为加快建设沿海强县美丽乐亭贡献力量。

【青少年思想道德建设】 4月21日，团县委在李大钊纪念馆报告厅举办纪念五四运动97周年表彰会，县委、县人大、县政府、县政协相关领导出席，全县各条战线的团干部和优秀青年代表240余人参加，会上表彰了五四红旗团委等先进集体和优秀团干部、青年岗位能手等先进个人，激励全县团干部和广大团员青年继承五四运动光荣传统，锐意进取，求真务实、勇挑重担。年内，举办县级青年读书班3场次，基层青年读书班20余次，培训团干部和团员青年1800余人。加强未成年人普法教育宣传工作，先后在汀流河镇初级中学和新戴河初级中学开展“预防青少年犯罪法制宣传讲座”，受教育师生950余人。

【青年志愿者行动】 2016年县两会期间，组织20余名青年志愿者为与会的人大代表和政协委员提供礼仪接待、会场引领、讲解咨询等服务。3月5日，组织10余名青年志愿者在茂源社区广场开展“大爱唐山迎世园、青春志愿我先行”学雷锋志愿服务月活动。4月1日，组织38名青年志愿者开展“保护母亲河、美丽中国梦——2016年度青少年春季植树活动”，栽植柽柳、白蜡等树苗600多株。5月13日，联合县残联在文园广场开展“关爱残疾孤儿·让爱洒满人间”宣传活动。7月底，开展“弘扬抗震精神、共建大爱唐山”志愿者在行动系列活动，在大相各庄乡崔石潘各庄村开展“邻里相扶”免费美容专业技能培训；组织35名青年医疗志愿者在乐安社区、瑞祥社区开展义诊服务；面向全县招募青年文艺人才并成功组建阳光青年文艺志愿者服务队，举办成立仪式暨首场演出，组织开展欢庆电商节、慰问唐山市德龙钢铁有限公司青年职工、“青春在毕业季闪光”“激情广场文艺演出——阳光青年文艺志愿者专场”“向最可爱的人致敬”“青春暖夕阳”等系列文艺演出活动6场次，丰富群众业余文化生活。12月，“阳光青年”文艺志愿者服务队被授予“大爱唐山·唐山优秀志愿服务团队”称号。

【举办青年志愿者文明出行劝导活动启动仪式】 10月20日，团县委联合县公安交警大队举行青年志愿者文明出行劝导活动启动仪式，邀请县交警大队负责人为县综合职业技术学校参与活动的志愿者进行岗前培训。10月25日，组织40名青年志愿者在县城区8个主要路口设立32个劝导服务点位，重点针对行人闯红灯等不文明现象开展专项文明劝导。

【青工青农活动】 团县委与乐亭县四季香糕点厂、唐山洁净型煤制造有限公司建立对接帮扶关系，在前期调研的基础上，10月13日邀请县内电商运营专家，为四季香糕点厂分析电商运营的适用程度和发展前景，帮助其更新销售理念；针对唐山洁净型煤制造有限公司存在的产品宣传推广不充分的问题，联系县电视台，加大产品宣传力度，扩大洁净型煤的知晓率。五一国际劳动节前夕，联合唐山市德龙钢铁有限公司举办青年职工技能比武大赛，6月2日唐山市德龙钢铁有限公司举行2016年技术创新成果发布暨技能比武先进典型表彰大会，调动青年职工学习知识、掌握技能的积极性和创造性。8月6日，举办第三届相亲交友公益活动，全县各行各业130名青年单身男女参加活动，最终6对青年男女成功牵手。

【希望工程活动开展】 2月始，团县委联合县教育局、县工商联、县青年企业家协会、县电视台等单位，启动爱心助学希望工程。经调查走访，建立300人的希望工程贫困学子信息库，并实行动态管理，按照初中、小学学生每人每年600元，高中生每人每年1000元的标准予以资助。10月下旬，主办单位联系唐山阳光公益组织为25名贫困中小学生，资助价值4000余元的米面油、过冬衣物和学习用品等物资，联系唐山博杰学校资助汤家河镇羊兰坨小学价值6万余元的校服、运动服和乐队礼服。全年资助贫困学生352人，资助金额25.99万元。

【团组织建设】 4月14日，经团县委全程参与指导，团员大会选举，产生了共青团乐亭县农村淘宝支部第一届委员会。农村淘宝团支部的成立，为带动青年电商创业、服务农村淘宝、助推电子商务进农村工作打下基础。农村淘宝团支部成立为全省首例。加强团属阵地建设，依托县青年创业就业服务中心，建成团县委青年中心，为青年提供创业就业培训、专家指导、创业就业信息发布、就业中介服务、就业见习等特色服务，青年创业就业服务体系初步建立，成为联系青年的有形阵地；加强"青年之声"网上共青团建设，结合青年读书班活动，对"青年之声"工作进行安排部署和专题培训，要求各级团干部发动团员青年，深入开展主题活动，以线上线下紧密结合、一体运行的方式，打通联系服务青年的"最后一公里"；继续发行《乐亭团讯》季刊，完善"乐亭青年"官方微信平台，加强对青少年的思想引领。

【少先队工作】 2016年，团县委依托李大钊纪念馆、革命烈士纪念馆等教育基地，与县教育局一同在全县中小学生中开展"学党史、感党恩、跟党走""爱唐山、做贡献""微笑世园·青春我代言""五老牵手红领巾·共圆美丽中国梦""红领巾小讲堂——家风助成长""家乡文化大搜索""红色记忆·中国梦少年梦"少儿汇演专场、"我为英雄城市代言"庆祝建队67周年，以及入队、入团、成人仪式等主题教育活动，引导中小学生热爱祖国，热爱人民，健康成长，立志成才。2月21日，联合李大钊纪念馆和县教育局举办"红领巾小讲堂"庆新春学习大钊精神知识竞赛活动。六一国际儿童节前夕，在李大钊纪念馆报告厅举行红领巾小讲堂——"童心向党、红色传承"演讲比赛，300余名师生参加。

【举行"青年文明号"授牌仪式】 开展"青年文明号"创建工作，营造青年干事创业良好氛围。4月，团县委联合县电视台启动"青年文明号"创建活动，经过部署动员、实地指导检查、复审验收等环节，12月9日举行2016年度乐亭县"青年文明号"授牌仪式，县委相关领导出席，要求各单位抓住当前良好的发展机遇，解放思想，开拓创新，敢于担当，勇于实践，为推进全县经济社会健康发展贡献青春、智慧和力量。

【青年创业就业导师团成立】 2016年5月，团县委联合县委组织部、县人社局，面向社会各界征集青年创业就业导师，经资格审查，招募各行各业导师28名。7月20日，举行青年创业就业导师团成立仪式，为创业就业导师颁发聘书，创业就业导师们表示要在青年创业就业过程中发挥引领、咨询、参谋、指导作用，为青年创业就业提供免费服务。

【青年电子商务创业培训】 2016年，团县委多措并举，支持青年电子商务创业，助推电商进农村工作。年货节和"双十一"电商节之际，组织"阳光青年"文艺志愿者和大岐美业青年志愿者到姜各庄镇向阳坨村农村便民服务站等4个村级服务站，开展文艺演出和免费理发等志愿服务活动，营造良好的电商销售氛围。8月26日，联合县委组织部等单位举办青年之声——"千县万村、百万英才"青年电子商务创业培训班，各乡镇（街道）团委书记，有电商创业意向及正在从事电商创业的青年150余人参加培训，县人大相关领导出席，县内外电商专家就青年电商创业进行了系统讲解。

【青年就业技能培训】 2016年，团县委联合县就业服务局在县渤海职业技术培训学校举办就业技能培训班6期，开设装载机、叉车、起重机、电焊等专业理论知识和实际操作课程，培训农村青年240名，学员经培训后参加统一考试，考试合格的颁发全国通用的资格证书，帮助青年实现就业。

【举办青年就业招聘会】 2月28日，团县委联合县就业服务局在人才市场举办青年之声——服务青年就业专场招聘会，联系近140家企业参会，提供就业岗位600多个，近100名求职者与用人单位达成就业意向。9月5日，联合县人才市场、县青年创业就业服务中心在青年中心举办秋季大学生招聘会，待业大学生500余人参会，其中近200人与用人单位达成就业意向。县青年中心常年举办"逢四"招聘会，即每月4日、14日、24日进行现场招聘，年内组织招聘会30余场次，有近4000名待业青年参会，600余人与用人单位达成就业意向。

【"希望工程"助学金发放仪式举行】 12月22日，团县委联合县教育局、县电视台、县工商联、县青年企业家协会，在县青少年活动中心大会议室举行希望工程爱心助学金发放仪式，县委相关领导出席，受助学生、各乡镇（街道）团委书记及爱心企业家代表等260余人参加。仪式上，发放助学金12.47万元，惠及14个乡镇（街道）的中小学生194名。

中国共产主义青年团唐山市乐亭县委员会
书　记　李振升

县妇女联合会

【概　况】 2016年，乐亭县妇女联合会（简称县妇联）围绕县委、县政府中心工作，融入中心服务大局，面向基层服务妇女，抢抓机遇，务实创新，做到了重点工作有特色，品牌工作有成果。是年，乐亭县被省妇联确定为"加强乡镇（街道）妇联组织建设省级试点县"。

【组织阵地建设】 2016年，县妇联适应新形势下妇女工作的需要，强基础、求创新、增活力，全面加强妇女之家阵地建设，不断创新妇女组织设置方式，扩大妇女工作在全社会的有效覆盖。

围绕建设"坚强阵地"和"温暖之家"的总体目标，努力打造升级版"妇女之家"。抓实妇联干部队伍和巾帼志愿者队伍建设，增强"妇女之家"的凝聚力。争取各级党委、政府的支持，使"妇女之家"建设与基层党组织阵地建设同步推进。多方协调争取支持，破解资金难题，确保"妇女之家"工作正常运转。是年，乐亭镇三合村、阎各庄镇车门村省级"示范妇女之家"建设通过省妇联验收。乐安街道茂源社区、蔡各庄村，胡家坨镇大黑坨村，汤家河镇孟庄村"示范妇女之家"建设通过省妇联评估，获得资金支持40万元。立足改革创新，从基层妇联组织建设这一带动性强的基础工作抓起，聚魂、固本、强基，扎实开展加强基层妇联组织改革创新工作。搭建五个平台——搭建学习平台，搞好精神文明创建服务；搭建维权平台，搞好社会稳定服务；搭建爱心平台，搞好弱势群体服务；搭建活动平台，搞好身心建设服务；搭建创业平台，搞好经济发展服务。组建四级网络——实行网格化管理，完善县、乡镇、村、"两新"（新经济组织、新社会组织）组织网络体系。开展"三万"行动——进万家门、访万家情、结万家亲，对基层大走访、大调研，实行分组分片联系走访，深入基层一线、走进妇女中间。乐亭镇、乐安街道、姜各庄镇3个乡镇级妇联和胡家坨镇港东村等21个村级妇代会被评为河北省"三有两突出"基层妇联示范组织。全县所有乡镇（街道）顺利完成第一次妇女代表大会换届选举，分别产生了专职妇联主席1名（副科级待遇），专职妇联副主席1名（由正股级干部担任），兼职副主席3名，此项工作走在全省前列，乐亭县被省妇联确定为"加强乡镇（街道）妇联组织建设省级试点县"（全市2个）。乐安街道被确定为"加强乡镇（街道）妇联组织建设省级试点乡镇（街道）"，其他13个乡镇被确定为唐山市"加强乡镇（街道）妇联组织建设试点乡镇"。

【“美丽庭院”建设】 2016年，县妇联发挥妇联组织和广大妇女在建设“环境美、产业美、精神美、生态美”的美丽宜居乡村中的独特作用，以人美为核心，以办好村民讲习所、培植中心户为主要抓手，以提高妇女素质、弘扬良好家风、提高农民生活舒适度为重点，组织开展全县范围的美丽庭院创建活动，收到实实在在的效果，并获得上级妇联4万元物资支持。结合妇女之家建设，在全县重点村均建立美丽庭院村民讲习所，通过讲习所培训，引领妇女转变观念、革除陋习，积极参与美丽庭院创建活动，共建美丽乡村。汤家河镇史庄村村民讲习所被评为市级示范讲习所。开展中心户现场示范课堂，组织妇女直观学习中心户的好经验、好做法，达到“拨亮一盏灯，照亮一大片”的效果，形成创建美丽庭院“比、学、赶、帮、超”的良好氛围。年内，全县评选出美丽庭院标兵户、示范户2500户，美丽庭院中心户86户，其中15户被评为唐山市美丽庭院示范户。县妇联把“美丽庭院”创建标准从房前屋后、室内室外的整齐干净转移到以提高村民群众的生活舒适度为重点，大力推进卫生厕所、高效清洁燃烧炉具、太阳能、生物质型煤、秸秆综合利用、环保装修装饰材料、新型建筑样式等新材料、新技术、新装备、新样式进家入户，并把“四新”技术的应用作为评选美丽庭院标兵户、示范户的必要条件，积极打造升级版美丽庭院，形成了家庭推广应用“四新”的浓厚氛围，推动美丽庭院建设从初期的整齐洁净向文明时尚更高档次迈进。

【“寻找最美家庭”活动开展】 2016年，县妇联组织开展“寻找最美家庭”活动，引导广大妇女和家庭在参与中接受道德教育，提升文明程度。注重将家庭文明建设和培育健康文明生活方式融入到创建工作中，有效激发群众争创意识，形成人人参与、户户行动、家家争先的、浓厚的创建氛围。各基层妇联组织开展晒家庭幸福生活、讲家庭和谐故事、展家庭文明风采等活动30余场次，并在全县范围内开展“寻找最美家庭·建设美丽乐亭”活动。活动中涌现出一批无私奉献、热心公益、自强不息、教子有方、勤俭持家、孝老爱亲的美丽家庭，经过层层筛选，评选出15户乐亭县最美家庭和18户最美家庭提名奖，其中6户被评为唐山市最美家庭。各基层妇联组织和获奖家庭发放乐亭县最美家庭事迹U盘，并组成宣讲团赴各镇乡（街道）、村（社区）宣讲。进行最美家庭表彰活动，促进了社会正能量的发挥。

【巾帼创业创新上水平】 2016年，县妇联顺应“互联网+”时代要求，抢抓“大众创业、万众创新”的战略机遇，突出重点，务实举措，引导城乡妇女踊跃投身大众创业、万众创新热潮。坚持以培训为先导，面向农村妇女、女大学生、女致富带头人等不同群体，开展多门类多层次多级别培训，打造“巧姐”手工制作、“网姐”电子商务、“大姐”农业和家政服务的“乐亭三姐”标杆。依托勇芳布艺、乐亭渤新文化艺术中心等6个家庭手工业指导服务中心和手工制品工作室，开展手工编织技能、布艺培训等各类家庭手工业培训10期，培训妇女528名。联合县发改局、县商务局、县人社局等部门搞好“互联网+妇女创业服务”活动，举办妇女创业论坛和电子商务研讨会、推介会、培训会等，打造一系列女性电商团队。依托佳音农村妇女专业合作社、丞起颐天园现代农业园、渤海技能学校等开展农业科技知识、巾帼家政培训32场，培训妇女6000多人次。“三八”妇女节期间，组织召开全县妇女干部座谈会，典型代表交流发言；在全县组织开展“巾帼建功、党员示范”活动，选树典型单位21家，先进女党员23名，激发和调动妇女干部干事创业的激情和活力。全县建成巾帼现代农业科技示范基地13个，被确定为家庭手工业省级示范乡镇2个、示范村5个，建成手工业示范基地10个，培育妇女领办、创办科技型中小企业12家。联合县科技局、县农牧局、县委农工委、县就业服务局、县政府农业办公室、重点企业等培树科技型企业女性经营管理人员、现代农业科技示范基地负责人60多名；打造京津冀妇女协调创业创新共同体，5月承接京津冀巾帼创业行——三地妇女创业就业基地交流活动，考察团对县妇联妇女创业就业工作给予肯定；6月，作为全市2个县区之一，联合县招商局等在京津冀巾帼企业项目签约仪式暨交流会上做招商推介、创业交流。在老呔商城创建600余平方米的乐亭县巾帼创业基地，内设家庭手工业指导服务中心、巾帼创业就业服务中心、家庭教育研究中心、巾帼电子商务中心、女企业家协会、妇女儿童活动中心、手工业产品展示厅、巾帼风采展示厅、巾帼家政服务中心等，并设置会议室、电子商务部、手工坊、体验馆、培训电教厅等功能室，11家创业机构入驻。12月6日，唐山市巾帼巧手创富创业项目拉练观摩推进会在乐亭县巾帼创业基地举办。

【妇女儿童发展环境提升】 2016年，县妇联以保障和改善妇女儿童民生为着力点，加强与相关部门的协调沟通，整合各方资源，着力促进妇女儿童民生改善，使妇女儿童发展的社会环境不断优化。大力推进法院、妇联联席会议制度，开辟妇女儿童维权“绿色通道”，市法院、市妇联联席现场会在乐亭县召开，县妇联被评为“唐山市维护妇女儿童权益先进集体”。不断加大对贫困母亲、大病妇女、贫困学生的救助力度。年内，救助贫困母亲38名，救助资金1.14万元；慰问革命母亲17名，慰问资金5100元；为8000多名妇女进行“两癌”（宫颈癌、乳腺癌）免费筛查，为21名“两癌”患者争取救助资金16.5万元；实施“春蕾计划”，救助贫困学生509人次，救助资金28.61万元。全县中小学、幼儿园全部建立“家长学校”，县、乡妇联成立家庭教育指导服务中心和家庭教育指导服务站，并依托红黄蓝早教中心、青少年活动中心、婚姻登记处、计划生育服务站等机构开展公益性家庭教育指导服务，形成家庭、学校、社会“三位一体”的家庭教育网络。建立由18名县、乡镇（街道）妇联干部组成的家庭教育管理骨干队伍；组建了由经验丰富的校长教师、离退休干部、妇幼医生、法律工作者、知名人士等63人组成的家庭教育公益讲师队伍和以村妇代会干部、专业社工、优秀家长等1030人为补充的村级志愿者队伍，基本建起覆盖各级各类阵地的家庭教育指导服务队伍。参与市妇联“家庭教育千场流动课堂”公益项目，并继续开展“家庭教育公益大讲堂”活动，举办家庭教育公益讲座20场次，受益家长1.5万余人。开展“预防和纠正学前教育小学化倾向”“网络道德教育”“让孩子学会理财”等课题的研究和交流，增强家庭教育的针对性和实用性。编写印发家庭教育手册期刊3000册，受到欢迎。

县妇女联合会
主　席　李　敏

工商业联合会

【概　况】 2016年，乐亭县工商业联合会（简称县工商联）承担全县非公企业入会的组织调研工作，开展经济、技术、贸易交流，提供法律、法规、政策信息咨询，非公经济得到健康发展。至年底，全县有会员529个（人），其中企业会员159个，团体会员24个，个人会员346人。

【招商引资】 2016年，县工商联积极开展“招商引资、项目建设”活动，与北京市朝阳区中小企业发展促进会、北京市海淀区政协、北京市海淀区工商联、北京市海归协会、全国政协日报社、北京市海淀区成长型企业商会对接联系，促成海淀区政协、工商联和北京市海归协会的领导及企业家到乐亭考察投资。县工商联与北京市海淀区工商联初步达成双方建立友好工商联的意向，签订缔结友好工商联协议。开展商会之间的经济交流与合作，为双方企业提供市场需求和劳动力资源信息，在招商引资等经济活动中做好牵线搭桥和服务工作。与上海格玲投资管理有限公司建立战略合作关系，促成其与县城投公司、曙光药业等相关单位和企业达成合作意向。

【培训、维权服务】 2016年，县工商联组织孤竹国酒业有限公司、乐亭县四季香糕点厂、方舟书店、河北刘美实业有限公司等民营企业参加企业融资及新三板上市的有关业务培训和路演活动。组织民营企业家素质提高培训活动，培训人数50人。与县检察院联合举办民营企业法律知识培训班、警示教育展览。

年内，县工商联与县检察院联合印发《关于服务非公有制企业专项工作实施方案》，规范“民企法律工作室”，并相继开展维权活动。

【光彩事业】 引导民营企业投身光彩事业，服务社会。县工商联与团县委、县教育局、青年企业家协会共同组织向贫困生献爱心救助活动，帮助贫困生108名，帮扶资金20万元。组织河北明盛集团、河北夏日实业集团、唐山市德龙钢铁有限公司、河北龙泰辰有限公司等民营企业积极参与“千企帮千村”扶贫活动，对口帮助承德市宽城满族自治县贫困村脱贫。

【人才服务、专业协会建设】 2016年，县工商联与县就业服务局、青年企业家协会合作，以青年就业创业服务中心为阵地，组织春季和秋季人才招聘会2次，提升就业率，为企业发展提供人才保障。

6月注册成立以金虎家具为骨干的“乐亭县家居建材协会”，为规范行业行为、实现行业自律奠定了基础。

【“五好”工商联创建】 2016年，县工商联以争创全国“五好”（领导班子好、会员发展好、商会建设好、作用发挥好、工作保障好）工商联为抓手，不断提高整体工作水平。经全县工商联系统干部、会员的共同努力，按照创建标准，开展一系列创建活动，县工商联被全国工商联确认为“全国‘五好’县级工商联”。

【基层组织建设】 县工商联按照《中华全国工商业联合会章程》有关规定，在全县14个乡镇（街道）建立工商联分会。工商联分会坚持党委领导、政府支持、相关部门参与、县工商联具体指导的工作体系。乡镇（街道）工商联（商会）的领导机构为执行委员会。执行委员会由5～9人组成，其中主席1名（由乡镇、街道党委副书记担任）、副主席2～3名（由非公有制经济人士担任）、秘书长1名（由乡镇、街道经济办主任担任）。执行委员会成员由会员大会选举产生。基层分会组建后，按照《中华全国工商业联合会章程》和有关要求发展会员，开展工作，为促进全县非公有制经济“两个健康”发挥作用。

县工商业联合会
主　席　边红玉
第一副主席　任万平

县科学技术协会

【科普惠农项目实施】 2016年，乐亭县科学技术协会（简称县科协）遵循统筹兼顾、协调推进的原则，因地制宜，突出特色，积极实施科普惠农项目。培植的乐亭县利生果菜专业合作社科普基地，开发黄瓜、甜瓜、设施桃等6个果、菜特色品种，种植面积100公顷，年产值4000余万元。基地建有面积200平方米的培训教室，配置电脑、投影仪等多媒体培训设施，购置农民急需的农业科技图书、光盘，免费借阅，扩大了基地的服务功能。基地与县农口部门相结合，聘请专家、技术人员组成科普专家服务团，定期举办电化教学、坐诊咨询、技术培训，指导农户生产。被省科协评为“河北省优秀农村科普示范基地”。科普惠农项目的实施，完善了科普服务设施，科普服务能力、服务水平得到提升，持续惠及广大农民，促进了全县农村科普体系建设和全民科学文化素质的提升。

【科技培训】 县科协与相关部门配合，开展内容丰富、形式多样的“三进三送”（进农村送良策、进企业送科技、进社区送科普）科技、文化、卫生三下乡活动。针对本县为果菜生产大县、珍稀皮毛动物养殖大县的特点，从群众需求出发，以实用、实效的原则，组织各乡镇农技人员、协会负责人、科普带头人组成专家服务团，与农户结对子，实行对口帮扶，有重点、有针对性地解决农民生产中的问题，全年组织各类科技培训36场次，科普文艺演出12场次，培训5000人次，义诊1000人次；发放《健康保健》《唐山科普》《食品安全实用手册》《珍稀皮毛动物养殖》《全民健身知识手册》等科普书籍1.2万余册，以及农业生产新技术、新模式的科普宣传材料5万余份；展出科普展板80余块，帮助群众把新科技、新知识融入农业生产之中，实现增产增收。

【科普宣传】 全县科普工作按照县委、县政府工作要求，以“科普之春”“科技活动周”“全国科普日”宣传活动为契机，多渠道、多形式开展“全民健身促健康、同心共筑中国梦”“传承雷锋精神，参与志愿服务”“节能领跑，绿色发展”“创新放飞梦想，科技引领未来”等主题科普宣传活动20余场次，服务群众3万余人次。科普活动中，设计制作科普展板80块，涉及节约水资源、节能减排、低碳家庭、饮食与健康、科学健身等方面内容；为社区群众提供低碳生活宣传册、答疑解惑等服务，向群众宣传低碳生活理念、节能减排的意义。收集整理健康、保健知识，印制《健康保健》《偏方秘方》等科普手册，涉及中医保健、食疗保健、锻炼保健、健康保健小常识、儿童保健、妇女保健、老人保健等，从不同角度和侧面，对日常生活中常见的保健知识进行解读，免费发放1.5万册。

【科普阵地建设】 为促进农业专业合作社、基地进一步健全设施、完善服务功能、提高示范能力，县科协对万事达生态农业科普示范基地、阎各庄镇平顺果蔬专业合作社科普示范基地进行重点帮扶建设。投资4万元，为2个单位分别建立科普画廊，内容涉及农业生产知识、新品种、新技术，环境保护、健康卫生、食品安全等方面，拓宽新品种、新技术的推广渠道，提升农民群众的科技水平。

县科学技术协会

主　席　肖仲学

县文学艺术界联合会

【概　况】 2016年，乐亭县文学艺术界联合会（简称县文联）紧扣县委、县政府工作重心和上级文联的工作要求，履行“联络、协调、服务”职能，坚持服务大局，以多彩的文艺活动聚焦中国梦时代主题，推动县域文学艺术事业全面发展。年内，发展国家级会员1名，省级网络作协副主席1名，河北省诗词学会会员4名，市级会员18人，三级会员发展计划超额完成。

【文学艺术创作】 引导县内广大文艺工作者深入生活、扎根人民，创作出各类文艺精品。县美术家协会主席刘志伟的国画作品《八仙醉酒图》获“2016赤峰·蒙冀辽文化产业博览会”一等奖；在“中华杯”第四届全国青少年书画大赛中，乐亭县博御画室两名学员参加了现场总决赛，其中赵梦瑶获特等奖，王笑语获一等奖，2幅作品均被选入现场点评；在河北省第二届优秀网络文化作品“五个一”评选活动中，有15件作品获奖；在唐山市委宣传部主办的“中国梦·唐山篇章”诗词楹联颂党恩作品征集活动中，乐亭县有6名作者的7件作品获奖；在中国曲艺家协会主办的第九届中国曲艺牡丹奖全国曲艺大赛上，县文联选送的乐亭大鼓《不朽的丰碑》参加了现场比赛，获节目入围奖；在中国曲艺家协会组织的“中国精神·中国梦”优秀曲艺作品征集活动中，县曲艺家协会秘书长王有军创作的乐亭大鼓鼓词《碧血丹心》榜上有名，并获8000元资助资金；在河北省散文学会成立30周年纪念大会上，县2名作者获创作奖；在河北省第七届少儿曲艺大赛上，县第一实验小学的少儿乐亭大鼓《放鸟劝学》获二等奖。县内作者王建东的散文集《杂花乱开》，年内由作家出版社出版发行。

【文学艺术活动】 2016年，县文联组织全县文艺界各协会会员开展“深入生活、扎根人民”主题实践活动，引导广大文艺工作者到基层、到群众中去，提升思想和艺术境界，创作更多优秀作品。年内举办文艺下乡、书画下乡等活动8次，把下乡送文化变成下乡种文化；举办“我们的节日”系列活动，在新年、春节、元宵、清明、端午、中秋、重阳等传统节日，根据各节日特点举办相应的艺术活动，坚守民俗文化的弘扬和传承。在2016乐亭县第六届群众文化艺术节期间，举办端午经典作品朗诵会、“戏韵消夏”评剧名段演唱会、与县红十字会联合主办“爱心艺站·点赞善行”文化志愿者演出专场；建设若亭画苑和汀流河镇徐庄村“深入生活扎根人民”社区和农村文艺活动基地2个。

【文学艺术交流】 年内，县文联举办“省会文化下基层·走进魅力新乐亭”吴彦锋书法艺术作品交流展。举办“重温史诗”主题书画展览，纪念红军长征胜利80周年，缅怀世纪伟人毛泽东。

邀请书法家王汝波、摄影家成贵民和社科专家张亚钧到县举办辅导讲座3期，对县内作者群进行了极具针对性的讲解和释疑。由中国曲艺家协会主办的全国少儿曲艺创作工作座谈会在乐亭县召开，会议期间考察了县第一实验小学“曲艺进校园”工作，观看了少儿曲艺专场演出，走访慰问了乐亭大鼓表演艺术家肖云霞。主办了第25届全国艺术摄影获奖精品巡展乐亭站的展览。

县文学艺术界联合会

主　席　孟庆忠

县残疾人联合会

【概　况】 2016年，乐亭县残疾人联合会（简称县残联）树立全心全意为残疾人服务的意识，扶持残疾人创业就业，实施残疾人康复服务，开展残疾人扶贫救助，推动残疾人工作健康发展。到年底，全县领取残疾人证的12271人，其中农村11355人，城镇916人。持证残疾人中，视力残疾1595人，听力残疾712人，言语残疾248人，肢体残疾7606人，精神残疾791人，智力残疾927人，多重残疾392人。

【残疾人创业就业】 2016年，县残联按照省文件精神，与县地税部门联合下发残疾人就业保障金年审通知。全年实际征收企业113户，征收保障金150万元。年内新增残疾人就业创业50人，全部上岗；完成扶持近100名残疾人创业工作，对8名有创业成绩和影响力但创业资金有一定困难的扶持对象，每人配发创业补助金5000元；对市下达的10名扶持对象指标已完成摸底调查、筛选公示。7月，完成“就业援助月”3名公益性岗位人员的劳动合同签订及工作安置。市下达的10名残疾人公益性岗位指标已完成摸底调查、筛选公示及面试工作并上报。对考入中高等院校的35名贫困残疾人家庭子女及贫困残疾学生（贫困残疾中专生1名，贫困残疾人家庭子女本科生16名、专科生15名、中专生3名）进行了摸底调查、材料组档。县残联组织12名10～18岁的残疾人参加省残疾人联合会残奥会运动员的选拔工作，其中3名入选。在第26个全国助残日，县残联联合团县委在文园广场开展“关爱残疾孤儿·让爱洒满人间”助残日宣传活动，向群众发放《残疾预防知识手册》和《残疾人基本知识读本》等宣传材料200余份，现场接待群众咨询50余人。

【残疾人康复服务】 2016年，县残联加大残疾人康复服务力度，走医养结合道路，经反复考察论证，制订详细方案，在完成招投标等工作后，乐亭县重症残疾人托养中心改造工程进入实施阶段。根据全国统一安排，利用2个月时间对全县1万多名残疾人的基本现状和需求进行调查登记，并将数据统一录入上报，为上级制定政策提供依据。对有特殊需求和生活确有困难的残疾人，实施“一对一”康复服务，将脑瘫、聋儿等不同症状的儿童派送到市级康复机构进行训练达20人次，对10名有一定条件的智力残疾儿童送入县特教学校进行康复教育。为全县448名视力障碍患者配发助视器，为3名肢体残疾患者装配假肢，为124名行动不便的残疾人配发轮椅、盲杖、助听器等辅助器具，对52名精神残疾人通过市级专科医院进行救治。

【残疾人扶贫救助】 年内，县政府残工委印发《关于扶持贫困残疾人从事生产经营贷款贴息的实施办法》，为5名从事种植业、养殖业的残疾人户兑现贴息资金1.91万元。根据省相关部门文件要求，县残联与县民政部门结合，对全县残疾人两项补贴进行审核。从7月初开始对全县各乡镇、街道上报的残疾人两项补贴申报材料，借助残疾人证信息管理系统进行复审，符合条件的在审批表上签署审核意见。到11月底，审核符合条件应享受生活补贴的2955人、护理补贴的4368人。县残联切实解决肢残人的日常生活障碍，提高残疾人的生活质量，做好视力、听力、肢残人无障碍改造工作。投资近10万元对城区内21户重度肢残人家庭实施无障碍改造，为其安装沐浴椅、卫生间扶手、护理床等器具，修建坡道和康复训练护栏等。对121名重度听力、视力残疾人家庭进行摸底，减免了有线电视基本收视费、维护费，加强残疾人信息交流无障碍建设。全面落实残疾人乘坐市内公交车优惠政策，为9名残疾人办理市内公交车爱心助残卡，为9

名残疾人发放机动轮椅车燃油补贴，实现残疾人出行无障碍。

【残疾人组织联络】 年内，县残联加强助残服务队伍建设，完善专职委员的选拔工作。对3年期满的社区专职委员进行重新选聘，确定8名残疾人为专职委员。落实残疾人专门协会组织建设，完善人员配备、录入、组档等各项工作制度，鼓励各专门协会围绕残疾人工作献计献策，开展符合协会特点的工作。做好第二代《残疾人证》办理工作，简化办证程序，完善办证制度，开展“微笑服务”“一次性告知”等活动，到年底办理残疾人证12009个。开展志愿助残服务活动，规范助残志愿者队伍管理，发挥志愿者扶残助残的作用。全县录入注册志愿者2000余名。

【助残资金引进、助残捐助活动开展】 2016年，县残联争取上级资金146.88万元。按照市委办公厅、市政府办公厅《关于印发〈唐山市开展“献爱心·一元捐”助残捐助活动实施方案〉的通知》的要求，县残联对全县的“献爱心·一元捐”活动进行积极发动、深入宣传、认真组织，增强社会各界的慈善意识和社会责任感，激发全县人民的捐赠热情。年内，机关、企事业单位募集善款13.09万元。

县残疾人联合会
理事长　郁永良

县红十字会

【概　况】 2016年，乐亭县红十字会立足岗位职责，关注最易受损害群体的利益，实施“救护关爱生命”工程，开展应急救护知识培训进企业、进社区、进校园活动；心系特困群体，广泛筹集资金，开展红十字“博爱送万家”“下社区、到农村、进老区”帮扶活动，全年为特困群众发放各类救助款、物价值20.69万元；关爱未成年人，实施红十字“蓓蕾计划”；建立县内首个红十字志愿服务基地，成立无偿献血志愿服务分队，开展具有红十字特色的志愿服务。4月，县红十字会被评为唐山市2014—2015年度精神文明建设先进单位。

【红十字“博爱送万家”活动】 通过开展“博爱一日捐”活动筹集资金10万元，用于救助特困群体。开展以红十字“博爱送万家”活动为主的特困人员救助。1月，安排各乡镇、街道进行调查摸底，之后通过县红十字会核实，确定全县特困家庭126户（人），根据家庭不同情况进行救助，发放救助款、物价值14.6万元。

【开展纪念“世界红十字日”活动】 2016年4月28日，县红十字会在第69个“世界红十字日”之际，组织县医院医疗志愿者和红十字文化志愿者走进唐山市德龙钢铁有限公司，开展以关爱劳动者健康为主题的“爱心德龙行”志愿服务公益活动，为唐山市德龙钢铁有限公司200余名职工进行内科、外科、妇科、X光和心电图等体格检查，同时开展宣传咨询活动，发放《现场急救问与答》、无偿献血、造血干细胞、遗体器官捐献及国家红十字会救助项目资料1000余份，为60名安全管理人员进行应急救护知识培训，教授心肺复苏术、包扎、止血和意外伤害事故的救护技能。

【春雨行动——老区行】 2016年5月，县红十字会同县委老干部局、福平医院一起开展春雨行动“爱心老区行”活动，走进革命老区——胡家坨镇木三、木四村，为村民义诊、健康咨询、送医送药及慰问演出，现场救助特困老党员、特困老人和小学生12人，发放救助款物4800元；县红十字会为患病群众免费发放2000元的治疗药品，使老区村村民足不出村就享受到良好的医疗服务。

【“下社区、到农村、进老区”帮扶】 按照省民政厅的通知要求，县红十字会组织医护人员到毛庄镇、古河乡、新寨镇、汤家河镇开展“下社区、到农村、进老区”帮扶活动，为村民义诊，免费检查身体，宣传防病常识，为2000多名患病居民免费发放价值1.2万元的治疗药品及红十字会政策知识宣传材料3000多份。

【奉献爱心，拯救生命】 2016年1—2月，县红十字会联合县卫计局、县公安局组织开展公民团体预约献血工作，无偿献血3100人，献血量继续保持在90万毫升，保障了全县公民临床用血需求。2月，招募造血干细胞捐献志愿者40人完成血样采集，成功加入中华骨髓库。7月，县红十字会联合县卫计局举办全县人体器官捐献知识培训班，各乡镇、街道及各医疗单位的主管领导和相关医务人员参加培训，普及捐献政策常识，各医疗单位设置了信息员并组建44人的人体器官捐献工作队伍；为各医疗单位统一制作并下发《器官捐献、生命永续》宣传展牌，各单位悬挂上墙进行宣传。

【应急救护知识培训】 实施救护关爱生命工程，开展卫生救护知识“进社区、进企业、进校园”活动。5—9月，对唐山市德龙钢铁有限公司、乐亭碧海浴场（星星湾浴场）160余名安全管理人员进行应急救护知识培训，讲授心肺复苏术、包扎、止血等应急救护技能；同时在乐亭碧海浴场（星星湾浴场）对20名海上救援队队员进行应急救护知识培训；暑假期间，县红十字会与金笔作文语言培训学校联合举办“小小救护员培训班”，对50余名小学生和家长进行世界红十字运动常识、创伤救护、溺水急救和心肺复苏技术培训。暑假后，在县第二实验小学建立小学生救护知识培训体验点，对50余名师生进行救护知识培训，普及自救互救常识，提高应急救护水平。

【红十字志愿服务】 2016年4—10月，县红十字文化志愿者服务队先后到胡家坨镇木三村、木四村、县特教学校、武警中队为居民、武警官兵、残疾儿童进行文艺演出，特别是到警营开展活动时，志愿者和红十字会工作人员一起与官兵包饺子，共度节日，并为他们送去价值3000多元的水果和食品。8月7日晚，在县城青春广场露天舞台举行红十字文化志愿者专场演出，弘扬传播红十字精神。10月9日晚，县红十字会联合县委老干部局在县文化中心礼堂举行欢度重阳节专场文艺演出，400余名老人在现场观看演出。

【实施红十字“蓓蕾计划”】 2016年12月，县红十字会在县青少年活动中心举行第五期“蓓蕾计划”助学金发放仪式，救助特困小学生67名，发放4.21万元的救助款和学习用品。县文明办、县教育局、县红十字会及各乡镇（街道）主管领导、教育组总校长，受助学生及家长，学生所在学校校长、教师及红十字会文化志愿者200余人参加发放仪式。

【天使计划，救助患儿】 县红十字会为0～14岁特困白血病、先天性心脏病儿童申报中国红十字总会的“小天使基金”“天使阳光基金”救助项目，年内有3名儿童得到救助金10万元。

【红十字无偿献血志愿服务分队成立】 2016年6月，乐亭县红十字无偿献血志愿服务分队成立，并开展无偿献血宣传工作。6月15日，县红十字会为庆祝第13个“世界献血者日”，在大东方购物广场（东城店）举行纪念“世界献血者日”暨无偿献血志愿服务分队授旗仪式，市献血办领导参加仪式并为无偿献血志愿服务分队授旗，20余名志愿者面对队旗庄严宣誓，并走上献血车捐献自己的青春热血。现场发放无偿献血知识宣传品1500余份，县红十字文化志愿者还为群众演出文艺节目，活动现场气氛热烈。

【首个红十字志愿服务基地建立】 在“六一”国际儿童节前夕，县红十字会为吸引更多的爱心人士加入志愿服务活动行列，推动全县红十字志愿服务工作经常化、规范化发展，5月26日在县特教学校举行县内第一家红十字志愿服务基地揭牌仪式。县文明办、县残联、县教育局主要负责人及红十字文化志愿者、特教学校师生70余人参加仪式，志愿者代表面对会旗宣誓，县内知名人士及悦容汽车公馆为特殊教育学校的孩子们进行爱心捐赠，表达社会各界的关心和爱护。

县红十字会

会　长　杨冬梅（兼）

军　事

驻地武装

【人民武装部】 乐亭县人民武装部（简称县人武部），编制等级为县（团）级，设部长1名、政治委员1名、副部长1名。

2016年，县人武部贯彻省军区和军分区党委扩大会议精神，在县委、县政府的支持下，以全面推进强军目标为统领，按照“传承渐进打基础、盯着问题做工作、严格标准抓落实、全面建设创特色”的总体思路，迎难而上、扎实苦干，全面建设保持稳步推进、持续攀升的强劲态势。县人武部被省军区评为“先进人武部”“战备建设先进单位”和“全面建设先进旅团级单位”。

【驻军单位】 乐亭县境内有中国人民解放军朱日和训练基地乐亭综合训练场、乐亭县公安边防大队、乐亭县消防大队、乐亭县武警中队和解放军空军雷达站等7个驻军单位。

兵员征集

【兵员征集对象】 征集对象和范围　应征青年必须为乐亭县常住户口。农村户口青年应具备初中以上文化程度，城镇户口青年应具备高中（含职高、中专、技校）以上文化程度，企事业单位具有高中毕业以上文化程度的青年职工，普通高校毕业生、在校生和即将入学的大一新生也在征集之列。

征集年龄　男青年为2016年12月31日前年满17至22周岁，高职（专科）毕业生、本科及以上学历毕业生放宽到24周岁。女青年普通高中应届毕业生年满17至22周岁。

【兵员征集条件】 政治条件　拥护党的路线、方针、政策，坚持四项基本原则、热爱中国共产党、热爱社会主义、热爱人民军队，政治历史清楚，遵纪守法，品德优良，乐于奉献，全心全意为人民服务的适龄青年。

身体条件　男性身高160厘米以上，女性身高158厘米以上。男性体重不超过标准体重（标准体重（千克）= 身高（厘米）-110）的30%，不低于标准体重的15%。右眼裸眼视力不低于4.6，左眼裸眼视力不低于4.5。应征青年要经过基层武装部目测和县人武部开设的体检站、心理检测站检查。

【兵员征集组织领导】 为完成上级征兵任务，县成立征兵工作领导小组，由县长任组长，人武部部长、政委和分管武装工作的副县长为副组长，工作人员由县委宣传部、县民政局、县公安局、县卫计局、县教育局、县纪委等部门相关人员组成，明确责任分工、细化工作措施，为全县征兵工作整体推进奠定领导基础。

【兵员征集有序开展】 2016年，县人武部站在强国梦、强军梦的高度，强化组织领导，突出工作重点，狠抓工作落实，把完成征兵工作摆在突出位置，有序开展。

宣传发动　采取悬挂宣传条幅、发送手机短信、发放宣传单、开通征兵服务平台微信公众号和组织征兵宣传日活动等方式，全方位、多领域宣传发动。深入基层与适龄青年和家长座谈，了解入伍意愿，讲清相关待遇，激发了适龄青年参军入伍的政治热情。全县确认报名人数528人。

上站体检　科学设置征兵体检站，实施“一站式”体检。开通大学生体检绿色通道，确保随时报名、随时上站体检。全县上站体检适龄青年

401人，体检合格率38%。

廉洁征兵　认真传达学习上级关于廉洁征兵的指示精神，全程公布廉洁征兵举报电话，向每名应征青年发放《廉洁征兵监督卡》，实现内强约束、外强监督，确保征兵工作公平、公正、公开。年内高标准高质量完成118名新兵征集任务。

回访跟踪　根据唐山军分区新兵回访计划安排，县人武部指派现役干部和专职人武部部长分两组对乐亭籍新兵主要入伍方向进行跟踪回访。在回访过程中，与部队新兵骨干交换意见，对新兵骨干反映的个别想家的新兵进行耐心疏导，解决新兵想家怕苦思想。对新兵提出的家庭问题帮助解决，认真落实优抚政策，消除新兵的后顾之忧。

民兵组织建设

【民兵整组】　2016年，按照军分区民兵整组工作方案要求，县人武部结合县域实际细化了整组工作方案。3月17日，召开全县民兵整组工作会议。在民兵编组中，严格按照上级要求编组任务数编配基干民兵2350人。通过整组，基本做到了有利于组织领导、有利于提高质量、有利于开展活动、有利于执行任务，达到了民兵编组结构布局与战时兵员动员需要相适应的要求，为全县国防建设奠定了良好基础。

【民兵训练】　2016年，县人武部以中共中央总书记、中央军委主席习近平关于军队建设的一系列重要决策精神和军分区军事训练指示为指导，围绕党在新形势下强军目标，瞄准“能打仗，打胜仗”标准，5月4—23日，组织县民兵应急连进行集中训练，全县各单位157人参加训练。训练以遂行急难险重任务和应对突发事件为前提，以维护社会安全稳定为重点，扎实打基础，全面求过硬，坚持按纲施训，从严治训，指挥员的组织指挥能力和专业水平得到大幅度提高，教练员教学水平明显增长，队员的自身素质和专业技能得到大幅度提升，应急分队遂行急难险重任务和应对突发事件保障能力得到全面提升。

【战备值班】　按照上级要求，县人武部严格落实战备值班制度，值班首长和值班干部坚持24小时在位，各种预案准备充分、演练经常，在上级随机抽点检查及省军区、军分区明察暗访组检查中均能保持在岗在位，多次受到上级的通报表扬。

【专职人民武装干部队伍建设】　2016年，一批新同志走上专职人武部长的工作岗位。为使新任专职人武部部长尽快适应工作，找准职责定位，了解、认知武装工作，提升基层武装工作的能力和水平，4—7月，县人武部组织基层5名新任职专职人武部部长分别到人武部机关进行代职锻炼，培养了一批懂得专业、胜任本职的专职人民武装干部队伍。

【参与地方建设】　2016年，县人武部党委按照上级《关于驻冀部队参与扶贫开发的实施意见》的要求，为把部队优势转化为扶贫强势，结合两个主题教育实践活动，把大相各庄乡王烧纸庄村、史家庄村，新寨镇保心庄村作为扶贫开发示范村及帮扶村，部首长多次到该村调研了解情况，协调农村道路、村容村貌整治和文化、体育、卫生等民生工程建设，为王烧纸庄村、史家庄村、保心庄村协调帮扶资金各1万元。年内，扶贫开发示范村及被帮扶村的扶贫开发工作取得阶段性成果。

国防教育

【概　况】　2016年，乐亭县国防教育办公室（简称县国教办）组织纪念《中华人民共和国国防教育法》颁布施行15周年纪念活动，发放国防教育系列光盘100套，丰富拓展县直单位、各乡镇武装部和教育系统各学校的国防教育内容。围绕纪念红军长征胜利80周年开展国防教育答题活动，为学校和乡镇国教办提供试卷2万份。通过全民参与答题活动，报市国教办评比，获得单位组织奖1名，一等奖2名、二等奖3名、三等奖6名。发放国防法规书籍100余册，制作展板16块，在县武装部和各乡镇（街道）长期展览。组织开展第16个全民“国防教育日”系列活动，各中小学、相关单位利用自身优势开展丰富多彩教育活动，收到良好教育效果。年内，李大钊纪念馆被评为“河北省先进国防教育基地”，县委党校杨宝兰被评为“河北省国防教育先进个人”。11 月，王丛宝家庭参加河北省情系国防好家庭经验交流会，被省委宣传部、省民政厅、省军区政治部授予“情系国防好家庭”称号。

【学校国防教育】 2016 年，县国教办联合县教育局组织教育系统各学校参加纪念《中华人民共和国国防教育法》颁布 15 周年纪念活动，组织开展第 16 个全民“国防教育日”系列活动，把握主题，突出青少年学生的教化感染，各中小学利用自身优势开展了形式多样的教育活动。新学期开学后组织高一新生军训，河北乐亭第一中学、河北乐亭第二中学、乐亭县综合职业技术学校、乐亭高平中学 3328 名高一新生参加军训，同时接受国防教育；开展国防教育示范校活动，河北乐亭第一中学、乐亭县第三初级中学、乐亭县第一实验小学、乐亭县第三实验小学脱颖而出，参加全市国防教育示范校评比。各学校以专题报告会、知识竞赛、演讲会、征文、文艺演出、参观爱国主义教育基地和国防教育基地等形式开展国防教育活动。

【民兵国防教育】 各基层武装部根据民兵的性质和特点开展国防教育活动，武装部部长兼任本单位国防教育办公室主任，指导本单位国防教育活动的开展。结合“八一”建军节、全民国防教育日、长征胜利 80 周年、征兵等时机，及早谋划做好适龄青年、民兵预备役人员及全民的国防教育宣传，先后集中宣传 3 次，制作宣传条幅 125 幅、宣传图版 32 块，印发宣传材料 8000 份。各类民兵应急分队和参加军事训练的民兵普遍开展以政治教育为主的国防教育活动，受教育民兵 3000 多人次。县国教办对各单位开展国防教育提供帮助，先后抽调民兵教员 30 人次协助学校军训，为机关、学校、企事业单位开展国防教育提供资料、协调人员，促进国防教育全面开展。

【李大钊纪念馆获评“河北省先进国防教育基地”】 2016 年 12 月，李大钊纪念馆被省委宣传部、省民政厅、省军区政治部评为“河北省先进国防教育基地”。为更好地发挥爱国主义教育示范基地和国防教育示范基地的作用，李大钊纪念馆提出“依托馆藏资源，唱响爱国主义主旋律，不断提升国防教育基地功能”的工作思路，依托纪念馆独特的政治资源优势，把宣传大钊精神和开展国防教育有机融合。李大钊纪念馆不断完善基础设施建设，加强游客中心的服务与管理，重视园区环境建设，更新座椅，添加饮水机，参观环境更加人性化。进一步完善国防教育角和国防教育展室，为开展全民国防教育提供更好的基地和场所。李大钊纪念馆注重在全体员工中普及国防知识，树立“爱军、习武、强国防”的思想意识，以满足观众需求为出发点，实行规范化接待，开展“五心”服务，让来馆参观的每位观众都能高兴而来，满意而归。依托讲解，把国防教育贯穿讲解始终，对观众进行潜移默化的国防知识教育。以重大纪念日为契机，组织宣讲小分队，深入部队、学校、机关进行专题宣讲。开展“大钊精神”“国防教育”知识专题讲座，把国防教育课办到机关、学校、军营。利用国防教育角对中小学生进行丰富多彩的专题国防教育，让孩子们在寓教于乐中接受国防和爱国主义教育。在做好各级领导、专家等参观接待的同时，更多专注农民、外来打工人员、残疾人等弱势群体的接待服务。设置残疾人通道、残疾人厕卫、专用电梯，开展“学雷锋、扶老助残、文明引导”等志愿服务活动，对残疾人、老年人给予优先接待讲解，扩大爱国主义教育和国防教育范围，实现红色教育资源全民共享。

【王从保家庭获省“情系国防好家庭”称号】 王从保，乐亭县军休所退休干部。1965 年 7 月 27 日入伍，1996 年 4 月从任职 14 年的县委常委、人武部政委的岗位上退休。退休之后，在老伴和儿女的支持下，谢绝了社会上多家企业单位高薪聘请，在军休所担任党总支副书记、老干部支部书记。期间，在他的建议下，组建了乐亭县老兵国防教育宣讲团，并亲任团长，带头宣讲近 100 次；承担县交付的举办革命英烈展室和国防教育展室的任务，使展室成为爱国主义、革命英雄主义教育基地；主编《老兵回忆录》丛书，出版发行 5000 余册，成为缅怀英烈、激励后人的生动教材；20 多年中，他参与宣讲国防教育素材的报告近 300 场次，听众数万人次，行程 3 万多千米，无私奉献1000余天。唐山电视台制作播放《一位老兵的新长征》电视专题片，《唐山劳动日报》3次刊载他的事迹。王从保不忘初心、余热生辉献国防的真情，得到妻子、儿女的理解与支持，得到社会的认可，被省评为先进军休干部、市优秀基层国防教育宣传员和最美志愿者。2016年11月王从保家庭参加省国教办举办的情系国防好家庭经验交流会，被省委宣传部、省民政厅、省军区政治部授予“情系国防好家庭”称号。

县国教办

主　任　程志新

人民防空

【人防宣传教育】　2016年，乐亭县人民防空办公室（简称县人防办）坚持把宣传教育作为人防工作的舆论先导，抓特色、抓典型，浓厚舆论氛围，不断提升全社会防空、防灾意识。5月11日，结合“5.12”全国防灾减灾日，集中宣传防空防灾知识，在县城文园开展活动。通过发放《宣传手册》等宣传材料，解答群众咨询，悬挂标语，发送公益短信等，宣传防空防灾知识，使之深入人心，家喻户晓。投入4万元新建人防宣传橱窗30平方米，加大社区宣传力度。7月，县人防办与县科技局、县教育局、县广播电视台联合，组织县第二实验小学学生以家庭为单位开展“纪念唐山抗震40周年防震减灾知识竞赛”，在学生及家长中进行了一次防灾减灾知识普及，培养学生自救互助能力。是月，组织县第二实验小学师生2000人开展实战背景条件下的防灾救灾应急演练活动，宣传防空、防灾理念，提高师生防空、防灾意识。打造特色基地，集中宣传。姜各庄林场后方基地的早期人防工程建于1970年，具有典型的历史意义和普及人防知识、宣传人防战备的意义。县人防办拟对该人防工程进行维修、改造，建成特色人防宣传教育基地，年内进行多方调研论证。

【人防行政执法和行政审批】　2016年，县人防办加强人防行政执法工作，行政执法行为得到规范。与县发改、住建等部门联合，落实人防各项法规政策，共同把好结建（结合城市新建民用建筑，修建战时可用于防空的地下室）关。加强对执法人员的学习培训，提高执法人员的执法能力和水平。实行阳光政务，所有行政审批事项全部进入行政服务中心，实现一个窗口办理、一条龙服务，最大限度方便群众办理人防审批事项。实行首问责任制、限时办结制，自觉接受全社会监督。全年办理结建审批事项26件，收取易地建设费1097万元。

【人防通信建设】　2016年，县人防办购置防空警报器3台，城区警报器总数达10台，扩大了音响覆盖面。年内，完成了防空警报器的检查、保养、测试工作。高效完成了“七七”防空警报试鸣工作，群众国防意识得到提高。针对现代局部战争的特点，结合乐亭所处的战略地位和作用，对《乐亭县人民防空方案》进行修改完善。按照城区人口1‰～3‰的比例完成民兵防空专业队整组，组建7个民兵防空专业队。开展地下空间资源调查，调查工程总数34项，建筑面积58万平方米。参加市人防办组织的人防应急演练活动3次，强化短波电台通信、指挥车对接、设备电池3个月一次的深度充放电等常态化训练，人员、设备等应急处置能力得到提高。

【县人防办获评“河北省人民防空系统先进集体”】7月6日，县人防办被评为“河北省人民防空系统先进集体”，为唐山市各县（市、区）唯一单位，参加在石家庄市召开的河北省人民防空工作会议，受到省委书记赵克志、省长张庆伟的接见。县人防办以人防建设全面融入经济社会发展体系为主线，以提高基于信息系统的人防体系能力为重点，狠抓保障能力、宣传普及、执政为民和教育管理“四个强化”，努力实现人防建设水平、社会影响力、行政服务效能和人防队伍整体素质“四个突破”。城区警报器总数达到10台，基本实现了指挥通信全覆盖；批建奇艺商务酒店6742平方米人防工程，实现重大人防工程零的突破；先后在城区10个社区开展人防演练活动，覆盖率达70%。实行阳光服务，创新结建审批工作方法，变坐等审批为主动服务。

县人防办

主　任　张海燕

政　法

综　述

2016年，全县政法机关和综治维稳战线各单位在县委、县政府的领导下，坚持以维护稳定为核心，以服务发展为根本，以队伍建设为保障，牢记维护稳定第一责任，扎实推进和谐乐亭建设、平安乐亭建设、法治乐亭建设和政法队伍建设，政法综治维稳各项工作取得进步。县法院大力开展司法调解，总结出的“2+3+1工作法”得到省、市领导的肯定；发挥职能作用，服务发展的做法分别被《中国县域经济报》《人民法院报》和《河北法制报》刊载。县检察院全年完成市检察院交办、协办案件8件，出庭支持抗诉1件1人，协助市检察院调取案卷1次，督促行政执法部门履职27件；贯彻省、市检察院司法体制改革要求，通过民主测评、实绩考核、座谈推荐和形成考核意见的形式，23名检察官取得入额资格。县公安局被省公安厅命名为全省执法示范单位，在唐山世园会安保首战告捷被市公安局记集体嘉奖；全县未发生群死群伤的道路交通、火灾和爆炸事故；与环保等部门密切配合，破获县内首例环境污染案件，将逃避监管、违法排污的违法人员行政拘留。县司法局加大“六五”普法工作力度，全民的法治素养、法治意识得到加强。乐亭县被省委组织部、宣传部、司法厅等6部门评为“‘六五’普法先进县”。有6个集体和个人受到市“六五”普法表彰；在全市率先将县综合法律服务中心升级为县公共法律服务中心。县防范办及时上报工作和工作经验性30条，被有关刊物、网站采纳刊登27篇。

公　安

【概　况】 2016年，乐亭县公安系统以“发案少、秩序好、群众满意”为目标，强力推进严打整治行动，加强社会治安管理和防范工作，全力维护社会稳定，提升群众的安全感和满意度。全年接刑事案件报警2054起，比上年上升49.5%；破获各类刑事案件442起（其中命案5起），抓获犯罪嫌疑人323人（其中逃犯122人），分别比上年上升69.8%和27.5%；查处各类治安案件2218起，处罚违法人员342人，其中行政拘留251人。全县总体治安环境保持稳定有序，得到上级机关和各级领导的肯定。县公安局被省公安厅命名为“全省执法示范单位”，全市第四届警学理论研讨会在县公安局举行。县公安局在唐山世园会期间安保工作被市公安局记集体嘉奖，5人被市公安局记三等功，8人被市公安局嘉奖，25人被评为世园会安保先进个人，1人被唐山市普法依法治市领导小组评为2011—2015年全市法治宣传教育先进个人。

【突发事件应急处置和巡逻防控】 2016年，县公安局与有关部门配合，先后对农民工讨薪、“3.23”沉船事故、肯德基门店前拥堵、小升初学生家长上访等事件，快速稳妥处置，迅速平息事态，维护了全县大局稳定。3月10日，县公安局配合市公安局钢城分局果断行动，及时处置了王滩镇曹庄村部分不法分子围堵唐山中厚板材有限公司大门、扰乱企业正常生产事件，将4名聚众扰乱社会秩序的组织者、积极参加者刑事拘留，将6名妨碍民警执法、扰乱单位秩序的不法分子行政拘留，维护了企业正常的生产秩序。

县公安局巡特警大队和各派出所加强对重点

要害单位、车站、商场等人员密集区域、居民小区及易发案地区的全天候巡逻防控，屯警街面，动中备勤，提高街面见警率和快速打击违法犯罪的能力，震慑违法犯罪分子，增强群众的安全感。年内，抓获现行违法犯罪嫌疑人8名。

【信访维稳与打击非法上访】 2016年，县公安局以开展化解信访积案专项行动为载体，严格落实领导接待、信访案件交办、督导、领导包案等制度。年内，县公安局信访大厅接待上访群众274人次，办理各类信访件359件次，做到件件有答复。摸排重点越级访4人次，全部建立台账。始终保持打击非法上访的高压态势，先后行政拘留非法上访人员30人次。

【重大活动安保】 围绕唐山世园会安保、暑期安保、十八届六中全会安保等重大活动，严厉打击扰乱社会秩序违法犯罪。在暑期安保工作中，县公安局抽调100名警力，在沿海高速公路乐亭东出入口、姜各庄大桥、县长途汽车站设置3个警务站，对由县内前往秦皇岛市北戴河区的车辆和人员逐车、逐人进行安检、核实，检查车辆3.98万辆，人员7.9万人，发放安检证4320张，抓获逃犯5名、吸毒人员6名、肇事肇祸精神病人1名，截留劝返上访人员12名，收缴300千克装液化气罐6罐，汽油15桶，烟花爆竹10箱，管制刀具3把。实现了暑期安保预定目标，全县未发生到秦皇岛市北戴河区非访问题。

【矛盾纠纷排查化解】 2016年，县公安局对民间矛盾纠纷开展经常性排查，与有关部门配合，采取法律、行政、乡俗、人情等措施，努力将其化解在初期，避免矛盾激化，促进社会和谐。全年排查化解各类矛盾纠纷653起。

【打击黑恶势力犯罪】 2016年，县公安局开展“打黑除恶灭霸扫痞”专项行动，明确任务，落实责任，对黑恶痞霸违法犯罪予以严厉打击。先后打掉痞霸团伙5个，抓获犯罪嫌疑人58名，破获痞霸案件40起。5月27日，刑侦大队打掉一痞霸团伙，一举将涉嫌寻衅滋事的7名犯罪嫌疑人抓获归案。

【打击多发性犯罪】 2016年，县公安局保持对“两抢一盗”等多发性侵财犯罪的严打高压态势，通过特情、技术等多种措施，科学串并，专案攻坚。3月28日，刑侦大队将盗窃县医院住院部医护人员钱包的犯罪嫌疑人抓获归案，破获盗窃案件4起。10月21日，刑侦大队将盗窃河北乐亭经济开发区鸿福实业有限公司变电站的犯罪嫌疑人抓获，破获涉案价值20余万元的盗窃案件1起。全年破获“两抢一盗”案件76起。

【打击毒品犯罪】 2016年，县公安局以开展对吸毒人员“大排查、大收戒”专项行动为契机，全警动员，全面排查，严格落实“逢疑必检”措施，严厉打击吸毒、贩毒违法犯罪。1月20日，县公安局与市公安局禁毒支队配合，破获非法持有毒品案1起，缴获冰毒254克。全年破获贩卖毒品案件8起，新发现、登记吸毒人员61名，社区戒毒27名，强制隔离戒毒7名。

【打击非法集资和拒不支付劳动报酬违法犯罪】 2016年，县公安局围绕民生工程持续加大对民间非法集资和拒不支付劳动报酬违法犯罪的打击力度，破获拒不支付劳动报酬案件4起，非法集资案件2起。7月，经多方努力，督促乐亭县同乐化工有限公司实际控股人将拖欠264名工人的350余万元全部足额支付，维护了农民工的合法权益，消除化解了社会安全隐患。与环保等部门配合，破获县内首例环境污染案件，将逃避监管、违法排污的违法人员行政拘留。

【治安管理员建设和“红袖标”工程实施】 2016年，县公安局将治安管理员建设与“红袖标工程”相结合，在全县物建治安志愿者4339名，全部配发帽子、背心、红袖标“三件套”，建立完善了联系、报告、奖励等相关制度。“红袖标”志愿者先后提供各类信息1.03万条，协助登记暂住人口358人次，出租房屋742间，协助调解案件536起。

【科技防控】 2016年，县公安局对城区科技防范系统进行完善，与电子警察、治安卡口等系统相结合，对城区治安动态实施24小时视频监控，实现“视频巡逻”与街面“实兵巡逻”的有机结合，形成巡逻防控合力。同时，动员社会各界加强科技防范建设，提升全县综合防范能力。年内，通过视频巡控协助破获案件31起，抓获违法犯罪嫌疑人33人。

【法律知识宣传教育】 2016年，县公安局组织情报中心民警深入厂企、学校、乡镇、社区开展法律知识宣传教育讲座53场次，以案说法，以事育人，增强法制教育的说服力。以“110”宣传日、“119”宣传日等活动为载体，组织民警走上街头，散发宣传画、宣传材料2万余份，并为群众提供法律咨询，提高群众的法治意识和依法办事能力。

【行业场所管理】 2016年，县公安局先后2次组织全县旅馆业主及派出所民警，就加强旅馆业管理进行业务培训。以对旅馆业落实“四实”（实名、实情、实数、实时）管理规定及公安部监控测试检查为依托，对全县行业场所进行经常性检查，对20家未落实“四实”规定的旅馆予以处罚。集中检查娱乐场所103家次，对26家娱乐场所存在的安全巡检不及时、日志不如实上传、个别工作卡不佩戴等问题，在网上考核中进行扣分处罚。

【消防安全整治】 2016年，县公安局深化社会单位“四个能力”（检查消除火灾隐患的能力、扑救初级火灾的能力、组织疏散逃生的能力、消防宣传教育的能力）建设，加快重点单位“户籍化”管理和乡镇、街道网格化管理进程，先后组织社会单位消防安全责任人、消防安全管理人开展消防安全培训7次，组织上街宣传40次，发放宣传资料1万余份，开放消防站18次，组织社会单位开展灭火疏散演练21次，提高全民消防安全意识和防火灭火能力。全面开展消防安全检查行动，检查社会单位977家次，发现并整改火灾隐患1765处，对21家存在消防违法行为的单位给予行政处罚，关停单位1家，罚款19.7万元。完成乐亭县大东方商贸有限责任公司水韵名居分公司重大火灾隐患的整改工作。

【道路交通安全隐患排查整治】 2016年，县公安局加强对城区和主要道路交通秩序管理疏导工作，持续开展客车超员、农用车违法载人、危险品运输、超限超载、酒驾及涉牌涉证专项整治等行动，查处各类交通违法行为10万余起，其中酒后驾驶152起，醉酒驾驶30起，涉牌涉证962起；暂扣汽车132辆，农用车26辆，摩托车263辆。严厉查处非法营运电动车，查扣电动三轮车19辆，电动四轮车42辆。与县交通等部门联合开展“治超”行动，查扣超载大型货车372辆，全县货车客车超载超限问题得到改善。

【危爆物品清查收缴】 2016年，县公安局对涉枪涉危涉爆从业单位开展反复、滚动隐患排查整治，全力消除安全隐患，检查涉枪单位12家次，剧毒化学品从业单位8家次，烟花爆竹从业单位28家次，放射源使用单位8家次；群众主动上缴的气枪13支，军用子弹45发；收缴气枪3支，铅弹1798发，气罐2个；收缴烟花爆竹321件。

【重点单位安全管理】 2016年，县公安局加强对重点单位、事关国计民生的重要基础设施等重点部位的安全大检查，指导、督促落实内部防范措施，检查治安保卫重点单位259家次，企业事业单位162家次，重点部位506处次，确保内部重点单位的安全。与县教育、社会治安综合治理、工商等部门配合，对校园及周边秩序开展经常性排查整治，发现并剔除各类安全隐患102处、化解矛盾纠纷苗头18起。组织巡特警、交警及派出所切实加大校园周边地区巡逻防控力度和密度，加强学生上学、放学、晚自习时段校园及周边的治安防控工作，做到“见警察、见警车、见警灯”，震慑违法犯罪分子，增强师生安全感。至年底，县内未发生侵害在校师生人身和财产安全案件。

【网络安全管理】 2016年，县公安局加大互联网舆情信息监测力度，对120个涉及县域的网站、贴吧、论坛、微博，200余个QQ（即时通信软件）群进行24小巡查，上报情报信息754条，唐山世园会舆情专报27篇，重点人动态30

条，上报并删除有害信息420条。加强网吧安全管理和非经营性上网场所安全管理，对有安全漏洞的网站下发整改通知书3家。先后查处传播淫秽物品案、下载暴恐音视频案、网上侮辱诽谤他人案等案件，县内互联网环境得到净化。

【派出所建设】 2016年，县公安局争取中央政法专项资金124万元，投入配套资金200余万元，完成古河、马头营派出所新址建设。投资100余万元，对各派出所进行修缮。每月为每个派出所拨付经费6000元，并由县公安局统一保障派出所公用车辆修车、加油经费，对派出所办理重大案件、重大事项实行一事一议，全额保障，为派出所工作解除后顾之忧。完成兴乐边防派出所、胡家坨派出所2个试点派出所勤务指挥室建设，勤务指挥室集值班接警、警情分析、指挥调度、信息研判、勤务管理、视频巡控、服务群众多功能为一体，2个派出所路面巡控、社区防范、场所管理、案件侦破工作的能力和水平得到提高。是年，县公安局评定上报一级公安派出所2个，二级公安派出所7个，三级公安派出所4个。

【户籍管理】 2016年，县公安局立足“窗口”职能，贯彻执行各项便民利民措施，深化户籍制度改革，鼓励群众到城镇落户，提高全县户籍人口城镇化水平。全年办理准迁业务966人、二代身份证1.71万人、临时身份证2635人，省内异地办理身份证229人，变更更正业务1087人，补录户口58人，核实删除重复户口28人，解决无户口人员147人。

【出入境管理】 2016年，县公安局严格落实省公安厅“便民利民20条措施”，安装自助“满意拍”系统。年内受理护照、港澳通行证、大陆居民往来台湾通行证4032份，其中受理护照2826份、港澳通行证1040份、大陆居民往来台湾通行证166份。

【执法培训】 2016年，县公安局围绕执法办案场所使用、信访案件、证据标准和网上办案存在的问题，举办执法培训班5场次，受教育人数200余人次。通过集中学、邀请县检察院检察官交流学、开展庭审旁听、设立网上法制警校等形式，提升民警的执法水平。年内，县公安局所有在编在职的执法民警全部取得基本级执法资格，所、队长和案件审核人员全部取得中级执法资格，有10人取得高级执法资格。

【执法监督】 2016年，县公安局制订《执法突出问题专项治理工作方案》，全面实行案件网上办案单轨制，严格落实“七个一律”硬性规定，围绕受立案、调查取证、涉案财物、强制措施、行政处罚等具体的执法行为和执法环节进行全面检查，并将巡查的结果在“网上执法晾晒平台”上公开晾晒，指导办案民警及时整改执法问题。年内制定印发《案管中心通报》189期，《案管中心每周研判》39期，通报录入不及时问题70余件次，限时整改立案不及时案件12件次，执法质量得到提升。

【执法“晾晒”】 2016年，县公安局依托阳光警务执法办案查询系统，将警情处置结果9129起、一般程序行政案件1690起、刑事案件1790起的受立案、办理进度、办案人及联系方式、处理结果和相关法律文书推送至互联网，方便群众查询，接受群众监督。同时，利用公开平台及门户网站，有效拓宽警民互动渠道，广泛收集社情民意。全年通过“警信通”平台向干部群众手机群发防范短信5万余条，通过公安政务微博、“平安乐亭”微信公众平台发布警务信息1000余条，通过乐亭公安信息网发布各类信息1.26万条，网站访问量49万余次，警民QQ互动日均5000余条，收到群众来件近700件，搭建了警民沟通交流的“连心桥”，实现了执法公开工作常态化、规范化，群众满意度明显提高，执法公信力得到提升。

【公安队伍建设】 2016年，县公安局开展“2016警务实战春训秋考”活动，为电教中心重新配置计算机27台。从全局范围内抽调4名业务骨干作为警务技能训练小教官，围绕执勤任务需求，对参加唐山世园会、暑期安保工作的140余名民警、协勤队员，开展岗位化、专业化、实战化训练。组织法制、治安等警种举办专业知识培训6次，受训民警、辅警200余人次。

年内，县公安局组织对2016年度工人技师进行考评，开展评定技师工作。按照上级文件精神，全面落实警衔津贴待遇，对在职民警逐人完善警衔津贴，并按期落实待遇。组织全局民警和退休老干部进行体检，实行民警个人大事局领导慰问制度，凝聚警心，公安队伍的向心力和战斗力得到增强。

检 察

【概 况】 2016年，乐亭县检察机关贯彻落实省、市、县三级政法工作部署，以服务沿海强县、美丽乐亭建设为落脚点，以司法办案为中心，以司法改革为动力，履行宪法和法律赋予的职责，加强司法公信力建设和检察队伍建设，为全县经济社会发展提供司法保障。年内，县检察机关依法批准逮捕犯罪嫌疑人108件124人，依法提起公诉198件242人；立案侦查贪污贿赂犯罪4件6人，为国家挽回经济损失76万元；立案侦查渎职侵权犯罪2件5人。

【审查批捕】 2016年，县检察机关围绕中央和省、市、县委关于平安建设的部署要求，依法履行审查批捕职责，严厉打击影响社会大局稳定的刑事犯罪，增强人民群众安全感。年内批准逮捕犯罪嫌疑人108件124人，决定不批准逮捕23件24人。牢固树立审查意识，严格掌握“有证据证明有犯罪事实、可能判处徒刑以上刑罚、有逮捕必要”三个逮捕条件，提高逮捕质量。实行精细化证据审查方式，正确把握主观证据和客观证据的审查判断标准，高度重视证据的合法性审查，坚持把好检察机关预防冤假错案第一关。加强引导侦查取证，在审查案卷时，发现缺少相关证据材料，及时要求公安机关补充侦查，积极引导侦查取证，确保案件质量。

【刑事立案监督】 2016年，县检察机关坚持“规范监督、突出重点、注重实效”，努力加强立案监督工作。全年监督侦查机关立案15件，撤案11件。在办案过程中，注重加强对审查逮捕案件细节的审查，通过在阅卷、提讯、复核证据等各个环节的严查细审，注意发现立案监督线索。根据上级检察院工作部署，开展“破坏环境资源和危害食品药品安全犯罪专项立案监督活动”，对涉案价值较大、情节较重的案件进行抽查调阅，及时发出检察建议。发挥行政执法与刑事司法衔接工作机制，推进“两法衔接”信息共享平台建设，组织协调县直29个执法、司法单位接入平台系统，明确联网单位工作职责，并建立专人审查和案件调查核实机制，及时发现有案不移和以罚代刑等监督线索。

【侦查活动监督】 2016年，县检察机关开展侦查活动监督工作，规范公安机关侦查行为。加强侦查取证行为监督，对于在办案中发现的侦查行为不规范、非法证据、瑕疵证据等问题，及时提出监督意见，并对经常出现的同一类问题以通报、例会等形式与公安机关进行沟通。加大追捕力度，在审查逮捕案件过程中，严审细查，深挖漏犯，特别是审查团伙犯罪、关联犯罪等案件时，对应当逮捕而未报捕的坚决依法追捕，提高追捕的质量。加强刑事变更执行措施监督，建立与监所、公诉部门捕后变更强制措施的通报机制，加大捕后变更强制措施的风险评估，及时纠正公安机关不当变更强制措施的行为。

【审查起诉】 2016年，县检察机关强化规范司法、精细办案，依法履行审查起诉职能。全年提起公诉198件242人，决定不起诉20件23人。始终坚持依法打击黑恶势力、严重暴力和多发性侵财等各类严重刑事犯罪，保障人民群众安居乐业。贯彻宽严相济刑事政策，坚持把化解社会矛盾、促进社会和谐稳定贯穿于执法办案全过程，做好刑事和解及轻微刑事案件的相对不起诉工作，化解社会矛盾，促进社会和谐。提高办案质量，树立质量与效率并重意识，积极创新工作方法，准确高效打击犯罪，维护社会稳定。

【刑事审判监督】 2016年，县检察机关严格执法、认真履职，充分发挥抗诉的刚性监督作用，认真贯彻证据裁判规则，严把案件事实关、证据关、程序关和法律适用关，全面审查判决裁定中事实认定、法律适用、定罪量刑等内容，及时发现、监督纠正审判活动中的不规范情形和错误裁判，提高审判监督工作水平。

【刑事执行监督】 2016年，县检察机关坚持把维护正常的监管秩序和保障人权统一起来，监督纠正刑罚执行和监管活动中的不规范情形10件次，对不需要继续羁押的13名犯罪嫌疑人建议释放或变更强制措施。开展财产刑执行监督工作，提出监督意见8件。开展刑事执行专项检察活动，清理纠正审前未羁押、审后判实刑未交付执行12人次，促进刑罚执行活动依法规范进行。

【反贪污贿赂】 2016年，县检察机关认真落实全市检察长会议精神，坚持有腐必反、有贪必肃，保持惩治腐败高压态势。年内立案侦查贪污贿赂犯罪4件6人，挽回国家经济损失76万余元。拓展案件线索来源，发动干警主动出击，对涉及农民群众切身利益及反映强烈的热点问题进行详细排查，寻找案件线索。在办案过程中深挖窝案、串案，提高线索利用率和自行发现犯罪线索的能力。加大办案工作力度，运用“系统抓、抓系统”的方法指导办案，突出查办重点领域、行业的职务犯罪案件。在案件办理之初，对整个案件证据链条进行全面谋划预判，提高案件成案率。优化办案工作机制，将侦查干警按专长分成4个办案组，确保每组在审讯突破、外调取证、材料审核等方面均有侦查骨干参与。建立分管领导对科领导、科领导对侦查员的二级督促机制及侦查进展定期汇报制度，及时掌握和处置各类问题，确保案件快侦快结。

【反渎职侵权】 2016年，县检察机关按照上级检察院工作重点及要求认真开展办案工作，年内立案侦查渎职侵权犯罪2件5人。加强案件线索的收集，发挥控申部门职能作用，在接待群众来人来访中发现案件线索。与公安、审计、纪检等部门加强协作、畅通渠道、互通有无。对已经掌握的案件线索进行初查核实工作，对于正在办理的案件尽快侦查终结，已经侦结的案件及时移送起诉，加快办案进度。坚持“素质强检”方针，加强反贪干警队伍建设，使之熟练掌握统一业务应用软件的使用，加强对反渎干警自身思想教育和业务培训，努力适应新形势下办案工作需要，打造一支廉洁高效的侦查队伍。

【控告申诉检察】 2016年，县检察机关从保持全县社会和谐稳定的大局出发，重点处理好群众来信来访问题，采取有力措施，化解社会矛盾，有力维护社会稳定。全年依法办理群众来信来访308件369人。深化检察长接访、带案下访、巡防乡镇检察室等工作，依法妥善处理群众合理诉求，积极排查化解矛盾。与县信访局、县法院、县公安局等部门共建涉法涉诉信访信息交流平台，定期召开联席会议，加强联动防控，确保信息畅通、快速反应、共同预警。采取发放宣传材料、听取群众意见、接受群众咨询等形式，宣传检察机关的职能及法律法规，与群众面对面，解答群众提出的问题。

【民事行政检察】 2016年，县检察机关坚持以强化监督为导向、以规范执法为主线、以拓宽监督领域为突破点、以提升监督质量为目标，认真开展民事行政检察监督工作。综合运用抗诉、再审检察建议等多种监督方式，积极构建多元化监督格局。年内完成市检察院交办、协办案件20件，出庭支持抗诉1件1人，督促行政执法部门履职27件，对执行活动中的不规范情形提出检察建议5份，对民事行政审判中的不规范情形提出检察建议3份。

【刑事技术检察】 2016年，县检察机关秉承“在重点工作上谋深入、在关键指标上抓提高，在特色工作上见成效，在专项活动上求突破”的基本要求，全力开展工作。全年受理法医技术性证据审查38件次，出具技术性证据审查意见书38份，办理同步录音录像30件，时长84小时，保障了最高检察院、省检察院、市检察院视频会议49次。

【法律政策研究】 2016年，县检察机关以服务检察中心和业务建设为方向，强化检察实务研究，加强检察委员会规范化建设，有序开展人民监督工作。年内完成课题5篇，在《河北检察》《唐山检察》《检察理论与工作研究》等期刊上发表理论调研文章17篇，召开检察委员会会议5

次，讨论案件8件。组织人民监督员监督案件1件，编辑《检察季刊》4期。

【“检察开放日”活动开展】 2016年12月5日，县检察院在院机关组织开展以“加强侦查监督、维护司法公正”为主题的“检察开放日”活动，活动由党组书记、检察长张世新主持，县人大、县政协相关领导及全县各阶层的11名人大代表、政协委员参加活动，主管侦查监督工作的副检察长汇报了2015—2016年县检察院侦查监督工作情况。侦查监督工作得到代表、委员的肯定和认可，同时希望县检察机关今后加大检务公开力度，为全县经济可持续发展保驾护航。

【吴琼获省检察机关征文活动二等奖】 2016年8月，省检察院组织开展了旨在反映全省检察机关围绕落实党的十八大和十八届三中、四中、五中全会精神，提升全省检察机关司法公信力，活跃干警文化生活及检察人员忠于检察事业情怀和甘于奉献精神，以“我眼中的司法公信”为主题的征文活动，县检察院干警吴琼撰写的《司法如何撑起公信》一文，从多层次、多角度论述了司法的公正需要人民检察官的无私付出才能实现。文章以论点突出、论据充分、论证紧扣主题、逻辑关系清晰的优势获得二等奖。

县检察院

检察长 张世新

审 判

【概 况】 2016年，乐亭县人民法院（简称县法院）围绕全县工作大局，以“努力让人民群众在每一个司法案件中都感受到公平正义”为目标，牢固树立司法为民、公正司法的理念，忠实履行宪法和法律赋予的职责，大力加强自身建设，努力提升队伍素质、审判质量和司法公信力，较好地完成了服务发展、促进和谐、维护稳定的工作任务，为乐亭经济社会和谐发展提供了有力的司法保障和法律服务。全年受理各类案件4999件，审结4653件，分别比上年增长1.12%、2.43%。

【刑事案件审判】 县法院依法惩治刑事犯罪，组织开展严厉打击“两抢一盗”（抢劫、抢夺，盗窃）、“三清一打”（清查出租房屋、清理流动人口、清剿“危、爆、毒、枪”，打击多发性犯罪）等严打整治斗争专项行动，依法严惩影响群众生产生活安全的严重刑事犯罪和阻碍经济发展的犯罪，并与县公安局、县司法局联合做好缓刑犯的帮教工作，确保案件法律效果与社会效果的统一，为县域经济社会发展和人民安居乐业创造良好的社会治安环境。推行量刑规范化工作，在程序上将量刑纳入法庭审理程序，使量刑程序相对独立，增加量刑公开性与透明度，保证量刑公正。改变传统的量刑方法，使法官的裁量权行使具有更加明确、更加具体、操作性更强的依据，从而规范法官的刑事自由裁量权。贯彻宽严相济的刑事政策，推行轻微刑事案件快速办结机制。以事实为依据，以法律为准绳，对轻微刑事案件快立快审快结，提升审判效率，缓解了“案多人少”的矛盾。2016年全院受理刑事案件321件，审结274件，结案率83.36%。

【民事案件审判】 县法院积极化解民商事纠纷，推进诉讼案件繁简分流。研究制定《关于建立民事案件繁简分流机制的实施意见》《关于建立民事案件速调机制的实施意见》，实现简案快审、繁案精审。在分析各类民事案件的特点和发展趋势的基础上，严格按照确定的适用简易程序案件类型及繁简分流标准审查案件。注重优化审判流程，按照快立、快审、快结、快送的要求，提高立案、审理、调解、评议和宣告判决的审判效率。加强对当事人的诉讼引导和举证指导，注重法律释明，引导当事人及时、正确行使权利，避免出现因当事人缺乏诉讼法律知识而延误案件审理的情况。2016年，全院适用简易程序审结3196件，适用普通案件审结1383件。加强民事案件小额速裁审理，在民事审判庭推行快速审理机制。除在立案庭成立速调组外，在各业务庭成立速裁组，由一名审判员和一名书记员组成。对立案后分流到各审判庭的简易程序民事案件，由庭长对案件进行审核，符合小额速裁条件的交本庭速裁组，及时填写《小额速裁案件信息流程表》，以速裁方式结案，审判效率得到提升。建立健全诉讼与非诉讼相衔接的矛盾纠纷解决机制。加强与县妇联、县仲裁委员会、县交警大队、保险公司等单位建立协调联动机制，相互沟通与反馈各类矛盾纠纷信息，共同化解纠纷。与县妇联组织联合调解婚姻家庭纠纷，与县仲裁委员会联合调解劳动争议纠纷，与县交警大队、保险公司联合调解交通事故赔偿纠纷，取得良好效果。至年底，全院受理民商事案件4567件，审结4288件，其中调撤2315件，结案率93.89%，调撤率53.99%。

【行政案件审判】 2016年，县法院坚持依法履行司法审查职能，妥善处理政民纠纷，保护相对人的合法权益，支持行政机关依法行政，把依法服务保障全县项目建设作为法院的重点工作之一。主动加强与相关部门的沟通、协调，在土地征收、县城改造、集中供热改造工程等各项重点工作中，为县委、县政府提供及时准确的法律咨询和服务，认真细致地做好群众的说服解释工作，确保各项重点工作的顺利开展。全年受理行政案件66件，审结48件，结案率69.7%。

【案件执行】 推进执行体制改革，按照审执分离改革的要求，全力支持和配合唐山市中级法院执行局第二分局乐亭执行大队的工作。在人、财、物方面给予保障，积极参与支持“2016基本解决执行难飓风行动”专项活动。年内参加专项活动84次，出动警力1600余人次，车辆300余台次。

【审判管理】 加强基础设施建设和信息网络化建设，以新的审判综合大楼全面启用为契机，新建高标准数字化法庭8个，简易数字法庭2个，高标准数字化视频会议室1个，审委会会议室1个，年内投入使用。全面完成数字化直播平台建设，将庭审直播系统由1路增至5路，满足庭审直播需要，实现了“每庭必录”。2016年，实现互联网直播案件534件。建立诉讼服务中心，设置多个服务区域，成为集诉前调解、立案、收费、查询、诉讼调解、信访、接待于一体的“一站式”司法服务平台。全年服务中心人员通过触摸屏查询系统，为群众提供导诉、诉前调解、立案审查、案件查询等服务1500余次。完善“12368”服务热线平台，网上预约立案、案件查询系统建成并投入使用。乐亭法院网站、OA办公系统、COCALL即时通信系统、掌上法院系统等投入使用，初步建成了信息化法院。全年裁判文书上网2987件，当事人身份信息录入率100%，电子卷宗制作率100%。

加强督导检查，完善联络机制，深化司法公开的广度和深度，切实将庭长、审判员和书记员的公开责任落到实处。发挥检查小组的督促作用，不定期到基层法庭巡视司法公开进展情况，发现问题及时纠正。建立通报制度，审判监督庭每月出台一份《乐亭县人民法院司法公开及审判管理综合通报》，分析审判态势，找出工作短板。

落实立案登记制度改革，对符合立案条件的当场登记立案，对起诉材料不符合形式要件的及时释明，进行立案登记，一次性书面告知需补正的材料和期限，做到有案必立、有诉必理，切实保障当事人诉权。年内，当场登记立案率98.8%，告知率100%。建立网上预约立案系统，推广网上立案、自助立案和自助查询，全年网上预约立案26件。

推进诉讼制度改革，实行让审理者裁判、让裁判者负责的制度，实行审判长或者独任审判员负责制。探索以人民调解为基础，诉讼调解为主导，多元联动调解新机制，扎实推进立、审、结“一站式服务”，切实达到定纷止争、案结事了人和的效果。

县法院根据司法体制改革的要求，积极推进法官员额制度改革。法官入额工作领导小组综合考虑各岗位实际情况，通过前期筛选、资格审查、考核和民主测评等综合评定的方式，选拔出26名法官入额，推进了法官队伍正规化、专业化、职业化建设。

县法院

院　长　李月臣

司法行政

【概　况】 2016年，乐亭县司法行政系统深入开展“两学一做”学习教育，围绕中心、服务大局、深入推进社会治理创新，发挥法治宣传、法律保障和法律服务职能作用，促进全县经济社会发展和社会稳定。全县司法行政系统有律师事务所3家，执业律师10人，年内办理律师代理案件261件；公证处1家，受理公证事项340件；基层法律服务所2家，办理基层法律服务事项1325件；法律援助中心1个，办理法律援助案件89件；人民调解委员会23家，人民调解员498名，办理法律援助案件186件；综合法律服务中心1个。

【人民调解】 2016年，县司法行政部门坚持调纠促和，人民调解工作稳步推进。发挥乡镇（街道）、村（居）两级调委会的职能作用，加大矛盾纠纷调处化解力度，维护全县经济社会和谐稳定。积极开展“大排查、大调处、大防控”活动，做好重点时期、重大活动期间矛盾纠纷排查调处工作，重点强化重大矛盾纠纷的排查调解，公调、检调、诉调、访调对接机制得到完善。建立排查分析和考核评估机制，较好地化解了一批有社会影响的疑难案件。在巩固提升医疗纠纷、交通事故等行业性调委会的基础上，稳步推进在矛盾纠纷相对集中的物业、环保、劳资等领域建立健全人民调解组织，新建消费者权益、食品药品、保险等行业性人民调解组织，做到制度、人员、场地三落实。年内，建立健全行业性人民调解组织9家。

以信息化为引领，落实人民调解信息化平台建设。按照“民调通”人民调解信息化建设要求，投资近10万元完成“民调通”信息平台建设。至11月，对全县498名民调人员的信息采集完毕，与联通公司协调给上述民调员发放“民调通”专用号码，做到“人均一卡”。加大调解案件评查和规范化档案建设力度，全年分两次对全县人民调解档案进行督导检查，并作为落实“以案定补”的依据。对2015年9月后的调解档案进行梳理和装订，共整理调解档案322件，其中一般案件278件，疑难案件24件，重大案件20件，实现了矛盾纠纷预防化解、舆情上报、应急处置预案及市县两级指示精神等相关内容实时互通。

突出重点时段，全面开展信访维稳。先后于元旦期间、春节期间、全国“两会”期间、唐山世园会期间、暑期安保期间、中秋和国庆期间开展以维护社会稳定为目标的全县范围的民间矛盾纠纷集中排查调处活动。做到“三清”（社会矛盾、民间纠纷情况清，重点纠纷重点对象清，调解人员分工明确责任清）、“三不放过”（对排查中的死角不放过，对重点纠纷及重点对象工作措施不落实不放过，对工作中出现推诿、不负责任的不放过）。全年调解各类矛盾纠纷1735起，调解率95%，调解成功率94%，没有因调解不及时、不到位而引发矛盾升级和民转刑案件情况发生，维护了社会和谐稳定。

【社区矫正】 2016年，县司法行政部门认真落实最高人民法院、最高人民检察院、公安部、司法部联合下发的《社区矫正实施办法》要求，不断强化管控教育矫正措施，矫正质量不断提高，形成重点突出、衔接严密、流程清晰的矫正模式并取得成效。

加强春节和全国“两会”及唐山世园会期间社区矫正监管安全稳定工作。实行社区服刑人员监管情况日报告制度，制订维稳方案和应急措施，加强对重点人员管控工作，强化司法所集中学习教育。通过定期抽查矫正人员活动轨迹的方式，强化动态监管。年内联合检察院组织开展社区矫正工作检查活动2次，对14个乡镇（街道）司法所进行全面检查，重点对社区矫正人员集中学习开展情况、社区矫正人员档案规范化、社会调查评估案卷、社区矫正信息平台等方面进行详细查看。对违反社区矫正管理规定的6人给予警告处分，对1名社区矫正对象提请收监，彰显了社区矫正纪律和法规的严肃性。通过“社区矫正微信群”实时发布监管动态，提高工作效率，推进社区矫正工作有序开展。

完善社区矫正监管各项制度，在司法部原有20类文书的基础上，根据工作需要新补充了手机定位监控，案件督办，调查评估报备等相关文书，细化执法环节，使整个执法活动更加严谨。发挥手机定位系统作用，随时掌握社区矫正人员的活动范围，实行24小时全程监控，实现“区域监管、人员定位、警示告知、动态考核、决策分析”的人性化电子监管，监管质量得到提升。

【安置帮教】 2016年，县司法行政部门严格按照中办发〔2010〕5号文件精神及上级要求开展工作。加强衔接，认真开展排查活动，全面落实刑释解教人员帮教措施。加强刑释解教人员的信息核查和信息衔接工作。继续加强衔接、管控、帮扶工作，推进基地建设，发挥功能作用，完善信息联通。回归人员全部受到帮教和妥善安置，帮教率达到100%。全年接收社区矫正人员546名，其中解除矫正的人员325名，监管中的矫正人员221名。在监管中的矫正人员中，暂与监外执行6名、假释1名、缓刑214名。

【普法依法治县】 2016年，县司法行政部门按照全国"七五"普法规划，结合县内实际，制定了《乐亭县"七五"普法规划（草案）》，印发《关于建立以案释法制度的实施意见》和《关于推进以案释法工作的通知》。进一步完善党委统一领导、人大政协监督、政府主导实施、行业齐抓共管的工作新格局，为全面实施"七五"普法奠定基础。强化社区普法工作，在各社区和城中村制作更新高标准法制宣传专栏，实现县城区法制宣传平台全覆盖。县司法局联合县红十字会组织开展法制进校园活动，先后在县第二实验小学、县第三初级中学、乐亭二中、县第一实验小学开展"红十字会知识进校园"活动，发放宣传光盘200余张，相关材料5000余份，受教育师生、家长5000余人。开展"法律九进"推进工作，组织开展"3·8"妇女维权周、"3·15"消费者权益保护日、"4·26"世界知识产权日、"当代雷锋——志愿者在行动""综合治理集中宣传日"集中法制宣传教育活动。通过法律赶大集、热线咨询、法律图书送到家、以案说法报告会、法律援助、专项治理和综合治理等形式，组织开展主题教育活动，不断掀起普法高潮，全年发放法制宣传材料8000余份，举办各类普法培训班30余期，组织送法下乡活动10余次，为群众提供了方便快捷的法律服务。12月，组织全县公职人员、教师法律知识考试，推进学法用法工作。是年，乐亭县被省委组织部、省委宣传部、司法厅等6部门评为"六五"普法先进县，汤家河镇史庄村史秉才被中宣部、司法部、全国普法办评为"全国法制宣传教育工作模范个人"。

【司法公证】 2016年，县司法行政部门拓展公证服务领域，全面提高公证服务质量。全年受理公证事项340件，办结各类公证事项320件，其中国内民事事项办结237件，国内经济事项办结83件；代书186份，法律咨询3945次，法律援助3件，上门服务24次。公证质量在全市联查中名列前茅。

年内，县公证处为河北金土农业有限公司等重点企业清点评估、养殖用海使用权出让、销毁非法营运车辆、国有土地使用权挂牌出让活动、原冀东果菜批发市场搬迁、棚户区改造、保障性住房分配等活动提供公证服务，预防和化解了矛盾纠纷，为社会和谐稳定提供法律保障。

加强公证信息化建设，县公证处投资近15万元，在原有基础上新增电脑、高速扫描仪、高拍仪等设备，并聘请专业公司历时近3个月对1982年公证处建立后存放在县档案馆的公证档案近1万本卷宗的数字化采集工作全部完成。

积极介入征地搬迁、招投标和公益活动，开展民生及三农领域的公证服务，依托各乡镇、街道司法所建立覆盖全县的14个公证服务网络平台，在12个社区居委会、144个行政村建立公证信息员队伍，有信息员166名。

【法律援助】 2016年，县司法行政部门发挥法律援助的职能作用，降低法律援助门槛，确保应援尽援。落实省市关于扩大援助范围的各项要求，维护了特殊群体的合法权益。推进法律援助工作站点建设，在完善和巩固乡镇（街道）法律援助工作站的基础上，推进律师事务所、法律服务所等法律服务机构联络点建设，发挥工作站便民、利民的区位优势，方便困难群众申请法律援助。全年为农民工、老年人、妇女等弱势群体提供法律咨询1356人次，办理法律援助案件89件。法律援助"为民服务创先争优年"活动初现成效，法律援助办案质量得到提升，弱势群体的合法权益得到维护。

【律师管理】 2016年，县司法行政部门发挥法律服务职能，着力保障经济建设和民生。拓展法律服务领域，围绕京津冀协同发展战略，搭建服务平台，提供专业性、综合性、团队式法律服务。全县律师、法律服务工作者为85家企业及其他经济组织、34个行政机关及事业单位担任法律顾问。引导律师主动介入重点建设项目，与有关部门、单位建立法律服务联动机制，明确法律服务内容、方式和保障措施。以村便民服务中心为平台，全面推进村级法律顾问建设。制定出台法律顾问管理规范，调整法律顾问队伍，建立以律师、专兼职法律工作者为主体的村（社区）法律顾问体系，实现村（社区）法律顾问全覆盖。加强平台建设，建立村法律顾问公告栏，向群众公布法律顾问照片、联系电话等，方便群众寻求法律服务途径。年内，全县律师代理案件261件，其中刑事案件29件，民事案件232件；审查经济合同307份，处理法律事务256起，解答法律咨询1612人次，接待群众来访2642人次。

【司法公开】 2016年，县司法行政部门加大司法公开力度，提升司法行政公信力。结合县域实际，依托省司法厅门户网站、服务窗口和基层司法所，加强司法公开信息化建设，制定执法公开工作规范，完善网上投诉、电话投诉及群众监督方式，健全对违反执法公开规定行为的投诉处理机制，强化公众对司法公开工作的监督。不断深化建立科学民主的决策制度、政务公开制度、群众监督机制，培育机关科室、服务窗口、基层站所良好的工作和服务氛围，改进工作作风和工作方法，提高工作效率，维护群众诉求，司法行政整体风貌得到提升。

【乐亭县获评省级"'六五'普法先进县"】 2016年6月28日，省委、省政府在石家庄市召开河北省"六五"普法总结表彰暨"七五"普法动员大会，总结全省"六五"普法工作取得的成绩，对全省"六五"普法先进集体和先进个人进行表彰，乐亭县获评"河北省2011—2015年普法先进县"受到表彰，这是继获得"'五五'普法先进县"后蝉联。

"六五"普法期间，乐亭县坚持"依法治国，建设社会主义法治国家"基本方略的总体要求，认真贯彻落实"六五"普法规划，以服务发展、保障民生为基础，以群众法制需求为牵引，健全体系、夯实基础、突出特色，注重普法形式和机制上的不断创新，普法工作取得显著成果，深入推进重点人群普法宣传教育工作，开展"法律八进"和"法治八建"活动，加强领导干部、青少年、企业管理人员、农民的学法用法工作。举办副科级以上干部法治培训班15期，全县有近3万人次的干部职工参加学法用法考试；连续16年在全县教师中开展法律知识学习考试，在全县各中小学普遍建立维权站；建立覆盖全县所有行政村的"十户普法宣传员"队伍，落实"一村一法律顾问"工作机制，深入开展民主法治示范村创建活动和企业法治教育"五个一"工作。开展"十佳"调解员评比活动，并在全县组成疑难纠纷调解工作组，开展疑难纠纷集中化解攻坚行动，开辟了"宣传、培训、调解、解决疑难纠纷"一条龙的工作模式。探索建立矛盾纠纷化解新机制，通过矛盾纠纷民间调解新方法，做到免费调解与导入诉讼有偿法律服务有机衔接，使调解的民间性、调解员的专业性和调解诉讼一条龙的便利性得到结合，推动民间调解深入发展。

建立健全人民调解、司法调解、行政调解三调联动的大调解机制，建立县、乡镇、村三级人民调解组织629个，调解民间纠纷6100余起。构建起覆盖城区的"同一平台、全面监控"的数字化视频监控体系，完善社会治安技防网络和联防联动机制。形成以领导干部、司法行政执法人员、公职人员、青少年学法为重点，以农村法制宣传阵地建设及作用发挥和教师学法、用法、考法进而促进青少年学生学法、守法为特色，各部门携手，全民共同参与的大普法格局。

【史秉才获评"全国法治宣传教育模范个人"】 2016年5月26日，中宣部、司法部、全国普法办在北京召开第八次全国法治宣传教育工作会议。会议对全国"六五"普法先进集体和先进个人进行了表彰，乐亭县汤家河镇史庄村村民史秉才被评为"2011—2015年全国法治宣传教育模范个人"受到表彰。史秉才在2011—2015年（即"六五"普法），依托自办的史家大院积极开展群众法治宣传教育工作。通过开设家庭法律图书角，建设农民家庭学法图书馆和集中学法阅览室，开设法治教育大课堂，开展村民和青少年法律专项学习教育；积极对接县“送法下乡”活动，把“史家大院”建设成为农村法律宣传常设站点。同时，积极探索“史家劝和”民间矛盾纠纷调解新机制，以在县城常设调解点、乡村流动普法调解等形式，实现人民调解和法律服务的有机结合，2011—2015年接待咨询和调解纠纷150余起。史秉才汇总的全县各涉农涉法部门电话服务热线，搭建起农村便民服务平台；组建的法治文艺宣传队通过编演倡树法律新风、遵纪守法的法治文艺节目，丰富了农民群众的精神生活。

是年，史秉才还被评为河北省2016年度“十大法治人物”。

社会治安综合管理

【概 况】2016年，县委、县政府把平安建设置于经济社会发展全局统筹谋划、统筹部署实施，以深化“平安乐亭”创建为抓手，提高人民群众的安全感；以理念、体制机制、方法手段创新为动力，实现现代化科学技术的引领；以基层基础建设为支撑，完善立体化社会治安防控体系，有效防范、化解、管控影响社会稳定的突出问题，不断提升平安乐亭建设能力和水平。

【严打整治专项行动】 严厉打击黑恶势力犯罪开展“打黑除恶灭霸扫痞”专项行动，明确任务，压实责任，对黑恶痞霸违法犯罪予以严厉打击。5月27日，刑侦大队将涉嫌寻衅滋事犯罪的7名犯罪嫌疑人抓获归案，打掉一痞霸团伙。年内打掉痞霸团伙5个，抓获犯罪嫌疑人58名，破获痞霸案件40起。

严厉打击多发性犯罪 始终保持对“两抢一盗”等多发性侵财犯罪的严打高压态势，通过特情、技术等多种手段，科学串并，专案攻坚。3月28日，刑侦大队将盗窃县医院住院部医护人员钱包的犯罪嫌疑人抓获归案，破获盗窃案件4起。10月21日，刑侦大队将盗窃河北乐亭经济开发区内乐亭县鸿福实业有限公司变电站的犯罪嫌疑人抓获，破获涉案价值20余万元的盗窃案件1起。全年破获“两抢一盗”案件76起。

严厉打击毒品犯罪 以深入开展对吸毒人员“大排查、大收戒”专项行动为契机，全警动员，全面排查，严格落实“逢疑必检”措施，严厉打击吸、贩毒品违法犯罪。1月20日，县公安局与市公安局禁毒支队配合，将非法持有毒品的犯罪嫌疑人抓获，缴获毒品254克。年内破获贩卖毒品案件8起，缴获冰毒254克，新发现、登记吸毒人员61名，社区戒毒27名，强制隔离戒毒7名。

【推进矛盾纠纷调处】 县政法各部门以人民调解为主体，不断完善三大调解体系，社会矛盾调控化解能力得到提高。

强化组织建设 对全县14个乡镇（街道）的综治工作中心和群众工作站进行充实完善，在全县473个村（社区）设立村（居）综治工作站和群众工作室。建立了由3～7人组成的各级人民调解组织683个，其中专业性行业性调委会123个（学校116个，医疗、交通、市场、劳动争议、城市拆迁、环境保护、物业管理7个），各级人民调解员2491人。形成以县综治工作中心为龙头、乡镇（街道）综治工作中心为重点、村（社区）调委会为基石、村（居）民调解小组为落脚点的社会矛盾大调处工作网络，对矛盾纠纷实行“一条龙”受理、“一站式”服务、“一揽子”解决。实现县、乡、村和企事业单位、行业领域、人员聚集区域等人民调解组织全覆盖。

创新调解机制 全县各级调解组织坚持“调防结合、以防为主、多种措施、协同作战”的调解工作方针，注重以“抓小、抓苗头、抓隐患”为出发点，使矛盾纠纷早发现、早处置、早化解，及时将社会不稳定因素化解在基层，消除在萌芽状态。2016年调解各类矛盾纠纷1735起。落实村（居）法律顾问制度，为全县村（居）配备84名法律顾问。在具体工作中，各地因地制宜，注重工作创新。乐亭镇实行村支书或村主任轮流到镇政府调解室值班制度，以村干部调处村级社会矛盾，用群众语言做群众工作，收到了较好效果。汤家河镇依托“史家大院”建立村民调解室。庞各庄乡聘请2名县人大代表作为专职调解员，实行聘用制，并设立调解室，落实工资待遇。各级调解组织不仅调解婚姻、邻里、家庭等多发性、常见性矛盾纠纷，还结合县域经济发展

的热点问题和新农村建设，主动参与征地搬迁、土地承包、物业管理等容易引发上访的矛盾纠纷，拓展人民调解工作的领域。

突出多元化解 在以人民调解为主体、不断完善三大调解体系的基础上，突出人民调解、行政调解、司法调解“三位一体”的衔接配合，实现“单一调解”向“三位一体”调解的转变，实现诉调对接、调访对接、人民调解与行政和司法调解对接，实现三种调解有效衔接，三者联通互动，优势互补。加强专业性、行业性调解组织建设，协同相关部门建立专业性、行业性调解组织7个，建立健全医患纠纷、劳动争议、征地拆迁、交通事故、消费者权益保护、物业管理等矛盾纠纷相对集中多发领域的专业调解组织。

【重要时期安保】 2016年，唐山市连续举办“世园会”、抗震40周年纪念等具有重大影响的政治、经济、文化活动，安保维稳工作任务艰巨。经全县上下共同努力，采取多项措施，强化源头治理，维护了社会和谐稳定。

注重隐患排查，强化源头治理，全面做好非访治理工作 坚持“平时拉网查、节庆重点查、敏感时期提前查、突出问题专项查”，努力做到底数清、情况明。严格落实信访案件首问首办责任制，做到发生一起、登记一起、结案一起，避免简单问题升级为复杂问题、初信初访演变为重信重访。6月，投资60万元、建筑面积723平方米的县群众工作中心投入使用，第一批13个单位进驻中心，面对面接待群众，倾听其诉求，解决其问题，实现“一站式接待、一条龙办理、一揽子解决”，把群众工作中心打造成化解信访问题的“终点站”和“群众之家”。坚持县级领导到信访局公开接访制度，听取群众合理诉求，成功化解了一批群众反映强烈的突出问题和信访难题。各乡镇（街道）、县直单位安排班子成员轮流接访，最大限度将信访群众吸附在县内。对一些难以做通工作的重点人，采取有力措施，做好稳控工作。对组织煽动集体上访、进京、赴省、到市及到北戴河无理缠访、闹访人员，协调配合公安机关及时收集、固定证据，依法严肃处置。

全面落实安保各项措施 县公安机关在沿海高速公路乐亭东出入口、姜各庄大桥、县长途汽车站设置3个警务站，在沿海高速公路乐亭南出入口、唐港高速公路乐亭出入口、独幽城出入口安排交警疏导进秦车辆，防止危险人员、危险物品、危险车辆由县内流出进入秦皇岛市北戴河区，检查车辆3.62万辆、人员6.33万人，发放安检证3388张，抓获逃犯5名、吸毒人员6名、肇事肇祸精神病人1名，收缴300千克装液化气罐6罐，汽油15桶，烟花爆竹10箱，管制刀具2把。开展交通、消防、重点单位和行业场所排查整治，巡特警大队和各派出所加强重点单位周边和易发案区域的巡逻防范，有效震慑各类违法犯罪分子，增强群众的安全感。全县抽调60名警力组成应急处突队伍，对各类突发事件快速处置，先后妥善处置了肯德基门店前拥堵、小升初学生家长上访等敏感事件，维护了大局稳定。

【社会管理创新探索】 *以科技防范为先导，构筑全方位治安防控体系* 秉承“管控结合、预防为主、以人为本、科技先行”的工作理念，在不断加大严打声威力度的同时，从人民群众生产生活需要出发，以“发案少、秩序好、群众满意”为目标，把社会治安防范体系建设作为平安建设的重要抓手扎实推进，精心构筑覆盖城乡、连通厂企的科技防控体系，扩大社会面控制视角，最大限度地压缩违法犯罪空间。

织密城区防控网。以“九路十三街”为标志，将城区划分为32个网格，在各重点部位、重点单位、商业门店、居民小区等处安装视频监控探头3451个、红外线报警设备657个，设置治安卡口23个，全县66家金融单位安装了与110指挥中心联网的静态报警设备，建成集指挥调度、电视监控系统、城区网络巡防系统为一体的高科技智能防范网络体系。投资1400多万元的全县科技防控“社区防范”二期工程在施工中，全部建成后基本实现城区主要社区视频监控全覆盖。数字智能交通管控系统，经国内权威人士组成的专家组评定认为，在管理模式创新、科技建设应用水平及业务集成应用等方面，在县级单位已达国内领先水平。数字智能交通管控系统的运行，为破获各类案件提供了大量有价值的信息、线索。

治安防控网络向农村延伸。乐亭县是全省

"七大蔬菜中心产区"之一，设施蔬菜面积2万多公顷，随着棚户规模的不断扩大，棚室安全保障提上了县委、县政府的议事议程。为此，站在维护农村稳定、保护农民利益、繁荣乐亭经济的战略高度，在全县组织实施了农村联防工程，受到农民欢迎。开展治安互助联防，在群众中叫响"我为人防，人为我防""我为他人巡一夜，他人为我巡一月"的口号，调动群众参与治安防控工作的积极性，新寨镇芍榆坨村棚户联防队成为县内群防群治工作的品牌。延伸科技防控，在温室大棚集中区安装视频监控系统，是乐亭县在探索农村社会治安防范工作中的一项创新。采取政府补一点、集体拿一点、群众出一点的办法，克服资金瓶颈制约，多方筹措建设资金，在全县种植、养殖集中区安装视频监控探头5500多个，红外线报警器485个，提升了农村科技防范水平。

引入新型工作模式，基层平安创建水平得到提升　开创性地进行农村综合服务中心建设。坚持以吸引企业主体投资，政府参与协调建设为主渠道，着力构建以县级农村综合服务中心为中枢，以乡镇便民服务中心为纽带，以农村综合信息超市村级店（站、点）为平台的县、乡、村三级便民服务网络，搭建起党群干群关系的连心桥，让群众好办事，为群众办好事。农村综合服务中心建设依托农村两室、农村小型超市等，采取合资、租赁等方式，解决服务场所问题。采用复合的经营方式，内部划分3个区域：政务服务区，开设党务政务、司法咨询、政策解答等政务服务平台；社会信息服务区，开设就业、婚介、旅游、资讯、农资、金融、网购等社会类信息服务平台；商品服务区，主要以传统的实体商品服务满足群众的购物需求，以现代信息手段的便捷服务满足群众的社会需求，让群众在接受公共信息服务、商品消费和网络代购服务的同时，可以就生产生活中的问题提出投诉和咨询事项。农村综合服务中心是以打通服务群众"最后一公里"，让群众足不出村享受生产生活全方位服务为目标，利用现有村级组织活动场所等公共场地资源，打造集政务服务、社会公共服务和商品服务功能于一体的新型服务空间。构筑解决"三农"问题的新平台，创造乡村治理的新模式，成为深化农村改革、转变政府职能、建立农村基层工作新机制的突破点。年内，通过乡镇便民服务中心直接受理、办理的服务事项3780余项，为群众代办证照1300多件。通过网络办公系统便捷通道受理办结的群众诉求事项3572项，为农村社会管理开创了新模式，促进了基层平安建设。

推动严重精神障碍患者监护人奖补和责任险政策落地，县委、县政府主要领导分别作出批示，批拨资金80万元。县综治办主动组织相关部门深入基层进行调查研究，走访社区居民及严重精神障碍患者家庭了解情况。开展拉网式大排查，逐人登记造册，全面建立严重精神障碍患者基础台账，全县筛查1437人，纳入奖补272人，做到了全覆盖。加强精神病人的管控，实现定点、定位、定责，有效防止肇事肇祸案件的发生。

推进治安保险，促进农村平安稳定。发挥社会保险的辅助管理职能，按照"公平自愿、手续简便、赔付及时、群众受益"的原则，开展治安保险工作，制订印发《全县治安保险推进工作实施方案》，以农村治安保险工作为抓手，助推农村和谐稳定。全县参保村（居）592个，参保家庭12.83万户，全县村（居）参保覆盖率100%，家庭参保率90%以上。年内，为遭受治安灾害的参保群众赔付保费4万余元。

深化社会管理工作，综治工作措施得到全面落实　在流动人口服务和管理工作中，建立健全县乡流动人口管理服务组织机构，公开招录15名流动人口管理工作人员，配备必要的交通和办公设备。建立"以房定人"的定位管理机制，实行出租房屋备案制度，确保流动人口、出租房屋底数清楚，管理到位。全县登记暂住人口1.21万人，其中城区8165人，沿海区域2347人。全县流动人口登记率、私房出租户责任书签订率均达到100%。

在特殊人群的服务管理工作中，完善帮教工作机制，落实县、乡两级社区矫正和安置帮教工作联席会议等制度，全县14个乡镇（街道）司法所均成立安置帮教工作站。实施衔接、排查、管控、教育、突发问题处置的"五位一体"的管控模式，对新接收的34名"两劳"回归人员、104名社区矫正人员进行帮教管理，无脱管、漏管现象，重新犯罪率为零。开展执法专项检查

2次，完成6人特赦。搭建社区矫正管理信息平台，对两类人员实施GPS卫星定位、越界报警提示管理。全县在社区注册的社区矫正人员未出现脱管、漏管现象。

在虚拟社会的管理工作中，完善网吧、非经营性上网场所安全管理系统，加强网吧视频采集，实现网吧、非经营性等上网场所的实名上网、日志留存和定位报警。对涉及的65个网络社区、56个QQ群定时巡查，建立51人的专职信息安全员队伍和72人的网络社区工作特情队伍，及时发现和引导网上舆论、社情。

在预防青少年犯罪工作中，开展青少年普法宣传活动，在中小学设立法治知识课程，抽调专职司法工作者组织成立法制宣讲队，先后深入新戴河初级中学、乐亭县第三初级中学、乐亭县综合职业技术学校等进行法制知识宣传，开展法制教育活动30余次，受教育学生6万余名；定期对全县的中小学法制课教师进行法律知识培训，提高法制课教师授课水平和教学质量。在县文化中心举办法制教育讲座，全县中小学校长、大队辅导员、团书记、政教处主任、总校长及中小学生2100人参加，同时将讲座光盘下发全县中小学。加强新媒体在普法中的运用，在团县委官方微信平台“乐亭青年”中开设青少年微讲堂普法宣传专栏，在微信、微博等新媒体平台开展“向毒品说不”活动，引导群众主动加入到禁毒工作中。在国家宪法宣传日，对青少年开展以“坚持依法治教，构筑和谐校园”为主题的法治宣传活动；在“6·26”国际禁毒日，依托“社区青少年远离毒品行动”和“禁毒志愿者行动”，在全县青少年中开展禁毒宣传月活动，同时继续深入开展“小手牵大手、不让毒品进我家活动”，把禁毒斗争推进家庭，引向深入。

城乡建设

城区基础设施建设

【规划编制】 县城区规划　为落实《乐亭县城乡总体规划（2013—2030）》，实现“唐山市沿海区域副中心城市、农产品物流中心、新型临港工业基地、滨海生态旅游城市”的总体定位，保证城市全面协调、可持续发展，2015年10月委托唐山市规划建筑设计研究院进行中心城区控制性详细规划的编制工作，于2016年6月完成。7月19日，组织专家评审会并获得原则通过。7月20日至8月19日，在县政府网站及县政务中心公开栏进行公示、征求意见。12月6日，县规划委员会召开会议，审查并原则通过。12月8日，县政府正式批复本规划。

2016年，县规划委员会召开3次会议，对有关规划方案进行审议。6月24日，对北京中天华宸建筑设计有限公司编制的原冀东果菜批发市场改造项目规划方案、唐山中鼎建筑设计咨询有限公司编制的一中学生宿舍楼规划方案、河北和腾城乡规划设计有限责任公司设计的河北乐亭经济开发区规划路网调整方案分别进行审议。8月5日，对唐山市规划建筑设计院编制的县城发展大道区域棚户区改造安置住宅项目规划方案、北京中天华宸建筑设计有限公司编制的阎各庄镇原色织厂商住小区开发建设项目规划方案和原冀东果菜批发市场改造项目规划方案、北京林业大学园林学院编制的县城南出入口绿化景观提升工程规划方案、北京海迪莫克规划设计咨询有限公司编制的将军路以西、院士街西延以南、高速连接线以北、西外环以东区域规划方案分别进行审议。12月6日，对唐山市规划建筑设计研究院编制的中心城区控制性详细规划方案、河北电力勘察设计院编制的河北乐亭经济开发区供热规划（2016—2030年）方案、唐山铭嘉建筑设计咨询有限公司编制的疏港公路服务区项目局部调整方案、河北望远城市规划设计有限公司编制的马头营物流园区和汀流河工业园区总体规划及控制性详细规划方案、唐山市煤气工程设计研究院编制的县城区工业聚集区天然气项目规划方案分别进行审议。

镇村规划　根据省、市对美丽乡村建设的安排，2016年聘请唐山市建筑设计研究院等7个设计单位，对全县13个乡镇42个村编制美丽乡村建设规划。其中唐山市新厦城市规划设计有限公司对中堡镇的鲁家坨、东罗各庄、梨园马店、高庄窠、田庄、刘家崖、西罗各庄7个村编制美丽乡村建设规划。唐山清美城市规划设计有限公司对姜各庄镇的岗子、向阳坨、董庄、孙坨、柳林、黄湾、符庄7个村编制美丽乡村建设规划。河北阡陌城市规划设计咨询有限公司对马头营镇的下马坨、活庄子、南王庄子和汀流河镇的东徐家房子、丰庄5个村编制美丽乡村建设规划。河北望远城市规划设计有限公司对新寨镇的大港、吴家林、胡鄂常各庄和汤家河镇的戈崖大李庄、史庄、孟庄及大相各乡的刘火烧佛、党庄、王烧纸庄9个村编制美丽乡村建设规划。唐山市龙兴城乡规划设计研究院对阎各庄镇的毕段、东刘庄、杨家埝和乐亭镇的粟家湾坨、邵庄及毛庄镇的颜庄、刘庄及古河乡的石桥头、丰台桥9个村编制美丽乡村建设规划。唐山市规划建筑设计研究院对胡家坨镇的西黄口、大黑坨2个村编制美丽乡村建设规划。河北华腾项目管理有限公司对庞各庄乡的杜林一村、杜林二村、杜林三村3个村编制美丽乡村建设规划。

【城乡一体化建设（乡镇建设）】 各乡镇以规划为统领，从基础设施建设入手，着力加强净化、绿化、亮化，推进以道路、通信、改厕等重点基础设施建设，有效地改善了群众的居住条件和生活环境。全年汀流河、阎各庄、姜各庄3个重点镇完成基础设施建设挂账督办项目9个，投资257万元。其中阎各庄镇投资20万元，对2座镇区锅炉进行建设及管道改造；投资50万元对镇区道路进行硬化，硬化长度2500米，面积1万平方米。汀流河镇投资10万元，对镇区锅炉进行改造；投资20万元，对镇车站广场进行维修；投资15万元，对新立街进行美化、绿化；投资2万元，对东石各庄至汀流河村“金三角”进行绿化。姜各庄镇投资70万元，对姜各庄初级中学至草坑道路进行硬化，硬化长度3000米，面积1.35万平方米；投资50万元，对镇区道路进行翻新硬化，硬化长度2000米，面积9000平方米；投资20万元，对镇区进行绿化，面积2000平方米。

按上级要求，县确定阎各庄镇为全省特色小城镇重点培育对象。2016年7月15日，省住建厅、省发改委等部门发布的《关于公布全省重点培育的100个特色小城镇名单的通知》中正式确定阎各庄镇为特色小城镇之一。阎各庄镇按照其标准要求，到2020年努力建设成为经济发达、环境优美、功能完善、特色鲜明的小城镇。

【房屋征收】 2016年，县房屋征收办公室（简称县征收办）以“依法征收、阳光征收、和谐征收、高效征收”为原则，认真贯彻落实国家、省市县相关政策、法律法规，以人为本，发挥职能作用，扎实推进征收工作，确保全县建设项目顺利实施。

2015年集体建设用地征收　2015年2月，乐亭县组织了集体建设用地使用权征收工作，涉及袁庄、二街部分区域、温柏庄部分区域，总占地面积约43.73公顷，涉及村民住宅223户，建筑面积约2.26万平方米。到2015年年底，经过县征收办及工作组的努力，有210户签订了征收补偿安置协议并拆除房屋。2016年根据工作安排，由乐安街道办事处接替原工作组完成收尾工作，县征收办负责政策把关、协议审定、疑难问题分析等工作，配合街道办做好征收工作的无缝衔接，协调处理各类疑难问题。

腾飞街南侧东西道路项目涉及的房屋征收　2015年11月启动房屋征收工作，涉及被征收户6户，其中住宅户4户、商业户2户。县征收办负责制订工作实施方案和征收补偿安置方案，牵头组建征收工作组，并对抽调人员进行业务培训，之后入户开展工作。到2016年年底，有5户完成评估收量，2户签订协议。

2016年棚户区改造征收　2016年，乐亭县棚户区改造工作任务包括发展大路南延（规划东大街至景乐街段）、腾飞街北侧滨河路与乐港公路围合区域、乐港公路以西西高村、温柏蒙庄村、大吕庄村5个区域。改造区域总占地约123.87公顷（国有土地面积约25.47公顷、集体建设用地面积约98.4公顷），涉及被征收户约1991户（住宅户1891户、工商企业户96户、行政事业单位户4户），总建筑面积约34.45万平方米。3月，县征收办开始谋划棚户区改造的工作实施方案及补偿安置方案，对各区域的征收成本、安置房建设成本等进行测算。县主管领导与相关单位对方案进行分析探讨，多次进行修改完善。

6月15日，棚户区改造工作正式启动，县政府组织召开棚户区改造动员会议。县征收办对全体工作人员进行业务培训，并根据棚改征收范围对各工作组任务进行细化，指导工作组组织涉征户投票选举依法确定评估机构。到年底，已完成评估收量1909户，占总量的96%，协议签订693户，占总量的35%。县征收办对评估报告全部进行了审核。安置区位置图、安置房源户型图及评估报告已发放到户，各工作组在全力推进协议签订中。

搬迁遗留问题处理　针对2016年征收区域广、户数多的特点，县征收办本着“以人为本”的理念，设立政策咨询组，健全信访制度，成立领导小组。实行专人负责制，形成高效、协调的工作运行机制，营造了良好的工作氛围。县征收办在坚持接待日制度的同时还坚持信访工作随到随接待的特别制度，要求所有工作人员遇到信访事件随时汇报。坚持特事特办，急事急办，难事巧办的原则做好信访接待工作。年内，接待群众来访50次，接访上访群众320人次，接访信件32件，答复咨询4000余人次，处理拆迁历史遗留问题3件，信访结案率达到95%以上。

征收档案审核整理　县征收办抽调精干力量组建业务组，全面负责征收补偿档案审核工作，确保征收补偿档案审核高质高效，并坚持做到日清日结。对在档案审核过程中发现的问题，及时与相关工作组沟通，在最短时间内修改完善，确保房屋征收补偿资金及时发放，有效促进实质拆除进展。注重对档案资料的整理留存，按住宅、商业等分类、编目，并把所有被征收户信息录入电脑存档，为以后资料查询提供便利。

【电力供应设施建设】　2016年，国网乐亭县供电公司（简称县供电公司）超前谋划，积极申报“小康电”示范项目。结合乐亭电网“十三五”发展规划，制订《“小康电”示范县建设规划及实施方案》，经逐级审核，“小康电”示范县项目上报国家能源局。统筹规划，确保各电压等级网架协调发展。河北乐亭经济开发区220千伏输变电工程及110千伏配套送出等重点工程按节点顺利推进；中堡35千伏输变电工程竣工投运，新增容量20兆伏安，有效缓解县域北部地区供电压力；积极开展配电网标准化创建，10千伏及以下配电网标准化建设改造创建活动跻身国网百佳。履行责任，加快农村电网改造步伐。高标准完成县委、县政府十大惠民实事工程之一的低电压治理工程，惠及49个村2393户；累计新建及改造35千伏及以下线路210.33千米，新建及增容配电变压器125台，辖区14座35千伏变电站全部实现双电源供电，供电可靠性创历史最佳，农网工程代表冀北公司通过国家发改委验收。

【胡家坨、马头营供电所获评四星级供电所】　2016年，县供电公司遵循“统一标准、分级管理、逐级晋阶、动态考评”原则，扎实推进星级供电所创建工作，以星级供电所建设推进全县供电所作业组织专业化、现场作业标准化、生产运行精细化、营销管理规范化、优质服务常态化、基础管理信息化。胡家坨供电所、马头营供电所顺利通过国网冀北电力有限公司验收，被评为“四星级供电所”。在创建过程中，各供电所认真做好硬件和软件建设的同步升级，按照上级要求和时间进度，扎实开展各阶段工作。县供电公司以供电所对标评比为抓手，健全基础资料，注重文化引领，提炼亮点特色和典型经验，按照“基础和创新一起抓，内质和外形一起抓”的思路开展工作。在保持优秀业绩的基础上，抓好“一所一特色、一所一主题”建设。通过请进来、走出去的方法，多方借鉴经验，加大典型选树力度，保障了“内质外形”双提升。

【10千伏及以下配电网标准化建设改造创建活动获“国网百佳”】　县供电公司按照上级关于开展10千伏及以下配电网标准化建设改造创建活动的安排部署，采取“精准规划、多方联动、品质提升、典型示范、苦练硬功”的创建方法，明确配电网总体建设目标、过程管控目标和建设成效目标，成立配电网标准化建设筹备工作领导小组，将低电压改造列入县“惠民实事工程”，落实配电网“一线一档”“一患一档”要求和“日管控、周通报”制度，苦练硬功，成为国网冀北电力有限公司首家实现带电作业的县级供电单位。通过扎实有效的创建举措，解决了配电网规划目标、设备选型、施工工艺等方面存在的薄弱环节，配电网规划、建设、运营、管理水平得到提升。2016年，县供电公司10千伏及以下配电网标准化建设改造创建活动被授予“国网百佳”称号。

【县供电公司获国网冀北电力有限公司新闻应急对抗赛团体第一名】　2016年8月11日，国网冀北电力有限公司第一届突发事件新闻应急对抗赛在北京良乡国网冀北电力有限公司培训中心举办。县供电公司选派3名选手代表唐山供电公司参赛并获团体第一名。此次竞赛模拟突发事件新闻应急整体流程，抽取各队比赛题目并进行准备。分为舆情分析、模拟媒体发布、模拟新闻发布3个环节依次进行。比赛由新华社、中国青年报、中国政法大学、中正舆情机构、河北省互联网信息办公室等10家新闻媒体和舆情管理专家进行评判。对抗赛的举办，为品牌维护工作搭设了讲台、提供了舞台、构建了平台，推动品牌创建工作进入新阶段。

【供水设施建设】　本着调整完善县城集中供水网络，保持取、供、用水平衡，新水厂建设选址与现状水厂均衡布局，改造与新兴并举和规模适度超前的原则实施供水设施建设。

年内，投资180万元自富强街至乐亭县城市供热有限公司（新址）敷设DN300球墨铸铁管2000米；投资4.28万元，改造原武装部家属院管网DN75PE供水管道150米；投资10万元，改造DN25PPR供水管道897米。至年底，自来水公司有供水厂两座，水源井20眼（含备用水源井5眼），日供水能力2.5万吨，城区用水户约3.6万户，供水管网总长度205.19千米。

在北外环水厂古滦河西侧园区路沿线，计划设置水源井12眼，与城管、水务、唐山市建筑设计研究院研究制订了水源地设置方案。拟在城南新建一新水厂，占地面积6.67公顷，设计日供水能力5.5万吨，预计投资2.07亿元，相关手续在办理中。

【城区景观】 2016年，投资87万元，实施春节城区亮化工程，安装LED串灯8000余串，流星雨灯2900余个，灯带1.06万米，七彩数码管1200余米，灯笼1000余个，安装路灯杆灯笼750套。督导金融大街、大钊路两侧单位及主街道临街门店进行字体亮化。投资22万元，对青春广场、乐安广场、文园、幽园、西外环（路）生态林等公园广场亮化实施维修。投资21万元实施地道桥亮化工程，更换电缆1100米、洗墙灯128盏、海浪花4个、LED数码管1600余根。投资1738.4万元，对县委、县政府等16个单体建筑，民俗风情街、水岸星城等4条商业街，盛世景湾、水悦华庭2个住宅小区和古滦河河道共23组单元工程实施亮化。在古滦河生态公园建设文化墙200余米，古滦河水系两侧雕刻文化石200块。投资150万元，实施幽园石浮雕工程，以展现乐亭人文风貌、历史沿革和文化底蕴。同时推进文化墙北侧硬化和绿化工程。通过扎实有效的工作，为文明县城复审工作奠定了基础。

【排水设施建设】 2016年，污水处理厂升级改造后续工程2月底完成，3月3日通过环保验收，并出具了一级A“三同时”（建设项目中防治污染的设施与主体工程同时设计、同时施工、同时投产使用）验收报告。在线监测设施于5月完成招标采购并委托第三方运营。出水水质达到一级A标准。投资1118.4万元，对富强街（西外环至滨河路）铺设内径800毫米雨水管道4060米，10月1日开工，12月9日完工。投资788.85万元，实施茂源街（南侧）雨污分流改造工程，铺设管道1600米，10月11日开工，11月30日完工。

【供热设施建设】 根据上级关于治理大气污染、加强环境保护的新要求，县政府决定2016年实施集中供热建设改造工程项目，县住建局集中主要精力予以实施。项目位于县城南外环路南侧和韩坨村，占地面积7.71公顷，总建筑面积1.94万平方米，建设4×70兆瓦锅炉房一座，并新敷设DN1000一次热水管网16.05千米，总投资2.88亿元（不含财政配套资金），建设期限自2016年5月到2017年9月。项目建成后可满足县城区600万平方米的供热需求。7月29日完成项目审批，经勘察、设计、监理、锅炉及附属设备采购安装，除尘、脱硫、脱硝设备采购安装和工程施工招标等前期工作完成后，于9月18日开工建设。至年底，1、2号锅炉已具备点火条件。新建供热站通向各换热站16.05千米的一次热水管网敷设分多个标段全城同时开工，完工并注水待用，确保春节后投入供热运营。

在集中项目建设期间，为确保2016年城区供热，投资280万元，在原宝恒供热站租赁安装一台20吨锅炉及配套设施；投资75万元，对原宝恒供热站锅炉水冷壁管、大钊路换热站二次循环泵、金融大街换热站二次循环泵进行维修；投资15万元对原冀东果菜批发市场、范庄小区、曙光小区旧管道进行改造，管线长度230米。年内又增建了5座换热站，提高了泰和盛景、盛世景湾、县光荣院、县政府的供热效果。

至2016年年底，县城区有3座供热站（撤销曙光供热站、大钊路供热站；回收宝恒、国电供热站），分别为富强供热站、东延供热站、健康供热站；热水锅炉11台，其中40吨4台，20吨7台，总吨位300吨；换热站42座；热网总长度330.39千米（含2016年新敷设一次线热网16.05千米），供热入网面积642.43万平方米，其中2016年度新增入网面积34万平方米，供热面积350万平方米，供暖户数2.81万户，其中2016年度新增供热户数6853户。

【燃气设施建设】 城区天然气供气管网建设 2016年，在原有城区天然气供气管网建设的基础上，乐亭中燃翔科燃气有限公司继续加大供气管网建设力度，投资208.53万元，在北外环路和乐安路敷设中压管线370米，敷设庭院中压管线1224米，庭院低压管线2403.5米，为盛世景湾、水悦华庭、水悦华府和乐安小区等生活小区接通气源，扩点火户数4850户。至年底供气管网总长度165.27千米，入气户数3.05万户。

城镇天然气管道输送项目建设 根据市政府《关于加强我市天然气资源统一调控通知》要求，县内天然气管道输送项目由唐山市天然气有限公司投资建设。县域内管道长4.06万米，其中主干线长3.8万米，管径406.4毫米，分支线长2647.93米，管径219.1毫米，在分支线路末端建调压站一座，占地面积1.07公顷。工程起点于滦南县与乐亭县两县交界处的前后院村，沿唐港高速公路北侧向东南方向敷设，管线途经大相各庄乡、庞各庄乡、汀流河镇、汤家河镇，向西沿沿海公路途径王滩镇、马头营镇、古河乡，管道设计压力4.0MPA，输气能力为200万标立方米。主干线分三个标段，一标段长1.38万米，二标段长1.38万米，三标段长1.034万米。2015年3月全面进入施工阶段，2016年努力协调解决沿线剩余节点施工阻力，11月底完成对一、二、三标段各个节点的连接，完成天然气管道乐亭段与海港经济开发区段的整体对接，年底主管线管网基本完工。支线2647.93米5月11日完工。年内对一、二标段2.76万米的天然气管道进行通球打压试验，全部合格。完成沿线阀门井的征地、阀门球阀的焊接及阀门井的组装回填工作；三丁庄门站建设前期经济补偿、附着物清理、地质勘测等准备工作基本就绪，为施工建设奠定基础。

汽车天然气加气站建设 2016年，经县住建局、县国土资源局初审，市住建局批复在县城内建设天然气加气站14个，设计用气规模29.36万NM3/D；年内已投入运营2个，其中乐亭县华乐天然气加气站，位于毛庄镇张庄村华乐油气公司院内，储气规模1万NM3/D；乐亭县成昌燃气有限公司，位于乐亭镇宁庄村北、平大公路东侧，储气规模3.26万NM3/D。在建设中的3个，其中乐亭县卓创天然气有限公司加气站，位于汀流河镇平大公路西侧，储气规模3万NM3/D；乐亭县圆江加气站，位于蔡各庄村西，储气规模3.3万NM3/D；唐山雅和商贸有限公司乐亭县加气站，位于县城北外环路南侧，高科二路西侧，储气规模3万NM3/D。其余9个加气站处于办理前期手续和筹建阶段。

焦炉燃气管网建设 唐山市乐亭燃气有限公司由唐山市燃气集团独资成立，已取得河北乐亭经济开发区燃气特许经营权，该公司系河北乐亭经济开发区基础配套设施，总投资1.02亿元，投资2000余万元建成燃气门站，续建燃气管网。2016年管线达7千米，具备年供气3000万立方米焦炉煤气的能力，已为唐山旭阳化工有限公司、河北瑞联化工有限公司、唐山铸钢炉料有限公司供应燃气。

液化石油气供应站建设 2016年年底，县内液化石油气供应站由2015年的7个减少为6个，分别为华乐油气公司气站、天建液化气站、永强液化气站、利民液化气站、八里桥液化气站、国发合液化气站，年供应量3150吨；乐港液化气站于2016年10月停止营业。

【照明设施建设】 2016年，县供电公司加强照明设施日常运维管理，共维修路灯3000余盏次，维修线路30余千米，维修更换路灯专用变压器10台次，维修控制箱40次，排除外力破坏（施工、雷、雨、风等）造成路灯主电缆及路灯设备故障30次，整修恢复高杆灯104基，处理交办单11份。年内，设备完好率95%，亮灯率98%；重大节日和重要活动期间主要道路亮灯率99%。

年末，县城区范围内有路灯2409基8607盏。其中金融大街和大钊路中华灯343基5145盏，乐港公路LED（收费站以北）节能灯201基603盏，高速公路连接线12米单、双头灯111基222盏，西外环路195基390盏，茂源街东延154基308盏，发展大道84基168盏，其他街道路灯1321基1771盏。

【城区绿化及绿化设施建设】 2016年，实施长河景观带民俗风情街（金融大街以南至西大桥两侧）绿化工程，栽植法桐、油松、太阳李等乔灌木300余株，女贞、卫矛等色块植物1000余平方米，安装河道护栏450米。实施长河景观带（西大桥至南新街段）绿廊绿道改造工程，栽植太阳李、樱花等花灌木312株，玉簪、铺地柏等地被植物2000平方米，连翘340平方米，修建原木桩驳岸225米。新增绿廊绿道2000米，累计建设绿廊绿道18.5千米。完成古滦河生态公园、北外环野花组合4公顷。投资68.5万元，实施城区园林绿地苗木补栽工程，补栽各类乔木750余株、花灌木180余株、色块植物2500余平方米；补栽鸢尾、萱草、景天、爬地柏等1.3万平方米。新增城区南出口、长河景观带、富康路及各居民小区绿地15公顷。

【乐亭·燕园高档苗木产业基地项目建设】 2016年4月30日，项目一期工程——古滦河生态公园20公顷苗木基地项目建设完工，栽植美国红枫、北美海棠、蓝杉、金桐力、北美红栎等多个高档树种1.7万株。

【世园会绿雕工程】 2016年4月20日，按照市政府要求，完成在唐山市区设置“仙子畅吉祥”大型绿雕摆放任务，并在世园会期间全面做好养护管理工作。该工程被世园会组委会评定为优秀工程。

【唐山万事达市政园林绿化有限公司】 唐山万事达市政园林绿化有限公司始建于2006年11月。公司已取得园林绿化贰级资质、市政公用工程施工总承包三级资质、环保工程专业承包三级资质，注册资金1000万元，有员工280名，其中高级工程师2名、建造师8名、工程师16名、助理工程师30名、专业技术人员50名。拥有大型挖掘机、装载机等施工机械87台（套），有苗木基地66.67公顷，主要生产侧柏、国槐、龙爪槐、金叶榆、紫叶李、紫叶矮樱、榆叶梅、红王子锦带、卫矛、红叶小檗、垂柳、木槿、丁香、银杏等苗木。

公司可承接城乡道路工程、给排水工程、燃气工程、桥梁工程、绿化景观工程、公共广场工程、市政配套工程、禽畜粪便沼气工程、厌氧生化处理池工程，火电机组燃煤脱硫工程、工业及集中供热燃煤锅炉烟气脱硫工程、小型工业项目噪声、有害气体、粉尘、污水、工业废料的综合处理工程，医院医疗污水处理工程等。公司严格执行质量管理体系，严格按安全生产管理条例要求组织施工，工程质量合格率100%，优良率98%。

2016年，公司积极参与工程招投标，先后完成县城区茂源街雨污分流及绿化改造工程，县城区金融大街、茂源街、南北大街辅道改造工程，曹妃甸区第九农场美丽乡村建设工程，新增1000亿斤粮食生产能力规划乐亭县2016年田间工程建设项目，城市拓展空间人民公园绿化照明配套安装设施工程，县城区绿化带苗木补栽、老唐山风情小镇项目、民俗风情街沿河绿化工程，河北乐亭经济开发区烟台道绿化工程等15项大中型工程，总投资7800万元。

【环卫一体化服务项目实施】 2016年，县城管局按照县委、县政府的安排部署，完成《乐亭县清扫保洁垃圾收运、垃圾处理综合服务政府采购项目特许经营协议》的招标和合同的签订，成功实现环卫作业市场化运作，使乐亭成为全市首家推行政府购买公共服务、推进环卫事业市场化改革的县。北京环卫集团接手后，新购进洒水车、道路吸扫车、小广告冲刷车等专业车辆22辆，从北京环卫集团调配除雪车3台。完成大罗庄垃圾填埋场扩容改造。推进垃圾资源化处理场升级为垃圾焚烧发电项目。投资60余万元完成城区水冲式公厕的升级改造，使之成为县城区环卫设施建设的亮点。7月，唐山市人大、乐亭县政协专题调研时对此给予高度评价。

城乡建设管理

【规划管理】 县住建局坚持把规划管理作为建设管理的首要任务，从加强规划宣传入手，采取多种形式，宣传《中华人民共和国规划法》等政策法规，提高乡镇村各级组织及责任主体单位对规划管理重要性、必要性的认识，使之积极参与规划管理，自觉抵制、勇于纠正违规行为。依据《乐亭县城乡“五线”规划管理办法》《乐亭县市政基础设施规划管理办法》《乐亭县建设工程规划批后监督管理办法》《乐亭县规划管理日常巡查制度》《乐亭县违反城乡规划行政责任追究制度》等条规，通过审批、巡查、追究责任等措施对规划的实施进行跟踪监督管理。充分发挥行政服务中心窗口的作用，转变政府职能，改进机关作风，提高审批效率，从严高效办理行政审批及服务事项，全年审批工程施工许可38项，建筑工程规划许可33项，建筑工程用地许可17项，选址意见书7项，从源头保证了规划管理的落实。

【城区综合治理】 2016年，县城管局开展窗贴广告、竖式电子屏、门头牌匾集中整治活动。向沿街门店和各广告牌匾制作商发放关于牌匾治理的公开信2000余份，清除城区门店窗贴广告5000余个；拆除竖式电子屏448块；拆除破损、多余门头牌匾200余块。按照“四统一”（统一位置、统一尺寸、统一材质、统一审批）标准，新审批安装牌匾80余块。开展空气质量保障专项整治，坚持日常管理与集中整治有机结合，出动执法人员600余人次，治理露天烧烤10余起，查扣、销毁烧烤炉具20余套，查扣烧烤、炸串三轮车30余辆。治理流动摊点1200余个、门店外溢2000余起。强化施工工地管理，严禁施工车辆带泥上路，确保城区道路无污染现象发生，圆满完成世园会等重大活动期间空气质量保障任务。

市场、公园环境秩序整治　整治青春广场经营性娱乐活动车辆30余辆，清理、规范流动摊点10余处。安排执法车辆和人员，加强对曙光街、南市场、三街市场的整治，整治门店外溢130余起、流动摊点150余个。

城区交通秩序整治　与交警大队、交通局联合对非法营运三轮车、四轮车、黑出租进行整治。通过错时执法，查扣非法营运三轮车60余辆，全部予以拆解。

城区架空弱电线路入地整治　4月底，涉及城区23条主要道路，总长10.86万米的架空弱电线路入地全部完成。移除架线杆345根。城区街道架空弱电线路“蜘蛛网”现象得到有效整治，城市整体景观得到有效改观，成为唐山市首家街景立面弱电线路全部入地的县。

【环境卫生管理】 2016年，县城管局按照北京标准对接，编制《乐亭县城市环境卫生专项规划（2016—2020）》，对环境卫生作业、环卫公共设施、垃圾集运处理方式、环卫专用车辆、环境卫生管理进行明确规划。制定《乐亭县环境卫生检查考评评分标准》《乐亭县环境卫生绿化养护作业检查考评实施办法》《环卫巡查制度和标准》等考评标准，工作流程得到规范。县城管局成立环境卫生监管小组，依据考评标准对城区环境卫生进行监督检查，环卫保洁水平得到提升。同时，清除城区非法小广告2400余处，涂刷乱写小广告1300余条，擦拭果皮箱800余个、路灯杆300余根、护栏700余米，清扫、清洗树穴鹅卵石3000余处。城区保洁面积396.53万平方米，机械化清扫率75.5%，垃圾袋装化率90%，做到日产日清、密闭运输，全年清运、处理垃圾4万余吨。

【迎世园会环境综合整治】 2016年3月中下旬，在时间紧，任务重的情况下，县城管局干部职工加班加点，确保县委、县政府下达的迎世园会环境综合整治任务如期完成。清除城区道路绿化带、公园绿地内垃圾杂物700余吨，清理古滦河水系城区段和长河河道垃圾杂物60余吨，清理唐港高速公路连接线两侧柴草40余处，清洗城区公交站牌70余个、果皮箱400余个，擦拭金融大街、富强街门店墙砖1万余平方米，粉刷城区门店外墙1万余平方米，清除北外环路破损隔离墩30余个，油化唐港高速公路连接线隔离墩50余个，维修城区破损辅道砖3000余平方米、路沿石1000余米、雨污井400余个。对城区大钊路、金融大街、茂源街、将军路等28条街道两侧1.3万余株树木刷白。通过综合整治，城区环境得到改善。

【绿化管理】 2016年，城区园林绿化养护交由北京环卫集团负责，枯死苗木由北京环卫集团出资补栽，解决了“造林容易护林难”的问题。在专家的技术指导下，修剪城区主次干道、广场绿地、公园树木6000余株。维修古滦河水系护栏300米。文园重新砌砖150平方米，更换雨水篦子280米。青春广场更换广场砖6300余块、大理石110块，火烧板、蘑菇石、台阶砖、草坪砖、树凳大理石346块，维修井子24处；草坪砖勾缝1300米，路沿石勾缝1030米，固定草坪灯底座150个，绿地甬路3处，井内供水管道5处，粉刷舞台叠水墙壁890平方米，更换水灯80盏，维修室外健身器材55处。投资137.8万元，完成青春广场喷泉维修改造。实施长河护坡立墙勾缝1190米，破损维修490平方米。

【**市政管理**】 投资270.5万元，沿振兴路（觅园街至富强街）铺设内径800毫米雨水管道355米，维修道路3550平方米，铺辅道砖2397平方米，维修辅道砖3074平方米，维修平安巷837平方米，安装路灯20基，安装立柱式信号灯8根。投资131.88万元，实施城区道路灌缝12万延长米。投资432.58万元更换南北大路、金融大街、茂源街辅道砖4.2万平方米。投资27.25万元，在城区路口设置高杆灯32基。投资135.54万元，在城区将军路、丰泽路等处设置路灯124基。投资14.18万元，接通将军路（健康路）与茂源街交叉口污水管道，同时随热力公司管道铺设雨水管道103米。修补城区坑槽9677平方米，维修破损辅道砖6000余平方米，维修雨污水井134座。

【**数字城管建设**】 2016年，县城管局将环卫巡查员并入数字化城管中心，有效整合各方面资源，增强数字化城管中心巡视力量，巡视员实施网格化管理，对所分管网格发现的问题现场拍照后通过网络自动传到数字化城管指挥中心，由中心将问题交由相关单位在规定时限内处理。年内采集案件1.27万件，结案1.23万件，结案率96.85%，比上年提高1.8%，及时派发率100%。

【**拆除城区违法违章建筑**】 2016年，县城管局加强日常巡查，持续治违不松劲，对违法违章建筑发现一处、制止一处、处理一处。年内，依法依规拆除城区违章建筑1000余平方米。

【**乐亭县获河北省“洁净城市”称号**】 2015年9月，乐亭县被省住建厅确定为省首批30余个洁净城市试点县区之一（乐亭县和迁安市、丰南区为唐山市试点）。县城管局立足自身职能，精心组织，按照“优美、宜居、生态、洁净、有序”的原则，对照《河北省洁净城市评估标准（2015年度）》，狠抓“标准化、精细化、人性化”管理，科学细化分解指标工作体系，建立城市管理长效机制，加强环卫保洁，努力争创“洁净城市”。2016年1月下旬，唐山市对乐亭、迁安、丰南3个试点县（市）区进行初步评选，乐亭县名列第一。1月28日，经唐山市初评，乐亭县成为唐山市唯一参选省“洁净城市”候选城市。3月4日，省住建厅组织专家对乐亭县进行现场核查（全省12个城市参选）。乐亭县以严谨的档案资料、精美的汇报片和“干净、整洁、优美、有序”的城市环境顺利通过省专家组核查。3月28日，被省住建厅授予河北省“洁净城市”称号，全省有10个县（市）区获此荣誉，唐山市仅乐亭县一家。5月10—11日，省住建厅组织河北日报、河北经济日报、燕赵都市报、河北工人报、河北新闻网、长城网6家新闻媒体记者到乐亭县就洁净城市工作进行了采访报道。

【**王青海获“美丽河北·最美环卫工人暨第二届河北省环卫行业最佳城市美容师”称号**】 2016年10月24日，县城管局清掏工王青海被省委宣传部、省总工会、省住建厅授予“美丽河北·最美环卫工人暨第二届河北省环卫行业最佳城市美容师”称号（唐山市共12人获此称号）。王青海从事清掏工工作多年，时刻以为人民服务为宗旨，勤勤恳恳、兢兢业业，以一人的辛劳换来城市的美丽。年内，王青海与工友们清掏下水管网10万延长米、污水井3000余座次、雨水井2907座次、化粪池120余座次，服务群众千余人次。此前，王青海曾获乐亭县第二届道德模范、唐山市第四届道德模范、河北省环卫行业最佳城市美容师、全国优秀环卫工人等称号。

【**供水管理**】 县自来水公司奉行“安全优质供水、真情服务社会”的理念，以供水服务标准化落实为抓手，以安全供水优良服务为重点，从健全制度入手，通过完善工作机制，对水厂实行封闭运行管理、加强水费收缴、注重窗口服务、定期巡查及时抢修、规范用水供应秩序等手段，多措并举加强供水管理。为确保水源井的水质安全，对水源地落实保护措施，加强环境监督治理。

【供热管理】 健全制度，强化责任 针对工作中出现的漏洞和问题，县住建局对原有各项规章制度进行修订完善，如完善抢险应急预案，健全安全生产责任制，坚持人员招聘持证上岗制度和岗前培训制度等，强化岗位责任，用制度规范工作程序和日常管理，做到制度和责任相统一，管理和服务融一体。

完善机制，强化管理 根据新的形势要求，县住建局收回乐亭县宝恒热力公司和国电电力河北新能源开发有限公司乐亭分公司的供热设施，归新城热力供应所运营管理，结束了原有的三家独立核算运营、实施技改维修、协调指导管理的三足鼎立局面。新城热力供应所直接承担运营管理的职责，完善工作机制，划分供热区域，分片负责，实行集中与分散相结合的原则，把锅炉运行、换热站热量置换、热网维修、入户服务相统一，环环相扣，把供热任务落到实处。

解决问题，强化服务 县住建局充分发挥调度服务中心的作用，供热期间24小时开通服务热线，对群众来访做到热情、主动、耐心、周到，对群众反映的问题做到及时有回音，件件有落实，实行“首问责任制”“限时办结”“服务承诺”“岗位监督台”等措施，随时接受群众监督。

抓深抓细抓实，强化燃煤管理 新城热力供应所围绕煤质、煤价、煤场三个环节强化燃煤管理。建立煤质台账，坚持用煤标准。加大煤质抽检数量和频次，从源头抓起，确保用煤高质量。采取网上公示燃煤招标的办法，煤炭开标确定子洲县张寨煤炭有限公司为中标单位，并与之签订购煤合同，使燃煤处于合理的较低价位。明确责任，落实储煤场抑降尘环保措施。新建的供热站建有6750平方米的高标准储煤棚和2250平方米的干渣棚，最大限度地降低了煤、渣尘对大气环境的污染。

完善信息监控，确保安全生产 由监控中心统一管理，各供热站、换热站安装完善了检测数据和监控报警系统，以便及时发现问题，及时处理，既为安全生产提供了数据支持，提高了工作效率，又保证了财产的安全，最大限度地减少经济损失。

【燃气管理】 燃气管理由县住建局安全监督站负责督导监管，各供气经营单位独立负责日常管理。

健全机制，加强源头管理 通过规范监督备案程序、健全安全生产监督机制，严把安全生产许可审报关，坚持对燃气企业经营许可证进行年审，从源头加强燃气管理，对于不符合要求的燃气企业实行一票否决权。

突出重点，抓安全不放松 易燃易爆是燃气企业的特点，也是燃气安全管理的重点和难点，县住建局要求各燃气企业把安全生产作为第一要务，加强日常管理维护，杜绝泄漏，明确责任，抓实抓好。

监督检查，实施专项整治 对全县燃气企业安全生产情况进行检查和专项整治5次，发现燃气事故隐患138项，下发整改通知单116份，通过排查和专项整治，有效避免了事故的发生。

强化责任，落实管理措施 全县燃气供应企业具有主体单位多、面广、线长的特点，燃气日常管理由各供气单位独立负责，针对不同的气源和供气设施，由各单位制定并落实本单位的安全管理措施。

【供电管理】 2016年，县供电公司牢固树立“大安全”理念，累计实现安全生产10510天。年内购电量11.01亿千瓦时，售电量10.4亿千瓦时。全面开展营业普查行动，建立综合反窃电治理模式，狠抓管理和技术降损，构建高风险企业“一户一策”电费管控体系，累计查处违约及窃电户6户，追补电费及违约使用电费120.57万元；累计收取高可靠供电贴费及临时接电费23户414.82万元。着力提升计量管理水平，智能表安装覆盖率达100%，采集成功率98.81%；专变台区采集终端覆盖率88.84%，日均采集成功率保持97%以上，为公司远程抄表工作夯实基础。深入挖掘电能替代市场，开展“电网连万家，共享电气化”主题活动，推动燃煤锅炉改造、电动公交充电站等14个项目建设，完成电能替代2968.14万千瓦时，为年计划的141.34%。拓展服务渠道，紧密衔接地方政府及重点项目单位，主动提供上门服务，严格业扩报装接电时限，加快结存大用户接电速度。全年完成业扩报装接电9383份/14.3兆伏安，增加售电量8246.63万千瓦时。优化服务措施，全年累计受理故障报修工单1700件，接、派单及时率、停送电信息报送及时率均达100%。不停电作业28次，减少停电时间112小时，减少停电用户2695户，多供电量2.7万千瓦时。

【农村住房建设管理】 严格掌握建房用地审批标准，加强农村住房建设管理。农村建房用地继续执行《乐亭县城乡规划建设管理暂行办法》中“镇（乡）区规划范围内不再新批国有土地平房住宅”“县城规划区内村庄一律不再新批宅基地，村民现有住房和附属用房一律保持现状，严禁新建、扩建、控制翻建”等相关规定。县城规划区以外的农村宅基地审批，依照规定“宅基地指标由镇（乡）统一管理，集中使用，符合宅基地审批条件的农户由（镇）乡提供建设用地。严格控制一般村宅基地审批，规划撤并村不再安排宅基地，对符合宅基地审批条件的，鼓励到城区或中心镇（村）居住”。根据文件规定，年内全县农村新建房用地没有审批，并对在自己原有宅基地上新建、翻建、扩建住宅或附属用房的情况，按照《唐山市城乡规划条例》第五十九条规定，须符合乡、村规划，不得超出原用地四至范围，不妨碍相邻权利人的合法权益，由本人申请，经村民委员会或村民代表会议同意才能开工建设。

【农村道路建设与管理】 2016年，全县列养农村公路1637.77千米，其中县道75.15千米，乡道536.91千米，村道1025.71千米；桥梁141座。全年累计清扫路面1.05万千米，清运垃圾1.17万立方米，整修路肩、边坡、平台1907千米，疏通边沟、排水沟1142千米，清理塌方、零星填方5685立方米；雨季及时疏通张楼地道桥积水7次，没有因积水而影响道路通行。（农村道路建设见【公路建设】条目）

【农村饮水安全工程建设与管理】 投资409万元实施2016年农村饮水工程及农村饮水安全节余资金工程，更新改造73个村的老化饮水设备。按小型农田水利设施产权制度改革要求，饮水安全工程建成后移交收益村自行管护，县水务局提供技术支持。投资78万元，依托县疾病预防控制中心建设水质检测中心，按现代水质分析实验室标准要求，建立健全农村饮水安全水质检测制度，至年底能够正常开展水质检测工作。完成小型水利工程产权制度改革确权发证工作，明确农村小型水利工程产权主体，落实管护责任，促进小型水利工程产权流转。

【农村危房改造】 根据党中央、国务院关于扩大农村危房改造工作的决策部署，县政府制订《乐亭县2016年农村危房改造工作实施方案》，将农村危房改造工作纳入县委、县政府为群众办的10件实事和领导干部政绩考核的重要内容，将危房改造任务层层分解，对每个环节严格按照程序规范运作。在危房改造户的确定上，严格按照“农户申请、村级评议、乡级审核、县级审批”的程序层层把关；按照一户一档的要求将危改户的档案资料全部录入全国农村危房改造档案管理信息系统；在工程质量上，把加强工程质量监督检查作为重点工作来抓，组织技术人员对改造实施过程进行巡查和技术指导，以保证工程进度和质量。

年内，市分配乐亭县危房改造任务360户，其中翻建、新建268户，修缮加固92户，11月底前全部开工，2017年4月底前全部竣工。中央和省财政下拨农村危房改造资金360万元，市财政下拨农村危房改造资金18万元，合计378万元，均按政策全部落实到户。

房地产业

【保障性安居工程建设】 2016年市政府下达乐亭县保障性安居工程建设任务，其中城市棚户区改造2678套，涉及发展大道南延、腾飞街北侧滨河路与乐港公路围合区域，乐港公路以西西高村、温柏庄村、大吕庄村5个区域，涉及被征收户1841户，总建筑面积约34.45万平方米，共需安置住房约3600套。县政府成立棚户区改造指挥部，组织拆迁安置工作。安置方式由以前政府集中建设安置小区的实物安置方式，转变为政府统筹组织安置房源的货币化安置方式。为解决棚户区改造货币化安置资金缺口，县政府责成县城投公司为贷款主体，县住建局、县发改局及其他相关单位相互协调配合，争取各种专项资金、贷款，其中城南棚户区改造项目争取专项建设基金1000万元，发展大道周边区域城市棚户区改造项目争取专项建设基金5000万元，拟争取专项贷款6.8亿元。全年争取到位中央专项补助4594万元，省专项补助1307.26万元。

年内对2009年一期安置房、2010年五街八街危旧平房改造、2011年三期A、B区安置房的土地手续进行了完善。

【城镇低收入家庭住房保障】 2016年，保障性住房没有新的建设任务，主要是加强原有保障性房源管理，按政策落实分配入住及租后管理，严格落实准入退出机制，切实将保障性房源配房到适应人群。

县住建局为科学合理解决低收入家庭的住房保障，会同县发改局等相关部门，完善保障性住房配租前期准备工作。降低保障家庭租金负担，按不同的区域对原租金进行调整，金融大街以北、发展大道以东、茂源街以南、乐兴路以西区域住宅平均租金由7元/平方米下调为5元/平方米，乐兴路以东县城区工业聚集区区域平均租金由6元/平方米下调为4元/平方米。年内县政府出资31.32万元用于廉租房天然气初装费。扩大住房保障范围，降低准入门槛，简化审批流程，根据《唐山市保障性住房统筹建设并轨运行实施细则》，取消了第四类保障性住房申请人收入准入限制，放宽了限制条件，简化了审批流程。

7月，受理住房保障申请255份，175户申请家庭通过审核，9月24日投入156套房源，有129户低收入家庭抓取了保障性住房，其中按照政策，唐山市德龙钢铁有限公司、唐山旭阳化工有限公司、唐山中厚板材有限公司、唐山境界实业有限公司等企业职工46户低收入家庭获得保障性住房分配权。

【房地产市场管理】 2016年，发放商品房预售许可证2件，预售面积20.59万平方米。其中唐山龙居房地产开发有限公司的乐府项目A区，预售面积8.55万平方米；乐亭县诚信房地产开发有限公司的水悦华苑A区，预售面积12.04万平方米。

全年进行预售资金监管的项目2个，预售资金存入3.66亿元，提取非重点监管资金1.02亿元，提取重点监管资金1.88亿元，账户余额7596.95万元。其中乐府项目A区预售资金存入7531.64万元，提取非重点监管资金2919.95万元，提取重点监管资金3459.63万元，账户余额1152.06万元。水悦华苑A区预售资金存入2.91亿元，提取非重点监管资金7325.27万元，提取重点监管资金1.53亿元，账户余额6444.27万元。办理法院查封46份。办理租赁合同备案310份。商品房交易合同备案3651份，面积43.64万平方米，交易金额16.72亿元；二手房交易网上签约480份，面积5.63万平方米，交易金额1.73亿元。

【物业管理】 坚持以《唐山市物业管理条例》为依据，以提高物业管理服务水平为重点，严格检查物业管理工作中存在危害业主合法权益的问题，县住建局多次召开物业服务企业座谈会，针对存在的问题研究解决办法，让管理相对较好的物业服务企业介绍经验，有针对性地进行学习和岗位培训，有效提高物业管理人员的服务意识和服务水平。为维护业主和物业服务企业合法权益，印发《乐亭县住建局关于加强物业承接查验通知》，明确由质监站、物业管理科、建设单位、监理公司、物业服务企业联合查验合格方能进行竣工验收备案。起草《乐亭县新建住宅物业质量保修金管理办法》，该办法的贯彻执行能直接解决建设单位质量遗留问题，为物业服务扫除障碍。起草《乐亭县人民政府关于进一步加强物业管理的实施意见》，明确规定了各单位的工作职能，形成合力，共同做好住宅小区的物业管理工作。通过各个部门的紧密配合和各项政策规定的落实，规范了物业管理服务事项和市场秩序，促进了物业管理持续健康发展。

至年底，在县住建局备案的物业服务企业18家，其中二级资质企业1家，三级资质企业17家。有服务对象的企业12家，服务于20个居民小区，服务建筑面积288.52万平方米，应住户数2.37万户，已入住户数1.27万户，常住人口3.41万人。当年有3家物业服务企业入驻4个生活小区。

年内县城区有13个居民生活小区选举产生了业主委员会。业主委员会把本生活小区的物业建设、管理、服务有机结合，形成物业建设管理的良性互动，提高物业管理成效。

按照有关政策，至当年年底收缴住宅专项维修资金1.78亿元，支出905.88万元。其中当年收缴专项维修资金3694.76万元，支出708.06万元。

房地产企业选介

【唐山龙居房地产开发有限公司】 2015年1月成立，注册资金1000万元，总资产2.67亿元，经营范围为房地产开发，为暂定资质等级。2016年有员工54人，大专以上学历的占78%。

唐山龙居房地产开发有限公司以“铸精品、创辉煌、重承诺、守信用”为宗旨，以开拓务实的工作作风，娴熟科学的管理能力，乐于奉献的职业精神，服务乐亭县城建设。“乐府”系龙居房地产开发有限公司在县城首个房地产开发项目，位于县城西北部，分A、B、C三区开发建设。年初，“乐府”项目一期工程启动，面积14.94公顷，以高端的社区配套开启县城内高端生活范本，致力于打造乐亭县首屈一指的低密度、花园式休闲社区。7月16日一期项目“乐亭首府”开盘，189套别墅销售83%，368套电梯洋房销售95%，沿街商铺销售50%，实现销售收入4.4亿元，预计2017年7月交房前可实现销售收入7.5亿元。项目二期2017年启动，占地面积47.03公顷，规划面积约54万平方米。

【乐亭县诚信房地产开发有限公司】 2004年8月成立，注册资金500万元，房地产开发资质等级四级；2009年4月29日资质升为三级，注册资金900万元；2015年资质升为二级，注册资金2000万元。乐亭县诚信房地产开发有限公司为房地产开发、经营、建材销售的综合性企业，采取现代企业管理模式，构筑精简的决策、经营组织机构，拥有一支技术专业、团结合作、开拓进取的优秀员工队伍。2016年有工程技术及管理人员36人，其中高级工程师6人，工程师22人，会计师2人，统计师2人。

乐亭县诚信房地产开发有限公司以“用心做事，诚信待人，以质为本，服务社会”为宗旨，以“做大做强”为目标，在开发经营过程中重合同、保质量、保工期，工程合格率100%。

公司已开发建设了富强家园二期、水悦华庭、水悦华府等项目。当年投资建设的水悦华苑（A区）项目，占地面积6.67公顷，建多层住宅楼5栋，小高层住宅楼11栋，高层住宅楼6栋，住宅建筑面积10.26万平方米，商业建筑面积1114.82平方米，储藏室建筑面积（地上、地下合计）1.65万平方米。9月开盘销售730套。整个建筑设计科学合理，采用新技术、新工艺、新材料，最大限度满足业主对功能的需求。

环境保护

综 述

【概 况】 2016年，乐亭县环境保护局（简称县环保局）在县委、县政府领导下，认真贯彻落实中央和省市的决策部署，以建设“沿海强县、美丽乐亭”为目标，以迎接中央环保督察为动力，以完成世园会等重大活动期间空气质量保障任务为抓手，深入推进大气污染防治工程，持续改善水环境质量，全面完成了省、市达考核指标，全县环境保护工作取得新成绩。

1月，根据乐亭县机构编制委员会《关于乐亭县环境保护局设立行政审批服务科的通知》，设立行政审批服务科。年末，县环保局编制44人，实有在编人员59人，人事代理5人，事业单位聘用人员3人。

【主要污染物总量减排】 2016年，县环保局积极推进四项主要污染物总量减排工作。年初确定的唐山中厚板材有限公司、县城污水处理厂减排量接转及唐山旭阳化工有限公司燃煤锅炉、8家畜禽养殖场等企业的减排工程按时完工，减排量达到预期目标，减排任务全面完成。10月31日，唐山市环境保护工作领导小组办公室印发《关于下达“十三五”和2016年主要污染物总量减排目标任务的函》，乐亭县主要污染物：化学需氧量（COD）、氨氮（NH3-N）、二氧化硫（SO_2）、氮氧化物（NOX）的排放总量分别控制在3768.2吨、473.1吨、9933.5吨、5192.3吨，与2015年相比分别削减1.2%、2%、6.6%、2%。

【具体工程减排】 年初确定的唐山旭阳化工有限公司2台25吨燃煤锅炉脱硫工程和乐亭县利信生态种猪示范场等7家畜禽养殖场减排治理工程，加之接转上年度乐亭县污水处理厂管网改造和唐山中厚板材有限公司竖炉脱硫工程形成的减排量，减排工程均已完成。

环境治理

【大气污染防治】 2016年，县委、县政府对全县大气污染防治工作高度重视，多次召开会议进行研究部署，制订出台《乐亭县大气污染防治重点工作部门分工方案》《乐亭县2016年秸秆禁烧和综合利用实施方案》《乐亭县建筑工程施工扬尘污染治理专项行动工作方案》《乐亭县2016燃煤锅炉整治工作实施方案》《乐亭县重点行业挥发性有机物综合整治方案》《乐亭县钢铁行业污染深度治理实施方案》《乐亭县进一步建立健全网格化环境监管体系工作方案》《乐亭县2016唐山世界园艺博览会等重大活动空气质量保障方案》《乐亭县今冬明春大气污染防治强化措施（2016—2017年）》，对《乐亭县重污染天气应急预案》进行修编。县委、县政府领导多次率乡镇及相关部门负责人，对大气污染治理工作进行督查；县环保、住建、城管执法、市场监管、交通运输、商务、发改、工信等部门密切配合，对大气污染治理项目进行高频次督导。持续开展“回头看”，确保问题不反弹，环保工作规范化水平得到提高。

扎实做好唐山世园会等重大活动期间空气质量保障工作 累计历时200多天，出动执法人员1200余人次，执法车辆300余台次，加大巡查力度，确保各项减排措施落到实处。

扎实做好重污染天气应急响应工作 全年启动重污染天气应急响应16次，各项停、限产措施全部落实到位。全县环境空气质量综合指数7.02，比上年下降12.1%，列全市第一名。达标

天数220天，比上年增加56天；重度污染天数28天，比上年减少10天；连续3年全市排名第一，打赢大气治理攻坚战全市排名第三。PM2.5浓度66ug/m^3，比上年下降20.5%，按期完成市达考核目标。

建筑工地扬尘治理　县城区范围内的建筑工地主要有水悦华苑、乐府、鼎秀嘉园、第五幼儿园、第六幼儿园项目。工程建设中，县环保部门严格执行《河北省建筑施工扬尘防治新15条标准》，施工前给各工地下发通知，特别强调扬尘防治工作；施工中由执法中队做好日常督导检查，无论工程任务多急、工期多紧，也要落实扬尘防治措施，做好大气污染防治工作。所有施工工地均按规范设置围挡，运输车辆出入工地全部予以苫盖，工地出入口建设车辆冲洗设施和装置；全部使用商品混凝土，杜绝现场搅拌；施工工地主要道路及出入口全部硬化。在施工过程中，北京环卫集团安排洒水车、洗扫车，有针对性地对施工工地附近道路增加清扫、清洗频次。施工工地抽查合格率90%，设施完好率90%。

道路扬尘控制　乐亭县城区有道路50余条（含城区工业聚集区、冀东国际农产品物流中心等），道路清扫保洁面积396.53万平方米。县城区清扫保洁推行市场化运作模式，由北京环卫集团总承包，配置清扫车7辆，机械化清扫面积299.39万平方米，机械化清扫率75.5%。

机动车污染防治　继续执行黄标车、老旧车的治理淘汰工作，在施行禁行措施的同时，加大查处、报废和注销处置力度。全年报废拆解注销黄标车38辆，灭失注销13辆。

【水环境治理】 全面落实《乐亭县水污染防治工作方案》，河北乐亭经济开发区污水处理厂和县城污水处理厂分别完成建设和升级改造任务。河北乐亭经济开发区污水已全部纳入污水处理厂统一处理，污水处理厂出水水质达到一级A标准；县域内滦河姜各庄断面、小长河入海口断面稳定达标，保持市达考核优秀等次。为避免地下水污染，对县城区、胡家坨镇、阎各庄镇划分了饮用水水源地保护区，设置了保护区标志牌。县内工业、企业污水进行严格治理，对张氏纸业等企业污水处理设施进行提标改造，污水达到闭路循环零排放。

【项目审批】 县环保部门牢固树立大局意识、服务意识和担当意识，对县产业项目领导小组议定的项目，开辟审批服务绿色通道，审批权限在县内的以最快的速度办理，确保在法定时限内办结；审批权限在省、市的，由局班子成员与项目单位共同赴省市跑办、盯办；为项目单位出主意、当参谋，防止走弯路。全年办结各类环评审批57件，其中省、市批8件；完成建设项目环保验收24件，发放排污许可证23个。有力推动了唐山境界实业有限公司二期、腾龙再生物资利用、唐钢惠唐钢结构、海畅环保科技等重点项目的实施。同时，积极开展招商引资活动，实施了投资1.7亿元的唐山旭阳化工有限公司苯苷三期项目。

【秸秆禁烧】 县环保局与县委农工委、县政府督查室协调联动、密切配合，认真贯彻落实市长丁绣峰《致全市各县（市）区党政主要负责同志的一封公开信》和《唐山市秸秆垃圾禁烧管理办法（暂行）》，对全县秸秆禁烧工作常抓不懈，持续发力。成立环保专项督查组对各地秸秆、垃圾焚烧问题开展督查工作，发现问题及时处理。全县露天焚烧秸秆的现象得到有效遏制。

【推进环保治理工程】 做好燃煤锅炉治理工作　为确保按时完成燃煤锅炉整治目标，年初成立燃煤锅炉整治工作领导小组，印发《燃煤锅炉整治工作实施方案》，分解整治任务，明确完成时限，全年淘汰10蒸吨以下燃煤锅炉347台，超额完成市达226台的目标任务，年削减燃煤6.7万吨，减排SO_2 916吨，烟粉尘2410吨。

全力实施钢铁行业深度治理　按照《唐山市钢铁焦化水泥玻璃等重点行业污染深度治理实施方案》的要求，开展专项整治行动，对唐山市德龙钢铁有限公司、唐山中厚板材有限公司实施5项烟气湿电除尘治理工程，使之达到国家规定的京津冀特别排放限值标准，为改善空气质量奠定了基础。

扎实开展挥发性有机物治理　深入落实省、市工作部署，精心制定治理方案，通过召开技术推介会、组织现场观摩会等方式，引导企业应用先进技术加快治理进度，按时完成市达9家VOCs（挥发性有机物）企业深度治理任务。

加强散料堆场扬尘治理 加大督导检查力度，督促企业建设封闭料仓，农村散料堆场苫盖到位，并洒水抑尘。唐山市德龙钢铁有限公司、唐山中厚板材有限公司、唐山市弘岩建材有限公司、唐山乾泰实业有限公司等重点企业料场整治工作全部完工，农村散料堆场管护水平得到提升。

【散煤压减替代及散煤治理工作】 县政府按照省、市散煤污染整治专项行动工作部署，制订《乐亭县散煤污染整治专项行动方案》，以农村清洁能源开发项目建设为依托，通过农村散煤减量替代与清洁化替代并举，有效降低散煤污染，农村大气环境得到改善。年内，市达全县农村地区散煤压减替代任务10.4万吨，完成10.54万吨。县环保部门对全县煤炭经营户进行拉网式检查，并登记造册。全县有煤炭经营主体68户。全年出动执法人员267人次，执法车辆60台次，抽检煤炭114个批次，覆盖率167%，其中合格99个批次，合格率86.8%；不合格15个批次；立案9起，罚没款1.16万元。

环境监管

【环境监测】 县环保局配合省、市环境监测站，对国家新增滦河姜各庄入海口水环境质量自动监测站新建项目，建设前期技术交流、点位现场勘察、论证确认报送最终点位相关调查信息工作；滦河姜各庄橡胶坝、张王庄村北地表水省控出入境断面，1—12月每个月月初水样的测试及市环境监测站监测项目，样品采集报送；长河海田防潮闸入海口地表水生态补偿金市控断面，水样采集分析测试、报送；近岸海域15个点位次的水质采样分析、报送。乐亭县污水处理厂重点源进出口16台次在线设备，每季度的比对监测及市环境监测站承担的监测项目，水样的采集报送。完成了唐山中厚板材有限公司、唐山市德龙钢铁有限公司国控源64个次高架源及32台次在线设备的比对监测分析、数据采集系统填报。完成了乐亭县美宇建材有限公司、乐亭县汀流河镇明星玻璃珠厂、河北省天然气有限责任公司乐亭分公司等15家企业“三同时”现场验收监测、化验室分析，唐山旭阳化工有限公司燃煤锅炉脱硫工程等验收监测。完成了唐山中厚板材有限公司、唐山旭阳化工有限公司、乐亭县铸升金属制品厂等15家企业排污许可监测分析。完成了阎各庄镇、胡家坨镇及县城区3个饮用水水源地样品采集点位现场经纬度的确认，2批次水样采集报送。完成了河北乐亭经济开发区内化工企业4批次外排生产废水及河北乐亭经济开发区污水处理厂进出水的采样分析和实验室质量管理体系文件：26章节质量手册、38个程序文件、50余个作业指导书和150余个原始记录进行全面改版报审。

【环境保护大检查】 2016年，县环保部门将“双随机”检查、在线监测抽查、执法大练兵三项工作进行了有机整合，在保证“双随机”和在线监测抽查工作不走过场的同时，又避免了执法人员分散、执法内容重叠等问题的发生，确保执法大练兵工作全面展开。在环保大检查中，县环保局下达处罚决定书3件，罚款26万元。其中，唐山中厚板材有限公司竖炉料场正在进行新的料棚建设，但在料棚建设过程中出现了物料苫盖不完全的问题。对此，要求该企业7日内整改到位，并根据《中华人民共和国大气污染防治法》相关规定，对该公司做出罚款5万元的处罚决定。唐山中厚板材有限公司2号烧结机11月2日在线监测数据颗粒物超标，通过进一步调查是由于机头除尘器其中一个电场变压器出现故障，导致电场开路造成的。对此，责令企业立即进行维修，并对其做出罚款15万元的决定。唐山旭阳化工有限公司利用厂内坑塘储存污水，责令其尽快将坑塘内污水进行达标处理，并处以6万元罚款。

【环境执法】 扎实开展“利剑斩污”行动，查处了一批违法排污企业，净化了县内环保秩序。加大“散小乱污”企业治理力度。全年查处违法企业6家，下达处罚决定书6件，罚款58.3万元。对3家“土小”企业（污染重、规模小、使用土方法生产的企业）实施“两断三清”（断水、断电，清原料、清设备、清产品），依法关停取缔。对1家违法企业的负责人采取了行政拘留措施。认真做好“双随机”抽查工作，全年抽查企业 123 家，发现了一批环境污染问题，全部责令整改到位。积极开展违法违规建设项目清理整顿，对 2 个违法违规建设项目完成“清零”。做好环境信访工作，全年受理各类环境信访案件 170 件，做到了件件有落实，事事有回应，回访率、处理率、办结率均达 100%，解决了一批人民群众的环境诉求。

【网格化环境监管】 县政府与 14 个乡镇政府、街道办事处签订了网格化监管目标责任书，做到定区域、定排污企业、定人员、定职责、定任务、定奖惩。细化各级网格划分，明确所辖单位的职责任务和要求，做到网格边界清晰、责任主体明确、目标任务具体。按照建立健全网格化环境监管体系的要求，逐项落实到位，明确专职环保工作人员、配备必要的办公场所、执法车辆和执法器材，有效地解决了“游击式”监管执法的问题，解决了乡镇企业存在的环境监管不到位、服务跟不上、农村环保工作开展缓慢的问题。工作中相互触动，开拓创新，严格监管，有力地推进了三级网格及农村环境监管的建设进程，保障了网格化管理实现监管督办有领导、监管任务有专人、监管责任有落实，形成“横到边、纵到底”的环境监管体系。

【排污费征收】 县环保部门全力做好排污费征收工作，严格排污费征收标准，切实做到应收尽收。全年征收排污费 1517 万元，超目标任务 667 万元。积极争取上级资金支持，通过加大燃煤锅炉淘汰力度，获得市燃煤锅炉整治奖补资金 666 万元，同时获得市政府环境空气质量奖励资金 697 万元，合计 1363 万元，超目标任务 563 万元。

环保宣教及应急防范措施落实

【环保宣教】 2016 年，县环保局认真做好环保“七 · 五”普法宣传，提升乐亭环境形象。6 月 5 日是第 45 个世界环境日，国家的主题是“改善环境质量、推动绿色发展”。县环保局围绕主题，组织开展了系列宣传、纪念活动，订制环保购物袋 500 余个，编印“环保法律法规”和“环保小知识”等宣传手册 1000 余份，向公众发放。当天，在大东方购物广场（东城店）开展宣传活动，宣传《中华人民共和国环境保护法》《中华人民共和国大气污染防治法》《河北省大气污染防治条例》和《唐山市秸秆垃圾禁烧管理办法（暂行）》等法律法规知识，激发人们关注环保事业、参与保护环境的热情。12 月 4 日，县环保在县城东大街举行“2016 年国家宪法日暨全国法治宣传日”集中宣传活动，通过摆放展台、发放宣传资料、解答群众咨询等形式，集中宣传《中华人民共和国宪法》和《中华人民共和国环境保护法》等法律法规，发放各类宣传资料 300 余册，解答群众咨询 100 余人次。

【环境应急防范措施落实】 县环保局紧抓环境应急工作不放松，全年持续开展隐患排查、督导应急防范措施落实。将暑期环境污染防治工作与环保专项治理行动紧密结合，加大辖区重点排污企业监察力度，重点检查企业治污设施运行情况；督促企业全面开展自查，查找存在的薄弱环节和各种漏洞，加强各生产环节的管理，确保环保设施正常运行。全年督导 5 家企业修编和编制突发环境事件应急预案并在市环保局备案。组织唐山市德龙钢铁有限公司、唐山旭阳化工有限公司等环境风险较大的企业进行突发环境事件应急演练 6 次，有效提升企业处置突发环境事件的能力，提高企业职工对环境应急工作的认识，做到早发现、早报告、早处置，将突发环境事件影响降到最低。

综合管理

计 划

【概 况】2016年，县发展改革局（简称县发改局）全面贯彻落实县委十二届六次全会和县十五届人大五次会议确定的目标任务，继续深入实施“11348”工程，强力抓好项目建设、不断优化产业结构调整，全面深化改革开放，团结一心，攻坚克难，倾力推进全县经济社会持续健康发展。

加强经济运行监测 加强国民经济计划执行情况的监测，对经济运行过程中存在的问题，有针对性地提出意见和建议。对固定资产投资等主要经济指标完成情况实施月通报制度，为确保完成全年目标任务奠定基础。2016年全县实现地区生产总值345.18亿元，比上年增长7.6%。其中，第一产业增加值93.92亿元，增长4.5%；第二产业增加值106.91亿元，增长7.1%；第三产业增加值144.35亿元，增长9.9%。实现农林牧渔业总产值137.26亿元，比上年增长4.5%。实现工业总产值333.71亿元，比上年增长11.91%。公共财政预算收入12.23亿元，比上年增长10%。固定资产投资209.96亿元，比上年增长25.9%。社会消费品零售总额132.84亿元，比上年增长10.7%。进出口总额35190万美元，比上年增长12.1%。实际利用外资8982万美元，比上年增长16.3%。城镇居民和农村居民人均可支配收入分别为31378元和14789元，分别比上年增长8.6%和8.9%。各项主要经济指标均圆满完成年初确定的目标任务。

认真研究国家产业政策和投资方向 加强与上级部门沟通联系，全年争取上级支持资金项目10项，包括田间工程建设项目，沿海防护林工程项目，中厚板高效除尘升级改造项目，百善学校维修改造，乐亭镇、汤家河镇、古河乡、大相各庄乡卫生院改扩建工程项目等，争取到位上级支持资金8200万元，其中中央支持资金8166万元，省级支持资金23万元，市级支持资金11万元。

全面落实节能减排目标任务 执行项目节能审查制度，严控新上高耗能项目，加强对耗能企业的节能减排专项检查，督促整改措施落实，严肃查处违法违规行为，加强大气污染防治。2016年，全县单位GDP能耗比上年下降3.51%，规模以上工业入统煤炭消费量控制在37.75万吨标准煤。

落实和承接好国务院取消和下放行政审批事项 全面梳理县本级审批事项，优化流程、简化程序，实施网上审批，不断提高行政效能。全年审批、核准、备案项目114项，总投资221.98亿元；严格执行项目节能审查制度，对全县81项固定资产投资项目进行节能评估审查或备案登记，涉及总投资152.1亿元。严格招标投标协调监管，全年核准招标项目25项，出具允许勘察设计先行招标函2项。

【年度计划编制与实施】按照县委十二届六次全会确定的发展思路和工作目标，县发改局在充分调研、论证的基础上，结合县域发展实际，编制2016年全县国民经济和社会发展计划（草案），经县十五届人大五次会议审议通过，印发各乡镇、街道及相关部门，要求结合自身实际，尽快将计划预期指标落实到基层，确保圆满完成。2016年全县国民经济计划和社会发展主要预期目标：地区生产总值338亿元，增长7%以上。其中，第一产业增加值90.7亿元，增长5%；第二产业增加值105.4亿元，增长7%；第三产业增加值 141.9 亿元，增长 8.3%。农业总产值 132.2 亿元，增长 5%。工业总产值 314 亿元，增长 6%。公共财政预算收入 12 亿元，增长 8% 以上。固定资产投资 200 亿元，增长 20% 以上。社会消费品零售总额 132 亿元，增长 10%。进出口总额 32950 万美元，增长 5% 以上。实际利用外资 8110 万美元，增长 5% 以上。城镇居民和农村居民人均可支配收入分别为 31200 元、14670 元，分别增长 8% 以上。节能减排指标以市达计划为准。为此，全县人民在县委、县政府的领导下，深入贯彻落实中央、省、市、县委决策部署，深入实施“11348”工程，强力抓好项目建设、不断优化产业结构调整，全面深化改革开放，加快培育新的经济增长点，推动产业优化升级；加快现代农业建设，打造国家级现代农业示范区；加快城镇化建设步伐，构建现代城镇体系；加强生态环境建设，持续保障和改善民生，促进经济社会持续健康发展和社会和谐稳定。

表 8　　2016 年乐亭县续建项目情况表

序号	项目名称	建设单位	建设地点	总投资（万元）	占地面积（公顷）	建设内容及规模	进展情况	责任单位
1	唐山乐亭菩提岛海上风电场 300 兆瓦示范工程	乐亭建投风能有限公司	乐亭沿海	584452		主要建设 3 兆瓦海上风力发电机 100 台及 22 千伏海上升压站 1 座	已取得省发改委核准手续，完成测风塔建设，准备进行海上打桩施工	县发改局
2	卓达乐亭绿色新型建材产业基地项目	卓达新材料科技集团乐亭有限公司	河北乐亭经济开发区	150286.12	33.33	建设高强纤维板生产车间、外墙装饰板生产车间、轻钢结构生产车间、包装车间、涂装车间、原料及成品库房、样板展示厅及办公楼等	由于资金问题，项目停滞	县招商局
3	120 万立方米液体化工品仓储物流项目	唐山境界仓储有限公司	河北乐亭经济开发区	127877.83	38.33	规划建设储存甲醇、芳烃、成品油（汽、柴）、燃料油、乙烯、丙烯、酯类、石脑油、LPG、沥青 10 余种化工产品。项目建成后，年可实现销售收入 36 亿元，实现利税 2.7 亿元	项目罐体已完工，工艺管线完工，磅房、办公用房已投入使用	古河乡
4	专用工程机械底盘制造项目	唐山炳旭实业有限公司	河北乐亭经济开发区	100000	26.67	主要建设专用工程机械底盘制造生产线及办公楼宿舍楼等配套设施	各项手续办结，办公楼主体及二次结构施工完成，厂房钢结构框架完成 1/3	汤家河镇
5	乐亭县中心渔港综合项目一期工程	唐山庆义港务有限公司	二滦河口	78856	439.93	主要建设卸鱼泊位、冷藏船泊位、渔船加冰泊位、防波堤、护岸、围埝；后方陆域建设综合楼、候工楼、水产品交易市场、冻结间、理鱼车间、冷藏间、制冰间、贮冰间、变电所等辅助设施等。新建泊位 1020 米，年卸鱼量 9 万吨，围埝 1410 米，防波堤 4458 米，满足 2000 余艘渔船避风水域	东防波堤修建完成，防波堤在修建中，准备进行航道清淤招标，挡浪墙建设进行中	县发改局
6	年产 30 万吨煤焦油综合深加工项目	唐山腾驰石化科技发展有限公司	河北乐亭经济开发区	78000	20.4	主要建设 200 立方米甲醇制氢的装置单元 1 套，1 万吨尾氢精制加氢中试装置单元 1 套，30 万吨常压精制装置单元 1 套，消防等装置辅助单元	1 万吨加氢装置已订购，维修车间全部完工，原料罐区、天然气罐区基础已完成，办公楼、宿舍楼已投入使用，资金问题停滞	乐亭镇

续 表

序号	项目名称	建设单位	建设地点	总投资（万元）	占地面积（公顷）	建设内容及规模	进展情况	责任单位
7	年产112万吨硅化物项目	河北瑞联化工有限公司	河北乐亭经济开发区	55000	13.93	主要建设年产液体硅酸钠86万吨、4A沸石原粉20万吨、硅溶胶5万吨、速溶硅酸钠1万吨生产线及其他配套工程	一期完工投产	县发改局
8	唐山诚佑科技有限公司年产10万吨新型节能润滑油项目	唐山诚佑科技有限公司	河北乐亭经济开发区	35000	8.33	主要建设发动机清洗机、金相结构生成油、节能环保润滑油生产线、原材料储藏区、成品油区	一期完工投产，二期办公楼部分开槽打桩已完成	胡家坨镇
9	乐亭县奇意商务酒店项目	唐山奇意商贸有限公司	县中医医院路南	33245	4.7	酒店及裙房、商业楼、商业网点及宿舍楼、办公楼、宴会厅、贵宾楼及其他附属设施	各项手续办结，主体施工完成，外装修已完成，内装修进行中	县招商局
10	河北澳航实业有限公司特戊酰氯项目	河北澳航实业有限公司	河北乐亭经济开发区	29000	6.67	与北京北农天风农药有限公司合作，建设烟草抑芽剂、水溶肥生产线	办公楼投入使用，配套设施完成，与北农天风签约	姜各庄镇
11	年产2万吨新型涂料项目	唐山元展涂料有限公司	河北乐亭经济开发区	28000	6.67	建设生产厂房、堆场、库房、贮罐区、办公楼及配套公辅设施	罐区已完工，办公楼装修中、厂房主体完工，设备安装中	县招商局
12	5.1万吨中式肉食品深加工项目	唐山粹芳鲜食品有限公司	汀流河镇	20270	8.67	主要建设熟食加工车间、化验中心、科研办公楼、职工食堂、宿舍等配套设施	二号车间、综合楼、研发中心已完工，目前停滞	汀流河镇胡家坨镇
13	六和馨美滋熟食加工及肉鸡屠宰项目	六和馨美滋食品有限公司	县城区工业聚集区	20000	8	主要建设屠宰加工车间、熟食加工车间、冷库、锅炉房及附属设施、污水处理场、综合办公楼、食堂、宿舍楼等	屠宰加工车间已完工投产	新寨镇
14	年处理5万吨船舶污油水项目	乐亭县海畅环保科技有限公司	河北乐亭经济开发区	17000	5	建设年处理5万吨船舶污油水、9000吨油泥生产线	已完工，等待省环保验收	汀流河镇
15	仓储物流项目	乐亭县金硕物流有限公司	姜各庄镇圈里村原滨海公路指挥部	15800	5.2	总建筑面积4万平方米，主要建设仓储物流及车辆维修等	场区平面设计已完成，回填硬化完工，315变压器安装完工，办公室在建中	姜各庄镇
16	北京庆林小分子肽项目	百德福生物科技有限公司	县城区工业聚集区	15000	1.67	建设2条小分子肽生产线及相关附属配套设施	完工	毛庄镇汤家河镇
17	年产8000套高低压集成配电设备项目	河北清越电器设备有限公司	河北乐亭经济开发区	15000	2.67	主要建设高低压集成配电设备生产线，车间、成品库、办公楼	1号厂房外装修，2号厂房封顶，达到试产条件	胡家坨镇
18	唐山泰岳化工有限公司泰岳乳化柴油项目	唐山泰岳化工有限公司	河北乐亭经济开发区	15000	3.67	主要建设生产车间2座，综合办公楼，粗苯、甲醇储存罐9个及其他附属配套设施	厂房主体完工，设备已订购，办公楼、储罐已完工，配套设施建设中	大相各庄乡县招商局

续 表

序号	项目名称	建设单位	建设地点	总投资（万元）	占地面积（公顷）	建设内容及规模	进展情况	责任单位
19	年产1万吨醇酸树脂及系列产品项目	唐山京宝涂料有限公司	河北乐亭经济开发区	15000	3.33	建设生产厂房、堆场、库房、贮罐区、办公楼及配套公辅设施	主体完工，正在装修，外网建设及设备安装进行中	县招商局
20	新型农业生态观光园项目	唐山绿昕林木种植有限公司	姜各庄镇柳林村	14520	200	主要建设旅游观光农业采摘、垂钓、畜牧家禽养殖、淡水养殖、农家院住宿、农家饭庄	水电路已完工，其余项目规划编制中。珍贵苗木已栽植22公顷，温室大棚已种植瓜果，老米沟大桥已完工	姜各庄镇
21	乐亭疏港公路服务区项目	乐亭县地诚实业有限公司	河北乐亭经济开发区	13500	4.44	主要建设商务中心、停车场、加油加气站、汽车维修区以及污水处理和垃圾处理等其他附属设施	加油、加气设备安装完毕，办公楼、商业用房及配套设施完工，正在内外装修，预计年底完工	古河乡
22	年产200万套通信设备项目	河北网畅实业有限公司	河北乐亭经济开发区	12037	5.33	与江苏大丰科技有限公司合作，进行船板前期加工、球墨铸铁加工等	厂房钢结构基本完工	中堡镇
23	地热源综合循环利用及颐天园设施改造建设项目	乐亭丞起现代农业发展有限公司	乐亭镇三丁庄村	12000	83.07	主要建设生态餐厅、玻璃温室、设施农业区、深井等附属设施	完工	乐亭镇
24	游乐设备生产加工项目	北京实宝来游乐设备有限公司	河北乐亭经济开发区	12000	2	利用唐山源达锅炉金属制品有限公司场地、原有办公楼、生产厂房等设施；新增生产线2条，新建厂房1座	项目一期已完工试产，二期项目厂房主体完工，设备地基完成，设备安装中	毛庄镇
25	年产120万立方米商品混凝土	唐山折峰实业有限责任公司	汀流河工业园区	12000	4	建设商品混凝土生产线一套及相关配套设施	完工，已投产	汀流河镇
26	建设生物提取富硒保健食品项目	唐山硒普生物科技有限公司	县城区工业聚集区	12000	0.31	总建筑面积4748.6平方米，年可生产植物提取富硒蛋白粉1.5吨，1500万支富硒蛋白饮品，年产果蔬富硒食品2450吨	完工	乐安街道办
27	茂鑫年产20万吨塑料颗粒及5万吨吹塑产品项目	乐亭县茂鑫再生物资回收有限公司	河北乐亭经济开发区	11700	2.13	宿办楼、职工食堂、警卫室、原料库、生产车间、成品库，设计年产聚乙烯（PE）颗粒20万吨、吹塑制品5000吨	施工队已进场施工，已完成一个厂房打桩工作	马头营镇
28	公墓搬迁项目		县城区工业聚集区北侧	11478	4	总建筑面积21490平方米，主要建设居士楼、墓穴、骨灰存放格、焚烧区、风水造型及其他附属工程	主体工程均已完工	毛庄镇
29	唐山玛多咖生物技术有限公司建设植物提取物项目	唐山玛多咖生物技术有限公司	县城区工业聚集区	10058	占2栋三层标准厂房	主要建设中药生产基地、生物提取生产线及其他附属配套设施	完工	乐安街道办

续 表

序号	项目名称	建设单位	建设地点	总投资（万元）	占地面积（公顷）	建设内容及规模	进展情况	责任单位
30	仓储物流中心项目	唐山兆鑫实业有限公司	马头营物流园	10860	4.47	主要建设生产车间、仓储库房、封闭车间、化验室、办公用房，购置铁精粉磨机及其他附属工程	土地已回填，一条进场道路已铺设完成	马头营镇
31	蕴德生物质炭综合利用项目	乐亭县蕴德新能源有限公司	阎各庄镇黑崖子村北	5616.81	2.67	建设生物质炭加工生产线18条，以及配套的炭化车间，制肥车间，原料库、成品库、办公用房等。年产生物质炭块8750吨，燃气1026.68万立方米，焦油657吨	车间、办公楼已建完，设备已安装	阎各庄镇
32	唐山泽辉铸造材料有限公司年产4万吨焦宝石精密铸造砂项目	唐山泽辉铸造材料有限公司	姜各庄镇工业小区	5300	1.73	总建筑面积1.2万平方米，年产焦宝石精密铸造砂4万吨	第一条生产线试生产	姜各庄镇
33	乐亭县兴乐海洋牧场人工鱼礁项目	乐亭县兴乐水产养殖专业合作社	乐亭县姜各庄镇滦河口西南海域	5286.5	336.97	建设内容包括投放人工鱼礁22万立方米，建设养殖礁区266.67公顷，人工藻场66.67公顷，并增殖放流海参、对虾、牙鲆鱼及经济藻类	已取得备案、《人工渔礁建造许可证》、海洋环境论证、海域使用证。已投礁石4万立方米，建造礁区面积43.33公顷	县水产中心
34	年产20万吨废旧塑料回收加工项目	乐亭县东信再生物资回收有限公司	河北乐亭经济开发区	5122	1.31	主要建设第一生产车间、第二生产车间、原料库房、成品库房、办公及职工住宿用房、食堂、警卫室、室外工程、绿化及场区道路等工程	已调整地块，施工图纸已完成，正在上变压器	马头营镇
35	乐亭县殡仪馆迁建项目	乐亭县殡仪馆	乐亭县城北外环与高科五路西北部3千米处	5000	3.33	总建筑面积9800平方米，包括火化车间、灵堂、悼念厅、办公服务楼、丧主休息室、车库、骨灰寄存楼等及其他公用辅助设施	墓穴已建成5000多个，办公服务楼主体建设已完成，外装修进行中	毛庄镇
36	废旧塑料回收加工项目	乐亭县立杰塑料颗粒加工厂	河北乐亭经济开发区	5000	1.55	年加工处理废旧塑料1.2万吨废旧塑料加工生产线及配套设施	已投产	汀流河镇
37	铸升立式常压燃气热水锅炉项目	乐亭县铸升金属制品有限公司	汀流河工业园区	3500	0.8	总建筑面积6500平方米，主要建设燃气锅炉生产厂房、成品库、材料库等其他附属设施，购置国内先进的剪板机、折弯机、数控切割机、数控变位机、焊接机器人、等离子切割机、螺旋空气压缩机等设备242台（套）	已投产	汀流河镇
38	粮食局直属库粮食仓储设施建设工程	乐亭县粮食局	新寨镇二村	3331.9	2.47	建设年可存储1.3万吨县级储备粮，2万吨国家储备粮，粮食周转经营6.5万吨的粮食储备库	1、2、3号仓基本完工，部分门窗待安装；综合楼主体完工，投入运营	新寨镇
39	乐亭分库建仓项目	中央储备粮秦皇岛直属库	胡家坨村	5100	2.93	一期建设高大罩棚仓1栋，仓容1万吨；二期建设高大平房仓4栋，仓容4万吨粮食储备平房仓4栋及其他附属设施	主体工程完工，已达到储粮条件	胡家坨镇

续 表

序号	项目名称	建设单位	建设地点	总投资（万元）	占地面积（公顷）	建设内容及规模	进展情况	责任单位
40	年产2000万吨水果、蔬菜罐头生产线技改扩建项目	乐亭县乡之味食品有限公司	胡家坨镇	3200	1.33	新建罐头生产线4条；生产车间1100平方米；超低温冷藏库；电、汽、水地下管网系统	办公楼、厂房、恒温库已完工，设备已购置，项目停滞	胡家坨镇
41	金鼎盛养生保健咖啡项目	香港金鼎盛国际集团有限公司	城区工业聚集区	3000	0.35	建设4条养生保健咖啡生产线，增加水果蔬菜深加工生产线一条	一条生产线安装完毕，已投产	汀流河镇
42	年产10万吨生物质秸秆固体成型煤项目	乐亭县盛然生物质型煤制造有限公司	庞各庄乡庞东村	2100	0.8	主要建设年产10万吨型煤生产线、原料库成品库及相关配套设施	正在做环评，厂房主体完工，设备已订购	庞各庄乡
43	2013年滦河治理项目	水务局	滦河堤防	2000		加固堤防3.5千米，维修加固丁坝6道	主体工程施工中	县水务局
44	汽配服务及加气站项目	乐亭县兴泰投资有限公司	马头营物流园	1800	0.73	主要建设LNG储存系统、管路系统、加气机控制、站控系统、生活办公区、汽配（维修）服务区以及附属设施	各项手续办理中；项目建设场地已全部回填，围墙已建起	马头营镇
45	天工农场项目	乐亭县天工农场发展有限公司	乐亭镇三岔口村	1563	14	主要建设农业新品种育苗室、彩色苗木新品种繁育基地、观赏牡丹园、散养区、休闲娱乐区等	完工	乐亭镇
46	李大钊故居景区基础设施建设项目	李大钊纪念馆	李大钊故居	1132		旅游公路8.5千米，排水工程5400米，周边环境治理工程4.8万平方米	李大钊故居景区内步行街、排水工程主体基本完工	县旅游局

表9　　2016年乐亭县新开工项目情况表

序号	项目名称	建设单位	建设地点	总投资（万元）	占地面积（公顷）	建设内容及规模	进展情况	责任单位
1	唐山境界实业有限公司年产50万吨甲醇制高清洁燃料项目	唐山境界实业有限公司	河北乐亭经济开发区	189000	33.33	主要建设年产50万吨甲醇制高清洁燃料装置区、配套储罐区、装卸车站台等其他附属配套设施	土建基础已完工，进场道路已平整，平面布置、地勘已完成，两个LPD罐区、一个装卸平台在施工中，办公楼在建设中	古河乡
2	北京环卫集团新能源环卫电动汽车项目	北京环境卫生工程集团有限公司	河北乐亭经济开发区	152000	33.33	一期年产环卫车辆5000台，二期生产2万台，全套设备生产线及相关附属配套设施	规划、节能、环评、核准手续在办理中。围墙已完成，厂房桩基已基本完成，厂房钢结构已招标	汤家河镇县工信局
3	唐山钢铁集团有限责任公司炼铁北区1#高炉异地搬迁改造项目	河北钢铁集团有限公司	唐山中厚板材有限公司院内	117628		拆除位于唐山市主城区的唐山钢铁集团有限责任公司炼铁北区1#2000立方米高炉及180平方米烧结机1座，依托位于乐亭沿海的唐山中厚板材有限公司，易地改造为1580立方米高炉1座及供料、喷煤、高炉循环等系统	完工	河北乐亭经济开发区

续 表

序号	项目名称	建设单位	建设地点	总投资（万元）	占地面积（公顷）	建设内容及规模	进展情况	责任单位
4	东区路网及配套设施建设工程		河北乐亭经济开发区	111175		共建设主干道路11条计43.2千米，桥梁工程2座，各条路附带给排水、电力、供热等各种管线231.18千米	黄海路东延4千米路基已完成，秦皇岛道、渤海东路3.9千米路基在建设中，东区路网征地在做评估报告	河北乐亭经济开发区
5	唐山滨峰实业有限责任公司滨海小镇项目一期工程	唐山滨峰实业有限责任公司	河北乐亭经济开发区	77000	33.33	主要建设行政办公中心、居民住宅楼、特色商业街、医疗卫生中心、滨海休闲中心等	滨海小镇工程控制性详细规划、项目一期综合效果图已编制完成，施工图设计中	河北乐亭经济开发区
6	乐亭县泰铭机械制造有限公司年产2.5万吨新型材料耐磨辊套制造项目	乐亭县泰铭机械制造有限公司	河北乐亭经济开发区	73000	13.07	主要建设铸造车间、机加工车间、金属型材生产车间及辅料车间等	施工图纸设计已完成，办公楼改造基本完成	中堡镇
7	新型环保节能建筑材料新建工程项目	唐山垚鑫新型节能建筑材料有限公司	河北乐亭经济开发区	71750	19.13	生产车间（包括生产线5条）、产品存放区、原料区、动力设施、生产辅助设施、办公生活建筑等	已由专业机构出具可研报告，企业名称核准等前期工作已完成，投资方前期资金已到位	大相各庄乡
8	船舶修造技改扩建项目	乐亭县滦河口海丰船舶修造厂	乐亭县滦河入海口处	64000	20	总建筑面积3.55万平方米，新增修船坞道1条和带锯车间、储料场各1座	已完工	姜各庄镇
9	农业观光园项目	唐山老米沟农业发展有限公司	姜各庄镇	60000	200	建设“三色旅游”，通过一、二、三产（种植—加工生产—销售服务）融合，一站式工作方式，打造自己的品牌——富乐泰	已开始运营，栽植苹果树53.33公顷	姜各庄镇
10	乐亭县鼎秀嘉园项目南区工程	唐山海港开发区丞起房地产开发有限公司	原冀东果菜批发市场	60000	12.18	南区主要建设住宅楼、商业建筑、地上储藏室、地上车库等，建设住宅27栋；北区主要建设住宅楼、商业、幼儿园等配套公建、地上储藏室、地上车库及地下公建等，其中建设住宅26栋	场地平整完成，已开槽	县发改局
11	华阳能源中心项目	北京华阳新能源投资有限公司	河北乐亭经济开发区	58000	13.33	采用背压式机组，主要新建1×15兆瓦抽背式+1×25兆瓦背压式汽轮发电机组，配2×130蒸吨+1×240蒸吨高温高压煤粉炉（2台130蒸吨锅炉，其中1台为备用）；2×25兆瓦背压式汽轮发电机组，配2×240蒸吨高温高压煤粉炉	已完成试桩，临时房屋、临时用水、临时用电设施在建设中，场地回填中	姜各庄镇 河北乐亭经济开发区
12	乐亭县城市供热有限公司乐亭县集中供热改造项目	乐亭县城市供热有限公司	县城南外环路以南和韩坨村	48685	7.71	总建筑面积1.72万平方米。新建热源厂1座，规模为4×70兆瓦热水锅炉（1台备用），取缔现状热源3座。铺设管网总长16.05千米	土地平整中	乐亭镇
13	宜居商贸综合体项目	唐山龙居房地产开发有限公司	乐亭镇关帝庙村	48000	14.93	总建筑面积15.45万平方米，建设电梯洋房23栋，联排住宅22栋，双拼住宅17栋，商业楼6栋	三层住宅楼21个单体、八层住宅楼14个单体、商业楼一层已封顶，正在进行二次结构建筑，预计2017年7月交房	乐亭镇 古河乡

续　表

序号	项目名称	建设单位	建设地点	总投资（万元）	占地面积（公顷）	建设内容及规模	进展情况	责任单位
14	乐亭县城区工业聚集区天然气分布式能源项目	唐山航天智慧能源有限公司	县城区工业聚集区	45000	2	分三期实施，主要产品为电和蒸汽。一期建设2台20蒸吨燃气蒸汽锅炉，满足园区现有蒸汽需求。二期、三期建设20兆瓦天然气分布式能源，可产生20兆瓦电量，烟气余热可产生蒸汽约45蒸吨	一期锅炉和管网已于4月建成并正常运行，开始向8家企业供应蒸汽，屋顶光伏发电项目，一期装机容量230千瓦，已具备并网条件，年发电30万度	乐亭镇县城区工业聚集区
15	诚信房地产开发项目	乐亭县诚信房地产开发有限公司	位于县城段古滦河东侧，宝丰街北侧，院士街南侧	39700	6.67	住宅建设面积11.37万平方米，商业建筑面积3022平方米，车库和储藏室建筑面积1.71万平方米，开闭站建筑面积75平方米，地下设备房建筑面积725平方米。分户建筑面积90平方米以下的建筑面积占总建筑面积的70%以上	项目主体已完工	乐安街道办
16	生物医药保健品医疗器械生产项目	北京海德润制药乐亭有限公司	县城区工业聚集区	38000	7.74	主要建设生产车间，动力车间，污水处理站及附属设施	所有单体办公楼及厂房主体全部完工，内外装修工程进行中	乐安街道办县城区工业聚集区
17	年产28000万吨新型环保型农药复配制剂项目	北京燕化永乐生物科技股份有限公司	河北乐亭经济开发区	37557	10	一期占地面积10公顷，主要建设新型环保农药制剂生产线、办公楼、研发中心等附属设施；二期占地面积6.12公顷，主要建设化学农药原料药、生物农药原料药、微生物饲料添加剂项目。主要产品涵盖杀虫剂、杀菌剂和植物生长调节剂等四大系列	厂房主体基本完工，设备已订购	汀流河镇
18	布鲁弗雷环保洁净型煤生产基地项目	河北布鲁弗雷新能源科技有限公司	河北乐亭经济开发区	35000	8.33	总建筑面积5.22万平方米，主要建设成品库、原料库、生产车间及消防等配套附属设施，设计年产环保洁净型煤60万吨，日产型煤黏合剂50吨、包装袋15万条	已投产运行	马头营镇
19	城区供热项目	北京东河能源管理有限公司	县城区工业聚集区	32000	9.33	城区热力管网改造及城区供暖、工业蒸汽	热力管网改造进行中	汀流河镇
20	农村信息超市项目	河北联业电子商务有限公司	县城规划区东北部、473个行政村	31653	3	建设运营仓储服务中心和农村综合信息超市	项目已完工	乐安街道办
21	污油回收再综合开发利用项目	唐山浩昌杰环保科技发展有限公司	河北乐亭经济开发区	28000	6.67	年处理船舶污油8万吨，清理中石化、中石油原油罐废渣2万吨，含铜废液3万吨，垃圾处理2万吨	立项手续办结，场区规划设计完成，施工中	姜各庄镇
22	手机外壳体金属漆项目	河北韩特涂料有限公司	河北乐亭经济开发区	25000	3.81	一期租赁唐山诚佑科技有限公司两间厂房，年产1000吨手机漆；二期占地面积3.81公顷，年产9000吨手机漆和工业漆项目	一期已与唐山诚佑科技有限公司签订租赁合同，设备已订购，准备安装	马头营镇胡家坨镇

续 表

序号	项目名称	建设单位	建设地点	总投资（万元）	占地面积（公顷）	建设内容及规模	进展情况	责任单位
23	唐山钢铁集团有限责任公司板材加工配送中心及钢结构加工工程项目	唐山钢铁集团惠唐乐港金属科技有限公司	河北乐亭经济开发区	21000	7.33	一期板材加工配送10万吨、钢结构制作2万吨，预留中厚板模具钢带锯切割；二期新增板材加工配送15万吨、钢结构制作3万吨；三期新增板材加工配送25万吨、钢结构制作5万吨	主体工程完工，厂房天车安装完成，部分设备安装中	县委办 汤家河镇 庞各庄乡
24	远洋围网渔船二期项目	乐亭县佳和捕捞公司	乐亭县中心渔港	20000		建设14条长26米，宽7.8米远洋渔船及14套相关导航、渔网、冷藏设备和包装容器等配套设施	项目已全面开工，预计2017年年初可完工	汤家河镇
25	古滦河生态公园进口彩色苗木基地项目	大连燕园农业公司	古滦河生态公园	20000	186.67	项目由大连燕园农业公司投资2亿元，总用地面积约186.67公顷（其中古滦河生态公园约146.67公顷，西生态园林约26.67公顷，南生态园林13.33公顷），大连燕园农业栽植以进口树种为主的高档苗木，同时在适当时机开发旅游观光、养老产业等项目，逐步形成集苗木经营、旅游观光、休闲娱乐、养老等为一体的生态产业基地	所有苗木栽植完毕	县委办
26	储焦储矿系统污染治理升级改造工程	唐山中厚板材有限公司	唐山中厚板材有限公司院内	19870.66	0.19	新建高架贮仓10座，其中5座用于储存烧结矿，5座用于储存焦炭；新建汽车受料槽及贮仓、汽车受料槽向高炉方向供料的传输系统，包括转运站16座，通廊25条；购置除尘器4套	已完成发改备案手续、环评、城建局规划批准，正在争取上级资金支持。施工设计进行中	县工信局
27	超快冷改造项目、增上预热矫直机、冷矫直机及配套公辅设施	唐山中厚板材有限公司	唐山中厚板材有限公司院内	19335.9		超快冷改造项目、增上预热矫直机、冷矫直机、压平机、增上即时温度控制项目、配套厂房延长、配套公辅设施、消防设施建设	正在完善厂房，设备已订购	县工信局
28	唐山中厚板材有限公司高效除尘升级改造项目	唐山中厚板材有限公司	唐山中厚板材有限公司院内	17640	2.1	对原料区、烧结区、炼铁区、煤灰系统、铸铁区、竖炉区及转炉除尘系统实施全面升级改造	投入使用	马头营镇 县工信局
29	河北乐亭经济开发区220千伏输变电工程	国网冀北电力有限公司唐山供电公司	河北乐亭经济开发区	16000		主要建设出线规模为220千伏出线8回、110千伏出线14回、10千伏出线30回。每台主变配置5组5.0Mvar 10千伏电容器组，其中3组串12%电抗器、2组串5%电抗器。线路由乐亭500千伏变电站向南出线，至河北乐亭经济开发区220千伏变电站双回220千伏送电线路，线路长度6.32千米	前期手续已办结，正在做基础施工	河北乐亭经济开发区
30	40兆瓦煤气发电工程	唐山市德龙钢铁有限公司	唐山市德龙钢铁有限公司院内	12689	0.8	建筑面积2624平方米，建设1×130蒸吨高温超高压再热煤气锅炉+1×N40兆瓦高温超高压再热凝汽式汽轮发电机组及其配套的辅助系统，达到年发电28800万千瓦时，减少CO_2排放29万吨，减少SO_2排放2512吨。装备水平国内领先	主体基本完工，设备安装中	县工信局 中堡镇

续 表

序号	项目名称	建设单位	建设地点	总投资（万元）	占地面积（公顷）	建设内容及规模	进展情况	责任单位
31	大型隧道桥梁液压爬升设备及建筑模板生产项目	唐山康景建筑科技有限公司（北京钰坤张建模板有限公司）	河北乐亭经济开发区	12000	2.67	总建筑面积1.76万平方米，年产5000套建筑起重设备。主要建设生产车间、组装车间、办公楼及其他配套设施等。购置切割机、焊接机、折弯机及数控机床等加工设备	已签订合同，名称核准中	乐亭镇
32	唐山仟客莱生物科技有限公司年产18万吨饲料添加剂及饲料项目	唐山仟客莱生物科技有限公司	县城区工业聚集区	9980	2.85	主要建设生产车间1.5万平方米，办公楼宿舍楼3500平方米，共建设两条生产线，一条年产10万吨饲料添加剂生产线，一条年产14万吨配合饲料生产线	办公楼主体完工，厂房钢结构基本安装完毕，设备安装中	阎各庄镇县招商局
33	自动化及信息化建设项目	唐山中厚板材有限公司	唐山中厚板材有限公司院内	9950		唐山中厚板材有限公司生产自动化信息化控制，完善一级、二级、三级、四级控制系统	设备安装调试中	县工信局
34	1#、2#板坯连铸机升级改造项目	唐山中厚板材有限公司	唐山中厚板材有限公司院内	9935	2	连铸机设备及控制系统升级改造工程	基本完工	庞各庄乡
35	三兴饲料有限公司技改扩建项目	乐亭县三兴饲料有限公司	姜各庄镇太满庄村	9600	1.33	改扩建生产车间、购置鱼粉烘干机、鱼浆浓缩机、生物质锅炉及锅炉废气回收设备等配套设施	已完工	姜各庄镇
36	乐亭县雷刚现代农业示范园区项目	乐亭县雷刚果树专业合作社	汤家河镇西曾公路两侧	9560	1333.33	苹果、甜瓜、葡萄、设施蔬菜、高新油桃、樱桃育苗、三优栽培等8个示范区，建设面积527平方米办公用房，库房3610平方米；3700平方米农产品交易区，研发中心、科技展厅、农民培训中心及园区内水、电、路、讯、网等基础设施建设	8个示范区正在建设中，办公用房建设完工	汤家河镇
37	折峰新型环保矿渣水泥制品项目	唐山折峰实业有限责任公司	汀流河工业园区	9500	2	新型环保矿渣水泥制品生产线16条及配套设施	场地平整完成，院墙建设中	汀流河镇
38	唐钢气体公司空分气体项目	唐钢气体有限公司	唐山中厚板材有限公司院内	9350		建造28000立方米/小时空分系统	已完工	县工信局
39	年产2亿标块蒸压免烧砖项目	唐山折峰实业有限责任公司	汀流河工业园区	9300	3.33	建设年产2亿标块蒸压免烧砖生产线及配套设施	已办理备案证，已完成场地平整和围墙施工	汀流河镇
40	东方恒远钢结构制造有限公司钢构件项目	东方恒远钢结构有限公司	河北乐亭经济开发区	9270	3.33	建设办公楼、厂房及配套附属设施，购置切割机、焊接机、矫直机、折弯机及数控机床等加工设备，年产各种钢结构及施工建材配件3万吨	已签订投资协议，完成名称预核准，土地回填中	县招商局
41	年产1.5万吨涂料项目	唐山丁香涂料有限公司	河北乐亭经济开发区	9250	3.33	建设生产厂房、堆场、库房、储罐区、办公楼及配套设施	已缴纳土地出让金275万元，名称核准已完成	县招商局

续 表

序号	项目名称	建设单位	建设地点	总投资（万元）	占地面积（公顷）	建设内容及规模	进展情况	责任单位
42	创办河北乐亭高平（国际）实验学校项目	湖南益阳高平教育集团	县城内	9180	12.67	教学楼、办公楼、宿舍、食堂等基础设施及绿化、地面硬化	工程建设完工，已投入使用	新寨镇
43	年产5000吨环保油墨项目	北京东启精华工贸有限公司	河北乐亭经济开发区	9000	2.3	以丙烯酸树脂为原料，生产油墨及类似产品，主要建设年产5000吨环保油墨生产线及相关配套设施	已完成公司名称核准“河北东启精华印刷包装材料有限公司”，正在办理立项手续及平面设计图制作	中堡镇河北乐亭经济开发区
44	年产2000千克超氧化物歧化酶(SOD)项目	北京中科国发科学技术有限公司	县城区工业聚集区	8950	3.33	按照年产超氧化物歧化酶系列产品2000千克的规模进行规划，前期占用玛多咖公司二层标准厂房2400平方米。生产歧化酶片剂200千克，年产值4000万元，可纳税170万元	立项手续办理中，项目一期部分厂房装修中、设备订购	乐亭镇
45	蔬菜水果保鲜冻干销售项目	唐山圣大物流有限公司	冀东国际农产品物流中心	8320	5.51	蔬菜深加工车间、恒温库、展示厅、商贸楼、办公楼等建筑面积3.4万平方米	全面完工，部分功能运营	冀东果菜批发市场
46	尚谷农庄项目	乐亭县绿杨旅游服务有限公司	姜各庄林场	7500	35.33	主要建设体育拓展娱乐区、生态农业及园林花卉展示区和接待服务区，同时配套有供游客娱乐垂钓区、观光采摘区、珍禽养殖区等	尚谷农庄已正式对外营业，并被唐山市旅游局评为“市级乡村旅游示范点”	县滦河口生态旅游区开发办公室
47	唐山市德物精密制品有限公司技改搬迁项目	唐山市德物精密制品有限公司	河北乐亭经济开发区	7200	5.33	公司依托唐山中厚板材有限公司的资源优势，引进国内最先进的翼缘板、腹板生产线10条，采用国际先进的焊接H型钢组立机、龙门焊机、H型钢矫正机、H型钢抛丸机等设备	完工投产	中堡镇
48	唐钢调质高炉矿渣成纤及建筑保温板项目	唐山钢铁集团有限责任公司	河北乐亭经济开发区	6588	1.46	主要建设年产2万吨矿渣岩棉板生产线及相关配套设施	工程主体完工，窑炉新方案已完成，准备12月第二次试产	县委办
49	六和肉鸡加工及冷藏扩建项目	六和馨美滋食品有限公司	县城区工业聚集区	6500	1.29	购置多种生产设备；建设肉鸡屠宰生产线1条；扩建屠宰加工车间、待宰圈和冷库1座	屠宰加工车间、待宰圈和冷库已经建设完工，设备购置中	新寨镇
50	铁水预处理、RH精炼炉、恢复轧钢热处理项目	唐山中厚板材有限公司	唐山中厚板材有限公司院内	6406.58		铁水预处理、RH精炼炉、恢复轧钢热处理	1月开工，正在完善厂房，设备已订购	县工信局
51	三座转炉增加副枪系统（自动炼钢）及配套设施建设项目	唐山中厚板材有限公司	唐山中厚板材有限公司院内	6287.54		三座转炉增加副枪系统（自动炼钢）及配套设施建设	1月开工，正在完善厂房，设备已订购	县工信局
52	平青乐汽车服务区项目	乐亭县逸隆汽车服务公司	汀流河工业园区	6188	1.35	建设汽车服务区及其他附属设施	汽车服务区、维修区等4个建筑主体已完工，内外装修进行中	汀流河镇

续 表

序号	项目名称	建设单位	建设地点	总投资（万元）	占地面积（公顷）	建设内容及规模	进展情况	责任单位
53	建设年产40万吨洁净型煤项目	乐亭县建华洁净型煤有限公司	马头营镇八里桥村东	6028	2.67	生产车间、成品库房、职工食堂、宿办楼、室外工程、道路及地面硬化、绿化等工程	设备已订购，厂房建设已开工	马头营镇
54	宝航二期高科技焊丝项目	唐山宝航机械制造有限公司	河北乐亭经济开发区	5500	1.33	建设厂房2800平方米，库房750平方米。主要产品为耐磨药芯焊丝，主要应用于水泥生产设备及电厂设备等行业	已投产	中堡镇
55	年产6000万块页岩砖项目	乐亭县江明新型建材厂	毛庄镇南常坨村	5500	2.67	主要建设生产车间、原料库、陈化库、隧道窑、修配车间等其他公辅设施	厂房已全面开槽	毛庄镇
56	年产10万吨高档猪饲料生产项目		县城区工业聚集区	5100	2.8	主要建设生产车间2座，办公楼、库房等其他配套设施	办公楼装修接近尾声，厂房正在制造门窗	县城区工业聚集区
57	土地整理项目	唐山海港盛东建筑安装工程有限公司	新寨镇	5008	2095.6	土地平整、田间道路工程、排水工程、灌溉工程、防护林工程和田块布置工程	除防护林工程和灌溉工程外，其余工程均已完工	新寨镇
58	唐山天辰金属门窗有限公司欧式木门窗生产线项目	唐山天辰金属门窗有限公司	乐亭镇刘卞庄村	5000		欧式木门窗生产线	已投入生产	大相各庄乡
59	皮毛制品、皮毛服装、纺织品加工项目	乐亭县恒协聚服服饰制造有限公司	乐亭金太阳大药房三楼	4986	0.47	设计室，具有批量订单生产流水线车间、量体定做单件裁缝车间、精品缝制车间，整衣熨烫车间，成衣包装车间，检验车间，大型仓库2个	厂房装修完毕，生产设备已定制，部分设备已到位	马头营镇
60	大东方汀流河购物广场项目	乐亭县贺祥市场服务有限公司	汀流河镇镇区	4800	1	建设集购物、娱乐等为一体的复合性购物广场	已投产营业	汀流河镇
61	货物运输、通用设备及配件销售项目	乐亭县港韵商贸有限公司	县城金融大街东段	4500	1.87	铁矿石、铁精粉、焦炭等货物运输；通用设备及配件、建材、消防器材等五金制品销售；通用机械租赁维修；港口装卸服务；国际国内船舶代理；货物进出口业务	已竣工运营	中堡镇
62	乐亭县城区道路雨污分流改造工程	乐亭县城市建设投资有限公司	县城区	4462		改造污水管网7条	已完工	乐安街道办
63	农产品及海产品冷储加工配送中心建设项目	乐亭县国宏农副产品冷储有限公司	县城区工业	4300	1.2	冷藏库、加工车间、恒温库、原料棚、综合办公楼、燃气炉房、道路及地面硬化等相关配套设施	已完工	乐安街道
64	种子研发、加工、包装及销售项目	乐亭县凯元种业有限公司	乐亭镇西高各庄村	4000	0.9	储存库、展示厅、加工包装车间、批发销售厅、门市楼及办公楼	已完工	乐亭镇

续 表

序号	项目名称	建设单位	建设地点	总投资（万元）	占地面积（公顷）	建设内容及规模	进展情况	责任单位
65	水果蔬菜深加工、冷储、配送项目	乐亭县振江专业果菜合作社	庞各庄乡马王庄村	3926	0.93	改建标准化冷库、改建辅助库、室外工程等，购置机组、冷却系统、脱粒机、蒸煮锅、流态床式速冻装置、真空包装机等生产设备	已投入生产	庞各庄乡
66	奶牛场扩建项目	乐亭县海山奶牛养殖专业合作社	阎各庄镇东刘村	3900	6.67	新购奶牛500头，新建牛舍2万平方米，仓库1万平方米，挤奶厅2000平方米	已投入使用	阎各庄镇
67	年产500万只EPS泡沫保鲜箱技改扩建项目	乐亭县明艳实业有限公司	阎各庄镇周滩村	3850	1.33	新建生产厂房、仓库5450平方米，新购配套生产设备数控全自动成型机、预发机及熟化箱、燃气锅炉等	已投入生产	阎各庄镇
68	大棚卷帘机技改项目	乐亭县同泰机械制造有限公司	庞各庄乡杜林三村	3780	0.8	改扩建标准化加工车间，扩建大棚卷帘机生产线1条	已投入生产	庞各庄乡
69	饱和蒸汽发电项目	唐山市德龙钢铁有限公司	唐山市德龙钢铁有限公司厂区	3650		利用蒸汽进行发电	设备调试完成，准备试产	县工信局
70	年加工10万吨矿石扩建项目	唐山市泰群生矿产品有限公司	汤家河镇海田村	3600	5.33	选矿机械设备4条	已完工	汤家河镇
71	汇良电器技改项目	河北汇良电气设备有限公司	县城区工业聚集区	3580	0.67	形成2条配电柜生产线、1条玻璃钢电表柜生产线，建设1座4000平方米集办公、会议、展厅、生产为一体的综合办公楼	已投入使用	新寨镇
72	齐星蛋鸡产业链升级项目	乐亭县齐星绿色生态农产品开发有限公司	新寨镇杨常各庄村	3550	13.2	畜禽屠宰加工生产线、饲料加工生产线、冷库改造	已投入生产	新寨镇
73	农机销售培训及服务项目	乐亭县恒腾农机服务有限公司	乐亭镇西高各庄村	3500	0.47	储存库、展示厅、批发销售厅及办公楼	已完工	乐亭镇
74	万事达有机肥生产项目	乐亭县万事达生态农业发展有限公司	中堡镇双庙村	3500	1.33	建设有机肥生产线1条	已完工	中堡镇
75	年产30万立方米商品混凝土搅拌站项目	乐亭县武园混凝土制造有限公司	阎各庄镇后何新庄村	3392	2	搅拌设备、施工车辆、用房、场地建设等	已投入生产	阎各庄镇
76	生物有机肥项目	唐山和祥生物工程有限公司	阎各庄镇前何新庄村	3376	4.5	主要建设生产线、车间、原料场、成品库、办公用房	车间建设及场地硬化进行中，办公用房已完工，设备已购置	阎各庄镇

序号	项目名称	建设单位	建设地点	总投资（万元）	占地面积（公顷）	建设内容及规模	进展情况	责任单位
77	丞起温泉水世界项目	乐亭县丞起现代农业发展有限公司	丞起颐天园现代农业产业园内	3300	1.4	主要建设集温泉、汤池、游泳、水疗SPA、茶道、儿童水寨、水上滑梯等多功能为一体的娱乐休闲养生基地	已完工	县旅游局
78	乐亭县果蔬育苗中心基地项目	唐山绿昕农业开发有限公司	乐亭镇韩坨村	3280	7.33	建设1.2万平方米玻璃智能育苗室、试验示范温室、科技研发培训中心、基地管理用房	智能育苗室主体框架已完成，实验示范温室已完工，已具备试产条件	乐亭镇
79	果菜育苗基地项目	乐亭镇供销合作社	乐亭镇韩坨村	3250	17.33	主要建设东西宽76米、南北长84米的玻璃智能育苗室2座，建筑面积1.3万平方米；建设智能日光温室8座，建筑面积约1万平方米	已完工	县供销社
80	煤粉生产线项目	乐亭县嘉奕商贸有限公司	姜各庄镇明庄子村	3200	2.33	宿办楼、钢构厂房、公用配套设施、地面硬化等	已投入生产	新寨镇
81	会港门窗技改扩建项目	乐亭县会港门窗厂	毛庄镇于家坨村	3176	0.78	建设断桥铝门窗生产线1条，玻璃深加工生产线1条，生产车间4500平方米，二层办公楼1栋	已完工	毛庄镇
82	二手车市场项目	刘庆明	乐亭镇宁庄村	3100	0.18	汽车修理车间、汽车配件车间、运输服务场地	办公楼已封顶，按计划修建室外停车场等配套设施	乐亭镇
83	乐亭县铭泰海参加工项目	乐亭县铭泰水产养殖有限公司	姜各庄镇第二节村南	3050	0.8	建设海参预加工车间800平方米、加工厂910平方米、包装检验车间500平方米、原料库540平方米、成品库400平方米、冷库300平方米、办公用房250平方米，购置水产加工设备、蒸煮设备两套生产线	项目已完工，具备加工条件	县水产中心
84	乐亭县托马斯生物菌肥厂整体拆迁扩建项目	乐亭县托马斯生物菌肥厂	县城区工业	2750	2.67	建设生物菌剂生产车间、有机肥生产车间、原料处理区、成品库等生产设施及办公用房	已完成	乐安街道办
85	仓储项目	乐亭县新嘉吉商贸有限公司	姜各庄镇工业小区	2750	2.67	总建筑面积1.23万平方米，年可实现钢材周转量150万吨	钢构已完成	姜各庄镇
86	2014—2015年滦河治理工程	县水务局	滦河堤防	2700		加固滦河堤防7千米，维修复建丁坝28道，复建防洪闸1座	主体工程施工完成	县水务局
87	综合货运物流配选中心项目	乐亭县明亮货运有限公司	马头营镇西地村	2680	1.22	办公用房、停车场	已完工	马头营镇
88	永大年产2万吨法兰项目	河北永大科技有限公司	唐山中厚板材有限公司院内	2650	1	建设法兰生产线、办公楼及其他附属配套设施	已开工	大相各庄乡
89	彩貂养殖项目	段新生	毛庄镇南常坨村	2600	4.67	主要建设貂舍、饲料车间、扒皮车间、膨化车间、维修车间、冷库、办公区、宿舍、餐厅等	地下管道已铺设完成，貂舍基本建设完成，种貂引进中	毛庄镇

续 表

序号	项目名称	建设单位	建设地点	总投资（万元）	占地面积（公顷）	建设内容及规模	进展情况	责任单位
90	除尘灰深加工项目	乐亭县拓源煤炭有限公司	姜各庄镇滨海村	2550	3.8	年可生产饲料添加剂辅料13万吨	已完工	姜各庄镇
91	机配碎石项目	乐亭县凯通混凝土制造有限公司	姜各庄镇工业小区	2520	3.33	新购电子搅拌机、平地机、推土机、自卸汽车、洒水车、发电机、地磅、变压器38台（套），新建厂房宿舍区占地面积1.52万平方米	已完工	姜各庄镇
92	新能源渔船改造项目	河北海盛船舶油气改装有限公司	乐亭县中心渔港	2500		改造新能源渔船50艘，建设陆地加气门站1座、装备海上加气船两艘	河北海盛船舶油气改装有限公司与二滦河中心渔港投资商商谈陆地加气门站建设事宜，积极跑办液化天然气经营许可手续	县水产中心
93	唐山沃田有机肥有限公司建设年产2万吨滚筒造粒复混肥生产线项目	唐山沃田有机肥有限公司	大相各庄乡	2450		滚筒造粒复混肥生产线	已投入生产	大相各庄乡
94	新建安全肉生猪屠宰生产线项目	乐亭县利信食品有限公司	大相各庄乡	2400		安全肉生猪屠宰生产线	已投入生产	大相各庄乡
95	机械配件加工制造第二生产线项目	乐亭前进钢结构有限公司	河北乐亭经济开发区	2380		钢结构切割生产线	已投入生产	大相各庄乡
96	唐山市德龙钢铁有限公司综合节电项目	唐山市德龙钢铁有限公司	唐山市德龙钢铁有限公司院内	2350		在部分负荷率较高的变压器低压侧增加“变压器限流恒压节电系统”，将部分负荷率较低的变压器更换为合理容量的S13型节能变压器	已完工	县工信局
97	六和扩建饲料生产线项目	乐亭县新希望六和盛祥饲料有限公司	县城区工业聚集区	2345	1.8	项目采用新技术、新工艺、新设备，扩建符合饲料标准的综合生产车间及综合办公楼、公用工程、辅助工程等	已完工	新寨镇
98	北汽新能源汽车AB柱及转向节加工生产线技改项目	唐山丞起汽车零部件有限公司	县城富强街中段路北	2330	40	购置小巨人立式加工中心15台（套）、3个加工单元（一个加工中心，两个立式数据车床为一组）及自制专机、辅助设备，工装、夹具、刀具等改进原有的加工工艺、实现技术升级	已完工	乐亭镇
99	环保设备生产项目	乐亭县晓清环保设备有限公司	县城区工业聚集区	2300	0.22	使用标准化厂房1栋，将厂房改造成生产车间，改造建筑面积5343平方米	已投入生产	乐安街道办
100	生物秸秆饲料资源循环利用项目	河北牧乐生物秸秆饲料科技有限公司	姜各庄镇工业小区	2300	6.67	建设生物秸秆饲料厂，生态肉牛养殖场，生态沼气池发电厂，生态有机肥料厂	厂房已租赁	姜各庄镇

续 表

序号	项目名称	建设单位	建设地点	总投资（万元）	占地面积（公顷）	建设内容及规模	进展情况	责任单位
101	年加工50万吨废弃钢渣项目	乐亭县文盛钢渣加工有限公司	汀流河工业园区	2280	3	主要建设加工废弃钢渣生产线3条，以及配套的7个生产车间、7个原料棚	厂房主体已完工	汀流河镇
102	乐亭县天福盛畜禽养殖合作社畜禽养殖项目	乐亭县天福盛畜禽养殖合作社	阎各庄镇芦河村	2250	13.33	鸭社、办公用房、职工宿舍、库房、消毒室、化验室、警卫室	已投入生产	阎各庄镇
103	乐亭县二滦河杨家林橡胶坝复建工程	县水务局	二滦河堤防	2189		实施二滦河杨家林橡胶坝复建工程及防潮闸维修工程，	主体工程施工中	县水务局
104	唐山翔泰汽配服务项目	唐山翔泰汽车贸易有限公司	唐山翔泰汽车贸易有限公司	2188	1.33	生活办公区、汽车销售展示区、汽配（维修）服务区、管路系统、站控系统及附属设施	已竣工	马头营镇
105	单一性动物饲料升级改造项目	乐亭县坤越饲料有限公司	汤家河镇瑶各庄村	2150	1.53	改造生产设备，升级生产工艺	已投入生产	汤家河镇
106	永康奶牛养殖场扩建项目	乐亭县永康奶牛养殖合作社	新寨镇大港村	2150	20	建设标准化牛舍、围栏、标准化挤奶大厅、草料库、青贮窖、绿化、道路、围墙等附属设施；建设办公室、职工宿舍、警卫室等	已完工	新寨镇
107	植保服务、农药化肥批发销售项目	乐亭县煜达植保服务有限公司	乐亭镇西高各庄村	2100	1.29	储存库、展示厅、批发销售厅及办公楼	已完工	乐亭镇
108	森绿秸秆压块项目	乐亭森绿洁净能源有限公司	河北乐亭经济开发区	2100	2	主要购置秸秆压块成型设备，建设生物质秸秆压块加工厂，生产生物质秸秆压块替代煤炭，年产秸秆压块4万～5万吨	已建成4500平方米厂房1座，设备已安装完成，准备试产	毛庄镇
109	生产水泥预制管项目	乐亭县翠荣水泥构件厂	阎各庄镇前何新庄村	2082	2	2400平方米厂房、混凝土排水顶管生产线1条、其他公共辅助设施	已完工	阎各庄镇
110	机械设备制造项目	唐山石勇机械设备制造有限公司	河北乐亭经济开发区	2080	1.33	建设面积3000平方米，主要为北京环卫集团配套生产洒水车水罐等汽车零部件	已投入生产	胡家坨镇
111	丞起戴卡轮毂深加工项目	唐山丞起汽车零部件有限公司	县城富强街中段路北	2050		主要对原有变一车间加工生产线进行改造，购置意大利IMT立式加工中心8台（套），加工单元3台（套）、数控车床16台及自制专机、辅助设备等	已投入生产	县发
112	县城区工业聚集区天然气供应项目	唐山市乐亭燃气有限公司	县城区工业聚集区	2049		县城区工业聚集区管网铺设	已完工	乐安街道办
113	县城区工业聚集区天然气供应项目	唐山市乐亭燃气有限公司	县城区工业聚集区	2042	1.33	建设高压天然气管线10.5千米，天然气门站（站内设有LNG气化区、工艺装置区及值班调度楼一座）	天然气供应项目移动罐体部分已安装完成，其他设备订购中，于近期进场安装	乐亭镇县城区工业聚集区

续 表

序号	项目名称	建设单位	建设地点	总投资（万元）	占地面积（公顷）	建设内容及规模	进展情况	责任单位
114	六和馨美滋大黑坨养鸡场项目	乐亭六和馨美滋肉鸡养殖有限公司	胡家坨镇大黑坨村	2030	5.35	建筑面积1.8万平方米，主要建设鸡舍、料仓、沉淀池、办公室、宿舍及水电等附属设施	鸡舍主体建设完成，养殖设备安装完毕，具备养殖条件	胡家坨镇
115	保健食品生产与研发项目	乐亭县瑞康药用生物研究所	县城区工业聚集区	2020		占用三层标准厂房1栋，主要经营药用海洋生物制品、保健食品、营养食品的研发、生产与销售	内部装修接近尾声	县城区工业聚集区
116	年产12万吨生物质秸秆固体成型煤项目	乐亭县盛然洁净型煤制造有限公司	庞各庄乡庞东村	2018	0.8	主要建设年产12万吨生物质秸秆固体成型煤生产线、原料库、成品库及相关配套设施	生产车间、成品库房建成，设备安装完成	庞各庄乡
117	润泽商贸20万吨配煤项目	乐亭润泽商贸有限公司	汀流河工业园区	2010	1.67	建筑面积3500平方米，主要建设生产车间、办公楼及其他配套设施	厂房主体已建成	汀流河镇
118	新型高端肉鸡养殖项目	乐亭六和馨美滋养殖有限公司	古河乡李各庄村	2000	10	主要建设鸡舍28栋、防疫室、监控室、消毒室等其他辅助设施	鸡舍建设完成，设备安装完毕，12栋鸡舍投入使用	古河乡
119	保健食品生产与研发项目	乐亭县瑞康药用生物研究所	县城区工业聚集区	2000		占用1栋三层标准化厂房，主要经营药用海洋生物制品、保健食品、营养食品的研发、生产与销售	已投入生产	县城区工业聚集区
120	新型高端肉鸡养殖项目	乐亭六和馨美滋养殖有限公司	马头营镇	1988	10	主要建设鸡舍28栋、防疫室、监控室、消毒室等其他辅助设施	已投入使用	新寨镇
121	型煤技改项目	唐山洁净型煤制造有限公司	河北乐亭经济开发区	1970	1.53	建设生产车间、原料库等，购置烘干窑、成型机、双搅机、除尘器、铲车、破碎机等设备	已投入生产	庞各庄乡
122	德龙炼铁料场封闭项目	唐山市德龙钢铁有限公司	翔云岛林场临港路一号	1950	2.67	对炼铁焦炭料场和块矿料场进行全封闭改造	已完成全封闭改造	汀流河镇
123	万荣纺织技改项目	乐亭县万荣纺织有限公司	阎各庄镇阎各庄村	1900		原有厂房购置新设备	已投入生产	阎各庄镇
124	宏顺加油站项目	宏顺加油站	冀东国际农产品物流中心	1880	0.39	办公楼、罩棚、储油罐等，建筑面积1361平方米	已完工	乐安街道办
125	大樱桃生产基地项目	乐亭县雷刚果树专业合作社	中堡镇真武庙村	1850	3.26	新建规模温室90座，新修4米宽水泥路2500米，采购吉塞拉大樱桃1.35万株	温室大棚建设中	中堡镇
126	圣大中央厨房项目	唐山圣大物流有限公司	唐山圣大物流有限公司院内	1850	0.13	将原有加工青豆、玉米粒的车间改造为年产1500万份套餐的中央厨房	已具备投产条件	乐安街道办
127	年产2万吨生物有机肥项目	京台四方（唐山）生物科技有限公司	阎各庄镇前何新庄村	1800	2.33	主要建设原料场、车间、成品库、办公用房及生产线	在建设中	阎各庄镇

续 表

序号	项目名称	建设单位	建设地点	总投资（万元）	占地面积（公顷）	建设内容及规模	进展情况	责任单位
128	年产2000吨污水处理剂项目	唐山晟兴环保科技有限公司	阎各庄镇阎各庄村	1680	0.33	购进设备，维修厂房	已投入使用	阎各庄镇
129	宇乾有机果蔬基地建设项目	宇乾果蔬专业合作社	新寨镇常庄子村	1624	1.33	日光温室、育苗室，高标准精品果蔬基地	已投入使用	新寨镇
130	铸升水磨开刃农具项目	乐亭县铸升金属制品有限公司	汀流河工业园区	1600	0.33	建设水磨农具生产车间及生产线	试生产中	汀流河镇
131	年产3万吨卷钉项目	唐山伟高五金公司	姜各庄镇工业小区	1580	1	生产车间约1200平方米，办公楼约150平方米，配置变压器等设施	已投入生产	姜各庄镇
132	滦河口渔乐园乡村旅游项目	唐山市东滦海产品养殖有限公司	滦河口码头	1550	2.67	住宿木屋、生态餐厅、停车场、旅游厕所等基础设施	一期工程完工，停车场、旅游厕所、餐厅、住宿木屋等基础设施完成，已投入试运营	县旅游局
133	乐亭县综合职业技术学校实训楼建设项目	县教育局	乐亭县综合职业技术学校校园内	1500	0.43	新建框架结构实训楼2栋，建筑面积8534平方米	已完工	乐安街道办
134	彩虹养老公寓项目	乐亭县彩虹养老公寓有限公司	庞各庄乡庞西村	1480	0.4	主要建设27栋老年公寓及医务室，后勤保障室，消防等配套设施	装修基本完工	庞各庄乡
135	六和馨美滋杜林养鸡场项目	乐亭六和馨美滋养殖有限公司	庞各庄乡杜林三村	1460	3.87	主要建设鸡舍、防疫室、监控室、消毒室等辅助设施，设计年出栏肉鸡300万只	6栋标准化鸡舍及综合管理区完工，设备安装完成	庞各庄乡
136	肉鸡养殖项目	乐亭县开力家禽养殖有限公司	汀流河镇狼窝村	1450	4.6	总建筑面积9000平方米，建设鸡舍6栋	全面开工建设	汀流河镇
137	乐亭县北外环加油站建设项目	乐亭县益发合加油站	乐亭县北外环路与发展大道交叉口	1415	0.33	罩棚、站房、配电间、绿化、道路及地面硬化等	主体建设中	乐安街道办
138	皮草加工项目	乐亭县秋华皮草服饰有限公司	冀东皮毛交易市场	1340	0.27	主要建设貂皮服装加工车间700平方米	试生产中	毛庄镇
139	唐山金鹏饲料有限公司技改扩建及高密度南美白对虾养殖基地项目	唐山金鹏饲料有限公司	毛庄镇毛庄村	1310	0.26	新增年产1.5万吨鱼虾饲料生产线1条，联合在姜各庄镇第二节村改造废旧海参池，探索南美白对虾室内工厂化高密度养殖，一期投资300万元，改造海参池1万立方米水体，第一批虾已上市，年内计划再改造40万立方米水体	生产线已到位，养殖基地已改造20万立方米水体，已出虾80吨	毛庄镇

续 表

序号	项目名称	建设单位	建设地点	总投资（万元）	占地面积（公顷）	建设内容及规模	进展情况	责任单位
140	乐亭县蔡各庄村西加油站建设项目	乐亭县益发合加油站	县城西外环西侧	1250	0.14	加油罩棚、地下储油罐区、附属站房、消防设施、供水、供电工程等	主体工程建设中	乐安街道办
141	智慧校园项目	唐山客商	县内各学校	1200		安装自动投币洗衣机，饮料机，售货机	已投入使用	新寨镇
142	膨化食品生产项目		县城区工业聚集区	1200	0.13	主要建设生产车间、原料库、成品库及附属设施	设备安装完毕，已具备试产条件，原料采购中	乐安街道办
143	乐亭县姜各庄鑫丰苗圃基地项目	唐山鑫丰实业集团	姜各庄林场	1180	23.33	土地治理20公顷，引进乔木1万株、灌木100万株，管理用房200平方米，以及农田水利工程、蓄水池、蓄粪池、道路系统、环保等配套基础设施	已投入生产	滦河口生态旅游区开发办公室
144	中林木业年产50万只木质包装箱项目	乐亭县中林木业有限公司	汤家河镇汤家河村	1167	1	总建筑面积3000平方米，5套木器加工设备，年产销50万只木质包装箱	已投产运行	汤家河镇
145	云辉现代化农业示范园区建设 项目	乐亭县云辉果蔬专业合作社	新寨镇郝庄村	1165	13.33	购置自动卷帘机、自动化温控机、自动通风设备等，建造日光温室50座、育苗室5座，建设高标准精品苗木及育种基地2公顷、农产品交易市场等	已完工	新寨镇
146	京环垃圾处理分拣项目	唐山京环环境服务有限公司	阎各庄镇大罗庄村	1162	10	购进设备，新建分拣厂房	已投入使用	阎各庄镇
147	生产加工切片型马铃薯片项目	乐亭那滋味有限公司	县城区工业聚集区	1150		生产车间、办公室、原料库等	已完工	乐安街道办
148	乐亭县汇盛农具厂剪刀技改扩建项目	乐亭县汇盛农具厂	毛庄镇毛庄村	1150	0.3	改造原有厂房，新建厂房1座，新上生产镰刀生产线1条	原厂房改造已完成，新厂房建设进行中	毛庄镇
149	李大钊故居景区基础设施建设项目	县政府	李大钊纪念馆及故居	1132		李大钊故居旅游公路建设及景区内步行街；李大钊故居周边环境综合治理工程、李大钊故居排水工程	已完工	县旅游局
150	科比塑料制品技改项目	唐山科比塑料制品有限公司	乐亭镇蔡庄村	1100	1.33	废旧塑料、废纸加工生产线1条	已完工	中堡镇
151	钢锹生产线升级改造扩建	乐亭县燕南农具厂	汀流河工业园区	1100		新增钢锹水磨开刃生产线，对原钢锹生产线进行改造升级扩建	已投入生产	汀流河镇
152	新型高标准清洁型煤添加剂项目	唐山净源节能材料科技有限公司	汀流河工业园区	1056	0.44	建筑面积3126平方米，建设年产2.9万吨清洁型煤添加剂生产线	已投产运行	汀流河镇
153	第一棉油厂仓储物流项目	乐亭县供销合作社	第一棉油厂院内	1053	0.8	建设6500平方米仓储物流设施	已完工	县供销社

续 表

序号	项目名称	建设单位	建设地点	总投资（万元）	占地面积（公顷）	建设内容及规模	进展情况	责任单位
154	乐亭县第五幼儿园建设项目	乐亭县第五幼儿园	茂源街东段北侧，发展大道以东	1050	0.36	幼儿教室、娱乐活动室、图书室等	已完工	乐安街道办
155	“呼叫服务中心”项目	北京佰康佳品电子商务有限公司	县城区工业聚集区	1020	1.33	主要建设药品展示中心、呼叫服务中心、办公区、仓储区，配备呼叫坐席300个，用工350人	名称核准中，厂房内部装修中	县城区工业聚集区
156	乐亭县第六幼儿园建设项目	乐亭县第六幼儿园	健康小区西侧	1005	0.37	幼儿教室、娱乐活动室、图书室、储藏室、消毒室、洗衣室、办公室、幼儿休息室、职工宿舍、学习室、食堂餐厅及卫生间、绿化及道路硬化等	已完工	乐安街道办

表10　　2016年列入省市重点续建项目情况表

序号	项目单位及名称	总投资（亿元）	截至上年底累计完成投资（亿元）	2016年计划投资（亿元）	自年初累计完成投资（亿元）	2016年安排用地（公顷）	主要工程形象进度	行业	备注
1	乐亭县海畅环保科技有限公司年处理5万吨船舶污油水项目	3.7	0.7	3.4	4.4	5	完工投产	传统产业升级	
2	上海电气风电设备有限公司上海电气风电设备基础项目	10	6	4.3	5.8	20	一期完工	传统产业升级	
3	唐山炳旭实业有限公司专用工程机械底盘制造项目	10	6.5	4.5	3	26.67	主厂房基础完工，钢结构安装中，办公楼装修中	传统产业升级	省重点
4	唐山诚佑科技有限公司年产10万吨新型节能润滑油项目	5.5	3.5	2.2	3	10	项目已全部投产	传统产业升级	
5	唐山境界实业有限公司年产200万吨甲醇制高清洁燃料项目	60	10	10.9	10.8	66.67	办公生活区、5栋专家楼主体完工投入使用，完成32个储罐基础，主设备区打桩中	传统产业升级	
6	布鲁弗雷京津冀环保洁净型煤生产基地项目	3.5	0.1	3.4	4	8.33	4条生产线已完工投产	传统产业升级	
7	唐山洁净型煤制造有限公司生物质洁净型煤及配套锅炉项目	5	4	1.5	2	13.33	完工投产	传统产业升级	
8	唐山唐钢气体有限公司乐亭分公司2.8万Nm^3/h制氧项目	3.5	2	2	2.5	2	已投产供气	传统产业升级	

续 表

序号	项目单位及名称	总投资（亿元）	截至上年底累计完成投资（亿元）	2016年计划投资（亿元）	自年初累计完成投资（亿元）	2016年安排用地（公顷）	主要工程形象进度	行业	备注
9	唐山腾驰石化科技开发有限公司年产30万吨煤焦油馏分深加工项目	7.8	3.5	4.7	4	20.4	办公楼、宿舍楼已投入使用；1万吨加氢装置安装中，维修车间全部完工，原料罐区、天然气罐区基础已完成	传统产业升级	省重点
10	唐山钢铁集团唐钢惠唐乐港金属科技项目	3.5		3.5	4.2	7.33	综合办公楼及其他附属设施已投入使用，设备安装基本完成，调试中	传统产业升级	
11	唐山庆义港务有限公司乐亭县庆义渔港及商港项目	18.1	3.1	12.1	10.6	46.67	3339米防波堤抛石工程已完成，在进行航道清淤及码头地块吹填施工	现代服务业	
12	乐亭县盛祥贸易有限公司新希望六和兆泰食品加工项目	13.6	9.6	4.3	5.8	8	年产24万吨饲料生产线项目已建成投产；肉鸡加工食品生产线项目已建成投产；熟食加工项目进行开工前准备	农业产业化	

表11　　2015年列入唐山市重点建设项目情况表

序号	项目单位及名称	总投资（亿元）	2016年计划投资（亿元）	自年初累计完成投资（亿元）	2016年安排用地（公顷）	主要工程形象进度	行业	备注
1	乐亭县顺鑫机械制造有限公司年产2.5万吨新型材料耐磨辊套制造项目	7.3	4.3	4.1	13.07	办公楼、宿舍楼主体完工，车间基础已完成	战略新兴产业	
2	北京环卫集团新能源环卫电动汽车项目	15	6.2	2.8	33.33	项目指挥部已建成，企业已短期租用厂房，设备已订购，主厂房基础施工在进行中	战略新兴产业	
3	唐山硒普生物科技有限公司年产1.5吨富硒蛋白粉、1500万支富硒蛋白口服液项目	3.2	1.3	1.3	0.33	完工	战略新兴产业	
4	北京海德润制药有限公司生物医药产业园项目	3.9	3.3	3.3	33.33	所有厂房及办公楼完工，设备安装中	战略新兴产业	替换瑞能
5	唐山实宝来游乐设备有限公司大型游乐设备生产制造项目	3.5	3.5	3.5	11.33	厂房改造基本完成，设备已订购，研发中心建设完成，新建厂房主体已完工，设备安装、调试中	传统产业升级	
6	唐钢中厚板材有限公司钢轧系统改造工程项目	7	7	7.3		设备安装到位，试运营中	传统产业升级	

续 表

序号	项目单位及名称	总投资（亿元）	2016年计划投资（亿元）	自年初累计完成投资（亿元）	2016年安排用地（公顷）	主要工程形象进度	行业	备注
7	燕化永乐（乐亭）生物科技有限公司年产2.8万吨新型环保型农药复配制剂项目	6	2.7	5	16.07	厂房、办公楼主体施工完成，内外装修及设备安装中	传统产业升级	
8	北京元展京宝新型环保漆生产基地项目	5.6	3.3	5	13.33	主厂房建设已完工，设备安装基本完成	传统产业升级	

统 计

【统计改革】 2016年，顺应国家统计方法、统计制度改革，做好专业统计工作。跟进国家统一核算制度改革；推进固定资产投资统计改革；完善社会消费品零售统计；加强服务业统计；严格执行城乡划分标准，加强城镇统计。

【统计内容】 专业定期统计 农村统计。统计内容有农业生产条件、农林牧渔业生产情况、农林牧渔业总产值、农业增加值、县（市）社会经济基本情况、乡（镇）社会经济基本情况统计，粮食大县产量调查、新型农业经营主体调查、农业产业化调查等，比较全面地反映农村经济社会发展状况。上报方式分为年报、半年报、季报和季节性报表。

工业统计。统计内容有法人单位基本情况、工业企业成本费用调查、规模以上工业法人单位主要工业产品生产能力、信息化和电子商务应用情况、工业企业战略性新兴产业总产值、工业企业财务状况、工业产销总值及主要产品产量，主要工业产品销售、库存、订货、工业企业生产经营及景气状况调查、规模以下个体工业调查表、工业企业调查表、非目录企业核查表等。统计方法为规模以上企业全面调查，规模以下企业抽样调查。

能源统计。统计内容有能源购进、消费与库存，能源加工转换与回收利用，能源生产、销售与库存，工业企业用水情况，主要耗能工业企业单位产品能源消耗情况，重点能源商品经销情况，非工业重点耗能单位能源消费情况，主要能源调入调出，规模以下工业主要能源产品产量，县级全社会能源消耗核算。

服务业、贸易业统计。统计内容有规模以上服务业法人单位联网直报、规模以下服务业企业抽样调查、非企业法人单位财务状况、服务业个体户经营情况、重点物流企业经营状况；批发和零售企业财务状况、商品购进销售和库存情况、社会商品零售总额、住宿和餐饮业财务状况、经营情况；利用外资、外资企业经营情况统计。

固定资产投资统计。主要内容有新入库项目申请、固定资产投资完成情况，工业、技改投资，文化产业投资；房地产开发项目经营情况、房地产开发企业资金和土地情况、房地产企业财务状况；建筑业企业财务状况、企业生产经营情况等。

综合统计。主要内容有劳动工资统计、全面建成小康社会监测统计、地区生产总值核算、研发统计、高新技术统计、企业创新调查、文化产业统计、民营经济增加值核算、现代服务业增加值核算等。同时搜集整理各专业与部门的业务报表，为领导宏观决策提供依据。

普查、专项调查统计 在进行全面调查的同时，还要开展定期或不定期的各种普查、专项调查和重点调查等。

人口普查。国务院2010年颁布的《全国人口普查条例》规定，人口普查每10年进行一次，位数逢“0”年份为普查年度。中华人民共和国成立后，乐亭县先后进行了6次人口普查。其中第六次人口普查标准时点为2010年11月1日零时。普查结束后，编印了《乐亭县人口普查资料汇编》。在两次人口普查之间逢“5”的年份开展一次较大规模的人口调查，也就是1%人口抽样调查，又称为“小普查”。其余年份进行人口变动情况抽样调查，每年一次，标准时点为11月1日零时。抽取城乡有代表性的村、居开展调查，以此了解人口普查之后人口在数量、素质、结构、分布及居住等方面的变化情况。

全国月度劳动力调查。乐亭县在2013年、2014年进行了大城市月度劳动力调查。2015年、2016年进行全国月度劳动力调查。调查范围为城镇和乡村16周岁及以上人口，以反映城乡劳动力资源、就业、失业人口及城镇化率。

经济普查。经济普查是为了全面掌握辖区内第二产业、第三产业的发展规模、结构和效益等情况，建立健全基本单位名录库及其数据库系统，为研究制定国民经济和社会发展规划，提高决策和管理水平奠定基础所进行的全面性调查。经济普查每5年进行一次，标准时点为普查年份的12月31日，除2004年条例发布的第一次经济普查为2004年外，以后逢3和逢8的年份为经济普查年。乐亭县于2004年、2008年、2013年进行了三次经济普查。

农业普查。逢“6”年进行农业普查。乐亭县于1996年首次进行农业普查、2006年进行第二次农业普查。2016年进行全国第三次农业普查。

投入产出普查。按照国家统一部署，乐亭县于1987年首次进行投入产出普查，每5年普查一次。

【统计服务】 县统计部门注重强化统计服务工作，年初制定印发《乐亭县统计局信息服务工作奖励办法》。年内，全局撰写统计分析200余篇，统计公报1篇，监测报告1篇，汇报材料3篇，统计信息43篇，为领导决策提供了依据，为相关部门、各乡镇安排工作提供了基础信息。协同县工信局、县招商局、县环保局、河北乐亭经济开发区等有关部门、单位，围绕争先进位，对固定资产、工业优化升级、节能减排、对外开放、第三产业发展等重点工作目标，进行具体分析，谋划方案，制定措施，确保按时间节点完成工作任务。协助县工信、商务等部门做好新增及规模以下转规模以上企业的审核、上报、入库工作。年内全县新增规模以上工业企业13家、服务业企业17家。

【统计调查】 全面做好重点调查　对项目投资、工业经济、节能降耗等全县经济社会发展市、县达计划指标搞好重点调查，及时掌握运行动态，做好月度、季度、年度统计，确保全面反映全县发展成果。

高效率做好专项调查　年内完成了粮食大县产量全面调查，并对抽样数据进行评估，为巩固全省粮食大县地位提供数据支撑；完成了人口和劳动力抽样调查。

【统计监督】 2016年，县统计部门认真贯彻落实统计基层工作规范、业务流程规定，以实施规范化牵动统计调查“双基”建设。完善以专业评估为基础、以GDP评估为核心的数据质量控制体系，提升业务工作的制度化、规范化、科学化水平。加强数据质量督查工作，采取电话查询、清单反馈、现场核查、机表核对等方式，加强对企业、基层统计机构、部门数据的核查力度。为推进全县统计基层基础工作规范化建设、提高统计数据质量提升统计能力。年底开展统计基层基础工作大检查，明确检查范围、检查时间、检查内容、检查方法及检查的时间安排。这一做法由市统计局上报省统计局，得到省统计局的肯定。

对重点企业作数据抽查，对节能降耗、新开工项目统计工作开展专项检查，重点做好新增“四上”（规模以上工业企业、资质等级建筑业企业、限额以上批零住餐企业、限额以上服务业企业）企业、重点服务业单位等统计核查，将统计监督的阵地前移，重心下移。

【统计基层基础工作】 抓培训，提高基层统计人员的业务水平　为提高基层统计人员的业务水平，年内举办乡镇（街道）、“四上”企业统计人员培训班4次，对全县统计人员进行统计法规、专业知识和基础工作培训。涉及“四上”企业联网直报操作流程，统计执法工作，农业、工业、能源、投资、服务业、劳资、文化产业和国民经济核算等统计业务报表技术要领、指标逻辑实例释疑等。

抓督导，提高基层基础工作规范化建设　10月，县统计局印发《关于开展基层基础工作检查的通知》，明确检查范围、检查期别、检查内容、检查方法和时间安排。11月，组成由农业、工业、投资、服务业、劳资等专业人员参加的调查组，制定乐亭县乡级统计机构基础工作规范化评定赋分标准，对全县14个乡镇（街道）进行为期一周的统计业务工作规范化检查，对检查结果当场分专业评定赋分，同时将检查结果反馈乡镇（街道）主要领导。对统计力量薄弱、规范化程度不高的乡镇，要求限期完善，县统计局在规定的时间进行复查，力争各乡镇（街道）的基础工作全部达到规范化标准。

【第三次全国农业普查】 按照县政府第三次全国农业普查的统一安排，县统计局积极投入到农业普查的各项准备工作之中。2016年1月，县政府印发《关于开展第三次全国农业普查的通知》，成立农业普查领导小组，在统计局设立农业普查领导小组办公室，抽调普查人员35名，其中见习大学生15名。落实普查办公场地，购置普查办公设备。2016—2018年县农业普查办公室申请并落实普查经费154.4万元，其中2016年到位70.67万元，2017年预算经费50万元。为使乡镇农业普查工作顺利开展，县农业普查办公室为每个乡镇调拨普查经费1万元。选聘各级普查指导员和普查员1931名，划分普查小区1333个，绘制普查地图1333张。组织普查骨干参加省、市农业普查业务培训，县农业普查办公室组织普查指导员、普查员进行综合业务培训，使之熟悉农业普查方案，掌握普查要领，提升业务能力。11月1日开始，县农业普查办公室积极筹备、精心组织、周密安排，在全县14个乡镇（街道）、473个普查区、1333个普查小区组织开展入户清查摸底。12月10日完成清查摸底工作，全县筛选合格登记对象12.33万户，其中普通农户11.93万户，规模农业经营户2522户，农业生产经营单位1502家，清查摸底基本情况符合县域实际，在全市率先完成清查摸底工作。

【城乡一体化住户调查】 城乡一体化住户调查自2012年12月1日起开始实施。2016年，城乡一体化住户调查，是统一城镇和农村居民收入和支出的分类标准、指标名称与口径，按照统一的抽样方法和程序，从全县14万多户城镇和农村家庭中抽取120户，按照国家统一要求，将家庭中每个人的每项收入和支出记录在账册上，由此汇总计算出全县居民人均可支配收入、支出、消费水平及结构和增长等数据。全县总体调查样本数12个，其中城镇调查点3个、农村调查点9个，每个调查点有10个调查户，共计120户。年末，全县城镇居民人均可支配收入31378元，比上年增长8.6%。其中，工资性收入增长3.1%，转移净收入增长21.7%，经营净收入下降57.9%，财产净收入增长63%；人均消费性支出17729元，增长7%；城镇居民恩格尔系数为22.3%。农村居民人均可支配收入14789元，比上年增长8.9%。其中，工资性收入增长31.3%，经营净收入下降0.5%，财产净收入下降64%，转移净收入下降60.2%；人均消费性支出9805元，增长7.1%；农村恩格尔系数为26.1%。

物 价

【概 况】 2016年，县物价管理部门发挥价格杠杆作用，把稳定价格总水平作为首要任务，细化工作措施，严格履行职责，全面加强价格调控监管，疏导价格矛盾，规范收费秩序，促进经济发展。

【价费监督检查】 重点时期市场价格监管 县物价管理部门配合唐山世园会、拉美企业家峰会等重大活动，营造良好的旅游价费环境。制订市场价格监管实施方案，把监管重点放在餐饮、宾馆、交通、娱乐、商贸流通和旅游等行业，采取发放价格政策提醒函、讲解价格政策、答疑解惑等形式，为企业提供价格政策服务，提高经营者的自律意识，通过价费监督检查，保障了全县重点时期市场价格平稳。

节假日市场价格监管 县物价管理部门围绕强化节日市场价格监管，落实责任，创新举措，拓展监管思路，努力实现监管实效。年初，对县城各大商场、超市、综合市场、洗车店、理发店等场所，开展为期2个月的市场价格专项执法检查。发挥新闻媒体作用，通过县电视台、县政府门户网站、内部工作简报等渠道进行法规宣传和舆论引导；印制《做好当前市场价格稳定工作通告》500余份，发放到集贸市场的每个摊位。深入各大商场超市、洗车、理发等行业进行政策宣传，并将《做好当前市场价格稳定工作通告》及价格举报电话张贴在各门店的醒目位置，使宣传实现了网上有文、电视有形、电台有声。在检查过程中，针对部分洗车店明码标价不规范的行为，采取“教育与惩戒”“当场指出与立即整改”相结合的方式，对不规范的标价行为，进行提醒告诫，责令立即整改，有效制止了节假日期间价格违法行为的发生。

旅游市场检查 县物价管理部门强化监测预警，关注旅游市场价格动态，在日常检查的基础上，组织召开全县旅游市场价格行为监管提醒告诫会，下发了警示函。对李大钊纪念馆、碧海浴场等6家旅游景点进行实地检查，切实维护消费者合法权益，保障市场价格平稳。

开展“一问责八清理”专项行动 根据县委关于开展“一问责八清理”专项行动和基层“微腐败”专项整治安排部署，县物价管理部门对行政许可中介服务违规收费问题进行专项清理，涉及15个部门38项中介服务审批事项，清理出违规中介服务1项，及时进行整改，圆满完成了清理工作。

教育收费专项检查 针对全县民办幼儿园收费行为不规范的问题，县物价主管部门召开规范全县民办幼儿园收费行为提醒告诫会，印发收费专项检查的通知及《河北省幼儿园收费管理暂行办法实施细则》，对民办幼儿园收费情况进行了专项检查，查出违规收费幼儿园4家，违规收费问题3项，违规收费金额33.68万元，退还违规收费金额33.68万元，维护了幼儿及家长的合法权益，民办幼儿园收费行为得到规范。

“12358”价格举报受理 发挥“12358”全国价格举报管理系统网络平台作用，认真受理群众投诉、举报、咨询。安排专人值守价格举报电话，确保24小时畅通，受理对价费违法行为的举报。全年受理价格举报25件，其中市长热线10件，三级平台8件，“12358”举报来电5件，县长信箱2件，全部办结，办结率100%。通过查办举报案件，退还多收价款1300元，维护了消费者的合法权益。

涉企行政事业性收费检查和物业收费检查 县物价管理部门归纳整理出各单位收费项目收费标准变更、取消、免征情况一览表，与收费单位备案台账核实，确定检查单位及检查重点。在检查过程中将收费检查与收费公示执行督查相结合，掌握收费单位的涉企收费清理落实情况，规范收费单位的收费公示行为。涉企行政事业性收费检查主要涉及人防、国土、住建、司法、公安等部门。通过专项检查，各单位已基本落实国家和河北省各项普遍性降费政策，实现了已经取消的收费项目不再征收，已经降低的收费标准执行到位。对群众反映强烈、举报量大的物业服务收费进行多次检查。根据全县物业收费存在的问题，对照政策依据开展调研，基本摸清了全县物业收费存在的主要问题，形成调研报告，为从根本上解决物业收费问题提供了依据。

药品市场、医药卫生服务价格专项检查 县物价管理部门按照上级文件精神，有计划、有步骤地对全县药品市场、医药卫生服务价格进行专项检查，使全县药品经营企业、医疗机构价费行为逐步走上规范化、法制化轨道。各医疗机构按照规定执行基本药品零差率制度，大部分药品经营企业实行了药品明码标价。针对少数药品经营企业、个别医疗机构存在的未按照规定实行明码标价、使用未申请备案的自制标价签进行标价、标价签循环使用；擅自提高收费标准，落实新的收费文件精神、收费标准调整不及时、自立收费项目和标准等违法违规行为进行严肃查处。全年处理违法违规案件16起，罚款金额4.8万元，并将处罚事项进行了公示。

规范银行业收费行为 年内，县物价管理部门与县银监办联合开展商业银行服务价格收费公示检查，全县有商业银行14家，基本做到收费标准收费依据明码标价，在经营网点的明显位置公布。

【价格管理】 2016年，县物价管理部门为规范全县城镇廉租房租金管理，保障城镇最低收入家庭的基本住房权益，根据《中华人民共和国价格法》及相关规定，完成了廉租房、公租房的房租价格审批。对河北乐亭经济开发区污水处理费进行了成本监审、价格审批。

加强市场价格监测工作，落实了动态监测系统的调适和监测点的完善。按时完成了35种主要特色产品及相关商品的监测和30种商品价格监测月报任务。每月按时完成全县价格监测月报，并按季节变化适时调整监测品种。

年内，完成了县中医医院新建病房楼病房收费标准报批、审核工作。行政审批事项与审批大厅进行了工作对接，落实了网上审批的流程规则，方便了企业和群众，提高了办事效率。

【价格服务】 2016年，县物价管理部门按照上级要求完成农户存粮调查、农户购买生产资料调查，小麦成本收益预测，小麦成本收益调查分析及汇总，玉米成本收益调查分析及汇总，大棚黄瓜汇总。在完成全年农本调查任务的同时，代表全市参与全国粮食品种汇总工作，受到省、市局领导表扬。

做好涉案物品价格鉴证服务工作，接受政府机关、司法机关、行政单位委托办理各类价格认定案件170多件，认定值1000多万元，其中办理盗窃、诈骗、毁坏财物等价格认定案件120多起，价格认定值260多万元，出具的结论被司法机关（单位）和当事人认可，办理案件的复议率在全市处于低水平。围绕“韩某某被烧毁大棚及作物损失”情况，首次召开价格认证听证会，双方当事人、办案机关、林果专家充分发表意见并记录签字，理清了案情和争议焦点，为客观认定标的损失打下基础，为更客观、科学地办理类似案件积累了经验。

审　计

【概　况】 2016年，乐亭县审计工作按照“突出主旋律、扭住着力点、落实全覆盖、推进一体化、加快信息化”的五项要求，推进各部门、各单位内部审计机制建设，加大审计力度，提高审计效率。年内，全县建立行业、部门内部审计机构12个，专职审计人员29人；兼职审计机构32个，兼职审计人员121人。全年审计和调查单位128个，查出违规、管理不规范资金5亿元，促进整改落实有关问题资金2亿元，出具审计结果或报告108篇，提出审计意见和建议120余条。

【重大政策落实审计】 2016年，县审计部门把贯彻落实中央、省、市、县重大决策部署作为重中之重，贯穿全年审计工作之中，每季对全县相关单位专题开展“稳增长、调结构、治污染、惠民生、防风险”政策措施落实情况的跟踪审计，定期向上级审计机关报告审计结果。监督检查各单位对上级政策措施的具体部署、执行进度、实际效果等，特别是重大项目落地、重点资金保障，以及简政放权推进情况，及时发现政策执行中的薄弱环节和风险隐患，反映好的做法、经验，促进各项政策落地生根、不断完善。

【财政审计】 县审计部门加大对县本级2015年度财政预算执行情况的审计力度，对县财政局、县地税局、县畜牧局、县科技局、县质量技术监督局、新寨高中6个单位2015年度预算执行及其他财政资金收支情况进行延伸审计，对汀流河镇2015年财政决算情况进行了审计，向县人大常委会报告了全县2015年度财政预算执行和其他财政收支的审计情况。审计中，县审计部门牢固树立绩效审计理念，把公共资金使用情况与项目推进、事业发展、经济效益、社会效益、环境效益结合起来，重点关注预算编制的科学性、合理性、真实性，关注财政存量资金规模和结构，关注财政支出结构和投向，重点检查财政专项资金管理、分配、使用情况，检查三公经费和公款消费情况，检查税收征管及税源建设的改进情况，确保公共资金安全，减少资金沉淀，盘活存量资金，严防损失浪费，推动财政资金合理配置，高效使用。对发现的应缴未交财政专户款、应缴未交预算款、延压税款等问题依法作出相应处理处罚，促进相关单位规范财政资金管理、完善财政财务制度，提高财政资金使用效益。

【政府投资项目审计】 2016年，县审计部门把服务全县项目建设、建设沿海强县大局作为主要工作方向，工作力量围绕项目建设来摆布，工作措施围绕项目建设来加强，积极探索政府投资项目审计新思路，找准目标、突出重点。对耕地占补平衡、土地整理项目、高标准农田建设项目进行审计评审；对县交通信号设施维护工程开展固定资产投资审计。全年审计资金总额2亿多元，出具审计结果56份。审计工作中，抓住图纸设计变更、工程施工签证、主要材料采购等重点环节进行重点监督，对违规、不合理资金坚决予以否认，促进规范管理和堵塞漏洞，提高投资效益。

【经济责任审计】 年内，县审计部门审计乡科级领导干部经济责任履行情况51人次。审计工作中，注重审计领导干部在本乡镇、本部门经济建设中的重大决策制定及在执行过程中不作为、乱作为和三公经费支出情况、廉政建设情况；监督引导领导干部服从服务于产业项目建设等全县重点工作，推进县域经济社会的快速发展。强化审计结果运用，为党组织考核和使用干部提供依据，提高领导干部依法理财、依法管理、依法行政的自觉性，为预防和治理腐败起到积极作用。

【民生项目审计】 2016年，县审计部门把握坚守底线、突出重点、完善制度的要求，以促进政策落实、维护群众利益为目标，加大对民生资金和民生项的审计力度。重点开展全县2015年保障性安居工程审计，重点审计县住房和城乡建设局、县发展改革局、县财政局等部门，延伸审计调查14个相关单位、40户家庭，审计资金近2亿元，在保障改善困难群众居住条件等方面发挥了作用。对县国土资源局开展土地出让金专项审计。按照省市安排，派出审计人员参与保定市基本医疗保险基金和救助资金审计。组织社会审计力量，开展农村合作医疗基金和城镇职工医疗保险基金的整合审计。审计过程中，揭示和发现资金在管理使用中存在的问题，通过整改促进各项惠民政策措施的贯彻落实和相关制度的完善。

【其他审计】 2016年，县审计部门对全县各单位开展专项检查，完成“一问责八清理”（一问责：对党的领导弱化、主体责任缺失，管党治党不力、发生严重违纪违法问题的，抓住典型，严肃问责，公开处理。八清理：对超职数配备干部、违规进人问题，违规公费出国（境）、公款旅游问题，乱收费、乱摊派问题，领导干部经商办企业及其亲属利用其职务影响谋取不正当利益问题，滞留截留套取挪用财政专项资金特别是涉农资金问题，省属企业违规配车、用车问题，招标投标不规范、违规出让土地、违反规划调整容积率等问题，懒政怠政、不作为、不在状态问题，进行清理）乱摊派问题的专项清理；完成冀东果菜批发市场股权改革、4所中学撤并、信达商贸有限公司资产审核工作；参与完成农口专项资金项目验收、政策性农业补贴检查、纪检监察机关案件协查；完成县内重点投资项目调查、环保项目资金调查等县委、县政府和上级审计机关临时交办的其他各项审计工作。

市场监督管理

【概　况】 2016年，乐亭县市场监督管理局结合“两学一做”学习教育，以全面深化改革为主线，以全力服务经济、社会发展为目标，大力规范市场经济秩序，全力保障人民群众饮食用药安全，以创建省级食品药品安全示范县和国家食品安全城市为抓手，忠实履职尽责，主动服务项目建设，高效加强监管执法，按照职责分工，依法查处无照经营、违法直销和传销、商标侵权、违法广告、经销假冒伪劣商品及坑农害农等违法行为，强化食品药品安全监管，加强医疗器械和药品不良反应监测，维护消费者合法权益，同时围绕县委、县政府“11348”工程，结合工商注册登记制度改革，开辟“绿色通道”，优化发展环境，积极服务辖区各类企业和个体的注册登记。

【服务项目建设】 围绕县域经济发展大局，以服务项目建设为重点，创新服务举措，提高服务效率。3月，县市场监督管理局按照市工商行政管理局《2016年市场主体帮扶专项行动方案》和《2016年市场主体帮扶专项行动考核办法》的通知精神，以深化商事制度改革、创新服务体制机制、扶持小微企业发展为重点，加强商标行政指导、驰名商标培育、商标宣传培训等工作，发挥股权出质登记、动产抵押登记、注册商标专用权质押登记的职能作用，千方百计帮助企业实现融资，提高企业发展质量和效率。是月，县市场监督管理局按照市工商行政管理局《开展“帮外企解决难题”活动》的通知要求，采取走访、召开座谈会等方式，深入辖区外资企业，帮助解决登记注册中的困难，帮助解决商标、融资等方面的难题。7月，县市场监督管理局按照省工商行政管理局《鼓励科技人员创新企业实施细则（试行）》的有关规定，从推行市场主体准入“多证合一”、放宽住所（经营场所）登记条件、推进工商登记全程电子化、推进企业简易注销改革工作、优化审批流程、大力实施商标品牌战略6个方面入手，强力改革，优化准入环境，加大服务力度。年内通过采取“一产一策”“一企一策”服务措施，开辟绿色通道和特殊窗口，落实特事特办、急事急办、要事先办、大事跟办及预约服务、上门服务、延时服务、跟踪服务等便企便民举措，服务北京环卫集团等6个项目成功落地，为唐山境界实业有限公司、北京海德润医药集团有限公司等64家企业在登记过程中提供全程服务。

【服务小微企业融资】按照市工商行政管理局《关于深入开展融资活企专项行动的通知》和《融资活企专项行动方案》的精神，利用各种媒体采取多种方式向企业、个体工商户、农业生产经营组织和银行、信用社、贷款公司等有融资业务的单位宣传股权质押、动产抵押、商标专用权登记融资的政策。深入企业了解情况，全面掌握辖区有融资需求企业的底数。着力解决中小微企业融资难的问题；引导、鼓励和支持企业开展科技创新，对符合国家产业政策的企业重点扶持；关注下岗职工和大学生自主创业人员的发展，帮助解决创业资金难题。县市场监督管理局发挥股权出质登记、动产抵押登记、注册商标专用权质押登记的职能作用，千方百计帮助企业实现融资，并发挥桥梁作用，为银企合作牵线搭桥。全年办理股权出质登记21户，办理动产抵押登记33份，帮助企业融资81.43亿元。

【企业年报】2016年1月4日，县市场监督管理局转发《工商总局关于做好2015年度年报公示工作的通知》的通知，要求全系统结合县域实际，认真落实上级工作部署，全面做好2015年度年报公示工作。在年报工作中，要求强化组织领导，注重政策宣传，明确责任分工，严格定期督导，成立由主要领导任组长、主管副职任副组长，企管、注册和基层分局负责人为成员的年报工作领导小组。印发年度报告报送公示帮助卡和企业即时信息报送公示指南等宣传材料3000份，通过各登记窗口和入户发放等方式发到企业、个体工商户和农民专业合作社等人员手中。结合消费者协会“3·15”活动发放宣传资料2000余份。通过县电视台利用黄金时段，专题播报2015年度年报通告，并与县委宣传部、县城管局和相关企业联系，运用政府微信平台和县城大屏幕进行宣传，起到良好的宣传效果。在做好宣传的同时，各分局按照监管职责，管辖区域明确分工，县市场监督管理局企管科每周对各分局年报工作进度进行排名通报，强化督导力度，提高工作效率。2015年度企业年报率89.57%，个体工商户年报率91.94%，农民专业合作社年报率88.02%。

【商标战略实施】2016年2月，县市场监督管理局制订《开展保护商标专用权专项行动工作方案》，要求全系统按方案要求以检查商标使用为重点，规范合法使用商标标识；以保护商标专用权为重点，打击侵犯商标专用权违法行为：主要包括严厉打击食品、药品、保健品领域商标侵权违法行为；严厉打击侵犯驰名、著名和知名商标专用权行为；严厉打击侵犯涉农商标和地理标志商标专用权行为，深入开展保护“迪士尼”注册商标专用权专项行动；严厉打击非法印制及购买使用假包装、假标识、假商标的违法行为。加大对驰名、著名和知名商标的保护力度。4月，县市场监督管理局印发《商标兴企专项行动的方案》，要求全系统在辖区内加强商标行政指导，提升全县商标运用水平；加强驰名商标培训力度，打造乐亭知名品牌；加强商标培训宣传力度，普级商标知识，努力营造“重商标、创品牌”的氛围。9月，县市场监督管理局按照县政府办公室《乐亭县贯彻实施质量发展纲要建设质量强县2016年行动计划》的通知要求，发挥职能作用，围绕全县项目建设及产业聚集区发展规划，以产业聚集区为重点，开展知名品牌示范区创建活动。全年获评省著名商标1件，获市知名商标5件，组织4件省著名商标进行续评，新登记注册商标10件。

【违法广告治理】 县市场监督管理局印发《2016年整治虚假违法广告专项行动方案》，要求全系统按照方案要求，树立严查严管意识，加强行政指导，提高监管效能，完善社会共治，组织力量集中对辖区各类媒介广告发布情况进行检测检查，对发布严重违法广告的要依法进行查处，严惩违法责任主体。重点加大医疗药品虚假广告、非法互联网金融广告、非法集资广告、旅游市场虚假广告、违背社会风尚和造成不良影响的违法广告的监管力度。完善广告审查制度，组织35家广告公司举办广告审查培训会，对广告审查导引图、广告行为规范、虚假违法广告等内容进行重点培训讲解。并印发广告自查告知书、广告经营承诺书、广告审查导引图。为30家广告公司安装广告行为规范、广告监管制度、广告审查导引图宣传牌。认真开展广告监测，对城区街道的广告、户外电子屏、重点街道的广告牌等在加强监督监测的同时，进行拍照存档，并公开“12315”举报投诉电话，鼓励群众对非法集资和虚假广告宣传等违法行为进行举报。开展专项活动期间出动执法车辆90余台次，执法人员200余人次。

【农资市场监管】 贯彻落实国家工商总局2016年“红盾护农”的通知及省工商行政管理局“四个专项行动”整治会议和省、市工商行政管理局“红盾护农”工作的指示精神，制订《2016年“红盾护农”工作方案》，要求全系统加强日常监管与规范农资经营行为相结合；加强日常监管与监控农资商品质量相结合；加强日常监管与深化农资市场专项治理相结合；加强日常监管与建立农资经营者信用管理体系相结合。增强政治意识、大局意识和履职尽责意识，切实把“红盾护农”工作抓紧、抓实、抓好、抓出成效。各基层分局按照方案要求，结合辖区实际，梳理查找监管漏洞，着力解决监管空白和边界不清楚等问题，做到检查重点突出、监管到位、规范执法，并切实做好农资市场日常监管工作。针对春秋农资销售旺季，加大对农资经营户的检查密度。按照县政府办公室《2016年乐亭县打击侵犯知识产权和制售假冒伪劣商品工作方案》的要求，落实“双随机一公开”制度，加强种子、肥料、农药、成品油等农资生产经营企业产品的抽检，严查制售假冒伪劣商品的行为，维护农民群众的合法权益。全年抽检化肥568个批次，抽检成品油103个批次，对经营不合格化肥和成品油的行为进行立案查处。

【成品油市场整治】 按照市工商行政管理局《关于开展成品油市场专项整治行动突击月活动》的通知精神，组织相关执法科室、基层分局制订行动方案，明确整治目标，重点查处经营非法炼制的无合法来源的油品，质量不合格、与标号标识不相符的劣质油品，国家明令淘汰并停止销售的油品，擅自兑制或在油品中添加化学原料的，侵犯他人注册商标专用权的，对油品质量、牌号、价格、标准等作引人误解虚假宣传的，未以真实名称和标准销售油品的，伪造、涂改、出租、出借转让营业执照的，拒绝执法人员进入经营场所监督检查或在接受监督检查时弄虚作假的违法违规经营行为，成品油市场秩序得到净化。8月，县市场监督管理局按照县政府办公室《乐亭县2016年成品油市场秩序专项整治实施方案》的要求，发挥职能作用，加大抽样检验力度，加强油品质量检测，严厉查处销售伪劣车用燃油行为，依法查处加油站侵犯注册商标专用权、虚假宣传等违法行为，全年抽检成品油103个批次，对经营不合格成品油的行为进行立案查处。

【打击非法传销】 2016年7月，县市场监督管理局根据国家工商总局、省市工商行政管理局关于进一步做好查处网络传销工作的通知精神，开展打击网络传销专项行动。组织相关执法科室、基层分局，加强网络传销案源线索的搜集；加强网络传销案件的报备和查处工作；与通信、网信管理部门协作，建立网络监控、信息搜索、线索移送等方面的工作机制，清除互联网上的传销宣传信息，关闭传销网络培训空间，切断网络传销信息的传播渠道。同时采取多种形式加大宣传力度，宣传网络传销的危害、特点和骗人伎俩，揭露其违法本质，不断提高群众抵制和防范网络传销的意识和能力。组织开展《打击传销、规范直销》大型宣传活动2次，发放《打击非法传销维护和谐乐亭》《禁传销、反欺诈构建和谐社会》《打击传销、规范直销》宣传材料2000份，接受咨询20余人次。8月，县市场监督管理局按照省打击传销办公室电视电话会议精神，集中开展打击非法传销专项执法行动。与公安部门配合，采取多种方式拓宽和畅通社会举报渠道，广泛收集，及时掌握有关非法传销的重要信息，实施快速行动，形成严厉打击非法传销的高压态势。

【无照经营专项整治】 按照市工商行政管理局《2016年全市工商和市场监督部门查处无照经营专项行动实施方案》和《2016年全市工商和市场监管部门查处无照经营专项行动考核办法》的文件精神，开展查处无照经营专项行动。成立查处无照经营专项行动领导小组，印发实施方案，召开会议进行动员部署，确保整治效果。组织全系统结合安全生产“打非治违”工作，以集贸（专业）市场、生产经营特色村镇、旅游景区、工业园区、车站码头、校园周边、城乡结合部等经营者集中区域为重点区域，以较为突出、集中的无照经营行为及危害严重的无照经营行为为查处重点。通过排查、受理举报等方式，获取线索，全面掌握辖区未领取营业执照的经营者数量、地域分布、行业类别等情况，认真梳理分析经营者无照经营的原因，根据情况开展集中整治，对无照经营行为视不同情况，采取引导办照、说服教育与查处取缔相结合的方法，集中清理规范。并深入推进亮照经营示范街、示范区建设活动，引导符合条件的无照经营者转变为有照经营。全年查处无照经营行为49起，引导办照36户。

【维护消费者合法权益】 落实市工商行政管理局《关于做好2016年“3·15”国际消费者权益日纪念活动的通知》的精神，制订《关于在全系统深入开展“五个专项行动”的实施方案》，并进行安排部署。以法制工商建设为主线，以维护人民群众切身利益为出发点和落脚点，加大维权服务工作力度，提高维权服务质量，增强维权服务效果。组织开展“3·15”消费者权益日大型宣传活动，发放宣传资料1万份，现场受理咨询30人次；召开行政执法单位和商户代表参加的座谈会，征求“12315护民生”及“消费者权益保护”等群众最关心的热点问题的意见和建议；严格落实“12315”值班电话24小时畅通，接到申诉、举报和发现突发事件及时汇报，确保举报、申诉和突发事件得到及时妥善处理；推进“‘12315’五进”（进商场、进超市、进市场、进企业、进景区）工程，健全城乡消费维权组织网络，实现组织网络和维权网络覆盖率90%以上；拓展完善“12315”系统功能，利用“12315”申诉举报系统的统计分析功能，认真梳理消费者反映的问题，找出成因，开展行政约谈，及时警示违法经营者；开展“12315护民生”专项执法行动，全年受理投诉举报405起，咨询510起，挽回经济损失18万余元。

【“3·15”国际消费者权益日纪念活动开展】 2016年2月，县市场监督管理局按照市消费者协会《做好2016年“3·15”国际消费者权益日纪念活动的通知》的要求，围绕“四个突出”（突出宣传《中华人民共和国消费者权益保护法》和“新消费，我做主”年主题；突出宣传县内各级消费者协会在消费维权工作中所取得的成绩；突出抓好消费教育和引导工作；突出对严重侵害消费者合法权益案件的揭露和剖析），提高企业依法经营意识。

“3·15”国际消费者权益日期间，县市场监督管理局印制“3·15”专刊1万余册，发至各机关单位、乡镇（街道）、企业、个体经营门店；确定大东方商贸有限公司、联通公司、移动公司、双麟餐饮集团、唐山孤竹国酒业有限公司、乐亭县植物医院、唐山大福食用油有限公司、乐亭南元医药连锁有限公司、乐亭县四季香糕点厂、乐亭县金马汽车服务有限公司10家民生企业，制作专题片“全县民生企业3·15承诺”，在县电视台滚动播出。3月11日召开有理事单位代表、企业代表、消费者代表等43人参加的纪念“3·15”国际消费者权益日座谈会。

3月15日，在大东方购物广场门前举办宣传活动，参加宣传活动的有15个执法及理事单位，县委、县政府、县人大相关领导及市场监督管理局主要负责人现场指导。活动期间发放宣传材料2万余份，现场受理投诉5件。基层分局、分会及“两站”在“3·15”期间，利用农村大集进行广播宣传、发放宣传材料等形式开展纪念“3·15”国际消费者权益日活动。

【工商注册登记制度改革】 落实深化改革要求，围绕县域经济社会发展大局，顺应改革形势，凝聚改革共识，推进商事制度改革。贯彻落实省政府办公厅《河北省工商登记后置审批事项目录的通知》精神，推进“先照后证”改革，取消烟草专卖零售许可、食品流通许可、医疗器械经营许可、旧机动车鉴定评估审批等前置审批项目302项，并严格执行《工商总局关于调整工商登记前置审批事项目录的通知》精神，年内保留危险化学品经营许可、快递业务许可、银行业金融机构设立许可、经营劳务派遣业务许可等前置审批事项37项。

县市场监督管理局根据省工商行政管理局《关于进一步做好“双告知”工作的通知》精神，明确县内“双告知”的范围和依据，明确审批事项告知申请人的方式，并广泛宣传，主动向申请人宣传改革精神，做好前端引导，认真履行“双告知”职责。

县市场监督管理局根据《中共乐亭县全面深化改革领导小组2016年工作要点》，探索实行“多证合一”工作，将社会保险证等涉及市场准入的登记逐步纳入“一照一码”范围。做好注册资本实缴改认缴、放宽住所登记、放宽名称核准等改革措施落实。加快电子营业执照应用，逐步实现全程电子化登记管理。在深化“三证合一”的基础上，研究部署“五证合一”和个体工商户“两证合一”登记制度改革，组织注册登记人员进行业务培训，深入领会改革精神，熟悉工作流程。同时加强与质监、国税、地税等部门的工作衔接，优化信息系统，完善登记数据互联共享。全年完成“五证合一”登记594户，个体工商户“两证合一”登记204户。

落实“双随机”工作机制。继网上申报2015年度报告后，县市场监督管理局按照《河北省工商行政管理局关于开展2016年市场主体公示信息“双随机”抽查工作的通知》要求，建立“双随机”抽查事项清单，建立市场主体名录库、执法检查人员名录库，出台抽查工作细则（即“一单两库一细则”），从县内企业、农民专业合作社及个体工商户中随机抽取426户进行“双随机”抽查，保证申报信息准确无误，抽查结果录入信用监管系统并予以公示，对有问题的企业实行“黑名单”管理。

【“四个专项行动”开展】 按照市工商行政管理局《关于2016年“四个专项行动”具体推进方案》的工作部署，把“四个专项行动”作为全局工作重点，成立局长任组长的领导小组，制订《四个专项行动实施方案》，召开会议进行安排部署。决定按照上级要求，结合县域实际，把握时间节点，明确各时间段的具体行动任务，形成上下联动、左右互动的工作格局，扎实推进各个阶段、各个环节工作落实到位。

开展市场主体帮扶行动 全系统通过严格落实“注册资本认缴制”“先照后证”“前置改后置”等系列登记制度改革措施，放宽企业名称、住所、经营范围登记管制，为市场主体快速发展搭建快车道，全县各类市场主体达21153户，年内新登记5184户。实施商标兴企战略，加大商标宣传力度，引导企业注册使用商标，并耐心接待企业申报咨询工作，全年新申请注册商标10件，申报省著名商标1件，组织4件参加省著名商标续评，推荐上报市著名商标5件。搭建企业融资渠道，发挥工商职能作用，千方百计为企业融资搭建桥梁，指导帮助企业利用股权出质、动产抵押等形式，开展融资活动，全年办理股权出质登记21户，办理动产抵押登记33份，帮助企业融资81.43亿。

开展企业信用监管行动 全面推进年报公示工作，定期进行进度通报，全年完成企业年报公示2043户，年报率89.57%；完成个体工商户年报公示1.23万户，年报率91.94%；农业专业合作社年报公示720户，年报率88.02%。按照省工商行政管理局《关于开展2016年市场主体公示信息“双随机”抽查工作的通知》要求，进行企业信息检查，规范“一单两库一细则”机制。

推进市场秩序优化行动 广泛宣传开展市场秩序优化专项行动的目的意义，整治重点和有关改革、方法，增强经营者诚信守法、远离违法的自律意识。以查处商标侵权、无照经营、不正当

竞争、虚假违法广告等为重点，对违法违规行为进行严厉查处。全年出动执法人员150人次，检查市场20个次，检查经营户1400余户，发放宣传资料2000份，查处销售假冒伪劣商品案件10件，查处生产销售假农药案件1起，查处无照经营案件49起，引导办照36户。

开展“12315护民生”行动　组织开展“3·15”国际消费者权益日宣传活动，发放宣传资料1万份，现场接受咨询30人次，推进“‘12315’五进”工程，健全城乡消费维权组织网络，实现组织网络和维权网络覆盖率90%以上；拓展完善“12315”系统功能，做好申诉举报受理工作；开展护民生专项执法行动，全年受理投诉举报405起，咨询510起，挽回经济损失18万余元。

【食品安全日常监管】 贯彻落实《中华人民共和国食品安全法》和《中华人民共和国食品安全法实施条例》，围绕方便人民群众，服务全县发展大局，探索食品安全监管新模式，深化日常安全监管工作。抓基层强基础，推进基层监管体系规范化建设。加强基层综合协调机构建设，根据上级《关于加强基层食品安全管理体系建设的指导意见》，继续推进乡镇、街道食品药品监管办公室建设，明确职责，确保有效发挥职能作用；根据各乡镇、街道人员调整实际，明确各监管办公室工作人员，充实食品专业干部、信息员协管员队伍，强化乡镇（街道）、村（社区）在食品安全工作中的隐患排查、信息报告、协助执法和宣传教育等职能；推进基层规范化管理体系建设，研究制定食品安全基层基础规范化体系建设的相关文件。加强食品安全长效体系建设，严格落实信息报告制度，强化食品安全举报，投诉管理工作，加大食品安全督促检查力度。细化措施，周密部署，加强重要时期和节庆时点的食品安全监管。把春节、“五一”期间食品安全专项整治、“五小”食品行业综合整治与唐山世园会安保等重点工作结合起来，加大监督检查力度，做好食品安全隐患排查工作；重点加强学校食堂、农村小餐饮、农村流动厨房、食用农产品监管，全年组织抽查食品1268个批次，排查餐饮单位643户。

【食品安全专项整治】 2016年，县市场监督管理局贯彻“四个最严”的总体要求，坚持问题向导，认真查找和梳理食品安全存在的突出问题和风险隐患，坚持以风险管控为核心，强化重点区域、重点业态、重点时段的专项治理。组织开展“三小行业”综合治理行动，针对小作坊、小餐饮、小摊点食品行业生产经营条件不完备、不规范存在风险隐患的现状，集中开展专项整治行动，规范经营行为；组织开展元旦、春节、五一、端午、中秋、国庆等节日食品市场专项整治行动。根据节期流通量大、消费量大、食品种类多等特点，加大市场巡查力度，严厉打击各种违法行为；组织开展过期食品专项整治行动，全面清查过期食品，排查食品安全隐患，提升食品质量，同时集中开展校园周边重点区域食品市场、暑期食品市场、农村食品市场、唐山世园会期间食品市场等专项安全整治行动。

5月11日，县市场监督管理局按照市食品药品监督管理局《深入推进农村食品安全“扫雷”专项行动实施方案的通知》精神，组织开展重点打击生产经营中非法添加非食用物质和超范围、超限量使用食品添加剂的违法行为；非法采购、销售和使用无合法来源的食品或原料和使用劣质原料生产、加工制作食品的违法行为；经营病死、毒死或死因不明的禽、畜、兽、水产动物肉类，或者生产经营其制品的违法行为；经营未按规定进行检疫或检疫不合格的肉类，生产经营未经检验或检验不合格的肉类制品的违法行为；销售超过保质期、腐烂变质食品违法行为的专项执法行动。在各类专项执法行动中抽检熟肉制品、食用油、调味料、饮料等食品64个批次，抽检蔬菜、水果、米面、谷物加工等食用农产品260个批次。受市食品药品监督管理局委托对鲜活水产品、米面制品、蔬菜水果、生鲜肉、速冻肉制品、熟肉制品、调味品、糕点等食品和食用农产品抽检289个批次。全年出动执法人员367人次，执法车辆109台次，检查市场23个，上报“五小”行业食品业态1214家，检查食品经营户1200余家，下达责令整改通知书5份。

【食品安全诚信】 以保障和改善民生为出发点，

以食品安全监管体制改革为契机，以食品安全城市创建为抓手，推进食品安全诚信建设。帮助经营户制定诚信示范标准，建立健全各项诚信经营制度，教育引导食品经营户做到食品经营主体资格合法合规；食品质量入市退市规范；食品经营行为合法规范。建立健全食品安全质量管理责任制度，实行食品质量承诺制度，实行进货索证索票制度，实行进货查验记录制度，实行食品退市制度，建立食品公示制度等。同时做到销售散装食品应配备防蝇、防尘等设施；有禁止用手触摸标志；销售人员应持健康证上岗，使用无毒、清洁的售货工具。经营场所不存在虚假广告、虚假宣传等欺诈消费者行为。

为推动食品安全诚信工作的有效开展，发挥典型示范作用，促进全县食品安全管理水平的提高，县市场监督管理局组织相关食品生产企业参加唐山市食品生产企业负责人培训会；组织食品生产经营企业参加全市第四批诚信示范单位评选活动。

【药品和医疗器械流通、使用环节监管】 2016年，县市场监督管理局以创建食品药品安全示范县为契机，抓好药品、医疗器械的日常监管，重点加强药品和医疗器械流通、使用环节的监管，确保药品安全无事故。3月，县市场监督管理局按照省食品药品监督管理局《关于做好2016年药品流通监管检查工作有关事项的通知》要求，对全县药品零售（含连锁）经营户开展监督检查，重点对药品购销渠道和销售抗生素、含特殊药品复方制剂等情况以及是否存在非法经营疫苗、终止妊娠药品等不得零售药品的行为进行监督检查。

4月，县市场监督管理局根据市食品药品监督管理局关于《开展“三品一械”护网行动专项整治工作的通知》精神，加强互联网检测，严厉打击互联网非法经营“三品一械”（即药品、保健品、化妆品，医疗器械）违法行为；整治违法违规广告宣传，净化互联网药品、保健品、化妆品、医疗器械广告环境；认真做好投诉举报的核查工作。开展全县范围的药品经营使用环节安全隐患大排查大整治活动。重点排查药品经营企业、使用单位购销渠道、票据管理情况；阴凉、冷藏、冷冻等药品的运输、储存环节的情况；中药饮片、疫苗、含特殊药品复方制剂及含麻醉药品和曲马多复方制剂等高风险品种的经营等情况，对存在隐患的56家药品零售企业下达《责令改正通知书》。

推行“两图一书两档案”医疗器械监管模式。绘制全县医疗器械经营企业分布图和监管责任图，与51家医疗器械经营企业签订诚信经营承诺书，要求每个企业均建立监管信用档案和安全管理档案，落实监管责任和企业主体责任。开展医疗器械安全隐患排查整治活动，对全县医疗器械经营使用单位进行督导检查。年内检查医疗器械经营企业50家，使用单位39家，未出现严重安全隐患，对涉及一般性安全隐患的37家经营企业，下达《责令改正书》37份。

【药械不良反应监测】 贯彻落实市食品药品监督管理局药品、医疗器械不良反应（事件）监测工作的总体要求，健全组织，完善措施，建立网点，强化督导，确保监测工作顺利开展。成立由主管副局长任组长的药品、药械监测领导小组，制订《乐亭县药品（医疗器械）不良反应（事件）报告及监测工作目标管理实施方案》，狠抓措施落实。拓展监测覆盖面，由过去只监测较大型医疗机构拓宽到所有诊所、村卫生室，并在全县推行平台直接报告方式，优化报告流程，确保报告的及时性。建立药品（医疗器械）不良反应监测网点，落实专职人员负责监测报告工作。监管人员深入全县所有医疗机构、药品经营企业，与专职上报人员面对面交流、手把手进行业务指导。建立乐亭县ADR（药品不良反应）微信交流群，邀请全县药品、医疗器械经营企业和使用单位的领导及上报人员加入交流群，由县市场监督管理局在群内发布不良反应知识和学习资料信息，为各单位业务人员提供学习交流平台。采取召开会议、专项培训、组织座谈、下发学习资料等方式，加强对药品经营企业和使用单位上报人员的教育培训。年内召开全县药品经营企业培训会议1次，召开使用单位培训会议1次，印发《药品不良反应表填写要点》《医疗器械不良事件表填写要点》供专职上报人员学习，提高业务水平。全年上报医疗器械不良事件46例，上报药品不良反应报告215例。

【药品违法广告宣传监管】 县市场监督管理局高度重视药品违法广告治理工作，要求全系统按照《2016年整治虚假违法广告专项行动方案》的要求，加大药品违法广告宣传的监管和查处力度，严厉打击发布违法医疗药品广告的行为，维护群众身体健康和生命安全。

强化监管职能，召开全县35家广告公司广告审查员培训会，强调各单位要对代理、设计、制作、发布的医疗药品广告进行自查，检查是否有虚假宣传的违法行为。在自查基础上，县市场监督管理局执法人员逐单位进行督导检查。加强对药店的监督管理，全县有药店62家，其中中诚医药连锁店17家、南元医药连锁店26家、永和医药连锁店11家。本着教育规范为主的原则，向中诚医药、南元医药、永和医药下发广告自查告知书，并教育引导药店执业人员坚持诚信经营、文明服务，杜绝虚假宣传和误导消费者的违法行为，确保全县医疗药品经营执业文明规范。

【药品安全专项整治】 2016年，县市场监督管理局按照省、市食品药品监督管理部门文件精神，结合县域实际，深入开展药品安全专项整治行动，有效治理药品经营领域存在的各种隐患和问题，维护群众身体健康和生命安全。

3月21日，县市场监督管理局按照市食品药品监督管理局《关于开展“世园会”等系列活动期间药品流通环节安全专项整治工作》的通知要求，围绕“六个禁止”（禁止出租和转让柜台，禁止不凭处方或药学技术人员不在岗时销售处方药，禁止非本店人员在店内从事药品宣传或推销活动，禁止药品与非药品混放，禁止销售终止妊娠及促排卵药品、蛋白同化制剂、胰岛素除外的肽类激素，禁止擅自悬挂或向消费者发放未经审批或以非药品冒充药品的广告宣传）开展专项整治行动，全面规范经营、使用行为，拒绝假药流通，杜绝挂靠经营、超范围经营、从非法渠道采购药品非药品冒充药品销售、发布虚假广告等违法违规现象。3月25日，县市场监督管理局根据省食品药品监督管理局《2016年药品流通监管工作要点的通知》精神，对辖区医疗机构和药品零售企业开展专项整治。以城乡结合部、城中村、农村等监管薄弱地区为重点区域，以基层医疗机构和药品零售企业为重点对象，以索证索票、核查票账货是否相符为重点内容，加大药品抽检力度，严厉打击销售、使用假劣药品、超范围经营等行为，严肃查处从非法渠道购进药品的行为，严格规范药品购销、使用行为。4月1日—9月30日，组织开展对经营装饰彩色隐形眼镜、避孕套专项治理行动，出动执法人员27人次，执法车辆9台次，检查彩色隐形眼镜、避孕套相关经营单位9家，责令整改4家。6月1日—10月底，组织开展医疗器械安全隐患排查整治专项行动，检查医疗器械经营企业50家次，使用单位39家次，未发现严重安全隐患，对存在一般性安全隐患的37家经营单位下达《责令整改通知书》。7月初，按照省、市食品药品监督管理局统一行动部署，开展药品安全隐患大排查专项行动，重点排查各种安全隐患及对新修订的GSP《药品经营质量管理规范》各项要求的落实情况，对存在隐患的56家药品零售企业下达《责令整改通知书》。开展无菌和植入医疗器械的监督检查工作，对3家医疗器械经营企业和36家使用单位进行检查。督导医疗经营企业落实《医疗器械经营质量管理规范》，督导使用单位落实《医疗器械使用质量监督管理办法》。

【回收过期失效药品活动】 坚持对人民群众身体健康和生命安全高度负责的责任意识，开展“清理家庭小药箱、回收过期失效药品”活动，全年回收过期失效药品1650种（批）。

【保健食品、化妆品监管】 2016年，县市场监督管理局依据《中华人民共和国食品安全法》《中华人民共和国药品管理法》《唐山市保健食品化妆品生产经营日常监督管理工作规范》等法律法规，深入开展保健品、保健食品、化妆品日常监督管理工作。6月，县市场监督管理局按照省食品药品监督管理局《关于开展保健食品等三类食品非法添加非法生产问题专项治理工作的通知》要求，开展以保健品、配置酒（含中药材成分的配置酒）、玛咖制品等食品生产经营为治理重点的专项整治行动。

8月，县市场监督管理局按照市食品药品监督管理局《保健品店清查整治工作实施方案》的工作部署，组织相关执法科室全面排查保健品（店）市场存在的违法违规问题。重点排查整治无证经营保健食品、经营假冒保健食品、经营非法添加药品的保健食品等违法违规行为。同时，按照市食品药品监督管理局《唐山市保健食品化妆品生产经营日常监督管理工作规范》，结合县域实际制订保健食品、化妆品日常监督检查工作方案，加强日常监督管理工作。对化妆品经营使用单位实行登记式管理，对化妆品零售企业开展现场督导巡查，对违法违规经营行为依法进行严肃处理。期间制作食品（保健食品）安全公示牌1600个，出动执法车辆94台次，执法人员282人次，监督检查保健食品、化妆品经营使用单位287家，受理群众投诉举报6起，结案率100%。

【食品药品安全宣传教育】 按照县政府办公室《乐亭县2016年创建省级食品药品安全县公益宣传工作方案》通知精神，突出重点部位、重要场所、重大活动的宣传，通过采取多形式、多层次、流动与固定相结合的宣传方式及全方位、多视角、高密度的新闻宣传报道，提高群众对省级食品药品安全县创建的知晓率和参与度，形成持续浓厚、声势浩大的创建舆论氛围，推进创建工作迈上新台阶。

6月12日，县市场监督管理局按照县政府食安办《关于开展2016年食品安全宣传周活动的通知》要求，加强大众宣传力度，在社区、农村、学校、超市、农贸市场设置宣传橱窗、张贴宣传画报、悬挂宣传标语、发放《食品安全常识》宣传册等，普及食品药品安全知识，提高群众参与创建活动的积极性和主动性。在县电视台开辟栏目，专题宣传乐亭县被市评为首批诚信示范单位的事迹，引导各食品生产经营单位提高自律意识，坚持诚信经营。引导各食品生产经营单位提高“12331”食品药品安全投诉举报暨行风监督热线的社会知晓率和使用率，调动全社会力量参与食品药品安全监督，推动食品药品安全社会共治格局。制作食品安全宣传展板14块，悬挂宣传条幅12条，发放各种宣传材料8000余份，接受群众咨询150余人次。

【毛皮动物酮体肉监管】 2016年5月，县市场监督管理局根据省食品药品监督管理局《关于打击销售病死猪肉等违法行为的通知》精神，组织开展猪肉生产加工环节和经营环节的整治，重点对猪肉加工小作坊、生产企业及批发市场、集贸市场等场所进行全面排查，深入排查清理生产经营不合格猪肉、腐败变质猪肉、病死猪肉等违法行为。同时畅通“12331”投诉举报电话，鼓励群众对违法行为进行举报、投诉。

12月24日，县政府办公室转发《唐山市“瘦肉精”专项整治行动方案》的通知。县市场监督管理局按照通知要求，以肉牛、肉羊、生猪为重点，深入开展排查整治工作，严查以生鲜肉为原料的食品生产加工企业，督促其严格落实索证索票、进货查验等项制度；强化流通环节管理，严格落实集中交易市场开办对肉食店、餐饮经营户所购肉品的抽检工作，发现问题肉品进行来源追溯和去向追踪，并协同相关职能部门对违法行为进行严肃查处，维护全县肉品市场正常秩序。

质量技术监督

【概　况】 2016年，县质量技术监督局（简称县质监局）以党的十八大精神为指导，围绕县委、县政府安排部署，全力实施“11348”工程，“服务发展、质量共治、重点监管、确保安全”。以科技为支撑，不断创新工作思路，改进工作作风，提升服务能力，各项工作扎实有序推进，圆满完成年度工作计划。年内，县质监局起草的《绿色食品（A级）花椰菜生产技术规程》《绿色食品（A级）草莓生产技术规程》通过专家审定，为全县绿色农业标准化生产提供了宝贵经验和依据。

在争列全国农业综合标准化示范县工作的3年间做了大量工作。至2016年6月，全县果菜种植示范面积5.33万公顷，扇贝养殖示范面积2.93万公顷，标准化覆盖率97%，产品质量监督抽查合格率98%。6月15日，国家标准化管理委员会对乐亭县承担的第八批国家农业综合标准化示范县项目进行抽查验收，综合考评分数97分，被列为河北省首个国家农业综合标准化示范县。

【特种设备安全监管】 2016年，乐亭县质量技术监督局（简称县质监局）围绕确保安全底线，加强特种设备监管，以电梯、冷库压力容器、锅炉、气瓶等特种设备为重点开展执法专项行动。开展“两节”“两会”、唐山世园会期间特种设备安全大检查和隐患排查整治行动，检查各类特种设备安装、使用单位168家，查处隐患150项，全部落实整改，消除事故隐患，确保特种设备安全运行，实现了全县特种设备安全零事故。

【名牌战略实施】 2016年，县质监局继续推进“三年千企”帮扶活动，发挥质监管理、名牌培育、检验检测、标准、计量等职能作用，制订并实施名牌产品培育计划，加大品牌创建工作力度。培育河北省刘美实业有限公司、唐山孤竹国酒业有限公司等10家企业申报河北名牌产品。5月，丞起果蔬专业合作社“颐天源”牌蔬菜、“刘美”烧鸡、“孤竹国”牌白酒等6项产品通过河北名牌产品材料审核、现场考核，待审批。

【计量惠民】 2016年，县质监局开展进社区、进校园、进家庭的“三进”惠民活动，免费检测各类计量器具410台（件），免费检定集贸市场计量器具320台（件）。加强技术机构建设，提升检验检测能力，液体灌装机检定项目12月通过考核验收。加强强检计量器具动态监管，完善计量器具台账，确保量值传递准确可靠，保护消费者利益。全年检定衡器、加油机、压力表、民用“四表”等各类计量器具9260台（件），校准安全阀1200台（件）。

【服务项目建设】 2016年，县质监局对全县项目建设做到“关口前移、重心下移”，提供“零距离”服务，抽调专人成立服务小分队，深入河北乐亭经济开发区、县城区工业聚集区各企业，开展为企业排忧、为发展助力上门服务活动。帮助在建项目完善标准、质量、计量、特种设备等技术基础，开辟“绿色通道”，提高项目审批效率。全年办理特种设备使用登记303项，特种设备操作人员复审340人次。帮助唐山市庆林肽生物工程技术有限公司、唐山航天智慧能源有限公司、唐山境界实业有限公司等企业联系检测特种设备，完善特种设备档案，办理特种设备使用登记，确保安全生产。帮助乐亭县同乐化工有限公司完善手续，健全质保体系，3月12日通过验收，获得国家工业产品生产许可证。

【“国家地理标志保护产品”——乐亭甜瓜应用】 2016年，县质监局不断加强“乐亭甜瓜”地理标志保护产品专用标志推广使用力度。加强汀流河镇刘狼窝果蔬专业合作社、万事达生态农业发展有限公司地理标志产品示范基地建设。9月2日，万事达生态农业发展有限公司取得“乐亭甜瓜”地理标志保护产品专用标志。

【《水磨开刃机制钢锹通用技术要求》通过省专家组审定】 2016年，县质监局指导铸升金属制品厂机制钢锹采用国际标准和国外先进标准，起草的《水磨开刃机制钢锹通用技术要求》，5月立项，11月30日通过省考核验收，成为省地方标准。

土地资源管理

【概　况】 2016年，乐亭县国土资源局（简称县国土局）认真落实“四个干”工作机制，按照“两个坚持、三个注重、四个规范”（坚持政治优秀、坚持业务优秀，注重重点问题、注重难点问题、注重亮点问题，规范党风政纪、规范服务窗口、规范用地用海服务、规范执法监察）的工作思路全力抓好各项工作，创造良好的政治生态，以饱满的精神面貌夙兴夜寐、激情工作，开创土地资源管理工作的新局面。

【项目组卷报批】 认真执行国家宏观调控政策和年度利用计划，严格控制建设用地供应总量，尽量避免占用耕地或少占用耕地，做到既严格保护耕地，又有利于经济建设。2016年，乐亭县获得省政府批准5个批次，面积41.19公顷，包括2016年增减挂钩第1批次，2016年第2、第3、第4批次（建设用地征收）和第7批次（化解卫片执法项目用地）。2016年第12批次已报省国土资源厅，待批复。

【强化用海服务】 按照《乐亭县海域动态监管能力建设项目实施方案》和上级主管部门的安排，监测车合同的签订已完成，国家配套资金县级采购项目已完成，视频会议室建设工作完成，并与国家海洋技术中心等3家单位签订技术服务合同。根据《中华人民共和国海域使用管理法》《河北省招标挂牌出让海域使用权管理办法》的有关规定，拟对全县的7200公顷开放式养殖用海进行招标、挂牌、拍卖。同时按时完成了海域使用统计、海岛统计，完成了2015年县内涉海企业经济运行年度统计。

唐山境界实业有限公司项目，省海洋局已出具用海预审；中心渔港项目已委托农业部下属单位编制可行性研究报告，之后编制海域使用论证报告。河钢乐亭临港基地项目用海，县国土局多次赴省海洋局进行对接，得到全力支持，议定将用海项目拆分为4个项目分批上报，把急需建设的球团项目（约50公顷）报省政府审批，其他项目用海报国务院审批，相关手续在办理中。

【高标准基本农田建设与基本农田保护】 高标准基本农田建设 2014年高标准基本农田建设任务涉及6666.67公顷，分布在7个乡镇74个行政村，划分为10个标段，按时间节点已基本完工，待验收。2015年任务涉及1万公顷，分布在10个乡镇107个行政村，划分为15个标段，经与县财政、发改等部门沟通，正在办理前期手续，2016年12月下旬完成招投标。

基本农田保护 坚决落实“十分珍惜、合理利用土地和切实保护耕地”的基本国策。根据《唐山市国土资源动态巡查快速处置实施方案》，县国土局制订印发《乐亭县国土资源动态巡查快速处置实施方案》，将基本农田保护区、城镇规划区、主干线公路沿途区域，列为一级巡查区，即重点巡查区，县国土局相关科室（所）每周巡查不少于2次。永久基本农田划定，数据成果、划定方案已报省国土厅，待验收。

【土地开发整理】 县国土局对土地开发整理项目不断充实力量、细化分工、层层落实责任，明确时限、倒排工期，明确专人、加强督导，抓好项目的落实，每周向县委、县政府汇报工作进展情况。全年顺利完成县下达立项的333.33公顷和验收186.67公顷的指标。实施占补平衡项目19个，其中17个项目完成验收，市国土局已下达批复，总规模390.04公顷，净增耕地186.26公顷。实施中的项目2个，总规模54.35公顷，净增耕地53.66公顷。有5个项目已组织专家评审，待市级下达立项批复；5个项目完成测量，在规划设计中；5个项目在进行测量踏勘。

【地籍管理】 县国土管理部门不断完善地籍管理制度，认真把握相关法律法规和政策界限，严格工作程序，全年办理地籍调查会审44宗，对每宗土地进行认真审核，逐宗实地查看；对“一问责八清理”事项中涉及的199宗土地出让地籍会审材料进行完善；建立国有土地登记档案2027宗，集体土地登记档案3420宗；对历史形成的纸质土地登记台账进行电子录入12本。

按照省国土资源厅、省财政厅、省住建厅、省农业厅、省林业厅《关于调整农村集体土地确权登记发证工作的通知》要求，增加农房等集体建设用地上的建筑物、构筑物的产权状况调查，进行房屋测量、数据入库和面积量算等工作内容。结合县域实际对所需经费进行详细测算，争取上级资金，并重新制订工作计划，加大调查力度，全年召开两权工作例会9次，对发现的问题提出解决办法。到年底，完成马头营镇、乐亭镇等房产调查测量14.65万宗。

【土地监察】 国家土地督察北京局下发整改事项9大类58个整改任务，已基本整改到位，其中疑似违法图斑20个，全部通过整改验收；闲置土地2宗，新嘉吉商贸厂房全部完成开槽，基本达到动工标准；丞起房地产用地，正在协调相关单位完善手续；耕地认定与现状不一致图斑1个，现状为养猪场，在2015年遥感影像监测数据库变更工作中，已作为设施农用地上报国土部；省道滨海公路唐秦界至汉沽段改建工程和唐山乐亭500千伏变电站新建工程，分别于2014年7月和2015年4月获得国土部批复。

【海域管理】 2016年，县海洋管理部门注重加强海洋执法检查和动态监测，严格落实《乐亭县岸线巡查工作制度》和《乐亭县海岛定期巡查工作制度》，对辖区9个海岛、重点区域和重点时期加大执法巡查频率。按照近岸巡查工作制度要求，采取陆域巡查和海域巡查相结合的方式，对养殖区、浴场、保护区等重点区域，进行日常巡航监视，对巡查过程进行拍照、录像取证，填写巡查工作日志。至年底，陆域巡查76次，行程1.3万千米；海域巡航36次，航时145小时，航程2200海里。

安全生产

【概　况】 2016年，全县安全生产工作坚持“安全第一、预防为主、综合治理”方针，以全国“安全生产月”活动为载体，以实现安全发展和构建和谐社会为目标，深入开展重点行业（领域）的安全生产专项整治，加强制度机制建设，加强综合协调监督，明确行业监管职责，落实行业监管责任，较好地完成了安全生产控制指标和管理目标，全县工、商、贸、企无生产安全责任事故和重大恶性事故，促进了全县安全生产形势的持续稳定向好。

【危险化学品和烟花爆竹安全监管】 乐亭县安全生产监督管理局（简称县安监局）按照省、市安监局关于隐患排查治理和打非治违专项行动的有关文件和指示精神，严格落实危险化学品、烟花爆竹隐患排查治理和打非治违工作，重点加强唐山世园会和重点时期的安全生产工作，全年检查企业897家次，发现并整改隐患1025项。做好行政许可工作，严格对照有关法律、法规和规范、标准，规范危险化学品经营企业行政许可和安全监管。全年完成19家危险化学品经营企业《危险化学品经营许可证》的核发、变更和延期换证，3家烟花爆竹常年零售点许可证核发和117家烟花爆竹季节性零售点许可证核发、督导检查及注销。对危险化学品生产经营企业，严格程序方法，认真落实安全设施“三同时”（同时设计、同时施工、同时投入生产和使用）制度，严格审查、严格把关，督导液化空气（唐山）有限公司完成新建工业气体项目的竣工验收及安全生产许可证变更。加强督导危化企业修订完善《生产安全事故应急救援方案》，配备必要的人员和装备器材，组织应急培训和应急救援演练，提高防控事故和应急处置能力。督导31家危化企业完成应急预案修订和评审备案，督导相关企业做好重大危险源备案管理及非药品易制毒备案管理。完成液化空气（唐山）有限公司、乐亭县长鸣乙炔有限公司、乐亭县盛安烟花爆竹销售有限公司和中石化13家加油站安全生产诚信等级评定、网上录入、公示、等级公布等工作。

【安全生产应急管理】 2016年，县政府按照市安全生产监督管理局《关于生产经营单位应急预案评审备案工作的方案的通知》要求，责成县安监局牵头、县消防大队配合，成立河北乐亭经济开发区应急救援指挥中心，建立应急专家库，加强与唐山及周边县区专业救援队伍的联系，整合经济开发区各重点企业专业救援队伍和应急物资，建立一支应急救援一体化、企业化管理、市场化运作的应急救援队伍。开展综合性、专业性、实战性应急演练，提高应急救援实战能力和水平。5月9日，唐山市危化行业企业应急救援比武大赛在唐山旭阳化工有限公司举办。以唐山旭阳化工有限公司为试点企业，完善各种应急管理机制，实现应急管理工作制度化、规范化，确保发生紧急情况及时有效处置。

【安全生产大检查】 县委、县政府高度重视安全生产工作，严格落实“党政同责、一岗双责、失职追责”的要求，把安全生产作为“一把手”工程抓紧抓实抓到位。

2016年，县委、县政府多次召开安全生产工作（专题）会议，制订印发活动方案，安排部署“两节”“两会”、唐山世园会等重大活动期间、“五一”“安全月”及暑期、汛期等重点时段安全生产工作，安排部署安全生产攻坚行动。县政府从相关责任单位抽调精干力量组成联合执法检查组，对全县各领域开展全面持续安全生产大检查。在建筑施工领域，县安监部门会同县住建部门组织业务骨干和聘请技术专家，对所有建筑施工企业和建筑施工工地进行拉网式大排查，对检查中发现的事故隐患和安全问题较多、隐患严重、状况不稳定的施工企业和施工工地责令停工整改，达不到安全生产规定标准的，坚决不允许复工。在危险化学品生产储运领域，对生产储运企业进行全面排查，确保实现“零泄漏、零火灾、零爆炸、零死亡、零事故”目标。对全县范围内所有油气等危险化学品罐区进行摸底、排查，对所有危险化学品仓库和物流企业进行全面检查，及时发现和治理安全隐患。对烟花爆竹、冶金建材、交通运输、人员密集场所、建筑施工工地、特种设备、学校医院养老院、涉氨涉氯等重点行业领域，持续开展安全生产大检查活动，确保全县安全形势持续稳定。年内，检查企业1375家次，出动执法人员1214人次，查出一般安全隐患2463项，已整改2383项。

【安全生产宣传培训】 加大安全生产宣传力度，深入开展安全教育培训，全面提高各类人员素质，指导、监督企业从业人员三级教育培训活动；协助省、市安监部门对安全生产执法人员进行培训、取证工作；监督管理安全生产培训机构，审批三类人员培训事项；对生产经营单位培训情况依法进行监督检查。至年底，有危化生产经营单位主要负责人38人、安全生产管理人员87人参加由市安监局组织的培训；组织全县非危化企业负责人、安全生产管理人员145人参加取证、复审、换证培训班；特种作业人员培训11期420人。督促企业切实强化和全面落实安全生产培训主体责任，强化从业人员对有关安全生产规章制度和安全操作规程的认知，掌握本岗位的安全操作技能，了解事故应急处理措施，并知悉自身在安全生产方面的权利和义务。

【安全生产基础工作】 扎实开展隐患排查和诚信体系建设 按照省市关于推进隐患排查和诚信体系建设的要求，全县14家规模以上企业已运用隐患排查治理体系开展日常隐患自查自纠，30家企业完成诚信等级评定。

深入推进县域安全生产监管规范化建设 县安监局按照省、市安排部署，自2015年开始全面推进县域安全生产监管规范化建设，至年底已完成乡镇安全生产监管规范化建设工作，通过了市安全生产委员会办公室的验收。2016年，按照安排部署，于4月底全面完成县级、部门级、村级和企业层面的规范化建设工作。

开展安全风险辨识管控 由行业主管部门组织专家开展风险辨识管控试点工作，通过试点制定本行业风险辨识、评估标准和管控办法，印发本行业领域所有企业，组织企事业单位召开现场推进会，介绍经验、现场参观、业务培训，对风险辨识管控工作进行全面部署，使企事业单位掌握风险辨识和评估的内容、方法、程序和标准，对各类安全风险进行有效辨识、科学分析和全面评估，建档立卡，落实管控措施，确保不留死角盲区。年内，12家企业完成185项风险辨识工作，全部进行分类分级和标志标识，并建档立卡。

组织开展“安全生产月”活动 创新形式，大力宣传、倡导安全生产，营造全民参与的氛围。由县公安局、县安监局、县质监局、县交通局、县住建局、县旅游局、县人社局、县教育局、县卫计局、县气象局、县城区工业集聚区、国网冀北乐亭县供电公司、乐亭中燃翔科燃气有限公司13家单位直接面向群众交流互动，为群众提供与生产、生活密切相关的安全咨询服务。活动中，悬挂横幅13幅，设咨询台13个，展出展板50块，发放宣传材料45类1万余份，解答群众咨询800余人次，增强群众的安全意识，提高全民安全生产应急处置能力，营造“人人想安全、人人讲安全”的良好氛围。

粮食经营管理

【概 况】 2016年，乐亭县粮食管理部门适应经济发展新常态，严格履行管粮职责，扎实推进粮食安全工程、粮食安全责任制、宏观调控、依法行政和放心粮油等工作，促进了粮食事业持续健康发展。

【粮食经营市场管理】 落实国家粮食收购政策，保护种粮农民利益 2016年，县粮食管理部门从保护种粮农民利益出发，严格落实国家粮食收购政策，发挥国有粮食企业主渠道作用，积极做好粮食入库准备，引导和鼓励各类粮食经营主体敞开收购农民余粮。至年底，全县各类粮食企业收购粮食10.4万吨，其中小麦1.5万吨，玉米7.8万吨，稻谷1.1万吨；销售粮食10.1万吨，其中小麦1.4万吨，玉米7.6万吨，稻谷1.1万吨。

严格收购许可审批，简化审批程序　依法做好粮食收购资格的审批工作，执行各项工作制度，缩短审批时限（5日内限时办结），真正为企业、为基层、为群众提供优质高效便捷的服务。按县政府要求，在1月底开通了粮食收购许可网上审批，实现行政许可全流程网上审批，方便涉粮企业收购许可的办理。年内办结行政许可事项8项，其中办理粮食收购资格许可2项，粮食收购资格延续4项，粮食收购资格注销2项。6月16日，县粮食管理部门结合粮食购销企业实际，精心安排培训课程，对全县涉粮企业人员（粮油保管员、粮油检验员），采取理论加实际操作的方式进行培训，突出针对性和实用性，取得良好效果，30余人参加。

做好粮食统计工作　县粮食管理部门按照《河北省粮食流通统计制度》，结合县域粮食统计工作实际，逐步推进全社会粮食统计网络建设。做好常规性统计工作，按要求及时做好粮油市场价格监测周报、粮食流通统计月报、粮食收购许可证办理情况季报。开展2015年度社会粮食、食用油平衡调查，按照0.3‰～0.5‰的抽样比例确定城乡居民调查户数，共调查城镇居民15户，乡村居民70户。年初全县农户存粮15.9万吨；本年粮食收入29.7万吨，比上年增加140吨；本年粮食支出32.4万吨，比上年减少1.2万吨，人均口粮消费275千克；粮食销售量15.7万吨，比上年减少4000吨；年末农户存粮13.2万吨，比上年增加2.6万吨。年初城镇居民存粮1800吨，本年粮食消费总量1.76万吨，人均口粮消费145千克；年末城镇居民存粮1900吨，基本与上年持平。完成2016年度乡村居民存粮专项调查。选取50户农户作为基础调查样本，分布于庞各庄、胡家坨、大相各庄、新寨、古河、阎各庄、汀流河7个乡镇28个村。完成2016年夏秋季粮食生产收购形势调查，全县小麦播种面积1.21万公顷，预计产量7.09万吨。秋季粮食预计播种面积2.92万公顷，预计产量18.4万吨。

开展粮食仓储单位安全生产大检查　2016年6月17—20日，县粮食管理部门对全县涉粮企业进行暑期安全生产大检查，检查重点为安全生产责任制和岗位承诺制的落实情况，仓储设施安全、消防安全、作业现场管理情况，检查涉粮企业22家，对检查出的问题和安全隐患进行彻底整改。

完成2016年度地方粮食应急供应加工企业基本情况调查　做好粮食应急加工、供应网点建设工作，完善和补充应急网点，有效控制各类突发公共事件或其他原因引起的粮食市场异常波动，确保严重自然灾害或紧急状态时的粮食供应，维护正常的社会秩序和社会稳定。全县有市级应急供应网点3个、县级应急供应企业网点15个，省级应急加工企业网点2个、县级应急加工企业网点3个。

加强储备粮管理和放心粮油店建设　县粮食管理部门督促承储企业做好县级储备粮的承储工作，提高粮食仓储队伍素质，完善仓储设施，提升仓储技术，确保县级储备粮食的储存安全。以实施“放心粮油工程”为契机，推进粮食工作由重管理向管理、经营、服务并重转型。严格执行“五放心”（质量、卫生、价格、计量、服务放心）管理标准，在县城范围内筛选出3家粮油店作为“放心粮油示范店”，努力让群众吃上放心粮油。

推进节粮减损和健康消费　2016年，县粮食管理部门举办宣传活动2次。6月13日，进社区进行食品安全和爱粮节粮宣传教育，普及营养健康知识，引导城乡居民养成健康、节约的粮食消费习惯，杜绝浪费行为。向农民推广科学储粮、绿色储粮技术，减少粮食浪费和营养流失。10月18日，与县教育局联合举办主题为“积极应对气候变化，促进粮食减损增效”爱粮节粮宣传周活动。开展“粮食减损增效进农村、进学校、进家庭”“三进”活动，宣传气候变化对粮食安全的影响，动员全社会更加重视应对气候变化、更加重视粮食减损增效、更加重视粮食安全。

【行政执法规范运作】　规范行政执法主体　对粮食行政执法人员进行资格审核、梳理，并实行公示制度，公示内容为执法主体资格、执法人员身份、执法依据、执法程序、处罚标准、执法责任、对社会承诺内容、文明执法规范、执法监督机构和举报电话等。

规范执法程序 县粮食管理部门将职权分解到具体执法机构和执法岗位，并采取流程图与文字说明相结合的方式，将行政执法程序中的各个环节，执法岗位的职权责任明细化，绘制和完善权力运行流程图并予以公开，切实做到流程清楚、要求具体、期限明确，严格按照法定程序办事。对行政处罚自由裁量权标准进行细化、完善，避免随意性，得到违法当事人的普遍接受。规范行政执法用语，按照申请与受理、调查与取证、处理决定等不同执法程序和环节的要求，细化和规范有关行政执法文明用语。规范行政执法文书，对处罚文书规范填写、及时建档、系统归类，实行专人保管，专柜存放。对粮食经营者的档案管理，实行电子检索，对新增和挂照的经营者及时进行增加或核减，实行动态管理、分级管理。严格按照各项制度规范运作，努力使监督检查工作制度化、法制化、规范化。

【粮食市场执法检查】 2016年，全县有粮食经营户27家，其中国有粮食购销企业1家，民营粮食加工经营企业11家，个体工商户15家。县粮食管理部门从行政许可、行政执法、监督管理、违法处理等环节依法履行粮食管理职能，营造良好的粮食市场环境。年内检查经营户55家，出动检查人员110人次，对检查中发现的问题全部进行了现场纠正。

对粮食经营户的经营行为进行日常监督检查，内容包括粮食流通统计制度的执行、从事粮食收购的是否摆放了粮食样品、粮食收购价格是否公示、收购手续是否完备，是否以质论价，粮食质量是否符合标准。

根据省粮食局《2016年河北省粮食库存检查工作方案》的通知要求，开展库存检查工作。县粮食管理部门制订了粮食库存检查实施方案。各被查企业积极配合，并认真开展自查工作。按照实施方案的要求，备齐相关文件、实物账、表格等资料，配备各种计、测量专用工具，对不规则粮食货位进行形态整理。按上级部门规定的检查时点，严格技术规范，厉行检查方法，本着“有仓必到，有粮必查，有账必核，查必彻底”的原则，对全县纳入检查范围的粮食企业库存情况逐一进行全面清查，达到了账账相符、账实相符，粮食储存质量符合粮食存储的标准要求，没有发现任何问题。

落实《河北省粮食局关于做好汛期安全生产和储粮安全工作的通知》要求，对从事代购代储业务的粮食经营者进行安全生产检查，重点检查粮食存储设施，包括超储粮线储粮、危险仓储粮及转租仓为他用等情况，及时排除安全隐患，避免造成经济损失和人员伤亡。落实《河北省粮食局关于开展2016年夏粮收购专项检查工作的通知》精神，对全县夏粮收购情况进行检查。经检查，未发现任何问题。

依照《河北省粮食局关于开展〈粮食流通统计制度〉执行情况专项检查工作的通知》要求，对全县18家粮食经营企业（单位）进行全面检查，县内涉粮企业的统计制度、统计法规意识和统计实际工作得到提升，统计相关基础工作得到健全，统计数据质量提高。

【粮食法规宣传】 *全省食品安全宣传周宣传* 2016年6月23日，县粮食管理部门工作人员深入小区张贴宣传画、标语，悬挂宣传横幅，摆放宣传展板，发放宣传资料，现场进行《粮食流通管理条例》知识问答、政策咨询及农户科学储粮知识咨询等。

世界爱粮日和全国爱粮节宣传 10月16日是第36个世界爱粮日，所在周是第26个全国爱粮节宣传周。根据上级安排，县粮食管理部门工作人员到乐亭高平中学、乐亭一中、乐亭二中、县综合职业技术学校食堂张贴画报，进行爱粮节宣传。

农村经济管理

【农村财务管理】 2016年，县农牧局在不断提升基层财务管理人员整体素质上下功夫，加大培训力度。9月20日，举办全县农村财会人员业务知识培训，14个乡镇（街道）主管副职、经管站工作人员和595名村级报账员参加。邀请县纪委、县财政局等单位的分管领导或业务骨干，围绕增强农村财会人员廉洁自律意识、财政支农惠农政策及资金管理、农村三资管理相关业务知识等方面进行授课。同时，先后到新寨、毛庄、乐亭镇、阎各庄等乡镇进行财务知识巡回讲座，经管站工作人员和农村会计的业务水平与工作能力得到提升。落实村级财会人员持证上岗制度，加强规范管理，全年办理会计上岗证104个。落实《河北省农村集体经济审计规定》，加大农村三资监管力度。年内计划进行198个自然村的“三分之一”专项审计，10月底全部完成。借助省级网络平台监管的优势，采取平台监控与日常检查、重点信访案件与难点村治理相结合的形式，把农村三资监管作为一项经常性的工作抓实抓细，常抓不懈。

【农民负担监督管理】 2016年4月，转发市减负办《关于转发农民负担专项检查通报的通知》，8月转发《农业部等六部委关于做好2016年减轻农民负担工作的意见》的通知，印发《关于开展2016年度涉农乱收费等突出问题专项治理的通知》，组织力量排查加重农民负担的突出问题，对存在的问题限期整改，农民负担监督管理工作成效明显。

【完善土地流转机制】 2016年，土地流转工作在注重土地流转发展速度的同时，更加注重土地流转规范运作，有效推动土地流转有序开展。至年末，全县土地流转面积9800公顷，土地流转率20.4%，规模经营面积6000公顷，规模流转率61.4%。按照上级要求完善乡镇、村两级土地流转机构，全县14个乡镇、街道依托经管站成立土地流转服务站，473个行政村成立土地流转机构，明确专人负责。各村由村会计兼任本村的土地流转信息员，负责收集整理并上报本村土地流转信息，全县土地流转管理服务体系健全。各乡镇土地流转服务站积极推进土地流转合同规范化，全面实用新版土地流转合同及流转委托书，引导土地流转双方签订书面流转合同，并按“年度+县代码+乡镇代码+数字编号”的模式，对土地流转合同编号统一管理。在此基础上，强化土地流转管理信息录入工作，及时将规模流转合同信息数据录入微机，并确保录入信息的真实性、准确性、全面性。强化土地流转登记备案和档案管理工作。流转合同一式四份，流转双方各执一份，发包方、乡镇政府土地流转管理部门各备案一份。流转期限5年以上的，增加一份，由乡镇集中每半年向县档案馆移交并妥善保管。各流转服务站加强对流转合同的档案管理工作，明确专人负责，专柜保存，确保土地流转合同档案齐全、完整和安全。培育土地股份制试点，确定古河乡原野水稻专业合作社作为县土地股份制合作试点，合作社入股土地面积35.73公顷，签订合同51份，社员309人，主要从事粮食种植。原野水稻专业合作社顺利通过市级验收并被确定为“唐山市农村土地股份合作社试点”。

交通运输管理

【路政管理】 2016年，按照省、市、县各级政府治理超限超载工作要求，县交通运输管理部门与县公安部门在汀流河超限检测站增设固定执法队伍，采取定点稽查和不定时流动稽查相结合的方式，24小时治理货运车辆超限行为，加大对平青乐公路、青乐公路、唐港公路、乐北公路、沿海公路等重要路段的巡查治理力度，货运车辆超限超载行为得到有效遏制。积极有效应对重污染天气，减缓重污染程度，依托汀流河固定超限检测站严厉打击运输车辆飘洒、扬尘等违法行为，发现问题，及时整改，消除安全隐患。年内，检测车辆8.62万辆，依法查处超限运输车辆669辆，卸货2.08万吨。

县交通运输管理部门贯彻执行公路路政管理法律、法规及相关规范性文件，负责国省干线公路及县乡公路的路政管理工作，制订地方路政管理工作措施及实施方案，实施公路巡查及安全管理，负责路政案件的处理工作，对公路两侧建筑控制区的违章建筑、公路用地范围摆摊设点、集贸市场街道化等违法违章行为进行综合治理，保护公路路产路权、保证公路安全畅通。年内，处理路赔案件33起，清理违法广告牌匾62块，清理违法摊点73处，清理堆物堆料39处268立方米，清除大型路障7处，清理违规设置的平交道口1处。

【出租车管理】 2016年，县交通运输管理部门根据《河北省道路运输管理条例》的规定，确保全县出租车客运市场安全、有序、畅通，保障乘客的合法权益，营造良好的出租车客运秩序，严厉查处出租车驾驶员无证上岗，无服务质量监督卡，不按核定价格收费，擅自涨价，无故拒载、拼客、挑客、拣客、绕行等违规行为，全年处理举报投诉18起，查处违规出租2起、非法营运52起。审验出租汽车169辆，合格率100%。

【汽车维修管理】 2016年，全县有各类汽车维修企业276家，其中一类1家、二类43家、三类197家，摩托车维修业户35家，全年维修各类车辆23万辆（台）次。

县交通运输管理部门根据上级有关规定和市场现状，不断加强维修市场的治理整顿，重点查处无证维修、店外修理、占道维修、污水外溢等违法违规行为，维修市场秩序得到净化和规范。持续对维修企业进行质量信誉考核，考核不合格的限期整改，整改不合格的吊销许可证，维修行业整体服务水平、服务质量不断提高。

【驾驶员培训管理】 2016年，全县有驾驶员培训学校7家，年培训能力1.1万人。当年培训合格驾驶员1万余人。

县交通运输管理部门从提高全县驾校负责人的安全责任意识出发，每季度召开一次驾驶员培训行业安全生产工作会议，传达上级关于安全生产的系列要求，有针对性地开展活动。同时，为规范驾校的经营行为，提高教学质量，对场地设施、教练员、教练车、学员档案等进行专项检查，确保驾驶员培训工作安全有序进行。

【交通运输行政审批】 2016年，县交通运输管理部门接受各项咨询576人次，受理办结网上审批各类许可事项704件。其中，即办件656件、货物运输项目38件、汽车维修项目9件、机动车驾驶员培训项目1件，做到了特事特办率、现场办结率、按时办结率、群众满意率均达到100%。

【公路养护】 2016年，县交通运输管理部门深入开展干线公路路域环境综合治理、农村公路养护工作。投资260万元，进行干线公路综合治理，完成铺垫修补坑槽890平方米，刷油1.95万平方米，灌油缝2.5万延长米，维修更换三桩668根，维修示警墙、排水沟、路沿石1870延长米，拦水带32千米，筑示警柱800根、百米桩350根，清理垃圾5300立方米，补植路树1270株、花草3.83万株，粉刷百米桩里程碑150.7千米、示警柱3196根。修建路基标准化工程89.4千米，对部分破损设施进行了维修。实施农村公路养护工作，投资385万元，完成县道西曾公路、汀李公路3750平方米小修工程、15.19万延长米灌油缝及设标志、标线、护栏工程；投资50万元，在重点县乡公路设置标志牌、减速带及标志680块；投资189万元，完成乡村公路5600平方米小修工程及灌油缝1.2万延长米；完成清扫路面1.05万千米，清运垃圾1.17万立方米，整修路肩、边坡、平台1907千米，疏通边沟、排水沟1142千米，清理塌方、零星填方5685立方米。

计划生育管理

【概　况】 县卫生和计划生育工作部门按照“强基础、促统筹、惠民生、保稳定”的工作思路，促进人口长期均衡发展，全县人口和计划生育工作保持良好局面。2016年，全县已婚育龄妇女6.98万人，出生2766人（考核年度数据），符合政策生育率98.55%，人口出生率6.5‰，人口自然增长率-0.84‰，出生人口性别比99.42，连续27年保持在正常范围。

【计划生育宣传】 2016年，县卫生和计划生育工作部门面对全面二孩政策的实施和计划生育服务管理制度改革，以群众需求为导向，不断创新宣传形式、拓展宣传内容，依托广播、电视、网络、宣传橱窗、明白纸、村广播等形式进行广泛宣传，将计划生育相关政策知识送到千家万户。年内，全县印制宣传品10万余份，开展各种宣传服务活动30余场次，市、县电视台播放计划生育新闻12条，在县电视台滚动宣传再婚新政15天，在国家、省、市媒体刊发稿件14篇，新型生育文化宣传氛围更加浓厚。

【出生人口性别比治理】 2016年，县卫生和计划生育工作部门在工作中做到部门履职到位、部门配合到位，设备管理到位、信息共享到位、“三级两全包保”（“三级”：县、乡、村三级计生部门；“两全”：“全员”指县乡村三级全体计生工作人员，“全程”指服务对象怀孕至生产的全过程；“包保”：对所包的服务对象保证不发生非医学需要的胎儿性别鉴定和未经批准的终止妊娠手术）到位、区域协作到位，形成打击“两非”（非法胎儿性别鉴定、非法终止妊娠手术）的合力。推进出生人口性别比综合治理各项管理服务制度的落实，强化“三级两全包保”服务责任制和14周以上终止妊娠手术审批，做到严查不明原因孕情消失现象，有效防止“两非”行为发生。年内县卫计局、药监局开展联合执法检查，覆盖县城区各医疗单位和部分乡镇卫生院20余家。治理制度扎实落实、宣传教育覆盖面广、执业警示教育到位、联合执法坚持经常等得力措施保障，县内出生人口性别比持续正常。全县出生人口性别比99.42，连续27年保持在正常范围。

【流动人口计划生育管理】 2016年，县卫生和计划生育工作部门加强流动人口信息平台的管理和应用，整合和利用各种资源，为流动人口提供与常住人口同等的办证、体检等服务。推进均等化服务示范点创建工作，将流动人口纳入健康档案、儿童防疫、传染病防控、孕产妇儿保健等计生公共服务范围。富强社区、乐安社区、高安庄村、老李庄村、西孟庄村、苑张庄村6个均等化试点运行良好。全县流动人口7230人，其中流出人口5046人，发证率95%；流入人口2184人，验证率100%；流动已婚育龄妇女2537人，纳入管理范围的占95%。

【独生子女奖励】 2016年，县卫生和计划生育工作部门坚持资格确认、资金管理、资金发放和社会监督（四权）相互衔接、相互制约的管理运行机制和“四权分离”的监督运行机制，确保审批对象准确无误，奖扶资金及时足额发放到位。2016年，全县奖扶总人数2.52万人，约占全市奖扶总数的23%；特扶总人数864人；为418人落实退休3000元一次性奖励、4.11万人发放独生子女父母奖，228人享受自愿放弃再生育一次性奖励，1853名农村独生子女享受中高考加分优惠。

【计划生育基层队伍建设】 2016年，县卫生和计划生育工作部门坚持县聘、乡管、村用原则，按常住人口规模比例配齐配强村级计生工作人员，全县县级计生工作人员59人，乡级123人，村级专干565人，专干助理265人。计生专干、专干助理的工资全部纳入县财政转移支付，年终绩效考核，待遇及时足额落实。结合各乡镇实际，由县卫生和计划生育局业务科长、乡镇业务骨干对计生专干、专干助理进行培训；开展计生暖心活动，对全县的失独家庭、残独家庭、贫困计生家庭和工作突出生活困难的村计生专干发放救助金和慰问品，体现党和政府的关怀，密切党群关系、干群关系。全面二孩政策实施后，对全县计生办工作人员和村计生专干进行分级培训，讲解中共中央、国务院《关于实施全面两孩政策改革完善计划生育服务管理的决定》精神和省《人口和计划生育条例》，并做好相关计生政策解答，年内举办培训班15班次，工作人员对全面两孩政策的实质和内涵进一步明确。督促乡镇落实对村计生专干的绩效考核，按考核结果落实工资。

【推进简化办证工作】 2016年1月1日起，乐亭县按照《中共中央、国务院关于实施全面两孩政策改革完善计划生育服务管理的决定》精神，执行全面二孩政策。年初为各乡镇安装调试唐山市计划生育网上办事大厅操作系统，并就一、二孩生育登记网上办理进行了培训。3月，全县所有乡镇、街道全部实现网上办理生育登记。同时，加强对群众登录计划生育网上办事大厅客户端自行办理一、二孩生育登记的宣传，结合全县政务服务功能入驻农村综合信息服务中心，推行一、二孩生育登记由农村综合信息服务中心进行网上代办。办理一、二孩生育登记有三种途径：到乡镇便民服务中心办理、登录唐山市计划生育网上办事大厅客户端自行办理、由农村综合信息服务中心网上代办，方便了群众。年内，共办理一孩生育登记1661例，二孩生育登记1406例。

全县一、二孩生育登记个人信息每月登统汇总，上报市卫计委基层指导处。

【救助系列活动开展】 2016年，县卫生和计划生育系统以“春雨计划”为平台开展帮扶活动，完善制度、总结经验、规范运作，提升计生家庭的发展能力，解决计生家庭在生产、生活、生育及精神慰藉等方面的困难。“春雨计划”救助对象重点为孩子、父母、祖父母。围绕救助对象生产、生育、生活所需，组建科技、助学、生殖保健、精神慰藉、家庭救急、法律援助志愿者服务队，采取个性服务、经常性服务、救急服务、一对一服务等多种方式开展活动。是年，全县各级计生协会组建志愿者服务队96支，覆盖全县各乡镇。年初，在“冬季送温暖”活动中，投入资金9万余元，为576户计生贫困家庭捐赠大米、食用油等物品。4月，为失独家庭643人进行免费查体。全年实施科技帮扶150户；助学帮助115人次；举办流行病、常见病讲座28期；免费查体6500人，对5名急、危重病人实施紧急救助；对老年人亲情陪护700多人次。

在全系统发起“伸出我们温暖的手，为孩子的成长奉献一份爱心”活动倡议书，开展“天使助学”活动，6名职工与8名贫困学生建立帮扶关系，捐赠助学款5600元，笔记本480本。通过公共微信平台发出倡议书，开展“爱心暖冬，衣旧情深”旧衣募捐活动，捐赠棉衣、羽绒服、毛衣、保暖衣、棉裤等秋冬衣物100余件，由西藏地区的爱心组织将相关物品分发至贫困家庭手中。

【计生基层群众自治活动开展】 2016年，继续以计生基层群众自治示范县创建活动为契机，按照依法、科学、务实的原则，将县政府长期坚持的计生群众自治理念具体化，着力更新观念、创新机制、深化内涵、破解难题，不断深化计生基层群众自治工作。推行“三诺”管理模式，以政府诚信带动群众守信，增加管理服务透明度，完善便民利民措施，尊重和维护群众计划生育合法权益。抓好《村规民约》的修订及落实工作，做到一村一章程，一人一合同。全县473个村全部落实乡级审查备案制度。坚持分类指导，试点先行，循序渐进的原则，每个乡镇、街道确定2～3个示范村（居），统一模式制作计生群众自治活动展牌，印发宣传品、完善村级活动场所，做到学有样板、树有典范，计生基层群众自治工作不断深化。

【二孩政策稳妥实施】 二孩政策实施后，通过电视、网络、广播、宣传材料、咨询热线等形式宣传、解答政策，为二孩政策实施营造良好的舆论氛围。对全县符合再生育政策人群抽样5000例进行生育意愿调查，再生育意愿为37%；同时，对生育意愿不高的原因进行了分析，有针对性地进行再宣传。

【“两项工程”开展】 免费孕前优生健康检查工程。年内，对1436对目标人群进行检查，完成全年目标人群的83.7%，对评估为高风险的50人全部落实了再检查、治疗和转诊服务，降低了出生缺陷的发生。生殖健康检查公共服务工程。改变以前县内统一成立专家指导组深入各村检查的模式，由各乡镇计生办组织辖区卫生院组建体检队伍为农村育龄妇女免费体检，各乡镇计生办进行电子录入。2016年，全年服务4.38万人，完成目标人群的80.3%。新的服务模式提高了服务质量，使这项惠及民心的服务工程落到实处。

【健康行动大型义诊活动开展】 根据省、市“服务百姓健康行动”大型义诊活动要求，县卫计局组织开展了“传承长征精神、义诊服务百姓”为主题的系列活动。开展公共场所义诊活动。2016年9月3日，县卫计局组织县医院、县中医医院的医疗、护理专家，在文园开展大型义诊活动，为群众发放宣传资料，讲解健康知识，解答医疗问题，现场为群众免费测血压、测血糖等服务。开展基层义诊活动。县卫计局分别组织县医院、县中医医院的专家到中堡镇卫生院、汀流河镇中心卫生院开展义诊活动，为患者提供免费测视力、测血压、测血糖等服务。开展医疗服务进军营活动。组织县医院、县中医医院的专家到县武装部为官兵进行健康体检。检查项目包括心电图、B超、血糖、血脂、肝功能检测等。健康行动大型义诊活动共服务群众800余人，发放宣传材料1000余份，免费测血糖270人次。

财政·税务

财　政

【概　况】 2016年，县财政管理部门围绕市、县下达的公共预算收入目标任务，积极有效应对经济低位运行、“营改增”政策减收等不利影响，认真谋划全年重点、亮点工作，积极组织财政收入、科学安排财政支出，不断深化财政各项改革，着力规范财政管理，努力提高财政保障能力，财政收入实现稳定增长。全年公共财政预算收入计划及增长率均排名全市第一。

【公共财政预算收入】 2016年，面对严峻复杂的经济形势，县财政管理部门科学应对经济下行压力、“营改增”政策减收等不利影响，全面落实积极的财政政策，解放思想、深化改革、科学理财，支持全县经济社会持续健康发展。全县实现公共财政预算收入12.23亿元，比上年增长10%（按可比口径为14.2%）。其中，国税收入2.82亿元，地税收入6.15亿元，财政收入3.26亿元。实现全部财政收入20.53亿元，比上年增长26.34%。其中，国税收入9.65亿元，地税收入7.62亿元，财政收入3.26亿元。

落实征管措施　层层分解财政收入任务，完善组织收入目标责任制，加强财税部门联动，协调解决征收矛盾和问题，重新核定乡镇物流税收任务，制定相应激励政策，做到税收收入及时足额均衡入库。

强化综合治税　组织开展房地产业税收、建筑施工企业税收、城镇土地使用税收、起征点以下纳税人税收治理“四个专项行动”；重新核算各镇、园区的土地使用税税源，对地税局及各镇、园区分别下达任务；开展工业企业纳税情况调查；做好水资源费改税改革，全年征收水资源税283万元。

加强非税收入管理　强化非税收入监督管理和征收主体责任，加强收入票据管理，规范使用流程，努力实现应收尽收。

【公共财政预算支出】 2016年，公共财政预算支出29.26亿元，比上年增长1.6%。其中，上级专款支出5.46亿元，比上年减少11.9%；县内公共财政预算支出23.8亿元（人员支出11.62亿元，正常公用支出1.14亿元，项目支出11.04亿元），比上年增长5.2%。按支出分类：一般公共服务支出2.38亿元，公共安全支出1.09亿元，教育支出4.6亿元，科学技术支出3284万元，文化体育支出5192万元，社会保障和就业支出6.01亿元，医疗卫生与计划生育支出3.63亿元，节能环保支出1.58亿元，城乡社区支出1.1亿元，农林水支出4.65亿元，交通运输支出1.19亿元，国土海洋支出1702万元，粮油物资储备支出711万元，资源勘探支出946万元，商业服务业支出5511万元，住房保障支出9336万元，债务付息及发行费支出3439万元，其他支出221万元。

【预算编制】 县财政管理部门全面贯彻落实《中华人民共和国预算法》等法律法规和政策要求，根据财政部《关于完善政府预算体系有关问题的通知》和省财政厅印发的《关于推进绩效预算改革全面规范市县预算管理的实施意见》，按绩效预算管理要求，科学准确、全面规范编制下年度财政收支预算。

编制原则　全面完整。全面落实各项财政收支政策，实施全口径预算管理，统筹考虑本级收入、上级税收返还和转移支付收入，将政府全部收支编入年度财政预算，并不断提高年初预算到位率，缩小年初预算与年终决算间的差距。

精编细编。一般公共预算和政府性基金预算支出按其功能分类应当编列到项，按其经济性质分类，基本支出应当编列到款；项目预算分项目编制，并进行细化，达到可执行程度；上级提前下达转移支付资金应全部纳入预算。

统筹兼顾。支出预算应在保障基本公共服务合理需求，特别是落实保工资、保运转、保民生等政策性支出的前提下，按照轻重缓急、有保有压原则，优先安排国家和上级党委、政府确定的重点支出。

勤俭节约。认真贯彻落实厉行节约、反对浪费的政策要求，严格控制各部门、各单位的机关运行、“三公”（因公临时出国境、公务接待、公车购置及运行）经费及会议费、培训费等一般性支出和楼堂馆所等基本建设支出。

绩效导向。继续全面推进绩效预算管理改革，不断强化支出责任和效率意识，着力完善“预算编制有目标、预算执行有监控、预算完成有评价、评价结果有应用、绩效缺失有问责”的全过程绩效管理新机制，构建科学规范的部门职责——工作活动——预算项目各层级的绩效目标指标体系，健全预算绩效和预算安排挂钩机制，增强绩效结果导向效应。

编制规程　按照上级财政部门要求，统一运用河北省财政管理信息系统一体化平台，组织编制部门预算，实行“两上两下”的编制程序；在汇总部门预算的基础上编制县级政府预算。

参照省级统一制定的县级“部门职责—工作活动”目录框架，各预算部门修订完善本级“部门职责—工作活动”目录。

各预算单位与县编办、人事部门核对机构设置及人员变动情况，按最新核定的单位财政供养人员、承担的工作任务，测算单位人员经费、公用经费及项目支出预算建议数，各项目支出要落实到预算单位，纳入项目库管理，明确绩效目标和指标，没有进入项目库的不予安排预算。

安排依据　人员经费预算：人员工资以各单位2016年10月在职人员应发工资为依据测算，另加在职人员晋级晋档调整2次2000元/人·年，在职人员调整基本工资5000元/人·年，离休人员增加离休费5500元/人·年，退休人员提高养老金3000元/人·年。养老保险及职业年金、医疗保险、失业保险、工伤保险、生育保险、住房公积金按现行缴费基数及比例测算。工资银行化发放单位养老保险及职业年金、医疗保险、生育保险由社保部门统一安排。人员取暖费统一调整为2000元/年，遗属补助、伤残金等按现行标准测算。

公用经费预算仍按2016年定额标准执行，行政单位及参公单位公务用车数量以车改后控办核定数为准，涉及办公用房调整的单位要重新核定取暖面积。按照总量控制的原则，允许单位按不超公务费的2%安排公务接待经费。

项目支出（含专项公用经费）预算安排原则不突破上年预算安排，并与部门职责、工作活动相关联，体现绩效原则，对效益低下或效益不明显的项目不予安排。确保上级部门及县委、县政府重大决策部署的落实，确保民生、“三农”等重大政策性支出的需求。为提高预算完整性，需将提前下达的上级转移支付资金安排的项目纳入预算。项目预算安排要本着量力而行的原则，确保预算年度能够形成支出，发挥资金使用效益，避免形成存量。

编制“三公经费”及会议费、培训费预算。

涉及政府采购的支出事项，同时编制政府采购预算。

政府性债务还本付息预算由县财政统一安排。

【非税收入管理】　政府非税收入管理，依据2016年3月财政部印发的《政府非税收入管理办法》执行。

非税收入的构成、规模及特点　全县财政收入主要由税收收入和非税收入组成。非税收入主要包括排污费、水资源费、教育费附加、广告费收入、罚没收入、行政事业性收费、国有资本经营收入、国有资源（资产）有偿使用收入、其他收入及政府性基金收入等。从规模上看，非税收入占财政收入的比例较大，收入额呈逐年上升的趋势，且非税收入占公共财政预算收入的比例远大于25%。非税收入作为地方公共财政预算收入项目，相对于税收的强制性、无偿性和固定性来说，政府非税收入具有灵活性、补偿性、专用性、不稳定性、非普遍性和自主性等特点，对缓解县级政府财力不足起到一定的积极作用。

非税收入征收管理　2016年，纳入公共财政预算的非税收入3.26亿元，其中专项收入6035万元、行政事业性收费3807万元、罚没收入3729万元、国有资源有偿使用收入1.9亿元、其他收入49万元。

是年1月，财政部印发《关于取消、停征和整合部分政府性基金项目等有关问题的通知》，新菜地开发建设基金、育林基金的征收标准均降为零，停征价格调节基金，将散装水泥专项资金并入新型墙体材料专项基金等，自2月1日起执行。

财政票据管理　根据省政府《关于整合城乡居民基本养老保险制度的实施意见》《河北省财政票据管理办法》有关精神，新型农村医疗与城镇居民基本医疗保险整合为城乡居民医疗保险后，自2016年9月1日起，统一使用《河北省社会保险基金统一收据》，原《河北省新型农村合作医疗基金专用收据》将不再使用，予以作废。

【财政监督】　2016年，全县财政监督工作围绕职责目标，服务大局，突出重点，做好各项监督检查工作，为实现各项财政资金的良性运转发挥作用。

全年按照省、市财政部门关于“一问责八清理”的相关文件部署，高度重视，迅速行动，扎实推进，对全县53个部门、单位（含乡镇）的21.9亿元资金的使用情况（2013年7.3亿元、2014年6.5亿元、2015年8.1亿元）开展自查自纠工作，涉及专项资金项目1090项，实现自查全覆盖，发现滞留截留套取挪用专项资金问题36项，涉及金额1352.4万元，涉及的单位积极整改，整改率100%。

自8月始，县财政局对县环保局、马头营镇、庞各庄乡、古河乡等10个单位或乡镇进行重点检查；对县环保局、人力资源和社会保障局系统2015年度预算编制、执行及财务收支情况进行重点检查。10月12—16日，财政部专员办公室对乐亭县非税收入收缴情况进行为期5天的专项检查。

年内，县财政局开展绩效评价工作，按照示范县验收要求，制订《乐亭县2016年绩效评价计划》《乐亭县财政局关于绩效评价工作的规划》《乐亭县财政局绩效评价工作实施方案》，并对县环保局、县就业服务局、李大钊纪念馆等10个单位的专项资金进行了绩效评价。

【一事一议管理】　2016年，争取一事一议项目奖补资金1926万元，其中“美丽乡村”建设资金1726万元（省级资金1260万元，市级资金466万元），惠及全县42个村、99个项目；普惠制村奖补资金200万元，惠及25个村。均按项目要求实施，县财政部门加强资金管理。

年内，争取到位农村公共服务运行维护机制建设资金1248万元，用于农村生活垃圾收集清运（包括街道清扫）和简单处理、街道照明、道路桥梁、街道绿化运行维护，惠及全县473个行政村，实现全覆盖，其中省级资金805万元，市级资金443万元。

【政府采购资金管理】　县财政局为发挥好政府采购的职能，规范政府采购行为，以科学化、精细化管理为核心，从基础工作做起，创新举措，严把两关，全面提高政府采购质量。2016年年初采购预算1.59亿元，全年采购总额2亿元，节支率11.1%。

开展公车改革工作　核定参改单位车辆编制，确定保留车辆325辆，取消车辆201辆。分两次对车改取消车辆进行公开拍卖，成交总价339万元，溢价151万元。

实施“管采分离”　2016年10月，经县政府专题会议研究决定，对县财政局政府采购中心相关职能及人员进行整合，成立乐亭县公共资源交易中心。12月，原财政局政府采购中心人员及相关职能全部整合到公共资源交易中心，人员整合，管采分离。

【国有资产管理】　2016年，县财政局按照“摸清家底、规范管理、依法处置、保值增值”的工作目标，实施国有资产监管，最大限度盘活国有资产，实现国有资产保值增值。

全面完成2016年资产清查工作　按照省、

市统一部署，全县纳入清查范围的行政、事业单位及社会团体 167 家。其中，行政单位 96 家、事业单位 67 家、社会团体 4 家，清查内容包括基本情况清理、账务清理、财产清查、完善制度四个方面。资产清查工作基准日是 2015 年 12 月 31 日。通过此次清查，基本摸清了全县行政事业单位占用的国有资产情况。全县行政事业单位资产总额 26.06 亿元。其中，流动资产 14.67 亿元；固定资产 11.12 亿元；在建工程 739.79 万元，无形资产 1780.74 万元；公共基础设施 198.48 万元，长期投资 23.5 万元；其他 9.45 万元。全县行政事业单位负债总额 8.35 亿元。其中，流动负债 8.11 亿元，长期负债 2442.91 万元。全县行政事业单位净资产总额 17.59 亿元，资产清查待处理盘盈 1222.03 万元。全县行政、事业单位房产 1503 宗，面积 52.24 亿平方米；土地 99 宗，面积 167.4 万平方米。全县行政、事业单位车辆 804 台。

全面推进公务用车制度改革　按公务用车制度改革工作要求全县统一标识喷涂车辆 325 辆，其中保留一般公务用车应喷涂 163 辆，行政执法用车 16 辆，特种技术用车 30 辆，执法执勤用车 116 辆。

全县公务用车制度改革取消处置车辆 146 辆。按处置形式划定为取消车辆分别包括拍卖处置取消超标及公车私照等公务用车（蓝牌）43 辆；取消处置执法执勤车辆（公、检、法、司、森林公安）54 辆；取消报废（属无车辆登记手续、濒临报废、黄标车）处置车辆 49 辆 3 种类型。

盘活国有资产，确保国有资产收益入库　处置完成对县直公车制度改革取消车辆及取消报废车辆；完成 10 蒸吨以下供暖燃煤锅炉勘察评估，公开拍卖 164 台；完成对县城管局环卫车辆及环卫设备、县水产中心渔政管理站 1302 号渔政执法船、县法检部门历年依法罚没收缴的贵重金属、县新城热力供热所 2016—2017 年度产生的热力炉渣等资产进行公开拍卖处置工作。国有资产处置总计拍卖价款 902.25 万元，拍卖处置资产全部收益入库。

开展全县国有资产统计监管和日常性国有资产管理工作　按照县委、县政府安排的时间进度，完成对全县国有企业统计调查工作。全县国有企业 24 家，其中县属国有企业 15 家，企业化管理事业单位 9 家。完成对各行政事业单位资产处置申报、评估项目备案。针对县直行政事业单位盘盈、盘亏的资产处置工作，办理资产处置审批事项 58 件，均按规定程序办理，账面值总计 86.3 亿元。完成其他资产评估、资产交易处置等国有资产日常性管理工作。

【财政管理】　2016 年，县财政局规范和完善财政资金内部运行管理，强化预算约束，深化财政管理体制改革，提高资金使用效益，加快财政精细化管理进程，全面推进依法理财。

规范预算编制，实施绩效预算　编制一般公共预算、政府性基金预算、社保基金预算，按规定程序在政府网站上进行公开。成功入选全省绩效预算管理示范县，统筹县级财力，将 177 个项目纳入年度预算，完善绩效预算模板，实行规范的绩效预算管理结构。

实施国库电子化支付　实现财政直接支付和授权支付业务的国库集中支付电子化管理全覆盖。14 个乡镇（街道）、136 家县直预算单位全部纳入电子支付系统，告别纸质凭证和单据流转。同时，县财政支付中心和教育分中心并轨工作顺利运行，电子支付工作实现全县“一盘棋”。

规范投资评审工作　完成预算项目评审 228 项，送审金额 17.8 亿元，审减金额 2.9 亿元；完成决算项目评审 138 项，送审金额 4.07 亿元，审减金额 0.45 亿元，降低了项目建设成本，提高财政资金使用效益。

开展财政监督工作　县财政管理部门对环保、人社、教育、科技、住建系统及部分乡镇开展资金监督检查。配合省财政厅对 2014—2015 年度非税收入收缴情况进行专项检查。结合县审计局、县公安局对信达集团进行清产核资。10 月，对县内行政事业单位、社会团体和农村合作经济组织 2015 年《中华人民共和国会计法》执行情况进行重点检查，检查单位 5 家，其中行政单位 1 家：县审计局；事业单位 1 家：乐亭一中；社会团体 1 家：县残联；农村合作经济组织 1 家：汀流河经管站；乡镇 1 家：汤家河镇政府及经管站。受检查的单位，能够做到持证上岗、执行国家统一的会计制度，会计核算规范，会计报告合法、完整。针对有的单位存在的问题，提出意见，限期整改。

加强会计人员培训　县财政局组织实施会计人员继续教育工作，继续教育以网络培训为主、面授为辅的形式进行。培训内容主要是《行政事业单位内部控制规范》《会计档案管理办法》《新事业单位会计制度》等，全年培训财会人员2700余名，参训率100%。

实施行政事业单位内部控制工作　县财政管理部门按照省、市内部控制建设有关精神，全面安排全县内部控制建设工作。制订《乐亭县推进行政事业单位内部控制建设工作方案》，对全县行政事业单位内部控制工作划分阶段进行了安排，提出具体要求。8月，对全县行政事业单位相关人员进行培训，县直各部门分管财务工作的领导、财务负责人，各乡镇主管财务工作的副职、财政所所长参加培训。各单位立足于各自实际业务情况，围绕预算管理、经费支出管理、政府采购管理、固定资产管理、工程项目管理、专项资金管理等与资金密切相关的业务，建立“以预算管理为主线，以资金管控为核心”的内部控制建设框架，形成内部控制工作手册，报送县财政管理部门备案。县财政局对内控制度建设工作实务操作进行监督指导，确保工作取得实效。

【绩效预算示范县创建】　2016年，乐亭县入选全省24个绩效预算管理示范县，全市有2个县入选。县财政局组织开展了示范县创建活动，通过建章立制、加强培训指导，提升绩效理念，规范财政预算管理，使财政资金使用效益得到提升。

加强改革组织领导　县财政局成立由局长任组长，预算科、国库科、监督科、信息中心负责人为成员的绩效预算管理示范县建设领导小组，领导小组办公室设在预算科，负责绩效预算管理改革的全面实施。制订印发《乐亭县绩效预算管理改革工作方案》《乐亭县绩效预算管理示范县建设方案》《乐亭县绩效预算运行监控管理办法（试行）》《乐亭县2016年度绩效评价工作计划》《乐亭县财政局关于绩效评价工作规划（2016—2020）》等规章制度，规范预算管理，加强制度保障。

加强改革业务培训　年内，多次组织开展局内及预算单位的业务改革培训，增强全局及预算单位人员对绩效预算改革的认识。先后组织召开局务会议对绩效预算改革进行专题研究，召开局内全体会议传达绩效预算改革要求，组织财政内部业务培训学习，对全县138家预算单位的主管领导及财务人员开展培训，讲解绩效改革内容及预算编制操作流程等。

规范2017年预算编制　将绩效预算理念贯穿于2017年预算编制之中，按照“部门职责—工作活动—预算项目”三个层级编制预算，科学合理制定绩效目标和绩效指标。所有预算项目均在部门职责和工作活动框架下编列。工作活动须与部门职责相关，预算项目须与工作活动相关，与部门职责无关的工作活动、与工作活动无关的预算项目，不得列入部门预算。偏离政府战略目标和部门绩效目标以及绩效指标不明确的项目不予安排资金，绩效偏低的少安排或不安排资金。年内完成所有预算单位网络的构建，与财政内部网络信息畅通，预算编制、执行将全部通过河北省财政一体化信息平台完成。根据上级部门和县委、县政府安排的民生工程、实事工程，统筹县级财力，将所有项目均纳入项目库管理，甄别后将277个项目纳入年度预算。

严格财政预算执行　规范财政预算执行，加快财政支出进度，分季度对预算执行进度较慢的单位进行通报，使各项民生政策得到足额落实，11月底支出进度达92%以上。积极清理往来款项，暂付款降低25%。10月底组织开展存量资金的清理工作，收回2015年结余结转资金2.6亿元，有利于财政加大资金的统筹使用力度，使财政资金发挥更大的使用效益。

开展项目绩效评价　科学编制财政绩效评价中期规划，全面开展绩效评价，采取部门自评与财政评价相结合的方式。县教育局对改善高中办学条件、县文广新局对博物馆免费开放、县就业服务局对就业创业扶持政策等项目开展自评；县财政部门对重点领域、重大预算项目进行再评价，并对存在的问题下达整改通知，便于单位规范管理，提高资金使用效益。完善绩效评价结果应用和绩效问责制度，将绩效评价结果与2017

年预算安排挂钩，作为分配资金的重要依据。

国家税务

【概　况】 2016年，乐亭县国家税务局（简称县国税局）充分发挥税收职能，严格依法行政，大力组织税收收入，不断优化纳税服务，助推项目建设提质增速，促进县域经济更好更快发展。全年组织入库国税税收10.52亿元，实现政府口径税收9.91亿元，比上年增收4.4亿元，增长79.84%。实现公共财政预算收入2.91亿元，比上年增收1.47亿元，增长102.99%。其中乐亭支库入库政府口径税收9.64亿元，实现公共财政预算收入2.81亿元。国际旅游岛支库入库政府口径税收2662万元，实现公共财政预算收入918万元。

【国税税种管理】 县国税局注重抓好货物劳务税税收优惠政策的落实与监管，做好增值税发票系统升级版数据、进销项分析监控和电子底账系统应用，做好失控发票、作废发票、缺联发票、滞留票等异常抵扣凭证处理，加强对走逃、失联企业开具、取得异常发票追查。做好2015年度企业所得税汇算清缴工作，坚持关口前移，提前介入，抓好政策辅导和重点环节、重点项目审核检查，最大限度提高贡献率、压缩亏损面、压缩零申报企业，继续提高所得税管理各项指标，对不符合查账征收条件的纳税人，严格依法核定征收。2015年度应汇算清缴户数1301户，实际汇算清缴户数1293户，非正常户8户，汇缴面100%。预缴所得税1.49亿元，汇缴所得税1514.96万元，贡献率1.48%。

【国税税收征管】 2016年，县国税局根据优化征管体系工作要求，认真落实税收业务工作质量标准，推行"规模+行业"税源管理模式，在对税源按规模、行业等进行科学分类基础上，进一步优化各分局管理员配置，推进专业化管理。加强个体税收管理，开展个体建账户税收检查，重点整治普通发票转借虚开、建账不规范、纳税申报瞒报等问题，实现个体税收新增长；加强个体户户籍管理，严把登记、注销等环节管理，有效规避因户籍管理不到位而出现税收执法风险。深化国、地税征管体系改革，加强与县地税局在营改增户籍核查、办税厅联合办公、纳税信用评价、医药企业联合检查、税收联合宣传等多方面深入合作，形成征管合力，确保税收收入应收尽收。发挥综合治税平台作用，加强与各职能部门的协调配合，建立长效机制，实现信息共享，多渠道获取涉税信息，强化税源监控，为实现堵漏增收提供强有力保障。

【国税评估稽查】 强化评估分析，科学筛选风险行业和企业，抽调骨干力量，加强重点户和重点行业直评。2016年，县国税局组织开展医药行业专项评估、省国税局三批风险任务、建筑行业专项评估等风险应对工作，全年对331户纳税人进行纳税评估，其中有问题的313户，评估入库税款3642.09万元，比上年增长107%。保持稽查高压态势，加大重点行业、重点区域专项整治力度，全年相继开展打虚打骗、石油炼化行业、408案件欠税清缴、园区纳税异常企业、重点企业自查5项税收专项检查行动，共检查纳税人43户，其中立案检查16户，组织自查27户，合计入库税款、滞纳金、罚款2962.11万元，选案准确率、查补入库率均达100%。

【国税纳税服务】 2016年，县国税局深入开展入户走访与税企座谈活动，征询各类需求及建议131条，针对需求及建议，认真研究分析、提出解决措施、制订整改方案，并及时反馈纳税人；推进同城通办，将通办业务范围扩大至7大类46个事项，纳税人在办理有关涉税事项时可就近办理，为纳税人节约办税时间和成本；推行"互联网+电子办税"云办税服务厅建设，购置4台自助办税终端设备，实现纳税人自助领购发票、自助代开发票；推行"二维码"一次性告知业务，引导纳税人通过云办税厅办理涉税业务；完善办税服务制度，对首问责任制实行过程管理。加强税法宣传，营造和谐征纳环境。以纳税人学堂教学为主导，充分利用多种教学资源，将最新税收优惠政策、便民办税措施及满意度调查常识告知广大纳税人，使纳税人将政策吃深吃透；组织业务骨干组成培训辅导小组，分别对新办企业、营改增纳税人、重点行业纳税人进行专题培训；做好政策落实回访工作，征集纳税人对新政策落实情况的意见、建议，辅导纳税人做好账务处理及资料报备事项。全年共组织各类培训33场次，涉及纳税人3800余户次。加强信用评价，落实信用结果运用。县国税局联合县地税局共同开展2015年度纳税信用评价及动态调整工作，评出A级纳税人14户，B级纳税人166户，C级纳税人483户，D级纳税人26户。通过评价，对相关等级纳税人实施信用评价结果分类管理，并实行相应激励、惩戒措施，切实将纳税信用结果应用于税收管理之中。全面梳理，落实各项税收优惠政策，支持大众创业、万众创新，重点抓好小微企业、固定资产加速折旧等优惠政策的落实和督查，有效提升优惠政策的执行力和覆盖面。年内，全县享受小微企业所得税优惠政策减免户数302户，减免税款301.9万元，户均减免税额1万元，受惠面100%。落实出口退税规范，优化工作流程，转变管理方式，全年共有出口退税企业16户，累计退税3577.12万元。

【国税绩效管理】 县国税局制定并实施《绩效管理办法及相关细则》，从制发、办理、审核等环节加强对个人重点工单的监控，在保证“量”的前提下，重点对“质”进行严格审查。全系统各单位全面完成各季度登录率、个人工单数量等硬性要求，没有工单逾期现象。运行过程中，县国税局严格按照绩效管理办法要求，定期召开绩效分析会，定期组织绩效培训。通过积极探索和深入实践，绩效管理的“指挥棒”作用、杠杆撬动作用逐步显现。2016年，县国税局绩效管理成绩96.13分，特别加分0.15分，无特别减分事项。

【营改增工作稳步运行】 2016年5月1日，乐亭县营业税改增值税试点工作正式实施，原由县地税局征管的建筑业、房地产业、金融业、生活服务业的营业税改由县国税局征收增值税。面对新形势下的新任务，县国税局制订《营业税改征增值税试点工作实施方案》，成立“营改增”工作领导小组及其办公室，确保各项工作有序开展。加强“营改增”业务培训，让办税人员尽快熟悉业务操作流程，为试点工作的推行做好政策、业务储备，提高对“营改增”纳税人的服务水平。加大“营改增”宣传力度，营造舆论氛围，让纳税人及时了解“营改增”相关政策。加强沟通协调，对内注重加强业务科室的分工与协作，对外加强与县地税局、县市场监督管理局等单位的联系与沟通，确保“营改增”各项工作实现无缝对接。开展对全县“营改增”行业的调研，做好数据测算，了解县地税局营业税征收情况，预测“营改增”实施后税收收入的变化情况。全面实行“营改增”后，全县建筑业、房地产业、金融业和生活服务业在5月至12月入库税收收入1.68亿元，比上年营业税减收0.87亿元，下降34.05%，行业总体税负下降目标基本完成。

地方税务

【概　况】 2016年，乐亭县地方税务局（简称县地税局）认真践行“两学一做”要求，围绕组织收入中心，推进征管体制改革，将土地使用税作为主体税源严抓细管，加大清理欠税力度，促使河北乐亭经济开发区、县城区工业聚集区企业欠税有效增收；对房地产业、建筑业等行业进行全面清理，查缺补漏，清理面达100%。科学确定纳税评估对象，细化评估指标，增强纳税评估力度，依托政府综合治税平台，对地方税种实施源泉控管，确保应收尽收。全年组织各项收入11亿元，比上年增长2.08%。其中，税收收入7.74亿元，比上年减少1.4%；剔除营业税后，实现税收收入5.04亿元，比上年增长27.33%。完成社保费收缴2.75亿元，比上年增长10.61%。完成教育费附加等其他收入5042.73万元，比上年增长16.07%。在税收收入中，公共财政预算收入6.57亿元，比上年减少3.32%；剔除营业税后，实现公共财政预算收入3.97亿元，比上年增长26.4%。

【地税征管稽查】 2016年，县地税局扎实开展系列专项治理活动，加大税务检查和稽查力度，开展建筑业、房地产业、餐饮业税收专项检查工作，建筑业查补入库税款3759.66万元，房地产业查补入库税款217万元，饮食业、旅店业查补入库税款11.4万元；开展契税专项治理活动，有效解决商品房购买环节契税税款拖欠问题，规避税款挪用、流失等风险，清理入库契税500万元；开展“清户籍、促合作、强管理”专项行动，对102户地税漏管纳税人办理税务登记、纳入管理，对62户国税定额高出地税定额的业户进行调整。县地税局与县水务局联系，协调落实水资源税改革工作，调查了解全县取水、许可证办理等情况，按时录入纳税人税源登记信息，相继解决了全县清理移交户数多、水资源区域范围广、数据信息量繁杂等问题，全年受理纳税人申报91户次，征收入库税款308.11万元。

【地税税收汇算清缴】 2016年，县地税局将所得税有关政策及时准确地传达给纳税人，指导纳税人做好所得税汇算清缴申报工作，督促纳税人在汇算清缴中如实自核自缴，保证企业所得税汇算清缴质量。抓好2015年度所得税汇算清缴培训工作，提升所得税纳税申报质量，全面落实所得税年度纳税申报各项制度。及时通知纳税人提交企业所得税税收优惠资料，企业实地核查税收优惠实际情况，在规定时间内完成企业所得税税收优惠备案工作。利用《协同企业所得税汇缴系统》《企业所得税汇缴工作平台》《河北省地方税务局税收优惠查询系统》等软件，监控汇缴进度，提升汇缴工作质效，顺利完成所得税汇缴工作。参加2015年度汇算清缴的户数为375户，比上年增加46户；全县企业实际缴纳所得税4783.95万元，比上年增长25.99%。

【地税纳税服务】 2016年，县地税部门与县国税部门沟通协作，共同打造国税、地税联合办税服务厅，推行“二维码”一次性告知制度，对798户纳税人作出联合纳税信用评价，拓展了手机APP（应用程序）、微信平台的预约办税功能，提高征纳办税效率。全面提升业务学习和纳税服务水平，在全市地税系统办税服务岗位技能竞赛活动中，县地税局获得团体第一名。落实税收优惠政策，对应享受优惠政策的企业告知提醒享受优惠，已缴纳税款的积极协调退税，对达到征税标准的纳税人，通知其进行纳税申报、补征应纳税款；规范优惠事项管理，按照优惠项目对企业所享受税收优惠的真实性与合法性进行管理。全年减免税款284.6万元。

【地税税收宣传】 2016年，县地税局组织税收宣传小组走进公众聚集地区，张贴税收政策解读海报180余张、发放政策解答宣传单1600份、现场解答群众疑问680次，全面普及税收法规政策，赢得纳税人理解与支持，为深化征管体制改革营造良好的社会氛围。县地税局贯彻国家税务总局“互联网+税务”的工作理念，自主开发苹果、安卓系统下运行的集资讯和服务为一体的“乐亭地税”官方APP，让税收宣传步入“智能化、移动化”时代，APP提供“发布税收动态新闻、及时更新税收政策、拓宽信息公开渠道、实时互动在线交流”四大功能，通过发布财税热点头条、解读权威政策、公开涉税事项、语音模式解答等形式，为安装APP的纳税人实现第一时间获知财税热点、税收新政策，涉税问题及时回复，通过内置地图链接，准确导航到税务机关。

【第一笔水资源税征收】 2016年7月1日起，国家资源税改革全面推出。8月1日，河北省先行试点征收水资源税，采取水资源费改税方式。征收对象为地表水和地下水，水资源税纳税人为利用取水工程或设施直接从江河、湖泊和地下取用水资源的单位和个人。对一般性取用水按实际取用水量计征，但居民正常生产生活用水维持原有负担水平不变。县地税局与县水务局协作，建立水资源税联席工作机制，开展水资源税改革业务培训，模拟熟练水资源税征收流程，加强水资源税宣传引导等工作，于水资源税正式推行当日，完成向唐山旭阳化工有限公司征收水资源税工作，入库税款12.04万元，是县地税局征收的第一笔水资源税，标志着水资源税改革在乐亭县正式实施，水资源税改革试点政策平稳落地。

项目建设 · 招商引资 · 园区建设

项目建设

【项目建设成效显著】 2016年，县委、县政府组织各级各单位、带领全县人民抢抓京津冀协同发展、国家“一带一路”重大历史机遇，坚持精准对接，实现项目建设数量质量“双提升”。全县实施固定资产投资1000万元以上重点项目202个，涉及总投资355.6亿元，其中1亿元以上项目61个。唐山境界实业有限公司年产50万吨甲醇制高清洁燃料、乐亭中心渔港综合项目等46个续建项目扎实推进；北京燕化永乐环保农药制剂、海德润生物制药、北京环卫新能源电动车、华阳区域能源中心等156个项目开工建设。唐山诚佑科技有限公司年产10万吨新型节能润滑油、唐山实宝来游乐设备、惠唐乐港金属科技、唐山丞起汽车零部件有限公司戴卡轮毂加工技改扩能等66个项目完工投产。河钢乐亭临港基地、中船重工（重庆）海上风电等57个项目签约待上，且有实质性进展；中通远航通用航空产业园、上海泰胜塔筒等60个项目深入洽谈。承接京津产业转移步伐加快，依托打造的食品·生物医药、化工、建材、装备制造等重点产业，开展多种途径、灵活多样的招商活动，共承接京津两地签约、落地项目69项。中国（乐亭）拉美产业园完成规划编制，国际经贸合作平台成功搭建。项目建设呈现出开工一批、待上一批、洽谈一批的良性梯次发展格局。全市项目观摩成绩显著提升，在年内全市4次重点项目观摩活动中，乐亭县综合测评成绩始终稳居全市前两名。

【多措并举助力项目建设】 2016年，科学制定考核任务目标，落实奖惩激励机制。发挥考核指挥棒作用，加大项目建设在综合考评体系中的分值比重，并实行一票否决，完不成任务的，年终不得评先评优。把重点项目建设与干部选拔任用挂钩，对参与重点项目建设的干部建立动态考评档案，采取实地查看、听取汇报、调取资料和与项目单位座谈等方式进行考核，考评结果与干部选拔、任用、奖惩挂钩，把项目建设成绩作为考验干部、检验作风、评价政绩的标尺。加强项目调度，紧抓项目建设日常管理工作，明确专人对全县重点项目按续建、新开工、完工、签约及洽谈五大类进行动态管理，坚持每周一更新，每月一调度。年内现场督导项目80余次，直观感受项目形象进度，深入了解项目建设中存在的问题。组织召开乡镇（街道）及县直单位项目交流会7次，形成对项目责任单位定期调度、通报机制。为在建项目拍摄和录制照片、短片8次，进一步完善了项目档案资料。积极争列省、市重点项目，年内列入省、市重点项目20个（省重点项目3个），涉及总投资215.4亿元。其中，续建项目12个，总投资155.7亿元；新开工项目8个，总投资59.7亿元。争取2017年省重点项目3个，分别是北京海德润生物制药、北京环卫集团电动车制造基地、河北钢铁集团产品升级及宣钢产能转移项目。

招商引资

【概　况】 2016年，乐亭县招商局围绕国家“一带一路”倡议深入实施、京津冀协同发展纵深推进、河北沿海地区发展上升为国家战略和唐山入选国家构建开放型经济新体制试点城市等重大历史机遇，树立“加快转型、量质齐增、跨越提升”的理念，敢于担当，勇于创新，不断树立新坐标，推进全县招商引资工作又好又快发展。年内，全县实际利用外资8982万美元，比上年增长16.26%，完成市达目标任务的112.28%。引进省外资金69.44亿元，比上年增长10.2%。县招商局新开工项目4个、签约项目3个、洽谈项目33个。

【对外考察】 2016年，县招商局坚持做好招商服务对接工作，多次协助县领导赴北京、上海、苏州、广州、深圳、威海及宁波等地考察、招商，突出打好“沿海”“京津”两张牌，搞好小团组招商，拜访目标企业，洽谈投资合作。同时在加强与国外商会联系的基础上，认真分析国外公司、集团在中国的销售及加工基地布点规律，从中获取投资信息。

1月，县委副书记黄玉刚带领相关部门负责人，赴张家港市开展上门招商，考察走访企业10家。3月，县委书记王东群带队，赴张家港市开展上门招商，对重点企业进行考察洽谈，并与当地政府相关领导进行深入交流。3月31日，县委常委、常务副县长张福林带队，赴天津市参加河北省与天津市知名民企座谈交流会。5月28日，县委常委、县委办公室主任李强带队，赴深圳市参加深圳市河北商会招商座谈会。6月3日，县委常委、常务副县长张福林带队，赴北京市参加通州区产业转移对接会。6月5日至12日，应美国生物技术创新组织和伊比利亚美洲商会邀请，乐亭县特别组织招商引资经贸代表团参加中国贸促会组织的生物企业代表团，赴美国、墨西哥进行考察访问，以期寻求与美国、墨西哥高新技术产业和跨国公司的战略性合作机会，推进中拉产业园项目建设进展，拓展在美国和墨西哥地区的招商市场，不断加深已经建立联系的商协会和企业合作，拓展和建立新的合作伙伴关系，持续扩大在北美地区和拉美地区的境外招商引资工作。6月底和7月初，县长董立群带队，赴北京市开展小团组招商活动，开展企业拜访活动。8月4日，在北京市通州区组织举办乐亭县承接通州区产业转移对接会。9月，县委副书记黄玉刚带队，赴墨西哥、乌拉圭、哥斯达黎加开展境外招商活动，提高乐亭县在上述国家的知名度。11月17日，在北京市通州区举办小堡佰富苑企业环节退出·乐亭招商协洽会。

【招商对接】 2016年，县招商局认真分析京津冀协同发展政策导向、长三角、珠三角等地区行业动态，做好对接准备，定向发力，精准招商。围绕京津产业转移，通过广泛联系、积极走访企业，宣传推介乐亭，采取协会招商、乡音招商、细分行业招商（如电子商务、防水、建材、涂料、农药等行业）等形式开展招商引资工作。对重大产业项目进行系统研究，收集整理出所属产业内国内外龙头企业及其相关配套企业，有针对性的参加各类专项对接活动，为宣传和推介乐亭积累大量人脉资源，年内先后参加唐山市“凤还巢”企业家座谈会、唐山市承接京津特种化工产业转移对接会议、通州区产业转移对接会、民企入冀—唐山（北京）投资说明会、民企入冀—河北（北京）投资说明会、深圳市河北商会招商座谈会、2016中国河北国际经济贸易洽谈会、2016第三次中国—中东欧国家地方领导人会议、2016唐山中国陶瓷博览会、2016中拉企业家高峰会等10余场次省、市统一组织的重点经贸活动。

协助县领导赴北京市、天津市、上海市、张家港市、宁波市等地开展上门招商，同时自行组织拜访企业活动，走访企业98家，其中重点企业22家，做好小团组招商活动，举办小团组招商、专题洽谈会等专项对接活动30场次，如小堡佰富苑企业环节退出·乐亭招商协洽会和乐亭县承接通州区产业转移对接会等大型招商引资活动。

【招商宣传】 2016年，县招商局结合全县招商引资形势，重新设计、制作《乐亭县化工园区宣传册》《中国乐亭》幻灯片、《乐亭县招商画册》等宣传资料，在各类经贸洽谈会上对乐亭县投资环境及优势条件进行全方位宣传，使全国各地参会客商更准确、更直观了解乐亭、熟知乐亭。县招商局组织完成在《第十届中国·拉美企业家高峰会拉美加勒比使团推介会》上的致辞、AJE集团以及大可乐在印尼市场情况介绍、致AJE集团的回信、《中国乐亭》幻灯片以及河北乐亭经济开发区简介、中拉产业园沙盘解说词、中拉产业园推介词等外文资料的翻译工作，为对外招商提供保障。与乐亭籍在外地企业家取得联系，建立在外地企业家档案。打好亲情牌，开展乡情招商，鼓励在外地企业家回乡发展，为家乡的建设铺路搭桥。组织在外地的企业家参加唐山市“凤还巢”座谈会。整理项目信息，按时向市商务局汇报“凤还巢”项目情况。年内，县招商局接待来乐客商150批次1000余人次，发放宣传材料4000余册，为宣传推介乐亭起到推动作用。

【县长董立群赴美、墨两国考察招商】 2016年6月5日至12日，县长董立群率领县招商引资经贸代表团随中国贸促会生物企业代表团，赴美国、墨西哥进行考察访问，期间成功开展一系列重要拜会联谊活动，并于6月9日在墨西哥成功举办中墨商协会高层交流会和中国—拉美产业园专场推介会。会上，董立群介绍了乐亭县情及经济社会发展情况、投资环境、产业园基本情况，特别是中国—拉美产业园规划建设情况。会后，与墨西哥政府农业部门相关人员就墨西哥农产品进口加工事宜进行专门洽谈。此次出访，加深了乐亭县与美国生物技术创新组织和伊比利亚美洲商会之间的联系，拓宽和建立了一批新的合作关系和渠道，为招商引资工作搭建了广阔平台。

园区建设

【河北乐亭经济开发区】 河北乐亭经济开发区（简称开发区）总体规划于2009年经省政府批准，规划面积120平方千米。2014年12月经唐山市城乡规划局批准新的总体规划，确定规划面积75.84平方千米，规划范围为京秦城际铁路以南，疏港公路以东，沿海3米等深线以北，二滦河以西。建成区面积已达46平方千米。开发区以发展循环经济为目标，重点发展精品钢铁、精细化工、装备制造、新型能源、海洋产业、临港物流六大产业。按照“区中建园”的规划思路，规划了中国拉美产业园、钢铁产业园、化工产业园、装备制造产业园、中小企业园5个特色园区。

2016年，开发区实现规模以上工业增加值65.2亿元，比上年增长11.1%；实现主营业务收入382.28亿元，比上年增长42.75%；固定资产投资114.5亿元，比上年增长33.65%；税收6.51亿元，比上年增长73.6%；利用外资8982万美元，比上年增长16.26%。到年底，开发区建成投产企业59家，其中规模以上企业30家；工业存量资产规模达317亿元，为全县工业存量资产的96%。年内，签约落地项目28个，其中自主引进项目16个。在全省150家经济开发区综合发展水平排位第27名，唐山市全年综合排位B类第一名。

设施建设　完善路网建设。到年底，建成西区路网五横四纵9条市政道路计23千米、雨水管网42.5千米、污水管网21.2千米。东区路网工程（二滦河至老米沟区域）覆盖规划区面积约18.4平方千米，涉及主干路、次干路、支路计48千米，各种管线144千米，一期工程在建设中。完善水电设施建设。建成35千伏变电站2座、110千伏变电站1座、500千伏变电站1座，220千伏变电站在建设中；年供水能力1亿吨三期供水项目具备供水能力。雨、污水管网工程建设。10座雨、污水泵站建设工程全部完工，日处理能力10万吨污水处理厂一期工程完成，日处理能力4万吨。建成人工煤气门站1座、天然气门站1座；人工煤气已铺设输气管线4.5千米，天然气铺设输气管线8.5千米。完成面积9平方千米的生活配套服务区总体规划设计及一期2平方千米的起步区详细规划。完成开发区主干道照明设施维修工程，实现全路段亮化，同时对主干道两侧进行绿化。华阳供热项目已开工建设。实现了通信网络全覆盖。

投资3600万元的天津道南延工程已完工，投资9500万元的220千伏变电站工程、投资4000万元的烟台道南延工程、投资11.12亿元的东区路网工程、投资1.4亿的污水处理厂项目、投资63亿元的华阳新能源乐亭区域能源中心项目在建设中，投资16.16亿元的商港及渔港项目正在航道疏浚。

项目建设　2016年，开发区实施续建项目23个，涉及总投资258.36亿元。包括河北瑞联化工有限公司50万吨硅化物项目，乐亭县海畅环保科技有限公司年产5万吨污油水项目，唐山宝航装备制造有限公司机加工及水泥设备生产线项目，唐山唐钢气体有限公司乐亭分公司28000Nm^3/h制氧项目，唐山中厚板材有限公司高强度中厚板生产线升级改造项目，北京实宝来游乐设备机械制造有限公司大型游乐设备生产制造项目，唐山元展涂料有限公司（成都上晟涂料有限公司）年产2万吨新型涂料项目，唐山京宝涂料有限公司年产1万吨醇酸树脂及系列产品项目，唐山庆义港务有限公司二滦河中心渔港渔船修造项目，河北省澳航化工有限公司年产1万吨特戊酰氯项目，燕化永乐（乐亭）生物科技有限公司生物农药、化学农药及研发中心项目，河北清越电器设备有限公司高低压集成配电设备项目，唐山炳旭实业有限公司专用工程机械部件项目，河南瑞能超微材料股份有限公司工业废物清洁节能无害化资源利用项目，乐亭县华磊粉末冶金制造有限公司年产7万吨还原铁项目，乐亭县上水房地产有限公司东区路网工程项目，乐亭县地成实业有限公司乐亭疏港公路服务区项目，北京华美盛涂料有限公司清扬品牌系列涂料项目，唐山腾驰石化科技发展有限公司30万吨煤焦油项目，卓达房地产集团有限公司2000万平方米建筑新材项目，乐亭县信达家具厂高档实木家具生产基地扩建项目，唐山西伦实业公司年加工600万吨燃料油项目，唐山奎星实业有限公司双环戊二烯加氢树脂项目。

新开工项目35个，涉及总投资450.51亿元。包括唐山钢铁集团惠唐乐港金属科技分公司板材加工配送和钢结构制造工程项目，河北布鲁弗雷新能源科技有限公司洁净型煤生产线及包装项目，北京环境卫生工程集团有限公司装备制造基地项目，唐山境界实业有限公司境界二期项目，境界实业56万立方米柴油仓储项目，唐山德龙钢铁有限公司德龙40兆瓦煤气发电工程项目，乐亭县上水房地产有限公司生活配套服务区项目一期，国网冀北电力有限公司唐山供电公司220千伏输变电工程项目，乐亭县上水房地产有限公司东区路网工程项目，唐山中厚板材有限公司铁水预处理、RH精炼炉、恢复轧钢热处理项目，唐山中厚板材有限公司三座转炉增加副枪系统（自动炼钢）及配套设施建设项目，唐山中厚板材有限公司超快冷改造项目、增上预热矫直机、冷矫直机、压平机、增上即时温度控制项目、配套厂房延长、配套公辅设施、消防设施建设项目，唐山中厚板材有限公司自动化及信息化建设项目，唐山德龙钢铁有限公司3兆瓦饱和蒸汽发电工程项目，唐山市德龙钢铁有限公司烧结大烟道余热回收项目，唐山伟高五金有限公司年产3万吨卷钉项目，唐山中厚板材有限公司3#高炉项目，唐山钢联焦化有限责任公司5#、6#焦炉环保搬迁项目，云南祥云飞龙再生科技股份有限公司华北综合再生资源环保基地项目，乐亭县上水房地产有限公司天津道南延项目，北京华阳新能源投资有限公司河北乐亭县热电项目，唐山惠唐新事业产业发展有限公司岩棉制品分公司惠唐新事业调质高炉渣成纤及建筑保温板生产线项目，钢结构及板材配套加工项目，新型脚手架项目，大型隧道桥梁液压爬升、大型钢构及特种模板项目，新型建筑模板支撑体系项目，天津艾格福农药科技有限公司杀虫剂、杀菌剂、除草剂及生物制剂项目，唐山帮协精细助剂有限公司阴离子表面活性剂、非离子表面活性剂和农用混合型乳化剂项目，天津天物集团乐运仓储钢材物流周转项目，唐山浩昌杰环保科技发展有限公司废旧物资循环利用项目，唐山市德物精密制品有限公司机加工及金属结构制造异地扩建项目，河北永大金属制品厂年产2万吨法兰智能制造项目，北京东启精华工贸有限公司年产5000吨环保型油墨生产线项目，唐山带路电子科技有限公司带路（乐亭县）智慧科技产业园项目，乐亭县东信再生物资回收有限公司年产20万吨塑料颗粒项目。

管理与服务　招商引资。2016年，开发区招商投资局参加各类推介活动20余次，主要进行中拉产业园推介及京津产业转移对接，实现了与北京亦庄、通州、大兴、房山等开发区的对接。全年报送开发区招商引资及项目建设情况信息22条，省级刊物投稿并发表3篇。年内，开发区实施续建项目23个，涉及总投资258.36亿元；当年新签约项目23个，涉及总投资2012.05亿元；洽谈推进有望近期落地开工项目13个，形成良性梯次发展格局。开发区自主引进项目16个，涉及总投资389.93亿元。

企业服务。2016年，开发区投资服务中心协助燕化永乐新型农药、唐钢板材加工、布鲁弗雷型煤、祥云飞龙、北京环卫集团制造基地等新入驻项目办理公司注册、立项、环评批复、土地使用证、规划许可、用水用电审批等前期手续；

协助中厚板高炉、诚佑科技新型润滑油等项目补办立项、环评批复、土地使用证、规划许可等前期手续；为华阳供热项目、韩特项目、浩昌杰项目办理土地手续；全程为4家入驻北京化工企业办理营业执照、备案证等手续。相继解决了唐钢板材加工项目进场施工面临缺水缺电问题、上海电气生产风机尺寸超宽无法通过唐港高速公路收费站的运输问题。全方位服务企业发展，多方寻找融资渠道帮助企业融资，组织银企对接活动，扶持企业上市，安排项目争取国家专项建设基金，其中上报的开发区东区污水管网工程获得2016年第一批次770万元专项建设基金支持。协助企业申报科技型中小企业，邀请县科技局技术人员为企业提供技术指导，年内开发区协助企业申报科技型中小企业9家，累计申报科技型中小企业23家。提高企业技术水平，在县科技协会指导下为开发区内境界实业、源达锅炉、助纲炉料等企业安装新型专利技术交流平台，为企业查找使用相关专利技术提供便捷。年内，开发区新增规模以上企业3家，分别是河北瑞联化工有限公司、上海电气风电设备河北有限公司、乐亭县前进钢结构有限公司；新增科技型中小企业9家，唐山诚佑科技有限公司、唐山宝航机械制造有限公司、唐山洁净型煤制造有限公司、唐山市德物精密制品有限公司、唐山实宝来游乐设备有限公司等。

规划建设。2016年，开发区落实《开发区建设用地控制指标实施细则（试行）》规定，委托河北和腾城乡规划设计有限责任公司对开发区各项用地指标进行调整，并编制出新的调整后的总体规划。按照国土资源部办公厅《关于开展2016年度开发区土地集约利用更新评价工作的通知》要求，“一年一次更新评价、三年一次全面评价”的具体要求，在2015年土地集约利用规划的基础上，委托唐山泽惠土地评估有限公司对开发区土地集约利用开展评价更新工作，具体包括开展开发区基本信息、用地状况、用地效益、管理绩效和供应状况调查，根据评价类型，计算评价指标现状值，测算潜力，编制成果。开展专业园区规划工作，天津农药产业园规划方案已完成。

综合管理。市政管理方面，成立环卫队，全面负责开发区的卫生清扫，确保开发区路面清洁，绿化带无白色垃圾；建立各企业“门前三包”卫生管理制度，各企业负责清扫并保持各自门前卫生清洁。环境保护方面，结合开发区环保所对各企业污水排放情况进行排查，严格要求各企业污水处理达标后方可排入污水管网，由污水处理厂进行处理；协调唐山旭阳化工生产用水经处理消毒后排入污水管网，由污水处理厂进行处理。严格落实县政府VOCs（挥发性有机物）专项整治工作，要求相关企业严格完善生产工艺，从源头加强对废气排放的控制，保证不发生环境污染事件。其中境界实业、诠信资源、鑫莱塑料已整改完毕，并通过县环保局验收。严格落实县委、县政府关于唐山世界园艺博览会等活动期间空气质量保证工作要求，选派骨干力量驻企监督，活动期间驻企18家，监督企业按要求停产、限产，确保企业废物达标排放，确保县内空气质量达标。燃煤锅炉整治，按县政府要求，10月底前淘汰开发区内10蒸吨/时以下的燃煤锅炉。经详细摸排统计，开发区内有18台燃煤锅炉需要整治，其中上海电气的锅炉为燃煤、燃气两用锅炉，由厂家进行改造合格后投入使用，其余17台燃煤锅炉或集中拆除或进行彻底整改。安全生产监管方面，1月协调开发区安监分局并聘请唐山专家对境界实业、旭阳化工、同乐化工、新奥胶乳4家在产化工企业进行全面细致的安全隐患排查，检查出安全隐患60余项，由开发区安监分局下达整改指令书，要求企业限期整改。与旭阳化工签订危化品运输车辆安全管理责任状，加强对危化品运输车辆的严格把控，在旭阳化工厂区规划危化品车辆专用停车场，严禁在道路两侧长时间停靠。5—6月，组织开发区安监分局及开发区消防中队并聘请唐山专家开展“安全生产月”安全生产大检查，出动两个检查组共检查企业23家，查出安全隐患184项，由开发区安监分局下达整改指令书，要求企业限期整改。7月，开发区综合管理局联合开发区城管中队对企业进行消防安全检查，并与各企业签订“消防安全责任书”，明确各企业消防安全主体责任，严防火灾事故发生。8—9月，开发区综合管理局联合县质监局特种设备科对区内企业进行检查。采取边检查、边宣传、边服务、边整改的方式，对锅炉、压力容器、压力管道、叉车等特种设备使用情况和特种设备安全管理及操作人员持证上岗情况进行现场检查，检查企业28家，查处安全隐患55项。食品安全监管方面，3月初配合县食药监局对开发区各企业食堂进行检查，对不达标的企业食堂下达整改指令书，规范食堂管理，严格把控食品安全关。

【县城区工业聚集区】 乐亭县城区工业聚集区累计开发建设面积166.67公顷，58家企业入驻，总投资50亿元，其中固定资产投资37.3亿元。2016年全社会固定资产投资17.1亿元，工业投资14.2亿元，技改投资11.3亿元，分别为年计划的100.4%、101.43%和105.6%；实现主营业务收入17.03亿元，为年计划的142%；工商税收1909.2万元，为年计划的101.72%，土地使用税收入340.24万元，为年计划的130.36%。培育规模以上企业1家，新增科技型中小企业3家。

设施建设　对创业一街、创业二街、创业三街、高科三路和高科六路北段完成前期设计。污水管网改造工程按计划完工；新增绿化面积3560平方米，园区亮化、绿化工作与国网冀北乐亭县供电公司、县园林局对接，完成管理交付；蒸汽管网回填完毕，新铺设热力管网800米，保证企业供热需求；完成贯穿园区南北总计4500米的35千伏输变线路和园区北侧242米高压线路后续工程，保证入园企业正常供电。

项目建设　推行储备、签约、落地、建设“四位一体”工作模式，坚持把项目建设作为推动转型、科学发展的重要抓手，全面落实领导分包责任制。在招大引强上下功夫，突出优势产业，拉长产业链条，为培育主导产业打好基础。对已立项或准备立项的项目，帮助跑办各种手续，解决项目开工过程中存在的具体问题，保证项目建设顺利推进。在项目建设过程中，坚持服务与管理并重，针对项目建设的进展情况，分别采取不同措施，进行全程监督和管理。

2016年，续建项目有唐山金鼎盛生物科技有限公司、唐山庆林肽生物科技有限公司、乐亭新希望六和馨美滋有限公司、河北汇良电气设备有限公司等6个。新开工项目有唐山仟客莱生物科技有限公司年产24万吨饲料添加剂和饲料生产项目，北京曙光药业有限责任公司生物医药项目，乐亭晓清环保科技有限公司环保设备生产技改项目，北京海德润制药乐亭有限公司生物医药、保健食品、医疗器械生产项目等29个。

强化安全、环保监管　突出日常监管，坚持安全生产周报、月报制度，分包企业人员每周至少1～2次到所负责企业进行“三项巡查”（检查安全生产设施建设、安放情况，查看制度上墙、组织结构树形图上墙、人员责任上墙情况，工作人员对消防设备的使用常识掌握情况）。安全生产领导小组、紧急重大突发事故领导小组组长带领其他成员每月至少对辖区内企业巡查1～2次，尤其确保节假日的安全稳定，排除事故隐患、监控重大危险源，防止事故发生。

加强环保治理，重点整治甜玉米加工企业污水排放问题，通过加固过滤网对沉淀池进行升级改造，保证污水排放达标。通过引进上海航天智慧能源有限公司，完成蒸汽管网与企业对接工作，生产用燃煤锅炉全部淘汰。

管理与服务　对重点工作实施项目化管理，对县重点工作清单、园区重点工作清单共计55项内容以责任制的方式落实到人，阶段性工作实行周安排和周调度方式督导。突出招商工作，落实项目引进和跟进责任制，建立招商网络平台，与县招商队伍密切合作，并组织参与多次北京昌平、通州及其他地区的招商活动。对企业实行积分制管理模式，从主要经济指标、社会责任等五个方面进行基础考核，从企业成长性、以商招商等四个方面进行加分考核，规范化管理工作取得扎实成效。同时，对产能不足企业通过转租转让、收回产权等方式予以盘活，收回标准厂房2栋5100平方米。财税工作会同县国税局、县地税局进行综合会诊，逐企业分析，从严治税，确保应收尽收。

建立联企工作制度，与企业建立一对一服务。搭建多元化融资平台，与建行乐亭支行、农行乐亭支行、乐亭信用联社、唐山金融控股集团有限公司、唐山交通银行等金融机构合作，推出助保贷等多个金融产品，累计为企业融资9000万元。搭建信息平台，利用微信圈层功能，建立园区工作平台、园区企业交流平台和微信公共服务平台，工作部署、动态、信息在第一时间发布，政策、信息、工作交流更加方便快捷。

【汀流河工业园区】 2016年，乐亭县汀流河工业园区以“11348”工程为引领，以招商引资上项目为核心，以打造标志性立园企业为目标，依托自身优势资源，从科学定位、产业互补、错位发展出发，以招揽京津产业为主，其他外地及周边地区产业为辅，当地企业转型升级、扩大再生产为补充的原则，加速产业项目聚集，努力把园区做大做强，推进各项工作健康发展。年内完成固定资产投资1.35亿元，为年计划的133%；主营业务收入1.24亿元，为年计划的112%；工商税收322.4万元，为年计划的155%；土地使用税33.28万元，为年计划的85%。

汀流河工业园区围绕自身功能定位，以新型建材、五金加工、商贸物流行业为重点，开展全方位、多角度的招商引资工作。全年完工项目3个：投资1.2亿元、占地面积4公顷的唐山折峰实业有限责任公司120万立方米的商品混凝土项目，乐亭县铸升金属制品厂新型锅炉制造项目和新型高标准清洁型煤添加剂项目。在建项目4个：投资6500万元、占地面积1.32公顷的逸隆平青乐公路服务区项目，投资2600万元、占地面积1.33公顷的润泽商贸30万吨煤炭销售配送项目，投资1000万元、占地面积0.77公顷的卓创天然气L-CNG加气站项目和铸升金属钢锹生产线升级改造扩建项目。

汀流河工业园区接洽县住建局、县发改局和县环保局，并联系相关单位制订完成园区规划、产业规划、控制性详细规划，办理了环评手续。协调县国土管理部门对园区内各类土地性质进行了统计，对所有企业用地进行了登录，并编制了园区土地现状图。6月，同县国土局一起对园区用地规划进行了调整，调整后土地面积28公顷。在园区范围内多次开展环境卫生整治、安全生产、消防安全、大气污染联合检查活动，园区管理水平得到提高。

【马头营物流园】 马头营物流园位于马头营镇东南部，平大公路以东、沿海公路以北，物流园先期规划面积5平方千米，其中起步区面积133.33公顷，规划年限为2013—2020年。主要建设以煤炭物流、铁矿石物流、商贸物流以及物流配套为主的综合物流园。本着“区域统筹，优化布局，分步实施，科学发展”的开发建设思路，马头营镇不断加强物流园水、电、路、信等基础配套设施建设。先后投入资金1300万元架设10千伏双回供电专线1条、10千伏单回线路2条，总长10.6千米；清挖排水沟渠4.6千米，修建、加铺桥涵16座；架设网通通信光纤线路1500米，宽带业务入驻园区。强化入驻在建企业管理，严格按照物流园确定的道路红线、建设标高等要求，统一标准，放线建设。

2016年2月，马头营物流园申报市级物流园获市发改委批复。成立中共马头营物流园工作委员会和马头营物流园管理委员会，党工委书记由马头营镇党委书记兼任，管委会主任由马头营镇人大主席团主席兼任，并设副主任一名，同时成立物流园招商服务中心和发展规划办公室。年内，马头营镇按照新的开发区用地细则调整物流园规划，调整可规划建设土地面积23.33公顷，解决物流园部分入驻企业的用地难题。加强基础设施建设，全年投资200余万元，对园区排水、进企路涵、通信设施等进行完善，增强物流园的承载能力。

马头营物流园有项目10个，涉及总投资9.51亿元，已完成投资4.9亿元。其中建成投产项目2个：投资1.42亿元的易港120万吨洗煤项目和投资3200万元的富祥轻型建材加工制造项目。在建项目4个：投资6400万元、占地面积4公顷的冠腾实业仓储物流中心项目，投资7400万元、占地面积5.58公顷的唐山祥莱国际贸易公司，计划投资2.28亿元、占地面积9.33公顷的金象240万吨洗煤项目，计划投资5000万元、占地面积0.73公顷的兴泰天然气加气站LNG/L-CNG项目。签约项目4个：计划投资6000万元、占地面积2.67公顷的建华洁净型煤项目；计划投资1.3亿元的兆鑫仓储物流项目，手续已办结；计划投资1.6亿元、占地面积8公顷金象石油仓储物流项目；计划投资3500万元、占地面积4.67公顷的秸秆压块成型燃料项目。到年底，马头营物流园实现销售收入7.2亿元，税收2000万元。

农 业

综 述

【概 况】2016年，县委、县政府坚持以农业侧结构性改革为导向，以农业结构调整为重点，以建设现代农业为目标，做优园区平台，农业发展整体水平不断提升；狠抓项目建设，农业产业化水平不断提升；大力实施品牌战略，农产品质量和市场竞争力不断提升。全县实现农林牧渔业总产值137.26亿元，比上年增长4.5%。其中，种植业产值91.47亿元，林业产值5996万元，牧业产值19.66亿元，渔业产值24.92亿元，农林牧渔服务业产值6055万元。实现农林牧渔业增加值94.19亿元，农村居民人均可支配收入14789元。农业产业化经营率达到76%。

农业园区建设实现突破 省级环城园区节点工程项目占地面积1000平方米的科技与管理服务中心基建部分已基本完工，数据平台已与北京云洋数据有限公司签约，在全园区推广物联网管理模式。占地面积1.3万平方米的育苗工厂已建成，年育苗能力700万株；占地面积2.67公顷的示范推广温室8座完工，年可试验示范新品种30余个。姜各庄老米沟现代农业园区、乐亭万事达农业发展有限公司2个市级园区完成防虫网、黏虫板、微滴管等标准化生产技术应用面积33.33公顷。乐亭万事达农业发展有限公司与北京二商集团建立长期供货关系，建设高标准蔬菜生产供应基地面积133.33公顷。乐亭县佳音果蔬专业合作社探索自营基地+会员基地相结合的模式，与北京康安利丰蔬菜配送中心建立蔬菜直供点，开启专业合作社外向型发展新的尝试。总投资500万元的赵蔡庄农业休闲区观光项目建设完工。

农业结构调整步伐加快 2016年，县农业主管部门重点建设春玉米、水稻2个万亩示范片，嫁接樱桃苗木16万株，建设优质果品基地面积333.33公顷。引进果菜新品种21个，完成无公害产品认证26个，建立唐山市水稻全程减量控害绿色防控试验示范基地，5月农业部“作物根蛆类害虫综合防治技术研究与示范”项目技术成果现场交流会、7月全市水稻病虫害全程防控及新药械使用现场会在乐亭县召开。乐亭县保丰果蔬专业合作社的鲜桃获得绿色食品证书。乐亭县选送的果品获得9个奖项，县农牧局被省农业厅评为“第20届中国（廊坊）农产品交易会筹展工作最佳组织奖”。

农产品质量安全稳步推进 2016年，检测蔬菜样品5000余份，合格率98%以上，完成了“全国农产品质量安全县”申报工作。农业综合执法力度不断加大，大力开展护农保春耕、农资打假专项治理、禁限用农药专项整治、百草枯专项整治等活动，农产品质量安全稳步推进。

农业资源管护巩固提升 2016年，开展野生鸟类巡护工作，救助、收缴并放飞野生鸟类650余只；开展打击乱砍滥伐“金剑”行动和打击非法征占林地“金盾”行动，对姜各庄林场、滦河右岸的中堡镇、毛庄镇（会里）、汀流河段等重点林地进行拉网式巡逻排查。严厉打击乱砍滥伐及非法征占林地的行为，林业资源得到保护。年内，全县森林保险投保面积9133.33公顷。

农技服务创新 2016年，举办巡回农民夜校30场次，受训人数3万余人次，发放技术图书和明白纸1万份。把农技服务送到田间炕头。组织农村科技骨干1000余人到山东省寿光市、河北省邯郸市等地参观学习。与中国农科院、中国农大、河北农大、省农林科学院等30余家农业科研单位和高等院校建立稳定的合作关系，农

业科技创新驱动能力增强。新型农业经营主体不断壮大，乐亭县亿家安、乐亭县新寨晨升、乐亭县胡家坨镇高勇、乐亭县昌乐4个家庭农场被省农业厅批准为“2016年度省级示范家庭农场”。

【农业生产力】 农村劳动力　2016年，全县总人口（户籍人口）43.12万人，其中乡村人口32.38万人。在乡村人口中，乡村从业人员23.19万人，其中男性11.87万人，女性11.32万人；从业人员按行业分，农林牧渔业10.34万人，工业3.55万人，建筑业3.08万人，交通运输仓储和邮政业1.42万人，批发和零售业1.9万人，住宿和餐饮业2985人，居民服务和其他服务业2.1万人，其他从业人员4921人；从业人员按文化程度分，文盲半文盲261人，小学文化5.5万人，初中文化12.28万人，高中文化（包括中专）5万人，大专及以上文化3878人。

耕地　全县耕地面积5.46万公顷，其中水浇地面积4.71万公顷，占耕地面积的86.14%；水田面积2888.4公顷，占5.29%；旱地面积4684.13公顷，占8.57%。土地垦殖率100%。粮食作物播种面积4.19万公顷，占全县农作物播种总面积的49.59%。

农业机械　2004年实行农机购置补贴政策后，农民购买农机、使用农机的积极性日益高涨，农业机械拥有量大幅增长，农机作业水平显著提高。到2016年，全县实有机电井2.59万眼，其中深井932眼；有效灌溉面积5.42万公顷。全县拥有大中型拖拉机1355台，小型拖拉机2.18万台，配套机具1.06万台，收获机械210台，设施农业设备5.66万台，植保机械1.89万台，畜牧水产养殖机械3365台套，水稻插秧机172台。农业机械总动力70.94万千瓦。

2016年全县各种作物播种面积8.44万公顷，综合机械化作业水平53%。其中，小麦99%，水稻93%，玉米65%。小麦耕种收基本实现机械化；玉米耕种环节基本实现机械化，机械化收获26%，水稻耕地环节达到100%，机械化插秧81%，机械化收获96%。

【农业综合开发】 2016年，乐亭县实施农业综合开发项目7个，分别是乐亭镇高标准农田建设示范工程项目、乐亭县雷刚果树专业合作社承担的唐山市乐亭县40吨设施大樱桃新建项目、唐山绿昕农业开发有限公司承担的唐山市乐亭县6.67公顷设施蔬菜新建项目、乐亭县昌泰食品有限公司蔬菜收购1500万元流动资金贷款贴息项目、唐山奇世食品有限公司果品收购1300万元流动资金贷款贴息项目、乐亭县通海食品有限公司蔬菜收购1940万元流动资金贷款贴息项目、唐山金土地食品有限公司蔬菜收购800万元流动资金贷款贴息项目。总投资7671万元，其中各级财政资金1862万元、群众自筹资金493万元。

乐亭镇高标准农田建设示范工程项目　乐亭县2016年度高标准农田建设示范工程项目，建设地点位于乐亭镇，开发面积673.33公顷，项目总投资1302万元，全部为财政资金（中央930万元，省298万元，市74万元）。项目区涉及乐亭镇三岔口村、苑庄村、董大庄村、南王庄村、新庄窠村、西梦村、韩坨村、前四村8个行政村。主要建设内容：埋设地下防渗管道46.3千米，修建水泥路10.57千米、砂石路9.37千米、涵洞12座，更新机电井49眼，维修机井162眼，新建机井防护池211个，改造输电线路45.35千米，植树7051株。科技方面，以唐山农科院为主体，进行抗旱抗低温植物生长调节剂—碧护示范，面积53.33公顷。

40吨设施大樱桃新建项目　唐山市乐亭县40吨设施大樱桃新建项目，由乐亭县雷刚果树专业合作社承担，位于中堡镇真武庙村，总投资325万元，其中财政资金154万元、合作社自筹资金171万元。项目新建90米×12米日光节能温室13栋，修建水泥路333米，埋设灌溉管道332米，修建排水管道320米，修建排水渠1068米，修建沉泥井12个，埋设VJV22–0.6/1KV–3×50+1×25输电线路547米，埋设VJV22–0.6/1KV–4×4输电线路697米；购置长90米JL–120A（功率1.5千瓦）型温室卷帘机13台套。

6.67公顷设施蔬菜新建项目　唐山市乐亭县6.67公顷设施蔬菜新建项目，由唐山绿昕农业开发有限公司承担，建设地点位于乐亭镇东高各庄村，总投资504万元，其中财政资金182万元、企业自筹资金322万元。项目占地面积6.67

公顷，项目建设100米×12.5米日光节能温室33栋，温室占地面积4.13公顷；5米宽道路硬化544米；铺设农电线路1030米；修建主排水渠616米，修建副排水渠3358米；地埋灌溉管道970米；直径0.8米过水涵洞3座。购置JL-120A（功率1.5千瓦）型温室卷帘机66台套。

农业综合开发产业化贷款贴息项目　2016年，乐亭县昌泰食品有限公司、唐山奇世食品有限公司、乐亭县通海食品有限公司、唐山金土地食品有限公司申报乐亭县农业综合开发产业化贷款贴息项目，共获得贷款贴息224万元，已拨付到位。

【农业产业化经营】　一村一品建设　2016年，县农牧局按照“一村一品、突出特色”的发展思路，着力打造具有县域特色的蔬菜产业，重点在马头营镇、汀流河镇、乐亭镇、中堡镇建设蔬菜生产专业村21个，增加蔬菜生产面积66.67公顷，注册品牌6个。其中，乐亭镇韩坨村温室甜瓜专业村、汀流河镇姚家房子村春棚甜瓜专业村、乐亭镇大吕庄村春棚甜瓜专业村成为县内蔬菜产业发展的典型。

乐亭镇韩坨村温室甜瓜专业村建设日光温室面积20公顷，主要生产市场畅销的薄皮甜瓜，年产甜瓜800吨，效益240万元，全部按照《河北省温室甜瓜无公害生产标准》进行生产，普及推广防虫网、粘板、微滴灌生产技术。专业村依托唐山绿昕农业开发有限公司种苗生产基地组织技术培训，注册“绿昕”商标。

汀流河镇姚家房子村塑料春棚甜瓜专业村，下茬生产青椒，建成春棚面积66.67公顷，年产蔬菜5000吨，该村依托汀流河甜瓜协会注册“汀香”商标。

乐亭镇大吕庄村塑料春棚甜瓜专业村，建设春棚面积33.33公顷，年产甜瓜1500吨，效益60万元，普及推广防虫网、黏板、熊蜂授粉、微滴灌生产技术。

现代农业基地建设　2016年，建设环城省级现代农业园区1个，建设雷刚、丰汇、齐顺市级现代农业园区3个，建设面积666.67公顷以上的县级现代农业园区4个，总面积1.2万公顷，已建成8700公顷；其中当年建成面积3266.67公顷，累计投资28.2亿元；其中当年投资5.3亿元。是年，园区实现产值130.6亿元，实现销售收入24.9亿元，比上年增加11%。

农产品品牌建设　2016年，完成全县13个乡镇26个产品的无公害认证，涵盖全部主栽品种；乐亭县丞起果蔬专业合作社的“颐天源”蔬菜、阎各庄平顺合作社的“大罗庄”桃，在申报河北省知名品牌工作中。完成乐亭县雷刚果树专业合作社、姜各庄老米沟果蔬专业合作社866.67公顷无公害基地申报工作，申报材料已上报省农业厅环保站。

龙头企业建设　2016年，县委、县政府着力培育鼎辉食品公司、丰汇海水养殖有限公司2家省级农业龙头企业，发展万事达、四合、原野、富民4个省级农民专业合作社，雷刚果树专业合作社被评为国家级示范社，渤鑫渔业专业合作社联合社为全省首家渔业专业合作社联合社。

重点项目建设　2016年，围绕精品果菜、畜禽珍皮、水产品、甜玉米、清洁能源“五大龙型经济”，实施农业产业化项目29个，涉及总投资71亿元，当年完成投资18.7亿元，其中加工类16个，市场流通类7个，畜禽养殖类3个，水产养殖类1个，新能源类2个。冀东国际农产品物流中心二期工程全部完工。皮毛市场入驻客商1000余家，辐射带动全县及周边县区养殖、仓储、加工销售珍稀皮毛动物3000万头（只）。圣大食品深加工项目正式投产，冻干食品及中央厨房净菜深受市场欢迎。新希望六和肉鸡产业链项目饲料生产、生鸡屠宰已投入运营，建成标准化养殖场5家。投资1.2亿元的硒普科技项目全部完工，配套建设的硒普农业示范园区土地已整理完毕，推广富硒农产品种植面积66.67公顷。海德润生物医药、庆林小分子肽、年产24万吨预混及配合饲料、远洋渔船、鲜活海参加工等一批投资规模大、牵动力强的农业产业化项目正在深入实施。此外，对接京津产业转移项目成为县内农业农村经济新的支撑点和增长极，万事达、韩坨等现代农业园区与北京二商集团合作建设的直供北京“绿色”农产品供应基地达566.67公顷；四季香糕点厂、刘美实业有限公司、圣大物流千村绿食品有限公司等借助北京二商集团销售渠道，产品成功打入北京高端农产品市场。

田间工程项目建设　2016年，田间工程项目建设地点位于古河水稻原种场，建设规模100公顷。通过项目的实施，古河水稻原种场的基础设施配套水平得到提升，农业生产条件进一步改善，每公顷水稻增产450千克、节水450立方米。项目总投资225万元，其中中央投资180万元，地方配套45万元。项目建设已完工，铺设地下防渗管道9840米，架设低压配电线路3200延长米，安装变压器3台，机电井配套11眼，修建田间水泥路8465平方米，修建标志牌1个。项目区全部增施生物有机肥。

种植业

【概　况】　乐亭县是农业大县，粮食生产涉及千家万户，长期稳定的以家庭承包经营为基础，统分结合的双层经营体制，决定了粮食作物种植在现阶段仍然是农民参与最为广泛、最为普遍的产业。随着农业结构调整的深入进行，在种植业内部，由于粮食价格长期低而平稳，种粮比较效益低，而蔬菜和果树等经济作物在引进先进技术和优良品种的基础上，实施错季生产和品牌战略，效益可观，农民收入增加，种（栽）植比重扩大。2016年，县委、县政府认真落实国家粮食生产各项惠农政策，不断完善农业基础设施，推进标准粮田建设。推广冬小麦、玉米、水稻等作物生产技术规程，实施冬小麦、玉米、水稻高产创建，全县粮食生产稳定发展。

【粮食作物生产】　2016年，全县粮食作物播种面积4.19万公顷，粮食单产6315千克/公顷，总产量26.42万吨。其中，夏收谷物播种面积1.2万公顷，粮食单产5820千克/公顷，总产量6.99万吨；秋收谷物播种面积2.99万公顷，粮食单产6510千克/公顷，总产量19.43万吨。豆类播种面积4046.87公顷，单产3075千克/公顷，总产量1.24万吨。薯类播种面积1800.8公顷，单产（折粮）6609千克/公顷，总产量1.19万吨。

全县粮食主要种植品种为稻谷、冬小麦、玉米，其中稻谷播种面积4068公顷，单产9540千克/公顷，总产量3.88万吨；冬小麦播种面积8298.53公顷，单产6240千克/公顷，总产量5.18万吨；玉米播种面积2.36万公顷，单产6315千克/公顷，总产量14.91万吨。

【经济作物生产】　花生和棉花是县内主要经济作物，也是主要油料作物。生产中以科学栽培技术为支撑，优选新品种，增强抵御风险和灾害的能力，在播种、扶垄、覆膜等主要环节采用机械化作业，手工劳作效率低、成本高和技术操作不规范的问题得到解决，劳动生产率提高，促进生产发展。2016年，全县油料作物播种面积2183.87公顷，花生是县内第一大油料作物，种植面积2182.47公顷，播种单产4755千克/公顷，总产量1.04万吨。县内花生自给率高，其中榨油用量约占总产量的55%，直接食用或食用加工约占30%，种子约占8%，其余外销。棉花生产效益较低，规模不大，播种面积490.8公顷，播种单产900千克/公顷，总产量440吨。

【蔬菜瓜类生产】　2016年，全县蔬菜播种面积3.29万公顷，播种单产80985千克/公顷，总产量266.68万吨，主要品种有白菜、萝卜、黄瓜、西红柿、茄子、豆角、韭菜、甘蓝等。其中，设施蔬菜播种面积2.18万公顷（日光节能温室8466.67公顷，塑料大、中、小棚1.33万公顷），设施蔬菜面积占蔬菜总面积的66.26%。

新型农业经营主体不断壮大，全县培育种植大户72户，果蔬家庭农场31户，建成高标准蔬菜产业园区14个。蔬菜产品质量安全水平日益提升，“乐亭甜瓜”在以其口感香甜、皮薄肉脆、耐储运等特点获批国家“地理标志保护产品”的基础上，不断加大保护力度，逐渐扩大生产规模。完成白菜、茄子等26个产品的无公害认证，丞起果蔬专业合作社“颐天源”蔬菜被评为省级名牌产品。全县有8家合作社蔬菜产品完成二维码质量追溯系统建设。标准化生产不断推进，推广地方质量标准和技术操作规程1万公顷；推广滴微灌设备节水面积133.33公顷，膜下沟灌节水面积200公顷；防虫网使用面积280公顷；粘板性诱剂使用面积253.33公顷；新药肥、秸秆生物反应堆等技术推广面积33.33公顷。唐山日光温室蔬菜综合试验推广站（乐亭县）试验示范黄瓜、尖椒、茄子等新品种8个，示范推广补光灯、黄瓜轻简化栽培技术、温室茄子高产等新技术10项，面积1866.67公顷。

【农机新技术推广】 2016年，乐亭县争取落实中央农机补贴资金1300.03万元，共补贴各种机具539台，受益农户469户，拉动农民投资3409万元。其中，补贴大中型拖拉机263台，收获机械72台，水稻育、插秧机械72台，耕整地机械126台，其他机具6台。推广水稻半喂入联合收割机39台，减少了秸秆焚烧概率；推广玉米收获机械25台，全县玉米机收面积6066.67公顷，机收率26%。

【植物保护】 2016年，县农业部门贯彻“预防为主”“综合防治”的植保方针，牢固树立“公共植保”“绿色植保”的理念，围绕“控害、防灾、减灾、优质、高效、安全、环保”的目标，扎实有效地开展工作。

病虫害预测预报 县农牧局植物保护检疫站除承担上级布置的监测任务外，对全县常发生的20多种病虫草害进行系统监测，及时准确地发布病虫情报，全年发布病虫情报16期，监测结果与分析报告数据近1000条及时上传下达，有效地指导农户对病虫害的防治工作。

病虫草害防控 在准确测报的基础上，及时指导农民进行科学有效地防治各种病虫草害，年内指导防治面积54万公顷·次，挽回损失48.9万余元。同时，发挥专业化防治队的作用，采用静电喷雾技术、无人机喷雾技术，对玉米、小麦、水稻及农区蝗虫进行统防统治，防治面积1.11万公顷，防效95%以上。

植物检疫 开展植物检疫法规的宣传、普及，通过电视、广播咨询、发放有关材料等广泛宣传植物检疫条例及实施细则，对相关人员进行检疫对象的种类、特征识别、危害性及预防措施的培训。逐步增强全民的植物检疫意识，提高检疫检查的自觉性。对全县30多家种子经营单位及个人进行上、下半年2次检疫检查，检疫种子200多万吨，对发现的问题进行及时处理。对检疫对象苹果蠹蛾进行系统监测，产地检疫133.33公顷，调运检疫350吨。保证全县农业生产安全。进行检疫对象普查，对有可能传入县内的危险性病虫害进行全面普查，普查结果及时上报，有效防止危险性病虫草害的传入和传出。

新农药、新型药械的引进、示范推广 2016年，示范推广了一批高效低毒无残留、无污染的新型化学农药和生物农药，如氯虫苯甲酰胺、苦参碱、木霉菌、丁子香酚、甘蓝夜蛾多角病毒等，推广高效、节水、节药、安全、省工的静电喷雾技术、无人机喷雾技术。通过新农药、新型药械的推广，全县植保水平得到提升，也为农业实现无害化生产、减少农业面源污染、实现用药零增长提供了可靠保障。

【农业技术推广服务】 2016年，县农牧局承担指导全县粮食、蔬菜等主要农产品生产，组织落实粮食、蔬菜等主要农产品生产的相关政策措施，引导农业产业结构调整和产品品质的改善。全局有技术人员71名，负责粮棉油及蔬菜等作物新技术、新品种、新模式的试验、示范和推广工作，运用工程设施、农艺、农机、生物等措施发展节水农业，指导生态农业、循环农业等发展，农业科技对农业的支撑带动力不断增强。

年内，完成全县473名农民技术员培训工作，开展巡回技术讲座20场次；建立新型职业农民实训基地2个，开展新型职业农民培训76人次。建设专业化技术指导员队伍，遴选技术指导员113名，县级技术指导专家12名，培育1695户科技示范户，建立奶牛、贝类及水稻等示范观摩基地3个，推广农作物及贝类品种11个、主要推广技术14项，主要推广品种和主要推广技术的入户率均达95%以上，辐射带动周边3.4万农户提升种植养殖水平。

【农机社会化服务】 2016年，随着农机购置补贴政策的落实和市场经济发展，全县大型、新型农业机械不断增加，农业生产效率得到提高，农村劳动力转移加速，为促进农村经济繁荣奠定了基础。县农机主管部门抓住机遇，因地制宜，分类指导，加大扶持力度，推进农机社会化服务体系建设，积极构建“集约化、组织化、专业化、社会化”相结合的新型农业经营体系，充分发挥农机服务组织和农机大户的龙头带动作用，农机社会化服务组织得到健康发展。全县拥有农业机械原值20万元以上的农机大户41户，当年新增6户，其中拥有农业机械原值50万元以上的农机大户3户。作业模式主要是机耕、机播，所拥有的机具主要是大中型拖拉机及配套机具，作业收入占全年农机总收入的50%以上。年末，全县拥有持工商营业执照的农机专业合作社17家，入社户数200多户。

【农业行政执法】2016年，县农业部门严格落实农资备案制度，对全县311家农药经营单位的经营资格证明文件进行审查、登记、报送。开展大宗农资产品登记备案工作，备案率达80%以上。与农药经营单位全部签订禁止生产、销售甲胺磷等5种高毒农药工作责任状。在“3·15”消费者权益日及不定期入集入村开展宣传活动，年内大集宣传8次、入村宣传10次，发放宣传材料、明白纸1.5万份，接待群众咨询120人次。开展“农资打假专项行动”，抽取农资样品375个，查处违法行为6起，收缴罚没款5000元。调解农资纠纷12起，组织种子现场鉴定1起，为农民挽回损失5万余元。

【蔬菜质量安全监管】2016年，县农业部门积极开展创建国家级农产品质量安全县工作，推广标准化生产技术，推广地方质量标准和技术操作规程1万公顷。加强农业投入品使用技术指导和培训，依法落实农药安全间隔期制度。年内培训菜农10余场次，发放宣传材料500余份。依法开展农业投入品市场监管，严厉打击制售假劣农药、生产销售使用禁用农药等违法违规行为。全年检测蔬菜样品5000余个，检测合格率98%以上，出具检测报告32份。品种包括黄瓜、茄子、西红柿、青椒、辣椒、西葫芦、韭菜、油菜等大宗蔬菜，未发现违禁农药。年内蔬菜产品上市前检测覆盖率达100%，其中对绿野、佳丰、金畅、小捞鱼庄、丞起等15个果蔬专业合作社生产基地产品进行上市前随机抽检768批次，果蔬样品1316个；受冀东国际农产品物流中心委托检测农产品1816批次，果蔬样品3504个；配合农业部、省农业厅及市农牧局抽检样品18批次，果蔬样品180个。

畜牧养殖业

【概　况】2016年，乐亭县畜牧兽医局（简称县畜牧局）立足部门职能，通过科学规划、精细管理、强化服务，扎实推进全县畜牧经济持续健康发展。年内新增备案养殖场6个，备案养殖场总数671个，养殖规模化比重84%。指导2个生猪养殖场完成市级标准化示范场创建工作。到年底，全县畜禽饲养总量1671.37万头（只）。其中，大牲畜3.56万头（牛3.14万头），生猪43.36万头，羊22.85万头，禽819.35万只，兔118.83万只，毛皮动物663.42万只；肉、蛋、奶产量分别为3.54万吨、1.48万吨、5.72万吨。

【养殖种类】 2016年，乐亭县畜禽养殖有猪、牛、羊、禽、兔、毛皮动物6个种类。其中生猪养殖以“杜长大”三元杂交商品猪生产为主；牛分奶牛养殖和肉牛养殖，奶牛品种以荷斯坦为主，肉牛以西杂牛和荷斯坦公牛为主；羊品种以小尾寒羊、萨能奶山羊为主；家禽分为鸡、鸭、鹅，鸡分为蛋鸡养殖和肉鸡养殖，蛋鸡主要为海兰褐，肉鸡以艾维茵、爱拔益加为主；兔以獭兔和本地肉兔为主；毛皮动物包括狐、貉、貂3类，狐狸品种有蓝狐、银狐及赤狐等彩狐，蓝狐约占67%，银狐约占28%，彩狐约占5%；貉品种全部为乌苏里貉；水貂品种包括本地黑貂、美国短毛黑貂、白貂、咖啡貂等彩貂，其中黑貂品种约占85%，白貂约占1%，咖啡貂约占14%。

【规模养殖】2016年，县畜牧局按照现代畜牧业发展要求，大力推动养殖业的标准化、规模化发展。年内，全县新增备案养殖场6个，全县备案养殖场总数671个，其中常年存栏200头以上生猪养殖场287个，50头以上奶牛养殖场（区）32个，200只以上肉羊养殖场33个，2000只以上蛋鸡养殖场22个，3000只以上肉鸡养殖场66个，300只以上毛皮动物养殖场195个，300只以上兔养殖场6个，50头以上肉牛养殖场21个，2000只以上蛋鸭养殖场1个、肉鸭养殖场2个、鹅养殖场3个，50头以上鹿养殖场1个、驴养殖场1个，200头以上野猪养殖场1个。指导创建市级生猪标准化示范场2个，培植发展畜禽养殖类家庭农场4个、养殖大户2个，全县畜禽养殖大户、家庭农场总数达74个，规模化比重达84%。扶持龙头企业发展，指导帮助六和馨美滋肉鸡养殖有限公司建设规模肉鸡场3个。以六和馨美滋肉鸡养殖有限公司养殖基地为基础，谋划畜禽粪便有机肥项目，推动畜禽粪污资源化利用。指导乐亭利信食品有限公司注册“壮士”“利信春”商标，品牌畜牧业得到发展。

【畜牧养殖项目建设】 2016年，县畜牧局组织建设投资项目2个：总投资1340万元的高档水貂皮服装加工项目，位于冀东皮毛交易市场A区，建设内容包括生活区、办公区、裘皮服装加工车间、定皮房、烤房及生产设施等，到年底建设内容基本完成并投入生产，加工原料皮4万余张，生产优质貂皮服装1800余件，产值2000余万元，注册了“彪尼”牌商标。总投资1200万元的丰沃奶牛养殖有限公司扩建项目，占地面积15.87公顷，位于庞各庄乡王庄子村东，建设内容有高标准牛舍、沼气池、化粪池、消毒池、防疫消毒室、饲料加工储藏间、青贮池及生产设施设备等，到年底除沼气池外其他建设内容陆续完工并投入使用。

推进财政补贴项目建设，指导2014、2015年度2个规模奶牛养殖场和3个规模生猪养殖场实施标准化改造。经过多方协调沟通，项目变更建设内容申请已经批复，工程预算进入财政审核阶段，待审核通过后组织项目实施；丰沃奶牛养殖有限公司标准化建设项目，进入施工阶段。组织实施2015年度奶牛良种补贴项目，全县应用补贴冻精3.08万剂，改良奶牛1.5万余头次，申报2016年度补贴冻精2.06万剂。

【良种繁育】 2016年，县畜牧局实施“引、选、繁、推”一体化良繁模式，优化品种结构，提高生产效能和经济效益。

奶牛良种繁育 年内，结合国家优质奶牛冻精补贴项目，提高奶牛品种品质，推广优质奶牛冻精3.08万剂，改良奶牛1.5万余头次，全县奶牛单头产奶平均达到7吨以上。

貂、貉、狐良种繁育 水貂养殖重点引进丹麦咖啡貂等彩貂品种，进行纯种繁育；引进美国短毛黑貂，进行纯种繁育并对本地水貂进行改良。年内全县引进咖啡貂种貂2000只，美国短毛黑貂种貂800只。狐狸养殖以芬兰原种狐改良本地蓝狐为主，年内引进原种蓝狐300只。貉品种为乌苏里貉，以养殖场户自繁自养提纯复壮为主，进行优良个体选育。

蛋禽、肉禽良种繁育 境内没有种禽场，养殖全部为商品代蛋鸡、肉鸡，雏鸡由周边地区种禽场引进。蛋鸡品种以海兰褐、尼克红为主，肉鸡品种以爱拔益加、艾维茵为主。2016年年底，全县蛋鸡存栏77.3万只，肉鸡存栏161.2万只，优种比例达100%。

【重大动物疫病防控】 2016年，县畜牧局结合春、秋两季重大动物疫病免疫工作，开展流行病学调查和疫情排查，提高动物疫情预警分析防范能力。年内开展疫情排查2次，均未发现重大动物疫情。加强重大动物疫情的应急体系建设和物资储备，做好突发重大动物疫情的应急保障工作。组织开展养殖环境社会化防疫大消毒，对全县养殖场户、定点屠宰场、畜禽及产品交易市场、散养畜禽圈舍等进行全面消毒，全年使用消毒药36吨，消毒面积2426万平方米。按照“政府包组织发动、保免疫密度，畜牧部门包免疫注射、保免疫质量”要求，坚持春、秋两季集中免疫和日常补针相结合，逐村、逐场、逐户开展强制免疫工作，全县免疫应免畜禽510万头只，确保100%免疫密度。对免疫后的畜禽按照工作规程及时开展免疫效果监测，保证免疫质量。贯彻落实省、市、县奶牛养殖场“两病”防控文件精神，扎实推进全县奶牛“两病”检测工作，全县布病检测奶牛5846头、结核病检测奶牛6805头，检测率100%。

【饲料管理】 2016年，县畜牧局依法加强饲料安全生产管理，对饲料生产企业实行证照管理，建立安全生产管理制度，全县有10家饲料生产企业取得《饲料生产许可证》。严把饲料市场准入关，对进入县域市场的所有饲料产品实行资质证件备案、进货登记等常态化管理制度，年内备案饲料生产企业131家。依法实施监督检查工作，全年抽检饲料样品58批次，对3份不符合质量标准的饲料依法进行处理，并处罚款1.32万元。

【兽医兽药管理加强】 2016年，县畜牧局依法开展兽医医政药政管理工作，按照规定程序受理、审查动物诊疗机构、兽药经营企业开办条件，合格的报送审批机构及时核发《动物诊疗许可证》或《兽药经营许可证》；受理执业兽医师注册、执业助理兽医师备案、乡村兽医登记申请，并依法办理注册、备案和登记工作。对系统内实行兽药备案管理制度，建立兽药信息共享平台，110个兽药厂家3245个兽药品种进行上网查询、备案，保证药品质量。开展兽药GSP验收工作，年内有1家兽药经营场所通过GSP验收。强化兽药经营管理，实施兽药二维码追溯制度，对兽药经营实行采购、销售的记录台账管理，形成完善的兽药追溯体系。采取定期巡查、飞行检查和监督抽检相结合的方式，强化兽药市场监管。年内兽药抽检3次，送检兽药样品8份，检测结果均为合格；开展专项执法检查4次，兽药市场得到净化和规范。

【推进“农产品质量安全县”创建】 2016年，县畜牧局强化畜产品监管，全力推进“农产品质量安全县”创建工作。建立健全畜产品质量安全监管责任体系，成立畜产品质量安全监管领导小组，结合工作职能细化分工、科学部署，层层落实监管责任，形成组织有力、部署科学、运转协调的监管责任体系。建立长效联动跟踪管理机制，加强动物及其产品检疫监管，规范屠宰检疫、落实动物产地报检、瘦肉精同步检测、病死动物无害化处理机制，执行动物产品进销货登记制度，实行动物检疫电子出证管理，实施动物疫病风险评估及分级管理。强化畜禽投入品生产经营监管，落实资质证件备案、进货登记、上网查询等常态化管理制度。为防止病死动物及产品上市流通、实行畜产品质量安全追溯、科学化信息化监管奠定基础。依法推进畜牧兽医综合执法和检疫监督工作，建立日常巡查及重大节日重点督查的综合执法工作机制，全年开展专项执法检查17次，出动执法车辆96辆次，执法人员700余人次，查处违法案件8件。扎实开展畜产品质量安全监测，实行“三聚氰胺”和“瘦肉精”常态化、制度化检测，并新增磺胺类、氟喹诺酮、氯霉素、黄曲霉毒素4项物质实验室监测。全年监测样本6143批次。饲料样品质量抽检58批次。强化“瘦肉精”专项整治，落实管理相对人不藏匿、不使用“瘦肉精”承诺制度，强化主体责任，开展与动物检疫工作同步的“瘦肉精”日常抽检。加大对“瘦肉精”类物质的执法检查力度，实现监管工作无缝隙覆盖。利用各类宣传活动日、广播电视台、农村集贸市场张贴发放宣传材料等形式，开展农产品质量安全知识宣传咨询活动。全年发放宣传材料3000余份、宣传手册200本、发放布告500份、录制专题电视片2台次，营造良好的“农产品质量安全县”创建氛围。

【开展下乡“四送”活动】 2016年，县畜牧局组织县乡两级技术力量以乡镇动物防疫站为主体，组成专家服务队，面向养殖场（户）开展“送医、送药、送技术、送信息”“四送”服务活动。技术人员深入到村、到场、到户传授养殖技术，传递养殖信息，不断扩大养殖技术服务覆盖面。聘请专家举办奶牛科学饲养和生猪各阶段饲养及疫病预防知识培训32场次，培训养殖户3000多人次，发放技术资料6000余份，解决养殖场（户）之需；配合北京农管家有限公司录制《河北食用猪科学养殖技术》《奶牛各阶段养殖技术》《毛皮动物各阶段饲养管理要点》等专题片6场次。通过开展下乡“四送”活动，养殖场（户）养殖过程中遇到的技术难题得到有效解决。

县畜牧兽医局
局　长　刘志强

林果业

【概　况】 2016年，乐亭县林业工作按照建设现代林业的工作思路，坚持以科学发展观统揽全局，积极推进沿海防护林工程建设，持续抓好森林资源保护，狠抓森林防火、乱砍滥伐林木案件查处、森林病虫害防治“三防”体系建设和林业重点工程建设，有力地促进林业产业发展。到年底，全县果树面积1.22万公顷，产量54.86万吨，产值 21.6 亿元；实有林地面积 7667.73 公顷，林业产值 5996 万元。全县森林覆盖率 27.7%。

【植树造林】 2016 年，多方筹措造林资金采购绿化苗木 10 万余株，重点对 42 个美丽乡村省级重点村给予扶持，主要栽植白蜡、法桐、金叶榆、柳树、海棠、碧桃等苗木。通过实施美丽乡村重点村绿化，以点促面，示范引领，提高全县村庄绿化水平。

4 月 1 日全民义务植树日当天，县领导率县委、县政府机关干部职工、民兵预备役人员、青年志愿者、大学生村官、农口各单位班子成员、经济开发区工作人员等 460 余人参加河北乐亭经济开发区天津道两侧义务植树活动，栽植林木 4000 余株，推动全县植树造林工作深入开展。

采取 GPS 实地测量、逐地块调查的方式，对全县春季造林成果进行外业调查，摸清造林底数。全年造林面积 2213.33 公顷（含湿地 200 公顷），义务植树 90 万株。

【果树生产】“乐亭大桃”被第十四届中国国际农产品交易会组委会认定为“2016 年全国名优果品区域公用品牌”，其中乐亭县雷刚果树专业合作社、乐亭丞起现代农业发展有限公司、乐亭县万事达果蔬专业合作社为核心生产单位。乐亭丞起现代农业发展有限公司、唐山绿昕农业开发有限公司被确定为“2016—2017 年省级林果重点龙头企业”，乐亭县雷刚果树专业合作社和乐亭丞起果蔬专业合作社被确定为“2016—2017 年省级林果专业合作组织”。在第 20 届中国（廊坊）农产品交易会上，县农牧局被省林业厅评为“第 20 届中国（廊坊）农产品交易会筹展工作最佳组织奖”。同时，举办了“硅谷杯”京津冀果王争霸赛，乐亭县选送的果品获“硅谷杯”果王 2 个、金奖 2 个、银奖 4 个、铜奖 1 个。

年内，建设优质果品基地 333.33 公顷，引进桃树新品种 2 个，苹果新品种 2 个，樱桃新品种 3 个。推广苹果“三优”（优良矮化砧木、优良品种、优良栽培技术）栽培新技术、设施桃树高效栽培技术和设施葡萄栽培新技术 3 项，推广苹果矮密栽培新模式和乔砧密植栽培新模式 2 项。建成苹果专业镇 5 个、葡萄专业镇 2 个、设施桃树专业镇 5 个，形成了以苹果、桃、葡萄、梨及设施果树为主导的五大果品集中产区，无公害标准化基地面积 7333.33 公顷，果树良种覆盖率 96%。

组织专业技术人员完成技术培训和现场指导 52 场次，发放自编果树技术书籍 5000 多份，培训果农 1 万余人。

【林果花卉苗木生产】 乐亭县种苗资源丰富，主要品种有白蜡、国槐、毛白杨、速生杨、金叶榆、垂柳、金丝柳等绿化品种，有桃、梨、苹果、大樱桃等果树品种。2016 年种苗种植面积 166.67 公顷，当年新增 100 公顷。

【连片果品基地建设】 2016 年，境内有连片果品基地 4 个。

东走马浮村五九香梨生产基地　胡家坨镇东走马浮村 500 户，1360 人，耕地面积 240 公顷，其中果树面积 86.67 公顷。果树面积中梨树面积 80 公顷，以五九香梨为主要栽植品种；黄冠梨、圆黄梨、巴梨面积 6.67 公顷。年产量 5000 吨，年产值 576 万元。出口 3840 吨，创汇 768 万元，主要出口俄罗斯。

明庄子村苹果生产基地　姜各庄镇明庄子村 130 户、475 人，耕地面积 86.53 公顷，其中果树面积 62.67 公顷。果树面积中苹果树面积 54.67 公顷（盛果期树 34.67 公顷，幼树 20 公顷）。盛果期树树龄 11 ~ 12 年，主要栽植品种为红富士，授粉树为红星、王林品种，株行距为 3×4 ~ 5 米，幼树树龄 1 ~ 5 年，品种为红富士优系、美国 8 号、腾木一等。

苹果密植栽培模式示范园　位于姜各庄镇五中庄村，建设规模 40 公顷，由唐山老米沟农业发展有限公司承建。园区划分为 3 区 9 块，分别栽植不同品种。2016 年春季栽植苹果树新品种 6 万余株，主栽 M9T337 和 SH 系矮化砧木品种、新乔纳金（红王子）、红富士新品系天红 2 号、红嘎啦苹果新品种，采用宽行密植栽培模式（密度 1.6 米 ×4 米和 1.2 米 ×3.7 米），实施相关配套技术。示范园对全县新品种、新技术、新模式的推广应用起到示范引领作用。

新寨镇设施桃树生产基地　基地内设施桃树

面积266.67公顷，成方连片，包括郝庄村、保新庄村、大港村、小港村、芍坨村、吴家林村，涉及农户1800户，栽培品种有春雪、京红、中油四、金奥油桃等，设施类型有日光节能温室、简易日光节能温室、塑料春棚等。基地内从3月初到6月下旬均有鲜桃供应市场，其中大批量集中供应期在4—5月。

【林业病虫害防治】 2016年，县政府注重加强美国白蛾虫情监测与防治工作。县虫情检测机构在全县设立固定监测点5个，系统监测虫情发生动态，适时发布病虫信息3次。县政府制订印发《乐亭县2016年防治美国白蛾工作实施方案》，组织召开全县美国白蛾防治工作会议，并与各乡镇签订防治责任状。发放防治药剂，督导乡镇、街道、造林大户防治工作，确保防治任务达标。6月15—17日在唐港高速公路、沿海高速公路、乐港公路、平大公路等两侧绿化带、古滦河生态公园、姜各庄林场等重点绿化区域进行飞机防治美国白蛾作业，飞防30架次，飞防面积3000公顷，防治效果90%以上。全县防治面积8000公顷，基本达到有虫无灾标准。杨干象的发生与防治工作有序进行。全县发生面积1133.33公顷，4月初在中堡镇滦河片林设标准地进行重点监测，4月15日发布《适时防治杨干象病虫情报》至各乡镇、街道、造林大户，指导防治工作。重发、新发、突发有害生物监测与防治。对春尺蠖、槐尺蠖、国槐小卷蛾、白杨透翅蛾、松梢螟等病虫害重发、新发病虫进行监测、预报，做到早发现，早防治。全年印发《病虫情报》8期，1000余份，上报《虫情动态》《短情预报》24次，上报病虫发生防治信息10次。年内，林木病虫害防治工作达到了成灾率为0，测报准确率92%，防治率89%的指标。

【植物检疫】 根据国务院《植物检疫条例》、林业部《植物检疫条例实施细则（林业部分）》相关规定对森林植物及其产品实施产地检疫和调运检疫，对调入的苗木严格进行复检，主要检疫对象为美国白蛾和杨干象。2016年办理种苗产地检疫6份，检疫白蜡、国槐、杨、柳等苗木100余万株。办理调运检疫（果品、木材、苗木）112份，检疫果品1200吨。

【林业综合执法】 2016年，县林业执法部门结合县域实际采取多项措施开展护鸟工作。针对不同季节制定相应巡护重点，开展了“冬季大鸟越冬巡护”“春季候鸟迁徙巡护”“夏初幼鸟孵化巡护”“夏秋护鸟巡查”等巡护清网工作。年内，开展了“金剑”行动、“金网”行动、“金盾”行动等专项行动，查处各类涉林行政案件30起，清除销毁捕鸟粘网300多片、诱鸟录音机及鸟笼等工具40多套，救助放飞各种野生鸟类650多只。开展联合整治行动。组织召开乡镇及相关责任单位参加的野生鸟类保护会议3次，加强与相关单位的沟通协作。与县市场监督管理局开展联合执法行动3次，对集贸市场、饭店的野生鸟类及制品开展专项清理整顿，并与20余家饭店签订了“野生动物保护承诺书”，承诺不经营、食用野生鸟类及制品。开展野生动物救治工作，年内成功救助国家重点保护野生鸟类大天鹅、红隼、白尾鹞等11只，省重点及一般保护野生鸟类池鹭、夜鹰、杜鹃、斑头雁、黄胸鹀等120多只。组织了对救助的3只红隼、24只人工孵化的反嘴鹬的放飞仪式。

【林地资源保护】 2016年，县农牧局按照上级的工作部署，开展林地变更调查工作。通过林地变更调查软件，对全县13个乡镇、1个街道办事处、1个国有林场，通过卫片地图的区划判读，逐小班进行比对，落实林地一张图。开展森林覆盖率净增量考核自查工作。从6月始，县农牧局抽调15名工作人员组成3个工作组，对全县所有新造林地进行全面调查，做好森林资源动态监测，采用GPS定位，Arc GIS软件作图的方式，逐小班逐地块定位核实、上图。全年新造林地面积753.33公顷，涉及771个小班；消耗林地面积6.67公顷，涉及84个小班。办理建设项目使用林地许可。严格执行《乐亭县林地保护利用规划（2011—2020）》要求，做好林地保护工作，完成了1个临时征占林地的审批和2个永久征占林地的审核。开展森林保险工作。全县森林保险面积9109.8公顷，受益农户16058人。其中公益林5196.4公顷，投保农户3960户；商品林

3913.4 公顷，投保农户 1.21 万户。

【护林防火】 县政府召集各乡镇政府、街道办事处、林场、造林大户及相关部门负责人召开森林防火会，明确责任，签订责任状落实管护责任，督促防控措施落实。开展“金钺”森林防火专项行动，成立巡查组对姜各庄林场等重点区域开展隐患排查，加强火源管理，加大对违法用火行为的打击力度，保持严管、严控的高压态势。深入宣传教育，在冬春防火季节及清明等防火重点时期制作防火标语在电视台滚动播放，在全县范围内发放（张贴）森林防火公告、防火宣传知识及《致全县中小学生森林防火的一封信》1 万余张。

【姜各庄林场】 乐亭县姜各庄林场始建于 1957 年 9 月，地处姜各庄镇东南部，东靠滦河，南临渤海，西距县城 24 千米，距唐山港京唐港区 28 千米。2010 年 12 月划归县滦河口生态旅游区开发办公室管理，业务接受县林业局指导，为企业化管理的自筹自支事业单位。2016 年有干部职工 64 人，其中离退休干部 37 人，在职干部 27 人。姜各庄林场林权证面积 826.52 公顷，森林覆盖率 68.8%，主要林木为杨树、槐树、柳树、白蜡等。

年内，采取管护结合的方法，做好林木抚育工作；重造重管，全年更新造林 53.33 公顷。争取上级资金 783.88 万元，其中中央资金 359.58 万元，省级资金 124.3 万元，用于国有林场改革。年内繁育各种苗木 20 多万株，引进凌风一号、凌风二号速生杨新品种 2 个。利用改革资金及自筹部分资金补缴拖欠的养老保险金 145 万多元，缴纳医疗保险 18 万多元。组建微型消防站，配备风力灭火机、铁锹、灭火器、扫把等灭火工具。开通防火通道及隔离带约 12 千米。全年无重大火灾事故。

渔　业

【概　况】 2016 年，乐亭县渔业主管部门坚持“以安全为先，以养殖为主，养殖、捕捞、加工并进”的发展方针，转变渔业发展方式，将现代渔业建设融入全县沿海经济开发战略，使全县渔业经济保持持续健康发展的良好态势。全县水产品总产量 13.76 万吨，比上年增长 0.3%，其中海水产品产量 13.4 万吨，比上年增长 0.3%；淡水产品产量 3630 吨，比上年增长 0.2%。全县水产养殖面积 2.86 万公顷，产量 10.03 万吨。其中，海水养殖面积 2.83 万公顷，产量 9.72 万吨；淡水养殖面积 335 公顷，产量 3130 吨。海水捕捞产量 3.68 万吨，淡水捕捞产量 500 吨。实现渔业产值 24.92 亿元，比上年增长 32.69%，可比价格比上年下降 0.3%。

【浅海滩涂养殖】 围绕本地水产养殖优势品种和主推品种，在全面推行养殖证、苗种生产许可证、水产养殖生产记录制度的基础上，推行无公害水产品生产的相关标准和养殖技术操作规程，并通过推广生态、节能、高效的养殖模式，提高渔民开展水产健康养殖的技术水平，促进全县水产标准化健康养殖的规模化发展。全县核发水域滩涂养殖证 103 宗，涉及水产养殖面积 4531 公顷；水产品生态健康养殖面积 2.33 万公顷，创建唐山市水产健康养殖示范场 4 家；完成乐亭县丰汇海水养殖有限公司、乐亭县铭泰水产养殖有限公司无公害水产品产地产品首次“双认证”工作，完成乐亭县向光海水养殖场、乐亭县海华水产养殖有限公司、乐亭县马头营龙翔水产品养殖场 3 家无公害水产品产地的复查换证工作。首次认证规模海参池塘养殖面积 133.33 公顷、海参产量 500 余吨；复查换证规模面积 65 公顷，涉及对虾等 6 个产品 390 余吨。

【海水工厂化养殖】 全县有生产能力的工厂化养殖设施面积 40 万平方米，投入苗种繁育和成品养殖的育养车间面积 30 万平方米。其中，大菱鲆、半滑舌鳎、红鳍东方豚等海水鱼工厂化养殖面积 20 万平方米，产量 520 吨；南美白对虾室内工厂化养殖面积 3 万平方米，产量 200 吨；冬季日本对虾室内车间存养 7 万平方米，产量 110 吨。南美白对虾工厂化高效生态养殖成为全县工厂化养殖的新亮点。

【渔业新品种引进及新技术开发】 2016 年，县渔业主管部门在乐亭县向光海水养殖场进行河北省渔业“产学研一体化”科技示范项目——南美白对虾工厂化高效生态多茬接续养殖技术示范，成效显著。2—5月，利用2000平方米水体实施关键技术示范，收获成品虾1.4万千克，单位水体单茬产虾7.25千克；7—11月进行第二、第三茬虾养殖示范，单位水体产量均在7千克以上，实现了对虾的无公害、高效、高质生产，为全县工厂化养殖设施的高效利用开辟了新途径。

【渔业资源增殖放流】 2016年，县渔业主管部门加大组织协调海水渔业资源增值放流力度，有2家苗种生产企业通过招投标争取到省、市332万尾牙鲆鱼苗的渔业生态修复增殖放流任务，涉及资源修复资金313.45万元。任务承担单位分别于6月15日、17日完成160万尾和180万尾牙鲆鱼苗种海区增殖投放，超额完成苗种增值放流任务。

【苗种生产】 县渔业主管部门综合全县上年度水产养殖情况和本年度养殖户的意愿，组织技术人员提前进入各苗种生产单位，引导其适当调整生产品种和生产节奏。全县有12万立方米水体开展对虾、海参、大菱鲆、扇贝等苗种生产，生产培育各种虾苗3亿尾（中国对虾3500万尾、斑节对虾2亿尾、南美白对虾5500万尾、草虾1000万尾）、鲆鲽类等鱼苗500万尾、各规格海参苗65吨、海湾扇贝仔贝42亿粒；完成海淡水鱼种投放230多吨，保障了全县2万公顷浅海扇贝、4000公顷海水池塘及133.33公顷内陆池塘春放工作的顺利完成。

【休闲渔业】 休闲渔业是现代渔业发展的新型产业，根据农业部出台的《关于促进休闲渔业持续健康发展的指导意见》，通过开发海淡水垂钓、海滩采贝、撒网捕捞等水产品采集项目及海上渔家生活、餐饮体验等休闲旅游项目，开辟了县内渔业第一、第二、第三产业融合发展的新路径，打造了渔业经济发展的新亮点。2016年，全县开发海淡水休闲垂钓、水产品采集及海洋旅游导向型休闲渔业项目的经营主体40余家，接待县内外垂钓爱好者及渔业休闲旅游游客6000人次，休闲渔业经营收入900万元。

【水产品加工】 全县有对虾、梭鱼、罗非鱼、杂鱼虾等品种初级冷冻仓储加工企业14家，日加工能力220吨，年加工水产品12万吨，实现产值5亿元；海参、扇贝等品种的精深加工企业3家，加工即食、盐渍海参300吨，即食干扇贝120吨，产值1.5亿元。其中，新增的乐亭铭泰水产养殖有限公司800平方米海参精深加工车间生产即食、盐渍海参110吨。乐亭县特色家庭作坊式水产品加工工艺的毛虾、海米、海蜇、墨鱼、八带鱼等盐干制品产量450吨、虾油虾酱等盐渍品700吨，产值1.5亿元。全年利用海产杂鱼虾加工成冰鲜饲料和鱼粉替代干品3000吨。

【渔政管理】 全县渔政管理工作从“严格、规范、公正、文明”执法和渔政队伍作风建设入手，强化渔政执法，提高渔业资源与生态环境保护、清理取缔涉渔“三无”（无合格证书、无船名号、无船籍港证书）船只及“绝户网”、渔业安全等执法效能。严格执行“执法程序规范、执法依据规范、处罚标准规范、案卷文书规范、执法结果公开”“四规范、一公开”制度。强化海洋伏季休渔制度管理和水产品质量安全生产监管。加强伏休期间的执法巡查，从5月15日—8月31日县渔业主管部门出动渔政执法人员350人次，进行陆地突击检查51次、海上执法巡查58航次，查扣违捕渔船42艘，扣押违规网具32条，全面查禁“迷混网”“绝户网”，确保县域海区伏休秩序的稳定。渔业安全生产及水产品质量监管扎实推进，围绕“农产品质量安全示范县创建”工作，全面推行农业部《水产养殖质量安全管理规定》，围绕鱼药、饲料等投入品使用和标准化生产管理行为，开展水产品质量安全专项检查和产品抽检。全年开展专项执法检查52次，涉及养殖企业63家，抽检送检水产品样本61批次，检测合格率100%，未发生水产品质量安全事件。按照省、市《关于2016年渔业资源增殖放流实施方案》要求，完成340万尾（任务为332万尾）牙鲆鱼苗种增殖投放任务的监管工作。

【渔船渔港监管】 2016年，县渔业主管部门不断强化渔业安全生产管理职能，全力做好全县渔船渔港监管工作，更好地保护渔民群众生命财产安全。通过加强渔业船舶检验监督管理，建立安全生产长效机制，提高海上应急处置和风险保障能力。年内，开展开海生产前和伏休期间安全生产专项检查，检查渔船近800艘，排查整改安全隐患和问题1371个，配备更换救生圈390个、救生衣765件、灭火器216个，杜绝渔船带病出海。从提升从业人员职业技能水平及安全生产意识入手，全面实施船员持证上岗、渔船编队出海和船主鉴定安全生产管理责任状制度，提高海上捕捞生产安全系数和应对海上突发状况的施救能力，全年累计培训职务船员800人，其中组织新任职务船员培训2期163人，船员持证上船、渔船编队出海及责任状签订均达100%，为渔业安全生产及应急处置风险的能力创造了条件。3月23—27日，县渔业主管部门组织渔政执法船、渔船100余艘次、1000余人次开展冀昌渔02530号事故渔船打捞、落水人员搜救和死亡（失踪）人员家属安抚工作，得到各级领导和渔民群众的认可。严格执行国家产业政策，做好渔船柴油补助发放和渔业互助保险增额扩面工作，发放2014年渔船柴油补贴773户8958万元；参加渔业互助保险渔船661条，雇主保险4706人，渔船及船员参保率在全省居首位。

【渔业项目建设】 县渔业主管部门本着合理利用现代渔业生产发展资金、增加项目建设有效投入的思路，不断整合县域渔业资源，科学谋划渔业新项目，为全县现代渔业发展注入活力，项目建设实现数量质量双提升。

完工运营项目3个：县水产中心技术推广站承担的河北省渔业“产学研一体化”科技示范项目——南美白对虾工厂化高效生态多茬接续养殖技术示范，利用乐亭县向光海水养殖场2046平方米养殖车间连续示范养殖4茬南美白对虾，取得单位水体单茬产虾7.22千克/平方米、效益224元/平方米的效果。项目投资181.97万元，获财政奖补50万元。由乐亭县铭泰水产养殖有限公司建设的海参深加工项目，于是年10月竣工投产。项目总投资3057万元，建成海参加工车间800平方米、包装检验车间300平方米、原料库及成品库400平方米、储藏冷库100平方米，年可加工即食海参100吨、盐渍海参10吨。由乐亭县佳和捕捞有限公司投资1.5亿元完成的第二批远洋渔船建设项目，继2015年8艘远洋渔船建成赴大西洋开展捕捞作业后，2016年建造的14艘1100千瓦远洋渔船全部下水投入生产。

续建在建项目3个：乐亭县兴乐水产养殖专业合作社投资在建的乐亭县兴乐海洋牧场人工鱼礁项目，自2015年开工建设，累计完成投资3650万元，建设人工礁场面积173.33公顷，2016年被农业部批准为国家级海洋牧场示范区。河北海盛船舶油气改装有限公司投资5200万元在建的新能源渔船改造项目，注册成立唐山海盛船舶油气改造经营有限公司，完成1艘示范渔船的改造，与77份渔民渔船签订改造协议；后续是二滦河中心渔港陆地加气门站建设及渔船改造。标准化钢质渔船改造项目，根据大型钢质渔船标准化改造的政策要求，年内在建和已经建成标准化钢质渔船32艘，获批待建4艘，预计投资5400万元，已获国家扶持资金1015万元，居全省首位。

【科技培训和生产服务】 以水产健康养殖和渔业安全生产为主要内容，借助科技示范及推广项目的实施，开展技术培训、专家咨询、现场指导、印发资料等常规性科技服务活动，送科技下乡，加大新品种、新技术试验示范力度，加快水产科技成果转化，提高从业渔民的专业技能水平和开发创新意识。年内，以省“海参健康养殖及配套技术研发与推广项目”“鲆鲽类体系建设项目”及“渔业‘产学研一体化’科技示范项目”的实施为载体，聘请省市岗位专家和课题研究主持人，为辐射区养殖场（户）进行海参池塘健康养殖技术、鲆鲽鱼类标准化养殖技术及南美白对虾工厂化生态多茬养殖技术培训3次，参训200人次，并就南美白对虾生态健康养殖组织50余家养殖场的技术负责人进行现场咨询观摩2次；借助水产苗种安全生产、渔业资源增殖放流、无公害水产品产地产品“双认证”工作及水产健康养殖示范场建设，开展水产品标准化安全生产技术培训及服务，指导养殖场（户）按标准化生产要求进行设施、生产环境及技术人员配套，印发渔业特别是无公害水产品生产相关标准和养殖技术操作规程600多份，编制发放水产品健康养殖技术手册1000份，完成乐亭县丰汇海水养殖有限公司和乐亭县铭泰水产养殖有限公司的无公害水产品产地产品“双认证”工作，无公害产地认证规模海参池塘养殖面积133.33公顷、无公害产品海参产量500余吨。依托县渔业主管部门的技术优势和扶持，乐亭县丰汇海水养殖有限公司建成河北省龙头企业，乐亭县兴乐海洋牧场通过国家级海洋牧场示范区验收。

水　利

【概　况】 2016年，县水务局争取到位市以上资金3085万元，组织实施农村饮水安全、地下水超采综合治理、滦河堤防加固、抗旱应急等水利工程12个，更新改造73个村的老化饮水设备，新增节水灌溉面积1476.67公顷，更新抗旱机井84眼，维修养护滦河堤防79.8千米，完成水利工程建设总投资8778万元。年末，全县农田有效灌溉面积5.42万公顷，与上年基本持平。高产稳产农田面积5.09万公顷。

【水利设施建设】 投资5580万元实施2014—2015年滦河治理工程，完成7千米小埝土方填筑，复建防洪闸1座、丁坝28道。投资329万元实施滦河防洪堤防维修养护工程，维修养护滦河堤防79.8千米、大堤15千米，按三年一遇标准加固堤防900米，治理道口5处。投资418.55万元实施水利闸桥维修养护工程，维修县管水闸3座、复建水利闸桥2座、复建生产桥3座。

【水土保持综合治理】 以滦河围埝工程为重点，采取水利工程和防护林工程相结合的综合治理措施，实现防风固沙，减轻水、旱等自然灾害带来的水土流失；强化宣传，提升全民水土保持意识；依法审批开发建设项目，落实水土保持“三同时”（建设项目中的水土保持设施，必须与主体工程同时设计、同时施工、同时投产使用）制度。年内依法审批乐亭县城市建设投资有限公司、乐亭县城市供热有限公司、乐亭县城市发展有限公司等单位的12项建设项目水土保持方案，收取水土保持补偿费82.27万元。定期开展施工方水土保持监测、监理的监督检查，确保水土流失防治责任范围、防治目标、水土流失措施布局得到落实。

【农田节水灌溉项目】 实施地下水超采综合治理高效节水灌溉项目及投资市级转移支付资金节水灌溉项目，完成投资1749万元，发展节水灌溉面积1476.67公顷，安装地下管道19万米；投资164万元，维修更新28个村农用机井225眼。

【防汛抗旱】 全面落实县级领导、部门领导、技术参谋相结合的“三位一体”防汛责任制，细化分解职责分工，逐项落实预案修订、河道清障、通信预警、抢险队伍组建、物资储备、汛前检查、重点防洪工程建设等各项防汛保障措施。足额储备防汛物资，储备土工布1.5万平方米，救生衣2520件，冲锋舟1艘，帐篷5顶、编织袋25万条、铅丝13吨、钢管扣件24吨、木桩17.6立方米、防汛排体30块，救生圈、强光手电、抛绳枪、救援绳等抢险救援物资若干。加强抢险队伍建设，建有1.07万人的防汛常备队13个，2.55万人的后备队18个，成立400人防洪应急抢险队6个，防潮应急抢险队2个。组建以熟悉防汛抢险知识的后备役民兵为骨干的抗洪应急抢险排，编制员额33人，并进行业务培训和实战演练。开展汛前检查，组织工程技术人员对防洪大堤、防洪围埝、滦河险工险段、海堤、防潮闸等水利工程、水利设施进行“拉网式”检查，检修防洪防潮闸等启闭设施，逐一落实安全生产措施，确保防汛责任落实到位。投资10万元，按照防汛指挥建设正规化、标准化的要求，重新布置80平方米的防汛调度室，升级改造滦河防汛前线指挥所远程防汛会商系统、投影仪、电视机、音响等设备，提高乐亭县防汛自身能力。投资50万元，实施抗旱应急工程，更新抗旱机井84眼。

【全力备战滦河防汛】 2016年7月下旬，受风暴潮及连续强降雨影响，滦河乐亭段出现700～800立方米/秒洪峰。县防汛指挥部迅速落实防汛责任，提前做好防范应对工作，安排专人巡查河堤、海堤、闸站，排查隐患；包段包片领导干部、技术人员、巡堤人员提前备战值守。此次降雨和洪水过程，县境内滦河未出现险情，未出现因防汛不力造成的人员伤亡等情况，防汛工作取得阶段性胜利。

【水资源管理】 按照《乐亭县水资源管理暂行办法》，严格落实取水许可和机井审批制度，控制沿海地区种植业、养殖业地下水资源开采。实行分层取水制度，对全县地下水资源，按分布情况实施分层管理，确保群众生活用水，大量减少漏斗区水资源的开采，使漏斗区面积得到有效控制。严格取水许可审批制度，制定完善取水许可和水资源论证制度，宏观调控水资源的开发利用量，确保地下水资源科学有序管理和地下水开采量总体平衡。2016 年，全县用水总量控制在 2.44 亿立方米之内，地下水开采总量为 1.45 亿立方米，比 2015 年减少 55 万立方米。推进节水技改，完成诠信资源再生有限公司水循环节水技改项目及唐山市德龙钢铁有限公司水平衡测试，新增水表安装 4 套、更换损坏水表计量设施 5 套。万元工业增加值用水量（立方米 / 万元）控制在 22.4 立方米，比上年下降 26.1%，水功能区达标率 100%，基本建成全县范围内地下水实时监控网络系统，初步实现传统水资源向可持续水资源的转变。

【移民工作】 2016 年，对享受后期扶持政策的移民重新核实登记，全县核减移民后期扶持人口 22 人，新增 1 人。5 月，一次性将 2016 年全年后期扶持资金 185.46 万元打入移民个人账户，解决移民群众的生产、生活困难。全年接待上访移民 41 批次 123 人，主要反映移民结余资金使用问题、个性问题、生产项目扶持等问题，上访量比上年明显下降。全县有返库移民 36 户 151 人，全部为潘大水库散迁安置移民。为确保汛期返库移民安全，汛前移民办公室协调有关乡镇深入库区，与返库移民见面谈心，了解回迁意向，掌握其思想动态，有针对性地做好返库移民的劝返和稳定工作。

农业园区

【环城现代农业园区】 园区位于县城西、南侧，总体规划面积 2800 公顷，涵盖乐亭镇韩坨、三丁庄、刘李庄等 24 个村和县城农产品加工园区、冀东国际农产品物流中心、丞起现代农业园区，涉及农业人口 1.7 万人。环城现代农业园区围绕“提升设施农业水平，提高农民组织化程度和加快第一、第二、第三产业融合发展”的建设目标，着力建设高端设施农业生产示范区、农产品加工物流示范区、都市休闲农业示范区、低碳循环农业示范区和电子商务示范区五大功能区。规划入园项目 39 项，总投资 74.5 亿元。是全省首批 39 个省级现代农业园区之一。

【冀东果菜批发市场（冀东国际农产品物流中心）】 2016 年，乐亭县冀东果菜批发市场管委会（冀东国际农产品物流中心）面对经济发展新常态，以开展“两学一做”学习教育为动力，坚持“创新、绿色、开放、共享”发展理念，注重市场管理，优化服务措施，创新交易方式，活跃果菜流通，加快项目建设，各项工作取得新进展。年内，果菜交易量 150 万吨、交易额 21.9 亿元，上市果菜品种 70 余种，蔬菜类每千克平均价格 1.83 元，果品类每千克平均价格 4.13 元。

规范交易行为 2016 年，冀东果菜批发市场管委会组织开展面向职工、果菜农代表、经纪人代表和客户代表的征求意见活动，征求意见、建议 50 条，采纳并实施 7 条。相继对《工作人员履职考评办法》《冀东果菜批发市场收费项目和收费标准》《冀东果菜批发市场经纪人管理暂行办法》《冀东果菜批发市场卖方管理办法》等一系列制度进行重新修订和完善，使先进的管理方式、经营模式及现代化的经营理念得到有效施行，交易行为得到规范。

管理水平提升 冀东果菜批发市场管委会注重抓实班子建设和员工队伍建设，结合“两学一做”学习教育，开展以“亮身份、亮职责、亮承诺和民主评议”为内容的“三亮一评”活动，全体党员挂牌上岗，实现部门监督、社会监督和自我监督机制，岗位责任落实到人，管理行为得到

规范，服务质量提高。以文明诚信中介为重点，规范经纪人的划价行为，有效扼制垄断货源后随意变价和恶意错价行为的发生。对果菜农进行宣传教育，引导果菜农对果菜产品分级分等包装、以质论价销售，提高商品化率，果菜交易环境得到净化。

果菜品质检测加强　冀东果菜批发市场管委会与县农产品质量监测站配合，每天对上市果菜进行检测，果菜品种抽检率达到100%；在全县14个乡镇、街道设立检测站点，对果菜产品进行采前普检。上市果菜产品与生产源头信息共享，实现生产源头普检与流通环节抽检相结合的检测网络体系，保障县内外销果菜产品质量安全。

国际皮草交易区投入运营　依托信息化电子交易平台，形成全县及周边县区1600万只珍稀皮毛动物养殖服务、收购、仓储、运输、加工到终端产品交易等为一体的产业链条。国际皮草交易区运营后，与浙江中莹皮草服饰有限公司、中辉皮草有限公司、世纪名隆皮草有限公司，河北华斯集团、河北永泰皮草有限公司等多家皮草加工企业建立合作关系，逐步成为河北肃宁、浙江崇福两大皮草加工区的生皮供应基地，同时联系着1000多名皮草经销商从事皮草运销业务。

农资农机交易区建成　农资农机交易区入驻企业6家：凯元种业项目全面运营，种子订购、包装、分销全面开展，化肥储存销售全面运营。恒腾农机项目、煜达植保项目、鑫宇农资物流项目、江沣农资物流项目、宏顺汽车综合服务项目，建设工程全面完成。各项目在全面建设的同时，开展对果菜生产的技术指导，使果菜种植向标准化、现代化、市场化方向发展。

北京二商集团合作基地基本建成　北京二商集团合作基地包括圣大物流——航空冻干食品生产线、中央厨房项目和吊桥食品加工项目。圣大物流——航空冻干食品生产线全面投产，其与唐山瑞成商贸有限公司建立长期稳定的合作关系，生产线24小时运转，产品销售形势良好。中央厨房项目，生产车间建成，生产设备安装调试基本到位，并与北京一轻集团签订了供货合同，同时与北京华润万家、全时365便利店达成合作意向。吊桥食品加工项目建设工程全面完工，清洗车间全面运营，冷库设备已预付订金。

冀东果菜批发市场管委会
主　任　马绍春

【乐亭万事达生态农业发展有限公司（现代农业示范园区）】　乐亭万事达生态农业发展有限公司成立于2012年，注册资金1000万元，坐落于中堡镇境内。总投资4.16亿元，占地面积2333.33公顷。投资5600万元，建成万事达现代农业示范园区核心区——占地面积66.67公顷的现代农业示范基地。包括标准化日光温室果菜大棚73座，标准化、工厂化育苗中心1万平方米，绿化苗木基地46.67公顷，以及生物有机肥厂、农资服务中心、社员培训教室、农药残留检测中心等。示范基地的功能主要是新品种、新技术的引进、示范、推广，绿色、无公害精品果蔬标准化生产示范及推广，果菜产品品牌创建和电子商务业务，科普培训和技术服务，新兴产业经营管理模式的研究、实验、孵化、复制、推广。坚持“绿色、精品、共赢”的发展理念，大力推进农业标准化生产，促进精品果菜产业的发展。2016年被认定为市级农业产业示范园区。鲜桃取得绿色食品认证证书，国家质检总局核准乐亭万事达生态农业发展有限公司使用“乐亭甜瓜”国家地理标志保护产品专用标识。

公司以农业标准化作为发展的基石，贯穿园区经营管理全过程。园区内实行“五统一”（统一品种、统一技术、统一品牌、统一农资供应、统一产品销售）的管理模式，达到种植、养殖并进，生产、生活共赢，采摘、观赏同步的效果，形成独具特色的产业化经营格局。

园区内通过标准化生产，全面提高蔬菜产品的质量档次，促进新品种的引进、示范、推广，优新品种使用率达到95%以上，成为全县乃至河北的先进示范基地。日光温室生态栽培技术的应用，减少用药，省时省工并降低生产成本，实现简约化栽培，切实保证蔬菜的内在质量，把蔬菜推向高端消费市场。公司采取传统销售模式和电子商务两个渠道实施线上、线下同步营销。大力推广新型经营主体+直销店、农超、农校、农餐对接。与北京二商集团篮丰蔬菜公司合作，建成供应北京蔬菜基地266.67公顷，常年为北京二商集团和北京市场提供高品质新鲜蔬菜，畅通了农产品进入北京市场的渠道。与唐山大唐果品公司合作成立农产品销售公司，拓展产品外销市场。年内辐射带动周边3500户666.67公顷设施蔬菜生产，带动农民增收1000万元，实现了公司效益、社会效益、生态效益同步增长。

公司在联合社成员社所在村建设村级农资技术服务站6个，技术专家组通过服务站开展技术培训。年内，技术专家组在公司培训室对技术骨干、重点户和合作社社员开展标准化知识讲座36场，培训社员和技术骨干2400人次。多次组织技术骨干、社员代表参观学习、技术观摩、经验交流。经过培训的技术骨干带动本村村民开展标准化生产。建立了技术专家组+技术骨干+合作社社员的技术推广模式，形成搞好一个点，带动一大片的标准化生产技术示范推广体系。

公司农资服务部常年进行农资供应，为社员和周边村农民提供绿色无公害果蔬生产的农资产品。公司建有年产1万吨的生物有机肥厂，与中科院生态所合作，研制开发了“呔诚”生物有机肥和大量元素水溶肥两大系列10余个品种，产品经国家质量检验部门检测合格，取得生物有机肥生产经营许可证和大量元素水溶肥生产经营许可证。年内，公司生物有机肥和大量元素水溶肥直销京、津、唐、秦、保定、廊坊等地600多个村，直接服务15万农户32万多农民。

工　业

综　述

【概　况】 2016年，乐亭县工业系统认真开展“两学一做”学习教育，立足实际，内强素质抓提高，外树形象创业绩，着力做好招商引资、项目建设、工业经济运行、产业转型升级、两化融合等工作，确保工业经济的平稳运行。全年实现工业增加值88.82亿元，占地区生产总值的25.73%；其中规模以上工业增加值75.52亿元，比上年增长7.7%，增速全市排名第二。完成规模以上工业利税7.91亿元，比上年增长270.8%；完成技改投资100.27亿元，比上年增长22.4%；新增入统规模以上企业13家，超市达任务5家，全市排名第二。

【工业园区发展】 县委、县政府把河北乐亭经济开发区和县城区工业聚集区作为开放招商的主阵地，全面深化园区各项改革，全力推进各类要素、项目集聚，打造产业集群，功能优势持续释放，入驻企业达到169家，拉动园区主要经济指标大幅攀升。河北乐亭经济开发区瞄准千亿级园区目标，进一步理清“区中建园”思路，细化功能分区，重点发展精品钢铁、临港化工、装备制造等核心主导产业，体量、效益、贡献实现新突破。全年主营业务收入382.28亿元，比上年增长42.75%；实现税收6.51亿元，比上年增长73.6%；固定资产投资增长33.65%。河北乐亭经济开发区位列全省150家经济开发区第34位。县城区工业聚集区坚持走产城融合发展之路，进一步扩区增容，提升创新服务功能，水、电、路、信、气、暖、标准厂房等各项配套功能更加完善，食品、生物医药、轻工电子、现代服务、科技企业孵化等产业发展迅速。全年主营业务收入增长150.4%，固定资产投资增长26.7%，税收增长50%，成为产城融合发展、创业就业的重要平台。汀流河工业园区基础设施建设不断完善，功能进一步释放。依照产业分区，已有10家企业入驻。马头营物流园主要建设以煤炭物流、铁矿石物流、商贸物流和物流配套为主的综合物流园。是年2月，申报市级物流园获市发改委批复。

【工业项目建设重点突破】 乐亭县深入实施项目建设数量质量“双提升”计划，加速项目集聚，实现量质齐增。高度关注产业龙头，围绕延伸产业链条做强主导产业，全力推进骨干项目建设，努力实现工业项目建设的重点突破。对河北钢铁集团乐亭临港基地、北环新能源电动汽车等重点项目，千方百计搞好对接服务，保证按时间节点顺利推进。全县实施固定资产投资1000万元以上重点项目202个，涉及总投资355.6亿元，其中亿元以上项目61个。新希望六和肉鸡产业链、唐山钢铁集团有限责任公司惠唐乐港金属科技分公司板材加工配送和钢结构制造工程等61个项目当年建成投产；中心渔港综合项目一期工程、炳旭专用工程机械底盘制造等27个续建项目扎实推进；北京海德润生物医药产业园、北京燕化永乐环保型农药复配制剂等39个项目开工建设；另有中船重工海装重装码头及海上风电开发等72个项目签约待上；旭阳化工东奥炼油、东方化工厂整体搬迁及苯乙烯建设等78个项目深入洽谈。

【工业转型升级】 县委、县政府进一步优化三次产业结构，强力壮大第二产业，加速培育第三产业，扩总量、调结构、提质量，推进经济健康协调发展。大力培育新技术、新产业、新业态、新模式，重点实施唐山境界实业有限公司二期、北京海德润生物医药、北京燕化永乐二期等一批战略新兴项目，高端装备制造、新能源、新材料、节能环保等领域实现率先突破。全年新增规模以上工业企业13家、高新技术企业2家。持续壮大实体经济，狠抓重点企业技改项目，大力盘活停产、半停产企业，加快处置“僵尸”企业，企业竞争力和市场占有率实现新提升。全年完成工业技改投资100.27亿元，比上年增长22.4%。其中，唐山境界实业有限公司50万吨甲醇制高清洁燃料项目被列为省级重点技改项目，唐山中厚板材有限公司储焦储矿系统污染治理升级改造等8个项目被纳入全市规模以上工业企业“1+1”重点技改项目。扎实推进中小企业名牌战略，组织完成河北省刘美实业有限公司、乐亭县同利面粉厂、乐亭县四季香糕点厂3家企业申报名牌产品工作；为乐亭县同利面粉厂申报2016年省、市级中小企业名牌产品，其中市级获批；为河北省刘美实业有限公司申报2016年省中小企业名牌产品延期复审。加大小微企业的扶持力度，落实担保贷款4100万元。年末，全县实现工业总产值333.71亿元，比上年增长11.91%，其中规模以上工业产值292.05亿元，比上年增长13.76%。工业投资133.56亿元，工业用电量24.52亿千瓦时，分别比上年增长24.9%、4.14%。实现民营经济增加值302.3亿元。全县新增各类市场主体5184家，比上年增长64.7%，市场主体达2.1万户。

【本地钢材消耗】 县工信部门围绕产业链条延伸，注重培育耗钢企业发展，做好钢铁深加工项目建设工作。对宝航机械加工及金属结构产品制造项目、唐山钢铁集团有限责任公司惠唐乐港金属科技分公司板材加工配送和钢结构制造工程项目一期、乐亭县顺鑫机械制造有限公司年产2.5万吨超高耐磨节能低耗辊套机械制造项目、北京环境卫生工程集团有限公司装备制造基地项目一期4个项目进行动态监测，推进耗钢项目建设，挖掘现有耗钢潜力，大力延伸钢铁企业下游产业链条。全年新上耗钢企业19家，耗钢企业达到46家，消耗本地钢材53万吨。

【两化融合】 县工信部门积极创新两化融合，突出典型示范企业培育，引导企业依托“互联网+”创新经营模式、再造管理流程，努力使两化融合项目储备到位。组织开展唐山丞起汽车零部件有限公司、唐山市德龙钢铁有限公司、唐山旭阳化工有限公司等10家企业的信息化诊断、评估工作，其中已完成对唐山利信食品有限公司、唐山市德龙钢铁有限公司、唐山中厚板材有限公司、唐山丞起汽车零部件有限公司、河北诚成肥业股份有限公司5家企业国家试点两化融合整体性评估工作。不断推进信息基础设施建设，全县拥有4G基站960个，宽带及光纤用户12.2万户，城区实现4G网络全覆盖。着力推进“互联网+”进程，配合支持农村综合信息超市建设；积极对接中东贸易平台，力争北方物流口岸、电商基地和产品展示中心落户乐亭；扎实开展网络与信息安全保障工作，组织开展工业控制系统生产企业的调查。

【市场主体活力增强】 县委、县政府全力优化企业发展环境，激发市场主体活力。全面实施大众创业、万众创新和企业登台阶计划，引导“个转企”“小转规”“规改股”“股上市”。全县新增各类市场主体5184家，其中新增中小微企业626家，新增规模以上工业企业13家。唐山旭阳化工有限公司和唐山境界实业有限公司纳入全市100家“成长型企业登台阶计划”。加大力度为企业提供融资担保，乐亭县万佳信用担保公司与县农村信用联社一起，对县内中小微企业进行调查考核，对符合担保条件的43家企业提供担保贷款4735万元，调动了企业生产经营的积极性，提高了企业扩大再生产的能力。年内，县工业和信息化局争取上级专项资金2094.6万元，其中为唐山中厚板材有限公司争取省级转型升级专项资金20万元，为北环新能源汽车项目争取上级专项资金12.6万元，争取电力需求侧资金269万元，争取节能减排资金1793万元。市场主体活力增强。

【名优产品申报】 实施名牌战略，推进企业品牌建设，优化产品结构，不断强化企业自主创新能力，增强市场竞争力。年内组织完成3家企业申报名牌产品工作；其中为乐亭县同利面粉厂申报2016年省、市级中小企业名牌产品，市级获批；为河北省刘美实业有限公司申报2016年省中小企业名牌产品延期复审。

工业经营体制

【概　况】2016年，全县规模以上工业企业74家。其中，国有企业1家，有限责任公司4家、私营企业62家、外商和港澳台商投资企业7家。

【国有企业】　有乐亭县新城热力供应所1家，从业人员63人。实现工业产值4300万元，占全部规模以上工业企业总产值的0.15%。

【有限责任公司】　有乐亭县新希望六合盛祥饲料有限公司、上海电气风电设备河北有限公司、厦门水务乐亭城建投资有限公司、唐山市德龙钢铁有限公司4家，从业人员2913人。实现工业产值68.42亿元，占全部规模以上工业企业总产值的23.43%。

【私营企业】　有河北诚成肥业股份有限公司、唐山丞起汽车零部件有限公司、乐亭县六和馨美滋食品有限公司等62家，从业人员5031人。实现工业产值108.65亿元，占全部规模以上工业企业总产值的37.2%。

【外商和港澳台商投资企业】有唐山旭阳化工有限公司、液化空气（唐山）有限公司、唐山唐昂新型建材有限公司、唐山中厚板材有限公司、华能乐亭风力发电有限公司、河北德龙现代特种管件制造有限公司、唐山冀东果菜有限公司7家，从业人员3065人。实现工业产值114.55亿元，占全部规模以上工业企业总产值的39.22%。

工业行业分类

【概　况】按照国民经济行业分类标准，2016年全县工业共涉及22大门类、39个中类、45个小类行业，全部生产单位74家。分布于农副食品加工业，食品制造业，酒饮料和精制茶制造业，纺织业，皮革、毛皮、羽毛及其制品和制鞋业，造纸和纸制品业，印刷和记录媒介复制业，文教、工美、体育和娱乐用品制造业，石油加工、炼焦和核燃料加工业，化学原料和化学制品制造业，橡胶和塑料制品业，非金属矿物制品业，黑色金属冶炼和压延加工业，金属制品业，通用设备制造业，汽车制造业，铁路、船舶航空航天和其他运输设备制造业，其他制造业，电器机械和器材制造业，废弃资源综合利用业，电力、热力生产和供应业，水的生产和供应业22个行业。其中，黑色金属冶炼和压延加工业，化学制品制造业，农副食品加工业，石油加工、炼焦和核燃料加工业为主导行业，有规模以上企业34家，占全部规模以上工业企业总数的45.9%；实现工业产值266.64亿元，占全部规模以上工业总产值的91.3%。

【黑色金属冶炼和压延加工业】有唐山市德龙钢铁有限公司、河北德龙现代特种管件制造有限公司、唐山中厚板材有限公司、乐亭县金城铸造有限公司4家规模以上企业，从业人员5253人。主要产品有生铁、粗钢、钢材，总产量分别为359.28万吨、358.89万吨、442.61万吨。全年实现工业产值136.06亿元，占全县规模以上工业总产值的46.6%。

【化学原料和化学制品制造业】有唐山旭阳化工有限公司、唐山助纲炉料有限公司、河北诚成肥业股份有限公司、液化空气（唐山）有限公司、乐亭县蕴德新能源有限公司、河北东狮化肥有限公司、河北瑞联化工有限公司7家规模以上企业，从业人员712人。主要产品有纯苯等，全年总产量24.8万吨。全年实现工业产值45.58亿元，占全县规模以上工业总产值的15.6%。

【农副食品加工业】有唐山大福食用油有限公司乐亭分公司、河北省刘美实业有限公司、唐山金土地食品有限公司、乐亭县恒瑞食品有限公司、唐山冀东果菜有限公司、唐山昌华果汁制造有限公司、唐山金鹏饲料有限公司、乐亭新希望六和盛祥饲料有限公司、唐山江悦米业有限公司、乐亭金田果菜有限公司、乐亭县顺平冷储有限公司、乐亭县通海食品有限公司、乐亭县同利面粉厂、乐亭县群辉食品有限责任公司、乐亭县隆润蔬菜加工有限公司、乐亭县三兴饲料有限公司、唐山沈隆饲料有限公司、乐亭县同刚饲料有限公司、乐亭县碧海水产品深加工有限公司、唐山宏丰食品有限公司、乐亭县昌泰食品有限公司、唐山奇世食品有限公司22家规模以上企业，从业人员1499人。主要从事食用植物油加工、畜禽肉类食品加工、果蔬类食品储藏加工、青豆、甜玉米类储藏加工等。全年实现工业产值18.45亿元，占全县规模以上工业总产值的6.3%。

【装备制造业】 装备制造业涵盖金属制品业、通用装备制造业、汽车制造业、电器及器材制造业等行业。有唐山承起汽车零部件有限公司、唐山龙泰辰实业股份有限公司、乐亭县铸升金属制品厂、乐亭县精诚农具制造有限公司、唐山翔达机械部件加工有限公司、唐山源达锅炉金属制品有限公司、唐山奥凯机械零部件加工有限公司、唐山炳军金属制品有限公司等13家规模以上企业，从业人员1590人。主要产品有锅炉、汽车零部件、金属工具等。全年实现工业产值12.51亿元，占全县规模以上工业总产值的4.3%。

【非金属矿物制品业】 有乐亭县凯通混凝土制造有限公司、唐山折峰实业有限责任公司、乐亭县美宇新型建材厂、乐亭县腾远新型建材有限公司、乐亭县昱晨混凝土有限公司5家规模以上企业，从业人员211人。主要从事混凝土、多孔砖生产。全年实现工业产值4.02亿元，占全县规模以上工业总产值的1.4%。

【酒、饮料和精制茶制造业】 有唐山孤竹国酒业有限公司、唐山昌华果汁制造有限公司2家规模以上企业，从业人员252人。主要从事白酒、果菜汁及果菜汁饮料制造，全年实现工业产值1.43亿元。

【纺织业】 有乐亭县万荣纺织有限公司1家规模以上企业，从业人员73人，全年实现工业产值5490万元。

【食品制造业】 有乐亭县四季香糕点厂、乐亭乐太冷冻厂、唐山奇世食品有限公司3家规模以上企业，从业人员202人。主要从事糕点、食用冰、罐头制作，全年实现工业产值1.05亿元。

【造纸及纸制品业】 有乐亭县张氏纸业有限公司1家规模以上企业，从业人员129人。主要生产纱管纸，全年实现工业产值6015万元。

【电力、燃气及水的生产和供应业】 有华能乐亭风力发电有限公司、乐亭县新城热力供应所、厦门水务乐亭城建投资有限公司3家规模以上企业，从业人员123人。全年实现工业产值1.06亿元。其中华能乐亭风力发电有限公司为主要电力生产企业，全年完成发电量8997.76万千瓦时。

【战略新兴产业】 积极吸引高端装备、新能源、新材料等新兴产业入驻工业园区，其中中船重工海上风电及重装码头项目、海上风电安装船项目，总投资8亿元；重装码头项目，总投资4亿元；海上风电设备运输安装及后期运营维护服务项目，总投资3亿元。以上3个项目占地面积33.33公顷，占用海岸线500米，为县内风电场的工程项目建设提供各项服务，主要包括风电基础施工、风机安装、输变电工程建设、海上风场运营维护、风电塔筒建造及风机导管架制作等。积极引进北京环卫集团新能源环卫电动汽车项目，在围场施工中。

【其他行业】 包括印刷和记录媒介复制业，文教、工美、体育和娱乐用品制造业，石油加工、炼焦和核燃料加工业，废弃资源综合利用业等。有唐山唐昂新型建材有限公司、唐山市宏岩建材有限公司、唐山京东实业集团乐亭县建材有限公司、乐亭县金正印刷包装制作有限公司、乐亭县海滨工艺制品厂、唐山境界实业有限公司、乐亭县昌旭建材有限公司7家企业。

规模以上工业经济运行及主要行业运行特点

【概　况】 2016年是“十三五”时期的开局之年，全县坚持“协同发展、转型升级、又快又好”的工作主基调，主动适应经济发展新常态，抢抓京津冀协同发展、省市打造沿海增长极等重大战略机遇，经济保持整体平稳运行，转型升级取得新成效，人民群众的幸福感不断提升。

全年规模以上工业企业实现产值290.5亿元，比上年增长15.5%。从重点行业看，黑色金属冶炼及压延加工业实现产值135.6亿元，比上年下降13.7%；化学原料制品制造业实现产值114.2亿元，比上年增长17.4%；农副食品加工业实现产值18.35亿元，比上年增长17.4%。

【工业经济效益明显改善】 2016年，全部工业实现增加值88.82亿元，比上年增长7%。规模以上工业增加值75.52亿元，增长7.7%。按注册类型分，国有企业0.09亿元，下降85.2%；有限责任公司17.7亿元，增长16.5%；外商及港澳台商投资企业29.61亿元，下降1.5%；私营企业28.12亿元，增长51.1%。按轻重工业分，轻工业增加值6.17亿元，增长3.7%；重工业增加值69.35亿元，增长18.5%。全年规模以上工业实现利润7.91亿元，增长271.4%。年末，规模以上工业企业74家，比上年减少3家，其中年内新建投产企业5家。

【工业投资保持较快增长】 2016年，全县工业固定资产投资133.56亿元，比上年增长24.9%；其中工业技术改造投资100.27亿元，比上年增长22.4%。

【民营经济稳定发展】 2016年，全县新增中小微企业626家、规模以上企业13家；全县实现民营经济增加值302.3亿元，比上年增长10%；实现营业收入880.9亿元，比上年增长10%；实现利润28.77亿元，缴纳税金15.58亿元，分别比上年增长3.8%和14.3%。

工业经济管理

【狠抓项目建设】 2016年，全县深入实施项目建设数量质量“双提升”计划，以定向招商、在建项目推进、投产项目达产达效三大重点工作为抓手，加速项目集聚，实现量质齐增。全县实施固定资产投资1000万元以上重点项目202个，涉及总投资355.6亿元，其中亿元以上项目61个。新希望六和肉鸡产业链、唐钢惠唐金属科技等61个项目当年建成投产；中心渔港综合项目一期工程、炳旭专用工程机械底盘制造等27个续建项目扎实推进；北京海德润生物医药产业园、北京燕化永乐环保型农药复配制剂等39个项目开工建设；另有中船重工海装重装码头及海上风电开发等72个项目签约待上。

【鼓励企业自主创新】 实施质量强工和名牌战略，鼓励企业深入开展技术创新活动，推进企业品牌建设，不断强化企业自主创新能力。年内组织完成3家企业申报名牌产品工作；为乐亭县同利面粉厂申报2016年省、市级中小企业名牌产品，其中市级获批；为刘美实业有限公司申报2016年省中小企业名牌产品延期复审。

【加大对上资金争取力度】 不断强化政策导向，精心打造包装项目，加大对上资金争取力度，重点支持产业转型升级、新产品开发和传统行业改造提升。2016年争取上级专项资金2094.6万元，其中为唐山中厚板材有限公司争取省级转型升级专项资金20万元，为北环新能源汽车争取专项资金12.6万元，争取电力需求侧资金269万元，争取节能减排资金1793万元。激发了企业的活力。

【加快公共服务体系建设】 抓住唐山市小微企业创业创新示范城市建设的机遇，用足用好各项政策措施，进一步延伸和完善县小微企业服务平台功能，营造鼓励创新、支持创业的浓厚氛围，激发市场主体活力。从品牌创建、融资对接、市场开拓、信息咨询等方面，为小微企业提供全方位服务，争取把县中小企业服务平台打造成创业创新基地和国家级服务平台。年内新增各类市场主体5184家，中小微企业626家。

【重点企业进档升级】 县工信部门组织6家重点企业参加“省民营经济百强企业”“市级先进企业”评选，做好企业行业准入工作。唐山市德龙钢铁有限公司、河北明盛实业集团有限公司被评为“唐山市先进企业”，唐山丞起汽车零部件有限公司、唐山龙泰辰实业股份有限公司获国内行业准入。

【民营企业融资渠道拓宽】　组织县内中小微企业与金融机构进行银企对接，取得金融机构对中小微企业的融资支持。乐亭县万佳信用担保有限公司与县农村信用联社一起，对辖区中小微企业进行调查考核，对符合担保条件的43家企业提供4735万元的担保贷款支持，增强了中小微企业的资金周转，调动了企业生产经营的积极性，提高了企业扩大再生产的能力。

【加强运行监测】　县工信部门围绕促进产业链条延伸、加强钢铁深加工行业监测，对唐山宝航机械制造有限公司加工及金属结构产品制造项目、唐山钢铁集团有限责任公司惠唐乐港金属科技分公司板材加工配送和钢结构制造工程项目一期、乐亭县顺鑫机械制造有限公司年产2.5万吨超高耐磨节能低耗辊套机械制造项目、北京环境卫生工程集团有限公司装备制造基地项目一期4个项目进行动态监测，以推进耗钢项目建设和挖掘现有耗钢潜力为重点，着力延伸钢铁行业下游产业链条。围绕节能减排、进行新能源汽车推广，对接上级政策，贯彻执行省级大气污染防治资金优先用于新能源汽车政策，宣传新能源汽车在免征车牌费、车船税、车辆购置税、市内收费公路行驶的新能源汽车免收车辆通行费等方面的优惠政策，有效调动了企业和个人使用新能源汽车的积极性。谋划充电桩设施建设，编制《乐亭县新能源汽车充电基础设施建设规划》，拟在县公交总站、汽车客运站、县城区工业聚集区、县车辆管理所、县政务中心等处建立36个充电桩，推进新能源汽车的推广使用。围绕淘汰落后、化解过剩产能，加快推进焦化行业污染整治和工业企业料堆场治理。经县工信部门督导，唐山市德龙钢铁有限公司、唐山中厚板材有限公司的料场已完全封闭进仓并通过上级有关部门组织的验收。围绕大气污染防治工作，加强对企业的应急响应和重点活动期间停产、限产的督导。年内，按照唐山世界园艺博览会等六大重点活动期间对空气质量的要求，及时启动和取消天气应急预警、开展企业停产、限产工作，县工业和信息化局对三类89家企业印发《关于中国—中东欧国家地方领导人会议、河北省经济贸易洽谈会期间停产、限产工作的通知》，加强对唐山市德龙钢铁有限公司和唐山中厚板材有限公司的停产、限产的监管工作，并配合县环保部门对乐亭县乾亿实业有限公司、乐亭县兴达汽车铸件有限责任公司、唐山乾泰实业有限公司、乐亭县丰达铸造厂4家企业下达停电通知书，确保唐山世界园艺博览会等六大重点活动期间县内的空气质量达标。

工业企业选介

【唐山中厚板材有限公司】　唐山中厚板材有限公司（简称中厚板公司）是河北钢铁集团唐钢公司控股的合资公司，位于河北乐亭经济开发区，毗邻唐山港京唐港区。2005年始建，2006年8月投产，炼钢区域有铁水预处理1座、120吨转炉3座、LF精炼炉3座、RH精炼炉1座、板坯连铸机（具备电磁搅拌及重压下功能）3台；轧钢区域有板坯加热炉4座、3500毫米双机架1套、3500毫米单机1套、中间坯即时温控、超快冷装置。其中，连铸坯重压下、中间坯即时温控为国内第一家使用该技术的企业，为开发特厚钢板和改善板材心部组织、性能创造了条件。

2016年，中厚板公司具有400万吨商品材坯的生产能力，以碳素结构钢、低合金高强度结构钢、高层建筑用钢、船体结构和海洋工程机械用钢、锅炉和压力容器用钢、桥梁结构用钢、模具用钢、管线钢为主导8大类136个牌号的产品，规格覆盖厚度6～120毫米，宽度800～3200毫米，长度3000～15000毫米。与中建集团、中国二十二冶、东南网架、杭萧钢构、华电集团建立战略合作或业务合作关系，产品不仅应用于北京国贸大厦、浙江三门核电站、西安火车站、上海虹桥机场等国内重点工程项目及城市标志性建筑的建设，还远销非洲、欧洲、南美、中东、东南亚、南亚等地区。

年末，中厚板公司下设5科1室：生产科、设备机动科、技术科、销售科、安全科和综合办公室；有25个作业区：转炉作业区、精炼作业区、连铸作业区、炼钢原料作业区、炼钢准备作业区、炼钢精整作业区、运行作业区、运行点检作业区、除尘环保点检作业区、连铸点检作业区、精炼点检作业区、转炉点检作业区、加热炉作业区、轧一作业区、轧二作业区、轧一精整作业区、轧二精整作业区、轧钢准备作业区、热处理作业区、轧机点检作业区、精整点检作业区、电气点检作业区、液压润滑点检作业区、加热炉（热处理）点检作业区、质检化验作业区。有干部职工 1705 人，其中干部 241 人（高级职称 16 人，中级职称 58 人），工人 1464 人（高级技师 5 人，技师 42 人）。干部职工中有研究生 12 人，大学本科 258 人，大学专科 198 人。

生产经营　2016 年，中厚板公司产钢 250.18 万吨、材 193.13 万吨。实现营业收入 54.19 亿元。全年口径品种钢比例达到 62.86%，约为 2015 年的 1.65 倍。与中建集团、中材集团、华电集团签署战略合作协议，全年高建钢、桥梁钢等重点品种销售完成 82 万吨，占总销量的 44.32%。

年内，中厚板公司设立大客户 9 家，包括中建集团、中冶集团、中材集团、中铁建集团、华电集团、上海建工集团、杭萧钢构、东南钢构、多维集团，全年累计销售 37.9 万吨，比 2015 年增加 20 万吨、增幅 111.73%。先后与中建二局、中建钢构、华电曹妃甸、上海建工、中材集团、杭萧钢构、东南网架签署年度框架协议，与客户实现多层次深入合作。

通过开发终端市场，年内合作用户终端比重达到 45%，全年三方直供比超过 60%。大客户作为终端市场开发先导，销量占比超过 20%，大客户子公司、分公司合作数量超过 40 家，成功将高建钢等拳头产品推向全国钢结构用钢市场，赢得市场认可。

与中板所、技术和生产部门通力合作，成功向市场推出高端容器板、桥梁钢、高强钢等 20 余个牌号新产品，包括 15CrMo、09CrCuSb、25Mn、40Cr、L360M、P20、Q355NHD、Q420qDZ25、Q550D 等。年内，中厚板公司研发重点品种钢新产品 5 个品种（高性能建筑用钢 4 个规格、容器板 4 个规格、耐酸耐候钢 2 个规格、桥梁钢 6 个规格、塑料模具钢 2 个规格）。

年末，中厚板公司有设备 1.36 万台套，总重量 1.35 万吨。A 类设备功能精度达标率 98.5%，比指标提高 1.5%，钢、轧设备故障及事故时间比上年减少 33.6%。

项目改造　2015 年 3 月，中厚板公司转炉自动炼钢改造工程立项，4 月开工建设，2016 年 3 月完工并投入使用。项目总投资 6287.54 万元。主要建设内容包括三座转炉增加副枪系统及配套设施建设等。项目的建成加快了生产节奏，提升了炼钢的可持续发展能力。

2015 年 3 月，提升产品结构改造工程立项，4 月开工建设，2016 年 3 月完工并投入使用。项目总投资 1.93 亿元。主要建设内容包括超快冷改造项目、增上预热矫直机、冷矫直机、压平机、增上即时温度控制项目、配套厂房延长、配套公辅设施、消防设施建设等。项目的建成改善了板材成品品质，提高了场内安全等级，加快了生产节奏。

2015 年 4 月，2# 连铸机改造、增加重压下工艺及配套设施工程立项，当月开工建设，2016 年 3 月完工并投入使用，项目总投资 5027.82 万元。主要建设内容包括钢水接受跨向南延长 48 米、加料跨和钢水接受跨天车滑线改造、增建钢包热修区域、2# 板坯连铸机改造增加重压下工艺、炼钢区域 4 部液体天车改造等。项目的建成加快了生产节奏，提升了天车安全性，更加便于协调生产。

2015 年 5 月，钢轧系统改造工程扩建除尘环保设施及补充工程立项，当月开工建设，2016 年 4 月完工并投入使用，项目总投资 1100 万元。主要建设内容包括在钢轧系统改造工程中利用原有精炼除尘能力增加炼钢三次除尘，将新上精炼除尘由 80 万 m^3/h 扩容到 120 万 m^3/h，主要设备全部利旧；增加转炉屋顶排烟罩、换气管道、烟气及换气切换阀等。项目的建成提高了环保等级，提升了可持续发展能力。

2015 年 7 月，轧钢线 1#、2# 自动化系统升级项目工程立项，8 月开工建设，2016 年 3 月完工并投入使用，项目总投资 700 万元。主要建设内容包括新建粗轧机基础自动化部分；新建收集区基础自动化部分；新建粗轧机和收集区基础电气部分等。项目的建成优化了生产过程，提高了成品品质，提升了可持续发展能力。

2016 年 9 月，钢轧系统 400 万吨配套项目新增及恢复立项，当月开工建设，项目总投资2899.8万元，预计2017年3月完工并投入使用。

【唐山市德龙钢铁有限公司】 唐山市德龙钢铁有限公司（简称德龙公司）成立于2000年1月，是河北省重点钢铁企业、中国钢铁工业协会会员单位、河北省冶金行业协会理事单位，是集烧结、炼铁、炼钢、轧钢为一体的民营大型钢铁联合企业。2016年有职工3600人，其中管理人员200人，专业技术人员350人（中高级职称人员100人），产品主要有带材和线材。

“一种用于线材精轧机组出口的微型封水装置”发明专利获授权　2016年6月，德龙公司线材厂职工张永的“一种用于线材精轧机组出口的微型封水装置”发明专利获得中华人民共和国国家知识产权局授权，是德龙公司第一个获得授权的发明专利。德龙公司将科技创新工作摆在突出位置，搭建科技创新平台，重奖科技创新成果，年内公司专利申报数量实现新突破，申报专利8项（2项发明、6项实用新型），均获得国家知识产权局受理。年内，组织推荐4个QC课题参评2016年度河北省优秀质量管理成果，均取得“一等奖”。

成为国家标准《钢渣应用技术要求》主要起草单位　国家标准《钢渣应用技术要求》（GB/T 32546—2016）经国家质检总局与国家标准委员会批准颁布，将于2017年1月1日正式实施。钢渣法烟气脱硫工艺利用钢渣作为吸收剂脱硫，通过“以废制废”，可以解决大气污染和固废物污染的问题，同时烟气脱硫渣可用于盐碱地的治理，其经济效益、环境效益及社会效益可观。德龙公司作为国内首个采用钢渣作为烟气脱硫剂的钢铁企业，对该项国家标准的制定提供了关键性的技术数据，起到重要的技术支撑，成为国家标准《钢渣应用技术要求》主要起草单位。

技术中心通过“市级企业技术中心”认定　2016年，德龙公司启动“省级技术中心”申报工作，按照既定的工作计划推进各项申报工作。9月，根据专家建议进行唐山市认定企业技术中心的申报工作。10月，按要求向唐山市发改委高技术处提交《唐山市认定企业技术中心申请报告》，于12月22日完成唐山市认定企业技术中心申报现场答辩。德龙公司获得“2016年度唐山市企业技术中心”的认定，为2017年度“省级企业技术中心”的认定打下基础。

【唐山旭阳化工有限公司】 唐山旭阳化工有限公司（简称旭阳公司）成立于2007年8月，是旭阳化工集团的全资子公司。

旭阳公司规划有10余个化工项目，并建有配套的生产控制中心、热岛中心、气岛中心、水务中心、物流中心和行政服务中心为特点的公用工程系统，已完成投资17亿元。2016年生产总值达16.51亿元，实现营业收入17.25亿元，营业利润8607.19万元，上缴税金1521万元。

和谐企业创建　2016年，旭阳公司在县总工会的帮助下，不断加强工会工作，调整了工会工作人员，完善了工会组织机构，保证工会工作的正常进行。工会联系各部门，组织企业文化宣讲，增强企业的凝聚力和向心力；组织消防知识培训，增强职工的消防意识；组织岗前培训、岗位练兵和技术比武活动，员工的业务能力得到提高。酷暑时节，工会采取多项措施做好职工防暑工作，给生产一线的职工发放冰棍和绿茶，全体职工发放藿香正气水、风油精、蚊香、电蚊香及杀虫剂；“三八”妇女节为女员工发放慰问品；“七夕”组织大龄单身男女职工参加乐亭县第三届相亲大会，帮助单身职工解决婚姻问题；员工过生日发放生日蛋糕等。先后组织“欢乐祥合迎新年、团结共筑旭阳梦”春节联欢会、正月十五猜灯谜、西柏坡红色之旅、“3·18司庆”系列活动，祖山游、篮球比赛、乒乓球比赛、台球比赛、海边趣味活动、外出对标学习、中秋游园等活动，活跃职工生活，调动职工工作积极性。

旭阳公司获4项省级质量管理奖项　2016年6月18日，在河北省冶金行业质量管理优秀成果公布会上，旭阳公司获得4项省级质量管理奖。参评课题《循环水系统管理优化》和《苯酐轻组分塔、产品塔液位计改造》获得2016年河北省冶金系统优秀管理成果二等奖；生产副总经理李拥军获得“2016年河北省冶金行业质量管理活动卓越领导者”称号；质管部副经理赵辉获得“2016年河北省冶金行业质量管理活动优秀推进者”称号。通过此次质量管理成果发布活动和学习、交流，不但展现了旭阳公司质量管理成果，提升了质量品牌形象；同时通过学习、交流取长补短，对旭阳公司全面强化质量管理、开展质量品牌提升工作起到促进作用。

“一种苯加氢废水脱硫氨处理装置”获国家发明专利证书　专利的数量是一个公司申报高新企业和科技项目的必备条件。因此，旭阳公司领导层对专利的申报工作引起高度重视，于2016年年初发动职工开展专利申请工作。李拥军、薛金龙、于洪锋、田红等6名职工结合生产实践，总结苯加氢废水脱硫脱氨处理工艺流程，并经多次试验，将“一种苯加氢废水脱硫脱氨处理装置”上报国家知识产权局。4月25日，专利申请被成功授理，当时收到国家知识产权局颁发的实用新型及发明专利授理书2份。9月22日，旭阳公司收到中华人民共和国国家知识产权局颁发的实用新型专利证书1份，“一种苯加氢废水脱硫脱氨处理装置”获国家发明专利。实现了专利授权零的突破，为旭阳公司向高新企业转型迈出了坚实的一步。

【唐山境界实业有限公司】　唐山境界实业有限公司（简称境界实业）成立于2011年7月，注册资金2.35亿元，位于河北乐亭经济开发区，类别为有限责任公司，是一家集高清洁能源研发、生产、仓储、物流、销售于一体的现代化企业。2016年有员工311人，其中大专以上学历人员占公司员工总数的58%；拥有甲醇转化制汽油连续反应与再生工艺、甲醇转化制取烃类混合物连续反应工艺及反应器两项核心技术专利的所有权。此外，境界实业还对设计存在的缺陷进行完善，获得国家实用新型专利14项，年内申报发明专利2项，有效保证生产工艺不断升级换代并拥有自主知识产权。

境界实业生产的主要产品为稳定轻烃、均四甲苯混合液及LPG（液化石油气）。其中，主打产品稳定轻烃（C4–C12各族烃类混合物），是一种无硫、无锰、无铁、无铅、低苯、低烯烃、高稳定性的高清洁能源，化验检测硫含量为2.2PPM，可大幅降低机动车污染物排放，特别是大幅度降低二氧化硫和氮氧化物的排放，创造良好的社会效益，有效改善雾霾天气。均四甲苯混合液，是一种以碳九芳烃为主要成分的混合芳烃，是重要精细化工原料，也可作为医药、燃料的中间体。LPG是重要的化工深加工原料。

境界实业规划建设的270万吨/年甲醇制高清洁燃料项目，为省重点项目，省发改委核准为高清洁能源项目，省大气污染治理项目，同时被列为国家重点建设项目储备库。一期为20万吨/年生产装置，已于2014年8月建成达产达效，并获得中国化工施工协会“2015年度全国化学工业优质工程奖”。甲醇制高清洁燃料项目以世界单套规模装置最大、技术最先进、生产装备水平最高、盈利能力最高、科技研发投入最大等优势创造行业内多项第一，在国内处领先地位。二期为100万吨/年生产装置，在加速建设中。三期150万吨/年生产装置，处于项目前期筹备阶段。项目采用赛鼎工程有限公司、中国科学院山西煤炭研究所共同开发的“一步法”生产工艺。在生产装置建设、设备安装调试和试生产过程中，进行300余项核心技术改造，成功实现了“一步法”工艺向单套20万吨/年生产装置的规模化转变，将“一步法”技术提升至新一代“一步法”技术。境界实业将围绕“科学发展、构建和谐”两大主题，以“做大做强，做大做精，建设具有国际竞争力的民营企业”为目标，着力自主创新和管理创新，推进节能减排，使之成为“行业排头、国内领先、国际一流”的大型、先进、高效的具有国际竞争力的民营企业。年内，境界实业被中国石油和化学工业联合会评为“2016中国石油和化工民营企业百强”。

【上海电气风电设备河北有限公司】　上海电气风电设备河北有限公司（简称上海电气）成立于2015年1月，是上海电气风电设备集团全资子公司。位于河北乐亭经济开发区，是一家集大型风电发电机组制造、销售、技术咨询和售后服务的专业公司。占地面积8.67公顷，一期工程投资2亿元，2015年9月建成投产，具备年产50台4兆瓦海上风机组的能力，可生产2兆瓦、2.5兆瓦、3.6兆瓦以及4.0兆瓦风力发电机组。

2016年，上海电气打造以华北地区为主的供应链，一期工程与无锡天华风力发电设备有限公司等7家大中小型供应商建立供需关系，主要为河北公司生产机舱罩、导流罩、叶片、后机舱架、焊接件、铸造件、变流器、控制柜和主轴等风力发电系统所需要的零部件。无锡天华风力发电设备有限公司准备在河北乐亭经济开发区投资建厂，具体事宜洽谈中。下一阶段公司将深入发展更多的省内供应商，为公司的顺利生产创造更多的有利条件。

上海电气的主打产品为4兆瓦海上风电机组。该机型引进西门子技术进行生产，由西门子3.6兆瓦风机升级而来。年内，生产2.0兆瓦风电机组91台，主营业务收入3.3亿元，缴纳增值税640万元，2017年5月缴纳2016年企业所得税577万元。

【唐山丞起汽车零部件有限公司】 唐山丞起汽车零部件有限公司（简称丞起公司）始建于1956年，是一家以设计、研发、制造汽车零部件、各种铸件、汽车轮毂和除尘机组为主的加工型企业，2005年企业整体改制并更名为唐山丞起汽车零部件有限公司，注册资金1200万元，占地面积40公顷，员工850人，坐落于县城富强街127号。丞起公司拥有7条消失模生产线，具备年产铸件5万吨生产能力；国内外一流的加工单元、立卧式加工中心40台套，以及数控车床、数控仿形铣床、三坐标测量机和测长仪等先进设备、仪器800台套，组成12条专业化、自动化加工生产线（经整合，比上年有所减少），形成年产各种变速箱壳体、离合器壳体100万套、汽车轮毂20万件、新能源汽车AB柱产品10万套的生产能力。

2016年，丞起公司以发展和壮大县域经济为己任，以建成汽车零部件行业的小型巨人企业为方向，按照高起点、大批量、专业化、优质量的方针，依靠技术与管理进步，调整和优化产品结构，经济指标稳步增长，保持了健康发展的良好势头。全年实现销售收入1.9亿元，利税3000多万元。年内，“省企业技术中心”通过省发改委、科技厅复审。

丞起公司面对国家汽车轻量化的政策和产品要求的不断提高，坚持“科技兴企”发展战略，加大产品投入和研发。年内投资3300万元，新建戴卡轮毂深加工生产线。项目建成后，将加快产品的转型升级，提升企业整体竞争力。

丞起公司按照长远发展规划和产品开发目标，发挥“省企业技术中心”的优势，注重抓好产品的研发和储备，增强企业的发展后劲。年内与秦皇岛戴卡轮毂有限公司一起开发研制的F1赛车轮毂，成为众多新产品研发中的亮点。该产品的开发和研制的成功，使公司的技术水平和整体竞争力得到提升，也填补了国内该领域的空白，技术水平达到国际先进水平。

【乐亭六和馨美滋食品有限公司】 乐亭六和馨美滋食品有限公司是新希望六和股份有限公司的子公司，于2016年5月18日投入生产。乐亭六和馨美滋食品有限公司的肉鸡宰杀项目总投资3亿元，占地面积8公顷，设计日屠宰肉鸡12万只，是全国500强国家级重点龙头企业。2016年年底有职工500余人，日宰杀肉鸡6万只左右。产品主要是肉鸡分割加工产品，销往全国各地，是双汇、金锣等企业的主要供货商。公司生产的产品为清真产品，通过了HACCP（危害分析的临界控制点）体系审核认证，全力打造可追溯的食品安全管理体系。屠宰原料由公司下属的养殖场专供，养殖环节可控；公司设有化验室，宰前宰后均检测化验，做到了无药物残留和可追溯。

乐亭六和馨美滋食品有限公司秉承“为耕者谋利，为食者造福”的企业发展理念，以最好的经营业绩回报股东及乐亭人民，为县域畜牧业发展贡献力量。

【河北省刘美实业有限公司】 河北省刘美实业有限公司（简称刘美公司），位于乐亭县城东大街99号，占地面积1.88公顷，有固定资产9000万元，是一家以生产百年老字号传统食品“刘美烧鸡”系列为主导产品的多元化、较大型、集团化的民营综合企业。公司秉承“安全生产、诚信为本、客户至上、服务至上”的经营理念，坚持技术创新、追求品质卓越，以市场为导向，实施“实体＋网络”的销售模式；以“内抓管理、提高质量、外拓市场、增加效益”为核心理念，积极稳妥的开拓外地市场。公司设有分公司及总代理、专卖店、连锁店、商超2000多家。在被

2016年中国金鸡百花电影节推荐为熟食产品的同时，被指定为“中国金鸡百花电影节明星欢迎晚宴指定供应商”。当年“刘美烧鸡”被评为“唐山人最受喜爱的十大名吃”，为“中铁如家杯唐山旅游推荐商品”、省级非物质文化遗产项目企业。是年，刘美公司有员工516名，实现销售收入近1亿元。

主要产品　刘美公司为百年历史的“中华老字号”企业，生产“刘美烧鸡”系列、真空畜禽熟食系列、酱卤肉制品系列、灌制品系列等200多种产品。“刘美烧鸡”“芦花香鸡”“曹妃鸡”“荷叶鸡”“水晶牛肉”“南味肠”“刘美烤肠”等产品为公司的自主品牌产品，其中新推出的“锁鲜装小食品”系列产品深受市场好评。产品销往国内18个省、市、自治区。

企业管理　刘美公司在科学的、精益求精的质量管理理念运作下，形成32道工序层层设立专职质检员与兼职质检员的检验程序以及下道工序购买上道工序半成品的生产模式，不断开发研制新产品，精选经销商、供应商，并以多种形式回访消费者，不断提高质量效益。依据《中华人民共和国食品安全法》，规范“刘美”系列食品在原材料采购、生产工艺及成品出厂检验等各个环节的控制与管理流程。24小时开通质量服务热线，全天候提供产品咨询服务。

【乐亭县金正印刷包装制作有限公司】 乐亭县金正印刷包装制作有限公司拥有资深的排版设计、印刷、制作技术员工80名。以先进的管理、技术、设备，高效优良的服务承接各类出版物印刷和文化类、农副产品类、商标精致包装印刷，瓦楞纸板生产、成品包装箱、盒袋制作等。

公司2011年12月通过ISO 9001质量管理体系认证。2013年7月开始实施绿色印刷战略，购进具有世界先进水平的大幅面高速五色加上光高宝胶印机；具有国内先进水平的印刷各类中高档包装箱、盒水墨印刷机、瓦楞纸板生产线及装订设备，同时使用环保型原材料。2015年购进国内先进水平的全自动模切机（玉田），全自动粘箱机（上海嘉亿）、全自动裱纸机（青岛美光），全自动立式OPP覆膜机（玉田），以满足不断扩大的市场需求。2016年实现工业总产值2600万元。2014—2019年为河北省印刷协会理事单位。

2016年，乐亭县金正印刷包装制作有限公司按照国家环保规定进行项目技改，取缔燃煤锅炉，投资约20万元接通了蒸汽，投资27万元新增UV光催化氧化废气净化设备，实施胶印机废气治理项目，5月通过县环保局组织的验收。

建　筑　业

建筑业行业、资质等级分类

【概　况】 2016年年初，全县有入统等级内建筑企业30家，其中公路工程施工企业2家（一级资质1家，二级资质1家）；市政公用工程施工企业1家（三级资质1家）；房屋建筑工程施工企业15家（一级资质2家、二级资质8家、三级资质5家）；金属门窗工程专业企业5家（原二级资质4家、三级资质1家）；地基与基础工程专业企业1家（二级资质1家）；预拌商品混凝土专业企业3家（三级资质3家）；钢结构工程专业企业2家（三级资质2家）；起重设备安装专业企业1家（三级资质1家）。11月29日，乐亭县凯通混凝土制造公司成立，预拌混凝土专业企业增至4家。至年底，县内建筑施工企业达31家，从业人数7765人，其中高级职称人员87人，中级职称人员777人，初级职称人员1973人，建造师253人。自有机械设备8534台套，总功率12.13万千瓦，施工面积32.78万平方米，实现建筑业总产值18.1亿元（与统计年鉴核对）。

【公路工程施工企业】 县内有唐山远大路桥工程有限公司（一级资质）、乐亭县通达公路工程有限公司（二级资质）2家。年末从业工程技术人员653人，其中一级建造师28人，二级建造师10人；高级职称人员30人，中级职称人员260人，初级职称人员325人。自有机械设备640台套，总功率7317千瓦，实现建筑业总产值1.36亿元。

【市政公用工程施工企业】 县内有唐山筑鸿路桥工程有限公司（三级资质）1家。年末从业人数87人，其中二级建造师5人；高级职称人员8人，中级职称人员10人，初级职称人员20人。自有机械设备34台套，总功率5255千瓦，实现建筑业总产值3113.4万元。

【房屋建筑工程施工企业】 县内有河北省乐亭县振兴建筑安装工程有限公司（二级资质）、河北省乐亭县宏达建筑安装工程有限公司（二级资质）、乐亭县城宇建筑安装工程有限责任公司（二级资质）、河北明盛实业集团乐亭县宏晨建筑安装工程有限公司（二级资质）、乐亭县华业建筑安装工程有限公司（二级资质）、乐亭县鑫丰建筑安装工程有限公司（二级资质）、唐山博宏建筑安装工程有限公司（二级资质）、乐亭县祥云建筑安装工程有限公司（二级资质）、乐亭县圣雅建筑安装工程有限公司（二级资质）、唐山华宝建筑安装工程有限公司（三级资质）、乐亭县昌隆建筑安装工程有限公司（三级资质）、唐山瑞鹏建筑安装工程有限公司（二级资质）、唐山颐晨建筑安装工程有限公司（三级资质）、乐亭县丞起建筑工程有限公司（三级资质）、唐山越旺建筑工程有限公司（三级资质）计15家。年末从业人数6631人，其中一级建造师16人，二级建造师162人；有高级职称人员43人，中级职称人员446人，初级职称人员1497人。自有机械设备7641台套，总功率8.57万千瓦，施工总面积32.78万平方米，实现建筑业总产值15.05亿元。

【金属门窗工程专业企业】 县内有乐亭县会港门窗有限公司（原二级资质）、乐亭县广大建筑装饰有限公司（原二级资质）、乐亭县顺通门窗有限公司（原三级资质）、唐山黎花实业发展有限公司（原二级资质）、唐山天辰金属门窗有限公司（原二级资质）5家。年末人数129人，其中二级建造师15人；中级职称人员23人，初级职称人员45人。自有设备58台套，功率2993千瓦，实现建筑业总产值3090万元。

【地基与基础工程专业企业】 县内有乐亭县鼎力基础工程有限公司（二级资质）1家。年末从业人数50人，其中有二级建造师6人；高级职称人员5人，中级职称人员10人，初级职称人员25人。自有机械设备42台套，总功率2993千瓦，实现建筑业总产值4638万元。

【预拌商品混凝土专业企业】 县内有乐亭县昱晨混凝土有限公司（三级资质）、唐山佳龙混凝土有限公司（三级资质）、唐山折峰实业有限责任公司（不分等级）、乐亭县凯通混凝土制造有限公司（不分等级，2016年11月29日注册）4家。年末从业人数110人，其中高级职称人员1人，中级职称人员14人，初级职称18人。自有机械设备38台套，总功率1.25万千瓦，实现建筑业总产值4521万元。

【钢结构工程专业企业】 县内有乐亭县通创钢结构工程有限公司（三级资质）、唐山佳龙金属结构有限公司（三级资质）2家。年末从业人数85人，其中二级建造师6人；中级职称人员12人，初级职称人员35人。自有机械设备77台套，总功率4256千瓦，实现建筑业总产值1187万元。

【起重设备安装专业企业】 县内有乐亭县嘉泰建筑工程设备安拆有限公司（三级资质）1家。年末从业人数10人，其中二级建造师2人；中级职称人员2人，初级职称人员4人。自有机械设备4台套，总功率286千瓦，实现建筑业总产值350万元。

建筑业管理

【资质审查】 县住建局对全县建筑施工企业、勘察、设计、监理和中介机构实施管理，主要管理内容包括全县建筑安装及各类专业性施工企业的资质等级、固定资产、人员素质、从业人员及项目经理。按照建设部规定的资质等级标准，对建筑施工企业进行核定和初审把关，把达到等级标准的组卷上报省或市建设部门审批。对已定资质等级的企业实行年检，对已定资质等级的项目经理定期复查，办理已定资质等级企业的资质延续和资质增等事项。

2016年，按照工作职责规定，县住建局对全县建筑企业的资质延续、资质升级、新办资质进行申报工作；严格按照建筑企业资质管理规定进行初审把关，符合条件的向市住建局申报。根据住房城乡建设部2015年1月22日颁布的《建筑业企业资质管理规定》，自2015年3月起对门窗企业无资质要求，门窗企业不再进行资质申报。至2016年年底县内建筑施工企业31家（含门窗企业5家）。年内按照省市文件精神完成了资质旧证换新证工作。

【工程招投标管理】 县住建局依据《中华人民共和国招投标法》和省市招投标实施条例及法规，坚持规范、服务并重，探索招投标管理新机制、新模式、新方法，对招投标程序的合法性进行监督，将招投标管理纳入规范化、法制化、科学化轨道。

通过完善招投标运行机制，提高监管效能，确保应招标项目和公开招标监管率100%。同时抓实招投标工作各个环节的衔接和落实，对各方行为主体的资质及业务范围严格把关，严禁超越资质及业务范围承揽工程和业务咨询。对招投标活动中投诉事件依法受理严肃查处。为避免招标人、招标代理机构知晓潜在投标人的信息情况，取消报名环节，对招标文件的获取和招标文件的澄清、修改、质疑等一律采取网上进行。招标人要求投标人提交投标保证金的一律采取银行保函形式，银行保函在递交投标文件时一并提交。评标委员会的专家成员，坚持从全省统一评标专家库中抽取。对于工程项目的招标公告和中标公示匀坚持在河北省招标投标综合网、河北建设工程信息网同时发布；对于政府财政性资金投资项目同时在河北省政府采购网发布。为确保招投标活动公开、公平、公正进行，及时发现纠正违法违规行为，对开标、评标活动的现场严加监督。年内监督公开招标31项，中标金额3.71亿元。

【加强农民工工资管理】 县住建局严格执行《乐亭县房屋建筑和市政基础设施工程建设领域农民工工资预付金管理办法》，由建设单位在建设银行开设预付金账户，按工程造价的2%缴纳农民工工资保证金，专项用于施工总承包企业支付农民工工资。对于不按规定缴纳预付金、农民工工资保证金、项目资金落实不到位的项目一律不得颁发施工许可证。质量监督站及时督导项目单位缴纳第二、第三次预储金。对要求复工的项目，须通过劳动监察大队核实不存在拖欠农民工工资后，方可复工。在日常监管中，随时掌握各项工程的农民工工资发放情况，发现欠薪情况，按照“谁用工、谁支付工资”的原则，督促欠薪单位限期予以清偿。对于恶意欠薪逃匿构成犯罪的，移交司法机关处理。对严重拖欠工资的失信企业列入“黑名单”，在工程款全部清偿前，不予受理新项目审批、核准、备案，不予办理新项目招标手续和施工评估手续，增加欠薪违法失信成本。全年协调处理拖欠农民工工资3300余万元。

【建筑工程监理】 县内注册乐亭县明成建筑工程监理咨询有限公司1家，资质等级为乙级，公司有高级工程师1人，工程师9人，注册监理工程师11人，注册造价师3人，注册建造师1人。全年监理工程项目19个，监理施工面积21.06万平方米，监理总收入100.77万元。

【建筑节能管理】 为全面落实国务院和省《民用建筑节能条例》，确保新建居住建筑工程执行节能65%、公共建筑执行节能50%、节能强制性标准执行率100%的目标，按照市政府办公厅《关于开展绿色建筑行动创建“建筑节能市”工作方案》要求，本着政府引导、实事求是、循序渐进的原则，积极推进乐亭绿色建筑和建筑节能工作。

县住建局对所有新建工程项目从颁发施工许可证入手，严格把关，没有施工图设计文件审查合格证的工程，一律不颁发建筑工程施工许可证。为确保各项工程按设计要求施工，全力推进新型墙体材料备案监管制度，监管率100%。要求建设、施工、监理等单位严格执行建筑节能分部分项工程划分及分项和专项验收，对无节能专项验收的工程项目质监站不予竣工验收备案。节能办公室与质量监督站深入工地，对各在建工程新墙材备案、进市登记、见证取样及施工做法等情况进行跟踪检查，发现问题立即整改，确保建筑节能工作落实到位。

对于政府投资的公益性建筑、机关办公建筑和保障性住房全部执行绿色建筑标准（单体建筑面积超过2万平方米的大型公共建筑、建筑面积超过10万平方米的住宅小区）。年内新开发建设的乐府、水悦华苑、鼎秀家园3个住宅项目均实施绿色建筑标准设计施工，绿色建筑面积38.49万平方米。

年内，对既有建筑曙光小区10栋住宅楼进行节能改造，施工改造面积1.43万平方米，预算工程投资446.97万元，该节能改造项目已通过市住建局验收。

【施工合同备案及施工许可管理】 县住建局加强施工合同备案及施工许可审批管理。在施工合同备案中，严格审查所签订的施工合同与中标通知书及招标文件实质性内容是否一致，是否有违法、违规和损害国家、社会及第三者利益的条款，合同内容是否详尽、准确、公平等，以确保有效约束合同当事人的行为，从根本上治理各项违约行为，保证建设质量、工期安全和投资效益，从源头把控主体责任人的行为。全年审批发放施工许可证36件，建筑面积73.54万平方米，工程投资10.35亿元。

【工程质量监督管理】 县住建局从抓制度落实入手，创新监管模式，推进工程质量监管转型，强化工程质量监督，严格执行监督、监理、施工图审查备案制度，落实两书、两牌、一档案（法定代表人授权书、终身责任承诺书，现场公示牌和永久性质量责任标牌，质量终身责任信息档案）制度。按照国务院《建设工程质量管理条例》和省政府《建设工程质量管理规定》的规定，严格质量监督。严格执行住建部《房屋建筑工程和市政基础设施工程竣工验收备案管理暂行办法》，实行工程竣工验收备案制。认真执行

《唐山市住宅工程质量分户验收管理暂行办法》，严把质量关，最大程度减少业主对房屋质量的投诉。创新监管模式，建立以质量巡查或抽查与重点部位关键工序监督并重的监督方式，将施工作业面的施工质量与对工程结构关键部位重点抽查相结合，重点抽查结构安全及使用功能。同时对施工现场所用建材不定期进行抽查，杜绝劣质建材在工程中的使用。有针对性地强化住宅工程质量的通病防治。

2016年，全县受监督在建工程项目126项，受监督面积31.96万平方米，总投资5.37亿元。其中结转工程项目57项，建筑面积9.81万平方米，总投资1.08亿元；新建工程项目69项，建筑面积22.15万平方米，总投资4.29亿元。工程监督覆盖率、工程质量合格率、住宅工程分户验收实施率、商品混凝土厂家监督检查覆盖率均达100%，工程质量投诉结案率95%。

【施工安全管理】 县住建局全面贯彻落实“安全第一，预防为主、综合治理”的方针，从长计议强化部署，健全机制强化责任，组织培训提高素质，明确重点专项治理，讲究方法严格执法，安全生产监督管理规范有序，全县建设系统未发生一般及以上安全生产事故。

周密计划，强化部署　年初，县住建局根据《中华人民共和国建筑法》等法规条例，拟定2016年度《安全生产指南》，针对季节变化的特点和对生产生活的影响，确定安全监管重点，逐月安排安全生产监管任务，拟定监管措施，明确责任单位和责任人，提前部署，做到安全生产监管工作长计划短安排。

健全机制，强化责任　县住建局把健全、落实安全生产备案制作为安全生产管理的必要措施抓紧抓实，全年办理安全备案的项目30个，建筑面积51.47万平方米。通过严格执行《河北省建筑工程施工安全生产备案审批表》的要求，建立健全项目安全保障体系。同时严把安全生产许可证审报关，加强对燃气企业经营许可证的动态管理。要求各建筑施工企业修订安全应急救援预案，坚持预警制，做到防患于未然。并与各建筑企业签订安全生产管理目标责任书和承诺书、安全监督计划书和变更书及扬尘治理责任状，强化企业的安全主体责任。实行责任监督员制度，监督员对分管工程项目从安全备案到工程竣工验收全程负责监督。

抓好培训，以人为本　年初，县住建局组织由企业负责人、项目经理、安全监督员参加的省建设厅在市住建局组办的安全培训班，并多次对180名特种作业人员进行专业培训，坚持持证上岗作业制度。

明确重点，专项治理　继续坚持以起重机械设备、基坑支护、脚手架和模板支撑系统、“三宝”“四口”临边防护，施工用电等关键部位和特种作业人员持证上岗作为监督重点，开展起重设备专项治理，检查塔吊29台，施工升降机19台，发现并整改安全隐患35项，起重设备的安全管理得到改善。落实《河北省建筑施工扬尘防治新15条标准》，年内对县城区施工现场进行地毯式排查4次，并于9月28日在乐府施工现场召开由全县建筑、监理企业负责人和在建、待建工程各方参建主体负责人参加的扬尘治理暨安全生产现场观摩会议，推动安全生产和现场扬尘治理工作的开展。

讲究方法，提高效果　县住建局采取日常巡查和专项联查相结合的方式，确保施工安全无死角。全年检查发现事故隐患350起，下发隐患整改通知书168份，消除事故隐患298项。在春节后复工、暑期、汛期恶劣天气、冬季施工事故多发期及全国“两会”“两节”、高考期间等特殊时期，有针对性地开展安全隐患排查。实施“黑名单”制度，深入开展安全生产执法行动。施工企业被记入“黑名单”的，对违反安全生产法律、法规强制标准的行为，既要严肃纠正又要加大处罚力度。

建筑企业选介

【河北明盛实业集团乐亭县宏晨建筑安装工程有限公司】 2006年5月成立，为房屋建筑工程施工总承包二级资质企业，注册资金5000万元，净资产1.33亿元。公司以“诚信为本，筑精品工程”为宗旨，走“质量效益型”之路。2016年从业人数400人，其中一级建造师2人，二级建造师10人，科技人员155人。有各种施工机械设备432台套，总功率5049千瓦。年内完成建筑施工面积3.7万平方米，其中唐山海港经济开发区四季家园投资3100多万元，建筑施工面积1.9万平方米。全年完成建筑业总产值2.89亿元，缴纳税金1743.69万元。

【河北省乐亭县振兴建筑安装工程有限公司】 1996年8月成立，为房屋建筑工程施工总承包二级资质企业，注册资金2080万元，净资产4060万元。公司以“安全生产、质量至上”为宗旨，以质量求生存，向管理要效益。2016年从业人数1220人，其中二级建造师26人，科技人员113人。有各种施工机械设备840台套，总功率1.62万千瓦。年内完成建筑施工面积4万平方米，其中县城区工业聚集区投资6000万元，建工业厂房3.75万平方米。全年完成建筑业总产值1.8亿元，缴纳税金1085.4万元。

【河北省乐亭县宏达建筑安装工程有限公司】 2002年1月成立，为房屋建筑工程施工总承包二级资质企业，注册资金2050万元，净资产4124万元。公司秉承“诚信”的经营理念，坚持“安全第一，质量为上”的原则，立足县域搞开发，走出去开拓市场，取得较好的经济效益。2016年从业人数1070人，其中二级建造师12人，各类科技人员194人。有各种机械设备1352台套，总功率1.12万千瓦，完成建筑施工面积2.5万平方米，其中总投资1.3亿元，建筑面积8.13万平方米的唐山湾金贝国际旅游中心度假村在建设中。全年完成建筑业总产值3.46亿元，缴纳税金2088万元。

【乐亭县城宇建筑安装工程有限责任公司】 2004年12月成立，为房屋建筑工程施工总承包二级资质企业，注册资金2120万元，净资产3126万元。公司以“百年大计、质量第一”为宗旨，走“质量效益型”之路，重合同、守信誉。2016年从业人数968人，其中一级建造师1人，二级建造师13人，各类科技人员177人。有各种机械设备625台套，总功率6010千瓦。年内建筑施工面积1.9万平方米，其中宁馨佳苑投资9000多万元，建筑面积5.63万平方米。全年完成建筑业总产值1.5亿元，缴纳税金904万元。

【乐亭县通达公路工程有限公司】 乐亭县通达公路工程有限公司（简称通达公司）隶属于县交通运输局，成立于2002年4月，注册资金3000万元，为股份制企业。具备建设部颁发的公路工程施工总承包二级资质；公路养护工程施工二类（甲级）资质；实验检测机构丙级资质；取得省住建厅颁发的安全生产许可证。主营一级以下公路路基、路面、桥梁工程施工，兼营公路路基、路面、中小桥涵洞、绿化及沿路设施等中修、大修养护工程施工等。

2016年，通达公司有职工246人，其中具有大专以上学历的82人，占职工总数的33.33%。有国家一、二级建造师13人，高级工程师、工程师、助理工程师31人，其他专业技术人员22人。为提高职工队伍素质，聘请市公路技校专家讲授公路工程管理、技术和实验检测专业知识，全体施工人员的专业技术水平和安全意识得到提高。

随着公路建设的需要，通达公司购置了2000型沥青混凝土拌和站1套；WB600型稳定土拌和站2套；HD25/HD50型水泥混凝土拌和站各1套；沥青混凝土摊铺机1台，稳定土摊铺机、压路机、装载机、刮平机等大中型施工机械设备30多台套，并拥有测量仪器12台（套），实验检测仪器81台（套）。

交通 · 邮电

交　通

【公路建设】 基础设施新建、续建工程　2016年，投资96.52万元，实施姜各庄街道改建工程，全长3000米，6月16日完工。投资1282万元，实施省道青乐公路前庞河至姜各庄段中修工程，全长23.75千米，8月20日完工。投资134.6万元，实施汤家河镇街道路面工程，9月30日完工。投资70.5万元，实施韩坨村农业示范园桥涵工程，全长20米，10月底完工。投资180万元，实施平青乐公路（汀流河—关帝庙）维修工程，全长10千米，11月5日完工。投资42万元，实施独幽城收费站广场混凝土路面工程，11月7日完工。

农村公路政府购买服务委托代建工作　经县政府批准成立乐亭县农业农村发展有限公司，作为政府委托代建购买服务融资建设公司，与上级主管部门及县农发行进行对接，做好前期各项准备工作。5月，经过与县农发行、省农发行及县财政等相关部门的沟通协调，第一批建设项目获得省农发行立项，包括道路改建390.9千米，其中二级公路12.39千米，三级公路47.01千米，四级公路331.5千米；桥梁拆除重建270米/10座；安保工程50千米；估算总金额4.12亿元。

农村公路建设项目　投资2966.5万元，完成美丽乡村道路、唐山世园会建设工程99.2千米，改造农村公路危桥4座。

【公路运输】 客运　2016年，乐亭运输分公司所属长途车18辆，班线17条。其中，县际班车10辆，班线9条；市际班车7辆，班线7条；省际班车1辆，班线1条。乐亭县兴运公交客运有限公司有公交车120辆，班线18条。出租车169辆（乐亭县出租分公司119辆，乐亭县路通出租公司50辆）。年内以打击“出租黑车”为重点，规范运营行为，全面加强对客运行业的监管，严格依法查处客运违法行为。查处违章班车25起、查处非法营运45起。组织开展隐患大排查等项活动20次，通过企业自查和检查督查，增强了客运企业及从业人员的安全意识，为春运和唐山世园会提供了良好的交通运输保障。春运期间，班车运送旅客7396人，投放临时加班车26台次，公交客运平均每天投放79辆，运送旅客5.79万人。完成出租车年审工作，审验出租汽车169辆，合格率100%。

货运　2016年，全县货运营运货车3789辆，其中普通货车3776辆，总吨位3.99万吨。按照《中华人民共和国道路运输条例》规定，查处货运违章车辆534辆次；开展道路运输行业安全生产大整治隐患排查活动14次；针对全县道路运输安全现状，召开货运企业例会10次，签订《2016年度安全生产目标管理责任状》149份；对政府公示的4家货运源头企业治超情况进行巡查监管，进厂巡查196次。全县货物运输服务组织190家，其中物流企业24家，普通货物运输公司150家，危险品货物运输公司1家，联合车队15家，从业人员1192人；有专用货车13辆，吨位206吨；有危险物品运输车辆17辆，吨位318吨。

【铁路运输】 唐港铁路有限责任公司（简称唐港铁路公司）是在原唐山滦港铁路有限责任公司的基础上，通过“增资扩股、变更登记”的方式组建的合资铁路公司。由太原铁路局、唐山港口实业集团公司、国投交通公司、唐山曹妃甸实业港务有限公司、大唐国际发电股份有限公司、河北建设交通有限责任公司、华润电力（唐山曹妃甸）有限公司7家企业共同出资组建。于2005年8月19日正式挂牌成立，注册资金23.42亿元。设运营车站11个（乐亭境内4个，含京唐港区），线路营业里程237.6千米（乐亭境内14千米），正线延展里程467千米（乐亭境内28千米）。主营业务是煤炭、焦炭、钢材、矿粉等货物。2016年总运量1.92亿吨，营业总收入30.59亿元，营业利润10.98亿元。

安全生产平稳有序　唐港铁路公司牢固树立"安全第一"思想，落实监督检查职能，科学补位，与站段密切配合，建立了良好的安全互通机制，同时不断夯实公司内部安全管理基础，实施安全发展战略，开展了"安全大检查""安全生产月"、人身安全隐患专项整治、职工安全教育、季节性安全问题排查等主题活动。全年唐港铁路公司机关干部到现场检查6416人次，检查解决各类问题4491件，签发《安全问题通知书》897张，实现了九创安全年。

货运市场开发收到实效　唐港铁路公司积极应对国家"三去一降一补"供给侧结构性改革给煤炭市场带来的冲击，不等不靠，协同港口共同开展货运营销工作，积极调整运输结构，千方百计实现运量增长。在巩固煤炭到达和剥岩土运输市场的同时，充分利用"一口价"等优惠政策，抢占矿石发运市场，成功开发了望奎嘉运、山西新泰、山西中阳3家矿石发运企业，以发补到，2016年公司矿石总发运量609.6万吨，比上年增加419.8万吨，增长221%。大力开拓集装箱运输市场，管内集装箱班列首次实现从迁安北口直接经大秦线运输，解决了滦县交口不畅问题，减少了货车占用费，同时增加了36千米运费收入，缩短了货运到达时间，提高了物流效率，实现了双赢。全年集装箱运量完成271.9万吨，比上年增加218.2万吨，增长406%。

设备管理力度持续加大　2016年，唐港铁路公司通过两次集中修完成施工项目40项，安全设备投入7649万元，为安全生产提供了有力保障。6月1日至9月20日，管内降雨量为2752毫米，比上年增加1058毫米，出现大雨12次，暴雨、大暴雨4次。应对季节性安全问题，唐港铁路公司采取专项联合检查、平推检查、重点抽查的方式，加强防洪检查，出动检查人员320人次，发现解决问题52件，保障了管内顺利度汛；完成防洪复旧工程20处，保障了汛期后设备状态良好。

财务管理精细化程度提高　年度预算执行力得到强化，每项资产购建及费用预算分解落实到部门，从事前、事中、事后各个环节全面加强预算控制，确保不发生超预算和无预算支出情况。加强费用支出预算编制、招投标、验工计价和竣工验收工作，完善经济活动分析、管理制度。通过开展节能降耗活动，全年节约电费约935万元，节约水费28万元，节约油料费242万元，节能效果显著。组织开展利旧工作，对闲置家具备用品登记造册，将有利用价值的家具配置新建房屋，节约购置资金约47万元。

职工生产生活条件得到改善　改善站区办公作业条件，完成站区房屋修葺、供水管网改造等惠及职工生产生活的整治维修工程；完成沿线17处治安岗亭的改造，其中新建正式房屋16处、整修1处，消除了大风天气彩钢板房被刮坏吹上铁路的隐患，改善了看守人员的工作环境。加大文体设施投入力度，对具备场地条件的站区，配备相应的室外活动器材，丰富站区职工业余文化生活。完成全员573名职工的体检工作，并新增肺CT检查项目、女性职工乳腺彩超检查项目；落实200名职工健康休养制度，确保干部职工身心健康。

【水路运输】　唐山港京唐港区是唐山市最早开发建设的国家一类对外开放口岸。京唐港区于1989年8月开工建设，1992年国内通航，1993年国际通航。东距秦皇岛港64海里，西距曹妃甸港区30海里。唐山港集团是主导唐山港京唐港区建设发展的国有大型上市港口企业。规划建设6个港池、五大功能区（集装箱作业区、液体散货作业区、干散货作业区、杂货作业区、综合物流区）。已建成包括件杂、散杂、多用途、集装箱专用、矿石专用、煤炭专用、液化品专用等1.5万～25万吨级泊位41座，各类货物堆场1000多万平方米，航道等级20万吨级。运输货种包括煤炭、矿石、钢铁、水泥、粮食、机械设备、集装箱、液化产品等10多个大类、100多个品种。腹地范围覆盖华北、西北广大地区，水路通达 70 多个国家（地区）、150 多个港口，是河北省“三港四区”中综合实力最强、最具发展活力的港口。

2016 年，全港吞吐量达 2.71 亿吨，比上年增长 16.32%，位居河北港口第一位，全国沿海港口第九位。唐山港集团实现营业收入 56.26 亿元，比上年增长 9.1%；利润总额 16.58 亿元，比上年增长 3.99%；净利润 13.2 亿元，比上年增长 10.04%。在全国主板上市港口企业中，净利润位居第三位，仅次于上海港和宁波港；净资产收益率、劳动生产率排名第一位。年内，唐山港京唐港区被中国交通企业管理协会评为“2016 年度交通运输节能减排先进企业”，确定为“全国交通运输行业重点联系物流园区”；被中国港口协会授予“中国港口科技进步奖二等奖、三等奖”；获得“河北省政府质量奖”；被省企业管理现代化创新成果审定委员会授予“河北省企业管理现代化创新成果三等奖”。

融入京津冀协同发展　唐山港集团、天津港集团合资成立津唐国际集装箱码头有限公司，标志着津唐两市落实京津冀协同发展战略取得重大突破。津唐国际集装箱码头有限公司注册资金 5 亿元，由唐山港集团控股经营，负责京唐港区集装箱码头建设、运营和管理。此举不仅实现了两港集装箱资源优势互补、共建共享，而且为京津冀地区开辟了一条高效、便捷、低成本的物流新通道。

集装箱运输发展　2016 年，唐山港京唐港区集装箱运量突破 150 万标箱，占河北省总量的一半，比上年增长 35%，增幅居全国第一位，成功跻身世界集装箱百强港口。唐山港集团申报的“东部沿海—京津冀—西北”通道集装箱多式联运项目成功入选国家首批示范工程，是河北省唯一的一家。唐山港集团与太原铁路局合作，在山西成立唐山港（中鼎）内陆港，与重点货源企业、内陆港运营企业建立利益共同体，实现业务布局向西北延伸。年内新开通集装箱铁路班列 10 条、总数达 14 条，开通至天津港的外贸内支线，集装箱内外贸航线达 29 条，构建了“东出西联、南北贯通”的集装箱海铁联运网络。

港口改革创新　唐山港集团全面深化各领域改革创新，企业管理成效显著。新一轮重大资产重组圆满完成，成功发行 2.4 亿新股，募集资金 10 亿元，实现了港口资源的进一步整合，资本结构不断优化，公司价值得到资本市场充分认可。实施创新驱动战略，与大连海事大学合作成立了唐山港发展研究院，围绕航运管理、港口建设、企业经营、人才培养等领域中亟待解决的基础性、前瞻性、战略性问题共同开展研究和实践活动，为产学研融合发展、加快人才培养奠定坚实基础。开展全员创新活动，取得 21 项实用新型专利、4 项软件著作权，发明专利实现零的突破，2 项创新成果获得中国港口协会科技进步奖。深入推进与国际接轨的管理体系，现代企业制度日臻完善，打造了管理服务的优秀品牌。

港口项目建设　唐山港京唐港区列入国家《水运“十三五”发展规划》重要港口，25 万吨级航道列入国家沿海港口“十三五”重点建设项目。启动实施了三港池北岸集装箱化改造、煤炭储运堆场、东南防波堤、25 万吨级航道、四港池通用散货泊位等一批重大工程项目，实现了港口项目谋划一批、储备一批、建设一批、投产一批的良性循环，港口规模日益扩大，港口功能不断完善。

绿色港口　围绕清洁能源、技术装备、节能工艺、智慧港口、资源循环利用等关键环节，持续优化能耗结构，积极实施岸基供电、配重节能、能量反馈、绿色照明、新能源应用、自动化码头和信息化平台建设等重点项目，全方位、多角度推进绿色低碳港口建设。按照《京唐港区创建绿色港口实施方案》，完成重点支撑项目 14 项，实施率达 85%，累计获得上级补助资金近 3000 万元，绿色港口建设跻身全国先进行列。唐山港集团被评为“2016 年度交通运输节能减排先进企业”，旗下矿石码头公司被命名为四星级“中国绿色港口”。

邮　电

【概　况】　2016 年，境内邮政、电信、移动通信、联合网络通信和快递业务服务范围实现县域全覆盖。业务工作遵循“客户为根、服务为本”的经营理念，转变发展方式，推进科学管理，改善服务质量，各项工作取得长足发展。全年邮电业务总收入1.73亿元，比上年增长8.13%。其中，邮政业务总收入4692万元，电信业务总收入1.26亿元。全县邮路总长度164千米，农村投递线路1454千米；快递业务量9.96万件，快递业务收入120.72万元；固定电话用户4.87万户，移动电话用户45.4万户，互联网宽带接入用户8.39万户。

【中国邮政集团公司河北省乐亭县分公司】 中国邮政集团公司河北省乐亭县分公司（简称邮政集团乐亭县分公司）位于县大钊路4号，有员工191人。经营范围为国内和国际邮件寄递业务，报刊、图书、邮票类业务，邮政汇兑业务，机要通信业务，邮政代理金融业务，邮政物流业务，电子商务业务，火车票、飞机票代售业务和水电费代收等便民服务。辖新寨、阎各庄、马头营、汤家河、胡家坨、姜各庄、大钊路、大清河、发展大路9个全功能邮政支局和王滩、汀流河、唐山海港经济开发区3个单一邮政支局，古河、毛庄、大相各庄、中堡空白乡镇邮政支局补建中。建成邮政村邮站482个、便民服务站42处、邮件代投点58处；县内邮路2条；摩托、电动车投递线路42条，总里程2130千米，其中县城内13条，390千米；农村支局29条，1740千米；形成覆盖城乡的邮政服务网络。

业务发展　2016年，邮政集团乐亭县分公司贯彻落实县委、县政府工作部署，按照“转方式、调结构、提品质、防风险、增效益”的总体思路，把握“创新发展、科学发展、和谐发展”的总基调，解放思想、转变作风、深化改革、加快发展，推进“三个一把手工程”建设，实施“一体两翼”发展战略，适应新常态，释放新活力。全年实现业务总收入5902.01万元，为市达计划的103.64%。被省邮政公司评为全省“发展较快的县公司”，确定为“金融转型示范县”。

代理金融业务。邮政集团乐亭县分公司深入贯彻省市邮政公司“聚焦效能、深化转型”战略部署，扎实推进金融转型工作。全年储蓄新增余额4.92亿元，绝对值列全省县级邮储机构第一位，完成市达计划的229%，点均增储列全省第二位。代理保险业务始终保持平稳较快发展，累计发展标准保费3.35亿元，完成市达计划的101%。

邮务类业务。实现收入923万元，完成计划的85.7%。其中，包裹快递业务实现收入125万元，函件业务实现收入134万元，报刊业务实现收入206万元，集邮业务实现收入164万元，分销业务实现收入83万元。

渠道建设　根据农村市场需求，邮政集团乐亭县分公司积极打造集“便民服务+网络代购+商品批销+普惠金融+寄递服务+代投自提+特色服务”等内容的线上线下为一体的综合服务体系。线上基于邮乐网和邮掌柜系统，线下依托邮政农村网点、村邮乐购店等实体渠道和物流配送渠道，努力实现寄递、购物、销售、生活、金融和创业“六个不出村”。至年底，建成县级运营中心1处、支局仓储4处、支局掌柜之家11处及村邮乐购店293家，发展村邮乐购会员3.39万人；建成微信会员群268个，发展会员2.56万人。全部开通搭载邮件代投自提系统，形成覆盖城乡的邮政服务网络。为改善服务环境，对胡家坨邮政支局进行了改建。

基础管理　依托市邮政公司业务发展政策，制定科学合理的考核办法，为业务发展提供支撑。公司班子成员及中层管理人员经常深入支局指导工作，及时解决业务发展中的盲点，与员工一起探讨发展的新路子、新方法，激发员工的工作热情。加强基础管理，提高服务质量，为可持续发展打好基础。通过选树典型、现场观摩、交流学习体会等形式，努力提高营、投人员的服务水平。通过细致入微的管理，点点滴滴的日常积累，服务水平得到提升。

创建全国青年文明号　组建学雷锋志愿服务队，强化志愿服务，开展义务植树、社区环境维护、清理公交站牌等活动。开展“两学一做”学习教育，设立党员先锋岗，发挥党员的先锋模范作用，选树先进典型。重视“全国青年文明号”建设工作，组织和引导支局青年立足岗位，争创一流，塑造邮政良好形象。姜各庄支局被评为“2015—2016年度全国青年文明号”。

中国邮政集团公司河北省乐亭县分公司
总经理　王文涛

【中国联合网络通信有限公司乐亭县分公司】 *服务水平提高* 2016年，中国联合网络通信有限公司乐亭县分公司（简称联通公司）继续实施营业员轮岗培训机制。通过轮岗培训，让交流到农村营业部的县城营业员做好传帮带、交流到县城营业厅的农村营业部营业员学习全业务，全县营业员的业务、服务水平均得到提高。继续实行《服务质量监督检查考核办法》，每月定期一次联查，每周不定期对相关单位进行抽查，对在检查中发现的问题，除进行全公司通报外，还按照考核办法进行处罚。不断改进服务环境硬件设施，对全县城区及农村营业厅进行统一装修，为客户营造良好的服务环境。

网络质量提升 在进行充分网络信号测试的基础上，通过与铁塔公司及友商的合作，建成并投入使用4G基站104个，客户对移动网信号质量的感知持续提升。响应县委、县政府建设“美丽乐亭”的号召，利用4个月时间，投资近200万元完成县城内线路架空改地下工程。配合县卫计局完成363个乡医组网，配合县委组织部完成277个农村综合信息超市普通光纤宽带组网等重点项目建设。

线路及设备维护工作力度加强 完善运行维护基础管理、加强维护工作考核等措施，提高维护工作质量，宽带障碍修复及时率得到提升。在维护工作中，联通公司针对日常工作中部分区域出现的线路和设备故障频发的问题，加强对重点区域、重点地段的看护及巡查，重申《线路及设备维护和抢修管理办法》，并启动本地传输环路的重新规划，提高网络抵御风险的能力。

制度建设加强 2016年，联通公司通过完善制度、改善工作环境、组织员工参加各项活动等措施提升企业形象。完善《请销假管理制度》《车辆管理办法》《服务管理制度》《建设维护管理规定》等方面的管理制度及规定，将各项工作纳入制度及流程管控。实施环境改造及职工小家建设，对联通公司及农村营业部食堂、浴室、员工宿舍统一改造；在联通公司及各农村营业部增设员工活动室，购置健身器材，提高员工的归属感和对企业的认同感。

员工队伍建设强化 围绕“员工成长”和“提高人均效能”目标，做好员工职业生涯发展规划和人员结构性优化配置，建设一支适应新形势、新环境的员工队伍，提高工作效能；让员工考核发挥导向作用，调动员工的积极性、主动性。营造良好的学习氛围，把员工学习制度化、体系化，让员工在学习中成长。在管理干部队伍建设中，树立“有为才能有位，有位必须有为”的意识。

中国联合网络通信有限公司乐亭县分公司
总经理　高玉顺

【中国移动通信集团河北有限公司乐亭分公司】 *基础管理* 2016年，中国移动通信集团河北有限公司乐亭分公司（简称乐亭移动公司）通过实施多项举措，提升管理效率。通过管理支撑一体化，实现企业高效运营。树立转型意识，提升综合支撑能力。从地方政务、党风廉政建设、安全管理、环境建设、企业文化建设、财务管理、费用管理、仓库管理等方面完善各项管理制度，使工作细化到每个环节，责任到人，为公司发展奠定基础。强化制度流程，提升规范化管理能力。乐亭移动公司结合市公司党建一体化长廊建设，梳理各项管理制度，规范工作标准，建立健全惩治和预防腐败体系建设，深入抓好基层党建和反腐倡廉工作。公司经理为安全生产第一责任人，各部门制定有相关措施，具体工作落实到人。公司定期开展消防安全、交通安全知识培训，员工安全意识得到增强。

市场经营 夯实服务基础，以保有中高端市场为基准，围绕客户规模增长、收入贡献提升来全面推进各项工作。在宽带小区签约过程中得到县、乡镇政府及村委会大力支持。同时开展全员签约竞赛并对签约成功的员工按覆盖用户数进行排名奖励，提升宽带小区签约覆盖率。在打造本地三级渠道能力体系工作中，除打造市级“TOP20”、县级“TOP10”、区域“TOP5”三级服务支撑体系外，重点培养县、乡镇、村（社区）金牌服务站三级竞争格局的形成。在优化通信信息化收入路径工作中，由依赖个人业务向集团业务产品转变，提升专线、物联网、校信通等重点产品收入占比；依托京津冀协同发展战略，抢占周边省市物联网市场；加快和校园老资费向新资费的迁移和电子学生证业务拓展，提升收入占

比；确保收入目标实现。

网络建设　加强网络基础设施建设，提升网络整体覆盖能力。在其他运营商竞争力加强的新形势下，以客户感知为导向，提升网络质量为重点，扩充基站数量，优化网络信号，提高网络竞争优势。在优化网络架构工作中，注重提升城域传送网的承载和接入能力，加大城域传送网建设力度和四网协同，全力支撑集团客户信息化、专线、家庭客户的建设。城区内移动3G、4G网络趋于全面覆盖。至2016年年底，县内基站500多个，网络覆盖率99%，县城区主要管道及热点区域基本实现全覆盖，客户满意度持续提升。

中国移动通信集团河北有限公司乐亭分公司
经　理　盛　瑜

【中国电信集团公司乐亭分公司】 2016年，中国电信集团公司乐亭分公司（简称电信公司）以市场需求为导向，按照“求发展，讲执行，抓落实”工作思路，加快推进网络升级，深度扩大市场覆盖面，有效推进业务开展。全年收入比上年增长14.9%；市场份额比上年提升1.78%，达17.73%；宽带业务净增1.02万户，净增比上年增长65%；电信电视发展2.19万户，占宽带存量的58.5%；便民受理渠道渗透率居全市前列。

打造精品通信网络　全年新建或利旧开通4G基站100余个，高层小区和商务大厦进行室内分布建设，城区4G覆盖率99%，农村覆盖率98%。宽带网络全面提速升级到100M/50M，全年宽带布线6万线，城区原AD小区光纤改造实现100%。重点支撑政企项目，全年累计为政企类专线及电路建设投资500多万元，为行政、事业、企业单位信息化发展保驾护航。各乡镇实现光纤覆盖，并具备电信全业务接入能力。

用心服务、用户至上　电信公司自营厅推出“六免服务”（免费WiFi、免费饮水、免费充电、免费下载、免费电话、免费备机），为用户提供方便，并为星级用户（VIP用户）开通优先服务通道，对宽带网上用户承诺“当日装、当日修、慢必赔”。电信公司坚守“用户至上、用心服务”的服务理念，客户移动侧服务满意度达99%，宽带侧服务满意度达98%。

中国电信集团公司乐亭分公司
经　理　刘建新

商贸服务业

批发和零售

【概　况】 2016年，全县商贸服务业中批发和零售业、住宿餐饮业、居民服务业、信息传输与计算机应用服务及文化体育和娱乐业发展呈增长趋势，私营企业和个体工商业成为流通主渠道。乐亭县城镇商业中心区、乡村商业集贸区共同发展的商贸流通体制进一步完善，企业规模不断扩大，商贸市场呈繁荣发展业态。河北港湾贸易有限公司、唐山中港物流有限公司等批发企业，河北夏日实业集团有限公司、乐亭大东方商贸有限公司等零售企业，成为居民商品消费的重要卖场。商贸服务业领域不断拓展，一批新兴服务业迅速崛起。全年入统限额以上批发和零售业企业资产合计18.41亿元，主营业务收入37.96亿元。全县商业批发和零售业商户9133户，其中私营商业622户，个体商业8511户。年内新登记商户2615户，其中私营企业299户，个体工商户2316户。全年实现社会消费品零售总额132.84亿元，比上年增长10.7%。其中，城镇零售额61.91亿元，乡村零售额70.93亿元。按行业分，批发业零售额19.5亿元，零售业零售额103.71亿元，住宿业零售额5066万元，餐饮业零售额9.12亿元。

【经营体制】 全县入统限额以上批发和零售业法人企业17家，其中批发企业5家，零售企业12家。在限额以上企业总数中，私营企业17家，均为私营有限责任公司。私营有限责任公司、个体工商户成为商贸流通经营主体。

【经营业态】 2016年，在常规商业门店营销的基础上，网上购物成为消费新潮流，电子商务作为一种新型业态不断发展，实现村级全覆盖，阿里巴巴“农村淘宝”等电商平台良性运营。农村淘宝店、农村综合信息超市—农村便民服务中心等成为又一稳定的新型营销模式，给农民购物、地方特色农产品上线营销带来更大便利，农村经济发展、农民消费销售潜力正在通过互联网释放出来。

粮食流通

【储备粮管理加强】 2016年，县粮食管理部门重视加强储备粮管理，推进粮食工作由重管理向管理、经营、服务并重转型。通过完善仓储设施，提升仓储技术，确保县级储备粮的储存安全。年初存粮2.25万吨，其中县储玉米8000吨、县储小麦4527吨、跨省移库国家储备粮玉米1万吨。轮出1.45万吨，其中县储小麦1470吨、县储玉米3000吨、代储跨省移库玉米1万吨。轮入6470吨，其中县储小麦1470吨、县储玉米5000吨。为确保储粮安全，严格执行检测、保管制度，改进储粮技术，规范操作程序，科学管理，实现科保率100%，无一坏粮事故，确保需时调得动、用得上、质量好、有保障。

【搞好军粮供应，推进“放心粮油”工程】 2016年，县粮食管理部门坚持以“一切为了部队，一切服务部队”为宗旨，为部队官兵提供可靠的粮食后勤保障，在保障部队粮食供应的同时，面向社会开展放心粮油经营。全年供应军粮107.9吨，为供应计划的216%，其中义务送粮75.5吨，部队满意率100%。销售放心粮978吨、油66.8吨，圆满完成市达任务。坚持“质量第一、信誉至上”的理念，坚持从省军供中心指定厂家进货，并保持粮食新鲜不超期储存。开展满意在粮站活动，定期到部队走访，听取官兵的要求和建议，不断改进工作。开展粮食品种兑换，对用粮大户义务送粮。弘扬拥军爱军的光荣传统，开展双拥共建活动。八一建军节期间，赴驻乐部队看望指战员和武警官兵，送去节日的问候和慰问品。完善军供人员岗位职责、质量管理、业务管理、巡视员管理、档案管理、军购卡系统管理、服务管理等制度。严格按军粮卡供粮，专人负责，按月核实，做到票证、报表、库存相符。军购卡系统专人负责，妥善保管，确保安全。依托军粮民供，实施放心粮油工程，开展进社区、进农村、进超市活动，40多种产品覆盖2个超市、8个城乡粮店。

【推进项目建设】 县直属库4万吨新库建设，按计划年底基本完成。县直属库1万吨库翻建工程全部完工，具备验收条件。阎各庄分库维修全部完工待验收。

供销商业

【概　况】 2016年，乐亭县供销合作社联合社（简称县供销联社）坚持服务“三农”办社宗旨，以密切与农民利益联结为核心，以提升为农服务能力为根本，拓展服务领域，提高服务水平，着力把供销合作社打造成为农民生产生活的生力军和综合平台，成为党和政府做好“三农”工作的抓手和载体，体现党和政府政策导向，承担政府委托的公益性服务。乐亭县作为全省深化供销社综合改革试点县，在组织体系、服务体系、经营体系、金融体系创新方面完成了综合改革任务，得到中华全国供销合作总社主任王侠及省、市供销总社领导的肯定。

【供销合作社综合改革】 2014年省政府召开全省深化供销社综合改革电视电话会议，乐亭县被列为全省深化供销社综合改革62个试点县之一。经过全县上下的共同努力，较好地完成了供销社综合改革工作任务。

供销社综合改革的主要内容：创新组织体系，构建农民合作社联合社体系；创新服务体系，搭建为农服务综合平台；创新经营体系，提升农村现代流通网络建设水平；创新金融体系，破解农业发展瓶颈；创新管理体制，激发供销社内在活力；创新政策体系，增强供销社发展支撑能力。

深化供销合作社综合改革工作启动后，县委、县政府高度重视。县委、县政府两办印发《乐亭县关于深化供销合作社综合改革的实施方案》，县委组织部、县供销社印发《关于组建乡镇（街道）基层供销合作社的实施方案》，县政府办公室印发《乐亭县供销社关于构建农业社会化服务体系的实施方案》，县委农工委、县供销社联合印发《关于扶持和规范农民专业合作社发展的指导意见》，县政府办公室印发《关于推进供销社农村合作金融工作的通知》等一系列文件，为供销社综合改革提供了有力支持，形成了全社会关心支持供销社综合改革的浓厚氛围。

【组织体系创新】 *成立乐亭县新合作供销社有限公司，建立主体服务支撑*　2016年4月，县供销社组织县直公司、基层供销社共同出资2000万元，注册成立乐亭县新合作供销社有限公司企业集团，壮大了经营服务实力，社有企业发展活力和为农服务能力得到增强，社有企业间的产权、资本和业务联结得到加强，社有企业相互参股，建立共同出资平台，促进资源共享，实现共同发展。同时，为注册县级供销农民合作社联合社打下基础。

推进新型基层社建设，建立健全供销合作社组织机构　把供销社综合改革与农村基层组织建设相融合，实行“双向培养工程”（把农村致富带头人培养成新型基层供销社负责人、农村村干部，把新型基层供销社负责人、农村村干部培养成农村致富带头人）。由县委组织部，乡镇党委、政府和县供销联社合作，建立选人用人新机制。通过乡镇党委、政府组织召开由农村致富带头人代表、优秀村干部代表、县级“两代表一委员”代表参加的民主推荐会，以无记名投票的方式，推荐出所在乡镇德能兼备的新型基层供销社主要负责人候选人，依据得票结果，经县委组织部、乡镇党委政府和县供销联社考核，确定3名拟聘人选，由县委组织部

备案，纳入优秀农村致富带头人信息库，实行全县统一管理。履行选举程序后，由县供销联社聘任为乡镇新型基层供销社主任、副主任。8月，选拔42名有实力的新型农业经营主体负责人和社会能人及农村村干部充实到基层供销社队伍，领办、创办全县14个乡镇（街道）新型基层供销社。此做法得到省深化供销社综合改革领导小组的肯定，并以《快报》形式在全省推介。

发挥县乡两级供销农民合作社联合社作用，实行两条腿走路 注册组建乡镇级供销农民合作社联合社。依托乡镇（街道）党委（党工委）、政府（办事处），由新型乡镇基层供销社主任负责领办，吸纳辖区内农民合作社等各类新型农业经营主体，在14个乡镇（街道）分别组建并注册了乡镇（街道）供销农民合作社联合社。然后以乡镇为单位，分别组织召开乡镇（街道）供销农民专业合作社联合社成立大会，履行选举程序后正式挂牌，与新型基层社实行两块牌子一套人马，形成“乡镇+供销社+农民合作社”的组织架构。注册组建乐亭县供销农民专业合作社联合社。依托全县886家各类农民专业合作社及7家产业型联合社，以县供销联社为主导，以县新合作供销社有限公司为基础，联合4家农民专业合作社、2家重点农业公司共7个单位发起成立乐亭县供销农民专业合作社联合社，6月完成工商注册后，先后吸纳23家农民专业合作社和河北夏日实业集团公司，履行加入县级联合社手续，成员单位涵盖全县农业四大支柱产业，建立县乡两级供销农民专业合作社联合社组织体系。

【**服务体系创新**】 近年，全县农民合作社得到快速发展，培育了一大批发展前景好、带动能力强、服务功能全、品牌效益高的农民专业合作社。到2016年，全县已发展各类农民合作社886家，农民合作社联合社7家，数量居全市首位，其中培育国家级示范社3家、省级示范社8家、市级示范社45家，县级示范社96家，合作社成员达2.5万人，成员出资额12.5亿元，年交易额36.2亿元。合作社涉及种植、养殖、加工、农机等各个领域，业务范围覆盖全县473个村。

建设乐亭县供销社农村综合服务中心 县供销联社投资50万元在冀东国际皮毛市场建成600多平方米的乐亭县供销社农村综合服务中心，6月投入使用。乐亭县供销社农村综合服务中心是为农民打造的一个集县供销农民专业合作社联合社、电商服务、合作金融服务、农民培训、农民专业合作社财会管理服务、农村产权交易及农业银行业务服务等多种功能于一体的综合性服务平台。中心整合服务农村、服务农民各类要素，增强兼容性，突出服务性，着眼于解决制约农业农村发展的销售难、融资难、产权流转难等瓶颈，把新形势下的农民专业合作社、农业园区、农村电商等新兴经济体集合起来，变分散为集中、变多头为一头，实现服务的系列化、专业化、规模化，成为供销社在农村的服务终端，使各项惠农政策有效地落到实处，形成一个供销社服务“三农”的综合平台。

搭建农产品产销对接平台 到2016年，全县组织53家农民专业合作社、农业产业化龙头企业等新型农业经营主体，参加省内外农产品展示展销会7次；4家农民专业合作社与北京新发地（高碑店）农产品物流园区签订合作协议入驻园区；组织13家专业合作社与河北科技师范学院、中国环境管理干部学院等10余所高等院校实现农校对接；引领支持佳音果蔬专业合作社承接天津市（部分）菜篮子工程，不断扩大农产品外销份额。

开展新型职业农民培训 组织合作社联合社、农民合作社规范化建设及研讨培训班2次；组织合作社负责人参加农业部举办的农村实用人才带头人培训班；组织15家农民合作社相关人员参加市电子商务培训；组织24家合作社相关人员参加市农产品认证及生态农业创意培训。县供销联社全年举办各种形式的农民培训班86场次，培训新型职业农民9200人次。

【**经营体系创新**】 建设乡镇级社区服务中心 县供销联社利用新寨供销社原址，与惠民果菜专业合作社联合，共同投资1800万元，建设占地面积8178平方米、建筑面积4930平方米的集日用消费品超市、家电厨具销售维修、五金日杂、生熟食专卖、农副产品购销、冷链物流、农民培训、信息发布为一体的社区服务中心；利用阎各庄供销社采购站原址，投资1300万元，建设占地面积9650平方米、建筑面积7015.44平方米的集农资、日用品配送和其他服务功能为一体的社区综合服务中心；利用汀流河供销社综合门市部原址，与私营企业联合，投资1100万元，建设占地面积4188平方米的集日用消费品超市、冷链物流和综合服务为一体的社区综合服务中心。

创新社区服务模式　县供销联社联合唐山圣大农业科技发展有限公司，以日生产能力6万份中式快餐的全市第一家中央大厨房为依托，开展“以用户为中心、以科技为驱动”的农产品种植及销售、中餐工业化科研和生产、冻干食品、冷热链物流便民系列服务，把“乾村绿”系列速冻、速干食品和“圣大飘香”系列中式快餐，通过唐山“随食随递”餐饮连锁公司送到消费者手中。鼓励、支持绿野果蔬专业合作社在县城茂源、曙光等社区开设6家“绿野专业合作社家厨房”便民服务店，将合作社生产的绿色有机蔬菜、蛋禽及快餐食品直销社区居民，打造便民服务新模式。

规范农资经营　以生产资料公司为龙头，强化对本系统农资网点的监管，建成规范化农资经营网点14家，让农民用上放心农资。

【金融体系创新】 创建农村金融超市　县供销联社与农业银行合作，发挥供销联社和农业银行双方资源优势，在乡镇联合创建金融超市，马头营镇、庞各庄乡、大相各庄乡、阎各庄镇、毛庄镇先行试点，将银行的理财产品、供销的保险产品、供销“一卡通”等依托村镇两级服务网络走进千家万户，建立县乡村金融服务体系，使群众不离村就能办理存、取款和转账业务，探索服务“三农”、普惠金融新模式。

开展安全统筹业务　与阳光财产保险股份有限公司乐亭支公司合作，以车辆统筹为重点，面向系统内社属企业、合作加盟企业、连锁企业、农民专业合作社等涉农组织及广大农民开展安全统筹业务近400辆。

开展供销保险业务　与人保寿险公司、华夏保险公司、市供销社惠农公司合作，探索合作保险新路径。

加强合作金融服务团队建设　在每个乡镇设置3～5名区域经理，每个村设置一个合作金融村级服务人员，出台有关管理办法，开展业务培训，建立起自成体系的县、乡镇、村组织架构，实现合作金融业务的全覆盖。年内培训农村金融人员300多人次。

【管理体制创新】 乡镇新型基层供销社和农民专业合作社联合社，作为服务“三农”工作的最前沿，实行“两块牌子、一套人马、合署办公、职责清晰”的创办模式。在组织机构框架已搭建完成的基础上，县供销联社从抓规范化建设入手，完善规章制度，明确服务职责，年底进行拉练考评。从硬件设施建设、运行管理机制、旗帜供销三个方面制定考核标准，并评出一、二、三等奖。

在社有资产管理方面，成立资产管理委员会，强化对全系统社有资产的运营和监管，有效保障社有资产的保值增值。

县供销合作联社联合社

主　任　翟新存

烟草专卖

【概　况】 乐亭县烟草专卖局（营销部）实行“统一领导、垂直管理、专卖专营”的经营管理体制，负责全县的卷烟经营和市场管理。2016年，设办公室、内管派驻组、财务科、营销服务科、专卖监督管理科5个职能科室，有职工59人。

【卷烟经营】 县烟草专卖局（营销部）严格落实中央八项规定和国家烟草专卖局九条要求，深化市场化取向改革，加强科学化管理监督，推进人性化队伍建设，各项工作取得积极进展，较好地完成了年度目标任务。2016年，实现卷烟销售9.21亿支；实现销售额4.01亿元；累计实现单箱值2.18万元；年人均条数9.2条。

【卷烟市场监管】 2016年，县烟草专卖局（营销部）加大执法力度，严厉打击走私卷烟违法行为，全年查扣案件93起，查扣卷烟109.53万支，涉案金额56.52万元，其中查处5万元以上案件2起，5万元以上窝点一处。破获网上销售走私烟案件5起，查获走私卷烟61.64万支，涉案金额29.23万余元，移交公安机关立案调查4起，刑事拘留犯罪嫌疑人10人，批捕8人。

商贸仓储物流

【概　况】 商贸仓储物流是商品流通的重要环节，是现代物流的一个重要组成部分。日益扩大的生产和消费规模，带动了市场对现代仓储物流需求的不断增长。2016年，全县各商贸仓储物流企业顺应国家政策引导和市场发展需求，从传统的仓储物流模式向现代标准化模式发展，建设仓储物流基础设施，引入现代化仓储物流手段，提高仓储物流效率，降低成本，完善仓储物流现代化体系。境内主要仓储物流企业有河北夏日集团物流有限公司生鲜日配中心、唐山圣大物流有限公司、唐山吊桥食品有限公司等。

【乐亭夏日大型综合超市】 成立于1999年12月，是乐亭县第一家大型综合超市，建筑面积6868.23平方米，营业面积1.2万平方米，有员工180人。乐亭夏日大型综合超市销售的商品达2.05万余种。

一楼、二楼为超市。一楼以小食品、调味品、米面油、生鲜日配为主，另有夏日主食厨房和时尚蛋糕房。夏日蛋糕房每天制作各式甜面包及欧式特色糕点等烘焙食品50余种，并不定时举办DIY亲子活动。二楼以生活日用品日化、针织、图书、玩具、家电、鞋品为主。三楼为服装，有流行女装、休闲棉麻服装、舒适老年装及青绅西服等。

乐亭夏日大型综合超市秉承“诚信为本、和谐共赢”的企业宗旨，视商品质量为生命，强化管理，严把商品质量关；以设施齐全、环境优雅为顾客提供“快乐、优惠、便捷、满意”的购物环境，让消费者轻松购物、放心消费。2016年营业额4042万元，缴纳税金106万元。

【乐亭大东方商贸有限责任公司】 乐亭大东方商贸有限责任公司（简称大东方商贸公司）成立于2005年9月，注册资金3588.5万元。大东方商贸公司下设直营店7个、物流批发公司1个，总营业面积8万平方米，有员工1860人，是乐亭县商业流通企业中规模大、经营品种多、经济实力强、市场占有份额高的商贸流通企业，集超市、百货零售批发、物流为一体的民营企业。

大东方购物广场地处乐亭县商业黄金地段，营业面积1.2万平方米，停车场面积4000平方米，一楼为大型超市，二楼为家电大卖场、鞋帽、化妆品，三楼为大众服饰，四楼为品牌服饰、童装、针织品、床品。

大东方购物广场东城店营业面积4万平方米，一层为1万平方米的大型综合超市，二层为家电、化妆品、电玩、箱包、钟表、鞋、金饰品，三层为品牌男女装、大众男女装等，四层为快餐、家居区、运动服饰、童装等，地下有1万平方米大型停车场，是县内最大的集休闲、娱乐、购物为一体的大型商业购物广场。

大东方商贸公司以“诚信、敬业、务实、创新”的企业精神，全面打造大东方的企业文化；秉承“信誉为本、切实维护消费者和供应商的利益，让顾客、供应商、员工都满意；不求眼前利益，但求基业长青”的经营宗旨，坚持以实惠的价格、优质的商品、诚实守信的经营理念及周到热情的服务，赢得县内及周边地区广大消费者的信赖。大东方的门店已成为县内“地标性”建筑。2016年，大东方商贸公司营业额1.77亿元，缴纳税金960万元。

【唐山圣大物流有限公司】 坐落于乐港公路以西、南外环路以南，注册资金2500万元，占地面积3.33公顷。经营范围为肉禽、水产品、水果、蔬菜冷藏、销售；制冰、售冰；方便食品、速冻食品制造、销售；普通货运（含箱式）；货物进出口等。年储藏各类农产品12万吨，其中加工畜禽肉类及水产品2万吨，果菜类产品6

万吨，代储果菜4万吨。建成农产品冷储配送中心1座，占地面积3.33公顷。2016年，唐山圣大物流被确定为唐山市物流标准化试点项目。作为物流标准化试点企业，公司建成1.1万平方米冷库1座，制冷系统已安装完毕；建成高1.2米、宽3米的标准装卸月台，从北京顺宏恒基商贸有限公司购入2000立方米的标准货架46组，已安装完毕；从唐山联辉托盘租赁有限公司租赁标准托盘1100片，租赁率100%；购置电动叉车1辆、福田冷藏车2辆；电脑、打印机等设施齐全，安装了仓储管理、运输管理等信息化系统。

【唐山吊桥食品有限公司】 位于冀东国际农产品物流中心南侧，注册资金4000万元。经营范围为蔬菜、瓜、果、甜玉米、青豆、水产品、食品加工、销售；蛋、禽、肉销售；粮食、蔬菜种植、销售；食品、蔬菜仓储；普通货运；餐饮服务；广告设计、制作、发布；货物进出口等。主要产业有：吊桥缸炉烧饼，为县内传统文化食品，2007年经国家商标局注册，并被列入省、市级非物质文化遗产名录；吊桥快餐，公司先后在唐山、滦县、迁安、承德、秦皇岛等地建立吊桥快餐连锁店12个，安置职工980人，各连锁店深受当地群众欢迎，被誉为"家庭厨房"。总投资7500万元的农产品深加工和食品蔬菜物流配送项目（吊桥食品厂），2016年建成7235.5平方米冷库及厂房1座，经过装修，安装制冷机组、生产车间等设备，年底已具备生产和仓储物流条件。

住宿餐饮

【概　况】 随着县域经济的发展和居民消费水平的提高，乐亭县住宿餐饮业保持较快发展势头，服务环境和服务质量不断提升。全县二星级以上宾馆酒店5家，包括承启大酒店（四星级）、明盛商务酒店（三星级）、祥瑞大酒店、凯隆宾馆、双麟大酒店（二星级）。有承启大酒店、双鳞大酒店、祥瑞大酒店、凯隆宾馆、格林豪泰酒店5家限额以上住宿餐饮企业和乐鼎大酒店、金石饭店、丰源宾馆等规模较大酒店、饭店。各类火锅店、海鲜烧烤店、灶台鱼、饺子馆、观光园、农家饭庄等特色经营遍及城乡。园中园吊桥快餐、大东方购物广场快餐等快餐网点适应群众需求，受到欢迎。肯德基、米兰西点、港轩茶餐厅等西式快餐也入驻县域，为乐亭美食增色添彩。农村餐饮业持续发展，乡镇饭店规模不断扩大，服务档次逐步提升。以服务农村红、白事为主的聚餐服务经营户（亦称"流动餐桌"）规模日渐壮大，以便捷、实惠受到村民欢迎。

【限额以上住宿餐饮业】 2016年，入统限额以上住宿和餐饮业企业5家，其中住宿业3家，餐饮业2家。按注册类型划分，有限责任公司1家，私营企业4家。年末从业人员174人，营业额1778万元。

【丞起酒店管理公司】 丞起酒店管理公司包含承启大酒店和丞起观光园生态餐厅两个实体单位。

承启大酒店位于县城大钊路与茂源街交会处西北角，为四星级旅游饭店。由主楼、2号楼和千人宴会大厅3个主要建筑物组成。主楼建筑6层，有双人标准间、豪华单人间、套房和豪华套房77间套。2号楼3层，有双人标准间62间套。客房内设中央空调、宽带上网、数字电视、迷你酒吧、小冰箱、保险箱、电子门锁、24小时热水和人工服务，并可为宾客提供汽车、火车、机票、旅游参团的预订及商务秘书，体现酒店人性化设计和服务。承启大酒店设有宴会大厅、中餐厅、咖啡厅、酒吧、大堂吧等，并有VIP厅房21间，可同时容纳2000人就餐。餐厅主要经营新潮港式粤菜，日式、法式烧烤，火锅及海鲜和家常菜为主的地方菜。以丞起颐天园现代农业园自产有机蔬菜五谷为原料，健康养生为理念，为客人提供健康生态的美食享受。承启大酒店备有多功能厅、桑拿、洗浴中心、健身房、台球、乒乓球、沙弧球、棋牌、自动棋牌室、塑胶篮球场、羽毛球场等娱乐健身设施，在酒店大堂还设有商务中心和小商场，酒店二楼"承启艺廊"展示和经营名人字画，突出酒店的文化内涵。商务中心提供打字、复印、扫描、传真、E-mail（电子邮件）、免费上网及手机充电等服务。承启大酒店有大、中、小会议室3个，大会议室可同时容纳160人开会，有多媒体投影仪、音控设施，宽带上网等，并设有贵宾厅一个，以满足VIP客户的会客需要。酒店采用智能化中控和网络通信系统，安装有消防设施自动监控中控和楼内外无盲点监控系统，与移动、联通等通信运营商合作，安装了信号加强基站，加装了3G通信信号塔、W-line无线网络信号等，并在主楼实现了WiFi全覆盖，使宾客入住、商务办公更方便、更放心、更贴心。承启大酒店秉承“作为乐亭改革开放的窗口形象不变，为乐亭经济社会发展当好后勤的决心不变，为乐亭父老乡亲和内外宾客服务的宗旨不变”的经营宗旨。千方百计提高服务质量，优质低价，让利于百姓。2016年实现营业收入1080万元，缴纳税金58万元。

丞起观光园生态餐厅坐落于唐港高速公路乐亭出入口东行200米路南，距县城中心城区3000米，是唐山地区最大的阳光生态餐厅之一。营业面积1万余平方米，内有汉王府、唐王府、大鼓巷、江南苑、通透包房各具特色的大厅5个，VIP包房34间。并设有多功能大厅，可同时容纳800人就餐。生态餐厅所用蔬菜均以生态园种植的生态蔬菜和五谷为主，采取科学的烹饪方法，保留食材的原汁原味。生态餐厅利用现代科技温室技术，模拟出适合各类南方植物生长的自然环境，展现多种植物生长群落，配之以山石、小溪、小桥，让客人无须远足即可远离都市喧嚣，在北方也能了解南方植物的生长习性，与芒果、火龙果、台湾莲雾亲密接触，在体验大自然美景中享受美食带来的愉悦，享受美食之余还可以采摘有机果蔬，体验田园生活带来的乐趣。2016年实现营业收入162万元，缴纳税金25万元。

【双麟大酒店】 乐亭双麟大酒店始建于2005年，位于县城大钊路中段路东，为二星级旅游饭店，是县内知名的商务酒店。酒店以“顾客至上，宾至如归”为宗旨，为宾客提供完善的住宿、餐饮商务等服务。双麟大酒店经过10多年的沉淀打造出独特的“双麟味道”。酒店拥有豪华房、家庭房、标准房29间和一个可容纳40余人参会的中型会议室，所有房间备有有线电视，宽带接口无线WiFi。酒店配有五餐制茶餐厅，可提供200余个餐位。2016年接待顾客10万余人次，实现营业收入900余万元，缴纳税金50万元。

【祥瑞大酒店】 祥瑞大酒店2004年5月营业，位于县城富强街东段路南，建筑面积6600平方米，为二星级旅游饭店，是集餐饮、住宿、商务为一体的较大型酒店。酒店于2010年重新装修，除满足餐饮、住宿等需求外，设有会议中心、健身房、停车场等设施，百兆无线网络WiFi全覆盖。

酒店一楼、二楼设餐厅，可满足1200余人同时就餐需求。有小型宴会厅（8桌）2个，中型宴会厅（33桌）1个，大型宴会厅（66桌）1个，另有大小包间18个，可提供各大菜系、地方菜肴、特色海鲜等美食，可承办亲友聚会、商务接待、婚宴包桌等各类活动。三至六楼设客房66间，其中套间3个，标准间52个，大床房10个，家庭房1个，可满足150余人住宿需求。房间整洁卫生、安全舒适，百兆网络WiFi、闭路电视、24小时热水和空调等设施一应俱全。另设有大小会议室2个，支持各类会议召开。祥瑞大酒店秉承“诚信经营，服务至上”企业宗旨，坚持“星级品质，百姓价位”经营理念。2016年营业收入273.6万元，缴纳税金14.91万元。

【格林豪泰商务酒店】 格林豪泰商务酒店于2015年4月开始营业，位于县城茂源街东段路北，建筑面积5665.46平方米，有主题婚房、主题商务房、风情房、棋牌室、标准间、大床房84间，大型多功能会议室设施齐全。备有免费停车场，房间热水系统全天候供水，液晶电视、空调、高速光纤上网，24小时免费WiFi服务，自助早餐独特“格林”味道。可满足商务会议，旅游及休闲娱乐的需求。格林豪泰商务酒店秉承“诚信为本、宾客至上”的管理理念，热情服务于宾客为宗旨，以宾客满意为目标，给宾客以“安静、健康、友好、舒适”的休憩空间。2016年，实现营业收入130.72万元，缴纳税金6.6万元。

居民服务

【居民服务和修理业】 2016年，全县居民服务和修理业主要以家政、机动车修理、电子产品及日用品维修为主，全年新登记449户，其中私营企业5户，个体工商户444户，从业人员632人。在全部居民服务和修理业中，有规模以上企业3家，营业收入5303万元，缴纳税金108万元（营业税及附加71万元，所得税37万元），实现利润157万元。

【信息传输与信息技术服务业】 2016年，全县有信息传输、软件和信息技术服务业企业51户，其中私营企业51户。

【文化和娱乐业】 2016年，全县有文化和娱乐业18户，其中文化部门办5户，其他部门办13户；从业人员120人，其中文化部门办54人，其他部门办66人。

市场建设

【概　况】 2016年，乐亭县市场建设服务中心（简称市场中心）围绕县委建设“沿海强县、美丽乐亭”的奋斗目标，创新工作理念，改进作风，严管队伍，精细管理，完善硬件设施、强化环境卫生整治、狠抓市场收入，保障了全县市场的平稳运行。

【市场硬件设施提升】 加大市场修缮投入，改善市场环境，提高市场服务功能。全年投入资金50万元，对庞各庄乡、中堡镇等7个集贸市场进行局部铺垫、修缮，为商户和消费者创造良好的购销环境。全面完成阎各庄镇、姜各庄镇、胡家坨镇3个农村集贸市场的升级改造工作，已通过市县验收，70万元专项资金已到位。市场中心派驻工作人员到冀东皮毛交易市场协助日常管理，实现皮毛交易市场的平稳运行；加大工作力度，妥善解决富强街市场闲置摊位遗留问题，面向社会完成公开招标。

【市场环境卫生持续向好】 加强城区市场环境卫生综合整治，重点对富强街农贸市场卫生死角多次集中清理，保障了在全县迎文明城复审及各项检查、评比中达标，展示了良好的市场形象。对农村集贸市场实行不定期卫生巡查、督导与横向评比，使农村集贸市场环境卫生达到良好状态。按照县食品安全监管的要求，投资10万元在富强街农贸市场设立食品信息速测中心，有效提升了市场功能。

【市场安全生产力度加大】 市场中心不断加大安全生产督导力度，健全安全生产日常管理机制，将安全生产融入市场日常巡查中，发现隐患立即整改。定期对消防设施进行全面检修，确保处于良好状态。全年实现安全无事故。

【租费收入稳中有升】 2016年，市场中心加强对集贸市场摊位费的征缴工作，不断提高市场服务水平，摊位费收入稳步提高。年内摊位费收入994万元。

县市场建设服务中心
主　任　郭建峰

外经外贸

【概　况】 2016年，在县委、县政府的领导下，乐亭县外经外贸工作得到持续、健康、快速发展。全县实现进出口总额3.52亿美元，比上年增长12.13%。其中，出口总额8292万美元，比上年下降6.5%；进口总额2.69亿美元，比上年增长19.48%。

【进出口企业参展参会】 2016年，县商务部门组织唐山龙泰辰实业股份有限公司、乐亭县铸升金属制品厂、唐山丞起汽车零部件有限公司等企业赴唐山参加“中国—中东欧国家企业跨境投资与贸易洽谈会”，其中唐山龙泰辰实业股份有限公司在洽谈会上与意大利及拉脱维亚2家企业达成初步合作意向，双方还将就合作具体事宜进行进一步对接。组织10家企业参加中国—拉美企业家高峰会，并组织北京环卫集团等3家企业参展，效果良好。

电子商务

【概　况】县委、县政府及时把握国家支持实施电子商务、"互联网+"等重大战略机遇，把发展电子商务作为推动经济发展、提高群众生活水平的战略举措，超前谋划，全力推进，为电子商务进农村工作打下坚实基础。县内发展规模较大且建有网络运营平台的电商企业有河北联业电子商务有限公司、河北夏日集团电子商务平台、唐山农语实业集团有限公司等。

【河北联业电子商务有限公司】河北联业电子商务有限公司（简称河北联业公司）成立于2014年11月，是乐亭县城市建设投资有限公司下属的国有公司，职工30人，注册资金1亿元。河北联业公司经营范围为信息咨询、培训服务、软件开发、计算机网络设备的安装与维修，会议服务、形象策划，广告设计、制作、发布，水产品、农产品、日常用品的仓储、销售，普通货运、货物配送，代办通信业务。河北联业公司承接了"乐亭县农村综合服务中心"项目的建设和运营任务。乐亭县农村综合服务中心项目是一个集社会管理、社会服务、商品服务为一体的便民工程，是社会管理和电子商务相结合的一种创新形式，服务县域企业信息化升级，服务农村青年创业、就业。

抓牢县农村电商公共服务中心龙头建设运营，融合和统筹全县农村便民服务体系建设。在县农技综合服务楼建成乐亭县农村电商公共服务中心，已和省电商服务中心进行了对接，在数据填报、组织实施培训、电商创业、助推本地企业电商化等方面发挥作用。在淘宝、京东等电商平台开设企业天猫店铺3家，普通企业店铺10家，个体店铺25家，京东地方馆1家。"刘美烧鸡"天猫店上架产品50余种，月销售额10万余元；京东乐亭地方馆已上线运行，关联当地企业商家12个，上线当地农优、特产品8种，确定并准备上传农特产品7种。与农村淘宝、京东等电商企业结合，在县城、乡镇、村服务站开展"喜迎春"年货节、第一届和第二届农村电商节、农村淘宝春耕节、电商乡村文化节等各类电商节庆活动600余场次，100余商家参加；在镇村开展农村电商宣传汇演520场次，促进农村电商发展。

抓好农村综合服务中心（村级电商服务站点）建设运营，打造"电子商务+电子政务"一站多能服务模式。在459个行政村建设电商服务站，村站营业（办公）面积60～300平方米，并实现了软硬件的全套配备。通过农村淘宝、京东、浙江雅购、中国农交网、邮乐购等电商企业招募人员进驻电商服务站经营，带动创业就业，解决农村的"买难"问题；通过农产品上行，实现"农产品进城"，解决农村"卖难"问题。以电子商务进农村综合示范为载体，推进县、乡、村"三级平台"建设，省市"两个代办"（为企业、为群众代办服务）要求得到落实，实现了"一站多能"的创新服务。

抓实仓储物流配送体系建设，打通网货下乡和农产品进城双向流通渠道。引入阿里巴巴集团菜鸟物流，实现对全县村淘入驻网点的物流配送覆盖；与乐亭圣大物流有限公司合作，共同打造冷链物流；与中国邮政集团公司河北省乐亭县分公司签订合作协议，推进邮政物流营业投递。结合农村综合服务中心建设，实现物流配送的双向流通，打通农村电子商务"最后一公里"；实现快递服务不留死角、电子商务村级服务站点全覆盖，让村里的货出得去，外面的货进得来，实现"工业品下乡"和"农产品进城"双向便捷流动。

抓紧农村电子商务培训，大力培养电商运营服务团队和农村电商从业人员。结合电子商务进农村综合示范项目，大力实施电商万人次培训计划。年内，开展各类培训298场次，1.89万人次。通过培训，逐步引导年轻人返乡创业，提升农民对"互联网+"的认识，培育大批电商、网商主体，形成了浓厚的电子商务发展氛围。

2016年12月，通过财政部"电子商务进农村综合示范工作"验收。

【唐山农语实业集团有限公司】 成立于2013年6月，位于县城水韵名居131号，注册资金1000万元，是唐山市新兴涉农大型生态环保企业，下辖农语食品（唐山）有限公司、唐山农语晓镇餐饮有限公司、唐山瑞尔农资有限公司、中国农交网电子商务平台（www.nongjiaow.com）。

农语食品（唐山）有限公司（食品厂）坐落于毛庄村村南，占地面积1.45公顷，基建工程已完工，市场准入手续在办理中。食品厂投产后主要借助互联网营销，主营生态火锅底料、生态酱料、各种方便快餐、休闲食品等。“农语”商标已在国家工商总局注册。

唐山农语晓镇餐饮有限公司作为餐饮连锁招商示范店，使用非转基因油料，坚持纯生态、零添加，已形成实力雄厚的餐饮品牌。

唐山瑞尔农资有限公司通过中国农交网电商平台，打造新型农资营销模式，将实现一县一代理、一村一网店。各村网店为热爱电子商务的人士提供了就业岗位，同时引导全社会不同群体享受网店快捷方便的服务。公司与农民对接，直接与农户签订购销合同，保证食品厂货源供应及货品质量。公司从农作物种植到收获实施全程技术服务与协助管理，农语食品（唐山）有限公司（食品厂）搞好优质原料供应，从而形成产供销一条龙的大农业产业链条。

【河北夏日集团电子商务平台】 河北夏日集团电子商务平台是河北夏日实业集团有限公司的下属企业。河北夏日实业集团有限公司是商务部“万村千乡市场工程”承办企业，致力于新农村电子商务建设，成立有河北顺时针网络科技有限公司，打造中国新农村第一电子商务平台，开通“万村千乡”E市场、智慧农村信息服务平台、夏日买客（微信号：xrmarket）三大协同平台。已有400多家农家店、便利店、社区店加入网络平台。年网上订货5000余种单品，交易订单近2万笔，交易额1000余万元，实现了企业、店铺、消费者共赢。夏日买客（微信号：xrmarket）是基于集团商超商品资源及物流配送资源开发的“互联网+生活必需品”区域性网络销售平台，于2016年1月上线运营。河北夏日集团努力打造一个集B2B、B2C、连锁、物流、科技于一体，线上线下相结合的立体电子商务综合服务平台。

【阿里巴巴“农村淘宝”项目运营】 2015年6月，乐亭县与阿里巴巴集团合作实施“农村淘宝”项目，成效明显。阿里巴巴“农村淘宝”项目作为乐亭县农村综合服务中心建设的一项重要内容，丰富了服务群众的功能，实现了健康有序运营。乐亭县农村综合服务中心与“农村淘宝”项目相结合，开创了电商进农村“一中心多功能”的新模式，既开展电商服务，又提供80多项政务服务，以及医疗保险、创业就业、金融保险、农艺农技、旅游婚介、物流快递等多样化的社会服务。而且把电商人才培养与农村“三支队伍”建设紧密结合起来，在电商人才选聘中优先选聘农村致富带头人，并纳入重点人才培养信息库，作为政务服务志愿者，与村干部、大学生村官一道为群众提供政务服务。通过有机结合，拓展了“农村淘宝”项目的外延，丰富了内涵，注入了新的生机和活力，实现了互惠双赢。

“一店式”服务便民需　农村综合服务中心“一中心多功能”，为群众提供全方位服务。其中，商品（电商）服务功能结合阿里巴巴“农村淘宝”线上网货，在生产生活方面为农民群众提供多样化选择。2016年，“农村淘宝”项目完成订单60万笔，交易额8200万元。“双十一”电商节当天，“农村淘宝”服务站完成订单8600笔，销售额393万元。

“一线式”服务连民心　农村综合服务中心是以“互联网+”的思维，利用一条网线连接电子政务、电子商务等信息化的手段，打通服务群众的“最后一公里”。年内，为群众代办证照1500余件。“农村淘宝”推出“旺农贷”业务，为农业合作社及生产大户提供网络贷款550余万元。天和电子、海涛通信等传统商家上线，奇世食品有限公司等淘宝企业店铺上线，刘美烧鸡（食品）等天猫店铺上线。其中，与农业生产紧密相关的“赵老敢绑蔓夹”店铺，单店全年销售收入1000余万元，并带动古河乡100余名妇女和老人参与产品的安装初加工，形成“电商一人创业、成就全村就业”的良好局面。

“一站式”服务解民忧　“农村淘宝”项目落地后，在承载农村综合服务中心商品（电商）服务功能的同时，广大“农村淘宝”合伙人作为政务服务功能志愿者，与乡村干部一道，为进店群众代办转办诉求咨询；与相关企业对接，承载公共服务功能。年内，通过县便民服务体系的网络办公系统，受理办结群众诉求事项3572件，解决了一批群众最迫切、最关心的难点和热点问题。

【农村综合服务中心】 2016年4月，印制《乐亭县农村综合服务中心及电商进农村综合示范县建设政策与管理制度汇编》，将“农村综合信息超市”项目更名为“农村综合服务中心”建设项目。在全县农村综合服务中心建设网点全覆盖的基础上，进一步完善基础设施，加快推进功能进驻。

年内召开农村综合服务中心建设推进和工作安排会议6次，对加快农村综合服务中心人员进驻和功能入驻、加强管理工作进行安排部署，进一步明确日常管理主体和功能承载主体。3月，农村综合信息服务平台搬迁至县农业科技服务中心一楼，县级服务平台功能得到进一步整合提升；完成了50个村综合服务中心（站）的视频监控系统安装，实现对各村综合服务中心坐班履职的全程监督；分两个批次，对农村综合服务中心运行的相关单位和工作人员1000余人进行了业务培训，并就功能进驻提出了明确要求；对全县430个村综合服务中心进行了电子设备功能调试、布局调整和业务督导，对政务服务功能进行了现场培训；结合农村淘宝、中国邮政村邮乐购、京东等企业，稳步推进农村综合服务中心服务人员入驻。至年底，实现运行的站点达270个，在工作中逐步形成了一整套招募、培训、管理和淘汰的运行机制。

乐亭县农村综合服务中心“一站多能”的运行模式被省商务厅作为电子商务进农村的典范在全省推广。《河北日报》、河北电视台以电子政务和电子商务融合的“河北模式”报道乐亭县农村综合服务中心建设运行情况。县委领导以“打造一站多能乐亭模式”为题，在2016中国（河北）电子商务发展论坛上作典型发言。

【“电子商务进农村综合示范县”运行】 乐亭县在“电子商务进农村综合示范县”运行工作中，建立健全县农村综合服务中心、电商服务站、仓储物流配送体系和电子商务培训等系列工作。乐亭县农村综合服务中心以政务服务为基础，附加银行、保险、中介等社会公共服务，植入生活必需品、农资等商品服务和电商服务，整合邮政、菜鸟物流、京东物流等快递服务，村民以往需要去乡镇、县城办的一些事都能不出村得到办理和咨询；领取低保金、养老保险、粮食补贴等在村服务站就可以直接得到办理，村民还可以到农村综合服务中心网购生活必需品、农资等商品。

河北联业公司于2016年4月中标成为乐亭县电子商务进农村运营主体企业，负责电子商务进农村综合示范县的全面建设和运行。

建立乐亭县农村综合服务中心　在县农业科技服务中心楼建成乐亭县农村电商公共服务中心（农村综合信息服务平台），建筑面积2400平方米，含农村淘宝乐亭县运营中心、京东集团乐亭运营中心、乐亭县农产品研发体验中心、乐亭县农村电商公共培训中心、众创空间、会议室、办公室、业务交流室等区域。配备电脑100余台、电视3台、办公桌椅100套、复印机4台、会议桌椅1套、交流桌椅5套、投影设备2套、触摸屏2台。为加强对农村电商服务站的日常管理，给各站安装了视频监控，同时在县电商服务中心安装电视墙一套，高标准地完成了农村电商公共服务中心的软硬件配备。至年底，乐亭县农村电商公共服务中心已和省电商公共服务中心进行了有效对接，在数据填报、组织实施培训、电商创业、助推本地企业电商化等方面发挥着作用。

建立电商服务站　至2016年，全县建成电商服务站459家，基本实现行政村全覆盖。村站营业（办公）面积60～300平方米，各村站连通了20M宽带，配备电视一台、电脑一套、电视背景墙一面、办公桌椅一套、物流柜一套、门头一个、电商牌5面等设施设备，实现了软硬件的全套配备。

建设仓储物流配送体系　2015年10月开始，阿里巴巴集团菜鸟物流进驻县内开展农村电商物流快递业务，以县提供的场地为基础建成面积1400平方米的县级物流中心，实现了对农村淘宝入驻网点的物流配送覆盖。经过河北联业公司与菜鸟物流乐亭运营企业唐山鼎峰配送服务有限公司协商，达成合作协议，在唐山鼎峰配送服务有限公司运营乐亭农村淘宝菜鸟物流配送中心的基础上，将菜鸟物流乐亭配送中心进行升级改造。河北联业公司按照农村电商仓储物流配送中心建设要求中设备高标准、配备车辆等要求进行配备。同时，与唐山圣大物流有限公司合作，共同打造冷链物流，实现了县级物流配送中心的建设和运营要求，结合已有的农村综合服务中心，实现物流配送的双向流通，打通了农村电子商务“最后一公里”。

组织电子商务培训　为培养电商人才，为乐亭农村电商的进一步发展提供人才支持，县电商公共服务中心积极开展电商培训工作。制订乐亭县电子商务进农村培训计划，合理安排相关培训；配合省电商服务中心开展电商培训；引导电商企业开展培训，京东、阿里巴巴、雅购等入驻乐亭的电商企业已累计开展培训53场次，培训5375人次；河北联业公司与新农人电子商务培训学校签订《培训合作协议书》，由新农人电子商务培训学校提供系统的电商培训；与团县委、县妇联配合，以青年、妇女工作为抓手开展电子商务培训。

商务管理

【概　况】 2016年，县商务局承担全县商务领域行政管理工作，主要负责贯彻落实国家和省市有关内外贸易、国际经济合作、商贸流通等商务领域的发展战略、方针、政策以及相关法律法规，拟订全县相应的发展规划以及规定、办法和措施。经过职能转变，商务管理工作更加科学、规范。商务管理重点包括市场运行监测、成品油市场监管、推进商贸流通业发展、外经外贸管理、电子商务发展、再生资源回收管理等。

【市场运行监测】 县商务局认真开展市场运行监测分析工作，督导相关企业每周通过商务部监测系统报送数据，加大数据审核力度，做好数据整理分析和及时更新，监测、分析县内市场运行、商品供求状况和商品价格信息，掌握市场动态，定期通过“商务部生活必需品市场监测系统”报送重要生活必需品市场价格监测情况及动态分析，根据监测结果对市场进行预测预警、信息引导并提出市场运行及调控政策，开展生活必需品市场应急管理。在市商务局对各县市区市场运行监测分析工作考核中，乐亭县名列前茅。

【成品油市场监管】 依法做好年检工作　2016年，县商务部门按上级要求，对全县72家加油站（点）开展2015年度成品油经营资格年检工作，及时整理上报年检资料，并通过年检过程加强对各加油站（点）的管理工作。

加大市场执法力度　为了规范成品油经营市场秩序，保护消费者合法权益，在上年全面取缔非法加油车、储油罐的基础上，加大巡查力度，对重点区域及交通要道周边地区进行多次排查，发现非法加油点5处，已勒令其拆除。同时检查各加油站（点）安全生产制度、成品油升级达标、进油渠道和油气回收使用情况，做到了每季检查一次，重大节日和敏感时期必查。在唐山世园会及重大会议（活动）期间，积极启动应急响应，进行全天候拉网式检查，做好空气质量保障工作，避免各类事故发生。年内，查获从不具备成品油批发资质企业购进成品油案件6起，罚款3.5万元。

做好国五油品供应工作　县商务部门为保证国五车用汽、柴油全面升级到位，1月对全县各加油站（点）调取进油发票进行查验，实地检查标识、标号的更换，各加油站（点）均按要求升级到位。6月，按照省商务厅的统一部署，对加油站（点）进行分类管理，确定“一区三路”（城区，高速公路、国家级干线公路、省级公路）沿线加油站（点）40个，监督此类加油站不得销售普通柴油；“一区三路”以外的加油站（点）32个，此类可销售普通柴油，但要安装监控设备并不得向汽车和摩托车销售普通柴油。

【**再生资源回收市场监管**】 为促进再生资源回收，规范再生资源回收行业发展，节约资源，保护环境，实现经济与社会可持续发展，县商务部门按照市、县关于《环保专项治理行动实施方案》的要求，针对废品收购站（点）存在的问题，制定印发《乐亭县废品收购站环保达标治理标准》，先后5次对44家废品收购站（点）进行巡回督导检查。通过加强监管，全县再生资源回收企业由散、乱、差，逐步向规范、整洁、环保方向发展。

【**单用途商业预付卡管理**】 按照省市关于开展单用途商业预付卡专项检查的通知，结合实际，对大东方购物广场、夏日超市、东安超商等大型商场、超市及加油站进行单用途商业预付卡的全面检查，从检查的结果看，单用途商业预付卡企业都能按要求进行注册、备案，按规定发放并用于商业经营，未发现售卡款用于买股票等违规用途，制度、资金管理比较规范。

【**商务领域大气污染防治**】 县商务部门认真落实市、县大气污染防治工作会议精神，组织召开加油站（点）油品升级和油气回收工作会议，要求各加油站（点）规范进油渠道，必须从具有批发资质的企业购进国五标准车用汽、柴油，保证油品升级到位；油气回收设施要定期检查，系统正常运转，保证油气回收到位。组织召开大气污染防治培训工作会议，传达县委、县政府关于做好大气污染防治工作会议精神，印发《乐亭县商务局重污染天气应急响应专项实施方案》，要求各加油站（点）严格落实应急预案要求，分不同预警等级采取有效响应措施，应对重污染天气；加强加油站（点）安全管理，做好油气回收和油品质量自查，确保设备运转正常，油品质量安全达标。

商贸企业选介

【**河北夏日实业集团有限公司**】 河北夏日实业集团有限公司（简称河北夏日集团）是从事商业零售、仓储物流、电子商务、矿产进口、金融服务及相关产业的企业集团，下设16家企业，有员工1060人。是全国优秀连锁会员单位、全国工商联优秀会员企业、中国食品物流50强企业。

乐亭夏日大型综合超市占地面积8000平方米，营业面积1.2万平方米；海港夏日购物中心地处唐山海港经济开发区，占地面积1.1万平方米，营业面积2.3万平方米，是唐山海港经济开发区面积最大、商品最全的大型综合超市。

河北夏日集团是商务部“万村千乡市场工程”承办企业，通过建设乡、村两级农家店，在乐亭及周边地区发展连锁店680家。2座大型超市和680家农村连锁店形成了城乡现代流通体系，与广大群众的生活紧密地联系在一起。总投资2亿元的夏日物流加工配送中心项目一期工程竣工并投入使用，年配送能力20亿元以上，业务辐射周边100千米。

河北夏日集团电子商务平台（见电子商务分目）

河北夏日集团能源有限公司依托唐山港京唐港区、唐山钢铁企业和自身地域优势，主营冶金燃料和矿产品进口及加工、批发销售、仓储、运输业务，致力于洁净能源的研究、开发和利用，业务范围扩展到山东蓬莱港、江苏连云港等地。

河北夏日集团坚持诚信经营，以商品质量作为企业的生命。通过强化各种管理制度，严把商品质量关，全面实行质量先行责任制。把商品质量责任分解到每一个环节、量化到每一名员工，以严谨的态度保证消费者的利益。

【**河北明盛实业集团有限公司**】 河北明盛实业集团有限公司（简称明盛实业集团）位于县城富强街东段路北、乐亭一中体育馆对面。下辖乐亭县荣泰房地产开发有限公司、乐亭县宏晨建筑安装工程有限公司、乐亭县华晨进出口贸易有限公司、乐亭县大东方商贸有限责任公司、乐亭县昱晨混凝土有限公司、唐山首建嘉华水泥制品有限公司、明盛商务酒店、昱晨加油站、安达加油站等经营实体。经营范围涉及房地产开发、进出口业务、商贸物流、煤炭、商砼、餐饮服务等领域。2016年，在册员工近5000人，安置下岗职工300多人，营业收入8.54亿元，缴纳税金1.1亿元。

明盛实业集团强调“诚实、守信、务实、创新”的核心文化理念，遵循“以人为本，以诚立信”的企业宗旨，秉承“与时俱进，追求卓越”的经营理念，从企业形象的塑造、管理模式的变革，到经营业绩的增长、社会公益事业的投入，诚信精神贯穿于明盛实业集团经营实践的全过程。在经营实践中，把握政府对区域经济发展的战略思路，以科学发展观为指导，以政府的产业规划为导向，抢抓机遇，开拓创新，锐意进取，走上了开拓发展的快车道。

明盛实业集团在取得良好经济效益的同时，不忘社会责任，积极回报社会、热心公益事业，累计捐款近500万元。

【河北港湾贸易有限公司】 河北港湾贸易有限公司（简称港湾贸易公司）成立于2008年6月，注册资金5000万元。2016年注册地址由翔云岛林场迁至乐安街道商业广场B3栋72号。经营范围为黑色金属产品、生铁、炉料、球团矿、钢坯、钢材、建筑材料、耐火材料、煤炭、焦炭批发零售，机械设备租赁、货物进出口等，有职工60人，为大型商贸公司（唐山市德龙钢铁有限公司的子公司）。

港湾贸易公司在华北、华中、华南等地形成了比较稳定的客户群，主要下游企业有天津市仁爱钢铁有限公司、广东华钢贸易有限公司、无锡市金属材料有限公司等。销售采取预收货款，购进采取预付款的经营模式，逐步扩大经营范围。

公司始终秉承“诚信、共赢”的经营理念和“以市场为导向”的发展目标，力争把公司做大做强。2016年实现销售收入27.99亿元，缴纳税金2620万元，实现税后利润5000万元。

旅 游 业

综 述

乐亭县旅游资源丰富，独具特色。有以“全国爱国主义教育示范基地”“全国廉政教育基地”“全国红色旅游景区”的李大钊纪念馆景区为依托的红色旅游，以海滨海岛为特色的蓝色旅游，以生态观光为主题的绿色旅游，三色旅游各具魅力，相得益彰。在这里可尽享自然秀色，体验美丽乡愁，感受文化韵律。2016年，全县接待国内外游客342.46万人次，比上年增长116.5%；旅游总收入30.94亿元，增长132.6%。全县有旅行社29家，比2015年增加6家，星级饭店5家。

红色旅游

【概　况】 乐亭县是中国共产主义运动的先驱、中国共产党的创始人之一——李大钊的家乡，有着光荣的革命传统，全县人民在民族解放、中华人民共和国成立和社会主义建设事业中做出重要贡献，无数英雄儿女献出宝贵生命。李大钊纪念馆、李大钊故居和革命烈士纪念馆铭记着英烈的业绩，是重要的爱国主义教育基地。

【李大钊纪念馆景区】 2016年，李大钊纪念馆认真开展“两学一做”学习教育，围绕县委、县政府重点工作，按照“干什么、怎么干、谁来干、什么时间干成”的“四个干”抓落实机制，立足纪念馆特色，发挥自身优势，传承弘扬大钊精神，充分发挥全国爱国主义教育示范基地、全国廉政教育基地和全国红色旅游经典景区作用。全年接待全国各地及海外参观者132万人次。年内，李大钊纪念馆被人民日报社、中央党史研究室、全国红色旅游工作协调小组评为全国20家“我最向往的党史纪念地”之一，被河北省妇联评为省“三八”红旗集体，被河北省委宣传部评为“美丽河北·最美建筑”，被河北省文物局评为全省文物信息工作先进单位；讲解员左婷在省委宣传部主办的“我是长征精神传承人”演讲比赛活动中，经过演讲和才艺展示获得一等奖；汪洪洁被省文物局评为2016年度全省文物信息工作先进个人。

宣传大钊精神　立足基地宣传。依托“李大钊生平事迹陈列展览”“李大钊廉洁风范展览”和李大钊故居复原陈列，不断深化讲解，针对不同的受教育团体，撰写多套讲解词，做到因人施讲，充分宣传大钊革命业绩，突出李大钊对共产主义的坚定信仰、无私无畏的革命精神和高尚的道德情操。赴外地宣讲。李大钊纪念馆以李大钊就义（4月28日）89周年为契机，组建大钊精神宣讲小分队，进高校开展“青春中华——李大钊与中国梦”主题宣讲活动，宣传、弘扬、传承大钊精神，展现李大钊为“索我理想之中华，青春之中华”而英勇奋斗的一生，激发当代青年的爱国情、报国志。小分队先后到唐山职业技术学院、秦皇岛燕山大学、东北大学秦皇岛分校、驻乐部队等地开展宣讲活动11场。活动分为寻梦、逐梦、圆梦3个篇章，以乐亭大鼓、乐亭皮影、舞蹈、演讲、大钊诗文诵读等多种形式展现李大钊为实现中华民族伟大复兴的中国梦而不懈奋斗的革命历程，把大钊红色文化和地方特色文化有机结合，起到寓教于乐的作用。

临时展览。为庆祝中国共产党建党95周年，展现中国共产党创建史，李大钊纪念馆举办“李大钊与中国共产党的创建”专题展览，并赴浙江嘉兴进行巡展。展览以“首传马列，奠定建党的思想基础”“培养青年，为建党做了干部准备”“深入实际，促进理论与实践结合”“召开一大，宣告中国共产党诞生”“殚精瘁力，献身共产主义事业”5个专题，详尽介绍了李大钊对中国共产党的创建、发展所做出的重大贡献。同时与浙江嘉兴南湖纪念馆联合举办“开天辟地——中国共产党创建史图片展”在李大钊纪念馆展出，展览分“探索救亡图存的道路”“中国共产党成立”两大部分，共80块展板，再现中国共产党创建的整个历史背景和过程，宣传党的光辉创建史，教育和引导广大党员干部群众坚定理想信念，受教育人数2.15万人。

开展“红领巾小讲堂”系列活动。2—5月，李大钊纪念馆与团县委、县教育局在李大钊纪念馆联合举办“红领巾小讲堂”——庆新春大钊精神知识竞赛、“同心向党、红色传承”演讲比赛等10余次，引导广大青少年学习传承红色文化，继承革命先辈的光荣传统，树立正确的世界观、人生观、价值观，激发热爱祖国、热爱家乡、立志学习的热情，肩负起时代赋予的神圣使命。

红色旅游宣传推介 2016年，李大钊纪念馆设计制作了李大钊纪念馆、李大钊故居、李大钊廉洁风范展览、李大钊纪念馆文明旅游宣传折页，设计制作了具有李大钊纪念馆元素的小扇子、鼠标垫等红色旅游纪念产品。3—9月，组织馆内相关人员参加国家旅游局组织的北京国际旅游交易会、唐山市旅游局组织的天津旅游推介活动及省市旅游局组织的“5·18”世界博物馆日、“5·19”中国旅游日推介活动和唐山世园会宣传推介等，通过展位展示、播放景区宣传片、免费发放参观票券、旅游宣传册等方式广泛推介李大钊纪念馆旅游景区，介绍乐亭县旅游环境。继续加强与各旅行社团的联系，李大钊纪念馆与120多家旅行社团签订了参观协议。

加强合作交流 2016年7月，北京化工大学、河北科技大学与李大钊纪念馆签订共建协议，李大钊纪念馆成为北京化工大学、河北科技大学学生社会实践基地。7—8月，河北科技大学选派8名学生到李大钊纪念馆参加社会实践活动，接受讲解培训。李大钊纪念馆为其提供讲解词、礼仪培训、讲解技巧培训，使其得到锻炼成长。

设施建设与维护 2016年3月，投资117万元，实施李大钊故居主街道排水管网工程，修建排水沟渠2430米、涵管163米，清理渠道300米，铺设辅道砖3200平方米，7月底竣工，故居主街道排水不畅的问题得到解决。4月，投资74.1万元，对李大钊故居景区环境进行整治，实施黄口村至大黑坨村道路两侧绿化工程，外购绿化土6000余立方米，培填宽80厘米路肩3000余延长米，并铺设路沿石，栽植国槐、油松、栾树、紫叶矮樱等10余个品种3.58万棵，并在路口交会处设置高8米的不锈钢李大钊故居指示牌，8月底竣工。5月，投资98万元完成纪念馆38级台阶及平台破损地砖的维修更换、展厅塑胶地板及天膜的更换、一楼楼道及卫生间的维修改造等工程，确保基础设施完好无损，7月初竣工。

无线网络全覆盖 5月15日—7月20日，李大钊纪念馆完成景区内无线网络WiFi全覆盖安装并投入使用。游客进入景区后，只需打开手机，在无线网络中搜索“LDZJNG”账号，打开浏览器，点击一键打开微信连WiFi，并关注李大钊纪念馆公众号，便可及时享受景区方便快捷的免费WiFi服务。

【乐亭县革命烈士纪念馆】 坐落于县城院士街中段路北，始建于1958年，为烈士祠；1976年7月唐山地震时遭到毁坏，1978年进行复建，1980年重新修建，1982年改建为乐亭县革命烈士纪念馆。革命烈士纪念馆为一长方形院落，坐北朝南，占地面积6600平方米，在中轴线上建有大门、纪念塔、纪念堂，纪念堂东侧为骨灰堂，西侧为双拥展室，门内两侧为门房，西侧建有国防教育展室。2013—2014年，县委、县政府出资100余万元，升级改造纪念馆内设施，重新修建纪念馆门口至主干道之间的道路；重新翻修纪念广场、墓区地面；改造消防设施，重新布置展览室内的展板、地毯及内部设施，重新绿化、硬化院落，粉刷建筑物，改变院内院外面貌，纪念馆更加庄严肃穆。纪念馆内修建墓穴50座，安葬烈士19人，骨灰堂内存放37位烈士骨灰。烈士纪念馆发挥爱国主义教育基地作用，加强“褒扬烈士，教育群众”主体功能，以褒扬烈士为主，是集宣传、教育、文体为一体的革命传统教育阵地。

2016年清明节前夕，为新上报的6座散葬烈士墓进行维护修缮，建立档案并树立烈士纪念碑。清明节期间，烈士纪念馆接待祭扫、瞻仰的烈士家属、中小学生、机关团体及社会各界人士5000余人。9月30日，县四大班子领导、部分县直机关干部职工、解放军和武警官兵代表、烈属代表和老战士代表100多人，在乐亭县革命烈士纪念馆举行公祭活动，深切缅怀革命先烈的丰功伟绩，继承和发扬革命优良传统。

蓝色旅游

【概　况】 乐亭县蓝色旅游资源丰富，奠定了发展旅游业的基础。在石臼坨岛（菩提岛）、月坨岛和打网岗岛划转唐山湾国际旅游岛后，县委、县政府及时调整发展方向，利用沿海岸线沙质细腻，沙软潮平，水质清洁，宜泳带宽广等优势，在老米沟河入海口与二滦河入海口之间（原碧海浴场东侧）开发建设碧海浴场（星星湾浴场），在滦河入海口处建成滦河口渔乐园，不断发展壮大县内旅游产业规模，取得一定的经济效益和社会效益。

【乐亭碧海浴场（星星湾浴场）】 碧海浴场（星星湾浴场）位于县域东南部沿海，距县城25千米，在老米沟河入海口与二滦河入海口之间，海岸带长5千米，宽1千米，总面积5平方千米，沙滩宽50～100米。沙滩细软平缓，水清浪小，沙软潮平，水质清洁，气候宜人，是天然的海滨浴场。已建成儿童乐园、水上乐园、滑沙、停车场及其他配套设施。

景区管理规范，设施设备完善，建有木屋别墅、标准客房260间，游客服务中心300平方米，能为游客提供咨询、客房预订、休息、景区资源展示等服务，帮助游客解决旅游过程中的困难和问题。景区住宿设施有床位300张，餐厅、大排档可同时容纳1500人就餐，会议室能容纳120人开会，旅游品商店7个，厕所5座，娱乐广场能满足游客多种需求。浴场娱乐项目丰富多样，有沙滩摩托、海上冲浪、摩托艇、拉伞等。浴场西侧有渔码头，海产品丰富。北面有鱼塘、虾池，可以垂钓。游客主要来自北京市、天津市及河北省各地市，2016年接待游客51.5万人次。

【滦河口渔乐园】 滦河口渔乐园位于滦河入海口处，邻东大河渔码头，渔业资源丰富，唐山市东滦海产品养殖有限公司利用原造船厂闲置土地及废弃养殖池改建而成，占地面积2.67公顷，总投资1500万元，建成木屋客房、生态餐厅、停车场、旅游厕所等住宿、餐饮设施。滦河口渔乐园能组织开展渔业观光、海上垂钓、赶海拾贝等活动，游客可享受做一天渔民、吃一顿鱼宴、住一回渔家的乐趣，体验传统渔家生活。2016年12月被评为唐山市乡村旅游示范点。全年接待游客22万人次。

绿色旅游

【概　况】 乐亭县是传统的农业县，拥有丰富的农业和乡村旅游资源。县内乡村旅游从2005年起步，经过10余年的发展，规模逐渐扩大，服务设施日趋完善，接待水平明显提高。到2016年年底，全县有全国五星级休闲农业与乡村旅游企业1家：乐亭丞起颐天园现代农业园；中国乡村旅游金牌农家乐1家：碧海渔家农家院（地址黄湾村）；省级乡村旅游示范点3个：祥瑞生态园、赵蔡庄生态园、乐亭丞起颐天园现代农业园；市级休闲农业与乡村旅游示范点3个：胡家坨镇大黑坨村、滦河口生态旅游区尚谷农庄、滦河口渔乐园；省三星级农家乡村酒店1家：碧海渔家农家院。县内休闲农业与乡村旅游点呈现出健康发展态势。全年接待游客90余万人次。

【乐亭丞起颐天园现代农业园】 位于唐港高速公路乐亭出入口东100米路南，总占地面积400公顷，其中核心区占地面积83.07公顷。总投资6.06亿，其中核心区投资2.2亿元。河北丞起实业集团有限公司投资建设，2011年6月10日开园，2016年确定为全国五星级休闲农业与乡村旅游企业、省级乡村旅游示范点。建有十八景观，有现代农业展示、农耕文化传承、农业休闲体验、精品花卉展示、温泉康体疗养、餐饮会议接待、儿童游乐体验等功能。牡丹园、芍药园、紫薇园、樱花园、玉兰苑和荷塘荷韵，加之各种果蔬，一年四季可游览、休闲、采摘、娱乐。年内，投资3000万元新建温泉水世界项目，建筑面积1.4万平方米，建成温泉、汤池、游泳、水疗SPA、茶道、儿童水寨、水上滑梯等项目，是集多功能为一体的娱乐休闲养生基地，已投入运营。乐亭丞起颐天园现代农业园全年接待游客22.8万人次。

【赵蔡庄生态园】 位于县城南3000米，乐港公路东侧。赵蔡庄村从2005年开始发展乡村旅游，建有旅游接待别墅、停车场、休闲垂钓园，垂钓池内设八角亭、栈桥，池四周有爬藤花廊；村有仙桃采摘带、果品采摘棚；建有文化广场等旅游接待设施，开发出应季果蔬采摘、生态养殖、四季垂钓、拓展训练、农家酒店、骑马、棋牌、球类、健身、KTV等游乐活动，游客在体验田园风情的同时，得到身心的放松。2016年接待游客3.9万人次。

【祥瑞生态园】 坐落在县城西南吉祥寺村，占地面积14公顷，为省级乡村旅游示范点。2007年始建，建有生态餐饮中心、野生养殖与自动孵化区、垂钓园区、种植园区、娱乐休闲区等。主要设施为生态餐厅、垂钓园、珍贵畜禽养殖场、孵化室、采摘园、沼气池、林地等，是集餐饮、珍贵畜禽养殖、垂钓、林地观光娱乐为一体的生态园。2016年接待游客3.5万人次。

【碧海渔家农家院】 碧海渔家农家院简称碧海渔家，是河北省三星级农家乡村酒店，位于姜各庄镇黄湾村，近邻滦河口生态旅游区、李大钊故居、碧海浴场（星星湾浴场）。占地面积2400平方米，有客房15间，能容纳50人入住，客房均设有卫浴间，24小时提供热水淋浴；客房内设空调、彩电和互联网接口，免费提供无线网络；餐厅能同时容纳60人用餐，并有25平方米棋牌室可供游客休闲娱乐；在村外设有2.3公顷专属娱乐广场，可组织卡拉OK、篝火晚会、自助烧烤等游乐项目；建有占地1.3公顷的鱼塘，可供游客开展垂钓活动。院内有苹果树和菜园，村内有定点果菜采摘园6个、定点散养鸡户17户，均可开展配套服务项目，能满足游客采摘（购买）无公害果菜、购买生态禽蛋产品需要。

碧海渔家服务人员可引领入住游客到海滩捉蟹、钓鱼，联系渔船开展出海游玩捕捞等活动。餐厅厨师具有多年烹饪本地海鲜经验，可制作农家菜肴、海鲜供游客享用，村口设有集贸市场，可供游客体验农村风土人情及采购，体验农家乐趣。全年接待游客3700人次。

【尚谷农庄】 位于滦河口生态旅游区姜各庄林场内，占地面积32.67公顷，为市级乡村旅游示范点。尚谷农庄结合滦河口自然景观、乐亭地域文化和人文特色，以乡村旅游、休闲度假为基础，建成集旅游、参与娱乐、休闲度假和拓展培训等多功能为一体的新型综合旅游休闲庄园。主要建设体育拓展娱乐区、生态农业和园林花卉展示区、民俗文化和农耕文化展示区、庭院式度假区、会务接待中心、生态餐厅等，同时配套有供游客娱乐垂钓区、观光采摘区、观赏植物区、珍禽养殖区。尚谷农庄娱乐项目丰富多样，有各种拓展训练器械，有水上帆船，真人CS（反恐精英）等项目，是县人防教育基地。2016年接待游客12.7万人次。

【古滦河生态公园】 古滦河生态公园位于县城区东北部，利用滦河故道改造修建而成，占地面积200公顷，2009年3月始建，以“水系净化、生态展示、场地遗存、记忆再生”为主题，建有乐湖、智山、园林绿地三大主体工程。乐湖是古滦河生态公园的水系景观，水域面积36公顷，景观主要体现水、桥、亭、驳岸、湖岛的完美结合，分设游船泊靠区、栈桥听澜区、百荷清韵区、垂钓亲水区、田园风情区五大景观休闲功能区，是集游憩、观赏和水上活动于一体的水上乐园，居民可自乐湖乘坐游船抵达城区码头，一路欣赏沿岸风光，感受城乡建设的巨大变化。2016年，购置老爷车自驾船5艘、大黄鸭自驾船5艘，游船运营规模扩大，无线网实现湖区码头全覆盖。全年接待游客24.8万人次。

滦河口生态旅游区建设

【概　况】 在石臼坨岛（菩提岛）、月坨岛和打网岗岛划转唐山湾国际旅游岛后，县委、县政府及时调整发展方向，决定在县域东部沿海建设滦河口生态旅游区。2010 年 1 月，县委常委会研究决定成立乐亭县滦河口生态旅游区开发办公室（简称滦河口旅游开发办），并确定其职责。4 月，县编委办核定其事业编制 10 人，设规划建设科和招商服务科。滦河口生态旅游区建设开始实施。

2012 年，经县政府采购中心按法定程序招标，确定亚泰都会（北京）城市规划设计研究院承担规划编制工作。在规划编制过程中，滦河口旅游开发办与规划编制单位深度融合、密切合作，在深入调研、充分掌握旅游区情况的基础上，为规划编制单位提供第一手资料。同时，县滦河口旅游开发办与县国土、环保、水务、林业、建设等部门对接，广泛征求各方意见，集思广益，丰富规划内容、拓宽规划思路。《乐亭县滦河口生态旅游区总体规划》以“海、河、林、泉、田、文”六大核心资源为基础，充分发挥其组合优势，重点围绕“海滨养闲、河畔养性、林间养志、温泉养身、田园养心”进行项目策划，打造自然与人文资源融会贯通的生态休闲旅游度假区。经过开发建设，滦河口生态旅游区的地位及功能不断显现，前景广阔。2016 年，县委、县政府对滦河口生态旅游区建设在多元模式的基础上，认真分析社会需求，将“生态旅游 + 养老”的思路突出出来，摆上重要议程。

滦河口生态旅游区地处县域东部滨海，位于滦河与二滦河之间，总面积约 248 平方千米。

【招商引资、开发建设】 在编制规划的同时，不断加大招商引资工作力度。根据资源特点和建设难易程度，经过全面研讨和论证，谋划了景区基础设施建设、滦河口旅游综合体、森林军事拓展、温泉度假、文化休闲、生态农庄、海滨旅游等重点项目进行精心包装，整理印制《滦河口生态旅游区招商手册》、制作多媒体光盘和电子文档，对滦河口生态旅游区的规划范围、发展定位、优势条件、发展前景等进行整体介绍。通过参加深圳文博会、廊坊经贸洽谈会等活动，实施“乡音招商”工程等开展多渠道宣传推介，旅游区知名度不断扩大。投资 7450 万元的黄口至姜各庄林场旅游专线建成通车，旅游基础设施得到完善。唐山绿杨旅游服务有限公司投资 7500 万元开发建设的滦河口拓展训练基地项目投入运营，并通过市级乡村旅游示范点评定验收。投资 1200 万元的鑫丰苗圃基地完成农田水利工程、蓄水池、道路系统、环保等配套基础设施建设。

2016 年，滦河口旅游开发办充分发挥资源优势、地缘优势和人缘优势，以京津冀协同发展为契机，科学谋划项目，实施精准招商，先后与北京九华集团、北京天骄旅游投资集团、天房集团、北京多元集团、重庆罗曼生态农业开发有限公司等 30 余家相关企业进行深入洽谈对接，其中北京多元集团投资建设“宜善国际医疗养生度假中心”项目已达成投资意向。该项目以滦河口良好的生态资源为基础，在国家创新经济发展模式和大力推进医疗健康产业发展的大背景下，拟开发建设的新型医疗旅游度假项目，以“医疗 + 养老、医疗 + 疗养、医疗 + 旅游、医疗 + 教育、医疗 + 农业、医疗 + 器械、医疗 + 发展”等“医疗 +”模式为基础，形成多元化、持续性的产业布局，打造复合式医疗健康产业生态圈。到 10 月底，《宜善国际医疗养生度假中心概念性总体规划及重点区域城市设计》编制完成，《战略合作协议》草拟完成。重庆罗曼生态农业开发公司投资 8300 万元的姜各庄林场“乐亭花海”项目完成规划方案和可研报告，准备报县规委会审批。天房集团养生养老基地项目，北京九华集团温泉旅游项目、唐山中红市政工程有限公司滦河口一期路网项目等正在洽谈推进。

续建中的尚谷农庄项目投资 3800 万元，完成生态停车场建设，建成景区步游路，新建、改建旅游厕所 4 座；新建游客中心 1 处；增加拓展训练和旅游游乐项目 20 余项；建成真人 CS 拓展训练场地，完善餐饮购物等旅游接待服务设施。景区已对外开放。

【生态资源保护】 县滦河口旅游开发办与县国土、海洋、林业、水务等部门配合成立资源保护巡查小组，对土地、岸线、河道、森林等资源开展巡查，及时发现和制止破坏资源的行为。加强森林防火管理，严防火灾事故发生。年内，完成森林抚育面积 100 公顷，更新造林面积 50.33 公顷，建设苗圃试验示范基地20公顷。争取上级扶持资金483.88万元用于国有林场改革，全面完成林区电力设施改造。

旅游宣传促销与纪念品营销

【概　况】 县旅游主管部门借力唐山“世界园艺博览会”“抗震四十周年”纪念、金鸡百花电影节颁奖等重大活动之机，宣传推介县域旅游资源，综合运用展会、官方网站、微信公众号、印发宣传资料、参加旅游惠民直通车、设置旅游标志牌等多种宣传促销措施，展示乐亭旅游风采，提升乐亭旅游整体形象，打响乐亭旅游品牌。

随着县域旅游业的发展，县旅游主管部门坚持传统文化与旅游发展相结合，利用本地果菜、海产品和土特产品等资源开发旅游商品，挖掘具有乐亭特色的民间工艺和传统食品，开发皮影雕刻、桃木工艺品、干鲜海产品、传统食品等系列商品，受到游客欢迎；开设旅游购物商店，与各加工生产基地建立联系，建起商品销售网络，延伸旅游产业链条。

【旅游宣传促销】 2016年，县旅游主管部门按照年度旅游特点开展系列宣传活动。重新编制乐亭县旅游解说词，作为境内旅行社及接待人员宣讲的范本。建立县旅游局网站及微信公众账号，发布政务信息、推介招商项目、介绍旅游环境等，成为对外宣传的又一平台。参加市旅游局组织的广州、深圳、上海等地旅游推介与招商活动；“迎世园”天津、北京、石家庄、保定、太原站推介会；第二十一届北方旅游交易会新闻发布会等活动，发放宣传资料1万份，客源市场得到拓展，县域旅游知名度得到提升。编纂乐亭旅游攻略，以图文并茂的形式，全方位、多角度展示县域旅游资源和配套服务，在旅行社、星级酒店前台摆放和旅游展会上发放，扩大旅游市场份额。科学设计1日、2日、3日游13条精品旅游线路，侧重不同群体需求，增强旅游线路的实用性。组织碧海浴场、丞起颐天园现代农业园、古滦河生态公园等景区参与5·19“中国旅游日”免门票活动。组织参加唐山旅游商品大赛暨唐山旅游推荐商品评选活动，选送的乐亭县渤新文化产业开发有限公司皮影“五行当”折页获一等奖；河北刘美实业有限公司熟食系列、罗锅香油系列获二等奖；唐山玉兰食品有限公司虾油虾酱系列获三等奖；获奖商品同时成为“首批唐山旅游推荐商品”。借省旅游发展委员会建立旅游新媒体之机，建立乐亭旅游新媒体平台资料库，汇总乐亭景点、涉旅企业新媒体信息，并充分利用，增进交流。组织开展“璀璨世园、耀眼唐山”“游世园夜景惠民直通车”活动。按照市政府和县政府“游世园夜景惠民直通车”活动会议精神，县旅游局迅速行动，周密部署，组建由14个乡镇（街道）、唐运集团乐亭分公司负责人及相关人员参加的微信交流群，利用青春广场电子显示屏、电视台8个频道全天多时段滚动播出“游世园夜景惠民直通车”活动宣传信息，印发宣传彩页5000份，制作支架展板5个，在大东方购物广场和人员密集区进行宣传，出动宣传车1部深入农村、社区、集贸市场进行全天候不间断的宣传。经严密组织，“游世园夜景惠民直通车”活动运行平稳，安全有序，游园人数达1.2万人次。

【特色工艺品营销】 *工艺葫芦系列*　葫芦是“福禄”的谐音，象征吉祥。用工笔手法绘、画、刻上乐亭县旅游景区风光、民俗风情、花鸟鱼虫等，观赏，把玩，祈福禄，平添雅趣。

桃木系列　桃木为五木之精，传说能镇辟不祥，乐亭桃木工艺品平安剑、长寿镯、如意符、吉祥球等，或收藏，或赠予亲友，表达幸福美好、吉祥平安。

怀旧系列　制作仿真微缩地方传统农具，如风箱、纺车、碾子、磨、辘轳、风斗、大沿车等，或观赏、或收藏，领略民风之朴、之趣。

柳编系列　用杞柳条编织成箩筐、簸箕、套篮等生活用品，用料考究，做工精细，外形美观，既有观赏价值，又有实用价值，远销海外，且多被作为工艺品购买收藏。

皮影雕刻系列　乐亭皮影雕刻是民间的美术工艺，选用净膜驴皮为原材料，经过浆制、压平、阴干后，再雕镂、濡染，雕刻艺术品生、旦、净、末、丑齐全。乐亭皮影的雕刻艺术已从影幕走向生活，是家居装饰的时尚饰物，具观赏和收藏价值，远传海内外，颇受青睐。

【特产食品营销】 *刘美烧鸡* 始创于清光绪年间，配料考究，产品色、香、味、形俱佳，历经百年畅销不衰。刘美烧鸡获得“中华老字号”称号，荣登“河北省第二批省级非物质文化遗产”名录。

缸炉烧饼 以白菜、肥肉、白面做原料，和馅做成饼状，外黏芝麻，以缸横卧，内壁贴饼，用炭火烘烤，熟后下面起鼓，色焦黄，香酥可口，是乐亭特色小吃，已有百余年历史。

金钩海米 以海产白虾和盐做原料，煮熟晒干去皮制成海米，色金黄，状如钩而得名，是海米中的珍品。

小磨香油 以芝麻做原料，采用传统工艺制作，色泽晶亮，香味醇厚、持久，是凉拌热调的调味品。

虾油虾酱 以雾虾、白皮虾、食盐做原料，“清明”过后入缸发酵，至十月渗出液体呈朱红色，撇出即是虾油，如果不撇即是虾酱。还有以小螃蟹为原料沤制的螃蟹酱。

对虾 对虾鲜品青色半透明，熟品呈珊瑚红。高蛋白、低脂肪，营养价值高，可烹、煮、炒、溜、炸，风味独特。乐亭对虾，色鲜、个大、肉肥，味道鲜美。野生虾体长一般20厘米左右，每千克约10只，最大的隔年虾每只重量可达150克以上。养殖虾体长多在12～15厘米。

旅游监督管理

【旅游安全管理】 2016年3月，县旅游主管部门组织辖区内涉旅游企业38家签订安全生产责任书，细化分工，明确责任，采取安全生产一票否决机制。分别于1月、4月、7月、8月开展旅游综合执法暨安全生产检查行动，涉及县内星级酒店7家、旅行社29家，景区2家，检查项目包括交通安全、公共卫生、消防安全、食品安全、设施设备安全、社会治安等方面，对发现的问题及时整改，消除安全隐患。6月，在古滦河生态公园开展旅游安全宣传活动，现场向游客宣传旅游安全知识，提高游客安全游览意识；在碧海浴场开展消防安全演练，现场演练应急逃生及消防器材使用技能，发现问题及时整改，提高员工自救逃生及处置突发事件的应变能力。参与县安全生产委员会组织的安全生产月活动，在县城大东方购物广场东城店开展“强化安全发展理念，提升全民安全素质”主题宣传活动，发放旅游安全知识宣传材料1000余份，发放旅游宣传册500份，广泛宣传旅游安全生产知识。全年无一例安全生产事故发生。

【旅行社管理】 2016年3月，县旅游主管部门召开全县旅行社工作会议，从经营管理、广告宣传、安全生产、政策法规等方面提出明确要求，规范旅行社经营行为。组织县内旅行社开展等级评定工作，海天旅行社、华唐旅行社符合AAA级旅行社标准，唐山市旅行社等级评定委员会现场对该2家旅行社进行指导，提出整改意见及发展建议，该2家旅行社已完成整改，待河北省旅行社等级评定委员会验收。做好旅行社现场勘验及旅行社分社、服务网点备案登记工作。全年完成1家旅行社现场勘验，6家服务网点备案登记，2家服务网点注销，1家服务网点变更业务，全县旅行社分社、服务网点备案登记工作步入正轨。

【导游员管理】 针对全县导游人员持有全国导游资格证人员不多的现状，2016年5月17—19日县旅游局举办全县导游人员培训班，历时2天，分专家授课、资深导游经验介绍、培训人员考试及实地演练3个步骤，参训人员经专家笔试与面试，择优发放旅游从业证书105个，规范导游上岗行为，提高导游队伍素质，树立乐亭旅游形象。

组织举办第一届乐亭县导游员网络（电视）大赛。4月组织报名，有30名选手报名参赛，5月组织预赛，11月中旬组织决赛。采取室内外相结合的形式，分形象展示和现场导游、才艺展示、业务知识及应变能力问答3个环节，在李大钊纪念馆、尚谷农庄、古滦河生态公园等景点现场展示，经过预赛选拔，14名选手晋级决赛。决赛采取专家评审和大众网络投票相结合的方式评选，评选出一等奖1名、二等奖3名、三等奖6名、最佳形象奖1名、最佳才艺奖1名，多角度、全方位展示乐亭导游队伍的良好形象，打造人人比技能的氛围，激励导游员不断提升综合素质。

12月，组织导游员、讲解员参加唐山市导游员、讲解员电视风采大赛暨第四届唐山“未来之星”导游电视大赛，李大钊纪念馆2名讲解员分别获得讲解员组二等奖和三等奖，其中1名获得最佳才艺奖。

【旅游饭店管理】 2016年，县旅游主管部门扶持指导祥瑞大酒店创建绿色酒店，针对查摆出的问题，认真整改到位，5月下旬请省、市主管部门检查验收，得到省、市主管部门初步认可。组织全县5家星级酒店做好年度复核工作，其中昌盛大酒店和双麟大酒店恰逢评定性复核，经县旅游主管部门检查，指出其存在的问题，引导其做好整改提升，12月所有星级酒店全部通过省、市星评委复核验收。

12月12日，组织星级酒店从业人员参加市旅游局主办的星级饭店职业技能大赛，承启大酒店客房部职员和餐厅部职员分别获得客房中式铺床第一名、中餐宴会摆台第三名。

【旅游市场管理】 2016年，县旅游主管部门每季度对县内29家旅行社、分社与营业部，开展一次专项执法检查，从旅游合同签订、业务档案管理、是否超范围经营、虚假广告、旅游安全、租用车辆及使用车辆签订合同情况、旅行社责任险缴纳情况等方面进行。经检查，开具整改意见书23份，均限期整改到位。通过执法检查，旅行社安全意识、规范经营行为和导游服务水平得到提高，旅游市场秩序稳定。1月、4月、7月、8月、9月开展“双随机、一公开”联合执法检查，随机抽查景区和旅行社，发现问题限期整改，对存在问题较严重的旅行社进行约谈。检查时现场指导安全生产工作，全面排查治理安全隐患。认真执行《旅游投诉处理办法》，依法、及时、公正处理旅游投诉，旅游投诉电话保持24小时畅通，全年接收旅游咨询电话50多人次，及时处理旅游投诉18件，游客满意率100%。

【乐亭县旅游协会成立】 2016年11月24日，乐亭县旅游协会成立暨第一届工作会议召开，县旅游局、县民政局相关领导及全县旅游景区、旅行社、星级酒店、旅游品商店等31家会员单位代表参加会议。乐亭县绿杨旅游服务有限公司董事长徐立新当选为乐亭县旅游协会首届会长。会议制定并通过了行业内部规章，使涉旅单位在协会的指导下有章可循，在县内开辟了行业管理的新途径，旅游行业管理走向市场化、多元化。

旅行社选介

【概　况】 2016年，全县有旅行社29家，其中旅行社总社12家，分社5家，营业部12家。旅行社中，河北航空集团天鹅国际旅行社有限公司乐亭分公司、唐山华夏国际旅行社有限公司乐亭分公司等9家国际旅行社分社经营范围为出入境旅游业务、国内旅游业务，其他旅行社的经营范围是入境、国内旅游业务。旅游旺季旅行社从业人员300余人，全年接待国内外游客33万人次，营业收入645余万元。

【唐山华夏国际旅行社有限公司乐亭分公司】 唐山华夏国际旅行社有限公司乐亭分公司成立于2011年3月，经营国内、国际旅游业务，办公地址在富强街288号，营业面积100平方米，从业人员10人，设计调部、财务部、地接部和组团部。2016年地接游客5000人次，主要来自北京市、天津市、河北省各市、内蒙古自治区、河南省、山东省等地；出团2000人次，国内主要去往北京市、天津市、海南省、华东5市、大连市、河南省、西藏自治区等地及国际东南亚各国，年营业收入28万元。

【河北航空集团天鹅国际旅行社有限公司乐亭分公司】 河北航空集团天鹅国际旅行社有限公司乐亭分公司成立于2010年3月，经营国内、国际旅游业务，办公地址在青春广场15号，营业面积50平方米，从业人员13人，设财务部、地接部和国际销售部、国内销售部。2016年地接游客1万人次，主要来自北京市、天津市、河北省各市；出团1万人次，国内主要去往北京市、天津市、海南省、华东5市、桂林市、云南省、西藏自治区、港澳台地区，国际主要去往东南亚、欧洲、澳洲、美国、加拿大等地，年营业收入 200 万元。

【海天旅行社】 乐亭县海天旅行社有限公司于2004 年 3 月成立，经营国内旅游业务，办公地址在大钊路 121 号，营业面积 200 平方米，从业人员 8 人，设计调部、财务部、地接部和组团部。2016 年地接游客 1.2 万人次，主要来自北京市、天津市、河北省各市；出团 900 人次，主要去往北京市、天津市、海南省、华东 5 市、辽宁省大连市、河南省、西藏自治区等地。年营业收入 18 万元。

【金石旅行社】 乐亭县金石旅游发展有限公司于 2000 年 4 月成立，经营国内旅游业务，办公地址在大钊路 30 号，营业面积 150 平方米，从业人员 4 人，设计调部、地接部和组团部。2016 年地接游客 8000 人次，主要来自北京市、天津市、河北省各市；出团 600 人次，主要去往北京市、华东 5 市、山东省等地。年营业收入 14 万元。

【金海国际旅行社】 乐亭县金海国际旅行社有限公司于 2006 年 5 月成立，经营国内旅游业务，办公地址在将军路 13 号，营业面积 120 平方米，从业人员 3 人，其中持全国导游资格证 3 人，持旅行社经理资格证 1 人。设地接部和组团部。2016 年地接游客 6000 人次，主要来自北京市、天津市、河北省各市；出团 3000 人次，主要去往北京市、天津市、云南省、海南省、广西壮族自治区、华东 5 市、大连市、河南省、四川省、厦门市、新疆维吾尔自治区等地。年营业收入 20 万元。

【青春旅行社】 乐亭县青春旅行社有限公司于2006 年 4 月成立，经营国内旅游业务，办公地址在富强街 267 号，营业面积 100 平方米，从业人员 5 人，设计调部、地接部、组团部。2016 年地接游客 6000 人次，主要来自天津市、北京市、廊坊市、保定市等地，主要在李大钊纪念馆、月坨岛、滦州古城等地游览；出团 2000 人次，主要去往桂林市、贵州省、海南省、云南省、四川省、甘肃省、西藏自治区、华东 5 市等地，年营业收入 15 万元。

【乐事旅行社】 乐亭县乐事旅行社有限公司于2007 年 4 月成立，经营国内旅游业务，办公地址在将军路 91 号，营业面积 180 平方米，从业人员 15 人，其中持全国导游资格证 6 人，持旅行社经理资格证 6 人。设计调部、导游部、财务部、出团部。2016 年地接游客 5 万人次，主要来自天津市、北京市、河北省各市，主要在浅水湾浴场、月坨岛、石臼坨岛（菩提岛）、金沙岛，滦州古城游览；出团 6000 人次。年营业收入 90 万元。

【春秋旅行社】 乐亭县春秋旅行社有限公司于2012 年 5 月成立，经营国内旅游业务，办公地址在永兴路 69 号，营业面积 40 平方米，从业人员 3 人，均持有全国导游资格证，设地接部和出团部。2016 年接待游客 4000 人次，主要来自北京市、天津市等地；出团 800 人次，其中包括周边一日、二日团队游及云南省、海南省、华东等长线散客旅游。年营业收入 17 万元。

金　融　业

综　述

2016年，县委、县政府坚守发展、生态、民生三条底线，统筹把握稳增长、调结构、治污染、惠民生、防风险的平衡点，努力优化金融生态环境，各金融机构对县域企业的信贷支撑作用明显增强。银行业围绕县域经济发展，落实信贷政策，加快经营转型，提升服务水平，强化市场营销，筹融资能力得到提升。年内，全县商业银行机构14家。保险业扎实推进改革，加快业务发展；实施精细化管理，提高风险管控能力。在县内注册的保险公司（含分、支公司）84家。年末，全县金融机构各项存款余额309.27亿元，比上年增长14.65%。其中，住户存款余额231.01亿元，比上年增长16.2%。各项贷款余额142.7亿元，比上年下降5.7%。存贷比为46.14%。

银　行

【中国人民银行乐亭县支行】 *注重内部管理*　2016年，中国人民银行乐亭县支行（简称人行乐亭县支行）注重班子建设，合理安排分管范围，明确分管责任，分工不分心，遇事相互配合和支持，实行民主集中制，做全行上下团结务实的表率。注重政治学习，丰富理论功底，强化领导协调能力，全年集中学习12天，撰写调研文章和学习心得各7篇。贴近业务工作，班子成员率先开展课题调研，《金融支持县域经济的现状、成因及政策建议》《现代农业示范区发展现状分析及建议》《农村地区银行卡助农取款服务相关情况的调查》均被环渤海财经网刊发；贴近群众，和干部职工谈心41人次，对要害岗位人员家访16次；贴近基层，到分管部室跟班作业，及时了解一线的工作状况。

加强员工队伍建设，开展为期2个月的“学先进、查不足、补短板、争上游”活动，培养树立先进典型，使员工学有榜样；从争先创优、履行职责、遵守纪律、内部管理和落实制度五个方面对照检查问题22个，并全部整改到位。加强青年员工队伍建设，开展“我与行长面对面”谈心活动。共青团人行乐亭县支行、人行滦县支行成立联合支部，一起学习、相互帮助，共同提高。“五四”青年节前夕，组织青年员工到汤家河镇“史家大院”参观学习，并捐赠图书200余册。青年员工主动承担调研、信息反馈工作，所撰写的信息稿件被上级行采用2篇。

加强法纪安全教育，树立安全文化理念。以“唐山中支人行系统安全文化讲堂启动仪式”为契机，组织开展安全文化教育。全行人、财、物、资金、车辆、业务系统等方面实现无差错、无事故。严格执行值班制度，加强机房管理，消除安全隐患。加强应急管理，开展地震安全疏散应急演练。

履职效能提升　为贯彻落实国家、省、市有关科技创新的文件精神，激活全县科技创新要素，人行乐亭县支行与县金融办联合制定印发《关于鼓励和促进科技创新的实施意见（试行）》，发挥科技创新在推进县域经济社会发展中的支撑和引领作用。健全信息网络，注重课题调研。人行乐亭县支行加强与全辖14家银行业金融机构的信息交流与共享，建立由各家金融机构办公室主任、人行主管信息工作的副行长和各部室负责人等28人组成的“乐亭金融信息交流群”，在全辖形成了左右联动、上下同步的信息网络。制定《政务信息考评办法》，按月通报政务信息的上报和采用情况。全年上报各类政务信息191

篇，被上级行采用112篇，分别比上年增长70%和54%。开展“金融调研月”活动，修订《调研考核办法》，加大协调通报力度。7月，在全县金融系统开展的“金融调研月”活动中，征集调研课题22个，被相关报刊刊发20篇，被人行唐山中心支行网站“金融研究信息共享平台”刊登24篇。人行乐亭县支行承担的重点调研课题——《农村金融供给薄弱的症结及施治策略》被《华北金融》和《河北金融》刊发。注重对外宣传，年内被中国金融界网、河北金融网、环渤海财经网刊用各类金融文章16篇。

履行监管职能，确保国库资金安全。制订《乐亭县国库业务“制度学习年”活动实施方案》，边学习边查摆，杜绝安全隐患发生。全年受理县财政局预算支出拨款8524笔，金额62.69亿元，无一差错。把好退库、更正关，全年办理退库业务670笔，金额7966万元；更正126笔，金额2.21亿元。1月28日国库集中支付电子化管理系统正式上线，并成功完成财政直接支付清算工作。11月1日，唐山湾国际旅游岛国库上线运行，至年底，受理各级预算收入1276笔，金额7.34亿元；拨款14笔，金额5.79亿元；更正32笔，金额797万元，系统运行正常。

做好会计核算、会计财务、支付结算和反洗钱工作。结合会计财务“整顿提高年”活动，组织会计人员认真学习《中央银行会计集中核算系统操作规程》《唐山市中心支行会计集中核算业务内控管理实施细则》《中央银行会计集中核算业务处理标准》等制度，以落实规章制度、确保资金安全为目标，严格按制度办理业务，规范操作，防范风险，确保核算质量。做好ACS（中央银行会计核算数据集中系统）系统日常业务处理工作，要求业务操作人员认真学习ACS系统业务操作及管理的相关知识和规定，确保ACS系统安全、稳定运行，业务处理及时规范，实现安全无差错的总体目标。强化对支付结算秩序法制管理，成立乐亭县联合整治支付结算重大违法犯罪办公室，与县公安局联合签发通知，部署全辖支付结算重大违法犯罪整治工作；筹建和运行电信网络新型违法犯罪涉案账户紧急止付和快速冻结机制；组织开展对本辖区9个金融机构同业账户及票据业务的执法检查。制定落实《新增机构反洗钱工作巡查辅导制度》，举行反洗钱竞赛活动，反洗钱工作整体水平得到提升。

金融服务水平提高 2016年，按残损人民币兑换标准认定92人次，金额18.26万元；全辖区收缴假币178张，1.69万元。综合业务部副主任张洪涛主动为客户粘裱残损人民币10多万元，并与客户一起到县农村信用合作联社兑换残损人民币7.92万元，最大程度的为客户挽回经济损失。按要求规范账户管理工作，全年核准开立账户1570户，变更账户1167户，核准撤销账户414户。

人行乐亭县支行为方便企业和个人信用报告查询，在一楼设立征信查询服务大厅，将《互联网查询个人信用报告流程》等制度上墙公示，配备自助查询机，并将查询时间由原来的星期一、三、五改为星期一至星期五全天查询，征信查询服务环境得到改善。全年查询企业信用报告277份，个人信用报告8126份。严格执行收费规定，全年收费查询420笔，金额4200元，款项已按月及时足额上划征信中心。“3·15”及金融知识宣传月期间，组织辖内金融机构进行诚信文化教育和征信知识宣传，解答群众咨询300余人次，发放宣传材料1000余份。做好“中征应收账款融资服务平台”的注册使用工作，年内全辖成交5笔，成交金额17.8亿元。

发挥基层人民银行在农村支付环境建设中的协调指导作用，提升农村金融服务水平，构建城乡支付服务一体化新格局。年内，全辖银行业金融机构累计发放各类银行卡193.59万张，人均持卡量4.77张；ATM（自助取款机）机262台，比上年增加32台。自助银行增加至28个网点，方便了群众转账、存取现金需求。

维护辖区金融稳定 2016年，人行乐亭县支行贯彻执行稳健的货币政策，强化经济金融形式分析预测工作。加强金融机构信贷监测，按日、5日、10日监测农村信用合作联社信贷投放进度，全年县农村信用合作联社增长贷款9.89%，有效地支持了县域经济发展。对30家民间借贷监测点进行监测，有序推进利率市场化改革。落实约见谈话制度，与县工商银行、中国银行、邮政储蓄银行和中信银行4家银行主要负责人进行4场约见谈话，引导金融机构信贷向新型农民经济组织、新型工业园区和新型产业延伸。落实银行调结构企业“去杠杆”有关政策。摸清“去杠杆”过程中辖区银行信贷资产质量状况，提出“去杠杆”背景下防范县域不良贷款风险的建议6条。年内，辖区金融机构通过打包出让等方式处置不良资产10.2亿元，其中打包出让给资产管理公司5亿元，占49%；通过购买金融产品置换4亿元，占39%；通过司法途径收回不良贷款1.2亿元，占12%。

开展“两综合、两管理、一保护”（综合执法检查、综合评价，开业管理、营业管理，金融消费者权益保护）工作。以防范“挤提事件”为契机，引导辖区金融机构重视各类突发事件，并开展应急演练。以综合评价为契机，引导辖区金融机构提高各项金融管理政策执行力。对县域及唐山海港经济开发区20家金融机构开展综合评价工作，涉及检查内容12项，引导金融机构严格执行人民银行各项金融管理政策。以综合执法检查为契机，引导辖区金融机构依法合规经营。加大《存款保险条例》宣传力度，组织人员深入乡村集市进行宣传，提高公众对辖内法人金融机构的信心，助推县农村信用合作联社、乐亭舜丰村镇银行2家法人机构的经营发展，并按时上划1—6月保费89.85万元。组织开展对县域7家金融机构的涉农信贷政策效果评估工作，其中优秀1家，良好3家，中等2家，勉励1家。完成对乐亭舜丰村镇银行2015年财务数据表及财务指标健康监测报表、县农村信用合作联社2015年度票据兑付后续监测考核表的审核，依照标准定为第二类村镇银行和第二类农村信用合作联社。

开展寻找最美银行大堂经理活动　2016年4月，由人行乐亭县支行主办，县电视台承办，以银行一线服务人员为展示窗口，通过采访、互动、评选、颁奖等环节，展示银行系统的职业风采、员工风貌，推介各行新业务，展示各窗口服务水平，创建和谐金融秩序。7月23日，在县电视台演播厅举办决赛暨颁奖典礼，评选出最具魅力奖等7个奖项，市、县相关领导，辖区内14家银行业金融机构员工及群众近200人观看。寻找最美银行大堂经理活动的开展，增加了公众对金融知识的了解，全民金融素质得到提升。

【中国工商银行股份有限公司乐亭支行】　2016年，中国工商银行股份有限公司乐亭支行（简称工商银行乐亭支行）在县委、县政府及市分行党委的领导下，抢抓发展机遇，加快推进经营转型，努力提速发展，强化精细管理，不断提升市场竞争能力，各项业务取得较快发展。注重支持工会、共青团的工作，发挥工会、共青团的作用，有1名青年员工被人行乐亭县支行、乐亭县电视台寻找银行最美大堂经理活动组委会评为“最具魅力大堂经理”。年末，内设市场营销部、办公室；辖营业室、永安支行、发展支行3个营业网点。有在职员工69人，其中在岗员工61人，柜员合同工8人。全年各项存款24.39亿元，比上年增加1.03亿元。其中，公司存款1.94亿元，比上年减少1.29亿元；机构存款4.8亿元，比上年增加8747万元；同业存款1558万元，比上年减少684万元；储蓄存款17.5亿元，比上年增加1.52亿元。各项贷款9.56亿元，比上年减少2955万元。其中，公司贷款1.66亿元，比上年减少8330万元；小企业贷款1988万元，比上年减少7819万元；个人贷款7.71亿元，比上年增加1.32亿元。实现中间业务收入1132万元，拨备前利润3985万元，净利润3202万元。

打造资产业务亮点　2016年，工商银行乐亭支行结合实际，因地制宜打造适合县域经济发展要求的资产业务亮点。全年票据贴现量12.17亿元，任务完成率152.16%，全市排名第三；国际结算量9007万美元，比上年增加913万美元，任务完成率全市排名第四；个人贷款累放2.68亿元，个人贷款余额比上年增加1.32亿元，任务完成率164.92%，全市排名第六。

实施大零售业务提升工程　2016年，工商银行乐亭支行着眼县域经济特点，转变发展观念，抢抓历史机遇，加快经营转型，努力实施大零售业务提升工程，个人业务快速发展。年末，储蓄存款余额17.5亿元，比上年增加1.52亿元，增量全市排名第五。储蓄存款日均余额17.41亿元，比上年增加1.25亿元，日均增量全市排名第八。个人有效客户增长3991户，新增代发工资客户531户。全年发放信用卡1419张，借记卡2.28万张，商友卡2923张。销售人民币期次理财产品2.56亿元。代理保险1.17亿元，任务完成率163.9%，全市排名第四。新增融e行客户端动户5886户，存量融e行客户端动户5410户，新增工银e支付客户8494户，新增融e联注册客户9464户。净增企网证书动户76户。互联网金融生态圈建设活动全市排名第四。

强化廉洁自律和内控案防　2016年，工商银行乐亭支行落实中央“八项规定”，组织全行干部职工签订《党风廉政建设责任书》《内控案防工作责任书》《员工案件防范责任书》，逐级落实主体责任。揭摆纠正“四风”问题，加强作风整顿，抓好廉政建设，强化内控案防。全年无案件、无违规违纪问题及重大风险事件。

开展全行性廉洁谈话2次、员工异常行为排查2次、专项排查2次、信贷人员排查1次、员工经商办企业回头看1次，组织召开案件防范和员工行为动态分析会议6次。制订《乐亭支行员工异常行为排查实施方案》《异常行为识别依据》，明确排查重点，各部室、网点每月进行一次员工行为排查，每次排查范围包括在职和内退人员，覆盖面100%，经排查未发现员工存在异常行为问题。

以内控合规“基础强化年”活动为抓手，多次组织员工警示教育专题培训，开展防范外部欺诈、防电信诈骗等宣传活动，开展案例巡展、制作合规教育图片等内控合规教育活动；开展“合规在我心中”征文活动，向上级行报送征文7篇，全部被省工商行采用；组织“员工合规教育网络培训”及答题测试，参与率、合格率100%；开展反洗钱宣传，组织全员参加反洗钱知识竞赛，参与率、达标率均达100%。强化业务运营风险治理活动，风险事件发生率呈逐月下降趋势。是年，工商银行乐亭支行内控评价等级为二级。

强化营业网点运行管理　以规范化服务建设，提高主动服务意识和提升服务效率为抓手，开展多种形式的服务礼仪、营销技巧培训，加强厅堂治理活动，全年无实质性客户投诉和服务舆情发生，客户满意度不断提升。开展网点竞争力培训和星级网点创建活动，工商银行乐亭支行营业室被评定为四星级网点，工商银行乐亭支行发展支行被评定为三星级网点。

年内，新增自助银行1个，永安支行乔迁新址，3个网点配齐智能设备。营业室智能设备迁移率60%。全辖32台ATM机安全高效运行。

从落实制度、规范操作、杜绝违规、提高效率入手，抓运营风险事件和业务集中处理退回率的压降；抓授权通过率、综合服务流程应用效率和运营标准化的提升；抓账户质量、自动验印通过率的提升；抓网点负责人和现场管理履职能力的提升，全年实现安全运营。

中国工商银行股份有限公司乐亭支行

行　长　陈振刚

【**中国农业银行股份有限公司乐亭县支行**】2016年，中国农业银行股份有限公司乐亭县支行（简称农行乐亭县支行）坚持以效益为中心，以改革为动力，以支持县域经济发展为己任，围绕“抓党建、稳发展、控不良、防案件”工作主线，强化市场营销，拓展主营业务，落实信贷政策，提升服务水平，为全县经济社会发展作贡献。年末，各项存款余额44.55亿元，比上年增加2.22亿元。其中，个人存款余额39.82亿元，比上年增加5.25亿元；对公存款余额4.73亿元，比上年减少3.02亿元；同业存款余额4899万元，比上年增加4534万元。全年新增累放贷款10.93亿元，其中办理贴现2.81亿元。各项贷款余额11.61亿元，中间业务收入1150万元，实现拨备后利润6941万元。全行信贷资产质量良好。

个人业务营销加强　2016年，农行乐亭县支行制定《乐亭县支行包户包效管理办法》，抓实包户包效和新户拓展，做到人人有户管，人人知晓增量目标。开展外拓“五进”活动，通过进乡村、进市场、进社区、进企业、进商场营销，即时进行掌银扫码、掌银激活，增强客户体验。强力推进县域支付体系建设工作。与县供销联社达成合作意向，并制定专项考核办法，借助供销社改革试点及农村综合信息超市、农村淘宝等平台，整体推进，将原来的助农取款点激活或整合，发挥最大效益。年内为全县农民专业合作社布放智付通转账电话800台。加强渠道建设，为扩户工程提供强力支撑。在物理网点遍布城乡的基础上，加快离行式自助银行建设。在2015年年底已有离行式自助银行5家的基础上，当年新审批离行式自助银行7家，实现人工网点与自助银行的合理布局。加快网点标准化建设，激发网点活力。将农行乐亭县支行营业室作为样板网点，大胆尝试，制订方案，完成了营业室人员岗位落地。之后将网点铺开，全县压高增低，合理布局，使业务有效分流。年内，农行乐亭县支行营业室被中国农业银行股份有限公司河北省分行评为标准化管理优秀网点（唐山市共4家）。强力推进以网点为阵地的存款营销。在全行开展各种存款营销竞赛活动，以竞赛活动促存款营销开展；对存款增量达到一定数额的网点给予奖励，以奖励激励网点实现存款增量；开展与先进支行网点对标竞赛活动。

对公业务重点突破　农行乐亭县支行为改变对公业务相对落后的局面，专门成立营销中心；成立以行长为组长、主管副行长为副组长、公司业务部全体员工为成员的营销团队；鼓励全员参与营销。分别制定专项考核办法，具体指标落实到人，工资按月兑现，实施激励营销。依据中国农业银行唐山市分行印发的《对公资金划转统计表》，按图索骥，重点营销；以政府采购贷款、政府购买服务等产品为抓手，努力为政府做好服务。年末，对公人民币结算账户新增223户，为年计划的131.18%。

信贷业务风险管控　2016年，农行乐亭县支行加大信贷业务监管力度，全力维护资产质量，采取相应防范措施，控制贷款风险，贷款管理实现科学化。做实贷前调查。调查人员深入实地，走进客户的行业圈、朋友圈进行调查，做到全面了解客户，准确判断客户；做细贷款审查，信贷部审查人员必须保持职业敏感性，对公司部、个贷中心上报的贷款资料进行严格审查，准确把握风险点；做准信贷决策，对不符合政策导向、没有前景的客户果断放手；做实贷后管理，严格落实《贷后管理实施细则》，保质保量完成贷后管理“规定动作”；做严责任追究。强化“从严治贷”理念，凡尽职不到位、不作为、违规操作的，无论是否造成损失，都要追究责任。通过以上措施的实施，农行乐亭县支行保持了信贷资产无不良目标。

推动合规经营发展　农行乐亭县支行行领导带头讲合规，推进合规文化向纵深发展。行领导通过与员工谈心，理清员工工作中的思路，并以身作则，引领员工知行合一，合规经营。同时加强内控队伍建设，明确内控工作主管行长，在综合管理部设专人负责内控工作，提出必须实事求是完成各项经营指标，决不弄虚作假。严格坚持和落实各项规章制度，令行禁止，决不搞上有政策、下有对策；各个岗位、全体员工都要恪尽职守，严于律己；对违规违纪问题决不姑息迁就，认真核实问题成因，及时作出处理。领导重视合规经营，带动全行员工实现由“要我合规”向“我要合规”意识的转变。9月，在中国农业银行唐山市分行举办的“学法规、知敬畏、守底线”知识竞赛中，农行乐亭县支行取得团体第一名。全方位加强员工行为规范管理，完善员工行为管理的相关考核制度，形成严格考核、绩效挂钩的管理机制。狠抓制度落实，强化对关键岗位、关键人员的管理。加强全员考勤管理，抓实员工行为排查，对于员工的违规违纪行为，做到快速反应、快速处理，坚决杜绝养痈为患。

中国农业银行股份有限公司乐亭县支行
行　长　夏利锋

【中国建设银行股份有限公司唐山乐亭支行】　2016年，中国建设银行股份有限公司唐山乐亭支行（简称建行乐亭支行）坚持以客户为中心加快转型升级，以改革创新为驱动增强发展动力，以强化管理为保障夯实发展基础，全面提升市场竞争能力、价值创造能力和风险防范能力，调动全体员工的工作积极性和主动性，各项业务不断发展。年末，实现一般存款余额21.71亿元，比上年增加5.87亿元。其中，对公存款余额12.13亿元，比上年增加5.07亿元；储蓄存款余额9.58亿元，比上年增加7982万元。对公信贷类余额25.92亿元，比上年增加5.5亿元。个人贷款余额1.8亿元，比上年增加4960.38万元；住房公积金贷款余额8025.09万元，比上年增加2858万元。

存款业务稳步增长　认真分析市场动态，明确主攻方向，及时掌握对公业务市场信息，着力培育稳固的客户群。采取加大绩效考核力度，实行“一人一表”，明确责任，完善客户经理制等措施，变压力为动力，变被动为主动，变“坐商”为“行商”。对公存款、储蓄存款余额比上年均有增加。个人银行业务，组织开展“首季开门红”旺季营销活动及重点产品PK（游戏中玩家相互战斗的模式）赛等活动，提高个人存款市场份额。加快自助银行网点布局建设，新增自助银行2家，在御景嘉园小区设立自助银行，有效缓解了网点排队现象；在汀流河镇张王庄村设立自助银行，为全市首家，方便了周边的农村居民。在农村设立助农取款点，扩大农村市场客户，增加业务量，全县设立助农取款点115家。

财资融业务实现突破　积极支持地方经济发展，服务重点项目建设，满足客户多元化需求，各种资产业务稳健发展。重视巩固传统业务和客户群，拓宽融资渠道，面对复杂多变的市场竞争环境，建行乐亭支行全面贯彻建行市分行工作部署，推出财资融创新产品，争取并办理财资融项目2个，财资融业务总额度10.35亿元，实现财资融放款5.5亿元。9月22日，建行乐亭支行首笔财资融业务——乐亭县城市供热有限公司理财成功放款，金额3亿元，期限7年，为建行乐亭支行政府购买服务融资领域积累了经验，为业务拓展打下基础。经县委、县政府同意，由建行乐亭支行独家办理“河北乐亭经济开发区项目土地整理工程”项目。12月23日，乐亭滨海发展有限公司理财业务总额度7.35亿元，期限为10年，获得建行河北省分行批准。12月28日，2.5亿元购买服务理财资金募集到账，带动行内造价咨询、机构专户、盘活存量问题客户等业务的协同发展，是对公资产业务在土地整理领域的首次尝试，直接效益可观、示范作用明显。

中间业务稳健发展　不断提升中间业务收入水平，实现中间业务毛收入1420万元，为年计划的106％。积极开展代理财产保险、银行承兑汇票等业务品种以及为重点企业办理票据承兑业务收入、代理黄金销售业务。在国际业务方面，为重点企业累计办理票据贴现1.43亿元；国际信用证2笔，金额706万美元。

综合经营管理水平提升　完善各项规章制度，健全激励约束机制。结合建行自身的业务特点和实际，按照“管理优化、服务优质、作风优良、队伍优秀、环境优美”的总体要求，完善内部管理制度，实行激励约束机制改革，把实际工作和绩效工资挂钩。加大社会监督力度，确保各项服务落实到位，促进行风建设。客户经理定期走访客户，广泛征求客户意见和建议。员工实行亮牌上岗，主动接受客户监督。

中国建设银行股份有限公司唐山乐亭支行
行　长　高　峰

【中国银行股份有限公司乐亭支行】　2016年，中国银行股份有限公司乐亭支行（简称中行乐亭支行）坚持以服从服务于县域经济发展为重心，以“四个干”要求为主线，积极寻求全行发展与县域经济发展的切入点和结合点，抓基础、保投放、上效益，实现了28年安全无事故、无案件，各项业务健康平稳发展。年末，各项存款余额32.57亿元，比上年增加2.43亿元；各项贷款（表内表外）余额24.94亿元，累计投放43.75亿元，比上年增加10.58亿元；存贷比76.58%。实现计费收入8460.54万元，营业利润6946.16万元，净利润6814.36万元。

授信业务拓展　2016年，中行乐亭支行累计信贷投放43.75亿元，表内外授信余额24.94亿元。加大对唐山中厚板材有限公司、唐山市德龙钢铁有限公司等企业信贷投放力度，支持地方经济建设。支持唐山盛城建筑工程有限公司、唐山龙泰辰实业股份有限公司、乐亭县铸升金属制品厂等中小企业发展，累计授信投放5245万元。创新金融产品，支持畜牧业养殖，利用乳业贷、福农分期等新产品，支持奶牛养殖企业10户，发放授信金额1690万元；发展个人授信，支持居民消费，其中重点支持盛世景湾、水韵名居、御景家园、乐府等多家楼盘；另向居民个人提供信用卡爱家分期业务。

助农业务增长　2016年，中行乐亭支行按照“完善、规范、优化、提升、达标”十字方针要求，加强助农点的规范化管理，发挥助农点营销新阵地、增收新战场的作用，用丰富的金融产品吸引客户，方便了广大农户的银行业务需求。年末，中行乐亭支行开设助农服务点35家，其中布放自助终端设备的30家，可办理小额存取款、缴纳交通罚款及话费充值等业务，带动个人金融客户增量、个人储蓄存款增加，为实现个人储蓄存款稳定增长奠定了基础。

内控风险管理工作加强　中行乐亭支行坚持

把内控案件防范工作放在首要位置，坚持业务发展与内控管理并重，将绩效管理作为全行日常工作的基础和出发点，在实践中优化考核机制，完善绩效考核指标和流程，以严格的目标管理督促员工干事创业。实现内控案防工作警钟长鸣，做到逢会必讲；在总结部署业务工作的同时，及时进行风险提示，确保员工将规章制度内化于心、外化于行。

服务效率提高　中行乐亭支行把服务工作作为提升竞争力、实现可持续发展的重要保证，组织开展“百日文优服务竞赛”活动，抓环境整治、作风建设，扎实推进文明规范服务工作，服务水平得到提升。加大智能银行业务推广力度，压降柜员，增加大堂引导，引导客户使用自助设备，减少柜面资源占用，柜台迁移率平均达80%以上，服务效率显著提升。

积极参与全县项目建设，服务县域经济，为县内工业企业提供优质服务。在6月17—18日举办的“中国—中东欧企业跨境投资与贸易洽谈会”上，由于中行乐亭支行的努力，促成乐亭县铸升金属制品厂、唐山龙泰辰实业股份有限公司分别与意大利合作社总会、意大利风格项目网络公司达成合作意向。

中国银行股份有限公司乐亭支行

行　长　韩　冰（6月免）

王春华（6月任）

【中国农业发展银行唐山市乐亭县支行】　2016年，中国农业发展银行唐山市乐亭县支行（简称农发行乐亭县支行）秉承“至诚服务、有效发展、以人为本、构建和谐”的核心理念，细心研究，精心谋划，积极发挥政策性银行职能作用，大力支持县域经济发展，较好地完成了各项经营指标任务。年末，各项存款余额12.06亿元，比上年增加7.56亿元。各项存款日均余额5.68亿元，比上年增加2.28亿元，为年计划的135.99%。同业定期存款日均余额2486万元，为年计划的124.3%。各项贷款余额15.59亿元，比上年增加6.89亿元。全年发放贷款14.27亿元，收回贷款7.38亿元。实现中间业务收入136万元，为年计划的154.8%。实现国际业务结算130万美元，为年计划的32.5%。各项收入4270万元，各项支出2094万元，实现账面利润2177万元，为年计划的102.69%，人均利润121万元。贷款利息收回率100%。贷款企业销售货款归行率100%。

发挥政策性职能作用　2016年，农发行乐亭县支行为县内唯一一家农业政策性银行。农发行乐亭县支行发挥职能作用，支持改善农村民生、促进当地农业农村基础设施建设项目，取得较好效果。至年底，各项贷款余额15.59亿元，其中地方储备贷款2130万元，中央和地方财政贴息及挂账贷款8784万元，中长期政府融资平台贷款14.2亿元，产业化龙头企业贷款3000万元。利用政策性银行融资平台贷款政策，把政府主导、改善农村民生、促进当地农业农村基础设施建设的项目作为支持重点。2月，乐亭县城市发展有限公司承贷的县三期安置住房C区项目获批贷款6.2亿元，当月发放2.2亿元，同期向乐亭县城市发展有限公司承贷的县综合职业技术学校迁址新建二期项目，发放贷款1.72亿元。5月，乐亭县滨海发展有限公司承贷的经济开发区东部路网及配套设施建设项目获批贷款8亿元，至年底发放3.2亿元。10月，乐亭县睿城房地产有限公司承贷的发展大路周边区域棚户区改造项目，获批贷款6.7亿元，全部发放完毕。配合县政府及有关部门申报国家重点建设基金项目3个，获批金额9770万元。根据县政府《关于建立县级粮食储备的实施意见》，发放轮换收购贷款4522万元，支持县粮食储备库小麦、玉米县级储备粮的轮换及冀东果菜有限公司粮食收购，有效维护了粮食市场的稳定。

存款营销　2016年，农发行乐亭县支行树立“存款兴行、存款增效”的经营理念，把组织存款作为经营工作的切入点，加强与县政府、县财政及有关部门的沟通，实施高端营销，把营销高端做活，在维护好原有存款源的基础上，努力营销低成本存款。年末各项存款日均余额5.68亿元，比上年增加2.28亿元。创新同业存款模式，加强同县信用联社协调沟通，于2月、5月成功营销定期同业存款2笔，金额1亿元，超额完成全年任务。

信贷风险管控　2016年，农发行乐亭县支行加大贷后检查力度，及时采取措施防范和控制

贷款风险。实行主管行长每周到企业检查一次，客户部主管、客户经理每两天到分包企业检查一次的工作制度，随时掌握借款人经营及财务管理中存在的问题，及时采取措施防范和控制贷款风险，使贷后管理工作渗透到企业经营管理之中。严格落实贷款“三查”（贷前调查、贷时审查、贷后检查）制度。贷前调查过程中，深入分析借款人及关联企业情况，做到客户信息真实可靠。同时做好信贷审查和贷款担保法律审查工作，严防操作风险和法律风险。加强贷后管理，严格贷款支付环节的监督。客户经理和客户主管共同落实大额贷款支付和现金支取的合规性审查，密切关注企业抵押物的市场价值变化，确保第二还款来源的风险保证性。

基础管理水平提升　根据农发行河北省分行《关于开展“两个加强、两个遏制”回头看检查工作通知》精神，扎实推进“两个加强，两个遏制”回头看检查工作。围绕“五金”（现金、同业往来资金、存款资金、贷款资金、财务经费资金）业务，重点排查和整改在岗位履职、现金管理、对账管理、账户管理、票据管理、央行和同业往来款项、财务经费管理等方面的问题。强化基础管理，加强往来账目管理、现金箱管理、票据业务办理、重要凭证使用与管理、贷款审批、现金调拨及IC卡的使用与保管等重点部位的管控；对节假日、周末、连续长假等重点时段，严把印章、现金、密押、重空白凭证、业务授权和交接等重要关口，严格落实各项规章制度，做到防于未萌，止于未发。严格落实安全检查制度，按照分工、职责，年内进行安全检查15次，安全保卫工作落实到位。

中国农业发展银行唐山市乐亭县支行
行　长　陈　军

【乐亭县农村信用合作联社】　2016年，乐亭县农村信用合作联社（简称乐亭信用联社）面对经济结构变革及市场竞争日益激烈的经济环境，迎难而上，开拓进取，扎实工作，全力攻坚，管理及经营工作实现协调发展。年末，实现资产总额117.31亿元，比上年增加14亿元；负债总额112.26亿元，比上年增加13.92亿元。所有者权益5.05亿元。实现考核利润5327万元，利润总额4000万元，比上年减少2198万元。

存款总量稳步增加　通过实施以服务为主线、以营销为支撑、以考核为动力、以督导调度为抓手的资金组织机制，巩固居民储蓄存款主阵地，拓宽财政性存款、涉农资金、企事业单位存款的辅渠道。2016年年末，各项存款余额106.92亿元，比上年增加12.91亿元，为市达指标的100.86%；日均存款101.12亿元，比上年增加7.12亿元，为市达指标的111.24%；对公存款余额7.14亿元，比上年增加2.26亿元。全辖40个网点，全年增长超2000万元的营业网点28个，占70%；存款余额超亿元的39个，占97.5%。

信贷管理力度加强　结合工作进度及不良贷款反弹的严峻形势，先后开展清非攻坚行动2次，倒排工期，力抓清非，以压降、盘活、打包处置相结合的方式方法，实现不良贷款余额、所占比重双下降，分别比上年减少659万元、下降0.26%，为省达指标的101.4%。涉农贷款余额22.67亿元，小微企业贷款余额41.81亿元，支持了县域特色种植、养殖农户和中小工商企业经营发展。特色信贷产品健康稳步发展，农商贷宝累计发卡1257张，授信余额2.68亿元，用信6136万元。开办助学贷款，全年发放60笔、41万元，资助贫困学子完成学业。坚持在风险可控和抢占市场空间找到最佳融合点，探索业务多元化模式，不断促进运营模式转型，实现了贷款规模有效提升。全年各项贷款余额65.91亿元，比上年增加7.18亿元，其中抵质押贷款36.3亿元。

电子银行业务发展　2016年，乐亭信用联社信通卡存量33.06万张，比上年增加2.93万张；金融IC卡发行11.34万张，卡内存款总额6.1亿元，比上年增加1.09亿元；网上银行存量1.42万户，累计发生业务74.83万笔、金额22.23亿元。电话银行开通存量1.84万户，短信服务开通存量3.89万户，手机银行开通9083户。布放小额循环机17台，交易1.8万笔、190万元。完善支农惠农通道，布放自助设备81台，安装POS（销售终端）机具36台，开设离行式网点5个，设立“农信村村通”助农金融服务点350个，累计办理各项业务52.96万笔、交易金额6085万元，切实为广大乡村居民带来实惠。

资金运营收益显著　把握资金合理运用的主

动权，提高信贷与非信贷资金营运效率。全年贷款利息收入 2.85 亿元；累计上缴现金 10.81 亿元、残币 2006.6 万元，累计存放约期存款 168 亿元，实现利息收入 1.02 亿元；购买理财产品 12 亿元，收入 800 万元。全年实现利润 4000 万元，考核利润 5327 万元，为市达指标的 108.71%。上缴各种税款 2008 万元。计提贷款损失准备 1616 万元，贷款损失准备金余额 1.59 亿元，拨备覆盖率 194.89%。资本净额 5.82 亿元，加权风险资产 66.55 亿元，资本充足率 8.74%。拨贷比 2.41%。

实施“双基”共建，践行服务“三农”宗旨　围绕巩固和扩大农村小额信贷市场，推进“双基”（基层党组织、农村信用社基层网点）共建信用工程，累计建立农户信息档案 2.39 万户，信用评级 2.19 万户，分别完成市达指标的 148.36%、135.88%。践行服务“三农”宗旨，充分发挥点多面广的优势，积极开展各类代收、代发业务 50 余类，涉及款项 5.62 亿元，其中代发良种补贴、优抚特抚款等 5141 万元，涉及 14 个乡镇（街道）、7.47 万农户，使农民群众及时享受到国家惠民政策。

内控监督作用加强　深入开展“合规文化建设年”活动，组织开展“两加强、两遏制”（加强内部管控、加强外部监管，遏制违规经营、遏制违法犯罪）回头看活动，进行专题警示教育讲座，增强干部职工合规意识、法纪意识，杜绝违规行为，为联社改革发展提供坚强保障。发挥稽核的风险防控和化解作用，对隐患进行“深挖细查”，全年完成各项稽核检查 43 项。发挥多条线系统的防控监督作用，对账中心银企对账率 96% 以上；后督中心审核传票 1.35 万册、447.91 万笔，发现差错 1161 笔，发出整改通知书 480 份，经济处罚重点业务差错 79 笔、4700 元；授权中心授权 20.69 万笔，有效规避了操作中的风险点；实时预警系统发现预警 1294 条，其中 3 级 31 条，有效防范了操作风险。

安全防范意识增强　加大员工安全防范教育力度，通过采取现场检查、突击检查、电话查岗和录像调阅等方式，对各网点进行常规检查近 700 次，进行专门培训和现场培训 600 余人次；全年线路检修 120 次，提升物防及技防水平，严防安全事故和各类案件的发生。安全保卫防范软硬件建设同步匹配升级，通过了省信用联社升级达标检查，达到 A 级防范标准。开展防电信网络欺诈、反洗钱等宣传教育活动，提升干部员工案件防控意识及辖区公众防范意识和能力，有效预防了金融风险。年内，汤家河信用社成功堵截 6 张假定期存单，金额 21 万元；董庄信用社成功堵截一起电信诈骗案，为客户挽回经济损失 4 万元；大相各庄信用社结合微信银行的推广，使客户及时发现账户资金的异常变动，采取措施将损失降到最低。

乐亭县农村信用合作联社
理事长　常荣伯

【张家口银行股份有限公司唐山乐亭支行】 2015 年 11 月 10 日，经中国银行业监督管理委员会批准，张家口市商业银行更名为张家口银行。2016 年 3 月 26 日，张家口银行总行在总行及各分行同步举办揭牌仪式，并举办更名发布会。张家口市商业银行股份有限公司唐山乐亭支行也因此更名为张家口银行股份有限公司唐山乐亭支行（简称张家口银行乐亭支行）。张家口银行乐亭支行贯彻执行国家金融政策，秉承业务发展和内控管理并重的理念，以效益为中心，以改革为动力，推进整体工作再上新台阶。年末，各项存款余额 4.49 亿元，比上年增加 2.08 亿元；对公存款余额 5814 万元，比上年增加 131 万元；储蓄存款余额 3.91 亿元，比上年增加 2.07 亿元；各项贷款余额 1.1 亿元，比上年增加 6380 万元；存贷比 24.4%。按五级分类口径，正常类贷款 1.1 亿元，占 100 %；无不良贷款。

节日主题活动营销　张家口银行乐亭支行借助分行节日活动有利契机，以智能存款特别款为有力抓手，采用多种形式宣传张家口银行优质产品，开展节日主题营销宣传，提升知名度，节日主题活动营销取得预期效果。“五一”劳动节、端午节活动期间智能存款销售 700 万元，中秋节、国庆节活动期间智能存款销售 2533.7 万元。至 10 月底，张家口银行乐亭支行各项存款增量达 2 亿多元，人均存款增量 1000 万元，提前完成全年任务。特别款智能存款销售期内结合节日活动有效拉动了储蓄定期存款的增长。重视在每次活动结束后组织总结复盘工作、总结活动的成功经验，分析客户的相关信息，做好客户的跟踪和回访工作，有针对性地结合产品搞好相关客户的营销活动，促进储蓄存款持续稳定增长。

信贷资产业务管理　张家口银行乐亭支行为确保信贷资金的安全性和按时收息，制定了一系列措施，加强信贷资产的管理，通过多渠道收集客户信息，发现问题及时解决，避免风险的发生。张家口银行乐亭支行每月上旬提前开展利息催收工作，督促客户提前3个工作日将利息存入还款账户，此项措施有效防范了逾期还息风险，及时检验了客户的资金流动性质量，确保全年无逾期、无不良贷款，实现100%收息。

合规操作意识加强　张家口银行乐亭支行为提升员工行为能力，摒弃不合规、不规范动作，开展了为期一个月的整改活动。将"行长检查、主管纠正、相互监督"贯穿整治活动始终。行长不定期对各条线员工的行为进行检查，发现违规问题对主管和责任人一并处罚；主管在日常工作中加强对员工的管理，发现违规操作问题及时纠正，同时利用晨会、夕会时间总结复盘，达到举一反三的效果；员工之间互相监督，发现问题及时提醒，相互提高。经过整改，大堂人员的迎送礼仪、柜台人员的举手礼、双手递接等已成常态，全员的合规审慎操作意识得到加强。

发展电子银行业务　2016年，张家口银行乐亭支行通过开展对外宣传活动，推进公众对电子银行业务的认知度。通过发放宣传材料、大屏幕播放宣传短片等形式，宣传电子银行业务的优势及操作流程，解答群众疑问，使公众对电子银行业务的办理、使用、风险防范有了更深入的了解。分期对全行ATM机、CRS机、网银管理人员进行基础操作知识培训，提高操作人员的操作水平。加大对ATM机、CRS机的巡视和监控力度，消除风险隐患，为电子银行业务稳健发展奠定坚实基础。

张家口银行股份有限公司唐山乐亭支行
行　长　李万海

【天津银行股份有限公司唐山乐亭支行】　2016年，天津银行股份有限公司唐山乐亭支行（简称天津银行乐亭支行）在唐山分行指导下，本着"服务地方经济、服务中小企业、服务市民百姓"的经营理念，立足县域经济发展，面对复杂多变的经营形势，推进业务转型发展，创新工作举措，强化精细管理，各项工作有序开展。年末，各项存款余额3.32亿元，比上年增加4650万元。其中，对公存款余额1.88亿元，比上年增加81万元；储蓄存款余额1.45亿元，比上年增加4570万元。各项贷款敞口余额6.13亿元，其中对公授信客户23户，贷款敞口余额6.01亿元；个人贷款客户36户，敞口余额1161万元。个人消费贷款新增5253万元，为年计划的263%。代发工资额117万元，为年计划的26%。财富类产品1.95亿元，为年计划的49%，其中理财产品1.94亿元、国债销售36万元、保险销售99万元。全年实现营业利润1384万元。

资产业务拓展　面对新形势，天津银行乐亭支行积极调整授信业务发展方向，把国有企业和政府项目的营销作为重点，多次深入秦皇岛市、乐亭县、唐山海港经济开发区财政局、招商局、城建投等相关部门、单位，收集项目信息，全年新增国有企业授信2.2亿元。

天津银行乐亭支行继续支持优质民营企业发展，对授信企业抵押物有余值的且有一般保证类授信的，将抵押物余值追加顺位抵押，降低了资产业务风险。到年底，民营企业授信敞口余额1.86亿元，其中抵押类占88%。

存款业务稳步增长　实施对公账户拓户工程，对中小客户实行客户经理包户管理，大型客户由行长、主管副行长亲自营销。全年开立对公账户72户；个人客户1315户，其中有效客户217户，核心客户87户，贵宾客户10户。对公存款日均2.21亿元，比上年增加3311万元；对公存款时点余额1.88亿元，比上年增加81万元。为确保储蓄存款的稳步增长，层层分解任务指标，做到人人有指标，人人有压力，同时集中力量搞好保本理财的宣传与营销。年内财富类产品实现产值1.95亿元，其中理财产品1.94亿元、国债销售36万元、保险销售99万元。

个人金融产品营销　依托理财、利率市场化后一户一率政策等优势，扬长避短，加大宣传力度，让个人金融产品更好地深入百姓生活。依托柜面服务，用服务留住客户。采取多种方式，加强对员工服务意识和业务技能的培训；依托客户经理，走出门去营销产品。深入社区普及理财知识，宣传推介天津银行信用卡、网上银行、手机银行、日增利、微贷金等业务品种，为客户提供更全面的金融服务。个人AUM（资产管理规模）1.84亿元，为年计划的106%。手机银行1107个，为年计划的101%。手机银行活跃客户全年完成计划的116%。个人网上银行898个，为年计划的150%。抓住重点，大力拓展和培育核心客户。年内个人金融业务取得良好发展。

强化合规管理　以实现零案件安全年为目标，规范业务操作规程和经营管理。严把贷款准入关，加强贷前调查和贷后管理，确保资产质量。强化基础管理，加强操作风险和案件防控。组织全员开展职业道德、案例警示教育活动，牢固树立反腐倡廉的思想道德防线，培育良好的职业操守。通过以上措施的实施，有效地保障了各项业务安全稳健运行。

天津银行股份有限公司唐山乐亭支行

行　长　郝建铁（9月免）

史丽君（9月任）

【河北银行股份有限公司唐山乐亭支行】 2016年，河北银行股份有限公司唐山乐亭支行（简称河北银行乐亭支行）围绕“服务地方经济、服务中小企业、服务城市居民”的市场定位，积极有效地开展金融服务，实现健康、稳定、快速发展，成为乐亭金融市场上重要的金融力量。年末，新增结构性存款1亿元，对公存款余额1.07亿元，对公非贴现贷款4744.89万元，开立银行承兑汇票220万元，对公基本结算户4户，办理银承质押贴现业务3000万元。储蓄存款余额7412万元；电子银行502户，基础客户787户，个人消费贷款余额929.15万元，管理个人总资产1.15亿元。

服务质量提升　河北银行乐亭支行注重加强网点建设，增强优质服务意识，提升服务质量。实施全网点综合柜员制，将综合柜员管理与内部规范化管理达标、工资考核相结合，提高综合柜员的工作质量和效率，调动员工的积极性。启动“服务渠道优化工程”，投入财力、物力、人力，利用各种渠道，通过自助银行、网上银行、电话POS机等为广大市民提供更为便捷的服务。年内，金融业务运行平稳、运作规范、业绩良好，有力地支持了县域经济发展。

打造特色服务品牌　积极破解小企业融资难题，为客户推出包括“快速贷、年审贷、循环贷”等系列特色融资产品，有效缓解了小企业融资难、贷款难的问题，得到中国银监会的肯定。开办个人购房贷款、个人综合消费贷款、个人经营类贷款、个人经营性物业抵押贷款、个人工资保证贷款、大额信用卡等业务品种，推出黄金销售保险理财和银行理财产品，方便个人客户融资，满足客户的理财需求。

加强内部管理　针对人员调动频繁，对存量业务产生影响，给员工造成负面影响的情况，通过会议、座谈等方式加强思想工作，提高员工自信心；通过梳理和完善管理制度，对每个岗位均进行统筹安排，发挥员工个人之长，激发员工干事创业的热情。

河北银行乐亭支行利用业余时间定期组织全员学习零售、小企业条线产品，使每名员工都能做到前台能够推介贷款业务，后台能够营销零售产品。对能及时统计的指标，如理财产品、定期存款、网上银行、手机银行等每天在晨会上通报。

坚持人防、物防、技防相结合的方法，强化安全保卫基础工作；通过检查督导和学习上级文件及案例分析，增强员工的安全防范意识。年内，组织员工开展防火、防抢演练4次，组织断电应急演练1次；有效保障了金融业务安全平稳运行。

河北银行股份有限公司唐山乐亭支行

行　长　艾东风（副行长，1—6月主持全面工作）

刘兆祥（副行长，7—12月主持全面工作）

【中国邮政储蓄银行股份有限公司乐亭县支行】 2016年，中国邮政储蓄银行股份有限公司乐亭县支行（简称邮储银行乐亭县支行）坚守底线、开拓进取、攻坚克难，推进各项工作转型升级，实现了稳中有进、稳中向好，收入、利润均完成全年计划指标，并实现第9个“零案件年”目标。至年底，邮储银行乐亭县支行各项存款余额

31.26亿元，其中个人储蓄存款余额27.9亿元，对公存款余额3.36亿元；个人贷款余额3.08亿元，其中涉农贷款1.05亿元，消费贷款0.8亿元，个人商务贷款1.23亿元；中小企业贷款余额1.04亿元。

个人金融业务　依托“项目带动”创建“车系列”平台，实现个人金融业务持续提升。构建联盟商圈，对信用卡和ETC（不停车电子收费系统）客户实行分级优惠。通过改善用卡环境，客户群体不断扩大，客户质量不断提高，带动个人储蓄、理财、国债等业务快速发展。

零售信贷业务　邮储银行乐亭县支行着力打好资产质量下行阻击战，在市场开发中做到有保有压、有所为有所不为；通过政策引导和压力疏导，稳定队伍情绪，恢复发展信心。坚持普惠金融定位，以服务“三农”为核心，加大宣传和营销力度，不断开拓业务空间。与县政府农办、县畜牧局、县水产中心等单位配合，全年组织开展“进农村、进集市、进单位”宣传推介活动30余次，与客户面对面、一对一营销，挖掘周边潜在客户，及时与潜在客户进行二次营销及深度开发。全年投放涉农小额贷款1亿元以上，有力地支持了农村经济发展。

内部管理工作加强　不断提高全员业务素质和风险合规意识，加大案件风险的排查力度，确保全年零案件目标，年内组织从业人员排查工作4次，排查人数230人次。按照年初制订的岗位轮换计划，对22名员工进行了岗位轮换，为业务发展奠定基础。

中国邮政储蓄银行股份有限公司乐亭县支行
行　长　赵继山

【承德银行股份有限公司唐山乐亭支行】　2016年，承德银行股份有限公司唐山乐亭支行（简称承德银行乐亭支行）以“科学管理、稳健经营、优质高效、争创一流”为经营理念，立足“服务地方经济、服务中小企业、服务广大群众”的市场定位，以灵活的经营机制、优质高效的服务有序开展金融业务，市场竞争力增强。年末，各项存款余额4.95亿元，其中对公存款余额4274万元，储蓄存款余额4.52亿元；各项贷款余额1.02亿元，比上年减少8721万元。

加大市场营销力度　在坚持传统营销模式的基础上，认真分析金融市场动态，加大新产品营销力度，注重提升全体员工的主观能动性，实现全员营销，努力提高市场营销收益。

加强宣传，定期到居民小区、广场等人员密集的场所进行宣传。捕捉信息，寻找和探索新的存款源头，发掘新的客户群体。以诚挚热情的服务留住老客户，吸引新客户。以客户为中心，形成放射性的客户网络，将客户资源及业务范围不断扩展。

承德银行乐亭支行加大新产品营销力度，推出“卡易贷”“信用贷”“产业链贷”等授信产品和存款“理财产品”，满足客户理财需求。探索新的营销模式，利用互联网及大数据资源，做好市场调研，有针对性地开拓市场。

信贷业务转型发展　承德银行乐亭支行响应零售转型发展要求，加速信贷业务向小企业和自然人转型。树立“大多强、小多稳”的理念，调整信贷结构，介入政府购买公共服务项目，同时增加对小商户和自然人的信贷投放份额，开展以“商铺贷”为主的授信业务。零售授信业务，重视研读沿海滩涂、船舶抵押的相关授信政策，努力开拓沿海市场。

强化内控管理　严格执行各种规章制度和操作规程，切实有效地实施内控制度流程，全面把控业务风险。加大教育培训力度，重视员工综合素质的提高和风险防控水平的提升，有组织有计划地推进员工培养工作，变被动管理为主动防控，变事后检查为事前防范。强化合规管理，审慎防范授信风险。严格执行各项规章制度，把握信贷业务各个关键环节，做到尽职调查、严格审查、审慎审批、适度放贷、预警管理，实现贷款放得出去、收得回来。

承德银行股份有限公司唐山乐亭支行
行　长　宋文国

【乐亭舜丰村镇银行股份有限公司】　2016年，乐亭舜丰村镇银行股份有限公司（简称舜丰村镇银行）秉承“舜德天下，丰泽万家”的宗旨，遵循“依法经营、创新发展”的要求，全力支持当地“三农”工作发展。至年底，资产总额3.2亿元，比上年增长24.04%；负债总额2.8亿元，比上年增长 28.7%；所有者权益 4000 万元。各项存款余额 2.8 亿元，比上年增长 35.81%，其中储蓄存款余额 2.7 亿元，对公存款余额 6000 万元；各项贷款余额 2 亿元，比上年增长 55.78%，均为涉农贷款。不良贷款余额为 0。

年内，舜丰村镇银行与县电视台合作开展童心同行活动；配合县公安局、人行乐亭县支行进行征信知识宣传和远离非法集资宣传，发放宣传材料 2 万份；成立舜丰银行艺术团，演出 12 场次。

设立土地复垦项目贷款和农机补贴贷款，支持土地复垦工作和农业机械化发展。至年底，发放土地复垦贷款 16 笔，金额 3709 万元；农机贷款 5 笔，金额 25.7 万元。

为更好地支持地方经济发展，先后推出舜抵通、舜亲贷、舜农通、舜渔通及船业担保等适合农户和小微企业的贷款品种。全年发放渔船抵押贷款 236 万元，减轻了当地渔民购置渔船、渔具的压力。从减轻农户购买农机的压力出发，针对农户推出农机具补贴贷款，全年支持农机户 36 户，发放贷款 263 万元。从减轻农民购买农资的压力出发，支持农作物温室、大棚的发展，推出农资购置贷款，并邀请农资顾问上门为群众服务，提升农资使用效率，提高农作物产量，全年发放农资购置贷款 15 户，发放贷款 50 万元。

坚持阳光信贷工程建设，从行领导班子成员做起，率先垂范；教育和引导客户经理树立正确的人生观和价值观，从一点一滴做起，树立风险防控意识，以严谨的工作作风，扎实的工作态度，做好每笔贷款业务。严把贷款三查制度，严控贷后回访流于形式，达到无不良贷款的要求。

乐亭舜丰村镇银行股份有限公司
行　长　郑德兰

保　险

【中国人民财产保险股份有限公司乐亭支公司】 2016 年，中国人民财产保险股份有限公司乐亭支公司（简称人保财险乐亭支公司）贯彻落实上级公司决策部署，坚持高起点谋划、高标准要求、高效率落实，从队伍建设、业务发展、经营管理、形象提升等方面入手加强教育管理，风险管控能力不断增强，服务质量明显改善。全年收取保费 6903.09 万元，比上年增长 7.9%；处理理赔案件 1.28 万件，比上年增长 4.8%；支付各类赔款 4666.76 万元，比上年增长 0.3%；缴纳各类税金 450.8 万元，代收代缴车船税及个人所得税 353.45 万元。

全险业务实现跨越发展　人保财险乐亭支公司坚持抓业务结构调整，布局三大板块业务，业务工作实现新跨越。

车险业务。抓新车：人保财险乐亭支公司各职能团队全程参与，与县内 4S 店、2S 店、汽车经销商开展全面合作，与荣川、庞大、运达等汽贸公司保持良好的合作关系。抓续保：采取得力措施，借鉴福州经验，率先启动续保团队建设，合理安排人力、物力，强化过程管控，细化流程考核，做到续保业务呼出全覆盖，续保团队业绩稳步攀升。抓转入：千方百计深挖资源，通过不同渠道收集信息 2.7 万余条，分别采取不同策略，强化政策引导，改变自身份额过低现状，实现转入业务增长。

农险业务。2016 年，人保财险乐亭支公司经营的政策性农险业务主要是种植业和养殖业，涉及育肥猪保险，奶牛保险，小麦、玉米保险及棚室保险等。育肥猪保险：改进承保方式，做到应保尽保，随补随保，全年累计承保育肥猪 30 万头，实现保费收入 750 万元。奶牛保险：经逐一走访养殖场，加大费率、政策宣传力度，承保规模逐渐扩大，全年累计承保奶牛 5028 头，收取保费 257.6 万元。小麦、玉米保险：全年承保面积 6686.66 公顷，保费 444.57 万元，继续保持县内领先份额。大棚保险：创新机制，试点推进，确定阎各庄镇为试点乡镇。年内，全县承保棚室面积 20.06 公顷，保费收入 158.15 万元。

商业非车险业务。以项目为依托，以分散性险种为补充，加快结构调整。2016 年政策性农房保险被上级公司确定为唐山市试点单位，全年承保 12.38 万户，收取保费 99.04 万元。农村社会治安保险由各乡镇政府出资，为 11 个乡镇（街道）投保。年内，食品安全责任险、教职工责任险、校园方责任险均如期续保，精神病人责任险按要求承保，保费收入 106 万元。学生平安险实现零突破，收取保费16.5万元。多渠道收集信息，紧跟县重点项目，以共保方式收取河北建投风电项目工程险187万元。

品牌形象提升　人保财险乐亭支公司注重品牌形象建设，通过抓服务，抓宣传，人保品牌形象逐步提升。借助新闻媒体，广泛宣传人保优势，县电视台《记者在行动》《乐亭新闻》对人保财险公司进行报道，大灾查勘、理赔业务得到社会认可。各营销服务部、理赔团队参与车商举办的车展（含下乡巡展），实现了人保、车商互惠共赢。

营销团队建设　面对保险市场竞争激烈的局面，立足当前，谋划长远，加快城网、农网建设步伐。统筹各项资源，骨干力量向农网倾斜，加大农网资金投入，使农村营销服务部基础更加稳固。年内，全辖区7个营销服务部累计处理农险案件4417件。城区业务注重团体客户开发，坚持以车险团购为主打产品，将业务宣传扩大到机关单位。人保财险乐亭支公司全力支持、配合市分公司人才引进工作，组织班子成员、营销服务部经理赴巨鹿、丰南考察学习，借鉴巨鹿等地经验，推行产、寿、健互动，整合产、寿、健3家资源，统一产品、统一宣传，共同构建大人保格局，彰显品牌实力，推动公司业务健康发展。

中国人民财产保险股份有限公司乐亭支公司
经　理　李　鹏

【中国人寿保险股份有限公司乐亭支公司】 2016年，中国人寿保险股份有限公司乐亭支公司（简称人寿保险乐亭支公司）强力推进寿险业务发展，团结一心，开拓进取，真抓实干，全年实现长期险首年标准保费1401.51万元，新单保费8037.35万元，首年期交保费2719.4万元，十年期及以上首年期交保费1901.99万元，短期险保费1044万元。

个人险业务发展　年初，人寿保险乐亭支公司创新谋划，做好目标分解。针对五年期、十年期业务组织了“满城皆是鑫账户”等系列竞赛活动，实现五年期交保费646万元，十年期交保费129万元，超额完成上级下达的任务指标。5—6月，召开多场产说会，抓期交，上短险，分解目标，层层督导，全年实现长期险首年标准保费1037.1万元，比上年增长104.3%；首年期交保费2013.7万元，比上年增长63.72%；长期险十年期以上首年期交保费1542.17万元，比上年增长158.25%。

银行保险业务渠道畅通　人寿保险乐亭支公司本着“一切为了发展，一切围绕发展，一切推动发展”的原则，把业务发展作为第一要务，实行长计划、短安排、周计划、日经营模式，组织银保部门、渠道及销售队伍参加市公司组织的“鑫征程新跨越”开门红竞赛、“鑫征程新跨越”二季度竞赛、五六联动业务竞赛、“冲刺630”竞赛、“鑫征程新跨越”凌云季业务竞赛、“四季度完美收官”等活动。通过活动的开展，累计收取期交保费101万元。利用走访、联席办公、联谊电话沟通、短信等形式，适时与理财经理、客户经理、网点人员进行沟通协调，保障渠道畅通。4月，组织了农行鑫易宝网点沙龙，收取期交保费4万元。9月，进行邮政期交网点自营销售，收取保费11.94万元。年内，乐亭银保渠道满期给付6286件，比上年增加1199件；满期金额1.4亿元，比上年增加3000万元。在满期纠纷处理中做到不拖不等不推，第一时间到网点、第一时间接待来访客户，及时化解。全年处理满期纠纷240多次，未出现矛盾升级及群体事件。

团体险业务拓展　人寿保险乐亭支公司大力发展团体险业务。3月，组织县直各学校开展学生平安保险业务，收取保费63.8万元。9月，努力拓展农村学校学生平安保险业务，投保率达90%以上，收取保费203.5万元，比上年增加53万元；努力拓展农村小额保险业务，收取保费102万元；努力拓展计划生育保险业务，收取保费55.5万元；努力拓展信贷保险业务，收取保费48.5万元；努力拓展法人客户保险业务，收取保费27万元。积极尝试创新销售模式，实现云助理、国寿e家、e门店销售出单78笔，收取保费近3万元。

服务质量提升　开展“文明窗口”创建活动，推行规范化服务。工作人员实行统一着装、挂牌上岗，使用文明用语。强化教育培训，组织员工认真学习上级公司有关职业理念、职业态度、职业纪律和职业作风及文明优质服务等方面的要求和规范，提高员工遵守职业道德的自觉性，服务质量提升。建立目标考核体系，提高全员业务拓展能力，提升团队绩效水平。组织全体员工进行反洗钱知识培训，防范和打击洗钱、非法集资行为。

中国人寿保险股份有限公司乐亭支公司
经 理 赵玉海

证 券

【财达证券有限责任公司唐山乐亭大钊路营业部】 2016年，财达证券股份有限公司唐山乐亭大钊路营业部（简称财达证券营业部）结合实际，在管理、服务、营销等方面不断创新思路，采取有效措施，各项工作取得明显进展，对维护当地的金融秩序起到积极作用。年内，财达证券营业部营业收入538.18万元，利润340.64万元，市场占有率万分之零点四四，资产保有率万分之零点一，融资融券日均融资额2011.59万元，新增客户1704户。

设施设备完善更新 财达证券营业部紧跟上级公司上市步伐，不断完善、更新设施设备。5月，新增架上海行情卫星接收器1部，更新了深圳五版行情（10月底四版行情停止发送），对涉及的机房硬件和行情周边软件实现全面更新，新增外网光纤1条，以方便股民的手机交易，全方位多途径保证行情接收和股民的正常交易，营业部的硬件和软件更加规范，保证在公司上市时不拖后腿。

新增客户任务完成 落实上级公司加大市场占有率、增加有效客户的要求，把新增客户数量作为工作重点。创新营销理念，强化服务意识，促进服务转型，以服务吸引客户、稳定客户，拓展营销渠道。10月底，财达证券营业部提前完成全年新增客户的任务，新增客户1704户。

合作业务拓展 本着资源共享、互惠互利的原则，在巩固已有营销成果的基础上，不断拓展新的营销渠道。注重加强与建行乐亭支行、交通银行唐山海港支行的业务合作，利用银行的市场网络和优质客户资源，选取有证券业务需求的客户，加强沟通联系，推介证券业务品种，实现证券业务的拓展。与唐山海港经济开发区电商创业中心合作，在电商创业中心建立财达证券营业部的服务平台，加大宣传、营销力度。

开展打击非法证券营销和反洗钱活动 财达证券营业部作为县域内合法证券营销机构，承担着维护当地证券市场稳定、打击非法证券营销和反洗钱的职责，注重增强为投资者投资理财提供安全便利的服务意识，在营业部明显位置张贴宣传打非和反洗钱的标语，组织人员在节假日人流密集区域发放打非和反洗钱宣传册，配合金融监管部门打击金融犯罪。

财达证券有限责任公司唐山乐亭大钊路营业部
总经理 黄 鑫

科学技术

科学技术普及

【概　况】 2016年，全县有在职专业技术人员7275人，其中具有高级专业技术职称的1214人，中级及以下专业技术职称的6061人；有技术工人1.15万人，农村实用人才9000人。县科学技术普及工作以农村为阵地，以农业为重点，以农业增收农民增效为目标，组织动员科技工作人员深入农村一线，采取办班培训、现场指导、电视讲座、网络宣传、赶科技大集、举办“科技活动周”等形式送科技下乡，推广农业实用新技术，全面提高农民的科技素质和农业生产的科技含量，促进农村经济持续、快速、健康发展，服务新农村建设。县科技局、县农牧局、县畜牧兽医局、县水产中心、县科协及各乡镇（街道）、县教育局成人学校、老科协等部门、单位，注重加强领导，开展培训活动，全年举办农业技术培训班234场次，有11.5万农（渔）民接受科技服务（培训）。农口各部门引进农业新技术29项、新品种42个。全年组织申报省、市级科技项目4项。协助科技型中小企业申请科技金融贷款2195万元。是年，乐亭县再次被评为全国县级防震减灾工作综合考核先进单位。

【科技下乡】 2016年，县委组织部、县科技局、农口各部门、县科协、老科协、县教育局成人学校等单位，全力开展科技下乡服务活动。县委组织部按照《关于全县农村综合服务中心集中开展宣传推广活动的工作方案》要求，组织相关部门、单位分别在胡家坨镇、汤家河镇开展6次农业科技咨询服务活动，现场解答群众的疑难问题，发放《韭菜栽培技术》《桃树病虫害防治技术》《地震安全知识手册》和《黄瓜病虫害防治技术》等图书、资料3000余册。

5月18日—19日，县科技局在文园举办“创新引领，共享发展”为主题的科技活动周，开展农业科技宣传活动，组织专家现场坐诊，向农民群众普及和宣传农业科技知识，发放《韭菜的管理技术》《黄瓜病虫害防治技术》《甜瓜栽培管理与病虫害防治》《西红柿栽培管理》等技术图书、资料2500册。

【高新技术企业建设与申报】 研发平台建设居全市前列　2016年，县科技局会同企业培育申报省级研发平台1家，市级研发平台2家。唐山海洋牧场实业有限公司的“河北省海洋环境保护与修复工程技术研究中心”省级研发平台建设通过专家评审；唐山境界实业有限公司和唐山旭阳化工有限公司的“唐山市甲醇轻烃化工程技术研究中心”和“唐山市粗苯加氢产品开发工程技术研究中心”2个市级研发平台，被市科技局列入年内重点培养计划，进入建设阶段。

高新技术企业申报实现历史性突破　年内组织培育申报唐山境界实业有限公司和唐山海洋牧场实业有限公司2家高新技术企业，已获批准，扭转了县内没有高新技术企业的局面。

科技企业孵化器通过验收　乐亭县鸿煊科技企业孵化器有限公司于9月通过市科技局专家的现场验收。该孵化器有在孵企业20个，其中科技型中小企业14个，管理人员15人。

【推进科技项目实施】 组织项目验收　年内有5个项目验收，其中“设施蔬菜无公害生产关键技术集成与示范”项目、“万事达特色农业示范基地”项目和“唐山市精品果蔬栽培工程技术研究中心”项目均完成验收，“滨海地区低成本设施果树生产关键技术集成与示范”项目和“千亩滨海盐碱障碍耕地修复培育技术集成与示范”项目的各项验收材料、手续已准备好，并完成网上提交，待上级验收。

组织项目实施　组织“节能减排型南美白对虾工厂化健康生态养殖和质量安全控制关键技术研究与示范”项目的实施，督促各承担单位按期完成各阶段工作。

组织项目申报　年内组织申报省市级项目4项，分别为唐山海洋牧场实业有限公司申报的省级项目“凡纳滨对虾工厂化养殖关键疫病防控技术研究与应用”、乐亭县丞起现代农业发展有限公司申报的市级项目“设施樱桃省力化栽培技术研究”、唐山玛多咖生物技术有限公司申报的市级项目“海洋生物利用及海参、牡蛎深加工开发”和唐山旭阳化工有限公司申报的市级项目“甲醇C3、C4烯烃技术研究”。

科技成果

【引进项目资金】　2016年，县科技局帮助乐亭县铸升金属制品厂、河北诚成肥业有限公司、唐山绿昕林木种植有限公司3家科技型中小企业分别从沧州银行、邮政储蓄银行、中国银行申请科技金融贷款2195万元。

【授权专利】　2016年，全县授权专利24项，其中实用新型20项、外观设计2项、发明2项。

表12　2016年全县授权专利一览表

序号	申请号	授权日	专利名称	专利权人	专利类型	专利权人类型
1	2015208851859	20160218	水族箱全自动换水、补水系统	李伟海	实用新型	个人
2	2015205757395	20160419	一种保护装置及配备该装置的复式床	杨　凯	实用新型	个人
3	2014104822448	20160517	一种用于线材精轧机组出口的微型封水装置	唐山市德龙钢铁有限公司	发明	企业
4	2016200159544	20160514	可逆式破碎机	杨笑迪	实用新型	个人
5	2016300640934	20160604	标贴（烧鸡脖卡）	河北省刘美实业有限公司	外观设计	企业
6	201521067882X	20160710	多功能麦克风话筒	俞亚宾	实用新型	个人
7	2016300886065	20160717	多功能麦克风话筒	俞亚宾	外观设计	个人
8	2016202254312	20160710	一种摩托艇	张　平	实用新型	个人
9	2016202382999	20160706	一种环保拐杖	李　勇	实用新型	个人
10	2016201484001	20160707	废水中精密仪器保护罩	康世静	实用新型	个人
11	2016203489921	20160813	一种苯加氢废水脱硫脱氨处理装置	唐山旭阳化工有限公司	实用新型	企业
12	2016202157153	20160827	一种新型取暖炉	乐亭县铸升金属制品厂	实用新型	企业
13	2016203116038	20160805	两段式常压热水节能煤气炉	乐亭县铸升金属制品厂	实用新型	企业
14	2016204818432	20160922	一种智能喷雾风扇	俞亚宾	实用新型	个人
15	201620585090X	20161014	一种长寿命的板坯连铸浸入式水口	唐山中厚板材有限公司	实用新型	企业
16	2016205850859	20161014	一种推钢式加热炉纵水梁拉紧减振装置	唐山中厚板材有限公司	实用新型	企业
17	2016206110067	20161028	轿运车	赵　健	实用新型	个人
18	2016206206977	20161012	一种炼钢用电石脱氧块	唐山飞迪冶金材料有限公司	实用新型	企业
19	2015101684775	20161115	排钻搅拌钻机	赵增辉	发明	个人
20	2016206816319	20161115	一种清理轧钢加热炉内氧化铁皮的装置	唐山中厚板材有限公司	实用新型	企业
21	2016204162688	20161115	一种高性能保温箱	王学庆	实用新型	个人
22	2016207660897	20161130	中置轴轿运车	赵　健	实用新型	个人
23	201620515071X	20161206	一种气保闸阀	唐山境界实业有限公司	实用新型	企业
24	2016208616995	20161213	一种用于白灰窑卷扬上料的装置	唐山市德龙钢铁有限公司	实用新型	企业

新能源开发

【概　况】 2016年，乐亭县新能源办公室围绕县委、县政府工作部署，紧盯年度目标任务，把农村清洁能源开发利用工程作为大气污染防治、美丽乡村建设的重要载体，有效推进了秸秆联户沼气提升、高效清洁燃烧炉具推广、农村散煤压减替代、清洁燃料推广和秸秆全量化利用等项工作落实。全年完成投资3920万元，其中国家投资2520.5万元，新增联户供气3000户，全县联户供气规模达48个村、1.3万户；推广清洁燃烧炉具2.33万台，总量达4.3万台，推广煤改太阳能13户，生物质成型燃料5000吨，农村洁净型煤得到广泛利用，清洁能源利用模式推广普及。

【政策扶持】 县政府制订印发《乐亭县2016年农村地区推广高效清洁燃烧炉具煤改清洁能源实施方案》《乐亭县2016年洁净型煤推广工作方案》，对高效清洁燃烧炉具推广、煤改太阳能、生物质成型燃料、洁净型煤出台补贴办法。清洁燃煤炉具每台补贴700元，煤改太阳能每户补贴1.5万元，生物质成型燃料每吨补贴300元，洁净型煤每吨补贴590元。增强了工作的引领性和指导性，通过强化目标任务、细化工作方案、完善责任机制、严格督导考核，形成了部门工作合力。

【新能源项目建设】 2016年，县新能源办公室深入开展项目建设提升年活动，以国家支持的新能源项目为重点，积极谋划符合国家产业政策的新能源项目，千方百计争取国家、省、市新能源项目落户乐亭。年内，在利用年初供暖季完成3300台炉具推广的基础上，又争取到清洁燃烧炉具2万台，煤改太阳能13户，生物质成型燃料5000吨的推广指标，上级补贴资金1800.5万元（不含洁净型煤资金）。

按照项目实施规划，重点推进毛庄镇洲绿公司、庞各庄乡宏拓公司联户沼气后续工程建设，年内完成14个村3000余户联户管网建设。两处沼气联户供气工程已全部投入使用。毛庄镇洲绿公司投资1200万元的年产1.5万吨有机肥项目好氧发酵仓已安装完毕，相关设备在安装调试中。

【沼气产业转型升级】 2016年，县新能源办公室在有效解决秸秆畜禽粪便农业废弃物资源化利用，实现农村集中连片联户供气，助力农村生态文明建设和城乡一体化统筹发展的基础上，发挥沼气上接畜禽养殖业下联种植业在现代农业发展中的纽带作用，依托构建的“秸秆气化—农户用气—沼肥利用—绿色果菜—品牌销售”的立体循环发展模式，引导宏拓公司、洲绿公司、湘君园林公司等沼气企业以沼肥、沼气的高效利用、化肥减施和生态循环农业发展为落脚点，建设生物有机肥厂，加强沼肥罐装液态肥和袋装固态肥产品开发利用，挖掘沼气产业营利增长点，实现经济效益、社会效益和生态效益同步增长，提升沼气产业化发展水平。

重视农村沼气安全监管，发挥沼气物业服务体系作用，加强新能源工程项目的安全管理和物业服务，组织农村沼气服务网点、沼气施工队和沼气经营业主，对各类农村沼气设施进行安全巡回检查10次，举办技能培训班5场次，沼气池服务技能拉练5次，发放沼气安全使用挂牌3000个，发放沼气安全使用、“三沼”综合利用、生物质成型燃料、洁净型煤等宣传材料4.5万余份，服务群众2000余人次。

【构建秸秆收储运体系】 2016年，县新能源办公室积极探索农村生物质秸秆资源开发利用市场化发展路径，引入合同能源管理建设机制，由能源管理公司生产秸秆压块，向下延伸建设加盟压块站点，在农户中推广普及生物质炉具，在12家行政事业单位实施合同能源管理，形成闭合产业发展链条，促进生物质秸秆资源的循环利用、减少大气污染排放，助力农村环境改善提升。年内，毛庄镇唐山龙泰辰实业股份公司购置秸秆收集、压块生产设备4套，收储麦秸1000余吨，在试生产中。古河乡、马头营镇、汤家河镇建成秸秆收储运站点3个，在15个村开展秸秆全量化利用试验示范，探索形成村镇集中连片综合利用新模式。在办好争取上级资金项目申报审批和京津等产业对接联系工作的基础上，重点推进清洁燃烧装备制造和生物质成型燃料生产，拓展全县新能源产业发展和农村清洁能源开发利用建设空间。投资3000万元的乐亭县森绿清洁能源有限公司清洁燃料项目建成并投入使用，购置秸秆收储、压块设备15台（套），建设秸秆压块生产线1条，年秸秆压块能力5万吨以上。引导成立清洁燃烧炉具制造企业3家，年生产能力5万台，产值4000余万元。

气象测报与地震监测

【气象测报】 乐亭国家基本气象站观测项目有地面观测、高空探测、酸雨、辐射、闪电定位、GPS水汽。其中，地面观测采用DZZ5和CAWS600两种型号自动气象站同时对雨量、温度（气温、地温、草温）、气压、湿度、风向、风速、能见度、雪深、雪压、电线积冰、蒸发、日照等要素进行观测，并实现实时传输，观测资料参与全球气象资料交换；高空探测采用L波段雷达对高空温度、湿度、气压、风向、风速等要素进行观测，观测资料参与全球气象资料交换。

在全县14个乡镇（街道）设雨量、温度二要素区域自动站，中堡镇标准化人工影响天气作业点设六要素新型自动气象站，进行雨量、温度、气压、湿度、风向、风速六要素观测。翔云岛林场设国家级无人站，进行雨量、温度、气压、湿度、风向、风速、能见度七要素观测。

【人工影响天气】 2016年，县气象局开展人工影响天气作业6次，累计发射火箭弹56发，增加有效降水1.05亿吨，有效调动了空中云水资源，改善了土壤墒情，降低了森林火险等级，净化了空气。全年未出现大面积冰雹灾害。

【地震监测】 2016年，县地震办公室结合县内实际，逐乡镇、逐村落实人员，推进地震宏观测报网、地震灾情速报网、防震减灾知识宣传网和防震减灾助理员“三网一员”体系建设，把500多个村、社区的负责人纳入三网一员管理体系。在此基础上，经市地震局认定，新寨镇永康奶牛养殖专业合作社设立为稳定的宏观观测点，制定并实施《地震宏观观测点管理考核办法》《观测员工作职责》《宏观异常上报规则》等规章制度。观测手段为观察动物异常反应。

【开展地震应急演练】 7月15日，县科技局联合县政府应急办、县教育局、县民政局、县卫计局、县广播电视台、县人防办、县红十字会、县公安交警大队、县公安消防大队等县应急委员会相关成员单位，在县第二实验小学举办“乐亭县2016年地震应急避险演练”活动，模拟境内发生5.0级地震情景方式。演练分为地震应急避险、紧急疏散逃生、灾后应急救助三个步骤。参演人员500余人，演练过程用时30分钟。通过演练，进一步增强公民的防震减灾意识，掌握地震应急避险的正确方法，增强灾害来临时的自我保护意识，提升自救互救及相互协作能力，最大限度地保护公民生命、财产安全，减少次生灾害造成的损失。

【防震减灾知识竞赛】 5月9日，县科技局联合县教育局、县人防办等单位举办“纪念唐山抗震40周年”防震减灾知识竞赛，7月22日，由中国地震局主办的“纪念唐山抗震40周年”城市防震减灾知识家庭竞赛总决赛在唐山市举行，县第二实验小学刘子健家庭代表唐山市参赛，并获得第一名。

【防震减灾宣传】 县科技局在“3·1”《唐山市防震减灾管理条例》实施周年和“5·12”全国防灾减灾日，到县文园进行防震减灾宣传教育活动。活动中发放宣传资料500余份并接受群众咨询，使广大群众进一步了解地震应急避险常识，增强防震减灾意识，收到良好的效果。

在“7·28防震减灾活动周”期间，到乐安广场进行防震减灾知识宣传活动，通过发放宣传单、防震减灾小册子、现场解答提问等形式向广大师生及群众普及应急避险知识，提高公众在大灾大难面前的避险能力和自我保护意识。

【地震监测台站建设】 6月，乐亭县地震台站建成，占地面积710平方米，建筑面积70平方米，建有40平方米高质量宣传橱窗、400米观测井一眼、地震专用仪器数台。采集数据通过专网及时传递市地震局。年内，县境内未发生地震。

【乐亭县再次被评为全国县级防震减灾工作综合考核先进单位】 2016年，县地震办公室贯彻落实国务院、省、市防震减灾工作会议精神，在县委、县政府的高度重视下，各部门大力支持，以全面提高防震减灾综合能力为出发点，以强化防震减灾社会化服务为切入点，以维护人民群众生命财产安全为落足点，紧扣政府中心工作大局，依法施政、开拓创新，全县防震减灾各项工作取得积极进展。建立和完善防震减灾工作目标管理责任制，严格落实防震减灾监督检查和责任追究制度，依法行政能力得到全面提升，有效促进了全县防震减灾事业的健康发展。地震监测预报、震害防御、应急救援三大体系建设步入规范化、制度化、法制化轨道。地震监测实行专群结合，在全县15个乡镇（含王滩镇）设立防震减灾助理员、地震宏观测报员、地震灾情速报员，最大限度地发挥群测群防在地震短临预报中的重要作用；全县所有新、改、扩建工程全部纳入抗震设防要求监管程序；对工程项目加大执法检查力度，严格落实地震安全性评价管理制度，有效保障了建设工程“小震不坏、中震可修、大震不倒”的设防目标；开展防震减灾应急准备工作，强化应急组织体系建设、预案体系建设、救援队伍建设、社会动员机制建设，全县各级各单位及广大群众对地震灾害来临时的快速反应能力和应急处置能力得到提高。建立防震减灾宣传教育长效机制，利用“3·1”《唐山市防震减灾管理条例》实施周年、“5·12”全国防灾减灾日、“7·28”唐山大地震纪念日等宣传节点，宣传普及防震减灾知识，为进一步落实《中华人民共和国防震减灾法》、建设平安乐亭创造了优良的社会文化环境。12月，在中国地震局开展的2016年度全国市县防震减灾业务工作考核中，乐亭县再次被评为全国县级防震减灾工作综合考核先进单位。

科技管理

【制定相关政策措施】 深入贯彻落实省、市科技创新会议精神，发挥政府主导作用，激活全县科技创新要素。2016年4月，县委、县政府印发《关于鼓励和促进科技创新的实施意见》，促进全县科技工作的开展，发挥科技创新在推进全县经济社会发展中的支撑和引领作用。

【科技型中小企业认定】 按照省科技型中小企业管理办法的相关要求，积极组织各乡镇、街道、经济开发区、工业聚集区及重点企业开展科技型中小企业的申报认定工作，全年完成申报认定科技型中小企业50家，完成全年任务目标。

【知识产权宣传和服务】 知识产权宣传周期间，在文园广场举办“加强知识产权保护运用，加快知识产权强国建设”为主题的文艺宣传活动，向公众提供专利知识和信息，提高公众知识产权意识，活动中发放《中华人民共和国专利法》和《专利申请指南》等相关法规、宣传材料1000余册。年内，全县完成专利申请114项，获授权专利24项。

县科技局
局　长　焦东民

气象服务

【公共气象服务提质增效】 2016年，县气象部门加强气象灾害防御能力建设，开展气象灾害风险普查，完成各项数据的上报及预警工作的本地化，完成国家突发公共事件预警信息发布系统的配套调试安装工作，进一步完善中堡镇人工影响天气标准化作业点建设。面向农民专业合作社、种养植（殖）大户的气象服务需求开展调研，配合市气象局确定直通式气象服务试点。全县乡镇（街道）实现气象信息服务站全覆盖，将气象防灾减灾工作职责纳入乡镇（街道）政府（办事处）“三定”方案，乡镇（街道）明确一名分管领导及气象协理员。在乐安街道茂源和健康社区建设气象防灾减灾社区试点，5月组织完成全部气象应急联系人、协理员及信息员的更新统计录入。编制完成并在县政府网站发布《乐亭县公共气象服务白皮书（2016）》《乐亭县2016年度人工影响天气工作计划》《乐亭县2016年度气候公报》。深入开展海水养殖（海参养殖）、海洋捕捞气象服务需求调研工作，为“直通式”气象服务、特色农业气象服务开展奠定了良好基础。

【气象重点工作动态管理】 2016年，县气象部门按照上级要求，因地制宜、多措并举推进气象预报预测业务现代化。乐亭县气象台已达到突发气象灾害临近预警服务业务基本要求。同时，根据中国气象局气预函〔2016〕31号文件精神，县气象局完成制定基层气象预警服务标准规范工作，规范服务对象、服务流程、服务方式、服务时效。年内，按照基层公共气象服务标准规范开展服务工作。3月完成CAWS600通信网络光纤化改造工程，网络传输稳定性和通信、防雷能力得到提高。6月完成称重式降水设备的改造工作。同时，认真研究观测站点布局，规划县域及唐山海港经济开发区范围内增设无人气候观测站的位置和要素，重点升级2套两要素站为六要素站，为完善气候观测网、气象灾害观测网打好基础。

完成现代化机房建设，完善网络的升级改造工程。完善了气象信息系统安全管理、运行制度和信息安全责任制，升级防火墙、上网行为管理、防病毒等网络安全基础设施建设，建立了较高水平的信息网络系统安全体系。实现移动、联通双外线接入，网络实现线路叠加、分流智控、自动切换等功能，较好地解决了公共气象服务用户对资料传输的高时效、资料处理的敏捷性、资料服务的全方位需求；能够满足应急条件下的气象保障、服务、随时随地办公，以及多种终端应用；较好地满足了专业用户的气象服务要求，提升服务质量。县气象局网络拓扑结构的合理性、网络稳定性、网络管理、维护能力在全省县级气象局处于领先水平。按照省、市气象局业务检查提纲要求，开展各项汛前检查工作，制订印发《2016年汛期气象服务方案》《2016年汛期气象应急预案》及行政业务值班安排，开展了应急演练。配合南京大桥机器厂、邯郸七一八所、河北久信公司及省、市气象局开展探空探测设备（含制氢设备）汛前排查与维护，汛期气象服务工作圆满完成。

拓宽气象信息（预报信息、预警信息、科普信息）发布渠道，谋划融入农村综合信息发布中心工作。主动谋划、自主设计、开发完成一套《乐亭县气象灾害预警防御系统》，在汛期气象服务及其他工作中取得良好效果。修改完善学习培训制度，把学习作为业务质量提升的动力。郭义涛代表河北省气象局参加华北区域竞赛，获得个人全能第一名、综合理论第二名、强对流监测预警第二名，在全国综合气象观测业务竞赛中获得个人全能第二名，创造了县气象局综合业务水平历史新高。

【气象依法行政】 2016年，按照国务院有关文件精神，编制完成县气象部门权力和责任清单指导目录，依法规范行政服务审批职能和工作流程并全部实现审批事项网上操作，实现审批流程“两头不见面”。按照地方政府要求，落实审批事项授权制度，签订授权委托书，强化政务服务窗口建设，落实首问负责、限时办结和责任追究制度，气象行政审批效率和服务质量提升。

教　育

教育结构

【概　况】 2016 年，全县有中小学 109 所，其中小学 80 所（城镇 19 所、农村 61 所），初中 20 所（城镇 9 所、农村 11 所），高中 6 所（均在城镇），综合职业技术学校 1 所，唐山广播电视大学乐亭分校 1 所，特殊教育学校 1 所；有幼儿园 46 所（城镇 27 所、农村 19 所）。在校学生 41350 人，其中小学 20092 人（城镇 10424 人、农村 9668 人），初中 11384 人（城镇 8013 人、农村 3371 人），高中 7968 人，综合职业技术学校 1816 人，特殊教育学校 90 人；在园幼儿 8964 人。

年内抢抓京津冀协同发展的历史机遇，积极对接京津优质教育资源，合作办学实现新突破。依托新学校，与湖南高平教育集团成功签约，引进品牌民办教育资源，成立乐亭高平中学，开启创新办学体制、创新管理机制的崭新探索。同时，加大教育资源整合力度，实施高中进城工程，撤并 2 所农村高中，教育资源进一步整合，师资结构得到优化，缩小了城乡教育差异，提前实现了高中进城的目标。

【学前教育】 2016 年，继续实施学前教育普惠工程，利用中央、省学前教育专项资金 510 万元，新建、改扩建勒流河幼儿园等 6 所幼儿园；改善幼儿园办园条件，马头营中心幼儿园等 10 所农村幼儿园建成一日整托幼儿园；加强农村示范性幼儿园建设，阎各庄中心幼儿园高标准通过省级农村示范园验收；大力扶持社会力量投资办园，引进新理念，打造民办幼儿园特色教育品牌。县域学前教育取得突破性进展，学前一年入园率 100%、学前三年入园率 97.32%。加强城乡教研网络联动，建立“研训一体”的教研格局，建立“包校抓乡带片”机制。县直幼儿园骨干教师分包区片，形成以 3 个县直幼儿园为龙头、13 个乡镇中心幼儿园为辐射的教研模式，开展教研活动，全面提高保教质量，探索学前教育事业发展的有效途径，促进了公办、民办幼儿园协调健康发展。

【小学教育】 2016 年，全县小学毕业生 4220 人，升学率 100%。深化教研合作，借势提升教学教研水平，组织省特级教师讲学团送教下乡专场讲座、市名师讲学团送教专场报告会、县级名师大讲堂活动，参训教师 3000 人次。选拔骨干教师参加优质课评比，县第一实验小学姚继娟等 13 名教师获得“一师一优课，一课一名师”部级优质课奖励；县第三实验小学教师汪洪获河北省优质课评比一等奖；县第二实验小学任海燕等 6 名教师在河北省优秀教学设计评比中获奖；县第四实验小学的 16 名教师获得市优质课评比一、二等奖；62 名教师在唐山市优秀教学设计评比中获奖。县第一实验小学教师刘彩霞、乐亭镇吉祥寺小学教师周红梅被评为唐山市名师，全年评选县级骨干教师 88 名，县级名师 27 名。年底，评出全县小学教学教研工作先进校 20 所。年内，组织全县数学、语文、英语优质课评比活动，评出小学优质课一等奖 36 名，二等奖 60 名。组织全县范围的高效课堂观摩研讨活动 4 场、全县教师专题培训活动 10 场、录制“空中课堂”优秀展播课 20 节、区域教学开放与交流活动 16 次。

【初中教育】 全县初中入学率 100%，巩固率 100%。年内，先后举办语文、英语、化学 3 个学科的“新课标、新教材、新课堂”专题培训活动，有 500 余名教师参加培训。组织“点餐式名师送教”活动，发挥名优教师的辐射作用，实现优质教学资源的共享，有8位名优教师分别深入边远学校，送课进班、送经验到教研组。通过课例研讨、专题讲座、互动交流等活动的开展，教师教材内容改动点、课堂教学改革点得到通晓和理解。立足高效课堂建设，加强常规督导和课题研究，全年有58项省市级立项课题结题。通过“请进来、走出去”的方法，提升教学教研水平，全年派出教研员和骨干教师100余人次参加省市级教研活动，掌握前沿教学理念和教学动态，适时组织二传培训活动。组织“名师大讲堂”活动15场次，教师素质全面提高，有69名教师在省市业务评比中获奖。

【普通高中教育】 2016年，全县高中工作不断向更高水平迈进。为全面掌握教学和管理情况，教研员开展驻校工作，帮助学校和教师提高备考水平，切实解决存在问题。是年，高考再创佳绩，在考生比上年减少175人的情况下，重点本科纯文化生上线540人，比上年净增134人，上段率19.49%，比上年增长5.4%；普通本科文化生及特长生上段2244人，上段率80.98%。上段人数、上段率均创历史新高。乐亭一中1588人参考，重点本科上段519人，比上年增加124人，上段率32.68%；普通本科上段1471人，上段率92.63%；其中，600分以上理科68人、文科10人；应届理科学生毕聪博被清华大学录取；应届文科学生张子瑶夺得唐山市文科状元，被中国人民大学录取。乐亭二中594人参考，重点本科上段15人，普通本科上段436人，上段率75.93%。

【职业教育】 2016年，县综合职业技术学校开设计算机应用、会计电算化、旅游服务与管理、电气技术应用、园林绿化、建筑工程施工、畜牧兽医、计算机平面设计、汽车运用与维修、焊接技术应用、数控技术应用、机械加工技术12个专业、44个教学班，全日制在籍生1816人。8月，学校与唐山职业技术学院联合办学，正式挂牌“唐山职业技术学院乐亭校区”，招收五年一贯制大专班学生，合作专业为电子商务专业，9月开班上课。学校有正式在岗教师214人，其中高级教师73人，一级教师104人；专业教师中有汽车运用与维修、旅游服务与管理、焊接技术应用、数控技术应用等技师、高级工65人，专业教师双师型比例100%。学校坚持以市场需求为核心，升学就业并举，深化办学模式和人才培养模式改革，以校企联合、工学结合为突破口，试行校企合作一体化办学，加强实训基地建设，组织开展订单培养、岗位培训、校园招聘等活动，深化与企业合作的深度和广度，增强职业教育发展后劲，促进学生高质量就业。实训楼全面完工，办学条件得到改善。年内，举办校园招聘会1次，56家国家、省、市级大中型企业参会，为学生提供就业岗位近900个，当场签约就业意向620余人次，毕业生就业率达95%。当年县综合职业技术学校有303名学生参加对口高考，全部达到专科以上录取分数线，升学率100%。是年，县综合职业技术学校被评为“省名牌中等职业学校”。

【成人教育】 全县有乡镇（街道）成人学校14所，河北省农业广播电视学校乐亭分校（简称县农广校）1所。年内，成人教育以服务县域经济发展、提升劳动力素质为根本任务，抓实阵地建设，开展农村实用技术培训及社区教育活动。全年投资17万元为成人学校添置仪器设备，改善办学条件。按照“一校一名师、一村一名人”的要求，培训骨干教师和农民技术骨干，全年组织校长、骨干教师县内参观3次，组织成教全员业务培训2次，组织开展业务拉练2次，教师业务素质得到提升。立足服务农村经济社会发展，通过观摩、集中培训、现场指导、电化教学等方式，开展农村实用技术培训，培训农民7万人次；组织法律知识讲座、养生保健、网络购物等各类社区教育培训活动21场次；组织象棋比赛、健身舞比赛、老干部书画展等各类文体活动19场次。通过活动的开展，劳动力的科技素质和社区居民综合素质得到提升，形成“一村一特色，一区一亮点”的社区教育格局。在唐山市社区教育学院举办的清明节有奖征文活动中，有6人获奖。在市教育局和市社区教育学院联合举办的“拓天伟业杯”全市老年广场舞大赛中，县代表队获得“最佳魅力奖”。毛庄镇成人学校依托当地佳音农业合作社，开展丰富多彩的社区教育活动；胡家坨镇成人学校利用李大钊故居的独特优势，开展社区教育活动，其做法被评为“唐山市社区教育典型案列”。积极宣传全民终身学习理念，组织开展2016年“全民终身学习周”活动，被授予省优秀组织奖。11名成教教师被评为唐山市成人教育先进工作者、优秀教师。

县农广校创办于1981年，2003年加挂乐亭县农民科技教育培训中心的牌子，隶属于县农牧局。主要职责是负责组织实施农民教育、农村基层干部培训、农业实用技术培训、绿色证书和跨世纪青年农民培训工程等。2016年乐亭县农广校完成新型职业农民实训基地申报工作，乐亭丞起现代农业发展有限公司被认定为河北省新型职业农民培育工程实训教学基地，完成新型职业农民培育工程项目，培训学员76人。经市、县专家评审，认定新型职业农民73人。通过多种形式开展农民培训工作，编写培训教材4册，完成各类培训、实训6期，培训农民1000余人，发放宣传资料1500余份。县农广校编制的《设施桃树虫害及防治》课件获省农广校教学系统课件三等奖。完成全县农业职业经理人的筛选、上报工作，经市农牧局评审，有18人获得农业职业经理人证书。

【特殊教育】 2016年，乐亭县特殊教育学校有学生90人，教职工28人。学校坚持以“为学生立足社会创设支点，为教师自主发展搭建平台”为宗旨。年内，对课程进行改革，除文化课教学外，根据每一名学生的身心情况和个性特长开设以职业训练、康复训练为主的特色活动课。为贯彻落实京津冀协同发展战略，推进全县特殊教育改革发展，参与京津冀一体化建设，与天津市红桥区培智学校对接，建立友好学校关系；向天津市特殊教育学习，在“医教结合”“随班就读”“送教上门”“教育科研”及家庭教育指导诸方面联手打造全新的、适合县域特点的、优质的特殊教育学校，提高全县特教学校办学水平，推动教育整体发展。“红十字会志愿者服务基地”在特殊教育学校挂牌。在县残联的支持下，成立“残疾人社区康复示范站”，服务社会，方便成年残疾人和不能到校学习的重残儿童。在县委、县政府，县残联和县教育局的支持下，从2016年上学期开始，学校免除学生的全部费用。县特教学校与电视台携手共庆“记者节”，得到社会各界的好评；诗朗诵《因为有你》在唐山市助残日活动中演出并获二等奖；学生做的丝网绢花和十字绣被社会各界爱心人士收藏。在教学教研活动中，教师郭丽琴、李秀莲、朱希珍在省信息技术整合课教学评比中获奖，4名教师的课获市级优质课一、二等奖；3名教师撰写的论文获奖；50余篇论文在省级刊物上发表。

【民办教育】 2016年，全县民办教育有完全中学1所，九年一贯制学校1所，幼儿园20所，培训学校25所。年内，县教育局注重加强民办教育规范管理，完善民办教育机构的审批标准、年检标准。对全县民办教育机构进行年检，从教育教学设施、办学条件、安全卫生等方面开展细致、彻底的检查。对民办教育机构开展教学联查2次、安全检查多次，下发整改通知单40余份；利用暑期集中开展违规、违法办学大检查，查处无证办学点6个；停办非法办学点1所。就“去小学化”教学及安全卫生工作下发《整改告知单》9份。按照“深化行政审批制度改革，优化发展环境，激发市场活力”的要求，以“严格审批、规范办学”为抓手，完善网上审批要件，简化行政审批程序，公布审批办法和审批流程，使行政审批更加透明、高效。全年办理民办学校设立、变更审批6项，审批流程全部网上运行；组织民办教育机构开展民办幼儿园教师技能比赛1次，组织民办幼儿园“艺术节”文艺展演1次。

教师队伍

【概　况】 2016年，全县有专职教师4500人，其中省级（含以上）骨干教师20人，市级骨干教师260人，市级名师8人，县级名师46人。教师中幼儿教师440人，占教师总数的9.78%；小学教师1630人，占36.22%；初中教师1288人，占28.62%；高中教师927人，占20.6%；职教教师168人，占3.73%；特教教师21人，占0.47%；成教教师26人，占0.58%。

【教师体制结构】　乐亭县国办教职工有在编教职工和不在编教职工两部分人员组成，均由财政开支、教育局统一管理。在编教职工档案由教育局管理，不在编教职工档案由人才市场管理。

【教师年龄性别结构】　全县国办学校25岁以下教师344人，26～30岁322人，31～35岁510人，36～40岁904人，41～45岁923人，46～50岁850人，51～55岁468人，56～60岁179人。男女教师比例：女教师比男教师多1640人，其中学前、小学、初中男女教师比重偏大，小学女教师占小学教师总数的69.8%，初中女教师占初中教师总数的66.3%；高中、职校教师性别比例趋于平衡，高中女教师占58.2%，职校女教师占54.2%。

【教师职称结构】　全县教师中高级职称教师851人（正高教师1人、副高教师850人），占全县专职教师的18.91%；中级职称教师2177人，占48.38%；初级职称教师1456人，占32.35%；未定职称教师16人，占0.36%。

教育经费与设施设备

【教育经费】　持续加大对教育的投入力度，各级政府按比例分担的义务教育公用经费总额2556万元，其中中央1515万元，省级535万元，市级253万元，县级253万元，年初已全部预算安排到位；生均公用经费达到省定标准，即初中生均885元，小学生均685元。全年上级下达乐亭县校舍维修改造专项资金预算891万元，其中中央639万元，省级252万元。各级政府下达乐亭县义务教育贫困寄宿生生活费补助预算57万元，其中中央22万元，省级9万元，市级4万元，县级22万元。受助学生503人，资助标准为小学每生每年1000元、初中每生每年1250元，资助比例达到住宿生总数的26%以上。高中学生资助资金364万元，其中中央195万元，省级49万元，县级120万元。薄弱学校改造资金1100万元，其中中央808万元，省级292万元。学前教育发展资金用于扩大学前教育资源，其中中央373万元，省级138万元，市级60万元。用于学前幼儿资助资金54.85万元，其中中央37万元，省级1万元，市级7.4万元，县级9.45万元。

【教育设施】　2016年，重点工程建设实现新突破。投资2200万元，完成第五幼儿园和第六幼儿园建设。投资1400万元，完成乐亭县综合职业技术学校实训楼建设。投资850万元，完成乐亭二中初中学生宿舍楼建设。投资516万元，完成姜各庄初中教师周转宿舍、大相各庄小学教师周转宿舍、古河初中教师周转宿舍建设。投资100万元，完成大相各庄幼儿园改扩建工程。投资300万元，完成新学校绿化工程。投资140万元的马头营镇王庄子幼儿园建设完成主体工程，投资80万元的新寨镇三村幼儿园建设完成主体工程。

【教育装备】　2016年，投资678.67万元，用于教育设施设备添置。7月，投资170.17万元为全县初中、小学增添多媒体设备89套，全县有45所学校实现班班多媒体。9月，投资159.6万元为全县中小学添置教师用电脑400台，改善教师办公环境。10月，投资96.9万元添置学生课桌凳8500套，为全县初中更换新的学生课桌凳；投资142万元添置教师办公桌椅1750套，为全县初中和城区小学更换新的教师办公桌椅，改善学生的上课环境和教师的办公环境。投资110多万元为乐亭二中采购多媒体教室设备20套、阶梯教室设备、高考监控、音体美设施等，乐亭二中的教学和办公环境得到改善。

教育成果

【教学教研】　幼儿教育根据幼儿发展需要，树立目标意识，选择教育内容，开展教育活动。召开防止和纠正学前教育“小学化”倾向专题研讨会，汇集社会、家庭、学校力量，共同探讨优质学前教育。2016年，组织全县规模的幼儿教师技能大比武活动，66名幼儿教师参加初赛，进行讲故事、钢琴弹唱、舞蹈三项基本功评比，30名优胜教师进入决赛；决赛评出全县幼儿教师基本功大赛一等奖10名、二等奖10名、三等奖

10 名。评比活动激发了幼儿教师苦练教学技能的积极性，为全面提高保教质量奠定了基础。11 月，选拔 4 名优秀教师参加市幼儿教师教学技能大赛。12 月，组织全县幼儿园保教联查，评出全县保教工作先进幼儿园 15 所。

2016 年是全县小学课题研究的丰收之年。4 月，29 项市级“十二五”规划立项课题结题；5 月，6 项省级“十二五”规划立项课题和 7 项全国课题子课题结题。全年组织全县小学语文、数学、英语、品德教师专题培训活动 10 场，促进教师更新理念、投身教改；录制“空中课堂”优秀展播课 20 节，置于网络教研平台，进行示范引领；按照基层学校点课、骨干教师示范的形式组织“区域教学开放与交流活动”8 次，推动全县高效课堂建设全面开展。组织省特级教师讲学团送教下乡，开展小学数学和小学语文专场讲座，小学视导员、教学领导、骨干教师 400 余人聆听讲座，教师专业发展、创建高效课堂得到有效示范和引领。组织“唐山市名师讲学团送教专场”报告会暨小学语文、数学、英语教师培训活动，语文、数学、英语 3 个学科近 700 名教师参加培训。

按照“研培结合，以研促培”的工作思路，通过开展竞赛活动选拔，主持课题研究提高，举办讲座、观摩课锻炼等行之有效的方法打造骨干教师队伍。评选县级骨干教师 88 名、县级名师 27 名。深入开展教师素质提升活动。统筹规划教师培训工作，发挥骨干教师、学科带头人的辐射带动作用，通过结对子、老带新等方式，加快青年教师成长，培养锻炼骨干队伍，促进全员素质能力提升；组织全体教师参加远程网络研修培训活动；深入开展“一师一优课、一课一名师”评选活动，县内教师晒课人数、晒课节数、晒课率均居唐山市各县区之首，154 节课被评为县优课，46 节课被评为市优课，25 节课被评为省优课。在第十四届全国中小学信息技术与教学融合优质课大赛中，8 名教师代表河北省参赛，有 3 人获一等奖，5 人获二等奖。年内，乐亭一中教师翟华获中国数学教学专业委员会“第八届高中青年数学教师优秀课与培训活动中获优秀课二等奖”，化学教师陈杰获河北省高二学生化学竞赛优秀指导奖，英语教师陈丽英、刘洁、张虹获河北省高二学生英语竞赛优秀指导奖，语文教师魏瑞娟、王亚莉获全国高二年级语文知识竞赛优秀指导奖，物理教师王建秋获河北省高二学生物理竞赛优秀指导奖。3 名教师在市级公开示范课上获奖，10 名教师因高考成绩优异获市级奖励。

【艺术体育】　作为全国农村艺术教育实验县，在前两年工作的基础上，拓宽实验广度和深度，完成全县中小学艺术教育工作自评工作。推进校本课程开发和实施，深化素质教育理论实践研究，把乐亭大鼓、乐亭皮影等传统文化引入课堂，培养学生的艺术爱好，自觉发展和传承乐亭文化。县教育局组织力量编印乐亭大鼓、乐亭皮影校本教材 2 套 6 本 1.2 万余册，在全县 17 所小学开展“乐亭大鼓、乐亭皮影进课堂”试点教学。县第三实验小学的皮影、县第一实验小学的乐亭大鼓独树一帜，创出了品牌。在全国第五届中小学生艺术展演活动中，县第三实验小学作为河北省唯一代表参加展演，“皮影艺术工作坊”受到各界好评，4 月 21 日《人民日报》对县第三实验小学的皮影艺术做了报道。在唐山市艺术节评比中，全县有 4 个节目获一等奖，获奖学生 122 人；年内，4 所学校被评为唐山市体育艺术先进单位，15 人被评为先进个人；在唐山市中小学器乐合奏比赛中，有 4 所学校获奖（一等奖 2 所，二、三等奖各 1 所）；在唐山市中小学书法、篆刻比赛中，有 10 名教师、13 名学生获奖。县教育局获得教育部主办的全国第五届中小学生艺术展演活动优秀组织奖、获得第 25 届中国金鸡百花电影节大中小学生影评大赛优秀组织奖。体育教育以“我运动、我健康、我快乐”为主旋律，在全县中小学开展阳光体育活动，确保学生每天锻炼一小时，并定期举办篮球赛、足球赛、乒乓球赛、集体跳长绳比赛等，全面实施学生体质健康标准测试工作，学校参与面 100%，全县达标率 97%。获市中学生篮球赛第 3 名，“市长杯”小学生足球联赛第 3 名。建设篮球、足球、乒乓球特色学校 65 所，3 所学校足球队通过国家级验收。至年底，全县有国家级足球特色学校 3 所，市级特色学校 5 所。年内在唐山市中小学体育学科优质课比赛中，有 4 名教师获奖，县获得体育学科评比优秀组织奖。

【特色建设】 立足高效课堂建设，加强常规督导和课题研究，全年有58项省市级立项课题结题。充分发挥课堂主渠道作用，深入开展道德教育，以“培育和践行社会主义核心价值观”为主题，开展“纪念红军长征胜利80周年”系列活动；把文明校园创建和文明城复查作为支点，以“教育一个学生，带动一个家庭，文明整个社会”为立足点，组织多种形式的活动，提升师生的文明素养。深入开展法制教育进校园活动，开展校园法制讲座22场，教育学生1.5万人次，增强青少年学生的法制观念，提高其法律意识，有效防止校园暴力事件和未成年人违法犯罪行为的发生，强化平安校园建设。县教育局开展“我为乐亭教育发展献良策”的活动，分析形势理思路、围绕发展想办法、集思广益献良策、解放思想谋发展，通过听民声、思民意、谋民事，动员和引导干部教师解放思想、奋发作为，抢抓京津冀协同发展的新机遇，为乐亭教育的发展建言献策，助力乐亭教育创新发展。年内，4所学校被评为唐山市“六·五”法治宣传教育工作先进单位，12人被评为先进个人；有6所学校被评为唐山市德育工作先进单位，13人被评为先进工作者；4个单位被评为唐山市教育法治工作先进单位，8人被评为先进个人。

【读书活动】 深入开展中小学生“爱读书、读好书”活动，每学期都组织开展阅读知识竞赛、讲故事比赛。在教师层面深入推进“与好书为伴，与名师同行”活动，把阅读与日常教育、教学结合起来，最大限度为师生读书创造条件。学生创新能力不断加强，在第十三届全国中小学校园影视活动评选中，县教育局报送的6个作品全部获奖，其中一等奖1个、二等奖3个、三等奖2个，获奖数量和获奖等次居全市第一。在全县开展以增强学生爱国意识，提高读书的自觉性为目标，以“我的书屋，我的梦”为主题的读书教育活动，在征文、演讲、书法等各项比赛中，崔美玲等9名同学获省级奖项，31名同学获市级奖项。县教育局被授予“组织特等奖”。开展“穿越千年时光，感受诗经之美”2016年度燕赵少年读书系列活动，18件作品在唐山市“主题诵读、书签制作、情景作文”等评比中获奖。新寨小学的“穿越千年时光 感受诗经之美”、汤家河麦港初中的“诗经诵读”被评为优秀案例。读书活动着重培养师生养成爱读书、会读书、好读书、读好书的良好习惯，打造翰墨飘香、格调高雅、文明向上的书香校园。

【教育督导评估顺利通过】 2016年，全县教育工作在县委、县政府的领导下，教育、办学条件不断得到改善。全面完成新学校附属工程，为引进高平中学、整合高中教育资源、高中进城创造条件。完成乐亭二中宿舍楼、职校实训楼建设。完成第五、第六幼儿园建设，带动民办幼儿园提质升级。新建公办幼儿园1所，改扩建幼儿园5所。改造薄弱学校2所，由于管理规范，受到省专项奖励586万元。在5个乡镇建设教师周转宿舍，改善农村教师生活环境。投资695万元，添置多媒体设备126套、更新电脑600多台、更新桌凳近1万套。加快数字化校园建设，宽带网络普及全县所有学校，信息技术装备普及率100%。全面实施“三通两平台”工程，开通县域城域网，中心小学以上学校实现网上办公、异地教研和优质教育资源共享。加强实验室标准化、规范化建设，补充新仪器，提高装备水平，满足各种实验课程需要。新建标准化图书馆12个，建成省一级图书馆3个，全县中小学全部建有图书馆或图书阅览室。生均仪器装备、图书全部达标。全县各类教育协调发展，教育整体实力得到新提升。学前教育坚持公益性、普惠性原则，构建覆盖城乡、布局合理的学前教育公共服务体系。年内新增农村一日整托幼儿园7所，减轻了家长接送孩子的负担。全面提高保教质量，从根本上杜绝幼儿教育小学化倾向。义务教育以标准化学校建设为目标，举行了为期3天的义务教育学校观摩拉练活动，通过观摩县第三实验小学、阎各庄小学、新寨小学的学校管理、高效课堂建设、学校文化建设等方面的先进经验，引导全县各级各类学校规范办学行为，缩小城乡、校际差距，提升教育教学水平。高中教育深化改革，争创品牌。以引进优质教育资源为教育发展改革的突破口，与湖南高平教育集团成功签约，创建乐亭高平中学，开启创新办学体制、创新管理机制的崭新探索。同时，加大教育资源整合力度，撤并2

所农村高中，提前实现高中进城的目标。综合职业技术教育和成人教育多方合作，实现创新化发展，乐亭县综合职业技术学校与唐山职业技术学院合作办学，招收五年制大专班，唐山职业技术学院乐亭校区正式挂牌，职业教育实现提档升级。深化校企合作，根据企业需求，调整专业设置，定向培养人才，毕业生就业率达 98% 以上。立足服务农村经济社会发展，成人教育、社区教育开展各类培训活动 100 余场，参与人数 7 万人次，形成“一村一特色，一区一亮点”的社区教育格局。特殊教育人文化发展，落实特殊教育津贴制度，制订特殊教育三年提升计划。探索特教改革，实行教师送教上门服务；探索“医教结合”之路，增设康复训练项目；开展缝纫、编织、按摩等技能培训，帮助残疾学生掌握一定劳动技能和职业技能，让残疾孩子过上普通人的生活。

2017 年 3 月 23 日，市政府对乐亭县教育工作进行督导评估。督导评估组听取县政府教育工作汇报，深入 18 所学校进行检查，对办学条件、师资配备、规范办学、教学教研、学校管理等方面进行全面督导，并重点查看财政投入情况。市督导评估组对乐亭县 2016 年度教育工作给予肯定，各项指标均达到评估要求，高标准通过督导评估。

教育管理

【教师队伍建设】 2016 年，县委、县政府注重加强教育系统干部队伍建设，把一批年龄较大的领导干部转到其他岗位，公开选拔一批年富力强、业务过硬的教师走上领导岗位。开展“一问责、八清理”专项行动，建立并落实中小学校长离任审计制度，推进教育惩防体系建设；落实领导干部任课制度，强化领导教学意识，校长带头搞教研、带头讲示范课。强化校长队伍交流，选派 5 名机关干部到基层中小学任校长（副校长）。开展干部培训活动，组织高中、初中校长和省示范性幼儿园园长 60 余人参加省、市组办的骨干校长培训；坚持集中培训与网络培训相结合、全员培训与分层互动相结合，构建学习型、专家型干部队伍。落实教师校长交流机制，坚持把推进义务教育学校教师、校长交流工作作为激发教师、校长队伍活力的抓手，县委组织部等五部门联合印发《关于推进义务教育学校教师校长交流工作的实施意见》，全年交流校级领导干部 60 余名，教师交流 157 名。均衡配备城乡师资，面向社会公开招录教师 194 名。除 19 名高中教师外，其余 175 名初中、小学、幼儿园教师全部充实到偏远农村中小学、幼儿园，缓解教师缺编现状，优化教师结构，促进城乡教师队伍均衡发展。以“三名工程”为抓手，组织开展名师、名校、名校长培育工程。全年评选县级名师 46 名、市级名师 3 名。加强校长、教师培训，组织 60 余名校长（园长）参加省、市级培训，2200 余名教师参加各级各类培训，69 名教师在省市业务评比中获奖。

【师德师风建设】 深入开展“两学一做”学习教育，从解决实际问题出发，发挥党员先锋模范作用，持续开展“一名党员、一面旗帜”教育、领导干部讲党课、学习李保国先进事迹演讲和志愿服务等活动，县第三初级中学的学习教育活动开展情况被市委组织部评为市级先进单位。组织广大教师开展廉洁从教“三诺”活动，各级各类学校签订规范办学责任书，全体教师签订廉洁从教承诺书，从教行为得到规范。培植和宣传典型事迹，弘扬师德典范，结合“爱唐山、做贡献”主题教育活动，开展“强师德、优行风”师德教育活动。活动中，挖掘身边典型，通过事迹征文、演讲等形式，宣传教育系统教师干事创业的强大正能量，用典型的事迹感染人，用典型的人格塑造人。通过明察暗访监督教师队伍工作作风，约束教师行为，促进师德师风水平全面提升，12 人被评为市优秀教师，200 人被评为县优秀教师，20 人被评为县优秀教育工作者。发挥党员干部先锋模范作用，在党员教育专题片观摩交流活动中展示的 3 部作品全部获奖，其中《远来的钓客》获省三等奖、市一等奖。

【校园安全管理】 完善学校安全卫生工作网络，成立安全卫生工作领导小组，配备专兼职安全卫生管理工作人员。完善“党政同责、一岗双责、失职追责”的责任体系，层层签订责任状。结合创建“护校安园”和落实中小学校园欺凌专项治理工作活动要求，聘请县公安局、县法院、县检察院、县司法局、县消防大队有关人员深入42所学校进行法律及安全知识讲座。投资450万元安装监控设备，实现校园监控全覆盖；对有食宿的21所学校进行明厨亮灶改造。建立安全隐患网格化管理平台巡查体系，坚持人防、物防、技防多措并举的方法，组织学校印发《×××学校暑期安全教育致家长的一封信》10万多份；强化安全意识，全县各学校悬挂安全卫生标语900余幅；召开安全主题校会180余次；安全主题班（队）会1200余次；组织学生办以安全为主题的手抄报2万余份。为学校配备保安165名、物防器械360余件，开展应急逃生演练530余次，开展专项检查和治理行动14次，加强校舍安全防控、消防应急培训、校内外活动安全监督、学校及周边环境综合治理、传染病疫情防控等全程动态监管；联合相关职能部门对全县中小学、幼儿园、民办培训机构进行安全隐患大检查，对存在问题的学校进行整改和跟踪检查；确保各项安全隐患消除在萌芽状态，实现校园安全零事故。联合县中医医院，对1.01万名学生的视力进行监测，同时进行电子建档；定期在文园、大东方购物广场进行食品安全、疾病预防、安全生产、消防等宣传，公众咨询人数累计1.2万余人次。组织全县师生及学生家长参加2016年河北省中小学生安全知识网络竞赛、食品安全知识进校园有奖答题活动，活动参与率100%。组织教师参加唐山市“国投曹妃甸杯”安全生产征文大赛，8人获奖。

【助学活动开展】 完善助学体系，促进教育公平。加大家庭经济困难学生资助工作力度，全面落实国家助学政策，实现从高中到幼儿园贫困生资助全覆盖，全年资助贫困生3163人，发放国家助学金543.98万元，其中，普通高中资助贫困生1735人，发放助学金364万元；职业高中资助贫困生320人，发放助学金64万元；初中小学资助贫困寄宿生503人，发放生活费补助61.13万元；幼儿园资助贫困幼儿605人，发放资金54.85万元。开展生源地助学贷款，帮助贫困学生完成大学梦。通过多种途径宣传河北省生源地信用助学贷款政策，争取银行贷款的支持，做到应贷尽贷，贷款人数60人，金额41.04万元，保证升入高校的贫困大学生顺利完成学业。

园校选介

【乐亭县直属机关第一幼儿园】 乐亭县直属机关第一幼儿园（简称县一幼）始建于1953年，原名“县直幼儿园”。1958年，原址由王家胡同迁至城关三街，更名为“乐亭县直属机关第一幼儿园”。2009年3月，县政府投资100多万元对老粮食局进行旧楼改建，8月搬迁新址。全园占地面积0.47公顷，园所面积2678平方米，户外活动场地2200平方米。2010年12月被省教育厅授予河北省示范幼儿园。2016年，开设小、中、大9个教学班，在园幼儿400余名，教职员工55名。专业教师学历合格率100%。

县政府不断加大资金投入，改善办园条件。2016年投资90余万元，对教学楼重新进行装修，为各班添置教学白板、电子钢琴，创设了幼儿绘本馆、幼儿科学发现室等。各项设施设备的添置，有效促进了教育教学活动的开展。

园领导班子紧跟形式，坚持以人为本的管理理念，实行民主科学化管理，将目标激励、情感渗透、制度规范引入幼儿园的整体运行机制中，秉承“育人为本，保教并重”的办园宗旨，坚持“办园条件一流、育人环境一流、师资队伍一流、保教质量一流”的目标，倡导“蹲下来讲话、抱起来交流、牵着手教育”的育儿风格，坚持“领导工作倾心、教师育儿细心、幼儿来园开心、家长送儿放心”的服务理念，在教育科研、环境布置、美育教育、家园联系、卫生保健等方面均取得进步。县一幼先后承担河北省教育科学“十一五”“十二五”重点课题的研究工作，有2项市级重点课题、1项省教育学会课题结题。

县一幼拥有一支政治思想水平高，业务能力强的教师队伍。43名教师中，省特级教师1名，省级骨干教师1名，市名校长1名，市级骨干教师3名，县级骨干教师3名;市级优秀教师3名。近百篇论文、优秀教案在市级以上刊物发表。

【乐亭县直属机关第三幼儿园】 乐亭县直属机关第三幼儿园（简称县三幼）始建于1998年，

位于县城永兴路，占地面积1.15公顷，建筑面积4680平方米。为国办日托制幼儿园，招收3—5岁幼儿，开设小、中、大3个学段教学班。2016年招收幼儿769名，有教职工74名，中高级教师占教师总数的42%，本科以上学历教师占61%，省级骨干教师1名，市级骨干教师5名，县级骨干教师11名，是一所具有艺术品位、格调高雅的河北省示范性幼儿园，唐山市名园。

县三幼以制度建设为核心，不断优化办园机制，坚持保教并重原则，依法办园。规范以岗位目标责任制为核心的现代化管理体制，以《幼儿园工作规程》和《幼儿园教育指导纲要（试行）》为统领，以《3～6岁儿童学习与发展指南》为指引，坚持以幼儿发展为本的教育理念，关注幼儿个体差异，尊重幼儿人格和认知规律，开展多种形式的符合幼儿年龄特点的集体教育活动和区角活动，用平等、欣赏、乐观和发展的态度对待每一个幼儿，关注幼儿在知识、技能、情感、态度等方面的发展需要，营造适合幼儿成长的物质人文环境，使在园幼儿的综合素质稳步提高。

严格执行国家《托儿所幼儿园卫生保健管理办法》，具有健全完备的卫生保健设施，定期对在园幼儿进行健康检查，建立完备的幼儿健康管理档案。根据营养测算，科学合理制订幼儿膳食计划，保障幼儿健康。注重硬件设施设备的更新与改造，添置现代化幼儿温水洗手器14台、多功能媒体触控一体机及音响设备，优化了幼儿的生活和学习环境。

县三幼从实际出发，开发独具乐亭乡土特色的童谣传唱园本课程，取得显著教育效果，在教育部主管、中国教育科学研究院主办的《教育文摘周报·特色学校版》中以《唱响民间童谣、传承民族文化》为题进行专题报道，中央电视台到县三幼专程采风。年内，有3名教师的论文、教案参加市级评比，9名教师的教学活动参加市级评比。是年，县三幼被评为唐山市名园、市基础教育先进单位等市级表彰奖励5项。

【大相各庄乡幼儿园】 大相各庄乡幼儿园始建于2006年，占地面积1.08公顷，建筑面积1200平方米，服务13个自然村。2014年3月，拆除老旧园舍450平方米，建高标准保教一体化幼儿活动室4个，建筑面积460平方米。2016年，开设小、中、大3个学段教学班，在园幼儿180名，教师15名。4月，拆除剩余旧校舍300平方米，建高标准幼儿午休室、厨房、多功能室450平方米。11月，实现一日整托，为河北省农村示范性幼儿园。

2016年，大相各庄乡幼儿园投资130万元用于硬件设施设备的更新与改造，其中投资80万元对生活用房、教学辅助用房及行政办公用房进行翻建、扩建；投资22万元，铺设人造草坪940平方米、硬化地面2500平方米；投资9万余元，购置厨具、床铺、被褥等；投资5.8万元，更换户外大型玩具，添置部分小型体育器械；投资4.6万元，安装现代多媒体办公和教学设备；投资2.2万元，更换桌椅、开放式玩具橱；投资2万元，美化园区环境等，达到“三段一体”“五独立”“双100%”标准。

大相各庄乡幼儿园以“贯彻方针、落实指南、幼儿快乐、群众满意”为办园宗旨，以《3～6岁儿童学习与发展指南》为指引，坚持以“学会生存、热爱学习、养成习惯、健康快乐”为办园理念，以健康、语言、社会、科学、艺术五大领域内容为基础，关注幼儿个体差异，尊重幼儿人格和认知规律，开展多种形式的符合幼儿年龄特点的集体教育活动和区角活动。把“发展幼儿语言，培养表达能力”“发展幼儿美工，培养创新能力”作为办园特色，在小、中、大三个阶段，多渠道传唱童谣、诵读古诗词和中华经典，幼儿从说一个词、说一句完整的话，进而复述一个完整的故事。在活动中师幼、幼幼交流，开发幼儿潜能，培养幼儿口头表达能力。每天下午美工课，幼儿画简笔画、水彩画、手指画、纸盘画、毛线编织、彩泥制作等，培养幼儿的动手能力和审美能力。年内，在优质课比赛、教学设计大赛中，1名教师获唐山市二等奖，1名教师撰写的论文获国家级一等奖。

【红光幼儿园】 红光幼儿园始建于2005年，占地面积0.69公顷，建筑面积3373平方米，是一所经县委、县政府批准，并纳入全县公益事业发展总体规划的全日制民办幼儿园。2016年有教学班12个，在园幼儿近400名，有市级优秀教师4名、国家级优秀教师1名。红光幼儿园以“规范管理重效率、提升质量求生存、彰显特色求发展、优质服务创品牌”为办园理念，不断促进系统化、规范化、标准化发展。

红光幼儿园注重弘扬儿童个性，拓展儿童思维，规范儿童行为，让幼儿在生活教育、情境教育、互动教育中感知、探索、发现。通过逻辑思维升级训练、牛津英语、DIY趣味美劳、国学经典才艺与表演课程，培养幼儿动手、协调、自理能力，为孩子的终身发展与提高奠定良好基础；利用课余时间开设架子鼓、舞蹈、绘画、电子琴、小提琴等特色教学，为幼儿园发展注入活力；园内有1334平方米的学农基地，种植梨树、桃树、山楂树等果树，让孩子们在实践乐趣中放松身心，亲近自然。

建立全县第一所“红光幼儿园幼教网络平台”，利用网络应用的互动性，加强家园联系，合力促进幼儿成长。开展保教人员专业知识、技能培训活动，对保教人员的身体情况进行定期检查，促进卫生保健工作科学化、规范化、专业化发展，为幼儿身心健康提供保障。

红光幼儿园以“爱文化”为管理核心，开展“小手传大爱活动”，资助一中贫困学生1名7800元，并约定每年为其捐助1000元学费直到毕业离校；连续4年全额免费资助幼儿1名；童心同行活动中的爱心义卖善款全部资助贫困山区幼儿。施行善举，汇聚大爱，让贫困孩子、失学儿童沐浴阳光，感受温暖。

红光幼儿园以科学严谨的管理方式，富有特色的教育模式赢得上级部门的认可，5名教师被评为唐山市民办教育先进教师；连续4次获得民办幼儿园教师技能大赛团体一等奖；多次被评为唐山市县民办教育工作先进单位。

【乐亭县第三实验小学】 乐亭县第三实验小学（简称县三小）始建于1997年，1998年10月投入使用，校园占地面积2.47公顷。2016年，学校有教学班42个，在校生2734名，教职工128名。教师中省级特级教师2名，省级名师1名，省级骨干教师3名，市级名师2名，市级骨干教师19名，县级骨干教师12名。教师学历达标率100%。

县三小以“扬特色办学之帆，走内涵发展之路”为办学目标，秉承依法治校、科研兴校、管理强校、质量立校的办学思想，办开放式学校，建人文化校园，让每一名学生体验成长的快乐，让每一名教师感受教育的幸福。学校注重教师素质的提高，成立“青春书社”，设立“教师书吧”。学校主编的《雏鹰》校报，刊登学校新闻、教师学生作品。

县三小先后承办4场河北省特级教师、唐山市名师点餐送课活动，受到与会领导和专家的好评。学校教师积极参与“一师一优课、一课一名师”学习活动，并获市优秀组织奖，其中5名教师在省级比赛中获奖，1名教师被评为唐山市优秀教师；2名教师在“第十一届全国小学信息技术与课程整合优质课大赛”中分获英语一等奖、语文二等奖；1名教师获“河北省信息技术与英语融合优质课评比”一等奖；学校课题研究获得省教学成果三等奖。

注重推进校本课程开发，校本课程“乡土文化——皮影”获河北省校本课程课题成果一等奖。皮影校本教材在全县17所小学开展试点教学。在全国第五届中小学生艺术展演活动中，县第三实验小学作为河北省唯一代表参加展演，“皮影艺术工作坊”深受各界好评，《人民日报》对此进行了报道。《河北教育》杂志以《扬特色办学之帆、走内涵发展之路》报道了学校校本课程开发与实施情况，在人民教育出版社出版的《传承薪火育新人》一书中，全文刊登了县第三实验小学所撰写的《根植乡土文化、传承皮影艺术》。中央电视台四套文明密码栏目组、河北电视台等都对学校的皮影传承与创新工作进行了报道。

2016年4月，县三小被评为“全国艺术教育工作坊展演优胜单位”；是年，被评为“唐山市高效课堂示范校”“唐山市基础教育工作先进集体”“唐山市学校体育艺术教育工作先进单位”“唐山市学校安全工作先进单位”“唐山市学校电教工作先进单位”“唐山市德育工作先进单位”“唐山市中小学系列读书活动先进单位”。

【阎各庄中心小学】 阎各庄中心小学始建于20世纪50年代，2006年投资279万元建成新阎各庄中心小学，占地面积 1.29 公顷，建筑面积 3184 平方米，服务 12 个行政村，服务半径 3000 米，覆盖人口 1.13 万人。2016 年，有学生 467 名，教师 33 名，其中高级教师 2 名，一级教师 15 名，二级教师 16 名；教师学历合格率 100%；教师中省级园丁奖 1 名，市级骨干教师 4 名，县级名师 1 名，县级骨干教师 5 名。各专用教室齐全，使用面积达标，教师办公电脑人手一台，班班建成多媒体教室，满足现代化教学的需要。

阎各庄中心小学根据社会对人才素质的基本要求，从突出学生的主体地位出发，确立“以人为本、自主自立自强、和谐发展”的办学理念，坚持“以德育为首位，以教学为中心，以教研为先导，以管理为保障，以特色为活力”的办学思路，坚持依法治校，以德治校，立足改革，强化服务乡梓的责任意识、强化面向每一名同学“一个也不能少”的全员教育教学意识、强化教师学习继承中外教育教学理论的学习意识，以实现“建特色型学校，树学者型教师，培养社会主义建设接班人”的办学目标。

阎各庄中心小学注重打造一流教师队伍，先后获得唐山市高效课堂试点校、校本课程实验校。秉承“学名师 123 教师专业发展培养工程”，每位教师每个学科确定 1 名学习效仿的特级教师，确定 2 项教育与教学教研课题，确定 3 本与自己确定的教学目标、特级教师相联系的专家论著，加快教师的专业成长。坚持每学期教学优质课评比，开展同备一节课、同上一节课等教研活动，浓厚教研氛围。2016 年 5 月，县教育局在阎各庄中心小学举办全县基础教育管理现场会议，全县总校长、校长、主任参加，期间阎各庄中心小学展示了大课间活动，展示了学校少年宫活动，展示了高效课堂 14 节，查看了各种资料，并由校长进行了经验介绍，在全县小学教学工作中起到示范引领作用；在课题研究方面有 3 项市级立项课题成功结题，1 项国家级课题的子课题成功结题；学生的读书、写字、大课间活动、教师的校本课教研、学校的生活讲堂，是 5 道亮丽风景。

【汀流河中心小学】　汀流河中心小学始建于 1939 年，原址在汀流河镇汀流河村与洼里村的交界处。因全县教育布局调整，2013 年迁入汀流河镇广场对面的原汀流河初中校址。学校占地面积 2 公顷，建筑面积 4442 平方米，服务 5 个自然村。2016 年开设教学班 10 个，有学生 310 名；有教师 20 名，其中本科学历 18 名，教师学历合格率 100%；在教师中高级教师 2 名，一级教师 4 名。各专用教室齐全，使用面积达标，教师办公电脑人手一台，有多媒体电子白板 7 套，学生机 45 台，图书室藏书 9000 余册，装备现代化。学校秉承“打造金色童年、奠基幸福人生”“办绿色人文学校、育快乐智慧心灵”的宗旨，规范办学。

注重教师能力提升。构建较为规范的管理体系，开展“学名师做名师”、看名师课例光盘、读名师著作、访名师博客，辅以“研课磨课”、写“教育日记”等活动，构建一支学习型、研究型、反思型教师团队，涌现市级骨干教师 1 名。是年，举办了全县高效课堂展示现场会。

注重学生习惯培养。落实学科主题活动，培养学生“预习习惯”“自主支配学习时间习惯”“良好的写字习惯”“查字典习惯”“诵读阅读积累习惯”“英语口语对话习惯”六大习惯的常态养成，在县教学评估中成绩优异。

注重各项活动开展。一年两度的“家长会”搭建起家长与学校的桥梁，家长、学校共同为孩子们保驾护航；组织别开生面的“阳光体育大课间活动”“阳光体育运动会”，游戏活动、入场式设计均放手让学生自主设计、自主创新；升旗仪式由“小干部”轮岗执勤独具“汀小特色”。经过活动的开展，学生综合素质全面提升。

注重在创新中追求卓越。实施的《多姿多彩的纸世界》校本课被市教育局授予“唐山市校本课实验校”，参与的校本课国家级课题子课题研究已结题，学生的校本课作品赏心悦目。每周四下午连上 2 节校本课，第三节课学生走班选择第二课堂，竖笛队、舞蹈队、诵读队、简笔画队等 10 个团队活动丰富多彩。学校还利用区域资源，拓展德育教育渠道，与当地驻军联手开展军校共建活动，从“知、情、意、行”四个方面促进学生素质的全面提升。

2016 年，被市教育局评为“唐山市基础教育先进校”。

【马头营中心小学】马头营中心小学始建于1948年，位于马头营镇区南部。2006年8月，按照县委、县政府要求，全县进行教育资源整合，下马坨小学、石碑小学、西地小学并入马头营中心小学，当年搬迁至马头营镇区北部的原马头营初中校址。2007年8月，石桥头小学并入马头营中心小学。2009年3月，投资260万元的3层双向教学楼动工兴建，建筑面积约2000平方米，8月底完工。新楼可容纳15个教学班，校园总占地面积1.89公顷，服务周边17个行政村。2016年有教师35名，其中高级教师3名，一级教师12名，二级教师13名，有市级骨干教师2名，在校学生625名。设有微机室、实验室、仪器室、美术教室、舞蹈教室、民乐教室、图书室、阅览室、乒乓器活动室、多功能教室、国画毛笔书法教室、棋类活动室、少先队活动室12个专用教室。

马头营中心小学在“设备一流、队伍一流、管理一流、质量一流”的办学目标引领下，确立“为学生生命奠基”的办学理念。以“勤学、和谐、创新”为校训，以“品行优良、有礼有序”为校风，以“师德优秀、教艺精湛、科研创新、自我超越”为教风，以“勤奋学习、全面发展、快乐成长”为学风，培养出一批珍爱生命、人格健全的全面发展的学生，以高标准的教学质量得到群众认可。

马头营中心小学坚持教学创新，打造特色品牌。2015年马头营中心小学乡村少年宫成立，设有12个活动项目，辅导教师主要由学校教师担任，每周五下午第二节课开展活动，学生们在丰富多彩的活动天地中得到素质的提升和艺术的熏陶。

马头营中心小学以“提高课堂教学效率”为核心，倾力打造高效魅力课堂。依托“过硬的常态课、优秀的精品课、有课题的研讨课、有专长的特色课”为教师搭建教学技能平台，促进教师专业成长，涌现出一支素质过硬的教师队伍。2016年11月，举办乐亭县高效课堂现场观摩会，展示高效课堂2节，在全县小学教学工作中起到示范引领作用。在课题研究方面有1项“十二五”市级立项课题结题，3个“十二五”市级子课题结题，有4个“十三五”课题完成申报工作。是年，马头营中心小学被评为唐山市德育工作先进单位，唐山市基础教育工作先进集体，英语教研组被评为市级先进教研组。

【乐亭县第三初级中学】乐亭县第三初级中学（简称乐亭三中）占地面积4.45公顷，建有高标准教学楼、办公楼、实验楼等，建筑面积1.11万平方米，有多媒体校园网、多媒体教学系统、市一类标准的理、化、生实验设备，有标准化的微机教室、电子备课室、藏书7万册的图书馆、高标准篮球场、乒乓球训练室等。2016年有教学班36个，在校生1974名；教职工170余名，教师学历达标率100%，有省级骨干教师5名，市级学科带头人8名。

乐亭三中注重加强领导班子建设，强化教师队伍建设；打造全市一流的校园文化，强化学生德育管理，狠抓文化教育教学，扎实推进素质教育；鼓励师生积极参与各类与文化、教学相关的活动、比赛等，成绩优异。“河北省优秀教育工作者”、校长李世春的先进管理理念在《河北教育》上发表并在全省推广。

在班子建设中，唱响“不抓教学的领导不是好领导，抓不好教学的领导是不称职的领导”的主旋律。提倡领导班子教主要学科，取得指导教学的主动权。领导班子成员经常深入课堂听课、评课，做到“听必评，评必准”，做教学新理念的探路人、领航人；在日常工作中，身先士卒、率先垂范做表率。

在教师队伍中，实施“五师”（铸师魂、育师德、树师表、正师风、练师能）教育工程。强化教师的职业道德意识，发挥榜样示范作用，树立教师身边的典型。发扬奉献精神，掀起人人争当师德先锋，个个勇创教育佳绩的热潮；强化教师队伍建设，促进整体素质提高，增强教师队伍的凝聚力和战斗力。

在管理上，加强学校安全工作，把学校安全工作时时抓在手上，做到警钟长鸣，努力创建平安和谐校园；强化学生德育管理，利用班会、校会、升旗仪式、社会实践等活动对学生进行思想教育；打造文化长廊，让学生在潜移默化中成人、成才。

在各类活动中，乐亭三中师生积极参与。年内，教师在优质课比赛中，获市级奖8人次、省级奖4人次、国家级奖2人次。其中，教师何颖的《铁的冶炼》和教师陈茹的《等腰三角形》在第四届全国信息技术与学科融合课比赛中获二等奖，教师刘志华的《能源与可持续发展》在“一师一优课”活动中，被评为部级优质课。是年中考，学生付梓涵以裸分574分夺得唐山市中考状元。

【毛庄镇初级中学】 2006年9月，按照全县教育资源布局调整的要求，原会里初中、于坨初中、毛庄初中合并建成毛庄镇初级中学，占地面积2.35公顷，建筑面积4656平方米，建成融教学、办公、实验于一体的3层教学楼1栋，服务范围覆盖全镇42个行政村。2016年，在校学生560名，教职工62名，其中专任教师58名，教师学历达标率100%；教师中高级教师15名，一级教师34名。学校教学设施完备，有高标准理化生实验室、计算机教室、多功能教室、音美教室、图书室，搭建了校园网，12个教学班均安装了多功能教学设备。

学校以“育德于心灵交融，育人于个性张扬，育师于科研反思创新，育生于自主合作探究”为教育理念，以“严管理、提效率、重质量、强学习、推典型”为指导思想，强化制度落实，深化常规教学，开展校本课教研，形成“以课堂教学为主阵地，以养成教育为依托，以激励成功教育为主线，以学生的全面和谐发展为宗旨”的办学模式，学校管理日趋规范、科学、精细，教学成效显著。语文教研组担负的省级“十二五”规划重点课题《初中语文“创造性阅读与反馈”教学模式探究》和市级高效课堂专项课题《初中语文阅读教学中师生有效对话研究》成功结题。教师在优质课评比中1人获市级奖励，2人获县级奖励。语文教师梁月在全国第十四届初中信息技术与教学融合优质课大赛比赛中获一等奖。语文教研组被市教育局评为先进教研组。

在管理上，加强学校安全工作，做到警钟长鸣。每学期都聘请县公安局相关负责人对学生进行法制教育，努力创建平安和谐校园。2016年，毛庄镇初级中学被评为唐山市法制教育先进单位。

学校素质教育特色突出，有乒乓球队、篮球队、美术兴趣小组、音乐合唱队等特色队伍。年内，乒乓球队获市男子团体第三名、女子团体第四名。

【乐亭高平中学】 2016年3月22日，县政府与湖南益阳高平教育集团签署协议，合作创办乐亭高平中学。乐亭高平中学是经市教育局批准，省教育厅备案的一所示范性民办公助的全日制寄宿学校，位于县城将军路154号。总投资2.65亿元，占地面积12.67公顷，建筑面积7.59万平方米，标准化运动场面积3.42万平方米。9月22日举行开学典礼，有初中部、高中部2个教学部，教学班27个，在校学生1300余名。教职工195名，其中在职教师121名，专任教师学历合格率100%，高级职称的占27%。学校有晨光、腾飞、含英教学楼3栋，人和楼（图书馆）1栋，百珍苑（师生食堂）、龙腾楼（男生宿舍）AB、凤翔楼（女生宿舍）AB，5栋教辅大楼，科技馆1栋，教工宿舍（高坪村）1栋。

乐亭高平中学坚持“高质量、平民化，为师生服务”的办学理念，创新“高效率、均衡化”的课堂教学模式，着力促进学生全面发展。以《高平典章》为办学总章程，“文化立校、制度治校、质量强校”“阳光学生、智慧教师、和谐校园、幸福高平”为办学目标。注重打造“百年高平”教育品牌，助力每位学子实现人生梦想。实行分层教学与扁平化管理。以“为学生的终身发展奠基”为目标，针对学生基础，因材施教，开展针对性的教学，培优辅差，使不同层次的学生各得其所、人人成才。学校办公室、年级部、学生处、教务处均不设干事，行政人员既是管理者又是一线教师，直接了解学生动态，解决学生的问题。学校实行“一费制”，每学期只收取学杂费、住宿费，学期中不再另行收取其他费用。

乐亭高平中学实行行政领导无缝对接管理，早操、晨读、课间、一日三餐、晚自习、就寝均有相关行政领导值班。

【河北乐亭第一中学】 河北乐亭第一中学（简

称乐亭一中）始建于1923年8月。1956年被确定为河北省重点高中。学校占地面积14.08公顷，建筑面积6.9万平方米。2016年有教学班65个，在校学生3290名，教职工331名，其中专任教师268名；教师中，中学特级教师2名，中学高级教师108名，省级骨干教师4名，市级名师1名，唐山市十佳教师3名，研究生学历32名。

乐亭一中注重创新管理思路，深化教研教改，推行素质教育，教育教学工作实现跨越发展。当年高考，重点本科上段人数519人，比上年增加124人，创历史新高。重点名校取得突破，毕聪博被清华大学录取，是唐山市各县区唯一达到清华大学录取分数线的学生；张子瑶夺得唐山市文科状元，被中国人民大学录取。乐亭一中跻身2016年全国自主招生500强中学排行榜（唐山市3所），位列唐山二中之前。乐亭一中是唐山市各县区唯一一所被授牌为“清华大学2016年生源中学”的重点高中，是唐山市各县区唯一一所成为“北京四中数字校园”成员校的高中，被评为“唐山市名校”“唐山市德育工作先进单位”“唐山市学校体育艺术教育工作先进单位”等。

乐亭一中始终把“有利于学生”作为育人工作的出发点和落脚点，以“四个学会”为抓手，全面实施素质教育。以“养成教育”为立足点，利用国旗下演讲、主题班会等阵地，开展主题教育月活动，将德育工作系列化；拓宽德育工作载体和渠道，精心为学生搭建成长平台，组织开展军训、远足、成人仪式、元旦汇演等德育活动，将德育工作落到实处；开设音乐兴趣小组、合唱团等，开展体育大课间活动，培养学生多方面兴趣，全面发展学生综合素养。规范音体美教学，从转变教学观念、规范课堂教学、丰富教学内容、拓展体育形式四方面开展体育课堂规范化改革。年内，70多名学生被评为省优秀学生干部、省三好学生、省优秀学生，100余名学生在省级以上各类竞赛中获奖。

乐亭一中全面加强队伍建设，不断提升教师素养。关注教师专业成长，通过网络研修、外出参观学习、开设校本课程等途径，开展听课、评课、板书竞赛等活动，定期召开教学工作经验交流会；注重青年教师培养，落实《乐亭一中青年教师培养工作规划》开展青年教师过关课、汇报课等活动；深化教研教改，开通“学习引领”通道，搭建“校本课程”平台，实施名师、骨干教师培养工程，发挥榜样引领作用。注重教学实践与科研课题相结合，“十二五”国家级重点课题《先学后教教学模式的研究》获全国二等奖；在“第十四届全国高中信息技术与教学融合优质课大赛”上，英语教师孙爱坤获全国二等奖；在“一师一优课、一课一优师”活动中，英语教师胡彩虹的优质课被推至部级优课；70多名教师在省市县优质课评比中获奖。每学年开展评选优秀教师、优秀班主任活动，树立典型，发挥榜样作用，在教师中形成人人争先，人人争优的局面。年内，教师张爱民被评为唐山市名师，教师闫佳被评为唐山市十佳教师。

【河北乐亭第二中学】　2016年暑假，按照县委、县政府的安排部署，全县高中教育进行新的布局调整，撤并新寨、汤家河2所农村高中，师生全部进城，与原二中合并，组成包括东、西两个校区的新“河北乐亭第二中学”。其中，东校区占地面积9.4公顷，建筑面积3.1万平方米，有教学班54个，在校生2231名，教职工345名（任课教师212名）。西校区在乐亭高平中学腾飞楼上课，包含高一、高三2个年级，有学生1491名，教职工125名。

是年，河北乐亭第二中学（简称乐亭二中）深化教育改革，以办人民满意的教育为宗旨，以建设“美丽乐亭、教育强县”为目标，坚持“追求卓越、厚德博学，各得其所、人人成才”的办学理念，全面深入贯彻落实全县教育工作会议精神，团结协作，各项工作向高层次迈进。学校被河北理工大学确立为生源基地。

乐亭二中坚持从严治校、依规治校的理念，坚持实施“文化加特长”的思路，坚持“先强教师、后强学生”的原则，全力深化各项管理制度改革，加强教师队伍管理。设立教职工指纹签到系统，公平公正地管理教职工考勤；建立《教师数字化考核方案》，奖勤罚懒，提高教职工工作的综合效能。注重教师职业道德建设，开展铸师魂、育师德、树师表、正师风、练师能活动，弘扬“团结、务实、拼搏、奉献”的工作精神，增强合作意识、大局意识，引导教师团结进取、爱岗敬业、奋发向上，促进全校师德建设的全面发展。注重教师的专业技能培训，通过实施“青年教师培养工程”“名师工程”，加快青年教师的成长步伐，提高教师的知名度。开展集体备课、互听互评、示范课及常规教研活动，开展“一师一优课，一课一名师”“信息技术与学科知识整合”活动，开展课堂教学大比武活动，提高教师的教学水平，培树名师。

乐亭二中根据学生实际及社会发展的需要，将学生的培养从文化知识培养转变为人文素养培养和知识培养并重。推行“特色教育文化”“园林文化”“教室文化”，于潜移默化中促进学生德才并进。开展各种争先创优活动，激发学生提高素养的内动力。开展爱国主义教育活动，增强学生的爱国热情。开展音体美特色活动，丰富校园文化生活。改革特长生管理模式，补齐特长生文化知识的短板，提高高考上段率。

是年，乐亭二中参加高考的考生594人，一本上段15人，二本上段436人，本科上段率75.93%，比上年增长34.37%。12月，高二学考过关率创近几年最好成绩，653名考生合格率99%，超额完成既定目标。顺利完成省学考、高考、中考的组考工作，被评为唐山市“优秀考点”。

乐亭二中制定有《学生管理与量化条例》，形成政教处与年级部配合、班主任与任课教师共管的全员管理模式，严格执行“落实规范优胜班”“先进班集体”“红旗团支部”“卫生、纪律优胜宿舍和文明宿舍”等各项管理制度，从学生仪容仪表、日常行为习惯和细节各方面规范学生行为，并注重常规工作的落实和日常化管理。通过开展各类活动，学生自我管理能力、培养行为习惯、加强品德修养得到提高。

乐亭二中努力改善办学条件。成蹊楼和致远楼已投入使用，在建中的学生宿舍楼基本完工；行文楼、述作楼进行了内部装修改造；建设了校园净化水供水系统；重新垫铺操场体训跑道400米；新购办公电脑180台，达到任课教师人手一台，并实现教室、办公室多媒体网络的全联网、全覆盖。

乐亭二中牢固树立“安全重于泰山”的观念，采取随时检查、每月联查、及时整改的措施。通过聘请保安、加强校门出入管理和校园巡查，提高校园安保工作标准；不断完善技防措施，安装电子监控设备136路，实现全天候人防和技防，确保校园安全。

【乐亭县综合职业技术学校】 乐亭县综合职业技术学校（简称乐亭职校）始建于1993年，2001年晋升为国家级重点职校。占地面积8公顷，建筑面积3.1万平方米，2016年开设计算机应用、会计电算化、旅游服务与管理、电气技术应用、园林绿化、建筑工程施工、畜牧兽医、计算机平面设计、汽车运用与维修、焊接技术应用、数控技术应用、机械加工技术12个专业，44个教学班，全日制在籍生1820名。8月始与唐山职业技术学院联合办学，招收五年一贯制大专班学生，合作专业为电子商务专业，正式挂牌“唐山职业技术学院乐亭校区”。有正式在岗教师216名，其中高级教师73名，一级教师104名；专业教师中有汽车运用与维修、旅游服务与管理、焊接技术应用、数控技术应用等技师、高级工65名，专业教师双师型比例100%。

年内，乐亭职校坚持以市场需求为核心，升学就业并举，深化办学模式和人才培养模式改革，以校企联合、工学结合为突破口，依托全县项目建设和河北乐亭经济开发区、曹妃甸区开发建设的历史机遇，创新校企合作一体化办学，通过加强实训基地建设、开展订单培养、岗位培训、校园招聘等形式，深化与企业合作的深度和广度，增强职业教育发展后劲，促进学生高质量就业，为企业输送技能型人才，为全县经济社会发展和新农村建设提供智力支持，办学实力和水平得到提高。是年，乐亭职校被评为“省名牌中等职业学校”。

在11月举行的唐山市中等职业院校技能竞赛中，乐亭职校车工、机修钳工、焊工等专业获中级职业团体组第二名；会计电算化专业获团体第三名；学校获评精神文明奖，10名学生个人成绩进入全市前十名。有303名学生参加对口高考，全部达到专科以上录取分数线，升学率100%。

年内，新实训楼全面完工，职校与企业合作

建成职校汽修厂，添置了实训设备，办学条件得到改善。乐亭职校与曹妃甸首瀚鑫实业公司、唐山境界实业有限公司、唐山六和馨美滋食品有限公司、唐山通宝焦化有限公司、河北丞起实业集团有限公司、河北明盛实业集团有限公司等大中型企业建立稳定的人才供求关系。组织京北方、造物者、福田汽车等5场企业宣讲进校园活动，宣传教育效果明显。加强学生就业创业教育，举办“增长就业知识，练就创业本领”专题讲座和“励志青春，起航梦想”就业典型报告会，端正学生择业观，提高就业技巧，增强学生就业创业信心。5月27日，举行校园招聘会，包括县政协委员企业在内的56家国家、省、市级大中型企业参加，为学生提供就业岗位近900个，学生当场签订就业意向620余人次，适龄毕业生就业率95%以上。

文化 · 体育

文　化

【概　况】 2016年，全县文化基础设施进一步晋档升级，文艺创作成果丰硕，文化下乡、全民健身活动丰富多彩，文化市场健康稳定，非物质文化遗产和文物保护平稳运行，图书“六进”扎实推进。基层文化服务不断深入，文化馆、图书馆、博物馆等公共文化场所坚持免费开放，业余文化队伍争相成立，民间文化传承人积极带徒传艺，培育了一批乐亭传统文化的新生力量。文化交流顺利开展，乐亭皮影戏到西非贝宁进行文化交流演出。经文化部第四次全国文化馆定级评估，县文化馆被评定为一级馆。年内，县文化馆、县文化遗产传承中心、史家大院被省委宣传部、省文化厅、省新闻出版广播电视局授予“河北省‘服务农民、服务基层’文化建设先进集体”称号。

【文化基础设施建设】 2016年，县内乡镇文化综合服务中心、村文化活动室建设得到加强，农村文化广场建设实现突破。乐亭县文化广播电视新闻出版局（简称县文广新局）为全县14个乡镇、街道的文化综合服务中心、2016年度“美丽乡村”重点村和部分行政村配发大鼓、镲、铙等115套、电脑66台、液晶电视18台、投影仪58台、拉杆音箱173台、打印机22台、数码相机18台、大阅览桌73张、椅子814把、多功能演出音响灯光组合12套、电子琴33台、二胡、中阮、琵琶等民族乐器99件，为全县农家书屋补充更新图书4200余册。为推进全县边疆万里数字文化长廊建设，为县内8个数字文化驿站和1个乡镇基层服务站配发公共文化一体机17台、平板电脑34台、网络电视互动播出终端17台、摄像机14台等专用设备，并对16名管理员针对设备的安装使用和日常维护进行系统的讲解、培训。

【艺术创作】 县文广新局按照县政府印发的《关于对优秀民间文体队伍、优秀民间文化传承人、文化精品奖扶办法的通知》精神，2016年度奖扶优秀民间文体队伍60支、优秀民间文化传承人36人（次）、文化精品29件，调动县内民间文体队伍和民间文化人才的积极性。

年内创作《大黑坨，我美丽的家乡》《郑州黄河游》《太行山上那棵树》《问》《坚定梦想》《百姓心》《命运的轨迹》歌曲7首，《尊师感恩》《比爸爸》乐亭大鼓2段，《夸儿媳》音舞快板，《红红火火过大年》《茶香中国》《我把春天抱回家》《花开盛世》舞蹈4段，《丰收舞曲》地秧歌，《大鱼海棠》器乐、《送你归队》皮影。乐亭大鼓《嫦娥望天宫》获京津冀曲艺邀请赛最佳表演奖；原创作品《风清莲香》《归乡路》《我是农民工》被省网信办评为河北省第二届优秀网络文化“五个一”获奖作品；小品《妈妈我们接您回家》获唐山市第三届群众文艺作品展演戏剧类一等奖，歌曲《风清莲香》获音乐类二等奖，歌曲《阳光少年》、乐亭大鼓《仁义胡同》获曲艺类二等奖，乐亭大鼓《凿壁借光》获曲艺类三等奖。

【文化活动】 全县文化活动主要有新春文化活动和群众文化艺术节。新春文化活动从2015年12月开始，至2016年2月结束，先后开展第五届原创文艺作品展演，2016年新春文艺汇演，“美丽乐亭 · 天地同春”秧歌、擂鼓表演，“盛世鼓舞”第三届擂鼓大赛，非物质文化遗产专场演出等7项文化活动，全县城乡举办各类文化活动120场次，观众近6万人次。第五届原创文艺作品展演脱颖而出的有歌曲《风清莲香》《咏春》《归乡路》《追梦》，器乐表演《王妃》，乐亭大鼓《为民除害美名标》《仁义胡同》，皮影舞《灵动》，皮影小合唱《阳光少年》等，丰富了群众春节期间业余文化生活。2月15日（农历正月初八），举办“美丽乐亭·天地同春”秧歌、擂鼓展演活动，县四大班子领导与群众观看展演。2月21日，“盛世鼓舞”乐亭县第三届擂鼓大赛在青春广场举办，近1000名演员参加。

第六届群众文化艺术节从6月开始，至10月结束，以“为群众搭建舞台·让百姓来唱主角”为主题，谋划、安排“激情广场”文艺演出活动、群众文艺创作活动、基层文化惠民活动、文化下乡与志愿服务活动、优秀传统文化传承和保护等8项群众文化活动，演出、开展活动260余场次，辐射群众10万余人次。其中，“激情广场”文艺演出活动为历年群众文化活动中的品牌，年内有“阳光青年”文艺志愿者专场演出、“嘉言善行·文明乐亭”——乐亭县道德模范事迹宣讲暨全国文明县城建设文艺演出、“红色乐章”——乐亭县庆祝建党95周年专场文艺演出、“激情广场”——国土资源局专场演出、“激情广场”——乐安街道专场演出、“鱼水情深”——乐亭县庆“八一”专场文艺演出、“中国梦·乐亭梦·我的梦”——乐亭县庆祝中华人民共和国成立67周年专场文艺演出等12场文化活动，观众近2万人次。6月—9月，以乐亭传统文化为宗旨，开展为期3个月的“艺苑乡音”乐亭县非物质文化遗产展演，每天晚7点至9点半，为观众带来百余场乐亭大鼓演出，惠及群众近1万人次。第六届群众文化艺术节期间，创作的乐亭皮影戏廉政教育剧目《榆钱谣》于7月2日晚在县青春广场举行首场演出，后在全县14个乡镇、街道巡演。10月1—2日，县文广新局组织文园秧歌队和乐亭集市秧歌队，在青春广场举办乐亭地秧歌展演活动2场，每天参与秧歌表演人数100余名，观众近800名。县文广新局扶持乐亭瀚博文化发展有限公司成立乐亭大鼓传承基地，自5月28日成立后每天都有乐亭大鼓演出活动，至年底举办乐亭大鼓演出、培训等活动218场次，观众近5万人次，打造成传统文化传承、展示、交流的平台。

【文化下乡】 2016年，县文广新局继续实施“文化大篷车天天演”“千场大鼓进百村”等品牌活动，送建结合，重点培育和扶植基层业余文化队伍，在农村巡回举办文化联谊、文化联欢、文化帮扶活动。从1月19日始，县文广新局组织三友画社的知名书画家到新寨镇、毛庄镇、汀流河镇等乡镇开展送书画下乡活动。3月3日，县文广新局“千场大鼓进百村”——乐亭大鼓下乡演出活动拉开帷幕，27位乐亭大鼓艺人分成13个小组，分别赴乐亭镇朱各庄村、姜各庄镇二村、马头营镇黄坨村、汀流河镇西徐家房子村等13个乡镇的26个村开展乐亭大鼓下乡演出，每个村演出至少6场，到3月15日结束，历时12天。到10月，县文广新局分4批次组织开展的“千场大鼓进百村”——乐亭大鼓下乡演出活动，陆续在全县14个乡镇、街道的110个行政村（含2016年度乐亭县“文明乡村”建设重点村28个、“美丽乡村”建设重点村50个）演出660场次，在推进全县文化惠民工程、丰富农村文化生活的同时，助力“文明乡村”“美丽乡村”建设。10月25日始，县文广新局在县城文园广场及汤家河镇、中堡镇、新寨镇开展乐亭县非物质文化遗产保护成果展演展览活动4次。

【非物质文化遗产保护】 *展演* 2016年2月25日，县文广新局举办乐亭县非物质文化遗产展演，以乐亭大鼓、乐亭皮影、乐亭地秧歌、乐亭民歌、评剧乐亭文艺“五支花”的艺术形式，全面展示县内非物质文化遗产的魅力和保护成果。4月29日，组织乐亭集市秧歌队举办庆世园迎“五一”秧歌展演活动。5月1日，在唐山世园会会场内举办“世园文化主题日”首场乐亭县专场文艺演出，并自6月3日始，每周一、三、六、日，由国家级传承人张近平等6位乐亭大鼓名家组成的演出队常驻唐山世园会江南园，开展乐亭大鼓演出活动，期间演出58天290场，8月31日结束。5月28日晚，在瀚博文化有限公司乐亭大鼓传承基地举办2016年乐亭县非物质文化遗产展演——乐亭大鼓专场。6月7日晚，乐亭大鼓、乐亭皮影赴曹妃甸渤海国际会议中心金色大厅参加“展非遗风采，促文化协同”为主题的京津冀非物质文化遗产交流展演。7月1日，组织乐亭集市秧歌队举办庆“七一”秧歌展演活动。7月11日至8月21日，开办暑期免费少儿非物质文化遗产乐亭大鼓、乐亭皮影培训班，学校开学后周六、周日办班。9月7日，喜迎中秋欢度国庆“艺苑乡音”乐亭大鼓展演在瀚博文化乐亭大鼓传承基地举办。

参赛、建立基地　4月11日，县第三实验小学代表河北省赴山东省参加全国第五届中小学生艺术展演活动，获学生艺术实践工作坊展示奖，县教育局获优秀组织奖。4月21日，2016年乐亭县少儿皮影雕刻大赛举办。5月13日起，“民间艺术巡回展”在县内各小学进行巡回展览。年内确立县第三实验小学、县第一实验小学、县第三初级中学分别为县文化馆建立的乐亭大鼓、乐亭皮影戏、乐亭地秧歌县域艺术教育基地。10月25日，国家非物质文化遗产——乐亭大鼓传承基地和国家非物质文化遗产——乐亭皮影传承基地在华北理工大学揭牌。

抢救性记录拍摄　5月11日，国家非物质文化遗产传承人抢救性记录拍摄在乐亭大鼓国家级传承人王立岩家中开机。到6月底，完成非物质文化遗产项目（传承人）的记录性拍摄3项（人），收集视频、音频、图片资料近10GB。6月初，完成2015年集中录制的乐亭地秧歌抢救性记录视频资料的编纂、制作工作。制作东、西、南、北、中五片不同风格的大、小场秧歌视频资料20余小时。全面开展全国地方戏曲剧种普查工作。经过3个多月的普查，基本完成对县内各戏曲曲种及单位、团体、民间班社、制作机构、个人的情况的普查。组织开展非物质文化遗产项目申报，皮影雕刻技艺、虾油制作技艺资料收集整理、专题片录制，申报唐山市第四批非物质文化遗产项目。开展乐亭地秧歌个人技艺保护性录制，拍摄更为精细化、系统化，由个人技艺展示和行当搭配情景剧两部分组成，全县公子、丑、妞、擓等各行当“名角儿”悉数登场。

【文化市场管理】　2016年，县文广新局加大对全县文化市场的监管力度，出动执法人员700余人次，检查网吧、娱乐场所180家次，约谈违规娱乐场所4家，责令整改4家，受理举报5次，净化了网吧市场。

开展2016“清源”“净网”“秋风”“护苗”“打击侵权盗版”等“扫黄打非”专项行动，检查文化经营单位350家次，责令改正6家，取缔出版物经营摊点3家，收缴非法书刊260多本、盗版光盘100余张。

全面规范文化市场行政审批工作，做好企业年检、年统，完成129家年检、换证工作；完成各类审批事项6件，其中场所设立2件，变更1件。

【图书管理】　*加强图书文献资源建设*　县图书馆根据读者的需求，加大纸质图书购买力度，并确保期刊及报纸的订购。全年购买图书2000余册，内容涵盖文学、历史、科普、卫生等方面，期刊及报纸各80余种，同时购入盲文图书70余册及大量有声读物，最大限度地满足县内不同类型、不同层次的读者的需求。

征集地方文献　县图书馆面向社会开展乐亭地方文献资料的征集工作，丰富地方文献馆藏，更好地为读者和社会各界服务。年内征集的地方文献有乐亭籍作家刘玉相捐赠的自己与滦南籍作家朱永远编著的电视文学剧本《长生药》上下册及小说《曹妃甸长歌》共3册；赵禄祥著述的《翰墨留香》2套；程才实捐赠的长篇纪实文学《废墟上拓荒的学者——中国灾害社会学、地震社会学奠基人王子平纪事》等。

古籍图书普查录入　为更好地弘扬历史文化，县图书馆注重加强对古籍图书的整理工作，选派业务骨干参加国家古籍保护中心举办的古籍普查培训，学习掌握专业化、规范化的古籍整理、保护方法，以便更好地为读者服务，使更多的读者了解地域的悠久历史和古籍图书的文化内涵。到2016年年底，馆内古籍图书普查录入率达40%。

开设流动图书服务点，开展图书“四进”活动　进社区。3月5日，县图书馆在乐安街道茂源社区的综合信息超市建立流动服务点，并为其配备各类书籍，其中包括政治、经济、社会科学、法律、医药卫生、文学类等10多个类别，满足社区不同读者的需求。

进学校。4月20日，在4·23世界读书日前夕，县图书馆在汤家河镇安子东小学举办以“京津冀协同发展”为主题的校园图片展和地方文献图片展，推进全民阅读，培养学生的阅读兴趣。县图书馆参加唐山市“2016年燕赵少年系列读书”活动，加深学生对河北厚重文化底蕴的认识，增强身为河北人的自豪感，提升中小学生的整体素质，县图书馆获得优秀组织奖。

进农村。5月6日，县图书馆组建流动图书小分队，深入农村，开展“同享读书之乐——农村读书服务点”赠书活动，扶持和繁荣农村文化，满足基层群众的科技文化需求。6月24日，在“七一”前夕，县图书馆到汤家河镇文化中心开展“迎‘七一’谢党恩”文化下基层赠书活动，赠送图书包括科学养殖、温室栽培、农作物病虫害防治、科技生活、财经致富等关系农民生产生活的各个方面，受到群众欢迎。11月2日，县图书馆为汤家河镇史庄村史家大院捐赠图书200余册，捐赠图书包括科技、生活、政治、经济、文学、少儿等方面，繁荣基层文化，满足基层群众的阅读需求。

进企业。8月30日，县图书馆在圣多美连锁公司建立图书流动服务点，丰富企业员工业余生活，培养阅读兴趣，提升企业整体素质。

开展特色活动 2月4日，县教育局、县图书馆、县电视台、唐山华悦商贸有限公司、真功夫茶楼、读书郎教育电子联合举办乐亭县第二届汉字听写大赛，传承中国传统文化，透过汉字铭记中华民族光辉灿烂的历史。4月10日，由乐亭县金麦伦培训学校、乐亭县梦想新星舞蹈艺术培训学校、金笔语言文化学校、大风车儿童摄影主办，县图书馆协办的“放飞梦想、快乐乐亭”乐亭县第三届儿童风筝文化节在青春广场开幕，旨在给全县小学生提供一个展示自我才华的舞台。在5月8日母亲节当天，县图书馆携手乐亭县金麦伦培训学校联合举办2016年母亲节“献给妈妈的爱”森林亲子同乐会。5月，县图书馆联合县教育局、三友画社举办乐亭县中小学生书画比赛，评出一、二、三等奖，为获奖者颁发证书及奖品并对这些获奖作品进行装裱，在三友画社进行展览。6月1日，县图书馆以“我最聪明、智力大冲关”为主题，举办一系列趣味游戏活动，县第一实验小学、县第二实验小学的学生及家长150余人参加活动。中国共产党建党95周年之际，县图书馆举办“大手牵小手——折出党徽献给党”亲子折纸活动，培养爱国情怀，激发潜能，培养亲情，有37对亲子家庭参加。7月8日，县图书馆组织开展“我是小小图书管理员”暑期实践活动，让少年儿童度过一个多姿多彩、有意义的暑假。10月11日，县图书馆举办“张同吾藏书捐赠仪式”，张同吾夫人孟繁琛及县委相关领导、县有关部门负责人出席活动。县图书馆与县残联创办盲人流动图书角，在国际盲人节开展盲人流动图书角活动，让更多的盲人了解、学会使用盲文。

图书馆改造升级 年内，经过2个多月的改造升级，县图书馆以崭新的面貌重新开放。改造升级后，县图书馆服务设施进一步完善，更加方便读者的需求。少儿阅览室配备了电子投影仪，购置了少儿图书500册；增设2台歌德电子借阅机，读者可通过扫描二维码免费下载自己喜爱的电子书。

【博物馆建设和文物保护】 2016年6月起，县博物馆对历史文物展厅进行陈展升级。经过近4个月的设计与施工，9月竣工并向社会开放。此次陈展改造提升以乐亭历史发展为主线，涉及乐亭古代文明、百年辉煌经商史、革命斗争史、民俗四大板块，配合声光电的展示效果，科学地呈现了乐亭从远古到抗美援朝时期的历史发展，展示了源远流长、博大厚重的乐亭历史文明。提升后的历史文物展厅，在展览的知识性、艺术性等方面有新突破，在展览设计及展示手段上有创新。

年内，全县文物保护工作坚持“保护为主、抢救第一、合理利用、加强管理”的方针，对全县134处文物保护单位定期巡查，保障文物保护单位的安全。按照省、市文物主管部门的要求，开展全国第一次可移动文物普查工作，采集、录入馆藏文物数据3952件套，精选拍摄文物照片1.26万张。全年征集文物177件套，以呔商、皮影、大鼓、乐亭名人、历史文物为主，为博物馆布展提供更加丰富的文物藏品。在“文物遗产日”和“法制宣传日”开展《中华人民共和国文物保护法》宣传活动，现场发放《中华人民共和国文物保护法》手册及宣传资料2008份。

【“盛世鼓舞”乐亭县第三届擂鼓大赛】 2016年2月21日（农历正月十四）下午，“盛世鼓舞”乐亭县第三届擂鼓大赛在青春广场举行，全县14支擂鼓队参加比赛，100余面大鼓同时擂响，场面宏大，气势磅礴。各擂鼓队队员从常年活跃在群众中的擂鼓爱好者中选拔而出，个个身怀绝技，欢悦的鼓点儿表达着鼓手们迎接新春的喜悦和对美满富足生活情感的宣泄。庞大的阵容、强悍的气势、红火热烈的视听场面吸引近1000名群众观看。

【瀚博文化乐亭大鼓传承基地投入运营】 2016年5月28日，由省级乐亭大鼓传承人张旭武斥资的瀚博文化乐亭大鼓传承基地投入运营。基地集乐亭大鼓演出、创作、后继人才培养、艺术交流和艺术培训为一体，以传播乐亭大鼓艺术为主，同时承接乐亭大鼓演艺、推介及大学生寒暑假社会实践等业务活动。旨在弘扬民族文化，传播和繁荣乐亭民间艺术，高起点、高规格、高水平地打造乐亭大鼓演艺精品；发挥民营资本运行机制灵活、市场适应性强的优势，培育具有乐亭特色、兼有现代品质的乐亭大鼓艺术健康发展，使乐亭大鼓艺术得到广泛的普及。至年底，举办民间文化交流及专业培训、业余培训、艺考培训等126场（次）。承接唐山世界园艺博览会乐亭大鼓演出200多场，举办“艺苑乡音”“迎国庆、庆中秋”乐亭大鼓长篇书展演近200场，观众近5万人次。拓宽了乐亭传统文化的受众群体，为专业及业余乐亭大鼓爱好者提供了展示与交流的平台。为期40天的县文化馆暑期少儿乐亭大鼓培训班，对非物质文化遗产的弘扬从娃娃抓起做了有益尝试，为乐亭大鼓艺术的创新与可持续发展提供了支撑。

【乐亭大鼓《嫦娥望天宫》获最佳表演奖】 2016年11月7日，由河北省群众艺术馆、北京市群众艺术馆、天津市群众艺术馆主办，石家庄新华区文化馆协办的第二届京津冀曲艺邀请赛，在石家庄市新华区文体中心举行。邀请赛设最佳表演奖、表演奖和优秀奖，从京津冀三地的京韵大鼓、天津时调、乐亭大鼓、相声等6个曲种中遴选出12个节目参加比赛。县文化馆选送的由王兴杰演唱、张旭武伴奏的乐亭大鼓《嫦娥望天宫》语言生动活泼，情节扣人心弦，表演幽默风趣，唱腔特色浓郁，得到评委和观众的认可，获最佳表演奖。此次曲艺邀请赛旨在推动三地深化合作，共同打造一个开放的传统文化综合展示平台，促进文化资源有序流动，让非物质文化遗产精粹与高技术文化产业合作、对接，提升传统文化产业的现代化水平。通过邀请赛的举办，使传统文化更好地融入京津冀文化产业的协同发展，探索京津冀地区发展特色传统文化产业的新思路和互动机制。

【乐亭皮影赴西非贝宁开展交流活动】 县传承中心发挥职能作用，创新工作思维，拓展演出领域，扎实推进传统文化工作。2016年11月17—23日，乐亭皮影戏对外交流团应贝宁中国文化中心邀请，一行7人赴西非贝宁科托努和波多诺伏执行文化部“部省合作”对非文化交流任务。首场演出在科托努维多克小学举行。演出的剧目有《火焰山》《鹤与龟》《魔女巧梳妆》等。在每场演出的影台前，贝宁的小朋友们席地而坐，400多双眼睛专注地凝望着影幕，被活灵活现、栩栩如生的影人儿深深吸引。演出现场笑声迭起，掌声不断。

广播电视电影

【概　况】 乐亭县广播电视台（简称县电视台）是县委宣传部负责全县广播电视宣传和广播电视事业的直属事业单位，2016年年末，有正式干部职工104人。作为县内主要媒体，承担着贯彻落实县委、县政府的各项战略决策，传达县委、县政府科学发展的指导思想和具体工作部署，发挥喉舌作用，为全县文明建设形成良好的舆论氛围和鼓舞民心、凝聚力量的重要职责。

【广播电视设施设备】 随着电视事业的发展，县电视台的摄、录、编系统设备的数量不断增多，设备档次不断提高而逐渐完备。到2016年年底，有电视发射机两主一备，摄录设备18台（套），其中数字设备12台（套）。有编辑线19条，其中非线编15条。

【广播节目编排】 乐亭人民广播电台坚持立足地域特色，突出喉舌职能，强化广播特点，突出地方性、欣赏性和服务性，努力服务全县工作大局和社会基层群众，弘扬传统地域民间文化，丰富群众精神文化生活，各项工作逐步走向规范化、制度化。广播电台栏目设置有《乐亭新闻》《一路同行》《音乐起航》《艺苑乡音》及《相声集锦》等自办节目。同时，在节目制作的形式上大胆求新，在节目播出的内容上力求丰富，节目质量有了较大提高，与电视节目一起合力构建了全县宣传报道的立体平台。

【电视节目编排】 2016年，县电视台设有新闻综合频道、影视购物频道和快乐3频道。新闻综合频道围绕县委、县政府重大活动报道任务要求，持续推进招商引资、项目建设、棚户区改造、“两学一做”宣传报道，完成了《项目建设巡礼》《巩固文明县城创建成果》《曝光台》《两学一做》等重点工作的宣传报道任务，全年编辑《乐亭新闻》节目200多期，播发新闻稿件1600余篇。开设《记者在行动》《乐商汇》《咱村咱事》等自办栏目，其中日播栏目《记者在行动》是新闻综合频道立足当前宣传形势打造的一档全新民生类新闻栏目，突出记者的主体作用，深入剖析新闻事件，深度报道百姓关心关注的社会热点难点问题，对一些影响群众工作生活的新闻事件跟踪报道、大胆曝光，增加新闻节目的新鲜性和亲民性。至年底已播出100余期。组织策划开展大型活动，组织农民新春大联欢、最美家庭评选、寻找乐亭金嗓子电视歌手大奖赛等活动10余场。围绕“两学一做”活动开展，新闻综合频道在《乐亭新闻》节目中开设《“两学一做”在基层》专栏，全年播出56期。

影视购物频道根据收视群体的收视习惯，创设五大剧场、三大引进综艺栏目、一档自办栏目，架构整个播出平台。《360影院》栏目为早间剧场，以播出经典电影为主，旨在抓住70、80年代观影人群的眼球，广告安排以生活产品居多；《影视剧苑》栏目为上午剧场，节目安排以抗战剧、农村题材电视剧为主，旨在吸引老年收视群体，广告安排以中老年产品为主；《午间剧场》以年代剧、家庭剧为主，打造老少皆宜的收视环境，广告安排侧重孩童产品；《风云剧场》栏目为下午剧场，节目安排以都市剧、偶像剧为主，广告安排以新型智能产品为主；《午夜影院》栏目为晚间剧场，节目安排以海外电影、影视剧为主，吸引年轻一代收视群体。为增强整个频道的吸引力，引进三大综艺栏目《光影纵横》《有一说一》《爱奇艺》，结合剧场剧目、演职人员，用娱乐八卦、节目片花、演员经历做娱乐圈的深度报道，培养收视人群观看的习惯性和连续性。自办栏目《光影导视》，全天候定时播出，增强频道节目安排的条理性。

快乐3频道开办《家在乐亭》《家有宝贝》《非常有戏》《大话综艺》《快乐大舞台》《快乐乡约》《健康那些事》等自办栏目。2016年，组织发起大型少儿公益活动《童心同行》（含爱心徒步、爱心义卖、“六一”晚会、爱心捐助赴保定易县）、汉字听写大赛、乐亭春晚、少儿春晚、元宵晚会、广场舞大赛、小主播大赛、少儿模特大赛、最美银行大堂经理评选、相亲交友公益活动、超云演唱会、广电一家亲下乡演出等活动70余场次。

【广播电视网络】 2016年，全县发展有线数字电视1367户，由模拟信号整体转换数字信号电视村28个，增加数字电视用户5230户。城区水韵名居二期和盛世景湾小区数据信号组网分配完成，实行光纤入户，宣传发展宽带用户宽带业务安装调试工作顺利推进。

【电影放映】 2016年，继续实施农村公益电影放映帮扶工程。5—10月，每月为45个基层建设年帮扶村每村放映2场公益电影，确保每个村全年放映12场次。为确保圆满完成放映任务，农村电影工作站制订了年度放映计划，合理安排放映场次，切实做好组织协调，利用现代科技，推动建立农村电影放映工程监管平台，确保放映场次达到要求。电影公司组织了24支放映队活跃在全县15个乡镇、街道（含王滩镇）533个行政村，全年放映农村数字电影 6000 余场。

县广播电视台

台　长　李云胜

档　案

【概　况】 2016 年，乐亭县档案馆贯彻落实全市档案工作会议精神和县委、县政府决策部署，适应新常态，着力提升档案服务经济、服务社会的能力和水平。不断加大档案数据库建设力度，聘请扫描公司的专业人员对馆藏纸质档案进行数字化处理，当年制作 684 万页，完成市档案局下达的数字化任务。建立健全档案安全管理规章制度，明确安全责任人，确保馆藏档案安全。

【档案利用】 县档案馆注重提高服务质量，端正服务态度，热情接待查档人员，充分发挥档案在经济、社会生活中的作用。全年接待社会各界档案利用者 9326 人次，查阅档案 1.48 万卷（件）、资料 37 册。查阅的主要内容为经济社会发展、项目建设有关县域地理环境、地域特色、气候特点等资源状况；计划生育审批档案（用于中高考加分及办理农村 60 岁奖扶）；干部信息核查档案；户口档案；建房批示及宅基地清理档案；土地延包档案；三龄核定档案；人员编制方案档案；机关人员任免职文件等，为经济社会发展、项目建设和人民群众的生产生活提供大量翔实的第一手资料，有力地促进了经济建设和和谐社会建设。

【农业农村档案管理】 县档案馆拓宽领域，加强指导，全面做好“家庭建档”工作，以中堡镇刘家崖村、汤家河镇海田村为示范点，推动乡镇对“家庭档案”的指导及管理工作。年内，全县建立“家庭档案”的户数 150 户。配合农村土地承包经营权确权登记颁证工作，县档案馆派业务骨干对工作中形成的材料的归档进行专业培训，并对相关乡镇档案员进行专题业务指导，切实做好资料搜集、整理、归档工作。

【档案法规宣传】 年初召开档案工作会议，对全年档案工作进行周密安排，提出重点加大档案法规宣传方面的考核力度。8 月 20 日，组织开展唐山市第三届“档案馆日”宣传活动，邀请县人大代表视察全县档案工作，参观县档案馆。当日发放宣传材料 70 余份。11 月，举办由机关、单位档案员和财务人员参加的档案业务专题培训班，参训人员 50 人，进一步规范全县基层档案室建设。通过加大档案宣传力度，公众档案意识得到提升，档案工作社会影响力不断扩大。

县档案馆

馆　长　吴永杰

志鉴编修

【《乐亭年鉴（2015）》出版发行】 由乐亭县人民政府主持、县地方志（年鉴）编纂委员会承编的《乐亭年鉴（2015）》，于 2016 年 5 月由中国财富出版社出版发行。全书 82.1 万字，载有乐亭县政区图及彩色图片 47 幅，大 16 开本。《乐亭年鉴（2015）》设特载、大事记、乐亭概况、中国共产党乐亭县委员会、乐亭县人民代表大会、乐亭县人民政府、中国人民政治协商会议乐亭县委员会、人民团体、军事、政法、城乡建设·环境保护、综合管理、财政·税务、项目建设·招商引资·园区建设、农业、工业、建筑业、交通·邮电、商贸服务业、旅游业、金融业、科学技术、教育、文化·体育、卫生、社会·民生、乡镇·街道、人物、文献文件辑存、统计资料 30 个栏目，全面系统地记述了 2014 年全县政治、经济、文化、社会等各方面的情况。以丰富的内容、翔实的资料为各级领导决策提供依据，为全县经济社会发展提供借鉴，为存史修志提供信息和资料。

【《乐亭县交通运输志（古代—2014）》出版发行】 2013 年 7 月，乐亭县交通运输局启动编纂《乐亭县交通运输志（古代—2014）》，于 2016 年 3 月出版发行。《乐亭县交通运输志（古代—2014）》由上、中、下 3 卷组成。上卷依据《乐亭县公路交通史》（1985 年 10 月版），按志书体例改编为志。概要记述了自公元 338 年（东晋咸康四年）到 1982 年乐亭境域水路、公路的形成及演变和交通运输业的兴起与发展历史。中卷为《乐亭县交通志（1983—2004）》（2006年4月版），客观再现改革开放20多年境内交通运输事业快速发展的历程。下卷为《乐亭县交通运输志（2005—2014）》，全面记述了新时期乐亭县交通运输事业的辉煌历程。

【《乐亭县城乡建设志（2005—2015）》完成初稿】 2014年11月，乐亭县住房和城乡规划建设局启动编纂《乐亭县城乡建设志（2005—2015）》，2016年12月完成初稿。《乐亭县城乡建设志（2005—2015）》为章节体，共7章23节，约25万字，全面记述2005—2015年境内城乡规划、建设、管理等方面的情况。力求以翔实的史料、严谨的考证、完备的体例、朴实的语言彰时代特色，记建设成就。《乐亭县城乡建设志（2005—2015）》是1996年《乐亭县城建志》、2005年《乐亭县建设志》的续志。

【《乐亭县文化志》内部出版】 2016年9月，《乐亭县文化志》内部出版，时间界限上起1840年，下至2013年，跨度170多年。经过近代、现代和当代3个历史时期，重点突出当代的文化历史，用浓墨重彩记述新中国成立后文化发展的进程，是乐亭县第一部比较系统的文化志书。从2014年7月开始编纂，到2016年9月完成编纂。《乐亭县文化志》共分20篇，100万字，记述了全县文化艺术的发展历史。记述中，力求客观、公正、真实、准确，对各类事物反复进行调查考证，研究讨论，达到客观反映事实的目的。在编纂过程中，县政协和县文广新局的领导多次召开会议，安排部署编纂工作，确立编纂思路和指导思想，明确编纂要求。

《乐亭县文化志》的编纂人员从收集资料入手，本着多收广集、穷尽资料的原则，在县档案馆、县委组织部、县文广新局、县人社局、县教育局等单位查阅了大量的文书档案和人事档案资料并予以复制，为志书编写奠定坚实基础。全县各乡镇、街道、县直相关部门和单位为文化志的编纂提供了颇具价值的文字资料和照片资料。同时，编纂人员还走访了100多名曾任各级领导的离退休老干部、离退休的文化艺术工作者及知情的相关人员，取得很多有价值的口碑资料，补充了文字资料的不足。初稿完成后，广泛征求了全县各界的意见和建议。

文化艺术馆（院）建设

【乐亭县将军院士展览馆、乐亭人著述作品集成馆建设】 县博物馆自2015年5月起，着手启动乐亭县将军院士展览馆、乐亭人著述作品集成馆建设，以扩大乐亭社会影响，推动文化乐亭建设，至2016年年底基本完工，预计2017年2月建成开馆并面向社会开放。展馆位于县文化中心二楼北部，展览面积1000余平方米，分为序厅、将军篇、院士篇、政界知名人物篇、著述集成篇5部分，汇集有关文物与史料等展品4000余件，旨在通过展览让人们更好地了解乐亭英才成长奋斗的足迹和对国家对民族的贡献，彰显乐亭地灵人杰、一方风气润物无声福泽绵延的人文魅力。

【马各庄村民俗展馆开馆】 2016年4月7日，县博物馆马各庄村民俗展馆在马各庄村村址建立，再现逐渐远离群众视线的农村记忆和民俗文化。展馆占地面积230余平方米，展出近200件生活用品、生产工具、饮食器具等民俗藏品，年代跨越清末至中华人民共和国成立后，藏品均由马各庄村提供，记录了人类文明的发展脚步，散发着浓厚的农村生活气息，反映当地的民俗文化。

【史家大院】 2016年，史家大院积极开展科技知识讲座、农业技术培训、法制宣传教育、文化知识传播等社会、文化活动，全年举办各类讲座、培训班160余场次；组建有秧歌队、广场舞队、门球队和民俗演唱团，常年活跃在集镇与乡村，演出近100场次；聆听讲座、参加培训及参与各项演出、体育锻炼的人数达3万余人。史家大院还组建了由50人组成的文化、普法志愿者队伍，开展文化、普法宣传活动，解答群众咨询。年内，两次应邀参加文化部组办的“阳光工程”志愿者培训。在普法宣传教育的工作中践行的“道德法律齐携手、和谐安宁并肩行”的法治理念和民事调解“三座头”的做法得到司法部领导的认可与表扬，其典型事迹在《河北法制报》

上刊载。是年，史家大院创办人史秉材（身份证上为史秉财）被中宣部、司法部评为“全国法治宣传教育模范个人”（发证时间2017年3月），入选“河北省十大法治人物”候选人。

体　育

【概　况】 2016年，乐亭县体育工作以贯彻落实《全民健身条例》为目标，以“健康乐亭，幸福人民”为主线，以“构建和完善全民健身服务体系，开展多样化的群众性体育活动，学校体育和群众体育协调发展”为总体工作思路，全县建成省级体育传统项目学校1所，市级体育传统项目学校5所，县级体育运动学校1所，项目囊括篮球、田径、乒乓球、排球等。至年底，累计向上级体育院校输送队员7名，向各大专院校输送学生180名。群众性体育活动日趋活跃，全县健身指导站发展到374个，有社会体育指导员国家级4名、一级21名、二级224名、三级454名，村级体育协管员473名，志愿者550名，建立并实现了全县健身服务网络的全覆盖。群众性体育组织发展逐渐规范，年内登记注册的武术协会、太极协会、舞蹈协会等单项体育运动协会13个，会员辐射全县各类人群近1000人。建成国民体质监测站并投入使用，累计监测、指导群众进行科学健身1000余人次。年内投资100多万元，为各乡镇、村级文化广场配发健身器材，积极申请2016年农村综合文体广场工程建设，有2个行政村获省级扶持资金30万元。开展全县规模的群众性体育活动30多次，参加市级以上体育赛事10次，均取得优异成绩。

【体育设施】 2016年9—12月，开展全县体育健身器材安全检查及维修工作，为各乡镇、村级文化广场配发健身器材96套。开展国民体质监测工作，年内对各机关单位、健身群众进行体质监测1000余人次，科学、有效指导群众健身，同时为上级部门提供有效的国民体质监测数据。

【体育活动】 2016年2月11日，由县文广新局、县象棋协会主办的乐亭县迎新春中国象棋比赛在县文化中心举办，50多名象棋爱好者参加比赛。3月18日，由县委文明办、县广播电视台、县文广新局联合主办的乐亭县2016年第三届“渤新杯”广场健身操（舞）大赛南部赛区海选开赛。4月17日，乐亭县2016年第三届“渤新杯”广场健身操大赛总决赛在县体育馆举办。5月27日，由市体育局、体育总会主办的2016年唐山市百城千村健身气功交流展示系列活动启动仪式在唐山市体育公园开幕，县老年体协代表队参加活动。6月9日晚，由县群众艺术节组委会、县文广新局主办，县老年体协承办的“发展体育运动，增强人民体质，同心共筑中国梦”全民健身活动暨“全民健身在路上，全县文明过端午”广场健身操展演在县青春广场举办，全县各健身活动指导站、体育协会、俱乐部的近1000名成员同台献艺。6月16日，乐亭县“高平杯”首届小学生足球联赛在乐亭高平中学举办，全县9个学校的12支球队参赛，比赛历时19天，7月5号结束。7月16日，乐亭县2016年首届“天洋杯混养钓鱼王”对抗赛在汤家河镇裴庄村开钓，50名钓鱼高手参加比赛。8月4日，2016年唐山市美丽乡村建设社会体育指导员培训在李大钊纪念馆会议室开班，乐亭县、滦南县、曹妃甸区、唐山海港经济开发区、唐山湾国际旅游岛的112名村级体育骨干参加培训。8月20日晚，由县文广新局主办、县舞蹈协会承办的2016年唐山市社会体育指导员彩色周末（乐亭站）三福杯交谊舞比赛在县青春广场举办。乐亭县、丰润区、滦南县、滦县等7个县区的近200名交谊舞爱好者参赛。10月9日（农历九月初九），2016年乐亭县中老年庆重阳健身舞交流展演在县青春广场举办，市老体协、市委老干部局、市老年大学、市老干部活动中心和县政府的相关领导出席并观看展演。10月12日，由县第六届群众文化艺术节组委会主办、汀流河镇政府承办的乐亭县2016年第三届“欧远杯”乒乓球比赛在汀流河镇举行，全县14个乡镇、街道的14支代表队70名乒乓球爱好者参赛。县政协相关领导，县文明办、县文广新局、汀流河镇政府相关负责人出席开幕式并观看比赛。11月5日，乐亭县2016年首届“新郎酒杯”羽毛球比赛在县体育馆举办，全县各机关、企事业单位的31支代表队参赛。

【体育赛事】 4月19日，2016年唐山市健身操（舞）比赛在唐山市体育公园举办，乐亭县代表队的健身舞“茶香中国”获得第一名。8月10日，2016年唐山市中学生篮球赛在乐亭高平中学举办，全市各县区28支代表队参加高中男子组、女子组，初中男子组、女子组的比赛。8月18—19日，由市体育局、市教育局主办，县文广新局、县教育局承办的2016年唐山市乒乓球训练网点及传统项目学校乒乓球比赛在县体育馆举办，全市15支代表队150余名选手参加比赛。

卫　生

医疗卫生

【医疗机构】　2016 年，全县卫生系统医疗卫生单位 21 个，其中县级医疗机构 2 所（县医院、县中医医院），妇幼保健院、疾控中心各 1 所，其他卫生机构 4 个，乡镇卫生院 13 所（姜各庄镇中心卫生院、阎各庄镇中心卫生院、新寨镇中心卫生院、汀流河镇中心卫生院、乐亭镇卫生院、毛庄镇卫生院、中堡镇卫生院、马头营镇卫生院、庞各庄乡卫生院、古河乡卫生院、汤家河镇卫生院、胡家坨镇卫生院、大相各庄乡卫生院）。另各乡镇卫生院分院 16 所。村卫生室 424 所（集体产权村卫生室 381 所、村医自建 43 所）。私立医院 4 所（福平医院、同济医院、祥亭医院、博爱医院），诊所、医务室 42 所。

【医疗设施设备】　医疗设施　2016 年，全县医疗卫生设施建设进一步完善。投资 320 万元，完成阎各庄镇中心卫生院门诊、病房和马头营镇卫生院门诊、病房扩建，3 月初进场施工，7 月底建成投入使用。大相各庄乡、汤家河镇、古河乡、乐亭镇 4 所卫生院改扩建项目，争取项目资金 396 万元拨付到位，10 月开始进场施工，年底主体建筑完工。投资 200 万元，对县医院急救中心实施改造，并对全院急救人员、车辆、设备、网络等资源进行有效整合，3 月底完成招标采购，5 月完成室内外装修及大屏幕等设备安装，6 月配备、培训人员并投入使用。

医疗设备　2016 年，县卫计局自筹资金 90 万元为乡镇卫生院添置更新设备 35 台件。全县医疗机构计有医疗床位 1439 张，其中县级医院 823 张，乡镇卫生院、妇幼保健院 616 张。县医院按国家规定及《乐亭县医院采购管理办法》，招标购置了移动 DR、关节镜、D 二聚体分析仪、超生乳化仪、血气分析仪、口腔数字化全景 X 光机、彩超、检验流水线、数字胃肠仪等医疗设备 30 余台件。中医医院更新引进大中型医疗设备 10 余台件，新购置 16 排 CT 机 1 台、E8、E9 彩超各 1 台、血液透析机 5 台、动态 DR 医用诊断 X 射线机 1 台、电解质分析仪 1 台，为各病区更新购置心电图、心电监护等设备 20 余台件，其中购进中医设备 TDP 电磁波治疗仪、空气波治疗仪 4 台件。新的医疗设备有效保障临床新技术项目的开展，促进了临床工作的顺利进行。

【医疗队伍】　2016 年，全县医疗卫生系统各类人员 1678 名，其中医疗卫生技术人员 1356 名，占医疗卫生系统总人数的 80.81%；其他技术人员 45 名，占 2.68%；管理人员 23 名，占 1.37%；工勤人员 254 名，占 15.14%。医疗卫生技术人员中，执业医师 576 名，执业助理医师 40 名，注册护士 582 名，药剂人员 54 名，技师 37 名，其他 67 名。45 岁以下医疗卫生技术人员 670 名，占医疗卫生技术人员的 49.41%。大专以上学历 804 名，占医疗卫生技术人员的 59.29%。具有高级职称的 129 名，中级职称的 442 名，初级职称的 417 名，分别占医疗卫生技术人员的 9.51%、32.6%、30.75%。

全县有乡村医生 644 名，其中中专学历的 148 名，执业助理医师以上资格的 83 名，60 岁以上的 405 名。

【医疗技术】　2016 年，县医疗卫生主管部门注重人才培养，创造条件，大力开展新技术、新项目，拓宽医疗服务领域，医疗单位的整体技术实力大幅提升。县医院神经外科、肝胆外科、肿瘤外科、泌尿外科、心血管内科、神经内科、肿瘤内科等科室逐步形成自己的特色和优势，能够成功开展显微神经外科手术、腹腔镜下微创手术、脑肿瘤切除术、肝癌肝叶切除、甲状腺癌、乳腺癌根治、全髋关节置换术、药物溶栓、冠脉造影 + 支架置入术、2 微米激光前列腺切除术等新技术项目。乡镇卫生院能对各种常见病、多发病进行诊疗，开展阑尾切除术、疝气修补术等手术。年内，县医院开展了“精索静脉高位结扎术”等新技术项目 22 项，获得省级科研成果奖 1 项，获得省级科技进步奖一等奖 1 项、二等奖 1 项、三等奖 4 项；发表科研论文 61 篇，其中国家级双核心期刊 4 篇，国家级核心期刊 46 篇，国家级一般期刊 11 篇；出版论著 4 部。

6 月 7 日，县医院与北京解放军 301 医院远程会诊平台正式启用，通过这一平台，二者可以进行实时同步音、视频交流互动，患者病情在北京解放军 301 医院预约专家指导下，确定治疗方案。全年有 13 位患者进行了远程会诊，取得了医患双方都满意的效果。此外，县医院还先后 6 次参加北京解放军 301 医院开展的远程医疗教学活动，推动了县医院医疗教学工作的开展。县医院还与唐山人民医院、开滦医院、唐山工人医院、河北理工大学附属医院签订了合作协议。长期聘请唐山工人医院、唐山人民医院、唐山协和医院的 13 名市级专家每周六、周日定期坐诊、查房、指导业务，既满足就医群众需求，也带动医疗技术水平的提高。

县中医医院继续开展与北京远程视界眼科医院管理有限公司的“数字化眼科区域协同医疗示范工程”合作，引进总价值 712 万元的设备。全年白内障筛查 30 次约 2800 人次，进行白内障超声乳化晶体植入手术 700 余例；对县城内 4 所小学的学生进行免费视力筛查。与中诚嘉和（北京）投资管理有限公司合作，共建核磁共振科室，引进 1.5T 核磁共振设备，6 月底投入使用。至年底，检查人数 1041 人次，业务收入 74 万元。

【妇幼保健】 2016 年，0 ~ 6 岁儿童管理率 96.6%，孕产妇系统管理率 97.6%。全县出生活产儿 3599 例，新生儿死亡率 2.78‰，0 ~ 6 岁儿童系统管理人数 2.2 万人，5 岁以下儿童死亡率 3.06‰。

开展农村生育妇女免费补服叶酸项目，为 3435 人发放叶酸 2.06 万瓶，为年计划的 144.5%；为 2520 名孕产妇发放农村孕产妇住院分娩补助款 75.6 万元，孕产妇住院分娩率 100%，孕产妇死亡率继续保持为 0。年内，在农村妇女“两癌”免费检查中，宫颈癌筛查 5240 人，为年计划的 104.8%，筛查出宫颈癌癌前病变 14 人，宫颈癌 4 人；乳腺癌筛查 610 例，为年计划的 108.5%，查出乳腺癌 1 例，均进行复查及进一步诊治。

【疾病预防控制】 2016 年，县疾病预防控制中心进一步完善县乡村三级传染病防控网络，并提供技术指导及疫情直报网络的管理及审核工作；确定 20 家医疗单位为网络疫情直报单位，负责本辖区的传染病网络直报工作；全县聘任 492 名村（居）级疫情报告员负责本辖区的疫情报告工作，配合乡镇卫生院开展传染病防控。同时，与教育、民政、畜牧等部门建立联防联控机制，形成以政府为主导，以卫生系统为主体，各职能部门共同参与的全县传染病防控网络。修订了突发公共卫生事件应急预案，霍乱、手足口病等 10 余项应急预案。年内，全县报告、审核乙丙类传染病 1773 例，比上年降低 12.8%，无迟报漏报病例发生。传染病防控能力全面提高，疫情报告质量位居全市前三名。

霍乱防治　县卫生主管部门建立健全霍乱防治预案及应急队伍、霍乱防治计划和技术预案。开展夏季以霍乱为主的肠道传染病防控，对乡镇级医疗单位进行肠道门诊督导检查，对沿海海水、海产品进行霍乱弧菌检测。共采集海水 36 份，海底泥 39 份，海产品 4 份，海草 6 份，均未检测出霍乱弧菌，及时将监测数据及总结反馈市疾病预防控制中心。

流行性出血热疫情防控　2016 年，县疾病预防控制中心对县内 19 例出血热病例逐一进行流行病学调查，上报个案调查表及调查总结。4 月配合市疾病预防控制中心做好出血热监测工

作，10 月由汤家河镇中心卫生院及卫生室配合，开展了鼠密度调查，调查结果室内捕鼠 11 只，其中小家鼠 6 只，占 54.54%，褐家鼠 5 只，占 45.45%。室外捕鼠 2 只，其中小家鼠 1 只，褐家鼠 1 只。鼠密度室内 11%，室外 1%。为完成宿主动物监测任务，共捕鼠 34 只，对采集的鼠肺及时送市疾病预防控制中心。

手足口病防控 县疾病预防控制中心根据手足口疫情防控形势，确定县医院为手足口收治定点医院，实行双签字制度。确定患儿、医护人员、托幼儿童等为重点监控人群，学校、托幼机构等为重点监控场所，实施重点督导。年内，全县报告手足口病例 355 例，对住院病例做好个案调查，对全部病例逐一通知辖区卫生院进行管理。对医疗单位及幼儿园进行多次手足口病防控督导，处理手足口聚集性疫情 10 起，处理手足口病暴发疫情 1 起，并上报突发公共卫生事件信息系统。由于防控措施得当，无二代病例发生。开展手足口病监测工作，采集手足口病患儿咽拭子 60 份，送市疾病预防控制中心进行病原学检测与分型。

布鲁氏菌病处理 2016 年，全县发生布鲁氏菌病病例 50 例，无死亡病例。对于发生的病例，县卫生主管部门均在第一时间做好相关流行病学调查及防治知识宣传，开展布鲁氏菌病监测工作，共收集高危人群样本 55 份。在监测活动中，县疾病预防控制中心和各卫生院对布鲁氏菌病防控工作进行广泛宣传，发放宣传材料 5000 份，接受群众咨询 300 余人次。

疟疾防治 县疾病预防控制中心每月均开展疟疾血清学监测工作，完善消除疟疾的相关资料，通过了河北省消除疟疾评估。督促县医院对发热人群开展疟原虫监测。到 2016 年年底涂片 52 张，完成血检任务。

病媒生物监测 2016 年 1—4 月，选取农贸市场、餐饮、医院等部分单位进行鼠密度及蟑螂密度调查。5—7 月，开展“四害”密度调查。8—10 月，选取农贸市场、餐饮、绿化带、居民区等部门单位、地带开展鼠密度调查。调查结果全部上报市疾病预防控制中心。

消毒监测 2016 年，监测医疗机构 8 所，采集监测样品 49 份。其中，室内空气采样 8 份，合格 6 份，合格率 75%；物体表面监测 8 份，合格率 100%；医务人员手监测 12 份，合格率 100%；消毒液监测 6 份，合格率 100%；消毒后医疗器械监测 15 份，合格率 100%。检测托幼机构 4 所，采集监测样品 28 份。其中，空气监测 4 份，合格率 100%；工作人员手监测 4 份，合格率 100%；物体表面监测 4 份，合格率 100%；使用中的消毒液监测 4 份，合格率 100%；餐饮用具监测 12 份，合格 11 份，合格率 91.67%。

艾滋病防治 县卫计部门大力开展艾滋病大众宣传教育工作，利用大集、进社区、上街、入机关、进学校等形式开展艾滋病、性病防治宣传活动，全年发放宣传品 2 万余份，大众的艾滋病防治意识和防病水平得到提高。本着预防为主、防治结合的工作方针，对高危人群采取必要的行为干预，减少高危行为，降低传播风险，以控制艾滋病的发生与流行。与县公安局、县司法局配合，建立长效机制。对新入监人员进行艾滋病筛查，并及时上报结果。全年对 177 名被监管人员进行 HIV 抗体筛查，结果均为阴性。开展艾滋病自愿咨询检测工作，对 713 名自愿者进行艾滋病筛查检测，初步筛查出 3 例 HIV 抗体阳性者，对筛查阳性血样及时送检，并对咨询者进行检测后咨询和转介，对确诊阳性者进行流行病学调查，及时进行网络报告。对发现的艾滋病感染者和艾滋病病人，做到早检测、早发现、早管理、早治疗，遏制艾滋病的发生与发展，减少艾滋病传播给社会、家庭和个人带来的危害。加强艾滋病免费抗病毒治疗及艾滋病感染者随访工作，有效开展艾滋病的抗病毒治疗，提高抗毒治疗效果，提高 HIV 感染者和艾滋病病人的生存质量。

【公共卫生服务】 *慢病管理项目* 2016 年，县卫生和计划生育局建有基层卫生科，负责公共卫生服务工作；各乡镇卫生院建有公共卫生科，依托各村村医，建立县乡村三级慢病防治管理网络。通过居民健康体检、35 岁以上人群首诊测血压等形式筛查慢病患者，各乡镇卫生院对筛查出的慢病患者，建立以村为单位的慢病台账。在管理上，各乡镇依托乡医对慢病患者每季度进行一次随访，分类干预。全县高血压患者4.77万人，规范管理4.15万人，规范管理率87%；糖尿病患者1.22万人，规范管理1.05万人，规范管理率86.07%。

预防接种项目　全县有预防接种门诊26个，有预防接种人员317名。接种人员全部培训合格，持证上岗。各接种点负责本行政辖区的接种工作。各接种门诊为适龄儿童免费接种乙肝疫苗、卡介苗、脊髓灰疫质炎苗、百白破疫苗等国家免疫规划疫苗，并及时发现、报告预防接种中的疑似异常反应，预防接种信息实行计算机管理。国家免疫规划疫苗接种率、建证建卡率均达到国家要求。

健康教育项目　针对健康素养基本知识和技能、优生优育及辖区重点健康问题等内容，各项目实施单位以多种形式为居民提供健康教育信息。各单位均设置健康教育宣传栏并定期更新内容；全年为居民提供18种宣传材料；利用村广播、播放VCD、DVD、进行健康知识讲座等方式开展健康教育。2016年，对健康教育实施“三统一”管理，统一制作宣传册3.2万册，统一制作宣传栏52块，统一制作宣传展板354块。

老年人健康管理项目　乐亭县对65岁及以上老年人进行登记，给予疾病预防、自我保健及伤害预防、自救等健康指导，开具健康教育处方。2016年，全县纳入管理的65岁以上老年人5.95万人，管理率达到国家要求。11月，对全县65岁以上老年人进行了体检。

重性精神疾病患者管理项目　2016年，全县累计确诊重性精神病患者1823人，累计死亡失访92人，失访157人，实际管理1574人。是年，将祥亭医院纳入县重性精神病项目管理单位，承担协助县卫计局及县疾控中心随访指导重性精神病应急处置及免费服药管理工作。

突发公共卫生事件　建立健全突发公共卫生事件应急队伍，定期培训、演练，保证遇有突发事件及早到位开展医疗救治工作。建立县、乡两级医疗救治体系，根据突发公共卫生事件级别及情况，明确两级救治队伍责任，确保车辆、设备、人员、药品、物资五到位。

卫生监督协管服务项目　县卫生主管部门成立卫生监督协管服务工作领导小组，建立相关管理制度，结合实际制订实施方案和考核办法。全年对63名乡镇卫生监督协管员进行集中培训2次，重点从传染病防治、饮用水卫生安全、学校卫生、非法行医等方面进行讲授。7月，对全县16个乡镇卫生院卫生监督协管服务工作进行督导检查，发现问题及时解决。通过开展卫生监督协管工作，全县基层公共卫生监督服务水平得到提高。

【卫生监督】　县卫生主管部门突出重点，结合日常监督工作开展学校卫生、公共场所及饮用水卫生、医疗卫生等各项专项整治活动，依法查处违法行为，不断提高监管工作能力和水平。在执法检查中，出动执法人员1500余人次，出动车辆550余台次，检查监督2100余户次，监督覆盖率达95%；发监督文书413份，对违反卫生法律法规情节较严重的11家经营单位实施行政处罚，罚款2万余元。全年办理各类卫生许可证199个，培训从业人员3000余人。

【农村医疗卫生】　2016年，继续在村卫生室推行药品零差率销售和一般诊疗费制度，对村医实施行政、人员、业务、药械、财务、绩效考核“六统一”管理，有效规范了村医执业行为和药品采购行为。6月，县卫生主管部门对乡镇卫生院医生、村卫生室人员、乡镇卫生院管理人员进行培训，培训内容以内科、儿科常见病为主，使各类人员技能得到提高。

为增强村卫生室及村医抗御医疗风险的能力，提高村医执业积极性，促进诊疗技术水平的提高和服务质量的提升，保障医患双方合法利益，巩固完善基层医药卫生体制改革成果，继续实行村卫生室医疗执业风险互助基金制度并对其进行了修订。是年，医疗执业风险互助基金本着自愿的原则，按照每个村卫生室300元或500元两个标准筹集。统筹基金管理机构设在县卫生和计划生育局，管理人员由县卫生和计划生育局相关科室、卫生院院长和村医代表组成。建立健全财务管理制度，专款专用于村卫生室医疗纠纷赔偿。

【医疗卫生管理】 医疗质量管理　2016年，县卫生主管部门按照省、市要求，继续加强医疗质量管理。开展医护人员“三基”（基础知识、基本理论、基本技能）培训。严格执行“三严”（严格、严肃、严谨）标准，建立了培训、考核制度。全年组织县级培训16次，涉及医院质量管理、抗菌药的合理用药、病历处方书写等内容。同时，组织相关单位参加市级、省级培训近30次，包括寨卡病毒病诊疗、临床用血管理、国际疾病分类编码、医疗改革等内容。开展监督检查。为减少医疗纠纷的发生，规范各医疗机构的执业行为，县卫生和计划生育局组织卫生监督所、县医院、中医院的专家，开展医院感染管理、打击非法行医、临床用血安全、麻醉药品管理等9项内容的专项督导检查。各医疗机构三级查房等核心医疗制度进一步落实，医疗行为得到规范。开展主题活动。由县医院专业人员授课，对病历处方规范书写进行培训2次，并在基层医疗机构开展病历书写质量评比活动，评出一、二、三等奖。根据上级安排，开展“群众满意的乡镇卫生院”创建活动，通过活动的开展，医院的医疗服务质量全方位提升，医疗安全得到有效保障。

院内感染管理　县卫生主管部门注重加强各医疗机构院内感染管理。指导各单位落实相关工作制度，开展院感科、血透室、手术室等重点科室医务人员培训，加强对各单位重点科室、重点环节监管。各医疗单位明确职责，认真开展医院感染病例监测、病例监测、消毒灭菌检测、一次性用品管理、医疗废物管理等工作，院内感染管理质量得到提升。

卫生下乡　县卫生主管部门制定卫生下乡工作实施意见和安排，县级医疗单位均成立有支农医疗小分队，由主管副院长亲自挂帅，安排精干力量，配齐车辆、药品、器械等必需物品，每月至少一次深入偏远村镇开展义诊活动，开展送医送药、卫生咨询、疾病普查等活动。义诊服务的足迹遍及全县13个乡镇，义诊服务40余场次，义诊医务人员200余人次，发放健康教育宣传资料1万余份，减免B超、化验等检查费用7000余元。

基层支援　县卫生主管部门根据上级安排，继续做好2015～2017年二级医院对口支援乡镇卫生院工作，县医院、县中医医院及妇幼保健院分别确定对口支援的乡镇卫生院，共支援乡镇卫生院13家。支援医院按要求派出管理、医技方面的专家对乡镇卫生院进行支援，在受援单位参与门诊、查房、医院管理、技术指导、培训等工作，乡镇卫生院的服务质量得到有效提升。

白内障复明工程　按照上级确定的白内障复明工程任务，选择县医院为定点医院，县医院成立由主管院长任组长的白内障复明工程领导小组，对生活贫困，经筛查视力小于0.1的患者，帮助预约手术时间，减少就诊不便。2016年，白内障复明工程完成白内障手术99例。

【县医院与解放军301医院开通远程诊疗服务】 2016年6月7日，县医院与北京解放军301医院远程会诊平台正式启用，通过这一平台，可以进行实时同步的音、视频交流互动，患者病情在301医院预约专家指导下，确定治疗方案。年内有13位患者进行了远程会诊，取得了医患双方都满意的效果。县医院还先后6次参加301医院开展的远程医疗教学活动，推动了县医院医疗教学工作的开展。

【县医院加入唐山人民医院医疗集团】 2016年8月11日，唐山市人民医院与乐亭县医院合作签约仪式在乐亭丞起颐天园现代农业园举行。自此，乐亭县医院成为唐山市人民医院医疗集团成员单位，人民医院授权使用“唐山市人民医院医疗集团乐亭县医院”名称。双方建立医疗资源共享平台，合理有效配置医疗资源，逐步建立集团内不同层次、不同类别的医疗机构分工协作机制，推动在医疗机构之间实现分级诊疗、双向转诊、差异服务、对口支援、人员培训、科研协作等多方面合作。唐山市政协副主席兼唐山市人民医院院长胡万宁、唐山市人民医院副书记兼副院长幺文博、唐山市人民医院副院长韩瑞清等院方代表，乐亭县县委书记王东群、县长董立群、县政协主席于红等县方代表参加签约仪式。签约仪式由县长董立群主持，王东群致辞，胡万宁讲话。胡万宁、戴恩海（县医院院长）代表两院在合约上签字。

【县医院与开滦总医院签订重点科室协作协议】 2016年9月20日，开滦总医院、乐亭县医院技术协作医院签字揭牌仪式在乐亭县医院举行。此举，本着“资源共享、互惠互利、友好交流、共同发展”的原则，顺应国家三级诊疗制度的实施，深化乐亭县医疗卫生体制改革，推动县域医疗卫生事业健康和谐发展，加强医院之间的技术合作。其合作目标为充分发挥双方优势，通过技术交流、双向转诊等渠道，加强乐亭县医院的经营管理和人才队伍建设，在开滦总医院的帮带下，乐亭县医院力争在2～3年内打造1～2个具有一定影响力的名优特色科室，逐步提升乐亭县医院的综合服务能力和管理水平，提高经济效益和社会效益，最终达到双方互惠共赢目标，惠及区域内群众就医。

【县中医医院被确定为省中医药文化建设示范医院】 2014年，县中医医院被确定为省文化建设示范医院创建单位。县中医医院调拨专项资金，由专职工作人员负责从组织管理、核心价值体系、行为规范体系、文化环境建设、中医药文化传播五个方面进行认真筹划准备。2015年12月，省中医药管理局组织专家到院进行验收，对中医药文化建设工作提出了整改意见、建议。2016年9月，再次检查验收，认为组织健全，目标明确，核心价值体系、行为规范体系比较健全，环境形象能够体现中医药文化，加强了中医药文化的传播。12月，县中医医院被正式确定为省中医药文化建设示范医院。

爱国卫生运动

【“国家卫生县城”巩固提升】 2016年1月26日，全国爱卫会下发《关于2015年国家卫生城市（区）和国家卫生县城（乡镇）复审结果的通报》（全爱卫发〔2016〕2号），乐亭县城被重新确认为“国家卫生县城”。为巩固提升国家卫生县城创建成果，乐亭县爱国卫生运动委员会办公室（简称县爱卫办）不断完善城市管理的常态化管理机制，沿用创卫复审时的督导检查机制，加强城区环境卫生日常督导，发现问题及时下发督办卡，协调相关部门予以解决。年内，下发督办卡68份，解决问题139个。配合县城市管理行政执法局开展洁净城市创建工作，严格落实“门前三包，门内达标”责任制，与个体门店签订责任书2500份，评定三星级示范门店30家。

【城乡环境卫生综合整治】 县爱卫办结合“爱唐山、讲卫生、迎世园”活动和美丽乡村建设，全面开展城乡环境卫生综合整治活动。县城区重点对居民小区、城乡结合部、城中村、背街小巷、集贸市场、车站等区域的卫生死角进行综合整治，对果皮箱、公交站牌、路灯杆、门店卷帘门进行擦拭，对临街陈旧建筑立面进行粉刷。各乡镇重点清理村庄内外、公路边沟的柴草垃圾，消除“四害”孳生环境。开展“干干净净迎春节”环境卫生集中整治、“庆五一、迎世园”卫生大扫除、迎“双节”环境卫生整治等活动，并对活动落实情况进行督导检查。协助县委农工委加强对农村禁止垃圾、秸秆焚烧工作的督导检查，对发现的问题落实整改措施，全县城乡环境和空气质量得到改善。

【美丽乡村建设厕所改造】 2016年，乐亭县美丽乡村建设厕所改造任务10001座，重点安排在42个省级重点村，争取市级改厕奖补资金283.98万元。县爱卫办印发《关于调查核实2014—2015年农村改厕工作的通知》，要求各乡镇、街道做好“回头望”工作，为2016年厕所改造工作开展做好准备。县委农工委制定印发《乐亭县2016年美丽乡村建设厕所改造提升实施方案》，将农村改厕任务分解到各乡镇，并组织召开改建无害化卫生厕所培训会议；改厕物资由县财政局采购中心统一招标采购，保证物资质量。落实改厕进度周报制度，及时掌握改厕工作进度，表扬先进，督导后进，加快推进全县美丽乡村厕所改建提升步伐。到11月底，全县厕所改造任务全部完成。县爱卫办与县委农工委、县财政局、县审计局组织检查验收组进行了检查验收。

【开展“爱国卫生月”活动】 县爱卫办围绕“灭

蚊防病、健康你我”主题，印发《乐亭县关于开展第28个爱国卫生月活动的通知》，要求明确任务，落实责任，积极组织实施。利用宣传栏、宣传材料、电子屏幕等多种形式，开展以卫生防病知识、春季灭鼠、农村改厕等为内容的宣传活动。4月8日，县爱卫办联合县卫计局、县市场监督管理局、县教育局在文园开展第28个“爱国卫生月”集中宣传活动，现场悬挂条幅4条，发放宣传材料3000余份，接受群众咨询300余人次，并在县电视台进行了新闻报道，为“爱国卫生月”活动的开展营造良好氛围，群众健康素养和参与意识得到提高。

【爱卫办病媒生物防制】 县爱卫办以“爱国卫生月”活动为契机，组织开展春秋季灭鼠工作，印发灭鼠工作通知，明确灭鼠工作目标、时间要求、工作措施和责任分工。利用宣传栏、宣传材料、电子屏幕、广播电视等媒体，宣传防鼠、灭鼠知识，调动广大群众参与灭鼠行动的积极性。全县采购鼠药30吨，毒饵盒1000个，粘鼠板1500张，发放到各乡镇及县直单位，并开展统一集中投药行动，确保灭杀效果。指导县直单位和各乡镇开展夏季灭蚊蝇工作，确保“四害”密度达标。

【禁烟控烟】 2016年5月31日，县爱卫办印发《关于开展第29个世界无烟日活动的通知》，要求加强禁烟控烟工作的组织领导，明确相关单位的职责。确定专人负责落实。当日，联合县市场监督管理局、县卫计局、县教育局等相关单位，在文园开展了控烟宣传活动。以悬挂条幅、设置展板、发放宣传资料等形式向群众宣传吸烟的危害及控烟的重要性。活动中悬挂宣传横幅5条，发放宣传资料2000余份，解答群众咨询100余人次。另外，通过在县电视台滚动播放禁烟温馨提示语，在大东方购物广场、青春广场电子显示屏连续播放禁烟短片宣传禁烟控烟的意义，收到良好效果。同时，推进医疗卫生系统、公共场所禁烟控烟工作，加大对医院、车站、商场、学校等场所禁烟控烟的监督检查力度，促进禁烟控烟工作的有效开展。年内，督导检查10次，督促整改问题46个。

【卫生镇村、社区创建】 2016年，县爱卫办指导各乡镇、街道按照卫生镇、村（社区）创建标准对标创建。年内，全县创建省级卫生乡镇（庞各庄乡）1个，省级卫生村（关帝庙村、八里桥村、前罗庄村、齐庄子村、何官营村、向阳坨村、榆林村）7个，市级卫生社区2个。

县爱卫办

主　任　赵永民

医院选介

【乐亭县医院】 乐亭县医院始建于1949年，是一所集医疗、教学、科研、预防保健、急诊急救为一体的综合性医院，为河北医科大学、华北理工大学、唐山职业技术学院教学医院。县医院占地面积4公顷，建筑面积3.6万平方米。2016年有职工784人，其中专业技术人员688人。在专业技术人员中正高职14人，副高职111人，中职人员226人。医院编制床位490张，实际开放床位577张；有临床专科19个、医技科室12个，行政职能科室13个。年内县医院门诊量43.5万人次。

县医院拥有德国西门子1.5T高场核磁、德国西门子64排128层螺旋CT、日本日立低场核磁、美国GE全身双层螺旋CT、荷兰飞利浦数字减影血管造影机、德国两微米激光手术系统、彩色多普勒超声诊断仪、CR、DR数字X线摄影系统、腹腔镜、16人大型高压氧舱、全自动生化分析仪等大中型医疗设备100余台件。

县医院神经外科、肝胆外科、肿瘤外科、泌尿外科、心血管内科、神经内科、肿瘤内科等科室逐步形成了自己的特色，能够成功开展显微神经外科手术、腹腔镜下微创手术、冠脉造影+支架置入术、脑肿瘤切除术、肝癌肝叶切除术、甲状腺癌根治、乳腺癌根治、全髋关节置换术、药物溶栓、两微米激光前列腺切除术等技术项目。

2016年，县医院强化管理，加强思想建设、制度建设，推行依法治院。通过深化干部人事和绩效分配制度改革、完善质量考核体系，建立科学规范的药品耗材、采购供应机制，建立起适应医院发展的激励约束机制，医护人员积极性得到提高，医疗服务行为逐步走向规范，廉政建设不断加强。

3月，县医院与北京解放军301医院签订远程医学服务协议，开展远程会诊和远程教学；8月加入唐山市人民医院医疗集团；9月与开滦总医院技术合作签约。通过联合办医，得到上级医院专家出诊、会诊、手术、讲课和免费带教专业技术人员等大力支持，使医院的综合技术实力和水平进一步提升。

年初，县医院停车场改造项目启动实施，年底基本完工。重新规划车位515个，其中新增281个，设计及工程建设投资350余万元。改造后的停车场安装了先进的停车场智能管理系统，就医停车难的问题得到有效缓解。6月，120指挥中心投入使用，在全县范围内实现医疗急救资源一体化，保障了院前急救资源的统一调度，全县医疗救援指挥调度能力全面提升，缩短了院前急救等待时间，为患者搭建起快速、安全、高效的绿色生命通道，满足了群众急病救治的医疗需求。

【乐亭县中医医院】 乐亭县中医医院始建于1985年7月，是在原城关分院的基础上改建而成。2012年3月28日迁入新址，占地面积5.33公顷，建筑面积2.62万平方米，建有4层的门诊楼、3层的医技楼和8层的病房楼，另有2栋3层附属用楼。乐亭县中医医院有职工314人，其中卫生专业技术人员266人，专业技术人员中高级职称21人。设置床位260张，设有脑病科、心血管病科、肿瘤科、综合科、外科、妇产科6个病区，有临床、护理、医技、职能工勤等50余个科室。拥有核磁、CT、DR、CR、数字胃肠机、全自动生化分析仪、彩超、中药熏蒸机、煎药机等大中型医疗设备100余台件。2016年，经省中医药管理局批准为中医文化建设示范医院。

2016年，县中医医院抢抓京津冀协同发展机遇，积极推进与京津冀大医院合作，提高诊疗水平，拓宽服务范围。与唐山市人民医院签订合作协议，加入中医医疗集团，加强肿瘤、乳腺等科室合作，实行双向转诊，优化就诊流程。与北京远程视界眼科医院管理有限公司合作，引进总价值712万元的设备，全年白内障项目开展筛查30次约2800人次，聘请北京佑安医院眼科专家到院开展手术582例；开展视光项目，对6所小学免费进行视光筛查，到院就诊患者400人，训练37人，配镜150副；开展糖网项目，聘请中国中医科学院眼科医院、武警总医院眼科专家到院坐诊，实施手术8例。与中诚嘉和（北京）投资管理有限公司合作共建核磁共振科室项目，5月10日签订合作协议，6月底完成招标购置的西门子1.5T核磁共振设备正常投入使用，年内检查人数1041人次。

【乐亭县妇幼保健院】 乐亭县妇幼保健院始建于1963年6月，原名乐亭县妇幼保健站，1982年更名为妇幼保健所，1998年2月更为现名。2016年有职工103人，其中专业技术人员87人。在专业技术人员中副高职7人，中职50人。设有妇保科、儿保科、妇产科、儿科、保健科、内科、外科、结石科、两癌筛查门诊、产前筛查门诊、犬伤门诊等科室，检验科、功能科、放射科设备齐全。妇幼保健院编制床位50张，实际开放床为78张。有病区2个，能开展各科常见病、多发病的诊治。全年门诊人数7.49万人次，收住院病人2839人，业务收入1987万元。

县妇幼保健院是县内唯一一家妇幼保健专业机构，承担全县各级妇幼保健培训与技术指导工作，承担着农村孕产妇住院分娩补助、增补叶酸预防神经管缺陷、农村35—64周岁农村妇女进行“乳腺癌”“宫颈癌”免费筛查3项重大公共卫生服务项目工作。同时还承担着孕产妇和儿童保健管理两项国家基本公共卫生服务项目及国家妇幼综合卫生项目。为全县孕妇在孕早期免费提供化验、孕中期免费提供B超检查。

县妇幼保健院为有效完成国家妇幼公共卫生项目，配备了专业的乳腺钼靶X线机筛查乳腺癌；开展国际通用的宫颈癌筛查技术（TCT检测方法）进行宫颈癌筛查，此技术准确率达90%以上。通过开展两癌筛查工作，宫颈癌检查5240人，完成率104.8%；其中筛查出低级别癌前病变 4 人，高级别癌前病变 10 人，原位癌 1 人，浸润性淋巴癌 3 人。乳腺癌检查 651 人，完成率 108.5%，筛查出乳腺癌 1 人。

县妇幼保健院备有世界领先的妇产科专用美国 GE 四维彩超和专业的母体血清标志物检测的时间分辨荧光免疫分析仪，开展产前筛查工作。作为全县唯一产前筛查单位，把“产前筛查”门诊作为妇幼保健院的特色门诊重点培育，彩超可筛查出胎儿六大致命畸形，验血可有效的筛查出 21- 三体综合征、18- 三体综合征（先天愚型），通过经济、简便和无创伤的方法筛查重大出生缺陷。2016 年，产前影像学筛查 2600 余人，阳性病例 58 人，均转往上级医院进一步确诊。血清学筛查 1300 余人，对高风险孕妇及时转诊。同时，对影像学筛查及血清学筛查的孕妇全部进行随访，随访率 100%。

是年，全县有农村户籍产妇 2346 人，领取住院分娩补助的 2169 人，领取补助率为 92.46%。发放叶酸 3435 人份，完成率 114.5%。年内，全县共出生活产儿 3599 例，住院分娩率 100%，孕产妇系统管理率 92.86%，3 岁以下儿童系统管理率 92.11%，5 岁以下儿童死亡率 3.06‰，全县出生缺陷发生率 10.48‰。

【姜各庄镇中心卫生院】 姜各庄镇中心卫生院位于姜各庄镇西王庄村，占地面积 0.81 公顷，门诊、病房楼建筑面积 1647 平方米。2016 年有职工 39 人，其中主治医师 7 人，医师 7 人，主管护师 2 人，护师 1 人，护士 6 人，主管检验师 1 人，执业药师 1 人，药剂员 3 人，会计员 3 人，其他人员 8 人。

姜各庄镇中心卫生院设内科、外科、妇产科、儿科、中医科、预防保健科、B 超室、心电图室、检验科、放射科、病房等科室，设病床 44 张。拥有 200MA、300MAX 光机各 1 台及 DR 成像系统，彩色超声诊断仪及工作站，双目显微镜，电动洗胃机，彩色经颅多普勒、全自动生化分析仪、尿液分析仪，血球分析仪等医疗设备。

姜各庄镇中心卫生院是政府开办的非营利性医疗机构，是城镇职工和城镇居民及新型农村合作医疗定点医院。承担辖区 70 个行政村近 5 万人口的基本医疗服务和公共卫生服务，能开展各种常见病、多发病的检查和治疗及孕产妇保健，开展阑尾切除术、疝气修补术等手术。

年内，姜各庄镇中心卫生院门诊量 5.9 万人次，年收治住院病人 1667 人次，出院 1706 人次，实现收入 553 万元。

【新寨镇中心卫生院】 新寨镇中心卫生院位于新寨三村，占地面积 0.74 公顷，建筑面积 2100 平方米。2016 年在职职工 34 人，其中专业技术人员占 80%，承担辖区 27 个行政村 2.55 万人的基本医疗服务和公共卫生服务，有病床 45 张，设内、外、妇、五官、中医、口腔等临床科室和公共卫生科、新农合管理站及一体化管理办公室。有 3 个医技科室，有 CR 计算机摄影系统 1 台，半自动生化分析仪，尿液分析仪以及口腔治疗台，五官综合治疗台等检验检测处置设备。

通过加强规范化管理，加大人才培养力度，更新医疗及诊断设备并与县级医院建立对口帮扶关系，卫生院整体医疗技术水平明显提升，基本满足辖区群众就医需求。内科有效收治心脑血管等住院病人，对危急重症病人积极救治或转诊；外科能开展下腹部手术的操作；开设以中医为特色的专科门诊；妇科开展无痛人流操作。

新寨镇中心卫生院是政府开办的非营利性医疗机构，是城镇职工和城镇居民及新型农村合作医疗定点单位。认真执行国家基本用药制度，全部配备和使用国家基本药物及河北省增补药物，所有药品执行网购及零差价销售。公共卫生科，预防接种门诊和妇幼保健科设置规范，流程合理。配备公共卫生人员 7 名。全镇有标准化卫生室 24 个，乡村医生 27 人，承担村级基本医疗及公共卫生服务职能，新寨镇中心卫生院对其实行“六统一”管理。标准化卫生室均为新农合门诊定点单位，实行门诊即报，方便群众就医。

年内，新寨镇中心卫生院门诊量 6.2 万人次，收治住院病人 1305 人次，实现收入 419 万元。

【阎各庄镇中心卫生院】 阎各庄镇中心卫生院

位于阎各庄村北部，占地面积 0.67 公顷，2001 年 11 月投资 150 万元新建门诊、病房楼一栋，建筑面积 2485 平方米，设病床 40 张。2016 年，在职卫生技术人员 36 名，服务范围覆盖全镇 41 个行政村及周边部分村庄，服务人口约 3.2 万人。辖 39 个村卫生室，乡村医生 42 名，其中 32 个卫生室安装了报销平台。阎各庄镇卫生院对卫生室实行“六统一”管理。

阎各庄镇中心卫生院设急诊室、内科、外科、儿科、妇产科、预防保健科、发热门诊、肠道门诊、中医理疗科、五官科、手术室、档案室、药房、化验室、放射科、功能检查室、观察治疗室、注射室、处置室、消毒供应室、财务室 21 个科室，拥有 X 光机、B 超机、心电图机、DR 等诊疗设备。能够开展常见病、多发病的检查和治疗，孕产妇保健，能开展阑尾切除术、疝气修补术等手术。阎各庄镇中心卫生院是政府开办的非营利性医疗机构，是城镇职工和城镇居民及新型农村合作医疗定点单位，药品实行零差价销售并统一采购，网采率 100%。

年内，阎各庄镇中心卫生院门诊量 4.5 万人次，年收治住院病人 1012 人次，实现收入 305 万元。

社会 · 民生

综　述

2016年，县委、县政府带领全县人民以建设“沿海强县、美丽乐亭”为目标，落实“四个干”机制，坚守发展、生态、民生三条底线，统筹把握稳增长、调结构、治污染、惠民生、防风险的平衡点，持续实施“11348”工程，加快经济增比进位，着力推进供给侧结构性改革，着力推动工业转型升级，着力培育新的经济增长点，着力加强生态保护，着力保障和改善民生，着力加强和改进党的建设，全面唱响“实干兴县”主旋律，实现了经济快速发展和各项事业长足进步，民生福祉持续提升。全县城镇居民人均可支配收入31378元，比上年增长8.6%，其中工资性收入增长3.1%；人均消费性支出17729元，比上年增长7%；城镇居民恩格尔系数为22.3%；城镇居民人均住房建筑面积38平方米。农村居民人均可支配收入14789元，比上年增长8.9%，其中工资性收入增长31.3%；人均消费性支出9805元，比上年增长7.1%；农村居民恩格尔系数为26.1%；农村居民人均住房建筑面积36平方米。全县城乡基本养老保险参保人数33.19万人，比上年减少3700人。其中，城镇职工参保人数6.75万人，城乡居民参保人数26.44万人。城镇职工基本医疗保险参保人数4.16万人；失业保险参保人数2.62万人，失业保险基金支出2230万元。

基本养老保险

【概　况】 2016年年末，全县城镇企业职工基本养老保险覆盖人数4.99万人，比上年增加2310人，增长4.86%；城乡居民基本养老保险参保人数27万人，其中当年新增1121人。

【企业职工基本养老保险】 全县有参保企业529家，参保职工3.96万人，其中当年扩面新增2310人，完成市达任务的100.03%；全年征缴养老保险费2.16亿元，比上年增长12.38%。加大民生保障力度，做到养老金按时足额发放，全年为1.03万名离退休人员发放养老金2.8亿元。加强基金管理，保证基金安全，基金累计结余1.5亿元。

【机关事业基本养老保险】 2016年，机关事业参保单位192家（其中财政供养单位99家，自筹单位93家），参保职工1.11万人，全年征缴养老保险费1.51亿元。全县离退休人员6453人，全年发放基本养老金3.16亿元，发放遗属补助466万元。

【城乡居民社会养老保险】 按照省人力资源和社会保障厅、省财政厅《关于从2016年起提高我省城乡居民基本养老保险基础养老金标准的通知》文件精神，对全县城乡居民基础养老金标准进行调整，由每人每月90元提高至每人每月95元（中央财政补贴70元，省级财政补贴10元，市级财政补贴5元，县级财政补贴10元），增加的养老金待遇全部落实到位。至年底，全县城乡居民实际参保缴费人数27万人，其中当年新增1121人；领取养老金待遇人员9.41万人，综合参保率98.8%。

【社会化管理服务】 全年为1.03万名企业离退休人员发放养老金2.8亿元，为7182名机关事业单位离退休人员及遗属发放养老金3.2亿元，社会化发放率100%。为全县9935名企业退休人员增加了养老金，人均增加157.85元，调整后月人均养老金2080.59元。为6012名（机关1349名，事业4663名）机关事业单位退休人员调整了养老金，人均调整239.34元，补发2016年前10个月的工资1428.44万元。开展离退休人员养老金领取资格认证工作，依托乡镇劳动保障事务站、城区街道办事处及离退休职工单位，采取各种形式，对全县1.7万名离退休人员开展生存状况调查工作，有效避免了养老金流失现象的发生。

失业与工伤保险

【失业保险】 2016年，为全县1472名失业人员发放失业保险金1035.13万元。依据唐政办〔2014〕20号文件精神，为唐山市德龙钢铁有限公司争取援企稳岗补助资金704.37万元。依据市人力资源和社会保障局、市财政局转发《关于做好失业保险支持企业稳定岗位工作的文件的通知》精神，为全县97家企业争取稳岗补贴281.09万元。依据市人力资源和社会保障局、市财政局《关于落实2016年度失业保险支持企业稳定岗位工作的通知》精神，为全县76家企业争取稳岗补贴209.68万元。

【工伤保险】 全县参保企、事业单位729家，参保职工2.98万人，比上年增加278人；全年征缴工伤保险基金1416.03万元，比上年下降6.6%（原因为根据唐人发〔2016〕14号文件精神，工伤保险费率政策调整，行业工伤风险类别由原来三类细化为八类，缴费费率总体降低。）。7月，对94名一至四级伤残人员和领取供养亲属抚恤金人员进行生存资格认证，主要采取网点认证、协查认证、上门认证3种方式，对不符合供养条件或已死亡的供养亲属，及时停发待遇，避免冒领；年内有2名工伤职工达到退休年龄，及时停发伤残津贴；6名因工死亡人员的供养亲属及时停发供养亲属待遇，其中死亡3名，年龄满18周岁3名。年内为1555人次工伤职工及其供养亲属支付工伤保险金额842.63万元，全县工伤保险基金结余573.4万元。

医疗保险与生育保险

【概　况】 乐亭县自2002年10月实施城镇职工医疗保险改革后，社保部门不断加强医保体系建设。年末，全县以城镇职工基本医疗保险、城乡居民基本医疗保险为主，大病医疗保险为辅，生育保险、门诊特殊疾病保险为补充的广覆盖、多层次的医疗保障体系基本形成。

【城镇职工基本医疗保险】 2016年，全县城镇职工基本医疗保险参保人数4.16万人，其中在职2.82万人。全年征缴城镇职工医疗保险费1.42亿元，支出9703万元，及时为患病职工报销医疗待遇，患病职工的合法权益得到切实保障。

【新型农村合作医疗保险】 2016年，全县新型农村合作医疗参合人数33.91万人，参保率97.4%，筹资标准由每人每年490元提高到每人每年560元（个人150元，中央和地方财政补助410元），共筹集资金1.9亿元。本着“既保证农民最大程度受益，又要防止基金风险”的原则，科学调整补偿方案，提高报销比例，广大农民群众切实享受到了实惠，就医费用负担进一步减轻。全年新农合累计补偿人数86.77万人，医疗费用3.41亿元，补偿支出1.84亿元。其中，普通门诊补偿人数77.86万人，医疗费用2577.44万元，补偿支出1291.35万元；特殊门诊补偿人数2.96万人，医疗费用1389.94万元，补偿支出906.03万元；住院补偿人数5.95万人，医疗费用3.01亿元，补偿支出1.62亿元；实际补偿比53.96%。12月，新型农村合作医疗保险与城镇居民基本医疗保险整合为城乡居民医疗保险。

【城乡居民医疗保险】 2016年12月，乐亭县根据省政府《关于整合城乡居民基本医疗保险制度的实施意见》，将城镇居民基本医疗保险和新型农村合作医疗保险整合为城乡居民医疗保险。城乡居民医疗保险参保人数35.24万人，其中成人类参保人数 28.84 万人，学生类参保人数 6.4 万人，参保率 100%。

【城镇职工生育保险】　到 2016 年年底，全县城镇职工生育保险参保人数 2.81 万人，征缴保险费 462 万元。全年为 864 名参保职工支付生育保险金 551 万元。

【医疗保险基金管理】　为保证医疗保险费按时足额征缴，社保部门对应缴未缴单位，采取政策宣传、电话催缴、单位走访、发放催缴通知单等多种方式方法开展征收，全年征缴医疗保险基金 1.42 亿元，征缴率 100%。加大对医保“两定点”单位（定点医院、定点药店）稽核力度，充分发挥网络作用，对重点单位加大监管力度，实时进行抽查。对定点医院，采取抽查病历、重点监控分析网络数据及现场检查等方式，发现问题及时整改，拓宽群众监督渠道，及时受理群众举报和诉求，切实维护医保政策的严肃性，群众切身利益得到保障。

县社会保险局
局　长　秦惊涛

社会福利与救助

【“五保”供养】　党和政府对农村失去劳动能力、无依无靠的老、弱、残、幼实行“五保”（吃、穿、医、养、葬，孤儿保教），供养的办法有两种，一是集体供养，符合条件的人员进入敬老院生活；二是分散供养，健全居家托养手续，按年度供给生活费用。2016 年，全县有“五保”对象 2471 人，其中集中供养 653 人，供养标准每人每年 6000 元；分散供养 1818 人，供养标准每人每年 5000 元。

【光荣院、敬老院建设】　县光荣院是全县唯一一所财政全额拨款的优抚事业单位，集供养、康复、娱乐为一体，为重点孤老优抚对象提供全方位服务。2016 年，县光荣院不断完善各项工作制度，促进院务管理和服务水平的提高。对老人的“吃、住、娱、疗”，继续推行“三勤”（手勤、腿勤、嘴勤）、“四心”（热心、诚心、细心、爱心）的工作方法。对住院老人的身体健康况状实行分级服务，为每位老人建立健康档案，定期为老人检查身体，并配备各种常用药品，做到小病不出光荣院。服务工作实现由“养老型”向“康复型”转变。年底，县光荣院有在职职工 21 名，入住老人 66 名，其中年龄最大的 98 岁，最小的 77 岁。

到年底，全县有姜各庄敬老院、庞各庄敬老院、中堡敬老院（民政事业服务中心）、胡家坨敬老院（救助管理站）4 所，集中供养“五保”对象 653 名。为规范敬老院管理，对 96 名由乡镇初审合格的申请集中供养的“五保”对象进行入户调查，核准基本信息后，办理了入院手续。从当年 1 月始，“五保”供养费用改按季审批为按月审批，县财政局按月足额拨款。

各敬老院实行民主管理、文明办院，定期为入院老人检查身体，并把全部入院老人纳入新农合和医疗救助范围。实行零距离全天候服务，尽可能满足不同老人不同层次的需求。确保入院老人生活有序，每周更换菜谱，合理调整膳食；提高老人的生活质量，定期为其更换床单、被罩等用品。加强安全管理，各院均安装了监控设备，保证全天候有效监控，防范安全事故的发生。按照县政府的统一部署，对各敬老院的燃煤锅炉进行了改造，统一改换为节能环保的生物质锅炉。工作人员实行岗位责任制，定岗定责，建立奖惩机制，服务意识和竞争意识进一步增强。

【城乡居民最低生活保障】　至 2016 年 12 月，全县有农村低保对象 2448 户 3125 人，累计发放农村低保金 2507 万元，月人均补差 258 元。城镇低保对象 137 户 204 人，累计发放城镇低保金 550 万元，月人均补差 443 元。

城乡低保提标　自 2016 年 1 月 1 日始，城市低保标准由原来的每人每月 500 元提高到 550 元，农村低保标准由原来的每人每年 3550 元提高到 3912 元。

城乡低保清理核查　按照省民政厅《关于组织开展全面提升救助工作水平实施精准兜底脱贫活动的通知》要求，结合全县城乡低保工作实际，规范低保工作程序，县民政局制定印发《乐亭县2016年城乡低保全面核查工作实施方案》，组织召开3次城乡低保会议，对城乡低保全面核查工作进行安排部署。按照“阳光低保”要求，落实按户施保政策，将符合低保条件的贫困家庭纳入低保范围。在低保政策掌握上，做到一把尺子量到底，不搞特殊化，没有特殊群体，社会反响良好。

残疾人“两项补贴”落实　2016年，受理重度残疾人护理补贴人数6604人，发放护理补贴319.8万元；困难残疾人生活补贴人数993人，发放生活补贴171.9万元。全部实行银行化发放。

【特困群众医疗救助】　根据市政府《关于进一步加强和改进最低生活保障工作的实施意见》《关于对重特大疾病贫困患者实施医疗救助暂行办法》的规定，结合全县实际，对医疗救助管理办法进行了调整，提高了救助比例，全年累计报销封顶线由原来的1万元提高到5万元。到年底，全县救助大病家庭387人次，发放救助金218.4万元。资助参合1.18万人次，资助资金176.8万元；资助参保953人次，资助资金24.6万元。

【流浪乞讨和生活无着人员救助】　救助管理站（设在胡家坨敬老院）负责县内生活无着的流浪乞讨人员及流浪未成年人的救助、保护、管理、教育、安置等工作，设有成年受助人员宿舍（男、女）、未成年受助人员宿舍（男、女）、餐厅、物品保管室、活动室、教育室、卫生室、浴室、理发室等专用房间，有受助人员床位50张，日救助最大容量50人。庭院设有健身运动器械和活动场地，功能齐全，设施完善，体现以人为本的救助理念。2016年，救助安置流浪乞讨和生活无着人员34人。

【救灾救济】　2016年，境内没有大的自然灾害，重点是建立和完善救灾体系。各乡镇、村细化了救灾应急预案。县建立灾害信息员信息库，按时完成了灾害信息员基本信息录入工作，出台了《乐亭县汛期自然灾害应急预案》。7月20日和9月16日，乐亭县分别受到强降雨影响，通过自然灾害信息快速反应网络，将灾害信息初报和续报及时通过灾害信息报送系统上报市民政局。据统计，年内全县受灾人口23.14万人，受灾面积1.95万公顷，直接经济损失1432.9万元。

8月30日，县民政局出台《乐亭县自然灾害生活救助暂行办法》，从9月1日开始执行。为使救灾款使用管理实现规范化，县民政局会同县财政局对14个乡镇（街道）2013年至2015年度救灾款的使用情况进行了审查和督导。

为切实搞好“防灾减灾”宣传活动，按照市防灾减灾救灾员会委要求，开展应急管理宣传活动，县消防大队为敬老院工作人员和老人进行消防知识培训；县民政局会同县消防大队对全县养老机构的消防安全工作进行排查；在县第二实验小学进行地震紧急避险逃生演练；为全县失能半失能人员购置烟感报警器，县民政局协同县消防大队在乐亭镇对报警器使用方法进行培训和入户安装。通过系列活动，唤起社会各界对防灾减灾工作的高度关注。

【慈善事业】　2016年4—5月，开展每年一次的“送温暖、献爱心”为主题的“慈善一日捐”活动，筹募善款60万元；在全县范围内开展慈善助医活动，救助20户，发放救助金15万元；开展慈善助学活动，救助一、二类本科新生67人，一类本科在校生47人，大专新生18人，发放救助金38.8万元。

社会事务管理

【婚姻登记】　2016年，县婚姻登记处办理结婚登记2587对，离婚登记747对，补办结婚证754对，婚姻档案查档715份，办结率100%，合格率100%。县婚姻登记处坚持实行节假日办公制度，方便群众，是全市唯一一所节假日办公的登记处。年内，县婚姻登记处完成了1995—2010年的婚姻登记档案网上补录工作，共补录婚姻登记档案6.11万份。

【民间组织管理】　做好社会组织的培育、发展和管理工作，以及构建行为规范、分类管理、分类引导的民间组织管理体系。严格履行法定程序，确保登记质量。年内，登记社会团体4家，民办非企业单位2家；注销社会团体14家，变更社会团体5家、民办非企业单位2家。

完成了2015年社会组织年检工作。全县应参加年检的社会组织84家，年检合格的70家，参检率90%；注销14家，变更7家。

2016年是实行"三证合一"工作的第一年，根据上级要求，省质量技术监督局不再颁发组织机构代码证书，而是对社会组织登记证书实行统一信用代码。县民政局抽调专人与省质监局网络平台对接，结合年检，对70家年检合格的社会组织换发了新的登记证书。

根据县委部署，县民政局作为治理行业协会、商会与行政单位脱钩不彻底、乱收费问题的牵头单位，制订了行业协会、商会与行政单位脱钩不彻底、乱收费问题实施方案，确定了脱钩单位，列出了问题清单、清理清单、问责清单和整改清单，列出12家问题单位，并分别进行了问责，限期整改到位。

【老龄工作】 继续实施高龄津贴制度　开展了2016年度高龄津贴享受人员的核实工作，对新增人员及时补录、死亡人员及时清出，建立起高龄津贴的动态管理机制。到年底，全县有80～89周岁的老人1.02万人，90～99周岁老人1691人，百岁以上老人28人，发放高龄津贴473.74万元。

推动助老健康御险工作　按照省市老龄委的要求，继续开展助老健康御险活动，到年底全县参保金额49.9万元。

做好双节慰问工作　在春节和重阳节，对全县4所公办养老机构和3所社会办养老机构的老人进行慰问，送去米、面、油、肉等慰问品。对全部百岁老人和部分贫困老人进行走访慰问，为每位老人发放500元慰问金。

【殡葬管理】 在清明节期间倡导文明、安全、低碳、环保的祭扫方式。县殡仪馆结合工作实际，不断完善和落实规章制度，优化服务，所有殡葬用品提供高、中、低档多种价位，为不同经济能力的丧主提供服务。全年火化尸体3318具，比上年增加139具，火化率100%，并实现了安全生产。殡仪馆迁址新建工程已经完工并达到使用要求。

【地名管理】 按照县委办公室《关于贯彻落实省委、省政府〈关于加快新型城镇化与城乡统筹示范区建设的意见〉的通知》要求，启动了古河、庞各庄、大相各庄乡撤乡设镇工作。

按照《全国第二次地名普查的工作规程》和市政府《关于开展唐山市第二次全国地名普查的通知》的有关规定，起草了《关于开展乐亭县第二次全国地名普查工作的通知》和《乐亭县第二次全国地名普查实施方案》，确定普查领导小组和主要职责，对需普查的地名进行分类及资料的收集，编写地名调查目录，为地名普查工作顺利进行做好前期准备工作。

对城区新建住宅小区进行地名标志设置，安装楼牌117块，户牌6134块，沿街门牌496块；对将军路（原健康路）、院士街（原玉泉街）的街路牌更换22块，沿街门牌更换183块；修补城区损坏、残缺街路牌5块。

完成了《乐亭县政区图》和《乐亭县城区图》的出版发行工作。

劳动就业

【就业再就业】 2016年，实现城镇新增就业5601人，完成目标5050人的110.91%；城镇失业人员再就业2456人，完成目标2200人的111.64%，其中困难人员680人，完成目标630人的107.94%；城镇登记失业率控制在3.02%，低于目标的1.18%；农村劳动力转移就业4901人，完成目标4000人的122.53%；开展职业技能培训702人，完成目标600人的117%；开展创业培训241人，提供创业服务319人，为67名创业者发放创业担保贷款575.9万元。

【公共就业服务】 搭建市场供需平台，开展"春风行动""民营企业招聘周""就业服务月"等专项行动，组织各类招聘会35场次，4020家单位入场招聘，1万余人就业需求者与会洽谈，达成就业意向1900余人。认定高校毕业生就业见习基地7家，征集见习岗位442个，实现高校毕业生就业见习285人。

【特殊群体就业】 落实国家积极就业政策，鼓励企业吸纳困难人员就业，鼓励就业困难人员自谋职业、自主创业。兑现社会保险补贴及岗位补贴，筹集就业专项资金2319.98万元，支出补贴资金1776.58万元，促进企业吸纳困难人员就业552人，自主创业、灵活就业925人。

【职业培训】 认定管理到位、软硬件设施较好的职业培训基地8家，紧跟社会需求调整专业设置，严格落实开班审批、检查验收等监管制度，组织育婴员、家政服务员、装载机司机、起重机司机等各类技能培训702人。征集创业项目，开展创业帮扶，落实创业补贴、小额担保贷款等政策扶持。年内，241人参加创业培训。

【“春风行动”专场招聘会】 2月20日—3月31日，县就业服务局组织开展“春风行动”招聘会3场，发放“春风卡”及其他政策宣传材料1000余份，为1500多人提供免费求职就业服务，360多家单位登记招聘，达成就业意向300余人。

县就业服务局

局　长 尹海滨

乡镇 · 街道

乐亭镇

【概　况】乐亭镇地处县域中心地带，总面积100.64平方千米（含乐安街道），耕地面积5659.53公顷，辖51个行政村，12435户37846人。2016年实现地区生产总值19.36亿元，比上年增长13.08%，其中第一产业增加值10.94亿元，比上年增长17.51%；第二产业增加值3.69亿元，比上年增长5.15%；第三产业增加值4.73亿元，比上年增长10.12%。人均地区生产总值51126元。固定资产投资33.04亿元，为年计划的150.2%，比上年增长81.54%。乐亭镇被省委授予“全省先进基层党组织”称号；镇妇联被省妇联命名为“河北省妇联‘三有两突出’基层示范妇联组织”；西赫村被国家减灾委员会、民政部评为“全国综合减灾示范社区”。

【项目建设提档升级】2016年，乐亭镇不断完善机制，强化措施，项目建设实现数量、质量“双提升”。全镇实施固定资产投资1000万元以上项目8个，涉及总投资10.82亿元，其中投资亿元以上项目4个，涉及总投资9.77亿元。投资4.5亿元、占地面积2公顷的上海航天智慧能源项目，位于县城区工业聚集区；投资2.95亿元、占地面积8.92公顷的宜居商贸综合体项目，位于关帝庙村；投资1.2亿元、占地面积0.67公顷的益善康药企项目，位于县城区工业聚集区；投资1.12亿元、占地面积33.33公顷的中科国发超氧化物歧化酶（SOD）项目，位于县城区工业聚集区；投资2049万元、占地面积1.33公顷的乐亭工业园区天然气供应项目，位于县城区工业聚集区；投资2200万元、占地面积40公顷的北汽新能源汽车AB柱及转向节加工生产线技改项目，位于县城富强街；投资3280万元、占地面积797.33公顷的韩坨果蔬育苗中心基地项目，位于韩坨村现代农业产业园；投资3100万元、占地面积0.4公顷的夏日二手车市场项目，位于宁庄村。同时与投资2.5亿元的20万吨微生物有机肥项目、投资4000万元的夏日商贸综合开发项目、投资7000万元的硒普科技产业园项目、投资1.1亿元的大型隧道桥梁液压爬升设备及建筑模板生产项目、投资5000万元的佰康佳品“呼叫服务中心”5个项目成功签约。呈现出“建设一批、签约一批”的良性梯次发展格局。

【农业产业化水平提升】2016年，乐亭镇依托县城区工业聚集区食品、药品产业园，冀东国际农产品物流中心二期项目和环城现代农业园区建设，推动鼎晖、宏丰、吊桥等涉农企业与北京二商开展资本、产品、市场合作，推动涉农重点企业实现技术、品牌和销售的资源整合、进档升级，不断提高涉农企业的经济效益和税收贡献率，带动农民增收致富。推进农字号项目向环城现代农业园区聚集，推进以乐亭丞起颐天园现代农业园为代表的都市观光农业区、以祥瑞生态园为代表的低碳循环农业区、以唐山绿昕林木种植有限公司工厂化育苗基地为代表的精品设施农业种植区，建设国家级现代农业示范园区。实行“合作组织+农企+基地”产业化经营模式，成功注册农民专业合作社168家、市级示范社7家。成立乐亭镇农民专业合作社联合社，发挥带动作用，创建农产品品牌，推广无公害检测，使农产品更具抵御风险能力，确保农业增效，农民增收。代表全县迎接中华全国供销合作社总社考察调研，得到高度评价。打造高标准农田面积667公顷，铺设水泥路钢渣路基8580米，修建水泥路6020米，降方米数6180米，修过水涵洞

10个，弯道保护10处，铺设田间石渣路5500米。铺设地下管道3.98万米，架设电线8050米，修建机井保护池204个，新打机井49眼。全镇实现农林牧渔业总产值13.4亿元，比上年增长7.03%。其中，农业产值11.93亿元，林业产值178万元，牧业产值1.45亿元，渔业产值43万元。

【美丽乡村建设水平提高】 2016年，乐亭镇按照“以点串线，以线带面，点面联动，突出亮点，整体推进”的工作思路，采取“四清推进，四化跟进”的方式，重点打造“三线、一环”（三条主要公路沿线村、环城周边村），有效提升全镇美丽乡村建设水平。先后投资900万元，新建村民活动中心4个，建筑面积1177平方米；新建文化活动广场9个，建筑面积4500平方米；硬化道路15千米，栽植法桐、白腊、金叶榆等树木3.8万余株，粉刷墙体4万平方米，绘制文化墙500平方米，安装路灯330盏，改建卫生厕所591座，新购置健身器材10套。动用铲车、翻斗车等1000余辆，义务工2000人次，清理垃圾2万余立方米，清除残垣断壁和违章建筑45处，治理空闲宅基地2200平方米，全镇70%的村庄完成了“四清”工作。栗家湾坨村、邵庄村2个省级美丽乡村建设基本完成。12月，韩坨村被省美丽乡村建设领导小组办公室授予“河北省美丽乡村”称号。

【社会事业统筹发展】 2016年，乐亭镇有幼儿园1所，在园幼儿8人，教职工3人；有中小学校10所，在校学生1092人，教职工202人；有卫生院（所）3所，医护人员57人；51个行政村有村卫生室34个，村医34人。坚持以人为本、民生优先原则，推进各项事业协调发展，群众幸福指数提高。社会保障能力持续增强，低保、五保政策全面落实，年内新确定农村低保242户300人，城镇低保5户7人，协助办理、发放残疾人证292个，新增优抚对象29人。建成“幸福工程”——居家服务站9个，确立三合庄村、独幽城村、道岔村为精品村。特困救助供养196人，救助孤儿4人。全力做好基层综合文化服务站晋档升级工作，全面提高服务站功能。新建文化活动广场9个，全镇文化活动广场总数达到47个，面积5万平方米。以“两个便民服务中心”为载体，以农村面貌改造提升为抓手，重点做好镇机关和湾坨、三丁等村的文明村镇创建工作，抓好文明村十星级文明户评选和善行功德榜建设工作，提高村民文明素质。以7月1日实施《河北省食品小作坊小餐饮小摊点管理条例》为契机，对辖区内的“三小”行业进行核查，42家小摊点全部备案，纳入管理范围。依法推进土地违法专项整治、危房改造工作，依法依规拆除镇域内违法建筑17处，违建面积约6000平方米；完成危房改造任务108户，其中翻建78户，修缮30户，竣工率100%，合格率100%。制订了简化一孩办证手续实施方案，建立网上办事大厅，提升服务质量。全镇新增奖励扶助对象387人，新增18周岁以下独生子女奖励人数442人，累计4277人。建立专业合作社协会组织，创新工作方法，依托合作社建立计划生育协会，采取“双建破解双空”的方式，改善农闲时节合作社空置，农忙时节协会空置的弊端，进行双向建会模式，实行无缝隙服务。年内，韩坨村被中国计生协评为“国家级计生群众自治示范点”；三合庄村、韩坨村分别被确定为“省级示范妇女之家示范村”；韩坨村被省妇联、省旅游委、省扶贫办命名为“河北省巾帼乡村旅游点”。以“便民利民”为目标，依托县级行政服务大厅，在镇政府所在地建成综合便民服务中心；农村综合服务中心实现“全覆盖”，办公（营业）面积80平方米以上的占60%，其中韩坨村、湾坨村、邵庄村、独张庄村商品已入驻，服务中心展示商品1000余件，为村民提供“一店式、一站式、一键式、一线式”服务，代办服务事项2000多件；苑张庄村、赵蔡庄村等25个村已与电商签约，农村淘宝合伙人已入驻。全力做好水污染、空气污染的综合治理工作，对垃圾、柴草、秸秆焚烧行为实施网格化管理和行政村源头管控。

【赵蔡庄村——“河北美丽休闲乡村”】 赵蔡庄村位于县城南3000米、唐港公路东侧。全村230户634人，耕地面积96.67公顷，收入主要以种植业和乡村旅游业为主，2016年农民人均纯收入 1.5 万元。赵蔡庄村先后被授予“河北省乡村旅游示范点”“唐山市十大最具幸福感村庄”“唐山市科学发展示范村”“唐山市‘栗乡杯’十大秀美乡村”等称号。

赵蔡庄村着眼于“富起来、亮起来、暖起来、乐起来”的发展目标，按照“农业增效、农民增收、农村增色”的发展要求，制定“经济繁荣、环境优美、和谐友爱、文化丰富、管理科学、生活幸福”的科学发展示范村规划，大力发展设施农业、绿化观光工程、实施新农居改造、新型节能等 7 项工程，新农村建设取得长足进步。

以美丽乡村建设为载体，建设高标准水泥路 3000 米，副道 6000 米，绿地 2000 平方米，栽植观赏树木 2300 株，安装太阳能路灯 140 盏，全村街道硬化率、绿化率、亮化率、美化率均达 100%，达到所有道路水泥化、所有院墙统一化、所有街道园林化，烧水做饭沼气化。实施新型农居改造工程，全村统一改造成“红顶、白墙、绿树”模式的新型农居，有线电视、自来水、改厕入户率达 100%。

整合特色农业和文明生态村创建成果，发展乡村生态旅游业。有 3000 平方米的成品鱼垂钓园及占地面积 2.67 公顷的果品观光采摘园，全力打造集垂钓、采摘、餐饮、主题宾馆、多功能厅为一体的“赵蔡庄乡村旅游度假村”，让游客在村内“住农家院、吃农家饭、睡农家炕、赏农家园、品绿色果”。自发展乡村旅游业后，村民年人均纯收入增加 5000 元以上。10 月，赵蔡庄村被省农业厅、省委省政府农村工作办公室授予“河北美丽休闲乡村”称号。

【韩坨村果园景观——“河北美丽田园”】 乐亭镇韩坨村现代农业示范园区位于县城南侧，毗邻冀东国际农产品物流中心，是河北省现代农业示范区——乐亭县环城现代农业示范区的主要功能区之一，面积 133.33 公顷，以韩坨村为中心建设日光节能温室示范区、循环农业示范区、农业技术研发服务区、果菜加工销售区、美丽乡村民居改造示范区五大功能区。

投资 1200 万元，建成高标准第五代日光节能温室 101 个，占地面积 20 公顷，吸纳农户 161 户成立乐亭县韩坨四合果蔬专业合作社，注册“韩坨”商标，年产西红柿、辣椒、茄子、西芹等优质蔬菜 450 吨。辐射带动周边村建成日光节能温室 2300 多座、面积 233.33 公顷，年产各种果菜 5600 吨。

投资 2000 万元，建成 3000 立方米大型沼气池，2000 农户实现联户供气；建成“畜禽养殖 + 大型沼气池 + 有机果菜”循环农业示范区面积 66.67 公顷。计划投资 5 亿元的大型秸秆沼气开发及沼渣沼液综合利用工程建设 200 公顷奥运蔬菜生产基地项目正在谋划实施，由河北建设能源投资股份有限公司建设，选址于韩坨村村南。

与农业部、中国农业大学达成合作协议，建设 13.33 公顷的精品苗木繁育工厂，中国农业大学博士工作站、农业部云技术平台总部、农业部 PC 端等项目年内落户园区。唐山绿昕林木种植有限公司在园区内流转土地面积 7 公顷，建成 1.3 万平方米的高标准的玻璃智能育苗室和 3 座智能日光温室，同时建成 500 平方米的培训展示中心，被河北科技师范学院确定为教学实验站。

以冀东国际农产品物流交易中心为依托，投资 1.3 亿元的宏丰果菜深加工项目、投资 7800 万元的鼎晖食品深加工项目已经投产，年可加工果菜 6 万吨。投资 1.2 亿元的圣大冷链物流加工项目、投资 6500 万元的吊桥食品加工项目已落地开工，年销售果菜 30 万吨。

以韩坨村为中心，引导县城区西南侧 29 个村，规划建设 5500 户新民居改造示范区，建设环境优美，文明和谐的社会主义新农村。

2016 年 10 月，韩坨村被省农业厅、省委省政府农村工作公室授予“河北美丽田园”称号。

乐亭镇党委书记　李卫东

乐亭镇政府镇长　侯树安

毛庄镇

【概　况】 毛庄镇位于县城东 1.5 千米。2016 年，镇辖 39 个行政村，9877 户 32271 人，辖区总面积 75.43 平方千米，耕地面积 5060.8 公顷。全镇实现地区生产总值 15.06 亿元，比上年增长 8.04%。其中，第一产业增加值 4.27 亿元，比上年增长 4.66%；第二产业增加值 2.62 亿元，比上年增长 8.26%；第三产业增加值 8.17 亿元，比上年增长 9.96%。人均地区生产总值 46665 元。固定资产投资 12.42 亿元，为年计划的 110.9%，比上年增长 38.77%；其中工业固定资产投资 7.57 亿元，为年计划的 103.7%。实现物流税收 895.7 万元，为年计划的 119.6 %；工商税收 192.49 万元，为年计划的 118%；土地使用税 41.25 万元，为年计划的 150.9%。

【项目建设成效显现】 2016 年，毛庄镇镇党委、政府抢抓机遇，顺势而为，坚持对接京津与内部挖潜并重，达到了续建项目巩固提升、开工项目积极推进、签约洽谈项目持续跟进的既定目标。全年新增科技型中小企业 2 家，规模以上服务业企业 1 家，规模以上工业企业 1 家。

续建项目 2 个　唐山实宝来游乐设备制造项目，其中豪华转马、豪华碰碰车、动物王国、激流勇进生产完成，新厂房投入使用，设备搬迁、安装调试中，2017 年生产任务已经确定，悬挂过山车部件的人员培训、工艺设计、加工制作等准备工作在进行中；公墓搬迁项目，主体工程建设完成。

新开工项目 6 个　投资 1.2 亿元的北京曙光药业乐亭分公司生物医药项目，总体规划编制、地勘报告编制、厂区办公楼、生产厂房单体设计已完成，项目土地使用手续及项目环评办理中；投资 1340 万元的秋华皮草服饰有限公司皮草加工项目，正式投产；投资 1100 万元的唐山金鹏饲料有限公司技改扩建及高密度南美白对虾养殖基地项目，新增年产 1.5 万吨鱼虾饲料生产线一条，探索南美白对虾室内工厂化高密度养殖，进入生产阶段，养殖基地改造水体 20 万立方米，出虾 80 吨，经济效益可观；投资 6322 万元的彩貂养殖项目，地下管道、貂舍等基础设施建设完成；投资 5000 万元的森绿秸秆压块项目，新上秸秆压块生产线 3 条，已投入生产；投资 5500 万元的乐亭县江明建材厂年产 6000 万块页岩砖项目，隧道窑已建成，厂房建设中。

签约项目 6 个　天津瞻望集团年产 3 万吨的 PE 树脂、PU 醇酸树脂生产项目、天津瞻望集团年产 3.5 吨的家具油漆项目、天津瞻望集团建设 1 万吨的工业涂料项目、天津瞻望集团年产 3 万吨的固化 PU 剂项目、唐山农语食品有限公司建设食品加工及调味品生产项目和利晨畜禽无害化处理项目，投资协议已签订，项目备案、工商注册、环评等相关手续在办理中。

洽谈项目 6 个　北京亨源美森木业有限公司木门生产项目、唐山奇意商贸投资新农村养老项目、天津瞻望世纪集团现代化物流园建设项目、天津辉锐时代科技发展有限公司橡胶制品汽车零件转移项目、天津佳冠投资控股有限公司滦河口旅游开发项目和唐山乐美亲和园标准化老年养生公寓项目在洽谈中。

【农业现代化水平提升】 2016 年，全镇果菜生产（播种）面积 3347.53 公顷，主要品种以韭菜、甜瓜、黄瓜为主，其中建成以南坨、庞康、于坨、黑坨等村为中心的甜瓜生产基地 800 公顷；建成庞张果蔬、北常坨“佳音”合作社精品基地 133.33 公顷；温室建设以南常坨、北常坨、毛庄、吴庄等村为主，涉及 18 个村 1200 公顷；设施韭菜以于坨、黑坨、尹各庄为主，计 533.33 公顷。畜禽规模化养殖场 80 个，饲养总量约 30 万头（只）。其中，珍稀皮毛动物饲养量 16 万只，奶牛存栏 1750 头，猪存栏 5000 头，鸡养殖存栏 13 万只。全镇实现农林牧渔业总产值 8.83 亿元，比上年增长 4%。其中，农业产值 7.53 亿元，林业产值 389 万元，牧业产值 1.26 亿元。

农业基础设施建设　配合县农业开发办公室完成财神庙、后街等 13 个村 1407 公顷耕地的高标准农田建设项目，于 8 月初通过验收。配合县国土局完成蒋家营、史庄等 6 个村 753.13 公顷耕地的高标准基本农田建设项目，于 9 月初通过验收。完成前黑等 10 个村 1243 公顷耕地和马神庙等 7 个村 1166.33 公顷耕地高标准基本农田建设项目的标书规划、专家论证。推进王葛庄、南坨等 8 个村 68 公顷占补平衡项目，一期工程全部完工，二期工程在建设中。

农业特色产业建设　由唐山古润农业开发有限公司投资近 1000 万元在夏康村建设家庭农场一个，主要生产无公害绿色农产品，被国家奥林匹克体育中心确定为定点采购单位，该公司注册的“馐嗒嗒”生态农产品成功入驻 CCTV 央视网商城。唐山雪卓农业开发有限公司在南常坨村建成占地面积13.33公顷的航天育种蔬菜种植推广示范基地，引进螺丝椒、航茄等“太空育种”新品种，改良了蔬菜品质，有效促进了镇域设施蔬菜产业的健康发展。乐亭县佳音果蔬专业合作社建成果品标准化生产示范基地1个，实现了果品的规范化、标准化、品牌化销售，成功注册“亿家安”农产品商标，申报韭菜、甜瓜、鲜桃等5个产品的绿色产品认证，发展订单生产面积133.33公顷，并建成13.33公顷富硒西瓜示范基地。全镇建成县级现代农业示范园1个，果品标准化生产基地1个，示范基地3个。

农业合作组织建设　深化供销社改革，着力推进新型基层供销社建设，推举3名经营实体规模大、带动能力强、素质高的农业专业合作社负责人，创办毛庄镇基层供销社，并领办成立毛庄镇供销农民合作社联合社。引导农户探索“加工基地＋合作社＋农户”的产业化经营模式，到年底全镇各类农民专业合作社65家，其中省级示范社1家（大荣大笤帚专业合作社），市级示范社2家（佳音果蔬专业合作社和瑞尔农资），县级示范社10家，辐射带动1万余人就业。培育以龙头企业、家庭农场和种养殖大户为主的新型农业经营主体26家，其中亿家安家庭农场被省农业厅批准为省级示范家庭农场。

农村综合配套改革　以完善农业规模化经营为基础，加快推进土地流转步伐，累计流转土地面积673.53公顷，为发展规模农业、高端农业、创意农业等现代农业产业奠定了坚实基础。稳步推进农村土地承包经营权确权登记颁证工作，完成外测村38个，内业村35个，公示村35个。

【工业经济稳中有进】　2016年，全镇规模以上工业企业5家：唐山龙泰辰实业股份有限公司、金鹏饲料有限公司、炳军金属制品有限公司、乐亭县铨信资源再生有限公司和唐山实宝来游乐设备制造有限公司。其中，乐亭县铨信资源再生有限公司和唐山实宝来游乐设备制造有限公司为当年新增规模以上企业。全年规模以上工业企业总产值4.72亿元，为年计划的138.8％；实现利税1951万元，为年计划的139%。其中，乐亭县铨信资源再生有限公司，主要生产再生塑料颗粒，有6条自动化生产线，年产塑料再生颗粒5000多吨，除供应省内塑料制品厂外，还售往东北地区和新疆地区的塑料制品厂及防水复合卷材厂。唐山实宝来游乐设备制造有限公司主要生产大型游乐设备，完成了豪华转马、碰碰车、动物王国、激流勇进等游乐设备的生产加工，悬挂过山车部件的人员培训、工艺设计、加工制作等准备工作在进行中。

【发展环境逐步优化】　创建和谐社会环境　实行信访工作网格化管理，落实班子成员轮流接访、带案下访、上门回访和责任追究等各项制度，充分发挥村支部书记、村委会主任“第一道防线”作用，将信访维稳工作作为一项重要指标纳入干部年终考核范围。尤其是针对移民、涉军群体、民办教师等重点人群，围绕“重点问题、重点领域、重点群体、重点人员”，逐人制订“一对一”分包工作方案，保障全国“两会”及唐山世界园艺博览会期间的社会稳定。2016年成功化解矛盾纠纷36起，化解率达97%，信访秩序明显好转。

打造宜居生态环境　加强农业基础设施建设，以农田林网、环村林、经济林为重点，全年造林面积122.73公顷，超额完成县达任务。扎实推进美丽乡村及“两改一清一拆”行动，投资152万元打造颜庄、刘庄两个省级美丽乡村建设重点村，投资60余万元对毛会公路、青乐公路及沿海高速公路沿线村庄进行全面清理并实现了卫生保洁。贯彻落实大气污染防治工作要求，重点抓好秸秆垃圾禁烧，落实“人员、责任、措施、奖惩”四到位，有效遏制了点火冒烟现象的发生。完成5家燃煤锅炉取缔工作、露天烧烤进店、散料堆场苫盖及4家涉污企业的停产。推进农村清洁能源开发利用，完成清洁燃烧炉具推广和散煤压减替代工作任务，推广清洁燃烧炉具1663台，生物质压块187.8吨，清洁型煤2304.65吨。推进乐亭县洲绿大型联户沼气工程，一期工程全部完工，新村、夏康、公南、公北4个村正式通气，二期工程在建设中，项目建成后可实现7个村3000农户联网供气。

营造良好政务环境　不断拓展镇便民服务中心和农村综合服务中心服务功能，镇便民服务中心实行“网上审批申报代办”业务，其做法在全市“网上审批、网上监察”现场会上做典型发言。以尽快实现政务代办、商务代办全覆盖为目标，加快推进“互联网+”与农村社会管理的深度融合和创新发展，全镇有23个村实现电商入驻，群众在家门口就可享受便捷服务。

【社会事业协调发展】2016年，毛庄镇党委、政府坚持统筹发展工作思路，圆满完成县委、县政府“十大实事”工程工作任务。

社会保障扎实推进　认真落实新农合、新农保、城镇居民医疗保险、社会救助等相关惠农政策，关注残疾人、低保、五保、高龄人群，保障困难群体生产生活。为10人申报大病救助，61人申报高龄补贴，250人申报残疾人生活补贴，330人申报护理补贴，慰问贫困户206户。对低保对象实行动态管理，全镇共核查农村低保247户314人。圆满完成9户农村抗震危房改造工作，申报危房改造32户。为108名原“赤脚医生”申报养老补贴。

计生工作有序进行　组织开展“婚育新风进万家”“健康母亲，幸福家庭”等宣传活动，为113对育龄夫妇免费提供孕前优生健康检查，为25户失独家庭和3300余名育龄群众进行免费体检。开通“计划生育网上办事大厅”，简化办事程序，提高办事效率，办理一胎服务证62个，二胎服务证71个，发放计生奖励资金310人40余万元。

农村文化活动有序开展　在北常坨、庞张、前庞河、毛庄、颜庄等村开展乐亭大鼓、乐亭皮影巡演等“文化下乡”活动；组织颜庄、刘庄、公北、庞康村争创文明生态村建设；以颜庄、刘庄等村为试点，组织开展“好婆婆、好媳妇”“十星级文明户”等评选活动，全镇文明氛围提升。

食品安全及安全生产工作扎实开展　联合县安监局、市场监督管理局等职能部门开展安全生产、食品安全专项检查8次，组织业务培训3次，对发现的安全隐患及时处理，保障了人民群众生命财产安全。

【大笤帚加工业规模扩大】大笤帚加工是毛庄镇的传统特色产业，有300多年的发展历史。自2007年开始，随着大笤帚需求量的不断扩大，原有一家一户的生产模式已不适应市场经济的需求，镇村两级因势利导，探索成立大笤帚专业合作社，按照“加工基地+合作社+农户”的管理模式，逐步由家庭作坊式生产向规模化、集约化发展。2016年，全镇有大笤帚加工专业合作社3个，大型加工企业4家，加工基地30余个，辐射带动后黑、后营、北常坨、街上等周边村20多个，从业人员近6000余人。全镇年产大笤帚1200万把，出口720万把，年产值3100万元，出口创汇200万美元，助农增收610万元。其中，大荣大笤帚专业合作社2008年被省农工委、省农业厅授予首批“省级专业合作示范社”，2016年作为全市“巧手创富工程”示范点接受市妇联组织的观摩活动，并得到好评。

毛庄镇党委书记　史　宁

毛庄镇政府镇长　吴振廷

汤家河镇

【概　况】汤家河镇位于县域东南部，辖35个行政村，8177户25136人。总面积82.28平方千米，耕地面积3966.27公顷。2016年，实现地区生产总值19.37亿元，比上年增长26.02%。其中，第一产业增加值7.68亿元，比上年增长64.32%；第二产业增加值2.49亿元，比上年增长6.41%；第三产业增加值9.2亿元，比上年增长10.18%。人均地区生产总值77076元。固定资产投资14.95亿元，为年计划的125.8%，比上年增长57.37%。雷刚果蔬专业合作社被评为“国家农民合作社示范社”、河北省林果重点合作组织，王家伙房村被国家减灾委员会、民政部评为“全国综合减灾示范村”。

【项目建设全面铺开】2016年，汤家河镇谋划实施规模项目19个。其中，续建及新开工项目11个：投资3.5亿元、占地面积7.33公顷的唐钢惠唐乐港金属科技公司项目，位于河北乐亭经济开发区，当年开工当年投产；投资7973.32万元、占地面积2公顷的唐山德超精密制品有限公司年加工销售20万吨钢材延伸产品项目，位于河北乐亭经济开发区，已投产；投资1245万元、占地面积1公顷的乐亭县中林木业有限公司年产销50万只木质包装箱项目，位于汤家河镇汤家河村，已投产；投资3560.2万元、占地面积1.53公顷的乐亭县坤越饲料有限公司生产单一性动物饲料升级改造项目，位于汤家河镇瑶各庄村，已投产；投资10亿元、占地面积26.67公顷的唐山市炳旭实业有限公司专用工程机械底盘制造项目，位于河北乐亭经济开发区，办公楼二次结构装修完成，厂房钢结构顶棚安装完成50%；投资15.2亿元、占地面积33.33公顷的北京环卫集团环卫装备乐亭生产基地项目，位于河北乐亭经济开发区，厂房地桩完成，已开槽动工；投资1.16亿元、占地面积1333.33公顷的雷刚现代农业示范园区项目，位于汤家河镇杨家庄村，在建设中；投资2亿元的佳和捕捞公司建造远洋围网渔船二期项目，位于河北乐亭经济开发区中心渔港，在建设中；投资27亿元，占地面积66.67公顷的唐山腾龙再生科技股份有限公司华北综合再生资源环保基地项目，位于河北乐亭经济开发区，土地回填中；投资1120万元、占地面积0.33公顷的重症残疾人托养中心改造工程项目，位于县中医医院，施工中；投资4800万元、占地面积5.33公顷的哈斯科（唐山）冶金材料科技有限公司乐亭分公司钢渣加工生产线升级改造项目，位于河北乐亭经济开发区，在施工中。

洽谈及签约项目8个：河北万阳化工项目、中国航天科技集团公司第九研究院704所航天电子传感与信息技术综合试验基地项目、中国航天科技集团公司第九研究院200厂建设智能装备项目、北京海力西照明光伏发电项目、河北乐亭经济开发区滨海小镇开发项目、三旭商贸有限公司矿渣微粉生产线项目、4万吨苯胺项目、深圳其米光电产品生产项目在洽谈中。

【农业产业化水平提高】 2016年，汤家河镇以雷刚果树专业合作社为依托，土地流转面积26.67公顷，建成苹果三优（优良品种、优良砧木、优良栽培管理技术）栽培示范园，矮砧大樱桃示范园，示范园采用了先进的矮化密植栽培模式。投资600万元的现代农业（苹果）生产发展项目已竣工，覆盖杨家庄等7个行政村。全镇新打深井17眼，配套水泵17台，新建井房17座，更新井房7座，铺设地下管道1.8万米，硬化道路4290米。在杨家庄村北新建大樱桃生产示范基地13.33公顷。10月成立由46家合作社组成的汤家河镇合作社联合社，农民专业合作社建设得到健康发展。推进优势品种品牌化经营，“雷刚”牌红嘎啦苹果获京津冀果王争霸赛金奖、澳洲青苹果获“果王”、红将军苹果获银奖。全镇实现农林牧渔业总产值11.3亿元，比上年增长20.73%。其中，农业产值3.93亿元，林业产值577万元，牧业产值1.33亿元，渔业产值5.92亿元，农林牧渔服务业产值649万元。

【农村面貌改造提升】 2016年，汤家河镇注重改善农村饮用水条件，完成2个村的人饮工程，新打自来水井2眼，铺设管道3000米。大力推进农村环境治理，改造厕所782座，推广节能炉具1663台，推广洁净型煤1644.2吨、生物质成型燃料249.45吨。疏浚苇子河河道1000米、杨井上至老米沟河道2500米、臭泥沟至入海口800米，并对排查出的隐患及时进行了处理。春季绿化面积233.67公顷，为年计划的119%。完成沥青路面铺设工程10.7千米，其中镇区2000米、汤曹路2700千米、段杨路（段庄子—杨井上）麦港至杨井上村6000米；完成美丽乡村建设道路硬化1400米，其中孟庄村800米、大李庄村600米；加强对镇域内乡村公路的日常巡查和养护，通过县级验收。

【工商经济提速】 汤家河镇依托近临河北乐亭经济开发区的区位优势，先后建成金城铸造有限公司、泽乐耐火材料生产有限公司、泰群生矿产品有限公司、乾泰矿产品有限公司、昌旭建材有限公司、坤越饲料有限公司、中林木业有限公司等企业。全镇工业企业发展到24家，其中制造企业12家，食品加工企业5家，矿产加工企业2家，其他企业5家。工业企业中投资5000万元以上规模企业3家。年内注册森悦商贸、弘合商贸、博荣煤炭、民华劳务、乐洋海运、秋华建筑劳务商贸公司6家，注册兴凤物流、鑫磊货运、诚路货运、众安装卸货运公司4家。全镇商业门店268个，经营门类齐全，基本满足全镇居民正常生产生活需要。2016年，全镇实现规模以上工业企业产值3.02亿元，为年计划的100.67%；实现物流税收1396.41万元，为年计划的174.55%；工商税收188.95万元，为年计划的158.9%；工业固定资产投资13.56亿元，为年计划的178.78%；实现民营经济增加值14.6亿元，为年计划的101%。

【社会事业发展】 2016年，汤家河镇有独立幼儿园2所，在园幼儿161人，教职工14人；小学5所，初中2所，在校中小学生1383人，教职工174人。有卫生院（所）2所，医护人员46人；35个行政村均建有卫生室，有村医35人。完善镇、村两级文化广场建设，新建扩建小黑坨村、杨井上村、裴庄村、葡萄庄子村、麦港村文化广场5处，面积5200平方米。完成占地面积0.27公顷、建筑面积600平方米的镇文化综合服务中心建设，努力打造高标准的综合文化体系，争创二级以上文化综合服务中心。完成全镇35个行政村农家书屋的图书发放工作，累计发放图书1万余册。全镇“五保”分散供养129人，集中供养31人，供养率100%；城镇低保123户183人，年发放低保金49.75万元；农村低保728户819人，年发放低保金126.8万元。新型农村养老保险、新型农村合作医疗实现全覆盖，参保率、参合率均达100%。

【雷刚果树专业合作社被评为“国家级农民合作社示范社”】 乐亭县雷刚果树专业合作社成立于2008年，资产总额1000多万元，是从事果树种植、果品销售、新品种繁育的农民专业合作社。合作社下有4个示范园区，其中油桃示范园区1个，苹果示范园区3个。2016年有社员300户，果树基地面积333.33公顷，年产量3000吨以上。雷刚果树专业合作社自运营后，始终遵循合作社+农户和研发+培训中心的产业化发展思路，研发的新品种油桃直接带动当地农民5000余户生产的发展。2013年销售油桃、苹果、甜瓜等3000吨以上，年销售收入1000万元以上，为当地经济发展起到促进作用。油桃新品种主要销往北京京客隆商贸有限公司及天津、唐山、承德、秦皇岛和东北三省。12月，雷刚果树专业合作社被评为“国家级农民合作社示范社”。

【王家伙房村被评为“全国综合减灾示范村”】 王家伙房村位于汤家河镇政府驻地东偏南8千米处，毗邻河北乐亭经济开发区，交通便利。王家伙房村积极开展“防灾减灾示范村”创建活动，在减灾工作制度建设、预案制订和演练、减灾设施和避难场所建设、减灾宣传教育等方面积极作为。每年5月，村里均举办防灾减灾讲座与疏散演练，提高居民防灾减灾意识，增强居民遇灾时的自救能力。专门开设宣传专窗，宣传党和政府以人为本的防灾减灾工作理念，介绍防灾减灾应急管理体系建设的重大政策措施和进展成效，及时报道开展“防灾减灾日”活动的情况。此外，村里还组织救灾志愿者到村民家中，发放减灾自救互救知识资料，学习自救互救知识、应急措施和救助要点。通过阅读图册，使村民掌握灾害来临时和灾后基本的自救与互救技能。2016年举办防灾减灾演练1次，防灾减灾知识培训3次，参与人数300余人。防灾减灾系列活动的开展，村民防灾减灾意识得到提高，避灾自救能力不断增强。1月，王家伙房村被评为全国综合减灾示范村。

汤家河镇党委书记 刘凤革（4月免）
缺　职
汤家河镇政府镇长 王文强

胡家坨镇

【概　况】 胡家坨镇位于县域东部，总面积50.96平方千米，耕地面积3053.53公顷。辖24个行政村，6925户21141人。镇内大黑坨村是中国共产党主要创始人之一李大钊的诞生地，建有李大钊故居纪念馆。2016年，胡家坨镇主动适应发展新常态，围绕“科学发展、富民强镇”目标，把握招商引资上项目这一关键，坚持稳中求进、改革创新、奋力攻坚，大力发展现代农业，做强红色旅游，提升农村基础设施建设水平，镇域经济持续稳定发展。全年实现地区生产总值19.48亿元，比上年增长9.68%。其中，第一产业增加值4.73亿元，比上年增长7.26%；第二产业增加值3.74亿元，比上年增长8.41%；第三产业增加值11.01亿元，比上年增长11.21%。人均地区生产总值92154元。固定资产投资10.74亿元，为年计划的120.6%，比上年增长45.73%。

【项目建设扎实推进】 2016年，胡家坨镇组织推进各类项目11个，其中续建项目1个：投资1.5亿元、占地面积3.07公顷、建筑面积1.7万平方米的河北清越高低压集成配电设备生产项目，位于河北乐亭经济开发区，至年底项目建设已完工，设备安装完毕，待生产。

新开工项目5个：投资2800万元、占地面积5.29公顷、建筑面积1.85万平方米的乐亭六和馨美滋肉鸡养殖项目，位于胡家坨镇大黑坨村，已建成投产；投资1028.21万元的乐亭县常瑞电器安装有限公司城区路灯节能改造项目，已投入使用；投资3000万元、占地面积1.53公顷、建筑面积6000平方米的唐山石勇机械设备制造有限公司年产1000套洒水车罐及汽车零部件项目，位于河北乐亭经济开发区，已建成投产；投资1400万元、占地面积0.27公顷、建筑面积1200平方米的乐亭县伊美洁汽车玻璃水有限公司年产2000吨高效去污汽车玻璃水项目，位于县城区工业聚集区，已建成投产；投资1140万元、占地面积0.4公顷、建筑面积3200平方米的乐亭县裘尚服装有限公司裘皮制衣及梭织服装加工项目，位于乐亭镇蔡庄村，已建成投产。

签约项目5个：北京环卫集团医疗垃圾处理设备生产项目；天津市津南经济开发区韩特涂料项目；投资3.2亿元的乐亭县充电桩智能服务平台项目；投资45亿元的中广核新能源投资（深圳）有限公司海上风电项目；投资7000万元的河北瑞冠精细化工有限公司年产3.5万吨水性丙烯酸集聚氨酯聚合物项目。

【农业产业转型升级】 2016年，胡家坨镇把“三农”工作作为整体工作的重中之一，推动农村产业结构不断调整优化，力促农村经济发展稳中向好。推动农业招商引资、重点项目建设，投资3000万元建成大黑坨养鸡场，占地面积5.29公顷，建筑面积1.85万平方米，年出栏肉鸡300万只；全镇24个行政村全部成为“一村一品”专业村，其中蔬菜生产专业村20个，果树生产专业村3个，养殖专业村1个；发展现代农业产业园区，重点组织实施了署里村设施蔬菜种植示范园区建设，年内引进霸王尖椒、金汉系列抗病西红柿等新品种5个，工厂化育苗、氯氧镁泡沫保温板技术全面普及，新增保护地栽培面积100公顷（棚室瓜菜面积46.67公顷、小棚韭菜面积53.33公顷），发展订单甜玉米面积80公顷；全镇有新型农业经营主体26家，年内新增水果家庭农场3家、种植大户1家，新增蕻雪马贵妃梨专业合作社市级龙头企业1家。全年新打机井56眼，更换低压线路6.2万米，修田间路、生产路4.2万米，推广机井IC卡150套。实施饮水安全工程，黄庄村、波口村自来水人饮工程建设完成。全镇实现农林牧渔业总产值6.95亿元，比上年增长8.59%。其中，农业产值5.64亿元，林业产值283万元，牧业产值1.28亿元。

【工商经济发展】 2016年，胡家坨镇围绕“农业增效、农民增收、财政增资”目标，全面实施发展带动战略，优化产业布局，培育主导产业，初步形成了工、粮、果、畜、菜五大支柱产业，增强了镇域经济实力。全镇有工业企业7家，其中机械制造企业1家，其他企业6家。有商业门店877家，物流企业5家。年内新增规模以上服务业企业1家，科技型中小企业2家。完成工业投资9.34亿元，比上年增长141%；完成技术改造投资5.48亿元，比上年增长41.42%；实现规模以上工业企业总产值2.04亿元，比上年增长2.4%；实现规模以上工业企业利税838万元，比上年增长32.3%；实现民营经济营业收入37.72亿元，比上年增长33.9%；实现民营经济增加值17.67亿元，比上年增长31.96%；实现工商税收55.62万元，比上年增长148%；实现物流税收571万元，比上年增长26.44%。

【美丽乡村建设】 2016年，胡家坨镇以“创新、协调、绿色、开放、共享”发展理念为引领，以大黑坨村和西黄口村被确定为市级美丽乡村重点片区为契机，加大美丽乡村建设力度，全镇人居环境得到改善。年内，开展农村环境整治“突击月”活动2次。镇党委、政府及全体机关干部入村逐村街制订方案，明确任务、明确时限、明确责任人，强力清除柴草、垃圾，拆除侵街建筑。全镇动用铲车、抓车、小型运输车辆100多台次，清除柴草、垃圾、粪土、建筑废墟2万余立方米，打通、拓宽街道20条，填埋垃圾坑

5个，新建垃圾转运点（箱）110个。全镇24个村修建沿街绿化带5000延长米、小型花池1800个，栽植花草1.5万平方米，新栽景观树、行道树1.2万株。改造青乐公路等干线公路沿线三角地、各村村内闲置坑塘、垃圾坑20多个，建成街心花园绿化小品30多个。各村主副街道绿化美化率80%以上，村村建有3条以上园林式街道，实现了“一次绿化、三季清洁”的效果。按照“创新、协调、绿色、开放、共享”的发展理念，科学确立美丽乡村创建思路，“一红一绿”打造特色（弘扬大钊精神、传承红色文化，结合李大钊故居AAAA级红色旅游景点建设美丽乡村；提升农业品位、打造绿色田园，结合绿色农业建设美丽乡村。红绿结合、以红带绿、以绿托红，通过美丽乡村建设带动红色旅游发展），“一村一品”孕育经典（根据村庄布局精准打造景观小品，将民俗文化、人文精神、旅游元素、农业特色有机融入美丽乡村建设之中，以特色凸显美丽，用文化涵养美丽。把“农业小镇、魅力胡家坨，红色教育、绿色畅游”作为创建美丽乡村的总目标，着力建设“环境美、生态美、精神美、产业美”的幸福家园）。年底，西黄口村被省美丽乡村建设办公室评为“河北省美丽乡村”。

【社会事业进步】 2016年，全镇有学校5所，其中独立幼儿园1所，在园幼儿75名，教职工7名；小学3所，初中1所，在校生1197名，教职工127名。有卫生院（所）1所，医护人员24名；村卫生室21个，村医23名。新型农村合作医疗、新型农村养老保险全面普及，全镇新农合参合率、新农保和城乡居民养老保险参保率达到98%以上；助老健康御险参保人数1300余人。适龄儿童入学率100%，中小学学生辍学率为零；加强学校周边环境整治，营造良好的学习环境；中考工作再创佳绩，一中上线率居全县同类学校前列。举办迎新春、“5·29”计生协会会员互动日、母亲节等以计划生育为主题的宣传活动3次；组织失独家庭人员体检1次，参检40余人；组织孕前优生检查8次，参检夫妻56对；办理一胎生育证25例，二胎生育证36例；完成计划生育家庭意外保险和安康保险参保工作，全镇参保家庭445户。10月，大黑坨村“省级示范妇女之家”通过省妇联评估，获得资金支持10万元。组织举办全镇第五届迎新春擂鼓比赛，16支农村擂鼓队参赛。选拔优秀擂鼓队参加2016年“盛世鼓舞”乐亭县第三届擂鼓大赛并获一等奖。组建胡家坨镇秧歌协会、胡家坨村向阳花舞蹈队、港东村健身舞队等20余支民间文艺团队。开展“十星级文明户”“好婆婆、好媳妇”“十大孝子”评选活动，传播正能量，引领文明新风。

胡家坨镇党委书记 王艳红

胡家坨镇政府镇长 张 琰

阎各庄镇

【概　况】 阎各庄镇位于县域西南部，总面积68.19平方千米，耕地面积4146.93公顷，辖41个行政村，12163户34637人。2016年，全镇实现地区生产总值22.38亿元，比上年增长4.48%。其中，第一产业增加值9.65亿元，比上年增长1.26%；第二产业增加值4.27亿元，比上年增长5.17%；第三产业增加值8.46亿元，比上年增长7.91%。人均地区生产总值64078元。固定资产投资7.1亿元，为年计划的109.3%，比上年增长37.07%。

【项目建设有序推进】 2016年，阎各庄镇项目建设实现数量质量“双提升”，全年完成固定资产投资千万元以上项目10个，其中亿元以上项目1个。总投资1.1亿元、占地面积2.85公顷的唐山仟客莱生物科技有限公司年产24万吨预混及配合饲料项目，位于县城区工业聚集区，办公楼、厂房及装修全部完工，设备已安装到位，具备生产条件；总投资4185万元、占地面积1.33公顷的乐亭县明艳实业有限公司年产500万只EPS泡沫保鲜箱项目，位于阎各庄镇周滩村，已投入生产；总投资3376万元、占地面积4.5公顷的唐山和祥生物工程有限公司年产3万吨生物有机肥项目，位于阎各庄镇前何新庄村，已完工，具备生产条件；总投资4300万元、占地面积1.33公顷的乐亭县万荣纺织有限公司年产3700吨各种规格棉纱技改项目，位于阎各庄镇阎各庄村，已投入生产；总投资3954万元、占地面积 13.33 公顷的乐亭县天福盛畜禽养殖合作社畜禽养殖项目，位于阎各庄镇芦河村，已投入使用；总投资 3392 万元、占地面积 2 公顷的乐亭县武园混凝土制造有限公司年产 30 万立方米商品混凝土搅拌站项目，位于阎各庄镇后何新庄村，已投入生产；总投资 1162 万元、占地面积 10 公顷的唐山京环环境服务有限公司垃圾处理分拣项目，位于阎各庄镇大罗庄村，已投入生产；总投资 1680 万元、占地面积 0.33 公顷的唐山晟兴环保科技有限公司年产 2000 吨污水处理剂项目，位于阎各庄镇阎各庄村，已投入生产；总投资 3900 万元、占地面积 6.67 公顷的乐亭县海山奶牛养殖专业合作社奶牛场扩建项目，位于阎各庄镇东刘庄村，已投入生产；投资 2856 万元、占地面积 2.33 公顷的京台四方（唐山）生物科技有限公司年产 2 万吨生物有机肥项目，位于阎各庄镇前何新庄村，原料场、车间库、成品库主体建设完工。唐山仟客莱生物科技有限公司总投资 1.1 亿元年产 24 万吨预混及配合饲料项目，被列为全市第四季度观摩项目，并获得县市组第二名。

储备项目 6 个：阎各庄镇商住小区建设项目、四季香食品有限公司年产 8000 吨各式糕点项目、北京东方禾日建设年产 5 万吨环保型建筑黏合剂项目、北京新源九鼎实业有限公司矿山仪器制造项目、阎各庄镇旧厂址饲料加工项目、北京京能新能源有限公司太阳能发电项目。

【工商业发展】 2016 年，全镇现有工业企业 13 家，其中制造业企业 10 家，食品加工企业 3 家。规模以上企业 6 家，当年新增 1 家。有商业网点 7 个，集贸市场 1 个，物流企业 28 家。全年实现工业总产值 2.18 亿元，比上年增长 24.2%；规模以上企业产值 1.47 亿元，为年计划的 103%。实现物流税收 866.35 万元，为年计划的 108.29%；工商税收 146.92 万元，为年计划的 166.95%。

【现代农业发展】 推进农村基础设施建设，落实农村人饮安全工程，更换了魏家埝、六庄上、国仙院 3 个村的自来水变频泵组。实施了周滩村 26.67 公顷节水灌溉工程，铺设地下管道 3200 米。推进高标准农田建设项目，其中张石埝等 12 个村 693.33 公顷耕地建设项目，打机井 17 眼，修钢渣路 9644 米，架设低压线 2647 米，更新线路 3.6 万米；大尖坨等 7 个村 733.33 公顷耕地建设项目，打机井 8 眼，修钢渣路 1.02 万米，架设电线杆 1200 根。完成 24 个村土地测量及公示，实测面积 2456.14 公顷。通过连续 3 年的高标准农田建设，全镇高标准农田面积占耕地总面积的 70%，为现代农业发展奠定了基础。

推进农业结构调整，实施万亩设施桃基地建设项目，全年新增魏家埝、樊坨、崔家埝、杨家埝、张石埝等村设施桃树面积 33.33 公顷，改造 166.67 公顷。新发展家庭农场 2 家，发展种（养）殖大户 2 家。深化基层供销合作社改革，成立了阎各庄镇供销农民专业合作社联合社。乐亭县四季香糕点厂被评为“唐山市农业产业化龙头企业”。年末，全镇实现农林牧渔业总产值 13.95 亿元，比上年增长 2.5%。其中，农业产值 10.16 亿元，林业产值 393 万元，牧业产值 3.66 亿元，渔业产值 55 万元，农林牧渔服务业产值 943 万元。

【美丽乡村建设】 全镇以杨家埝、毕段、东刘庄 3 个改造提升村和乐北公路、西曾公路为核心，以村庄道路硬化、净化、绿化、亮化为重点，大力开展美丽乡村建设。春季造林绿化面积 123.33 公顷，为年计划的 101%。年内，杨家埝村投资 91.6 万元，实施了以“生态文明、绿色发展”为主基调的美丽乡村建设，其中投资 7 万元绿化村外田间路 5000 平方米，村内街道和游园 3200 平方米；投资 22.9 万元硬化道路 5000 平方米；投资 9.7 万元安装路灯 37 盏；投资 32 万元用于“两改一清一拆”和垃圾治理，清理杂物 800 立方米、残垣断壁和路障 62 处、庭院 66 户；投资 20 万元建成村史馆。毕段村投资 69.4 万元，实施了以“百日筑基，改容换貌”为内容的美丽乡村环境卫生集中整治活动，投资 10 万元安装路灯 61 盏；投资 18.4 万元用于“两改一清一拆”和垃圾治理，清理杂物 1500 立方米、残垣断壁和路障 25 处、庭院 100 户；投资 16 万元绿化村外田间路 4000 平方米，村内街道和游园 3000 平方米；投资 15 万元完成 150 平方米村民中心主体工程；投资10万元完成1000平方米文化工程。东刘庄村以“四美五改（环境美、产业美、精神美、生态美，改房、改水、改路、改厕、改厨），内外兼修”为重点，投资14万元安装路灯40盏；投资7万元用于“两改一清一拆”和垃圾治理，清理杂物700立方米、残垣断壁和路障18处、庭院30户；投资12.79万元绿化村外田间路5000平方米，村内街道、游园1000平方米，新建了村庄标识，实现了美丽乡村与文明乡村共建同步发展。

投入资金160万元，开展以乐北公路、西曾公路为重点的农村环境卫生综合整治行动，清理垃圾1万多立方米；新建前罗庄、周家铺、黑崖子村3个垃圾中转站，整修大罗庄、小石庄、东刘庄、陈渡口、前炕各庄村5个垃圾池，农村环境明显改观。

【社会事业进步】 2016年，全镇有独立幼儿园2所，在园幼儿468名，幼教职工27名；小学7所，初中1所，在校学生1980名，教职工187名。有卫生院3所，医护人员37名；41个行政村中有卫生室39个，村医42名。完成2015年418人企业职工认证工作，收缴城镇居民医疗保险346人，为年计划的117%。转移农村劳动力261人，新增城镇就业301人，新增城乡居民养老保险人数551人。

严格按照低保政策完成农村城乡低保全面核查申报工作，全镇有294户困难家庭经审核评议组卷上报，实现应保尽保。为25人办理大病救助手续，发放县民政大病救助金10.44万元。全面落实贫困残疾人生活补贴和重度残疾人护理补贴政策，733人享受补贴。新增80周岁高龄老人149名，至年底全镇有1102名高龄老人享受高龄补贴。有优抚对象228名、农村60周岁退役士兵和烈士子女359名，优抚金实现社会化发放。

投资77万元的芦河卫生院门诊病房楼翻建工程完工，建筑面积610平方米。审批60周岁奖扶人数384名、特别扶助14名。为4543名育龄妇女进行了体检，平均妇检率为96%、孕前免费健康检查率88.2%。全镇新增4个村的健身路径，东刘庄村、毕段村、杨家埝村文化广场建设完成。开展群众性文体活动300余场，丰富了村民业余文化生活。推广新能源节能炉具1600台，改造企业新能源锅炉4台，投资20万元改造镇址洁净型锅炉及管道，推广洁净型煤2000余吨，大气污染防治工作卓有成效。

阎各庄镇党委书记 徐少坚

阎各庄镇政府镇长 李华清

马头营镇

【概　况】 马头营镇位于县境西南部，总面积106.46平方千米（含金海水产养殖公司等），耕地面积4561.53公顷。2016年镇辖27个行政村，8432户23660人。实现地区生产总值10.18亿元，比上年增长17.69%。其中，第一产业增加值4.1亿元，比上年增长22.02%；第二产业增加值3.21亿元，比上年增长18.45%；第三产业增加值2.87亿元，比上年增长11.24%。人均地区生产总值43021元。固定资产投资13.49亿元，为年计划的132.3%，比上年增长62.92%。

【项目建设推进】 2016年，马头营镇依托商会进行招商引进项目，在与北京市朝阳区中小企业市场发展商会达成战略合作协议的基础上，和北京海归协会、北京市海淀区成长型企业商会建立了密切的合作关系，先后吸引40余家北京企业到乐亭进行考察。

续建项目2个：总投资1.09亿元、占地面积4.47公顷的乐亭县兆鑫实业有限公司仓储物流中心项目，位于马头营物流园；总投资5100万元、占地面积1.31公顷的乐亭县东信再生物资回收有限公司建设年产20万吨塑料颗粒项目，位于河北乐亭经济开发区。

新开工项目8个，涉及总投资13.5亿元。投资3.5亿元、占地面积8.33公顷的布鲁弗雷京津冀环保洁净型煤生产基地项目，位于河北乐亭经济开发区，已完工；投资4000万元、占地面积1.33公顷的唐山翔泰汽车贸易有限公司汽车交易维修服务中心项目，位于西高各庄村（乐港公路西侧），已完工；投资1.5亿元、占地面积3.81公顷的河北韩特涂料有限公司年产9000吨手机漆和工业漆项目，位于河北乐亭经济开发区；投资1.04亿元、占地面积13.14公顷的唐山中厚板材有限公司料场污染治理综合改造项目，位于唐山中厚板材有限公司院内，已完工；投资1.76亿元、占地面积2.1公顷的唐山中厚板材有限公司高产除尘升级改造项目，位于唐山中厚板材有限公司院内，已完工；投资2亿元、占地面积0.18公顷的唐山中厚板材有限公司储焦储矿系统污染治理升级改造项目，位于唐山中厚板材有限公司院内；投资6000万元、占地面积2.67公顷的乐亭县建华洁净型煤有限公司年产40万吨洁净型煤项目，位于八里桥村东；投资5000万元、占地面积0.67公顷的乐亭县恒协聚服饰制造有限公司皮毛制品、皮毛服装、纺织品加工项目，位于县城区南大路111号。

洽谈项目13个：计划投资12亿元，占地面积40公顷的唐山金藏源矿业有限公司项目；计划投资1.1亿元，占地面积4公顷的北京家施宝建筑材料有限公司室内装修有机涂料项目；投资1.3亿元的乐村淘宝项目等。其中总投资7亿元的莱比德模具制造项目和总投资2.5亿元的德乐普供电设备制造项目，作为承接北京产业转移项目已经达成初步意向，项目选址已敲定，可行性研究报告在编制中。

【工商经济发展】 2016年，马头营镇有工业企业15家、其中制造业企业8家、食品加工企业1家、其他类型企业6家。有商业网点45个、集贸市场1个、物流企业44家。年内，全镇有规模以上工业企业2家。全年实现工业总产值3.7亿元，比上年增长65%；实现规模以上企业产值8159万元，为年计划的102%，比上年增长4%。实现民营经济营业收入30.54亿元，民营经济增加值11.18亿元；实现工商税收101.61万元，为年计划的222.91%，比上年增长12%；实现物流税收1007.53万元，为年计划的125.94%，比上年增长14%。

【现代农业发展】 2016年，马头营镇重视培育农村实用人才，推广新技术、新品种，为现代农业发展提供强有力支撑。加强果蔬、种植专业合作社等新型农民培训基地建设，开展多种形式的实用人才培训，培育壮大农村实用人才队伍。积极扶持农村专业合作社、家庭农场36家。深挖石碑片村黄瓜种植产业潜力，创建绿农瓜果蔬菜育苗基地，育苗上千万株；年内注册“健硕”“亭美”商标2个。全力推动农村产权制度改革，加大土地流转力度，全镇33个自然村土地确权颁证工作稳步推进。全镇实现农林牧渔业总产值5.97亿元，比上年增长22.09%。其中，农业产值3.12亿元，林业产值357万元，畜牧业产值9360万元，渔业产值1.87亿元，农林牧渔服务业产值90万元。

【新农村建设】 2016年，马头营镇实现了27个农村综合信息超市在社会管理、公共服务、商品服务方面多功能全覆盖。政务功能全部植入到位，各项政务服务制度上墙，建立健全服务台账，在已进驻3家淘宝店的基础上，鼓励更多年轻有为的青年参与农村淘宝，积极与联业公司合作争取更多商家入驻。按照《乐亭县乡村干部到村坐班管理办法》的要求，安排工作人员进驻农村综合信息超市坐班，推动农村综合信息超市便民服务体系规范化建设。

全面落实危房改造任务，全年完成危房改造21户；投资140万元完成马头营村府前街两侧硬化、绿化及下水道改造工作；高标准规划下马坨、王庄子、活庄子3个省级美丽乡村重点村建设工作，累计投资300余万元，实施绿化攻坚、环境治理、村庄道路建设，村庄面貌焕然一新；加大村庄绿化、美化、亮化、硬化工作力度，全镇新栽植树木1万余株，安装路灯300余盏；投资190万元对部分行政村道路进行硬化，新建村民活动广场4个，建筑面积3000余平方米。

【社会事业进步】 2016年，马头营镇全面落实食品安全监管责任，年内无食品安全和安全生产事故发生；成立散料堆场整治等4个专项巡查小组，派驻驻企监督员24小时值班，散料堆场、露天烧烤、秸秆垃圾禁烧监管整治到位；加大大气污染防治工作力度，淘汰置换燃煤锅炉3台；镇有学校6所，其中独立幼儿园2所，在园幼儿334人，教职工30人；小学3所，初中1所，在校学生1952人，教职工176人。有卫生院（所）1所，医护人员20人；27个行政村有卫生室24人，村医25人。注重培养乡土文化氛围，全镇有文艺队伍9支，创作小品、锣鼓、朗诵、广场舞等文艺节目30多个，组织各类演出100余场次。全镇农村养老保险参保1.05万人，参保率100%，60岁以上领取养老保险金人数6798人；城镇医疗保险参保2.06万人，参保率100%；新型农村合作医疗保险参合人数2.06万人，参合率100%。

【布鲁弗雷京津冀环保洁净型煤生产基地项目落户乐亭】 布鲁弗雷京津冀环保洁净型煤生产基地项目由马头营镇引进，天津君辉蓝天环保科技股份有限公司投资建设。总投资3.5亿元，其中固定资产投资3.25亿元，占地面积8.33公顷，位于河北乐亭经济开发区，配套有办公楼、生活服务楼及成品库、原料库、消防、绿化等基础设施，建筑面积8.7万平方米。2015年12月动工兴建，2016年引入建成一条生产线，并进行了试生产，计划2017年11月全面建成投入运营。全部投产后，可达年产环保洁净型煤60万吨，日产包装袋1.5万条，日产黏合剂50吨，实现年产值5.3亿元，利税1.5亿元，提供就业岗位100多个。

【农村环境卫生综合整治实现市场化】 2016年，马头营镇本着“创新机制、立足长远”的原则，找准农村环境难治理的根源，转变运营方式，由镇政府牵头，按照“两改、一清、一拆”的标准，以“洁净、和谐、共享”为目标，建立起镇政府监督指导，第三方实施整治、维护的运营方式，全面改善农村环境面貌。通过公开招标、保洁公司与行政村签订服务合同的办法，确定乐亭县居雅保洁服务有限公司和乐亭县马头营镇大庄志权保洁公司在良性竞争中比服务、比质量，共同负责25个行政村的环境整治与维护工作。年内，清理各种垃圾、杂草3.2万余立方米，清理路障405处，清理残垣断壁35处，清理庭院3800余户，治理空闲宅基地26处，清除占道种植玉米、豆类等农作物5公顷，农村环境卫生综合整治实现市场化，初步扭转了马头营镇农村环境面貌相对滞后的局面。

马头营镇党委书记 张永涛

马头营镇政府镇长 符立国

新寨镇

【概　况】 新寨镇位于县域西南部，总面积39.79平方千米，耕地面积2202.2公顷，辖27个行政村，7995户25464人。2016年，实现地区生产总值11.86亿元，比上年增长18.01%。其中，第一产业增加值5.06亿元，比上年增长25.56%；第二产业增加值8060万元，比上年增长63.85%；第三产业增加值5.99亿元，比上年增长8.32%。人均地区生产总值47471元。固定资产投资9.4亿元，为年计划的126.5%，比上年增长37.23%。

【项目建设成果显著】 2016年，新寨镇续建项目3个：投资2亿元、占地面积8公顷的新希望六和馨美滋肉鸡屠宰加工项目，位于县城区工业聚集区，5月18日投产运营，被列为2016年省市观摩重点项目，年内接受省市有关领导和单位观摩考察17次；投资4049万元、占地面积3公顷的国家粮食储备库项目，位于新寨二村，已完工；投资3200万元、占地面积0.28公顷的汇良电器技改项目，位于县城区工业聚集区，已完工。

新开工项目10个。其中，亿元以上项目4个：投资1.2亿元、占地面积12.66公顷的乐亭高平中学项目，位于县城区西北部，已投入使用；投资3.05亿元的北京京东科技（乐亭）有限公司年产3.5万套医疗器械易地整体搬迁项目；投资1.25亿元的威斯特（北京）工程机械有限公司大型工程机械配件制造项目，已完工；投资1.62亿元、占地面积7.53公顷的新希望六和标准化养殖基地项目，已完工。千万元以上项目6个：投资5000万元、占地面积1667.6公顷的土地整理项目，已全部完工；投资6500万元、占地面积1.29公顷的六和馨美滋肉鸡加工及冷藏技改项目，位于县城区工业聚集区，已投入使用；投资3500万元、占地面积2.33公顷的煤粉生产线项目，位于姜各庄镇明庄子村，已完工；投资1200万元的智慧校园项目，位于县内学校，已投放到位；投资2200万元、占地面积20公顷的永康奶牛养殖场扩建项目，位于新寨镇大港村，已完工；投资1500万元、占地面积1.33公顷的宇乾有机果蔬建设项目，位于新寨镇常庄子村，已投入使用。

【工商经济发展】 2016年，新寨镇有工业企业9家，其中制造企业2家，食品加工企业1家，其他企业6家。全镇有商业网点1203个，集贸市场1个，物流企业1家。年内，完成工业投资8.02亿元，为年计划的143.29%；实现规模以上工业产值2.55亿元，为年计划的141.67%；规模以上企业利税938.7万元，为年计划的117.73%；民营经济营业收入35.4亿元，为年计划的118%；民营经济增加值11.85亿元，为年计划的107.73%；实现民营经济利润8836万元，为年计划的107.76%；土地使用税收入33.35万元，为年计划的238.2%；物流税收813.98万元，为年计划的101.75%；工商税收102.46万元，为年计划的182.96%。

【城乡建设统筹推进】 2016年，新寨镇投资近200万元兴建总长400米具有良好排水系统的宏兴街；投资10万元重新修建镇区市场向东的排水管网150米；投资11万元硬化新寨中心小学至三村路段300米；投资30万元改造新馨家园两侧闲置地块，作为镇域文化活动广场，配备健身器材20余套。全方位开展"两改一清一拆"工作，整治农村环境。年内，以村为单位，清理农村环境卫生30余次，清理垃圾杂物5万余立方米，实现柴草进院。清理残垣断壁和路障289处，拆除违章建筑5处，改造危旧住宅22处，治理空闲宅基地39处，利用空闲宅基地25处。对全镇20个村进行植树绿化，栽植白蜡、杨树、柳树、海棠、复叶槭等苗木127.2公顷；栽植花草3000平方米。其中大港村报名参选"省级卫生村"。扎实推进吴家林、大港、胡鄂常各庄村美丽乡村建设工作。为吴家林修缮村址100平方米，植树2600株，安装太阳能路灯60盏，硬化路面2500平方米；投资35万元，为大港村新打农田机井6眼、翻建村址院墙和房顶700平方米，植树3000株，安装路灯23盏，硬化路面3200平方米；投资30万元，为胡鄂常各庄村硬化路面2200平方米，安装路灯45盏，绘制文化墙260平方米，村内外植树2500株。年内完成780户的改厕工作，并通过验收。多方筹措资金用于后进村设施建设，累计投入资金147万元，修建郝庄村村址及广场350平方米、杨赵常村村址及广场390平方米，硬化主街道1.1千米，硬化田间道路900米，购置办公桌椅60余套，改造农田低压线路8000米，修缮排水沟渠1200米，栽植绿化苗木1000多株。

【农业产业全面提升】 2016年，新寨镇设施桃树面积299.33公顷，撒马店村特色茄子树种植面积23.33公顷，新开发133.33公顷菜花基地，形成"东果西菜"两大农业产业示范区。以艾台庄子、高家铺村为中心辐射周边形成的蔬菜园区面积近700公顷，带动镇域经济发展，被多家媒体宣传报道。成立新寨镇供销农民合作社，发展红霞果蔬专业合作社为县级现代农业园区；建成晨升家庭农场，被评为"省级示范家庭农场"；康胜畜禽养殖专业合作社成功备案"绿色无公害肉羊养殖项目"；六和馨美滋有限公司和港鑫乳化柴油厂成功申报"乐亭县科技型中小企业"，初步形成龙头企业+合作社+基地+农户的产业化经营模式。完成艾台庄子村砖瓦窑土地整理（占补平衡）项目，对原艾台庄子砖厂土地进行复耕，整理耕地近8公顷，完善了道路、机井、配电等基础设施；实施高标准农田建设项目，累计改造耕地720公顷，为发展新型农业和大农业奠定了基础；投资1108万元，架设低压线路42千米，高压线路4千米，新上变台12座，更新机井及配套设施80眼（套）。全镇实现农林牧渔业总产值7.49亿元，比上年增长2.6%。其中，农业产值6.12亿元，林业产值453万元，牧业产值1.33亿元。

【社会事业不断进步】 2016年，全镇有幼儿园2所，在园幼儿200人，教职工8人；有小学6所，在校小学生1160人，教职工112人；有初中1所，在校初中生540人，教职工55人。有卫生院1所，医护人员22人，27个行政村中有卫生室24个，村医29人。低保户100户114人。城乡居民社会养老保险参保人数10295人，参保率70.54%，符合领取养老金资格的524人；新型农村合作医疗参合人数20212人，参合率95.47%。累计发放各项惠农补贴1600余万元；开展农民培训35场次，参训农民5000余人次。

年内新建村级广场4座；组织秧歌表演109场，擂鼓229场，广场舞及其他文艺活动245场，组织乐亭皮影、乐亭大鼓下乡巡演及“非物质文化遗产”展示展演宣传活动12场；组建文艺团体20支，其中蒋琦民生秧歌队常年坚持活动，深受群众喜爱，新寨三村文艺队《我爱家乡爱乐亭》表演唱成功入选县优秀原创文艺节目；配备农家书屋管理员27名，开展书屋管理员培训4场，下发各类书籍约1.5万册；在光明网、新华网、人民网等国家级媒体和河北新闻网、长城网等省级媒体发表文章80余篇。

开展计划生育专职干部业务培训20余次，新建企业计划生育协会2个，建立健全了相关组织机构和资料；开展“5·29”（中国计生协会确定的“会员互动日”）会员集中活动，宣传计划生育知识，进行义务体检；有效推进覆盖全镇的生殖健康公共服务，全年累计服务3570人。

【郝庄村举办首届“孝老节”】 2016年10月9日（农历九月初九，重阳节），新寨镇郝庄村首届“孝老节”在村民活动中心举办。新寨镇领导、驻村工作组与村民近1000人参加活动。活动现场，全村62名75岁以上老人领取了“孝老节”礼物，并拍照留念。

“孝老节”活动的开展，使全体村民特别是青年受到了教育，中华民族孝老敬老的美德得到弘扬，村风民风得到改善。“孝老节”活动的开展，规模大，影响深远，也得到多方资金支持。

【胡常各庄村举办“抗战胜利节”】 2016年8月5日（农历七月初三），新寨镇胡常各庄村举行“抗战胜利节”活动仪式。镇党委、镇人大、镇政府领导成员到胡常各庄抗战胜利纪念碑前与村民共同缅怀抗战先烈，共度抗战胜利节。

1945年8月10日（农历七月初三），冀热辽军区第十七军分区在胡常各庄设伏。击毙驻守大清河红房子据点运送物资经胡常各庄去新寨的日本侵略军38人，并缴获大量军需物资，这是唐山境内、当时铁路以南地区抗战的一次大捷。战斗中，胡常各庄村民和八路军指战员同仇敌忾英勇杀敌；胡常各庄村民帮助八路军构筑工事、运送伤员、传递情报、送水送饭，发挥了重要作用。

抗战胜利后，胡常各庄村毅然废除了祖祖辈辈过“六月二十四”的习俗，自发改在农历七月初三举行庆祝活动，并定名为“抗战胜利节”。2016年，投资18万元建成胡常各庄伏击战纪念广场，广场周围手绘壁画20平方米，同年落成胡常各庄抗战胜利纪念碑一座。8月，胡常各庄村被省文管局列为红色革命教育基地。

新寨镇党委书记 陈会峰（4月免）
段建波（4月任）
新寨镇政府镇长 段建波（4月免）
王艳峰（4月任）

庞各庄乡

【概　况】 庞各庄乡位于县域西部，总面积38.67平方千米，耕地面积1868.33公顷。2016年，辖22个行政村，6980户21138人。全乡实现地区生产总值13.33亿元，比上年增长8.37%。其中，第一产业增加值7.91亿元，比上年增长1.28%；第二产业增加值2.25亿元，比上年增长40.63%；第三产业增加值3.17亿元，比上年增长9.69%。人均地区生产总值63047元。固定资产投资11.21亿元，为年计划的125.8%，比上年增长53.56%。

【项目建设扎实推进】 2016年，庞各庄乡千万元以上在建及完工项目6个：投资3.5亿元、占地面积7.33公顷的惠唐乐港板材加工配送中心及钢结构加工工程项目，由唐山惠唐乐港金属科技分公司建设，主体工程完工，设备安装中。投资1400万元、占地面积3.87公顷的六和肉鸡养殖项目，由乐亭六和馨美滋肉鸡养殖有限公司投资建设，已完工投产。投资2100万元、占地面积0.8公顷的年产12万吨生物质秸秆固体成型煤项目，由乐亭县盛然洁净型煤制造有限公司投资建设，已完工投产。投资1.3亿元、占地面积1.47公顷的调质高炉渣成纤及建筑保温板生产线项目，试生产中。投资3000万元、占地面积

1.53公顷的型煤技改项目，由唐山洁净型煤制造有限公司投资建设，已完工投产。投资3800万元、占地面积0.8公顷的大棚卷帘机技改项目，由乐亭县同泰机械制造有限公司投资建设，已完工投产。

储备项目6个：投资2.5亿元的洁净型煤生产基地项目、投资11.2亿元的柔性显示屏项目、投资5.41亿元的高精度现实模块项目、投资20亿元的天然气应急调峰储配中心项目、惠唐岩棉板项目、安智产业园项目。

【农业产业化发展】 2016年，庞各庄乡现代农业循环发展模式成效突出。以齐顺养殖场为龙头，以大型沼气池、有机肥厂、高标准温室群为载体，形成生态养殖、废弃物处理、沼气生产发电、有机肥料生产、果菜种植销售为一体的生态循环模式。按照“三区一体”（精品果菜区、农业循环区、畜禽养殖区、农业休闲综合体）模式，打造齐顺现代农业示范园区，并已获批县示范园区，市级现代农业示范园区申请中。以宏拓新能源公司为依托，建设6000立方米大型沼气池和2000平方米秸秆压块车间，实现了农村废弃物的综合利用，新增杜林二村、杜林一村、陈庄村、马各庄村、苑庄子村联户供气1100户，可为周边14个村提供生产生活用能，解决2515户农户的冬季取暖问题。以基地建设助推农业结构优化升级，建设农村实用人才培训基地、设施农业苗圃培育基地、新品种实验基地，先后引进10余个种养新品种，推广“三沼”综合利用、温室自动控温、南菜北菌种植等先进技术，新增设施农业面积133.33公顷。全乡造林面积37.13公顷。农业基础设施建设稳步推进，杜林一村、杜林二村、杜林三村、马新庄村、马王庄村的高标准农田建设年内开工。全乡实现农林牧渔业总产值11.51亿元，比上年增长1.41%。其中，农业产值10.71亿元，林业产值239万元，牧业产值7663万元，渔业产值22万元。

【工商经济发展】 2016年，庞各庄乡有工业企业8家，其中制造业企业3家，食品加工业企业2家，其他企业3家；有集贸市场1个。年内，新增乐亭县国宏货物运输有限公司规模以上服务业企业1家，乐亭县宏拓生态能源有限公司、唐山洁净型煤制造有限公司科技型中小企业2家。全年工业固定资产投资5.8亿元，为年计划的100.02%；实现技改投资5.8亿元，为年计划的136.98%。实现民营经济营业收入33.6亿元，为年计划的112%；民营经济增加值12.32亿元，为年计划的112%。实现工商税收204.5万元，为年计划的143%；物流税收837万元，为年计划的104.62%。

【农村面貌改造提升】 2016年，庞各庄乡按照县委、县政府新农村建设总体部署，创新思路，以“一轴、两线、三区、两节点”（以汀李公路为轴，乐陶公路、乐胡公路为线，重点打造乡政府驻地示范区、迎好王庄子示范区、杜林红色老区示范区，突出建设马各庄村民俗馆、杜林红色纪念馆节点）开展美丽乡村建设，其中乡政府驻地示范区、迎好王庄子示范区初具规模，杜林红色老区示范区完成规划，准备施工；杜林红色纪念馆已筹建完毕。杜林一村、杜林二村、杜林三村被确定为庞各庄乡美丽乡村建设重点村，按照“环境美、产业美、精神美、生态美”美丽宜居乡村建设的总体要求，立足实际，加大力度，各项建设工作顺利完成。杜林一村村址、红色教育纪念馆及文化广场建设，杜林二村1800米道路硬化，杜林三村街道美化亮化（包括主要道路两侧铺设地砖，建设花墙、栽植绿化苗木、架设路灯）及600座高标准卫生厕所改造项目全部完成。与清美保洁公司签订日常保洁合同，开展村内保洁工作，村庄环境卫生整治实现市场化运作。是年，庞各庄乡被评为“河北省卫生乡镇”。

【社会事业发展】 2016年，全乡有幼儿园1所，在园幼儿162人，幼教职工20人；有小学4所，初中1所，在校中小学生965人，中小学教职工134人。有卫生院1所，医护人员21人；22个行政村中有卫生室18个，村医18人。在全乡开展群众性精神文明创建活动，进行“好婆婆、好媳妇”和“十星级文明户”评选，弘扬社会正能量。茨榆坨村分散供养五保户刘春元家因电线老化引发火灾，房屋被毁。乡党委协调人保财险乐亭支公司及时理赔，县民政部门拨付紧急救助款3000元，乡党委、政府置办了新衣、被褥等生活用品予以救济，同时与县民政部门协商，将受灾老人由分散供养改为敬老院供养。全乡22个农村综合服务中心按上级要求，落实农村干部坐班制度，实现功能全辐射。投资18万元，在马各庄村建设面积240平方米的民俗馆，展出农村生活用品、饮食器具、生产工具三大类200多件展品。投资45万元完成马王庄村、杜林一村文化广场建设。年内，乐亭县宏拓生态能源有限公司新增联户供气782户，全乡联户供气总数4020户，覆盖11个村。

庞各庄乡党委书记 赵冬梅

庞各庄乡政府乡长 李震生

大相各庄乡

【概 况】 大相各庄乡位于县域西部，总面积38.86平方千米，耕地面积2845.33公顷，辖26个行政村，6587户21104人。2016年实现地区生产总值18.06亿元，比上年增长8.4%。其中，第一产业增加值5.46亿元，比上年增长8.76%；第二产业增加值7.41亿元，比上年增长6.93%；第三产业增加值5.18亿元，比上年增长9.98%。人均地区生产总值85557元。固定资产投资6.81亿元，为年计划的100.1%，比上年增长21.82%。

【项目建设有序推进】 2016年，大相各庄乡建成项目7个：投资3800万元、占地面积0.8公顷的乐亭县皓勇塑料厂高品质塑料颗粒生产线扩建二期项目，位于大相各庄乡郜赵庄村；投资3300万元、占地面积1公顷的河北诚成肥业有限公司年产20万吨高塔复混肥项目，位于大相各庄乡马烧纸庄村；投资4800万元、占地面积1.33公顷的乐亭前进钢结构有限公司机械配件加工制造第二生产线项目，位于河北乐亭经济开发区；投资2300万元、占地面积0.8公顷的唐山沃田有机肥有限公司年产1万吨复混肥生产线二期工程，位于大相各庄乡七里庄村；投资3700万元、占地面积0.53公顷的唐山沃田有机肥有限公司年产2万吨滚筒造粒复混肥生产线，位于大相各庄乡七里庄村；投资4600万元、占地面积1.4公顷的乐亭县利信食品有限公司生猪屠宰生产线项目，位于县城区工业聚集区；投资4800万元、占地面积1.6公顷的唐山天辰金属门窗有限公司欧式木门窗生产线项目，位于乐亭镇刘卞庄村。

在建项目2个：投资4300万元、占地0.05公顷的乐亭县瑞康药用生物研究所保健品研发项目，位于县城区工业聚集区，厂房建设完工，内部装修中；投资5.74亿元、占地面积13.33公顷的唐山垚鑫新型材料有限公司新型环保节能材料工程项目，位于河北乐亭经济开发区，厂区回填完成20%。

储备项目6个：投资2000万元的美国红柳苗圃基地项目、投资1.8亿元的年产20万吨高塔复混肥项目、投资5.6亿元的北京宏悦顺化工厂迁建项目、投资2.8亿元的云海木材加工项目、投资3064.32万元的天然气入户及煤改气项目、投资4900万元的年产30万法兰项目。

【农业发展】 2016年，大相各庄乡发展三义、兴旺2个家庭农场，建成大相各庄乡供销农民合作社联合社。利信生态种猪养殖场与六和集团合作，引进优良种猪品种，扩大养殖规模，合作养殖优良种猪1.5万头，推进种猪品种换代。全乡26个村土地确权工作全部完成。引进雪妃菜花、丰源195大白菜等高产抗病、品质好的蔬菜新品种，当年试验并推广种植面积66.67公顷。建成以日光节能温室、塑料大棚相结合的精品示范区1处，面积133.33公顷。投资650万元，完成王潘各庄、曹潘各庄、大相各庄、张火烧佛、东翟各庄、西翟各庄6个村的高标准基本农田建设面积1200公顷，架设电线1.3万米。年内，全乡实现农林牧渔业总产值7.52亿元，比上年增长3.01%。其中，农业产值6.02亿元，林业产值142万元，牧业产值1.47亿元，渔业产值234万元。

【工商业发展】 2016年，大相各庄乡有工业企业17家，其中制造企业10家，食品加工企业1家，化工企业1家，饲料加工企业5家。年内新增规模以上企业1家，规模以上企业达3家。河北诚成肥业股份有限公司新三板上市挂牌申请中。有商业网点171个，饭店旅馆9家，集贸市场5个。完成工业固定资产投资4.45亿元，其中技改投资3.25亿元。实现工业产值13.8亿元，比上年增长126.23%；其中规模以上工业企业产值5.65亿元，利税2100万元。实现社会商品零售总额5.4亿元，商品销售收入5.2亿元；民营经济增加值12.96亿元，为年计划的103%；物流税收753.67万元，为年计划的94.21%；工商税收67.37万元，为年计划的249.51%。

【农村面貌改造提升】 2016年，大相各庄乡建立“主要领导负责、分管领导主抓、班子副职配合、全乡上下参与”的工作机制，扎实推进农村人居环境再上新台阶。王烧纸庄、党庄、刘火烧佛3个美丽乡村建设中，出动劳动力500余人次，翻斗车等20余辆，清理垃圾400立方米；实施村庄亮化、绿化工程，安装路灯68盏，栽植柳树、白蜡、复叶槭、法桐等绿化树木3000余株；村内道路硬化、村址建设等重点工作在推进中。按照清洁卫生环境美、物品摆放整齐美、干净清爽厨厕美、身心健康生活美、和谐互助村庄美的“五个美”标准，完善美丽庭院建设；成立宣传队入村入户宣传，完成示范村、示范户的调查摸底。推进社会主义新农村建设，开展“文明家园”示范村建设活动。完成史家庄、王烧纸庄、李家寺、大相各庄、郑各庄5个村的文明村申报工作。榆林村被省爱国卫生运动委员会授予“河北省卫生村”称号。

【社会事业发展】 2016年，全乡有独立幼儿园2所，在园幼儿296人，幼教职工23人；小学2所、初中1所，在校中小学生1360人，中小学教职工94人。有卫生院2所，医护人员26人；26个行政村有村卫生室22个，有村医24人，其中18个为集体所有。全乡农村养老保险参保人数8929人，参保率98.3％；新型农村合作医疗参合人数1.8万人，参合率99.95%。投资80余万元完成崔石潘各庄、赵周庄、七里庄等村5.4千米道路改造，建成徐烧纸庄村西原分干渠桥一座，年内实现通车。对2015年度完成外业测量的18个自然村的土地进行公示、确权；3月始对其余12个村进行测量、公示、确权，9月底完成扫尾、组档、验收工作。在郑各庄、史家庄村建成高标准文化广场2座，添置健身器材，修建标准篮球场、乒乓球场、广场舞场地等，实现联村共享。与县文广新局、县农牧局、县老促会、县医院等单位在文化、科技、卫生领域以服务、互动为主要形式建立实践基地，年内组织义诊活动4场、实用技术培训5场。完成刘火烧佛、邵家岭、李家寺、王栋庄子、陶庄、党庄、前后院、赵周庄8个村的天然气输送工程征地工作。

大相各庄乡党委书记　左大陆
大相各庄乡政府乡长　朱林涛

古河乡

【概　况】 古河乡位于县境西南部，总面积83.29平方千米，耕地面积4735.33公顷。2016年，辖25个行政村，6957户21587人。全乡实现地区生产总值31.22亿元，比上年增长8.29%。其中，第一产业增加值3.15亿元，比上年增长12.5%；第二产业增加值21.09亿元，比上年增长7.16%；第三产业增加值6.98亿元，比上年增长9.92%。人均地区生产总值144641元。固定资产投资30.06亿元，为年计划的100.2%，比上年增长6.63%。

【项目建设扎实推进】 2016年，古河乡围绕县委、县政府提出的工作目标，依托京津冀协同发展的历史机遇，超前谋划，稳健发展，项目建设扎实推进。

全年组织实施续建项目5个：投资2.6亿元、占地面积8.67公顷的唐山境界实业仓储有限公司4万立方米液体化工品仓储物流项目，位于河北乐亭经济开发区，已完工；投资1.6亿元、占地面积4.44公顷的疏港公路汽车服务区项目，位于河北乐亭经济开发区；投资3000万元、占地面积7.85公顷的乐亭六和馨美滋肉鸡养殖有限公司肉鸡养殖基地项目，位于古河肉鸡养殖基地，已投产运营，年出栏肉鸡350万只；投资4.8亿元、占地面积14.93公顷的唐山龙居房地产开发有限公司乐府项目，位于县城区西北部，在建设中；投资20亿元、占地面积66.67公顷的唐山境界实业有限公司年产50万吨甲醇制高清洁燃料项目，位于河北乐亭经济开发区。

签约项目1个：总投资27亿元、占地面积50.27公顷的唐山腾龙再生科技股份有限公司华北综合再生资源环保基地项目。

洽谈项目8个：唐山海乐锗华饮品有限公司项目，位于县城区工业聚集区，主要经营饮料、酒、生物菌制造、销售，货物进出口等；北京宋庄画家村文化创意园项目；北京宋庄画家村工业项目；北京通州爱迪尔复合材料整体搬迁项目；思普深木业项目，是集设计、生产、销售、服务于一体的现代化室内原木工艺套装门的生产型企业，主要生产“思普深”系列——实木门、复合门、整体厨房等产品；卡卡木门，主营室内门、木门；华鹤木门等木制品加工企业搬迁项目，是以木门、家具、橱柜产品为主业的大型综合性现代化企业集团；北京老人头日化项目。

【农业特色产业提升】 全面推进农业产业化、品牌化进程，打造现代农业产业园区，在尹郑刘村建成绿色水稻生产基地66.67公顷。加快知名品牌建设，佳丰果菜合作社“省级果菜标准园”申报中。优化水稻品种结构，改良水稻品种1666.67公顷，推广以田丰201、锦丰1号为主的超高产优质品种，面积666.67公顷，实现了增产提质。推广“合作社+基地+农户”的经营模式，李各庄原野水稻专业合作社完成千亿斤粮食增产项目基础设施建设工作，拟申报省级专业合作社，农业合作组织稳步发展。新建扩建养殖小区2个、发展养殖大户2家。全乡实现农林牧渔业总产值4.89亿元，比上年增长20.15%。其中，农业产值1.76亿元，林业产值230万元，牧业产值2.21亿元，渔业产值6582万元，农林牧渔服务业产值2411万元。

【农村面貌改造提升】 经过严格筛查，确定石桥头村、刘家林村、丰台桥村、李各庄村为后进村。通过剖析会诊，找准症结，制定措施，分类施治，后进村明显改观。全乡统筹资金163.6万元，新建村民活动中心1个，道路硬化8.75千米，植树3.74万株，改造卫生厕所390座，农村综合服务中心功能完备，环境卫生整治逐步到位，基础设施建设进一步完善。1月，齐庄子村被省爱国卫生运动委员会评为“河北省卫生村”。

【工业、商贸服务业发展】 全乡工业企业15家，其中制造业企业15家。规模以上企业4家，年内新增1家。全乡有商店65家，集贸市场2个，物流企业19家。全年完成工业投资23.01亿元，为年计划的100.1%；技改投资16.8亿元，为年计划的100.1%；实现规模以上工业总产值66.6亿元，为年计划的128.08%；规模以上工业利税2.57亿元，为年计划的139.05%；民营经济增加值29.16亿元，为年计划的104.14%；物流税收860万元，工商税收292.18万元。

【社会事业统筹发展】 全乡有幼儿园4所，在园幼儿224人，幼教职工20名；有小学4所，初中2所，在校中小学生735人，教职工132人。有卫生院2所，医护人员25名；全乡25个行政村有卫生室25个，村医24名。落实农村最低生活保障制度，全乡低保户141户187人，每人每年最低生活保障金在3910元左右。有五保户87户，其中分散供养人员每人每月550元。有优抚对象169人。重度贫困残疾人生活补贴每人每月55元，护理补贴50元。乡政府组织工作人员对因病、因灾致贫的困难户开展慰问活动，由工作人员个人出资、出物帮扶慰问，现金200～500元不等，并配大米、面粉各1袋，食用油1桶，体现党和政府的关怀。新型合作医疗、新型农村养老保险全面普及，全乡新农合参合率、新农保、城乡居民养老保险参保率均为100%。确定前小营村、崔庄子村、赵庄子村、丰台桥村、齐庄子村、西阁楼坨村为争创县级精神文明村。改善群众居住环境，维修、翻建危房25户；推广新型高效燃煤清洁炉具200台（套）；打造农村业余文化团体6个，组织开展文化活动8场次；全乡上下和谐稳定。

古河乡党委书记　裴建利
古河乡政府乡长　夏云敬

汀流河镇

【概　况】 汀流河镇位于县域西北部，总面积49.35平方千米，耕地面积3386.73公顷。辖31

个行政村，8077户26090人。2016年，实现地区生产总值43.09亿元，比上年增长11%。其中，第一产业增加值6.83亿元，比上年增长10.16%；第二产业增加值30.49亿元，比上年增长11.81%；第三产业增加值5.78亿元，比上年增长8.24%。人均地区生产总值165174元。固定资产投资10.95亿元，为年计划的123%，比上年增长55.98%。

【项目建设扎实推进】 2016年，汀流河镇续建项目5个：总投资3.76亿元、占地面积10公顷的燕化永乐新型环保农药复配制剂项目，建设年产2.8万吨新型环保型农药复配制剂生产线一套及相关配套设施，主体施工完成，设备安装中；总投资1.7亿元、占地面积5公顷的海畅船舶污油水项目，建设年处理5万吨船舶污油水生产线及配套设施，试生产中；总投资1.2亿元、占地面积4公顷的折峰商品混凝土项目，建设年产120万立方米商品混凝土生产线一套及相关配套设施，3月投产；总投资6188万元、占地面积1.4公顷的平青乐公路汽车服务区项目，建设汽车修理和餐饮、住宿、娱乐为一体的汽车服务区，办公、商贸楼主体工程施工完成，内外装修进行中；总投资3000万元的养生保健咖啡项目，建设4条养生保健生产线及水果、蔬菜深加工生产线，设备组装和调试完成，于8月试生产。

新开工项目6个：总投资1.1亿元、占地面积3.33公顷的折峰新型环保矿渣水泥制品项目，主要建设年产2亿标块蒸压免烧砖生产线及配套设施，场地平整已完成，圈建围墙进行中；总投资1296万元、占地面积0.44公顷的新型高标准清洁型煤添加剂项目，年产新型高标准清洁型煤有机黏合剂7200吨，无机黏合剂1.2万吨，复合黏合剂2700吨，已投产；总投资4012万元、占地面积3公顷的废弃钢渣项目，建设年加工50万吨废弃钢渣生产线及配套设施，防渗池、厂房和料棚施工已完成，待环保验收；总投资1100万元、占地面积0.53公顷的燕南水磨开刃技改项目，年加工钢锹600万把，厂房施工和设备安装已完成，8月投产；总投资2600万元、占地面积1.33公顷的煤炭销售配送项目，年加工喷吹煤30万吨，厂房和办公用房施工已完成，设备安装进行中；总投资1400万元、占地面积4.6公顷的大型养鸡场项目，与新希望六合合作建设50万只大型养鸡场，前期手续已办结，厂房施工进行中。

储备项目8个：投资5亿元的京津家具产业园项目、投资1亿元的北京家用卫生杀虫剂项目、投资1.2亿元的年加工2万吨休闲食品项目、投资3亿元的北京敬业达新型建材项目、投资1200万元的通州精钢铸件项目、投资5000万元的秀岐木业加工项目、投资2亿元的北京恒益达科技有限公司热度锌铜项目、投资1.6亿元的北京勤诚建材有限公司新型环保建材项目。

【现代农业发展】 2016年，汀流河镇重视发展现代农业，全面推进农业产业化、品牌化进程。"汀香"牌设施甜瓜在获得省著名商标的基础上，5—9月组织参加由中国优质农产品开发服务协会主办的"百家优质果品（含瓜类、草莓）基地遴选""河北省名特旅游农产品遴选"活动，以3年内无重大质量事故、无抽检不合格现象、产品质量管理可追溯且无违法违规记录等优势入围，分获国家、省级荣誉产品称号。乐亭县富民果蔬专业合作社被评为省级示范社。

做好农业技术推广和服务工作，引进金典、翠玉、蓝宝石甜瓜新品种3个，沼渣沼液利用、甜瓜套袋新技术2项。成功引进"白根""花蕾""绿九九""107"等韭菜、甜瓜和甜椒新品种，推广种植总面积400公顷，均达到预期效果，加快了全镇果菜新品种的更新换代。搞好技术服务，对各村实行划片包干，责任到人，对承包村负责落实技术推广和服务工作。及时发放已唑醇、吡蚜酮、磷酸二氢钾等药品，完成全镇小麦病虫害防治。发放大中型农机具补贴156台（套）。

完成"乐亭县鑫山家庭农场"注册与备案工作，投资200万元，完成土地流转13.33公顷及基础设施配套工程，聘请市县专家对农场进行规划设计及种植技术指导，年内栽植苹果树新品种短枝富士5500株。扶持帮助种植大户成立鑫岗、叶子农业专业合作社，引导他们实行产、供、销一条龙的经营模式。至年底，全镇有畜牧家庭农场27家，养殖大户24家，农机大户3家，种植大户3家，果树栽培大户1家，合作社1家。

成立汀流河镇供销农业专业联合社，联合相关产业农业专业合作社，以“强强联合、抱团发展”为宗旨，促进全镇农业专业合作社健康发展，努力开创为农服务新局面。至10月底，已吸纳10家有实力的农业专业合作社加入。投资70万元，完成大杨庄、汀流河供销分社营业点整修并投入运营。

全镇实现农林牧渔业总产值9.95亿元，比上年增长10.31%。其中，农业产值8.86亿元、林业产值122万元、牧业产值1.07亿元、渔业产值10万元。

【工商经济发展】 2016年，汀流河镇有工业企业14家，其中制造业企业11家，石料加工企业1家，钢渣加工企业2家；在工业企业中，规模以上企业3家，其中年内新增1家。有商业网点12个，物流企业28家。年内，完成工业固定资产投资9.97亿元，为年计划的171.96%；技改投资4.74亿元，为年计划的111.81%；实现民营经济增加值56.65亿元，为年计划的103%；营业收入169.88亿元，为年计划的101.12%；利润5.9亿元，为年计划的231.25%；物流税收620.75万元，为年计划的77.59%；工商税收135.46万元，为年计划的256.63%；土地使用税收入87.62万元，为年计划的163.38%。

【新农村建设扎实推进】 2016年，汀流河镇结合河北省美丽乡村建设工作部署，研究制定《汀流河镇环境整治考核办法》，开展“两改一清一拆”行动，5月、11月组织了2次观摩学习、拉练、评比考核，通过落实包干责任制、落实卫生工作常态化等措施，提高广大干部群众对农村环境卫生整治工作重要性和必要性的认识，群众主动整治环境卫生的意识增强，农村环境卫生水平整体提高。年内，投资50万元，清理村庄垃圾1000余车，清除镇内县、村级公路两侧杂草60千米，清理垃圾坑20个，拆除私搭乱建违法建筑10余处。

投资60万元用于城镇建设，重点实施绿化、亮化、美化工程。5—7月，在镇区主干道、丰庄、常河等村主街道栽植白蜡、金丝柳、榆叶梅等3500余株；种植野花组合1000平方米；摆放“汀流河”“汀流河工业园区”“丰庄”等标志性石碑铭牌、村牌；设计装修汀流河车站小广场，硬化路面，提高镇区的整体形象。东石各庄村投资98万元修路1.5万余平方米。投资12万元对全镇乡村公路进行维护。投资3万元清理维护镇区排水管道、公路边沟500米。投资55万元改造4蒸吨、1蒸吨锅炉各1台。投资15万元对镇区卫生以“政府买服务”的形式进行整体打包承包。投资3万元对辖区内的5个铁路涵洞进行日常维护。

以农村面貌改造提升行动为引领，对省级美丽乡村丰庄村、东徐家房子村加快建设力度。丰庄村投资82万元修建高标准文化广场、篮球场，新修道路1000延长米，安装路灯45盏；东徐家房子村投资120万元，其中85万元用于硬化村内及田间道路2000延长米，30万元用于安装160千伏安、200千伏安变压器各1台，铺设地下电缆750米。投资20万元对平青乐公路、汀李公路两侧进行绿化，对道路两侧的建筑墙壁进行粉刷。

全面完成农村厕所改造提升工作，全年改造提升550户，确保美丽乡村建设改厕率达100%，实现全覆盖。引入社会资金对双瓮和沼气池卫生厕所的后期维护，扶持厕所维护管理队伍建设，探索社会化服务机制，做到有人建、有人管，加强对新建和原建厕所用户的服务，延长新、改建厕所的使用寿命。

申报农村清洁燃烧项目，全镇推广节能炉具1600套；生物质成型燃料350吨，推广洁净型煤200余吨。动员狮子营村养猪大户投资80万元，建设沼气池10座及干粪堆场等配套设施。配合县新能源办公室做好农业生产锅炉改造项目的调研，探索农业生产锅炉改造的新方式、新途径，充分发挥政府补贴带动作用，拉动个人投资改造现有农业生产锅炉，实现节能减排。

【社会事业全面发展】 2016年，全镇有独立幼儿园2所，在园幼儿200人，幼教职工20人；小学7所、初中2所，在校中小学生2000人，教职工230人；有卫生院（所）2所，医护人员30人；31个行政村中有卫生室25个，村医31

人。全镇新农保参保人数 1.18 万人，领取农保金人员 5468 人，综合参保率 99%，年度续保率 100%；发放社会保障卡 2 万余张；按照“由人保到户保”的政策，评议出农村低保 197 户 284 人，城镇低保 2 户 4 人；办理重度残疾人护理补贴的 285 人，办理困难残疾人生活补贴的 212 人；坚持“以民为本、为民解困”的宗旨，规范使用救灾物资，按时足额发放优抚资金。完成农村危房改造 25 户。

镇政府与 31 个行政村和 18 个生产经营单位签订《安全生产目标管理责任书》，明确责任主体；结合“安全生产月”活动，开展安全生产知识培训、安全生产应急救援演练、“6 · 16”安全生产宣传咨询日等活动，发放宣传材料 1300 余份，并现场解答群众咨询；开展安全生产大检查 5 次，检查出安全隐患 35 处，责令当场整改 18 处，限期整改 17 处。

大力推进文化体育工作，加强信息员队伍建设，搞好外宣、信息上报工作。年内上报各类工作信息、宣传信息、舆情信息 615 篇；组织参加全县第三届乒乓球比赛，组织开展全镇第二届健身舞大赛；投资 80 万元，新建（改扩建）村级文化活动广场 3 个。

采取有效措施，认真做好大气污染防治工作。加大秸秆垃圾禁烧工作力度，制定奖惩措施，与各村签订《责任书》，成立巡查小组，悬挂宣传条幅 100 幅，发放宣传材料 2000 余份，出动宣传车进行全天候宣传，全方位杜绝秸秆、垃圾焚烧，实现全年“零火点”记录。

汀流河镇党委书记 吴万颖
汀流河镇政府镇长 苗建国

中堡镇

【概　况】 中堡镇位于县域北部，总面积 81.64 平方千米，耕地面积 4577.73 公顷。2016 年，辖 33 个行政村，10053 户 31648 人。实现地区生产总值 16.7 亿元，比上年增长 5.3%。其中，第一产业增加值 6.57 亿元，比上年增长 4.29%；第二产业增加值 2.41 亿元，比上年增长 9.55%；第三产业增加值 7.72 亿元，比上年增长 4.89%。人均地区生产总值 52781 元。固定资产投资 11.04 亿元，为年计划的 150%，比上年增长 87.44%。

【项目建设有序推进】 2016 年，中堡镇重项目，抓招商，为经济社会可持续发展提供支撑。年内，新开工项目 7 个：唐山宝航年产 5000 吨耐磨堆焊药芯焊丝项目，位于河北乐亭经济开发区，总投资 5500 万元，唐山宝航特种焊丝博士后工作站落成于此；唐山德物年加工各种型号钢材延伸产品 20 万吨项目，位于河北乐亭经济开发区，总投资 7200 万元，已竣工投产；河北泰铭重工年产 2.55 万吨新型材料耐磨辊套机械制造项目，位于河北乐亭经济开发区，总投资 7.33 亿元，办公楼等基础设施建设已完工；乐亭县雷刚果树专业合作社 40 吨设施樱桃新建项目，位于中堡镇真武庙村，主要经营规模温室吉塞拉大樱桃，高标准温室建设完成；北京东启精华年产 5000 吨环保型油墨生产线建设项目，位于河北乐亭经济开发区，总投资 1.1 亿元；北京东方恒远钢结构建设项目，位于河北乐亭经济开发区，总投资 2 亿元，场地回填已完成，基础工程建设中；乐亭港韵商贸有限公司，位于金融大街东延，总投资 4300 万元，已正式营业。

续建项目 1 个：唐山德龙三期煤气发电项目，总投资 1.26 亿元，占地面积 0.67 公顷，位于河北乐亭经济开发区，建设 1 台 130t/h 高温超高压再热煤气锅炉配套 1 套 40 兆瓦高温超高压再热凝汽式汽轮发电机组及其配套的辅助系统。

签约项目 1 个：京津冀高校 3J 工程（乐亭）直供基地项目。该项目由河北厚勤农业开发有限公司投资建设，主要从事农业项目开发，农产品种植、养殖，农产品仓储物流及土地整理等业务。项目总投资 1.2 亿元，占地面积 6 公顷，分二期工程实施，一期工程为京津冀高校 3J 工程（乐亭）综合中心，占地面积 2.67 公顷；二期工程为京津冀高校 3J（乐亭）科研实验基地，占地面积 3.33 公顷。

【农业发展】 中堡镇按照县委全会关于农业农村工作的安排部署，围绕建设现代农业这一主线，以提升农业综合生产能力、增加农民收入为重点，调整产业布局，整合发展资源，扎实推进新农村建设。协调促进乐亭万事达生态农业发展有限公司与北京二商集团项目对接，巩固和完善北京二商集团133.33公顷蔬菜供应基地建设。积极推进蔬菜产、供、销一体化建设，并打造“呔诚”果蔬商标，努力将其培育成国家、省、市知名品牌。完成造林绿化面积302.01公顷，为年计划的119.38%。其中，美丽乡村绿化工程绿化面积14.27公顷，沿海沿河防护林绿化工程绿化面积105.2公顷，沙地绿化工程绿化面积86.87公顷，农田林网工程绿化面积15.67公顷，湿地植被修复绿化工程绿化面积80公顷。2016年，全镇实现农林牧渔业总产值8.81亿元，比上年下降1.12%。其中，农业产值7.24亿元，林业产值1026万元，牧业产值1.45亿元，农林牧渔服务业产值223万元。

【农村面貌改造提升】 2016年，中堡镇东罗各庄村、鲁家坨村、梨园马店村等7个村被确定为美丽乡村改造提升重点村，累计完成投资1332.25万元，修建水泥路2.2万平方米、太阳能路灯284盏、无害化厕所981座等，12项实事工程基本完成目标任务。按照县委、县政府要求，大力整治农村环境，抓环境净化、抓美化提高、抓建立长效机制。全年清理垃圾杂物6.5万立方米，清理残垣断壁和路障、拆除违章建筑131处，集中清理、统一围挡坑塘沟渠30处。全镇各村建有街心花园，庭院绿化，栽植树木花草，形成“村在林中、院在绿中、人在花中”的新农村格局。村庄绿化覆盖率45%，86%以上农户院内有花果树木。

【工商经济发展】 2016年，中堡镇有工业企业13家，其中制造业企业7家，农产品加工企业6家；有物流企业13家；有集贸市场1个。全镇实现规模以上工业企业产值1.47亿元，比上年增长49%；实现工业利税967.6万元，比上年增长38%，其中缴纳税金80.7万元。完成工业投资6.12亿元，比上年增长9.3%；完成技术改造投资3.5亿元，比上年增长2%。实现物流税收802万元，为年计划的101%；工商税收125万元，比上年增长13%。

【社会事业进步】 2016年，中堡镇有幼儿园7所，教职工19人，在园幼儿249人；小学8所，教职工104人，在校学生1048人；初中1所，教职工63人，在校学生342人。有卫生院（所）2所，医护人员33人；有村卫生室33个，村医35人。对低保对象实行动态管理，年内评定符合条件的低保户255户305人，低保户的生产、生活得到切实保障。争取省级“一事一议”专项资金230万元，村民自筹资金4.05万元，修建水泥路2.39万平方米，安装路灯263盏，建村民活动广场2个，建设项目惠及9个村。全镇农业支持保护性补贴耕地面积3583.84公顷，涉及农户9552户，补贴标准每公顷1359.9元，通过直接打存款折的方式发放补贴金额411.98万元。城乡居民社会养老保险参保缴费人数1.28万人，参保率99%；符合领取养老金资格的人数7847人，领取养老金资格认证率100%。全镇危房改造26户，其中原址翻建11户，修缮加固15户。孕前优生检测66人，为全镇5113名育龄妇女提供免费生殖健康服务。

中堡镇党委书记 石宝山
中堡镇政府镇长 张永胜

姜各庄镇

【概　况】 姜各庄镇位于县域东部，总面积226.33平方千米，耕地面积8531.07公顷。辖70个行政村，15842户49387人。2016年，实现地区生产总值29.93亿元，比上年增长14.15%。其中，第一产业增加值13.9亿元，比上年增长13.93%；第二产业增加值9.94亿元，比上年增长17.22%；第三产业增加值6.09亿元，比上年增长9.93%。人均地区生产总值60611元。固定资产投资20.62亿元，为年计划的120.6%，比上年增长47.18%。是年，杨庄村代表河北省接受国家统计局第三次农业普查农作物面积摇感测量检查；姜各庄镇妇联被省妇联确定为“三有两突出”基层妇联示范组织；向阳坨村被省爱卫办命名为“河北省卫生村”。

【项目建设扎实推进】 2016年，姜各庄镇新开工项目8个：投资5300万元、占地面积1.73公顷的唐山泽辉铸造材料有限公司年产4万吨焦宝石精密铸造砂项目，位于姜各庄镇工业小区，第一条生产线试生产中。投资9600万元、占地面积1.33公顷的乐亭县三兴饲料有限公司技改扩建项目，位于太满庄村，已完工。投资6亿元、占地面积914.67公顷的唐山老米沟农业发展有限公司农业观光园项目，位于老米沟河两侧、二滦河西畔，已完成九间房村8万株优质苹果树栽植，柳林村观光采摘园果树栽植4.1万株，各种果树、绿化苗木栽种120公顷；老米沟河33.33公顷水面建成水产养殖基地和休闲垂钓中心。投资2000万元、占地面积1.67公顷的唐山伟高五金有限公司年产3000吨卷钉项目，位于姜各庄镇工业小区，已投产。投资13亿元、占地面积13.33公顷的乐亭华阳热电有限公司工业用蒸汽项目，位于河北乐亭经济开发区，工商注册、可研报告完成；各项评估报告完成；地质勘探、地界勘测、用地红线图、土地收储、规划设计条件、柱基试验、临建、临电、打井完成，建筑用地回填中。投资9355.82万元、占地面积2.67公顷的乐亭县新嘉吉商贸有限公司仓储项目，位于滨海村东，仓储库房在加紧施工。投资4亿元、占地面积8公顷的唐山浩昌杰环保科技发展有限公司废液处理及综合利用项目，位于河北乐亭经济开发区，工商注册、可行性研究报告、环评报告、建设用地规划、许可证等全部办结；厂区内3条道路路基回填、电力设施建设等已完工；主要生产设备已订购。投资6.4亿元、占地面积20公顷的乐亭县滦河口海丰船舶修造厂技改扩建项目，位于滦河入海口处，坞道、带锯车间已建成。

续建项目2个：投资1.45亿元、占地面积200公顷（其中占用老米沟河水面面积33.33公顷）的唐山绿昕林木种植有限公司新型农业生态观光园项目，位于九间房和柳林村，已完工。投资2.9亿元、占地面积6.32公顷的河北澳航实业有限公司特戊酰氯项目，位于河北乐亭经济开发区，试生产中。

签约项目5个：投资5166.15万元的乐亭县祥瑞风力发电有限公司祥瑞风乐亭分散式风电工程项目，投资1.4亿元的乐亭县城市发展有限公司污水处理厂项目，投资1.15亿元的乐亭县恒发水产冷冻有限公司冷链物流项目，投资4500万元的乐亭县恒发水产冷冻有限公司家厨房项目，投资5.54亿元的龙源（北京）风电工程设计咨询有限公司河北乐亭滦河口风电场工程项目。

【现代农业稳步发展】 2016年，姜各庄镇培育3家投资超3000万元的农业龙头企业，打造唐山老米沟现代农业示范园区和以乐亭县海运昌水产养殖公司为龙头的海产品养殖示范园，建设乐亭县丰汇海水养殖有限公司的海参养殖加工项目，积极推进现代农业示范园建设。坚持“一村一品、多村一品”思路，培植设施种植面积966.67公顷，果树面积1000公顷，珍稀皮毛动物存栏188万只，水产养殖面积3333.33公顷，推动特色产业发展。乐亭县隆润蔬菜加工有限公司达到市级龙头企业标准，新发展黄湾村檀凌云水产养殖场和五村的田玉芝养猪场2家家庭农场，新增杨家林刘克新和二节村解长国2家种植大户；建成姜各庄镇供销农民合作社联合社，全镇实有合作社86个，基本实现行业全覆盖。全镇实现农林牧渔业总产值24.61亿元，比上年增长19.52%。其中，农业产值7亿元，林业产值720万元，牧业产值1.37亿元，渔业产值16.16亿元。

【工业经济持续发展】 2016年，全镇有工业企业34家，其中制造业企业14家，其他企业20家；有商业网点155个，集贸市场3个，物流企业16家。年内新增规模以上工业企业2家，新增规模以上服务业企业1家，新增科技中小型企业1家。全年完成工业投资11.28亿元，为年计划的107.45%；技改投资8.08亿元，为年计划的105.37%；实现规模以上工业总产值1.93亿元，为年计划的113.42%；规模以上工业利税1942万元，为年计划的121.38%；民营经济增加值24.71亿元，为年计划的107.43%；物流税收891.03万元，工商税收113.15万元，土地使用税158.94万元，均超额完成年度计划。

【农村面貌改造提升】 2016年，全镇完成绿化面积358.53公顷，其中村庄绿化面积19.13公顷，沿海防护林绿化面积114.87公顷，农田林网绿化面积14.27公顷，经济林面积91.87公顷，苗圃面积18.4公顷，湿地植被修复绿化工程面积100公顷。投资800余万元完成周家庄等7个村1145公顷的高标准基本农田项目建设工作，修建钢渣路27千米，田间水泥路5300米，新打机井47眼，铺设地埋输水管道5900米，新架设、更换380伏输电线路11千米；完成母强庄等16个村的高标准基本农田建设项目专家论证工作。完成镇址前街至幼儿园、二村至后街沥青路面的铺设，修建镇区排水管网400余米，铺设排污管道300米。70个行政村栽植绿化苗木6.1万株，完成镇区绿化面积2000平方米，完成镇区道路硬化2500米。投资500万元打造向阳坨、董庄等7个美丽乡村，清理垃圾1万余立方米，安装路灯564盏，修建文化墙2546平方米，新建文化广场2600平方米，建设排水管网1000余米，建设水泥排水沟渠500米。完成姜各庄初中至南程庄道路硬化3000米；投资90万元完成北海滨至中海滨道路硬化4000米。完善70个行政村1.23万个卫生厕所的后期管理工作，按时完成58户危房改造任务。

【社会事业发展】 2016年，姜各庄镇有幼儿园11所，在园幼儿833人，幼教职工46人；有中小学11所，在校生3511人，中小学教职工280人。有卫生院（所）4所，医护人员67人；70个行政村中有卫生室54个，村医55人。为全镇8100多人开展生殖健康服务，为155对育龄夫妇进行免费孕前优生健康检查；完成446名扶助对象和19名特扶对象的摸底调查、审批及资金发放。全镇228户273人享受低保待遇；为享受大病医疗救助的16人发放救助金，实施重点医疗救助；为805名重点优抚对象发放抚恤金252.67万元；发放困难群众临时生活救济款7.65万元；为享受社会救济定补的64人发放救济款2.83万元；为1515名80周岁以上老人发放老龄生活补贴4.32万元。新农保新增60周岁到龄人员593名，死亡注销人员299名，发放老农保退保资金67.71万元，统筹征缴参保资金245.61万元。“五一”劳动节、端午节、“六一”儿童节等节日，在镇区广场、敬老院、学校等场所组织开展各类文艺活动10余场次。组织“滦丰擂鼓队”参加全县第三届“盛世鼓舞”擂鼓大赛，4支广场舞、健身操队参加全县第三届“渤新杯”健身操大赛。围绕“两学一做”主题开展各种文艺宣传活动3场。组织参加县文广新局举办的乐亭县首届书画名家交流活动。举办了第二届姜各庄镇广场舞大赛。

【向阳坨村被命名为“河北省卫生村”】 2015年，姜各庄镇向阳坨村借助被确定为“美丽乡村建设省级重点村”的契机，按照省级卫生村创建标准，认真谋划，采取多种措施，加大投入，推进卫生村创建工作。硬化村内道路6000平方米，增设垃圾箱7个，绘制文化墙500平方米，整治临街建筑2万平方米，街道两侧栽植花木2万余株，完成村庄绿化面积1.06万平方米；建立长效机制，配备专职保洁员6名，村庄环境卫生面貌得到改善；推广清洁炉具200套，安装路灯88盏，安装摄像头36个，群众安全指数提升。加大卫生知识宣传力度，引导村民摒弃陋习，养成卫生、科学、文明、现代化生活理念，村容村貌、村民精神面貌焕然一新，为全镇树立了环境优美、文明卫生的新农村形象。2016年1月，向阳坨村被省爱卫办命名为“河北省卫生村”。

姜各庄镇党委书记 苏　华

姜各庄镇政府镇长 王永健

乐安街道

【概　况】 乐安街道办事处（简称乐安街道）位于县城区金融大街与振兴路交叉口东南角，辖22个行政村、12个社区居委会，19550户60691人。2016年，实现地区生产总值16.84亿元，比上年增长7.81%。其中，第一产业增加值1.02亿元，比上年增长9.63%；第二产业增加值9.22亿元，比上年增长5.98%；第三产业增加值6.58亿元，比上年增长9.85%。人均地区生产总值27755元。固定资产投资17.81亿元，为年计划的133.8%，比上年增长63.24%。

【项目建设实现突破】 2016年，乐安街道新开工项目13个：总投资3.86亿元、占地面积7.74公顷的北京海德润制药乐亭有限公司建设生物医药、保健品、医疗器械生产项目，位于县城区工业聚集区，项目一期工程主体完工，三号车间设备安装到位，准备试生产；总投资 4.86 亿元（含财政配套资金）、占地面积 7.71 公顷的乐亭县城市供热有限公司城区热力改造项目，项目区位于县城南外环路以南和韩坨村，项目基本完工；总投资 3.97 亿元、占地面积 6.67 公顷的乐亭县诚信房地产开发有限公司房地产开发项目，项目区位于县城古滦河东侧、宝丰街以北、院士街以南，项目主体完工；总投资 1.2 亿元、占地面积 0.31 公顷的乐亭硒普生物科技有限公司生物提取富硒保健食品项目，位于县城区工业聚集区，项目已完工，设备安装调试完成，产品包装进行中；总投资 3.17 亿元、占地面积 3 公顷的河北联业电子商务有限公司农村综合信息超市项目，位于县城区工业聚集区和 473 个行政村，项目已完工；总投资 2 亿元、占地面积 186.67 公顷的唐山燕园农林科技有限公司燕园高档苗木基地项目，位于古滦河生态公园，项目已完工；总投资 4211 万元、占地面积 0.22 公顷的乐亭县晓清环保设备有限公司环保设备生产项目，位于县城区工业聚集区，已投入生产；总投资 1850 万元、占地面积 0.13 公顷的唐山圣大物流有限公司智能化中央厨房项目，位于冀东国际农产品物流中心，项目已完工；总投资 1400 万元、占地面积 0.33 公顷的乐亭县益发合加油站建设县城北外环加油站项目，位于县城北外环路与发展大道交叉口 252 米处，项目主体建设进行中；总投资 1350 万元、占地面积 0.15 公顷的乐亭县益发合加油站建设蔡各庄村西加气站项目，位于蔡各庄村西、西外环西侧，项目主体建设进行中；总投资 1250 万元、占地面积 0.14 公顷的乐亭县益发合加油站建设蔡各庄村西加油站项目，位于蔡各庄村西、西外环路西侧，项目主体建设进行中；总投资 1200 万元、占地面积 0.13 公顷的乐亭那滋味食品有限公司生产加工马铃薯片项目，位于县城区工业聚集区，项目已完工；总投资 1050 万元、占地面积 0.36 公顷的乐亭县第五幼儿园项目，位于茂源街东段北侧，发展大道以东，项目已完工。

建成项目 11 个：总投资 1.2 亿元、占地面积 0.31 公顷的乐亭硒普生物科技有限公司生物提取富硒保健食品项目，位于县城区工业聚集区，已完工；总投资 980 万元、占地面积 0.37 公顷的乐亭县第六幼儿园项目，位于县城健康小区西侧，已完工；总投资 1050 万元、占地面积 0.36 公顷的乐亭县第五幼儿园项目，位于茂源街东段北侧、发展大道以东，已完工；总投资 1850 万元、占地面积 0.13 公顷的唐山圣大物流有限公司智能化中央厨房项目，位于冀东国际农产品物流中心，已完工；总投资 1200 万元、占地面积 0.13 公顷的乐亭那滋味食品有限公司生产加工马铃薯片项目，位于县城区工业聚集区，已完工；总投资 3.86 亿元、占地面积 7.74 公顷的北京海德润制药乐亭有限公司生物医药、保健品、医疗器械生产项目，位于县城区工业聚集区，一期已完工；总投资 2 亿元、占地面积 186.67 公顷的唐山燕园农林科技有限公司燕园高档苗木基地项目，位于古滦河生态公园，已完工；总投资 3.97 亿元、占地面积 6.67 公顷的乐亭县诚信房地产开发有限公司房地产开发项目，项目区位于县城古滦河东侧、宝丰街以北，院士街以南，项目主体完工；总投资 4.86 亿元（含财政配套资金）、占地面积 7.71 公顷的乐亭县城市供热有限公司城区热力改造项目，项目区位于县城南外环路以南和韩坨村，已完工；总投资 3.17 亿元、占地面积 3 公顷的河北联业电子商务有限公司农村综合信息超市项目，位于县城区工业聚集区和 473 个行政村，已完工；总投资 4211 万元、占地面积 0.22 公顷的乐亭县晓清环保设备有限公司环保设备生产项目，位于县城区工业聚集区，已投入生产。

储备项目 6 个：包括中船海上风电项目，刘美实业、赵三烧鸡搬迁扩建项目，唐山康景建筑科技有限公司建设年产 5000 套起重设备项目等。

【村居面貌提升】 2016 年，乐安街道以“全国文明县城”复审活动为契机，加大基础设施改造力度，广泛开展小区绿化美化，全面清理乱堆乱放、私搭乱建、乱停乱摆问题，城区环境得到改善。先后对居民小区主要道路、楼间道路、前后阳台下及其他裸露部位进行硬化，共硬化地面 1 万多平方米、修砌花池及路边砖 1.2 万延长米；为社区改造修建草坪砖停车位 150 个 2500 余平方米；安装维修小区路灯 330 多个，更换存有安全隐患电闸箱 7 个，更换老化电缆 250 多米，维修路面坍塌90处，维修下水道井288处，维修下水管道80处；对破旧楼体进行粉刷，小区面貌焕然一新。进行小区绿化，推进生态社区建设。通过“拆旧建绿、拆墙透绿、见缝插绿”，栽植各类苗木1万余棵，栽种各类花草2万余株，播散花籽15千克，恢复绿地面积2.3万余平方米；对绿化带进行全面修剪并进行药物喷洒，居民生活居住条件得到改观。开展拆违拆迁拆陋工作，拆除违章建筑103处，面积2000余平方米。乐安街道制定《村居保洁工作管理办法》《村居保洁员职责》等制度，建立健全目标管理责任制，细化工作责任，严格落实奖惩。发挥城管中队作用，加强对小区内“五乱”现象的巡查执法力度，纠正占道经营800多起，清理乱堆乱放120余处，做到时时有人管、处处有人查，营造了良好的生活秩序。在创建省级食品药品安全县及省级文明县城复审工作中发挥主体作用，发放健康证1035个、备案卡673个、服装1080套，发放宣传材料2万余份，组织文化活动15场次，确保一役达标。

【工商经济增长】 2016年，乐安街道引入商贸公司3家、车队6家。有工业企业91家，其中制造业46家，食品加工企业21家，其他企业24家。有商业网点586个，物流企业4家。全年实现规模以上工业企业产值7.17亿元，为年计划的108%；工业利税3084万元，为年计划的110.14%；完成工业投资11.02亿元，为年计划的127.42%；技改投资11.02亿元，为年计划的174.53%；实现物流税收867.43万元，为年计划的108.43%；工商税收1220.42万元，为年计划的109.85%；土地使用税收516.8万元，为年计划的122.17%。

【社会事业进步】 2016年，乐安街道为1040名80周岁以上的老人发放高龄生活补贴并进行健康情况核查；新增劳动力转移309人，新增就业人数768人；发放农业人口社会保障卡5401张，办理社区劳动保障卡1711张；发放老农保退款21.64万元，办理60岁以上城镇居民养老保险295人。为108对农村待孕夫妇进行免费孕前优生健康检查；为2021名农村育龄妇女进行免费生殖健康检查；落实农村60周岁奖扶1275人，奖扶金额122.4万元；落实特扶59人，扶助金额18.02万元；落实三项奖励人员5355人，奖励金额65.65万元；落实一次性关怀救助家庭21户，救助金额14万元。新增市级流动人口计划生育均等化管理示范村居3个。年初，与辖区内各企业签订安全生产责任状，要求各企业配齐安全生产专管员，完善实时安全生产档案，实行每周一次检查整改，全年未发生重大安全生产事故。面对新建小区物业管理弃管频发的问题，不等不靠、主动作为，以健康社区为代表的业主自治式、市场化运行模式深入推进。

【环境治理上台阶】 2016年，乐安街道开展“四清四化”、燃煤锅炉淘汰、散料堆场苫盖、秸秆禁烧管控等大气污染防治工作。年内关停燃煤锅炉49台，限制挥发性生产企业4家，派出驻厂监督员24小时不间断监督检查。推广洁净型煤3703.65吨、洁净型采暖炉508套，在辖区开展秸秆禁烧专项整治，各街村、社区居委会成立秸秆禁烧巡视组，采取白天巡回检查、夜间设点督察等方式，进行严防死守，严肃查处焚烧行为，确保全街道“不点一把火，不冒一股烟。”

乐安街道党工委书记　骆建永（4月免）
刘凤革（5月任）
乐安街道办事处主任　张宏伟

人　物

“河北省‘五一’劳动奖章”获得者简介

王艳芳，女，1975 年 12 月生，1995 年 8 月参加工作，中共党员，乐亭县医院儿科护士长。

王艳芳始终坚持“以病人为中心”的服务宗旨，处处把病人的利益放在首位，从事护理工作二十多年如一日，勤勤恳恳，任劳任怨，夙兴夜寐习以为常，每年春节正是小儿患病高发期，为此，她从未在家吃上一顿团圆饭、过上一个团圆节。为了减少病人痛苦，她带领全科护士苦练基本功，率先在全县应用了“小儿静脉留置针技术”“穴位按摩在乳突根治术后护理中的应用”等新技术，把患者的痛苦降至最低，科室满意度达 100%。她所在的科室被评为先进科室、青年文明号、共产党员示范岗，其经验做法在全县推广应用，并在国家级核心期刊发表论文 6 篇，取得省级科研成果 1 项，市级科技进步奖 1 项。她本人先后被评为“唐山市优秀护士”“唐山市十大名护”。2016 年 4 月，王艳芳被省总工会授予“河北省‘五一’劳动奖章”。

张国全，男，1957 年 7 月生，1980 年 4 月参加工作，中共党员，唐山市德龙钢铁有限公司烧结厂厂长。

张国全于 2006 年 6 月任唐山市德龙钢铁有限公司烧结厂厂长后，单位指标持续优化，在全国同类机型处于领先水平，产量不断创新高。同时，在节能减排、环保等方面业绩突出，成为绿色钢铁的典范。2014 年，张国全负责的“钢渣法脱硫及副产物综合利用”项目获得中国循环经济协会科学进步奖一等奖；2014—2016 年环保投资 6035 万元，实现了绿色钢铁、绿色生产。全市范围内最早投资 4380 万元新建竖炉脱硫及烧结机脱硫，烧结及竖炉脱硫二氧化硫排放量小于每立方米 80 毫克；投资 3200 万元建设 4 万平方米封闭料场；投资 1348 万元改造烧结机头、机尾除尘设备改造升级等。在优化指标、降低成本、节约能源方面，实现了 230 平方米烧结机利用系数 1.81、日产突破 1 万吨的行业奇迹。平均固体消耗每吨 47.54 千克，年节约燃料 2.4 万吨。吨矿电耗降低 17.06 千瓦时，年节电 4850 万千瓦时。同时，开展环冷机密封改造、热风技改等技改项目，提高余热利用率、提高蒸汽发电量、降低煤气消耗量，经济及社会效益显著。2016 年 4 月，张国全被省总工会授予“河北省‘五一’劳动奖章”。

乐亭县高级职称资格人员名录

2016 年，乐亭县有高级职称人员 69 名，涉及医疗卫生、教育、农业、电力、财政等部门、单位（见表 13）。

表 13　　2016 年度乐亭县高级职称资格人员名单

序号	姓名	性别	职称资格	工作单位
1	杨秀玲	女	中小学正高级教师	县第四实验小学
2	赵丽瑾	女	农业技术推广研究员	县水产中心
3	赵秉军	男	农业技术推广研究员	县农牧局
4	贾红莲	女	主任技师	县医院

续 表

序号	姓名	性别	职称资格	工作单位
5	侯迎秋	男	主任技师	县医院
6	史秀玲	女	主任中药师	县医院
7	王艳芳	女	主任护师	县医院
8	陈 涛	女	主任护师	县医院
9	韩志宏	男	主任中医师	县中医医院
10	田 欣	女	副主任医师	县医院
11	李亚军	女	副主任医师	县医院
12	宋玉文	男	副主任医师	县医院
13	付 刚	男	副主任医师	县医院
14	李建林	男	副主任医师	县医院
15	朱晓青	女	副主任医师	县疾病预防控制中心
16	裴淑敏	女	副主任护师	县中医医院
17	周丽琴	女	副主任技师	县中医医院
18	王翠娟	女	副主任医师	县中医医院
19	闫丽华	女	副主任医师	县中医医院
20	徐韶连	男	副主任中医师	县中医医院
21	管莉文	女	副主任护师	县妇幼保健院
22	魏丽艳	女	副主任技师	县妇幼保健院
23	李秋云	女	基层副主任医师	县卫协医院
24	刘英平	女	基层副主任医师	县卫协医院
25	马静媚	女	副主任医师	县卫协医院
26	赵小锋	男	基层副主任医师	新寨镇中心卫生院
27	姜素红	女	基层副主任中医师	新寨镇中心卫生院
28	王德强	男	基层副主任医师	汀流河镇中心卫生院
29	母丽娟	女	基层副主任医师	毛庄镇政府
30	吴爱萍	女	副主任医师	乐亭镇卫生院
31	雷艳红	女	高级教师	汤家河中心小学
32	陈翠菊	女	高级教师	马头营初级中学
33	裴艳珍	女	高级教师	马头营镇贾滩上小学
34	王春洁	女	高级教师	马头营镇中心小学
35	任爱存	女	高级教师	庞各庄乡王庄子小学
36	俞红艳	女	高级教师	乐亭镇蔡庄初级中学
37	王立军	男	高级教师	乐亭镇蔡庄初级中学
38	裴丽凡	女	高级教师	乐亭镇冯哨明德小学
39	周红梅	女	高级教师	乐亭镇吉祥寺小学
40	肖彦东	男	高级教师	乐亭镇西高小学
41	齐 媛	女	高级教师	姜各庄镇初级中学

续 表

序号	姓名	性别	职称资格	工作单位
42	段兴和	男	高级教师	姜各庄镇黄湾小学
43	杨瑞红	女	高级教师	胡家坨镇中心小学
44	马瑞艳	女	高级教师	胡家坨镇大黑坨小学
45	吴玉辉	男	高级教师	古河乡初级中学
46	赵新梅	女	高级教师	古河乡古河小学
47	曹爱军	男	高级教师	古河乡李各庄小学
48	白文梅	女	高级教师	县第三幼儿园
49	董艳芝	女	高级教师	县第三实验小学
50	李艳侠	女	高级教师	县第二实验小学
51	刘艳梅	女	高级教师	阎各庄镇初级中学
52	谷润杰	女	高级教师	新寨镇初级中学
53	张树艳	女	高级教师	新寨镇初级中学
54	杨建荣	女	高级教师	新寨镇东姜小学
55	张亚芳	女	高级教师	汀流河镇大杨庄小学
56	刘敏红	女	高级教师	县特殊教育学校
57	王金侠	女	高级教师	汤家河镇初级中学
58	谭焕丽	女	高级教师	汤家河镇初级中学
59	毛仕明	男	高级教师	汤家河镇羊兰坨小学
60	徐 欣	女	高级工程师	国网乐亭县供电公司
61	康健民	男	高级工程师	国网乐亭县供电公司
62	朱海涛	男	高级经济师	县财政局
63	胡晓勇	男	高级经济师	县交通运输局
64	徐海瑜	女	高级兽医师	县畜牧兽医局
65	郭丽兰	女	高级兽医师	县畜牧兽医局
66	韩丽娜	女	高级兽医师	县畜牧兽医局
67	朱秋艳	女	高级兽医师	县畜牧兽医局
68	赵美琴	女	高级会计师	县农牧局
69	万丽英	女	高级农艺师	县农牧局

文献文件辑存

乐亭县人民代表大会常务委员会工作报告

——2017年2月28日在乐亭县第十六届人民代表大会第一次会议上

乐亭县人大常委会副主任　程　兵

各位代表：

我受县十五届人大常委会委托，向大会报告工作，请予审议。

一、过去五年的主要工作

五年来，县十五届人大常委会在中共乐亭县委的坚强领导下，在“一府两院”和社会各界的大力支持下，认真贯彻党的十八大和县第十二次党代会精神，始终坚持与党委同频共振，与人民同向同心，按照“创新、务实、精准、高效”的工作导向，大胆实践，勇于探索，认真履职，依法行权，圆满完成了十五届人大确定的目标任务，充分发挥了地方国家权力机关的作用，为推进我县经济发展、民生改善和社会稳定，加快沿海强县建设做出了积极贡献。

（一）维护核心，自觉看齐，坚定人大工作政治方向

强化党的领导。县委历来十分重视人大工作，全力支持和保证人大依法行使职权。人大常委会坚持实行向县委报告制度，对筹备召开人代会等阶段性工作都事先向县委汇报，以便县委在工作上做统筹安排；对日常的视察调研等工作，以《人大专报》的形式，随时向县委反馈，使县委准确掌握人大工作动态，让人大工作始终处于党的领导之下，确保了人大工作正确的政治方向。

明确工作重心。自觉将人大工作纳入县委的整体部署，根据县委每个时期的发展思路和工作重点，确定人大常委会的工作方向和具体任务。无论是讨论决定重大事项，还是工作监督、法律监督、人事任免，都坚持与县委在思想上同心，在政治上同向，在行动上同步。五年来，针对县委有关经济社会发展的重大决策部署，县人大常委会通过运用专题询问、专项工作评议、跟踪督办等刚性监督手段，让县委的决策部署得到有力执行，从而在制度上、法律上、行动上确保了县委决策的贯彻实施。

找准监督定位。坚持党的领导，是正确处理人大与“一府两院”关系的根本保证。五年来，县人大常委会在县委的正确领导下，对“一府两院”依法依规实施监督。工作中，既不事无巨细，也不失之于宽，做到了人大监督跟进不懈怠、支持不失职、尽责不越位。

（二）精准监督，增强实效，充分行使人大法定职权

健全完善监督机制。五年来，县人大常委会始终把制度建设作为履职行权的前提和基础，不断探索和创新，先后制定出台了《常委会议事规则》《专题询问办法（试行）》《专项工作评议暂行办法》等一系列规章制度，充分细化了常委会议事的方法和步骤，形成了一套完整规范的工作程序，为常委会依法依规行权奠定了坚实的制度基础。

认真审议重大事项。五年来，常委会依法行使重大事项决定权，听取和审议“一府两院”专项工作报告56项，作出决议、决定46项，强化了国民经济和社会发展计划、预算执行情况，财政收支审计情况的监督；依法批准了每年的财政预算变更和调整；审议批准了乐亭县2013—2030年城乡总体规划，作出了关于在全县开展第七个五年法制宣传教育的决议；依法提请县十五届人大五次会议审议批准了“十三五”规划纲要。

大力开展执法检查。五年来，常委会坚持把维护宪法和法律权威作为人大监督的重点，根据全县经济社会发展需要，以群众关心关注的热点问题为导向，多次成立执法检查组，先后对《中华人民共和国道路交通安全法》《中华人民共和国教师法》《中华人民共和国大气污染防治法》等11部法律的贯彻实施情况进行了执法检查，发现并纠正了一些执法不力和违法现象，保障了相关法律法规在县内的正确实施。如2015年，县政府对人大常委会开展的大气污染防治法执法检查高度重视，深入开展了“环境整治攻坚月”和“彻底取缔淘汰五小企业排查行动”，对县内钢铁行业进行全面治理，取缔全部黏土砖瓦窑，淘汰10蒸吨以下燃煤锅炉，全县空气质量和人居环境得到进一步改善。

周密安排视察调研。每年围绕全县工作大局和社会突出问题，组织常委会组成人员、人大代表和机关工作人员成立调研组，对食品药品生产、全县中小学及幼儿园布局、政府实事工程等工作开展视察调研73次，提出了许多有价值的意见和建议，促进了相关部门工作落实。如2015年，县人大常委会对县内12家药品批发零售企业贯彻《中华人民共和国药品管理法》情况进行了视察，督促有关职能部门开展了整治违规生产、非法经营、夸大宣传、售假劣药专项行动，净化了药品经营环境，保障了广大患者用药安全；2016年，县人大常委会组织的对全县中小学及幼儿园布局情况的调研，掌握了全县教育基本现状，提出了调整布局及加强学校管理和教师队伍管理的重要建议。

创新尝试监督举措。为增强人大监督实效，五年来，常委会一直在积极探索和尝试新的更加有效的监督举措。2014年，常委会尝试对市场监督管理局、国土资源局等15个政府工作部门和垂直管理部门开展了以“优化发展环境”为主题的专项工作评议，有效改善了政府工作部门审批环节多、办事效率低等问题。在此基础上，乐亭县人大常委会在全市各县区率先研究制定出台了《专项工作评议暂行办法》，并连续两年对县政府代表建议办理工作开展了专项评议，既有效畅通了民意渠道和途径，也对政府相关部门的工作给予了鞭策和促进，加快了群众诉求的解决和落实。除此之外，常委会在2014年还研究制定了《专题询问办法》，并连续三年分别就县政府社会养老和食品安全工作、县法院审判公开工作开展了三次专题询问，通过人大代表与“一府两院”负责同志零距离接触、面对面询问应答，及时回应了社会关切，推动了相关工作深入落实。2014年，县政府对专题询问中提出的姜各庄、庞各庄两所敬老院消防问题，进行了认真研究，经过设施改造，两所敬老院已经通过消防部门验收，解决了多年来一直悬而未决的消防问题，彻底消除了安全隐患。

依法进行人事任免。五年来，常委会坚持党管干部和人大依法任免相结合的原则，认真审议“一府两院”任免议案，经过摸索实践，形成了一套“任前了解、任中宣誓、任后监督”的任免模式。任命前，通过民主测评、召开座谈会、查阅档案材料等方式，从德、能、勤、绩、廉等多个方面对拟任命人员进行调查了解，为常委会表决提供参考资料；任命时，组织任命人员开展向宪法宣誓仪式，以增强国家工作人员的责任意识和公仆意识；任命后，对依法任命人员的工作情况实行日常跟踪、年终述职，避免了任后监督缺失，保障了任免工作科学规范。五年来，常委会共任免国家机关工作人员162名，任命县法院人民陪审员81名，依法补选市人大代表1名。

精心组织换届选举。常委会积极承担县乡两级人大换届选举组织责任，在县委的统一领导下，严格按照法律规定，精心组织、全面指导，经过宣传发动、划分选区、分配名额、选民登记、提名推荐候选人、投票选举等步骤，选举产生县级人大代表210名，乡级人大代表853名，圆满完成了县乡两级人大代表的换届选举任务。

（三）搭建平台，拓展渠道，强力激发代表履职活力

强化代表培训。采取分散与集中相结合、专

家授课与外出考察相结合的方式，在县内举办代表培训班4次，组织部分市人大代表参加市人大组织的代表培训班4次，组织乡镇人大主席和县人大机关干部赴北京、北戴河等全国人大培训基地参加培训2次，累计参训人员达1100余人次。通过多层次、多形式的培训活动，代表们对《中华人民共和国地方各级人民代表大会和地方各级人民政府组织法》《中华人民共和国各级人民代表大会常务委员会监督法》《中华人民共和国全国人民代表大会和地方各级人民代表大会代表法》等法律法规的运用有了更精准的把握，对代表履职及代表工作的活跃开展有了更开阔的思路和更清晰的脉络，也为县乡人大工作的创新发展和再提升，奠定了坚实的理论基础。

拓展联络方式。每年都集中组织开展常委会组成人员联系代表、代表联系选民活动（简称“双联”），倾听群众呼声，了解百姓意愿，在畅通上情下达、下情上达渠道的同时，拉近了代表与群众的距离；依托互联网，借助手机等即时通信工具，建立了人大代表微信群，注册开设了“乐亭县人大常委会”微信公众平台，及时发布人大信息；坚持为代表寄送县人大常委会创办的报刊《人大之窗》和省市人大杂志等文件资料，确保了代表和群众的知情权。

搭建履职平台。在全县推广建设“人大代表之家”联络平台16个，并通过组织开展多种活动实现了有效运转。县人大常委会借助“人大代表之家”联络平台，组织驻乐市人大代表开展了“走访选民心连心、扶贫济困献真情”活动。五年来共走访选民1000多人次，解决实际问题27件，建立帮扶项目15个，帮扶贫困学生17名，帮扶贫困家庭36户，帮扶资金达119.9万元。乐亭镇“人大代表之家”实行农村人大代表到镇政府轮流值班制度，借助农村代表易被群众接受的特殊优势，帮助镇党委政府解决和处理了许多难点问题和信访案件。

加强建议办理。对人大代表建议办理工作实行“四个一”督办机制，切实扭转了代表建议“重答复、轻落实”的局面，提高了代表建议解决率和代表满意率；组织开展优秀代表建议和先进承办单位评选活动，进一步提升了代表建议质量，调动了承办单位的积极性；坚持每年听取和审议县政府关于代表建议办理情况的专项工作报告，并对建议办理情况进行逐个票决，确保了办理质量。本届共收到代表建议228件，均已办结答复，其中农村基础设施建设、公交车运行等一批涉及人民群众切身利益的重大问题得到了有效解决。

（四）勤勉尽责，实干担当，切实提升机关服务水平

加强思想政治建设。五年来，人大常委会始终把思想政治建设放在首位，以党的群众路线教育实践活动、“三严三实”专题教育、解放思想大讨论活动和“两学一做”学习教育为契机，通过认真学习规定篇目，深入查找思想禁锢，彻底摒弃陈旧观念，有效解决了常委会领导班子和机关干部在思想、工作、纪律、作风方面存在的突出问题，促进了机关建设，造就了一支对党忠诚、个人干净、敢于担当的人大干部队伍。

加强学习型机关创建。常委会创新实施了“机关干部轮流讲课”制度，采取“人人登台、个个讲课”的形式，给每一名机关干部提供了一个展示自我的平台，真正把“要我学”变为“我要学”，把“听课”变为“讲课”。通过这一制度的实行，每位机关干部的学习能力、应变能力、业务能力、语言表达能力都得到了质的提升，也为开创人大工作新局面打下了坚实的人才基础。

加强县委重点工作落实。县人大常委会各位主任在落实县委分配的各项任务中，尽职尽责，亲力亲为，积极参与“九个一”活动、后进村转化、美丽乡村建设和旧城改造等工作，有力支持了县域经济发展和农村面貌提升，也充分证实了县十五届人大常委会领导班子的核心意识和担当精神。

加大对外宣传力度。强化宣传阵地，编辑出版《人大之窗》30期，向驻乐省市人大代表和全体县人大代表及各镇乡、县直各单位赠送15000余份，在宣传人大制度、推进依法治县、保障人大代表知情权等方面发挥了重要作用。强化信息报送，通过制定奖励办法、明确工作责任、定期汇总通报等措施，激发机关人员写作积极性，形成了全员办信息的工作格局。五年来，我县在市级以上报刊媒体发表各类文章200余篇，多篇论文在省市人大新闻评选中获奖，并作为经验材料在全省进行交流，信息宣传工作连续多年稳居全市首位。

各位代表，过去的五年，县十五届人大常委会各项工作取得了新进展、新成效。这些成绩的取得，是县委正确领导的结果，是全体人大代表、常委会组成人员和人大工作者辛勤付出的结果，是“一府两院”、各乡镇、县直各单位积极配合的结果，也是社会各界和全县人民大力支持的结果。在此，我谨代表县第十五届人大常委会，向全县人大代表，向所有关心、支持人大工作的同志们和社会各界人士，表示崇高的敬意和衷心的感谢！

在肯定工作成绩的同时，我们也清醒地看到自身工作还存在一定差距，主要是监督力度仍显不足，代表工作尚需改进，履职能力有待提高，自身建设还需加强。对于这些问题，需要我们在今后工作中高度重视、认真解决。

二、五年工作的主要体会

回顾五年的工作实践，我们对坚持和完善人民代表大会制度，做好地方人大工作，有了更加深切的认识和体会。

（一）增强人大政治定力，必须自觉坚持党的领导

坚持和加强党的领导，是人大行使职权、开展工作的基本前提和根本保证。五年来，县人大常委会始终突出县委核心地位，以“为县委保驾，为发展护航”为目标，主动围绕县委的中心任务和各个时期的重大决策和部署，制定常委会年度工作要点及阶段性工作安排，坚持重大事项及时向县委请示报告，主动争取县委的支持。实践证明，人大离不开党这个坚强而有力的后盾，只有坚持党的领导，坚定核心意识，人大工作才能牢牢把握正确的政治方向，人大的职能作用才能得到有效发挥。

（二）提升人大监督效力，必须大胆创新勇于担当

为不断提升人大监督实效，五年来，常委会在监督方式上大胆创新，在全市率先实施了专题询问、专项工作评议等刚性监督举措，使人大监督手段更加科学有效。在监督内容上，着重围绕县委工作重点、政府工作难点和群众普遍关注的热点问题，科学确定监督重点，推进民生改善。在监督效果上，本着对人民高度负责的态度和勇于担当的精神，开门见山指问题，开诚布公提意见，正确的事情敢于支持，看准的问题盯住不放，在监督的针对性、实效性上狠下功夫。如对敬老院消防设施建设存在的问题，人大实行跟踪问效，一抓到底，彻底解决，真正发挥了人大监督作用。

（三）激发人大工作活力，必须充分发挥代表作用

人大代表是人大工作的主体，也是人大活力的源泉。人大代表来自人民、根植人民、代表人民，最了解人民群众想什么、盼什么、愿什么。五年来，常委会注重发挥人大代表作用，通过开展“双联”活动，推广“人大代表之家”建设等举措，不断健全群众联络机制，拓宽群众联系渠道，为人大代表依法履职提供良好平台；广大代表通过视察调研、执法检查等活动，深入群众、体察民情、反映民意、为民解忧，发现的诸如汀李线李家铺村“断头路”等民生问题得到有效解决，赢得了人民群众的信赖、拥护和支持，也极大调动了人大代表履职积极性，使人大工作充满了生机与活力。

（四）提高人大服务能力，必须打造高素质干部队伍

人大机关作为常委会的办事机构，其工作质量的高低，水平如何，直接关系着整个人大工作的成效。五年来，常委会始终狠抓机关干部综合素质教育，通过选派机关干部外出挂职、参与旧城改造等中心工作，培养机关干部吃苦耐劳、任劳任怨精神，历练勤政务实、勇于担当的工作作风；通过建立集中学习和干部轮流讲课制度，培养机关干部强烈的事业心和使命感，始终保持奋发有为的精神状态，不断提高理论素养、把握中心大局、熟悉法律法规，始终坚持真抓实干、务求实效、廉洁勤政。只有这样，人大机关的服务能力才能得到提升，人大实施监督才能理直气壮，“一府两院”接受监督才能心悦诚服，人大工作才能开创新的局面。

三、今后五年工作的建议

各位代表，县第十三次党代会确立了“全面建成小康社会，加快建设沿海强县、美丽乐亭，在全省增比进位，在全国争创百强”的奋斗目标。面对新的机遇和挑战，新一届人大及其常委会在未来五年，要认真学习贯彻县第十三次党代会精神，全面履行宪法和法律赋予的职责，围绕中心，服务大局，主动作为，依法履职，为推动沿海强县美丽乐亭建设和民主法治建设作出新的更大的贡献。

（一）坚决贯彻县委决策，在增比进位争创百强县中凝心聚力

新一届人大常委会要紧紧围绕县委重大决策部署，依法及时有效地行使各项法定职权，确保作出的决议、决定符合发展要求，符合人民意愿，符合乐亭实际；要把深入学习党代会精神作为贯彻决策部署的实际行动，既要充分发挥常委会组成人员的作用，又要带领全体人大代表深入学习，依法履职，通过扎实有效的工作凝聚起建设沿海强县、美丽乐亭，争创全国百强县的强大合力。

（二）着力增强监督实效，在围绕中心推动发展中履职尽责

要进一步贯彻落实好监督法，围绕乐亭县第十三次党代会确定的指导思想和奋斗目标，把关系经济社会发展的热点、难点问题作为监督重点，充分运用执法检查、视察调研、听取专项工作报告、开展专项工作评议和专题询问等监督方式，突出监督重点，加大监督力度，提高监督实效，推动经济跨越发展和民生改善，推动环境建设和生态保护，推动依法行政和公正司法。

（三）切实改进代表工作，在提高素质搭建平台中强化服务

结合新一届代表结构特点，抓好代表学习培训，努力提高代表法律素养和履职能力。认真办理落实代表建议意见，激发代表履职热情。加强与代表联系，拓宽代表知情知政渠道，有计划地邀请代表列席人大常委会会议，参加执法检查、工作评议等活动，强化代表履职服务保障。

（四）大力加强自身建设，在深化学习转变作风中提升能力

要进一步加强人大常委会思想政治建设、组织制度建设、履职能力建设和工作作风建设，强化理论武装，完善规章制度，提高审议决策水平，密切与人民群众的血肉联系，自觉接受人民监督。进一步加强人大专门委员会和常委会工作机构建设，提高专门委员会规范化、专业化水平和常委会工作机构的服务质量。加强常委会机关干部队伍建设和工作环境建设，打造一支充满活力、素质过硬的干部队伍，构建一个务实高效、团结和谐的人大机关。

各位代表，责任重于泰山，使命催人奋进，新一届人大及其常委会要在中共乐亭县委的坚强领导下，紧紧围绕县第十三次党代会和本次大会确定的目标任务，开拓创新，务实奋进，团结拼搏，担当实干，为全面建成小康社会，加快建设沿海强县、美丽乐亭，争创全国百强县而努力奋斗！

凝聚各界力量　强化责任担当
共同谱写建设沿海强县美丽乐亭新篇章

——在政协乐亭县第十届委员会第一次会议上的工作报告

（2017 年 2 月 26 日）

景学文

各位委员、同志们：

我受政协乐亭县第九届委员会常务委员会的委托，向大会报告过去五年的工作，对第十届县政协工作提出建议，请予审议，并请列席会议的同志提出意见。

一、五年工作回顾

九届县政协任期的五年，是乐亭发展史上不平凡的五年，也是乐亭发展取得丰硕成果的五年。五年来，县政协在中共乐亭县委的正确领导和上级政协的指导下，在县人大、县政府及有关部门的大力支持下，团结和带领广大政协委员，高举中国特色社会主义伟大旗帜，深入贯彻习近平总书记系列重要讲话精神，牢牢把握团结和民主两大主题，紧紧围绕全县工作中心，以奋发有为的精神、争创一流的干劲、勤奋务实的作风，扎实履行政治协商、民主监督、参政议政职能，充分发挥协调关系、汇聚力量、建言献策、服务大局的作用，各项工作取得了新成绩，为促进乐亭经济社会发展做出了积极贡献。

（一）围绕中心，服务大局，参政议政富有成效

围绕发展中的重要课题建言协商。在县政协全体会议上，组织召开“经济建设”和“社会事业发展”专题座谈会，围绕全县经济社会中心工作，组织委员和县领导进行面对面协商交流，提出发展现代农业、拓宽招商引资渠道、加强公民道德教育等意见建议 100 余条，受到与会县领导的重视。每季度组织召开政协常委会议，围绕加强传统文化建设、整合教育资源、完善城市功能等课题开展协商，建言提出 70 余条意见建议被县委县政府采纳落实。

选择发展中的突出问题调查研究。发挥政协组织智力优势，精心选择全县经济社会发展中带有全局性、战略性的课题，组织委员进行专题调研，形成有深度、有分量的调研报告 50 余篇。加快文化产业建设步伐、加强和改进基层人民调解工作、加强乡村医生队伍建设、全面推进城镇精细化管理等课题的调研报告，通过《政协专报》报送县委县政府，受到县委县政府主要领导重视并作出批示，促进了相关工作的开展。多篇调研文章入编唐山市政协《金字塔调研模式》一书，得到市政协领导的肯定。

紧扣发展中的要事热点献计出力。组织开展建言“十三五”规划发展、“解放思想、抢抓机遇、奋发作为、协同发展”大讨论和“我为京津冀协同发展献一计”“问计于民、问需于民”等建言献策活动，共收集委员意见建议 90 余条，为推进全县中心工作提供智力支持。加强委员信息员队伍建设，组织委员上报城市建设管理、农村卫生环境综合治理、社会保障等方面社情民意信息 50 余条。

（二）完善机制，拓宽渠道，民主监督扎实推进

提案监督成果丰硕。九届县政协以来，委员共提出提案579件，经审查立案565件。县政协在组织委员撰写提案过程中，采取政协全会前印发提案征集参考提纲和书写提案须知、严格立案审查、开展提案优胜“十佳”委员评选等方式，引导委员围绕中心大局工作选题，提高了提案撰写质量。在督办过程中，不断总结经验，丰富和创新督办方式、方法，坚持县政协领导带队督办重点提案、提案委员会跟踪热点提案、机关各科室分包难点提案等保障办理落实措施，采取县政协提案委、县“两办”督查室、委员提案人、提案承办单位“四见面”制度，有效地提高了办理质量，促进了事关经济社会发展和群众普遍关注的热点、难点问题的解决。

视察监督效果明显。制定《关于加强委员视察工作的实施意见》，不断增强视察的计划性、针对性和实效性。精心选择视察内容，组织开展联合视察、分组视察、界别视察活动，先后对医疗资源共享平台建设、食品安全保障、农业产业园区建设、水利工程恢复重建、农村清洁能源开发利用、农村综合服务中心建设等组织专项视察19次，与县人大共同组织视察活动3次。视察中，委员们积极了解情况，认真查找问题，提出了有针对性的意见和建议，推动了相关工作的开展。

评议监督扎实深入。积极创新民主监督工作，召开专题工作座谈会，探讨新形势下民主监督工作的有效途径和方式方法。主动实施民主监督工作，推荐36名政协委员担任18个单位的监督员，了解工作动态，指出存在问题，实现了监督工作的具体化经常化。认真组织受邀监督工作，组织委员参加法院部分案件庭审、检察开放日、县法院执行大队“飓风行动”和物价部门组织的听证会，配合邀请单位工作，进一步发挥了民主监督作用。

（三）协同共进，注重实效，服务中心有力有为

推进重点工作齐心协力。按照县委统一安排部署，县政协班子成员积极参加县委“九个一”“三五”开放计划和“乡音招商引资”工程、对接北京产业项目转移、农村面貌改造提升、贫困村帮扶、信访案件化解、拆违拆迁等中心工作，加强工作指导，促进目标任务落实。积极推进城区工业聚集区、冀东国际农产品物流中心建设和有关项目对接工作，促成项目签约落地。深入发掘《天南地北乐亭人》信息资源，为县委县政府及相关部门对接北京产业项目转移提供600余名县外知名人士联系信息。与遍布全国17个省市50多名在外乐亭人士、10多家企业取得联系，奠定招商引资项目建设基础。在洪涝灾害恢复建设期间，组织撰写《关于加强滦河下游地区恢复重建工作的建议》，呼吁上级政协关注和支持。

服务委员企业加油助力。制定《县政协领导与企业界委员联系制度的实施意见》，不定期走访民营经济界委员，征集意见和建议，帮助解决实际问题。组织召开“推进项目建设、服务企业发展”专题座谈会6期，共有200余家企业参会，提出意见和建议120余条，推动了相关工作的开展。组织召开“银行与企业对接座谈会”，帮助委员企业破解资金制约瓶颈。组织“委员企业走进职校专场招聘会”5期，共有近百家委员企业参加招聘活动，千余名职校毕业生实现上岗就业，促进校企合作双赢。

加强对外联系凝聚合力。紧紧抓住京津冀协同发展战略机遇，主动邀请人民政协报社、北京市海淀区政协、西城区工商联和朝阳区中小企业市场发展商会、海归协会考察团来乐开展经济文化交流活动，通过文化搭台，促进产业项目转移。接待市政协来乐开展“建设沿海强市”“美丽乡村建设”等主题的调研视察活动，成功配合承办市政协第十八次常委会议，提高了上级政协对我县经济社会发展的关注支持程度。

（四）发挥优势，履职为民，促进和谐凝心聚力

联系各界人士，关注民情民生。支持民族宗教工作，撰写《加强社会创新管理，促进少数民族聚居村发展稳定》调研报告，在“开斋节”深入回族聚居村进行慰问；密切与“三胞”眷属的联系，广泛倾听社会各界人士的呼声，及时反映人民群众的愿望和要求。组织引导广大政协委员、机关干部深入基层蹲点调研，走近群众察百姓情、建惠民言、办利民事，赢得群众好评。

强化责任意识，倾情奉献社会。组织引导广大委员积极参加抗击重大洪涝灾害、四川芦山抗震救灾活动，投身为家乡修路、捐资助教、救助困难群体、捐助希望工程等社会公益事业。据不完全统计，九届政协委员共计捐款物折合人民币220余万元，体现了政协的团队精神，树立了政协组织和全体政协委员的良好社会形象。

坚持面向农村，服务基层群众。组织教科文卫界委员和科技医疗专家、文艺骨干，积极开展送科技、文化、卫生“三下乡”活动，先后深入全县的13个镇乡开展下乡服务活动34场次，服务村民5000人次，赠送资料5000多份，受到群众热烈欢迎。积极做好驻村帮扶工作，指导村两委班子制定发展规划，协调引进资金，实施基础设施改造，帮助解决实际困难，促进了群众生产生活条件的改善，提高了村民自我发展能力。

发挥专职作用，征集文史资料。认真参加市政协文史资料征编工作，深入挖掘乐亭地域特色文化，组织征编出版了100余万字的《唐山文史资料大全·乐亭卷》；按照县委要求，牵头编撰完成了100余万字的《乐亭县文化志》，丰富提升了乐亭文化内涵。

（五）内强素质，外树形象，自身建设不断加强

积极创建学习型政协，全面提升委员素质。举办委员培训班，邀请市政协领导对委员进行基本知识培训，提高全体委员参政意识和履职能力；先后4次组织委员和机关干部共120余人次赴北戴河全国政协干部培训中心听取专家辅导讲座，拓展视野，创新理念，提高了履职针对性和实效性；邀请省委党校教授为经济界和经济管理部门的委员进行“助推经济发展，建设沿海强县”专题辅导；开展“政协邀请日”活动，邀请民政、卫生、教育等县直部门主要负责人及市委党校教授进行专题讲座10场次，培训委员510人次，帮助委员知情明政，增强履职能力和水平。

创新委员活动形式，强化工作组织保证。按界别将全体政协委员划分为四个工作大组，每个大组下设活动小组，明确联系大组副主席和小组长，形成全委会议、主席会议、联络组、活动小组四级组织网络体系，有效提升了委员履职组织化程度，增强了政协系统凝聚力和向心力。每年开展“四个十佳”政协委员评选活动，调动广大委员履行职能的积极性。

加强舆论宣传工作，努力扩大社会影响。在县电视台开设《政协之声》专题栏目，恢复创办《乐亭政协》会刊，宣传委员事迹，搭建委员参政议政平台，在广大委员和群众中产生了深刻的影响。在《人民政协报》《中国政协》《河北日报》《乡音》《人民政协网》《河北政协网》等市级以上报刊和相关网站发表宣传政协工作和理论研究文章，提高了乐亭的知名度和影响力。

认真总结工作经验，形成履职理论成果。先后参加省、市政协组织的经验交流会和理论研讨会，分别做题为《强化五种机制，推进政协工作》《主动对接工作，支持政协履职，凝聚加快沿海强县建设强大合力》《凝智聚力，在建设沿海强县中发挥委员主体作用》的重点发言，实现了由实际工作到理论成果的转换，为促进政协工作更好地开展积累了工作经验。

组织开展主题实践活动，调动激发干事热情。根据县委的统一部署，县政协党组暨机关组织开展“党的群众路线”“解放思想大讨论”“三严三实”“两学一做”等主题教育实践活动。组织深入学习、查找班子和班子成员自身存在的问题和不足。积极整改落实，研究制定加强和改进学习工作、加强联系群众工作、加强舆论宣传工作等10项规章制度，用制度规范机关工作、巩固作风建设成果，努力形成爱岗敬业、求真务实的干事氛围，提升了政协机关服务全局的工作水平。落实上级政协组织要求，扎实开展“履职有为、岗位建功”“创建学习型政协，争做知行的表率”“创建服务型政协，争做履职为民的表率”等系列主题实践活动，动员组织广大政协委员立足岗位履职尽责、建功有为。

各位委员、同志们，九届县政协常委会在过去五年取得的成绩，是县委正确领导的结果，是县人大、县政府大力支持、市政协悉心指导和社会各界密切配合的结果，也是政协各参加单位和广大政协委员、政协干部共同努力的结果。在此，我谨代表九届县政协常委会，向所有关心支持政协工作的领导、同志们、朋友们表示衷心的感谢！

二、工作体会

回顾九届一次会议以来的履职实践，我们深切地体会到，做好政协工作：

（一）必须自觉维护核心，确保政协工作正确方向

坚持党的领导，自觉维护党委领导核心，是人民政协开展工作的根本保障。县政协要始终坚持和依靠县委的领导，主动争取县委支持，确保与县委思想同心、目标同向、工作同步。要在工作任务安排上，做到主动围绕县委决策部署，摆正关系，找准位置，尽职不越位，帮忙不添乱。实践证明，只有坚持和依靠党的领导，政协工作才能有作为，政协事业才能健康发展。

（二）必须始终围绕中心，主动服务于全县工作大局

围绕中心、服务大局是政协工作的基本原则，是政协工作的主线。县政协要始终牢固树立中心大局意识，紧扣党政重点工作，选择经济社会发展中具有综合性、全局性、前瞻性的课题开展专题调研和协商议政活动，为党政决策提供参考依据。要主动参与中心工作，更加积极地维护大局、服务中心、推动发展，在招商引资上项目、改善民生和维护稳定等方面积极作为。实践证明，只有始终围绕中心善谋实干、紧贴发展履行职能，才能参政参到点子上、议政议到关键处，政协工作才能体现出价值。

（三）必须坚持以人为本，充分发挥委员主体作用

政协工作的主体是委员，政协工作的潜力在委员、实力在委员、活力在委员。县政协要始终把充分调动和发挥委员的工作热情和智慧才能摆在组织建设工作首要位置，通过强化主体作用，提升政协履行职能的质量和水平。实践证明，只有注重做好委员的工作，积极搭建履职平台，充分发挥委员的积极性、主动性和创造性，才能使政协工作有声有色、富有成效。

（四）必须勇于开拓创新，不断提高政协工作科学化水平

坚持开拓创新，是推动政协事业发展的不竭动力与源泉。县政协要始终坚持以创新谋发展、以作为树形象，不断提升政协工作科学化水平。实践证明，只有在实践中大胆创新、在创新中不断前进，努力使政协工作更好地体现时代性、把握规律性、富于创造性，才能不断取得新成果。

（五）必须加强联系凝聚合力，主动争取上级政协支持

促进“大团结、大联合”，是政协工作的两大主题。县政协要始终发挥政协组织自身联谊渠道畅通优势，积极主动地联系上级政协组织，努力争取上级对我县全局性重点工作给予指导和支持。实践证明，只有努力加强政协组织联系，才能有助于营造加快县域经济发展的宽松环境，集聚助推发展的强大合力。

在肯定成绩的同时，九届县政协常委会也清醒地认识到，对照新形势、新任务对政协工作的新要求、新期待，我们的工作还有一些短板和不足。主要是：协商民主的选题还需精准，载体形式仍需丰富；政协组织工作还需加强，委员队伍活力仍需激发；政协机关服务意识、服务水平还需提升，委员履职环境和条件仍需改善等。我们必须高度重视这些问题，在今后的工作中认真加以解决。

三、今后工作建议

十届县政协任期的五年，是我县抢抓历史新机遇，增比进位求突破，为建设沿海强县美丽乐亭努力奋斗的重要时期。新一届县政协要在县委的正确领导下，以邓小平理论、“三个代表”重要思想、科学发展观为指导，深入学习贯彻习近平总书记系列重要讲话精神，紧紧围绕县十三次党代会和县委十三届一次全会确定的目标任务，深入实施“123348”战略，落实市委“四个干”要求，发挥优势，履行职能，开拓进取，奋发有为，努力开创政协事业的新局面，为我县全面建成小康社会，加快建设沿海强县美丽乐亭，在全省增比进位，在全国争创百强目标做出应有的贡献。为此，建议重点抓好以下五个方面工作。

（一）站位全局，忠诚履职，在助推发展上实现新作为

要紧紧围绕县第十三次党代会提出的奋斗目标，在积极抢抓京津冀协同发展、环渤海地区合作发展等战略机遇的大背景下，扎实履行政协职能，努力做到主动融入，深入践行，有效作为。

增强协商议政效果。深入贯彻《中共中央关于加强社会主义协商民主建设的意见》，进一步选准协商课题，搭建工作平台，积极开展全委会议集中协商、常委会议专题协商、主席会议重点协商和专门委员会对口协商活动，形成有分量、可操作的意见和建议，为县委、县政府及相关部门决策提供参考。坚持邀请县委、县政府有关领导出席县政协常委会议通报工作的形式，使协商议政活动生动活泼，富有成效。

提高调查研究质量。着眼突出抓好项目建设、大力发展园区经济、构建六大产业支撑体系、推动三次产业协调发展等中心工作，精准选题，结合区位、产业现状有针对性地进行调研，为县委决策提供有价值的意见建议。探索组织实施集体调研与委员个体调研相结合的调研模式，吸纳更多委员参与。加强调查研究与重点协商活动有机衔接，丰富协商形式，更加灵活、更为经常地开展议政协商，促进相关工作落实。

加大民主监督力度。全面做好提案工作，拓展征集渠道，确定工作重点，组织撰写高质量提案。确定年度重点提案，采取主席带队视察督办等形式，加大提案督办力度，推动提案落实。加强视察监督，围绕创建全国文明城市、建优特色小城镇、提升科技创新能力、持续优化营商环境等重点任务，组织委员开展专题视察，发现不足、提出建议，推动重点领域加快发展。

（二）把握要务，担当实干，在招商引资上彰显新成效

要牢牢抓住招商引资上项目这个“牛鼻子”，组织带领政协机关及全体委员积极投身经济建设的主战场，不断传递和释放招商引资的正能量，为县域经济发展做贡献。

全力助推项目建设突破。按照县委“重大产业支撑项目攻坚年”的安排部署，完成政协班子分包重点项目建设任务。发挥政协人才荟萃、智力密集的优势，积极参与招商引资项目建设中心工作。在政协委员中组织开展为“重大产业支撑项目攻坚年”建功建言活动，充分发挥委员在推动项目建设履行职责和自身岗位建功方面双重作用。

发挥经济界委员作用。引导企业界委员发挥自身特点，积极参与招商引资工作，宣传推介乐亭，以商招商，带头为项目建设出点子、找套路、想招数，促进招商引资和项目建设再上新台阶。建立与委员企业定期联系机制，县政协班子成员要主动与委员企业家结对子、交朋友，热情帮助他们解决实际问题。发挥委员企业引领作用，通过组织召开会议、走访座谈和开展企业观摩等形式，引导经济界委员创新发展理念，做大做强自身企业，争做县域经济发展的排头兵。

组织开展联谊交流活动。通过加强与外地政协组织联系，增进经济联姻、文化交流，吸引更多客商关注乐亭、投资乐亭。加强与京、津地区乐亭籍人士的联系和交流，发挥在招商引资方面牵线搭桥作用，动员他们踊跃参与家乡建设。

（三）服务民生，增进团结，在和谐共建上做出新贡献

要准确把握群众利益诉求呈现多元化特征的新常态，始终恪守履职为民的价值追求，自觉情系民生、增进团结、维护稳定。

要多建利民之言。制定委员联系群众制度，建立社情民意联系点，探索开展邀请界别群众旁听政协会议等措施，把政协工作的触角延伸到基层，把政协委员的视角引向基层，听老百姓的“心里话”，看老百姓的“身边事”，算老百姓的“生活账”，围绕民生问题积极建言献策，当好群众的贴心人和代言人。

要多谋安民之举。协助县委、县政府多做合民情、顺民意、得民心的工作，多做协调关系、理顺情绪、排忧解难、化解矛盾的工作，促进社会公平正义，营造宽松融洽的民主氛围、包容和谐的人文环境，巩固和发展安定团结的良好局面。

要多办惠民之事。协助党委政府推进民生工程，多为群众解难题、做好事、办实事，进一步增强委员的社会责任感，增进与人民群众之间的感情。动员组织委员继续开展立足岗位、奉献社会活动，关注困难群体，热心公益事业，树立政协良好形象。

（四）创新载体，丰富形式，在奋发作为上展现新风貌

要进一步创新政协工作方式方法，不断激发委员发挥主体作用、履行职能的激情和活力，建诤言、献良策、立新功。

强化理论武装。组织委员认真学习党的十八大和十八届三中、四中、五中、六中全会文件，学习习近平总书记系列重要讲话，深刻领会重大战略思想、理论观点和精神实质。要把学习同贯彻省市县党代会、县委全会精神结合起来，做到融会贯通、全面领悟。坚持学以致用，推动工作，努力把学习成果转化为改进各项工作的强大动力，转化为完善机制的科学思路，转化为提高履职能力的有效举措。

搭建履职平台。以“懂政协、会协商、善议政”为目标，在委员中开展“六个一”主题活动，提倡每位委员每年至少参加一次调研活动、提交一份提案、反映一条社情民意、参加一次公益活动、办一件实事、联系一位界内人士。充分利用互联网新媒体，加强同委员联系交流。重视与新闻媒体的合作，广泛宣传委员履职活动成果，激发调动委员履职的积极性、主动性和创造性。

严格队伍管理。加强新任职委员培训，进一步丰富委员知识储备，打牢委员履职基础。制定委员自律公约，严格履职档案管理，健全激励机制。使政协委员自觉讲操守、重品行、守纪律，树立良好的社会形象。尊重和保护委员的各项民主权利，保障委员依照政协章程规定履行职能。

（五）筑牢根基．提高效能，在自身建设上取得新进步

要紧密结合政协工作实际，大力加强自身建设，不断增强政协组织的凝聚力、向心力和亲合力，使政协真正成为“委员之家”。

加强政协常委会建设。根据政协章程有关规定，结合我县政协工作实际，修订完善《关于加强县政协常委会建设的意见》。县政协常委会要坚持围绕县委中心工作，着力提高创新思路、谋划工作的能力，提高协商民主、议政建言的能力，提高汇聚力量、化解矛盾的能力，提高联系群众、服务群众的能力。县政协常委会组成人员应充分发挥职能作用，争做学习研究的表率、履行职能的表率、团结合作的表率、发扬民主的表率、作风建设的表率，不断提高政协常委会工作水平。

加强政协专委会建设。立足新形势下加强和改进政协工作，进一步明确专委会性质、职责，规范专委会各界别委员履行职能行为，完善组织机制和工作制度，精心配备专委会组成人员。完善专委会的沟通协调机制，注重突出“专”字，根据委员的特点和履行职能的需要，发挥政协委员的专业特长，突出专业优势，体现专委会的工作特色。建立对口联系部门沟通制度，采取列席会议、通报情况、座谈交流等形式沟通情况，增进共识，不断提高专委会的工作质量。

加强政协机关建设。充分发挥政协机关党支部的战斗堡垒作用，组织引导带动机关干部自觉围绕中心、服务大局开展政协工作，自觉开拓进取、勇于创新，自觉遵纪守法、严于律己。健全和完善政协机关重点工作目标任务、责任落实、监督管理体系，打造一支政治强、业务精、纪律严的政协机关干部队伍，不断提升政治业务素质和工作能力，为委员履行职能提供更加优质的服务。

各位委员、同志们，春回大地，万象更新。乐亭改革发展站到了新的历史起点上。机遇和挑战考验着我们，事业和使命激励着我们。让我们在中共乐亭县委的坚强领导下，不辱使命，不负重托，坚定信心，担当实干，共襄盛举，共谋大业，朝着建设沿海强县美丽乐亭、在全省增比进位、在全国争创百强目标加速前进，以优异成绩向党的十九大献礼！

乐亭县人民检察院工作报告

——2017年2月28日在乐亭县第十六届人民代表大会第一次会议上

乐亭县人民检察院检察长　张世新

各位代表：

现在，我代表县人民检察院向大会报告工作，请予审议。

一、过去五年工作回顾

县十五届人大一次会议以来，县检察院在县委和上级检察院的正确领导下，在县人大及其常委会的有力监督和县政府、县政协及社会各界的关心支持下，深入学习贯彻党的十八大，十八届三中、四中、五中、六中全会精神和习近平总书记系列重要讲话精神，依法履行宪法和法律赋予的职责，推动各项检察工作取得明显成效，为建设平安乐亭、法治乐亭、美丽乐亭做出了应有贡献。

（一）围绕服务改革发展，着力提供坚强司法保障

坚持把服务大局作为第一要务，立足职能，主动服务经济社会发展。

努力营造良好发展环境。注重维护公平有序的市场秩序，依法惩治合同诈骗、非法经营、非法吸收公众存款等经济犯罪，批准逮捕经济类犯罪嫌疑人40人，提起公诉72人。注重把握企业司法需求，开展“为项目建设提速、为企业发展排忧”上门服务月活动，与县工商联联合出台《关于服务非公有制企业专项工作实施方案》，组织召开企业家代表座谈会、法制讲座等活动11次，帮助企业防控法律风险。注重服务重点工程项目建设，开展预防咨询20次，提供行贿犯罪档案查询953次，临场监督58次，有效保障了资金和项目的安全。

大力维护社会平安稳定。坚决维护国家安全、公共安全和社会稳定，依法打击严重暴力、多发性侵财、涉黑涉恶等各类刑事犯罪，决定批准逮捕564件669人，提起公诉1191件1594人。坚持宽严相济刑事政策，推行轻微刑事案件快速办理、刑事和解等工作机制，对涉嫌犯罪但不致发生社会危险性的案件决定不批准逮捕47件53人，对犯罪情节轻微、依法不需要判处刑罚的案件决定不起诉140件145人。高度重视未成年人司法保护，坚持“教育、感化、挽救”的工作方针，听取律师意见22次，案后帮教12人次，为中小学生开展法制讲座15次，向25所学校赠送预防未成年人系列警示教育光盘及法制宣传手册200余本，为青少年健康成长创造了良好的社会环境，我院2012年被评为“唐山市优秀青少年维权岗”。

全力保障群众合法权益。深入开展涉农检察工作，建立涉农检察工作室，组织法制宣传活动35次，向群众发放宣传材料7500余份，解答法律咨询650余人次，查办涉农职务犯罪15件20人。围绕民生权益保障，依法批准逮捕危害食品药品安全、环境污染、拒不支付劳动报酬等群众反映强烈的犯罪案件8件8人，提起公诉30件40人，有效维护了人民群众生命财产安全。畅通信访渠道，落实首办责任制，依法处理人民群众的控告举报申诉，真心实意解决群众合理诉求，耐心疏导上访人情绪，接待群众来访1356件1803人次，移交举报线索59件，办理刑事申诉案件9件，开展司法救助3次，保持了连续

19年无进京涉检访，有效促进了社会和谐稳定。

（二）围绕推进反腐倡廉，着力惩治和预防职务犯罪

牢记反腐倡廉的政治责任和法定职责，坚持惩治、预防两手抓，不断提高反腐败法治化水平。

加大查办案件力度。坚持有腐必反、有贪必肃、有案必查，强化组织领导，加强指挥协调，提升查办案件整体效能，立案侦查各类职务犯罪案件38件110人，其中，贪污贿赂案28件78人，渎职侵权案10件32人，为国家挽回经济损失2800余万元。按照上级院指定管辖，我院成功查办了一批有影响的大案、要案，其中查处县处级以上国家工作人员3人，有力打击和震慑了犯罪分子，展现了大钊故乡检察人敢打必胜的优良作风和吃苦耐劳的敬业精神，得到了省纪委、上级院以及县委主要领导的充分肯定。

深化职务犯罪预防。坚持惩防并举、注重预防，结合查办案件，开展“一案一建议”工作，提出检察建议38件，督促有关单位建章立制、堵塞漏洞。加强涉农扶贫、换届选举、工程建设等领域专项预防工作，向党委、政府提供高质量对策建议10件，提交预防调查报告15件，得到了县委、县人大、县政府主要领导的充分肯定。分别与14个乡镇（街道）、26个执法部门建立预防共建关系，签署协议并定期开展预防教育、预防咨询、预防座谈等多项活动，取得了良好的社会效果。深入机关、乡村、社区开展预防宣传活动55次，在大钊馆、党校建立警示教育基地并开展宣传活动18次，受教育干部群众达1.3万余人次，受到社会各界广泛好评。

（三）围绕促进司法公正，着力强化诉讼活动监督

准确把握检察机关宪法定位，完善监督机制，加大监督力度，努力让人民群众在每一个司法案件中感受到公平正义。

强化刑事诉讼监督。坚持惩治犯罪与保障人权并重、实体公正与程序公正并重，加强对证据的综合审查，强化立案监督和侦查、审判活动监督，着力提升监督成效。监督侦查机关立案97件、撤案16件，依法追加逮捕11人、追加起诉30人，对刑事裁判提出刑事抗诉16件，对侦查和审判活动中的不规范情形及时提出监督意见，保障了严格执法、公正司法。

强化民事行政诉讼监督。严格执行民事诉讼法、行政诉讼法，规范办案流程，完善办案机制，确保办案实效。对民事行政审判和执行活动提出检察建议112件，对民事行政生效裁判提请抗诉或提出再审检察建议45件，法院改判30件。对裁判正确的16件民事行政申诉案件，耐心做好当事人释法说理工作，促进服判息诉。

强化刑事执行监督。针对监管场所存在的问题，提出监督意见64件。通过开展社区矫正专项检察活动，提出监督意见43件。加强羁押必要性审查，依法建议变更强制措施28人次。开展财产刑执行监督工作，提出监督意见8件。开展刑事执行专项检察活动，清理纠正审前未羁押、审后判实刑未交付执行12人次，促进了刑罚执行活动依法规范进行。

强化行政权力监督。加强行政执法监督，督促行政执法部门履行职责37件，向相关行政执法机关提出检察建议15件。全面推进行政执法与刑事司法“两法衔接”，积极争取党委、政府的支持，依托网络建立信息共享平台，对行政执法过程中发现的涉嫌犯罪案件实行网上移送、网上办理、网上监督、动态交流和业务研讨，建议行政执法机关移送涉嫌犯罪案件5件，促进了行政执法机关依法行政、公正执法。

（四）围绕提升司法公信，着力深化检察体制改革

按照中央统一部署，主动落实各项改革任务，切实提升司法公信。

扎实推进司法体制改革。根据中央和上级检察机关的安排部署，围绕建设公正、高效、权威的司法制度的目标，立足本地实际，全面推进以司法责任制为核心的一系列改革。制订《检察官入额实施方案》等文件，科学设定员额比例，规范内设机构设置，实行检察人员分类管理，确保检察权在党的领导下依法独立行使。

切实推进案件管理机制改革。强化案件集中管理，依托统一业务应用系统，建立统一受案、全程监督的执法办案监管体系，提醒督办案件400余次，进一步规范了办案行为。强化案件质量评查，对不捕、不诉、撤诉等案件开展专项评查10次，抽查案件105件，有效推动了办案质量稳步提升。强化业务数据研判，对多发、易发刑事案件特点进行分析，撰写统计报告24篇，为案件决策和办理提供了数据支持。

全面推进检务公开改革。建立集控告举报、申诉投诉、咨询查询于一体的一站式检务公开大厅，设置自动触摸屏、电子显示屏和展板，拉近了检察工作与人民群众的距离。全面运行案件信息公开系统，公开案件程序性信息1069条、法律文书255份，开展网上辩护和代理预约75次，有效保障了人民群众的参与权和监督权。推动公开渠道多元化，利用微博、微信、门户网站和今日头条等平台发布检察信息2100余条，有效提升了检察工作的透明度。

（五）围绕提升职业化水平，着力打造过硬队伍建设

始终牢牢把握队伍建设的根本性、基础性地位，建设一支信念坚定、司法为民、敢于担当、清正廉洁的检察队伍。

加强思想政治建设。深入学习党的十八届六中全会和习近平总书记系列重要讲话精神，扎实开展党的群众路线主题教育实践活动、“三严三实”专题教育和“两学一做”学习教育等专项活动，引导干警保持政治清醒，坚定理想信念。以“大钊精神”为引领，组织干警到李大钊故居、纪念馆参观瞻仰，聆听李大钊生平事迹报告，教育全体干警不断提高党性修养，自觉做到对党忠诚。加强社会主义核心价值观、社会主义法治理念和检察职业道德教育，以集中组织开展宪法宣誓、检察官宣誓、升国旗等活动为载体，强化干警的忠诚品格、法治信念和职业荣誉感，干警政治素质普遍提高。

加强素质能力建设。围绕岗位需求，组织干警参加“政法网络大讲堂”“河北检察讲堂”等视频培训活动55次，组织业务部门骨干参加专项业务培训68人次，有效提升了队伍的业务素质。结合业务工作实际，采取模拟演练、一周一考、竞技比武等形式，开展岗位练兵和业务实训59次，干警执法能力显著提高。先后7个业务科室受到上级院表彰，18名干警入选省、市检察机关专业人才库，2名同志分别被评为全市政法系统金牌检察官和金牌调解员，15名干警被上级院评为业务能手，50余人次受到县委、县政府表彰奖励。

加强纪律作风建设。贯彻落实中央“八项规定”，认真执行党风廉政建设责任制，层层签订责任状，形成齐抓共管协调联动的内部监督格局。扎实开展“正风肃纪”专项行动，组织“反特权思想、反霸道作风”“机关作风整顿”“一问责八清理”等专项检查活动，狠抓“四风”问题，举一反三查摆问题，强化措施整改到位。认真学习贯彻《中国共产党廉洁自律准则》和《中国共产党纪律处分条例》，教育引导党员干部把纪律和规矩铭刻于心、践之于行。

五年来，我们自觉接受人大监督和政协民主监督。先后向人大及其常委会专题报告了刑事诉讼监督、反贪污贿赂和预防职务犯罪、涉农检察、侦查监督等专项工作，主动邀请人大代表、政协委员参加检察开放日、新闻发布会和案件公开宣告等活动，向人大代表、政协委员寄送《检察季刊》3200余份，虚心听取意见、批评和建议。

回顾五年来的工作，我们深深地体会到，做好新形势下的检察工作，必须坚持党的领导，贯彻党的理论和路线方针政策，确保检察工作正确的政治方向；必须坚持围绕中心、服务大局，自觉把检察工作放在全县经济社会发展全局中谋划和推进，实现自身科学发展；必须坚持把人民放在最高位置，切实维护人民群众的合法权益，努力践行人民检察为人民的宗旨；必须坚持以执法办案为中心，做到敢于监督、善于监督、依法监督、规范监督，切实履行好宪法和法律赋予的职责；必须坚持以改革为动力，健全完善办案机制，改进工作方式方法，下大气力破解难题、补齐短板；必须坚持从严治检，严明纪律规矩，努力营造风清气正、干事创业的良好生态。

各位代表，过去的五年，我们取得了一些成绩，这些成绩的取得，是县委和上级院正确领导、人大及其常委会依法监督、政府大力支持、政协和社会各界关心帮助的结果。在此，我代表县检察院和全体干警表示衷心的感谢，并致以崇高的敬意！

在取得成绩的同时，我们也清醒地认识到，检察工作还存在一些问题和不足：一是面对经济发展新常态，服务保障发展的针对性和创新性有待加强；二是自侦办案中，办理大案、要案的力度有待加强；三是法律监督职能发挥还不够充分，以办案促监督的能力有待加强；四是在司法改革背景下，检察队伍的执法理念、能力水平有待加强；五是面对日益繁重的检察工作任务和各类新的挑战，案多人少、警力不足的矛盾依然存在。对这些问题，我们将以务实的态度，认真研究解决。

二、2017 年工作安排

各位代表，2017 年，我院将全面贯彻党的十八大和十八届三中、四中、五中、六中全会精神，深入贯彻习近平总书记系列重要讲话精神，认真落实上级政法工作会议和县第十三次党代会会议精神，坚持以司法办案为中心，以深化司法改革为动力，以强化检察监督为着力点，不断加强自身监督和队伍建设，切实维护社会大局稳定、促进社会公平正义、保障人民安居乐业，为加快建设沿海强县美丽乐亭、在全省增比进位、在全国争创百强提供更为坚强有力的司法保障。

（一）强化大局意识，致力服务经济社会发展

紧紧围绕县委重大决策部署和重大项目建设，不断完善和落实服务措施。充分发挥检察职能打击经济领域犯罪，依法保护各种所有制企业合法权益，为经济社会发展和项目建设提供坚强有力的司法保障。加强检企共建，推进经济开发区检察室建设。开展送法进园区、进企业、进项目建设一线活动，进一步增强服务经济建设的实效。

（二）强化司法为民，全力保障民生维护民利

积极投身平安乐亭建设，严格公正履行批捕起诉等法律职责，依法严厉打击严重刑事犯罪，维护社会稳定，保障人民群众安居乐业。依法严惩危害食品药品安全、破坏生产经营、拒不支付劳动报酬等群众反映强烈的犯罪，保障群众合法权益。加强检察为民服务体系建设，依法妥善处理群众诉求，着力化解社会矛盾。

（三）强化责任担当，着力惩治和预防职务犯罪

坚决贯彻党中央对反腐败斗争的重大决策部署，依法查办贪污贿赂案件和渎职侵权案件，保持惩治腐败的高压态势。坚持关口前移，结合司法办案，健全重大职务犯罪案件深入剖析机制，加强年度报告、专题报告、检察建议等工作，深化预防职务犯罪宣传和警示教育，努力从源头上防范职务犯罪的发生。

（四）强化检察监督，努力维护执法司法公正

加强以侦查监督、公诉、刑事执行监督为主要内容的刑事检察工作机制，促进严格公正司法。健全“民事诉讼监督、支持起诉、民事公益诉讼”协调发展的多元化民事检察工作格局，依托行政执法与刑事司法信息共享平台，探索建立行政诉讼监督和行政违法行为监督并重的行政检察工作机制，促进行政机关依法行政、公正执法。完善集信访、举报、纠错、赔偿、救助于一体的控告申诉检察工作机制，提升防范风险、化解矛盾的能力。

（五）强化改革意识，奋力推进各项检察改革

按照中央、省、市、县统一部署，进一步推进司法责任制改革，完善人员分类管理，明确职责权限，制定落实绩效考核办法和细则，不断提升工作质效。深入推进以审判为中心的诉讼制度改革，严格落实“疑罪从无”原则，确保批捕起诉案件事实证据经得起法律的检验。深化涉法涉诉信访工作机制改革、人民监督员制度改革，建立健全多元化纠纷解决机制。积极争取党委、人大和政府等有关部门的支持，确保各项重大改革措施落实到位。

（六）强化自身建设，大力提升队伍素质水平

继续巩固深化“两学一做”学习教育成效，引领检察队伍坚定理想信念、坚守法治信仰，不断提升思想政治素质。根据人员分类管理要求，以检察机关岗位素能基本标准为基础，强化教育培训，提升队伍专业素能。严格执行《中国共产党廉洁自律准则》和《中国共产党纪律处分条例》，以更严的标准和更实的措施，加强领导班子和队伍建设，努力打造一支政治过硬、业务过硬、责任过硬、纪律过硬、作风过硬的检察队伍。

各位代表，新的一年，检察机关将在县委和上级院的坚强领导下，坚决贯彻本次会议决议，更加自觉接受人大监督、民主监督和社会监督，牢记使命，忠诚履职，为加快建设沿海强县美丽乐亭、争创全国百强县营造安全稳定的社会环境、公平正义的法治环境，以优异成绩迎接党的十九大胜利召开！

乐亭县人民法院工作报告

——2017 年 2 月 28 日在乐亭县第十六届人民代表大会第一次会议上

乐亭县人民法院代院长　姚凌峰

各位代表：

现在，我代表县人民法院向大会报告工作，请予审议。

一、过去五年工作回顾

2012 年以来，县法院在县委坚强领导，县人大及其常委会有力监督，政府、政协及社会各界大力支持和上级法院指导下，深入学习贯彻党的十八大，十八届三中、四中、五中、六中全会精神和习近平总书记系列重要讲话精神，紧紧围绕县委中心工作和“努力让人民群众在每一个司法案件中都感受到公平正义”工作目标，忠实履行宪法和法律赋予的职责，狠抓执法办案第一要务，稳步推进司法改革，大力加强自身建设，各项工作取得新成效，为全县经济社会和谐发展提供了有力的司法保障。

（一）依法忠实履职尽责，维护社会和谐稳定

以促进社会公平正义为目标，大力加强审判执行工作。五年来，共受理各类案件 21878 件，审执结 21440 件，比上一个五年分别上升 36.17% 和 37.18%。

坚决惩治刑事犯罪，推进平安乐亭建设。五年来，共受理刑事案件 1249 件，同比基本持平，审结 1211 件，判处被告人 1782 名。其中，依法审结故意伤害、抢劫、强奸等犯罪案件 384 件，审结盗窃、诈骗、敲诈勒索等犯罪案件 250 件，保护人民群众生命财产安全。审结交通肇事、危险驾驶、危害食品安全等犯罪案件 327 件，依法维护公共安全和市场经济秩序。审结贪污贿赂、渎职等犯罪案件 36 件，推进反腐败建设。贯彻宽严相济刑事政策，适用非监禁刑 473 人。推行轻微刑事案件快速办结机制，提高办案质效。推进量刑规范化工作，增加量刑公开性与透明度。加强未成年人犯罪案件审判工作，建立判前社会调查、判后回访帮教、轻罪记录封存等制度，县法院刑二庭被共青团省委授予“优秀青少年维权岗”。

有效化解民事纠纷，促进社会诚信建设。五年来，共受理民事案件 16632 件，审结 16216 件，同比分别增长 56.4% 和 54.94%。其中，依法审结买卖、借贷、租赁等合同纠纷案件 5485 件，平等保护各类市场主体合法权益，促进诚信交易。审结婚姻家庭、继承、相邻关系等案件 4830 件，促进家庭和睦、社会和谐。审结交通事故、医疗纠纷、劳动争议、损害赔偿等侵权纠纷案件 3360 件。针对交通事故赔偿和保险合同案件逐年增多的态势，创建“1234”工作法①，判后主动履行率达 95%，被省高院推广。审结农民工追索劳动报酬、农村土地承包、宅基地使用权纠纷等涉农案件 168 件，维护农村稳定，保障民生权益。坚持调解优先，调判结合，实现案结事了，调解撤诉 11087 件，调撤率达 68.37%，居全市法院前列。

妥善处理行政案件，助力法治政府建设。全面贯彻实施修改后的《中华人民共和国行政诉讼法》，坚持保护行政相对人合法权益与监督行政机关依法行政并重，化解行政争议。积极推动行政机关负责人出庭应诉。加大对土地征收、房屋拆迁、社会保障等纠纷协调处理力度，促进行政争议实质性解决。加强非诉行政执行案件审查工作，紧贴全县工作大局，依法处理涉及滨海大道建设、三期回迁房安置等一批非诉行政执行案件。五年来，共受理行政案件及非诉行政执行案件116件，审执结110件。

积极强化执行工作，全力兑现胜诉权益。认真落实上级法院基本解决执行难[②]工作部署，全面深化审执分离执行体制改革[③]。开展“集中清理执行积案”“反规避执行”“飓风行动”等专项行动，推行公开失信被执行人名单制度，通过限制高消费等信用惩戒措施，促使被执行人主动履行义务，最大限度兑现当事人胜诉权益。五年来，共执结案件3903件。

（二）自觉坚持能动司法，服务全县发展大局

主动把法院工作融入党委政府工作大局，充分发挥“保障”和“护航”职能作用，积极作为，精准服务。

立足实际，倾力服务经济发展新常态。紧贴党委政府中心工作，找准法院工作的切入点和结合点，增强服务保障的主动性和针对性，推动辖区经济健康发展。经过调研，制定了《关于为全县产业项目建设提供司法保障的实施意见》等意见措施，服务县域供给侧结构性改革，在土地征收、县城改造、招商引资、园区开发、项目建设等重点工作中，避免机械执法，为党委政府提供优质高效的司法服务。五年来，走访服务企业200余次，解答咨询960余次，帮助完善合同330余份，挽回经济损失1亿余元。县法院发挥职能作用、服务发展的做法分别被《中国县域经济报》《人民法院报》和《河北法制报》刊载。

因地制宜，努力构建纠纷化解新机制。运用信息化手段打造“一乡一庭”[④]品牌，大力推行“互联网＋诉非衔接”[⑤]工作新机制，通过搭建与乡镇、行政单位、行业组织等机构的诉非衔接平台，实现矛盾纠纷多元化解。充分发挥人民法庭面向农村、面向群众、面向基层的优势，开展法官进农户、进村企、进学校、进大棚巡回办案活动，形成“防、联、引、实”四字工作法[⑥]和“2+3+1”工作法[⑦]，使人民调解、行政调解、司法调解联动工作体系在基层扎根。五年来，巡回办案600余件，解答群众法律咨询9000余人次，指导民调组织调解1300余件次，引导诉讼外化解纠纷3600余起。县法院综合调控化解矛盾纠纷的做法得到省市法院主要领导充分肯定，省高院卫彦明院长专程到阎各庄法庭调研，并被《人民法院报》刊载。

多措并举，有效控减涉诉信访新案件。坚持法治思维和源头治理，注重办案法律效果、社会效果、政治效果有机统一。严格落实信访稳定责任制，强化院领导包案、接访、督办、中层干部轮值接访、主审法官判后答疑等制度。设立网上申诉信访平台，开通与最高法院视频接访专线。实行诉访分离，通过审理典型案例，依法打击震慑恶意非访，规范信访秩序。涉诉信访工作逐步进入规范化、法治化轨道。五年来，共接待来访群众1200余人次，化解信访案件105起，新发涉诉信访案件全市法院最低。

（三）积极践行为民宗旨，维护群众合法权益

围绕群众司法需求，不断整合便民利民资源，努力提升审判质量和司法服务水平。

创新优化诉讼服务。以新建综合审判楼为契机，高标准规划建设诉讼服务大厅、12368服务热线[⑧]和诉讼服务网三位一体的诉讼服务中心，实行诉讼引导、风险提示、登记立案、诉前保全、司法救助、信访接待等一站式服务；制作诉讼常识展牌，劝导理性诉讼；引入律师、调解组织和担保机构，开展诉调对接和保全担保服务。严格落实中央和最高法院立案登记制改革要求，当场立案率达到99%。推行网上立案、网上调解、视频接访，实行繁简分流，减轻群众诉累。建成以来，登记立案15609件，案件查询3000余次，电话服务2000余次，诉讼指导5000余次，诉前调解纠纷1000余件，适用简易程序审理的案件达58.8%。加强司法救助，确保困难当事人打得起官司，五年来共申报和发放司法救助资金19.4万元，减缓免诉讼费110余万元。

强力提升审判质效。明晰岗位职责，完善案件质量评估体系，制定《质效考核办法》和《审判流程管理办法》，加强案件监管，规范流程管理，实行电脑自动分案和审判节点监控。强化审限意识，推行审限预警和均衡结案，实行简案快办，难案精审。定期通报审判管理动态，开展案件质量、文书和庭审专项评查，案件质效稳步提升。坚持依法纠错，通过审判监督程序审理案件

61件。五年来，案件审结率为98%，生效案件服判息诉率达98.6%。

深入推进司法公开。依托现代信息技术，深入推进审判流程公开、裁判文书公开、执行信息公开“三大平台”建设，以公开促公正、树公信，打造阳光司法。开通法院官方网站、微博、微信公众号，开展“法院开放日”活动，积极回应当事人和社会关切。截至2016年年底，通过互联网公开生效裁判文书10715件，直播案件庭审625件，案件流程公开率、开庭公告及执行信息公开率、电子卷宗录入率、当事人信息录入率均为100%，全市法院领先。

（四）全面加强自身建设，夯实法院发展基础

树立政治建院、公信立院、科技强院、从严治院理念，大力加强自身建设。

大力加强队伍建设。坚持抓党建、强队伍、促审判，深入开展“党的群众路线”“三严三实”“两学一做”等系列教育实践活动，严肃整改“四风”突出问题，以上率下，引领全体干警增强“四个自信”，树立“四个意识”。加强廉政教育，坚守底线思维，维护司法廉洁。持续加强法官队伍专业化建设，精心打造法院文化，建设“忠诚、干净、干事、担当”的法官队伍。在县委的支持下，调整院领导班子成员8人次、提任中层干部14人，新招录干警21人。组织学习培训50余期，有6篇论文在省高院和全国法院学术研讨会上获奖。

扎实开展司法改革。稳妥实施法官员额制[⑨]和司法责任制[⑩]改革，严格考核，择优遴选26名业务骨干成为首批员额法官。推进审判权和审判管理权运行机制改革，落实以主审法官、合议庭为主体的办案责任制。积极探索人民陪审员制度改革，加强人民陪审员选任工作，经报请县人大常委会任命，新增人民陪审员81名，完成人民陪审员“倍增计划”，依法保障陪审员参与审判及调解工作。

持续改善基础建设。在县委、县政府大力支持下，县法院综合审判楼建成投入使用。积极争取中央预算内投资，新建法庭审判用房2栋。启用法律文书纠错系统、电子签章和数字化审判委员会系统，庭审直播平台由1路增至5路，可同时直播5个案件庭审。建成高标准数字化法庭8个，简易数字化法庭2个，高标准数字化视频会议室1个，网络信息化水平明显提升，服务手段和审判方式初步实现信息化。

（五）诚恳主动接受监督，确保正确履行职权

县法院认真贯彻执行党的路线方针政策，确保法院工作正确的政治方向。不断强化监督就是支持的意识，自觉接受人大及其常委会的监督和政协民主监督，向县十五届人大常委会专题报告审判公开工作，积极接受专题询问，配合人大做好关于贯彻《中华人民共和国行政诉讼法》《中华人民共和国民事诉讼法》执法检查和司法调解专题调研，认真落实审议、监督意见。改进联络沟通工作机制，主动征求意见建议，邀请人大代表、政协委员和群众代表旁听案件庭审、监督案件执行300余人次。依法接受检察机关法律监督，加强协调配合，共同维护司法权威。及时发布法院工作信息，召开立案登记制改革专题新闻发布会，虚心接受新闻媒体和社会各界监督。

各位代表，五年来，县法院全体干警砥砺前行、创先争优，多项工作走在了全市法院前列。县法院领导班子连续五年被县委授予“实绩突出领导班子”，县法院先后被评为市级“文明单位”和“文明建设先进单位”，2次被市中院评为“全市先进法院”，2个法庭和3名干警分别被省高院荣记二等功、1名干警被评为“全省法院办案标兵”。4名干警分别被市委政法委评为“金牌法官”和“爱民模范”，26人次被市中院荣记三等功，另有7名干警被评为县级劳动模范，2名干警被评为县十大杰出青年。

过去五年的司法实践使我们深刻认识到，做好法院工作必须始终坚持党的领导和人大监督，必须始终坚持服务大局、司法为民，必须始终坚持抓好执法办案第一要务，必须始终坚持以改革创新为动力，必须始终坚持公正廉洁司法。同时，我们也深刻感受到，法院工作取得的成绩与进步是广大干警团结奋进的结果，更离不开县委正确领导、人大有力监督和政府、政协以及社会各界大力支持，我谨代表县法院向所有多年来关心支持法院工作的各位领导、各位代表、各界人士致以崇高敬意和衷心感谢！

在看到成绩的同时，我们也清醒地认识到，法院工作还存在一些困难和不足：一是案件数量逐年增长，案多人少的矛盾进一步凸显；二是干警队伍的整体素质同新时期人民群众的期待还有差距，案件的质量和效率有待进一步提高；三是少数干警工作理念还不能适应司法改革要求，个别干警的工作作风、司法能力，群众工作方法有待进一步改进和加强；四是司法体制改革[11]进入深水区，司法责任制配套措施、法官职业保障等需进一步完善。这些困难和不足，我们将高度重视，采取有力措施加以解决。

二、2017年工作安排

2017年是乐亭经济社会转型升级发展的关键时期，也是县法院站在新起点创新发展的重要阶段。县法院的总体工作思路是，认真贯彻中央、省、市政法工作会议精神、县十三次党代会精神和上级法院工作部署，紧紧围绕建设“沿海强县美丽乐亭”奋斗目标，牢牢把握司法为民公正司法工作主线，坚持稳中有进，推进司法改革，深化司法公开，强化司法监督，着力破解难题，全面从严治院，为全县加快转型、跨越提升提供更加有力的司法服务和保障。

（一）紧紧围绕县委中心工作，坚持服务发展大局

紧扣县委总体发展思路，及时研判、稳妥处理经济转型升级过程中引发的各类矛盾纠纷，主动服务、强力保障加快沿海开发建设、推动产业转型升级、扩大开放招商、统筹城乡发展、改善生态环境、保障和改善民生等中心工作。确定专门合议庭妥善审理涉及重点项目建设、重点企业发展、僵尸企业处置、环境资源保护等案件，协调处理好个案裁判与服务大局的关系，为持续优化营商环境提供司法支撑，助推经济又好又快发展。

（二）充分发挥审判职能作用，切实维护和谐稳定

深入推进平安乐亭创建活动，牢固树立执法办案第一要务理念，严厉打击各类刑事犯罪，确保社会稳定；依法审理各类民商事纠纷，维护公平诚信的社会秩序。审慎处理新类型矛盾和群体性纠纷，依法审理民间借贷等案件，规范融资行为。特别是针对涉众型金融纠纷，及时运用保全手段查控债务人财产，维护债权人合法权益。继续推进诉访分离改革，妥善化解涉诉信访，为党的十九大胜利召开营造良好的社会环境。

（三）精准满足多元司法需求，坚定践行司法为民

创新便民利民机制，及时化解民生领域特别是教育、就业、劳资、医疗等矛盾纠纷。整合拓展诉讼服务中心功能，大力推行网上服务，让信息多跑路，群众少跑腿；与“一乡一庭”建设融合，延伸司法职能，强化诉调对接，健全多元化纠纷解决机制。通过建立诉讼服务联络员等制度，及时了解群众需求。推进司法救助与社会救助有机衔接，依法保障弱势群体合法权益。全面推进司法公开，确保人民群众的知情权、参与权、表达权和监督权，提升对司法的获得感和满意度。

（四）纵深推进司法体制改革，着力破解发展难题

坚持顶层设计和自身实际相结合，进一步完善司法人员分类管理、审判权运行机制、法官员额制改革配套措施，组建“法官＋法官助理＋书记员”为主体的新型审判团队，严格执行院庭长带头办案机制，全面落实司法责任制，提升审判质效。继续推进人民陪审员制度改革，完善选任方式、履职考核，缓解案多人少矛盾。运用信息化手段，加快推进“智慧法院”[12]建设，促进审判体系和审判能力现代化。

（五）全面从严治院固本强基，规范司法提升公信

坚持从严教育、从严管理、从严监督，高度重视纪律作风建设，以加强领导班子建设为抓手，以零容忍的态度抵制司法腐败，促进公正高效廉洁司法。以加强培训教育为抓手，推进规范化、专业化、职业化建设，提升庭审驾驭、文书制作、理论调研、释法说理、群众工作等综合能力。通过发挥“金牌法官”“办案标兵”等示范引领作用，进一步强化创先争优意识，努力建设一支信念坚定、敢于担当、清正廉洁、执法为民的法院队伍。

各位代表，新的一年里，我们将在县委坚强领导，人大有力监督和政府、政协及社会各界的大力支持下，履职尽责、继往开来、团结奋斗、攻坚克难、驰而不息、创新发展，为建设沿海强县美丽乐亭，争创全国百强县做出新的更大贡献！

附件：有关用语解释

①“1234”工作法：“1”是成立一个合议庭专门审理交通事故赔偿案件，充分发挥他们的业务专长，提高案件调解率、判决案件当事人服判率和办案效率。“2”是协调两个部门联动，加强与交警部门的联系，加强与保险公司的沟通。“3”是做到三个明确释疑，对交通事故案件涉及的交通法、保险法、侵权责任法及相关的司法解释等法律法规和相关政策，逐一向当事人明确说明。“4”是通过四个步骤调解，四个步骤分别是“观、听、谈、析”。“观”就是通过观察当事人的形态表情，分析当事人的心态和思想倾向；“听”就是通过认真听取双方当事人的陈述，了解案件的真实情况；“谈”就是针对案件的事实和双方陈述的疑点进行必要的交谈，及时消除双方的误会，化解双方的隔阂；“析”就是在基本事实清楚的基础上，帮助当事人分析案情，辩法析理，及时引导当事人达成调解协议。

②基本解决执行难：党的十八届四中全会把“切实解决执行难”列为全面依法治国的目标之一。2016年3月13日最高人民法院院长周强在十二届全国人大四次会议上庄严承诺“用两到三年时间，基本解决执行难问题”。

③审执分离执行体制改革：2015年7月，最高人民法院确定唐山中院为审执分离体制改革试点，各县区基层法院撤销执行局，改设为执行大队，同时由中院组建5个跨行政区划的执行分局，管辖县区执行大队，形成相对独立、垂直领导的执行体制，实现执行实施权彻底从基层法院分离。

④“一乡一庭”：在原有中心法庭的基础上，不增加基层法院编制，不新建办公用房，依靠乡镇政府调整1至2间房办公，设立的乡镇法庭，选配一名政治强、业务精、善于做群众工作的优秀法官担任法庭庭长，再从乡镇所在地推选若干人民陪审员参与法庭工作。“一乡一庭”主要发挥履行调解、指导民调、司法确认、联系培训人民陪审员、普法宣传、参与综合治理六项职能。

⑤“互联网＋诉非衔接”：法院依托互联网构建诉讼与非诉讼相衔接的矛盾纠纷解决平台，建立微信群、QQ群，运用免费移动互联软件，实现“多方、实时、移动调解”，当事人足不出户便能面对面、零距离地化解矛盾纠纷。

⑥“防、联、引、实”四字工作法：主动作为、防患未然；整合力量、协调联动；灵活主动、引进外援；定纷止争，注重实效。通过以上方法，使人民调解、行政调解、司法调解联动工作体系在基层得到落实，推进了农村平安建设。

⑦“2+3+1”工作法：基层法庭矛盾纠纷调解模式，即制定两项纠纷预防措施、建立三项调解管理机制、落实结案后的保障机制。两项纠纷预防措施：一是整体预防，营造“重调解”的良好氛围。法庭法官定期到老百姓中间宣传法律知识，引导群众尽可能以调解方式化解纠纷。二是多渠道预防，拓展法律咨询平台，及时进行正确引导，将矛盾纠纷化解在萌芽状态。通过微信、微博等网络新媒体，在线解答法律咨询，为群众释疑解惑。三项调解管理机制：一是拓宽调解力量，构建大调解网络机制。邀请党委、政府及人民调解组织协助调解。二是创建案件分类管理机制，使法官各尽其能、各施所长。三是推行法官包片机制，明确分工，落实责任。落实结案后的保障机制。主办法官对已结案件进行回访，解答当事人的法律疑问，做到案结事了人和。

⑧12368服务热线：人民法院专用的诉讼服务号码，提供查询案件、联系法官、投诉反映等人工和自助语音信息服务。

⑨法官员额制：指在编制内根据办案数量、辖区人口、经济发展水平等因素确定的法院法官的人员限额。河北省司法体制改革领导小组冀司改〔2016〕12号文件规定，全省法院坚持中央政法专项编39%的员额比例。全省各级法院法官员额的首次使用，省法院不超过中央政法专项编制的30%，中级法院、基层法院根据案件和法官数额，按中央政法专项编制的33%～35%掌握。预留员额用于优秀法官的再次遴选。

⑩司法责任制：习近平总书记提出“要紧紧牵住司法责任制这个牛鼻子，凡是进入法官、检察官员额的，要在司法一线办案，对案件质量终身负责”。最高人民法院印发了《关于完善人民法院司法责任制的若干意见》明确规定，法官在审判工作中，故意违反法律法规的，或者因重大过失导致裁判错误并造成严重后果的，依法应当承担违法审判责任。

⑪司法体制改革：由中央司法体制改革领导小组统一部署，主要包括司法人员分类管理、司法责任制、司法人员职业保障、省以下地方法院检察院人财物统一管理四项改革任务。司法人员分类管理改革，指将法院工作人员划分为法官、司法辅助人员和司法行政人员三类，比例分别为39%、46%、15%，推动建立以法官为中心的人员配置模式。

⑫“智慧法院”：以确保司法公正高效、提升司法公信力为目标，充分运用互联网、云计算、大数据、人工智能等技术，促进审判体系与审判能力现代化，实现人民法院高度智能化的运行与管理。

关于乐亭县2016年国民经济和社会发展计划执行情况与2017年国民经济和社会发展计划（草案）的报告（书面）

——2017年2月27日在乐亭县第十六届人民代表大会第一次会议上

乐亭县发展改革局局长　吴万颖

各位代表：

受县政府委托，我向大会提交2016年国民经济和社会发展计划执行情况与2017年国民经济和社会发展计划（草案）的报告，请予审议，并请县政协各位委员和列席会议的同志提出意见。

一、2016年国民经济和社会发展计划执行情况

2016年，面对严峻复杂的形势和艰巨繁重的任务，全县各级各部门在县委的正确领导下，深入贯彻落实中央、省、市一系列决策部署，坚持以招商引资上项目为中心，打好“沿海”“京津”两张牌，落实“四个干”机制，全力做好稳增长、调结构、促改革、惠民生、保稳定等各项工作，全县经济社会实现持续稳定健康发展，较好地完成了年初确定的目标任务。全县完成地区生产总值343.34亿元，增长7.6%，增速居全市第一。其中，一产增加值完成93.92亿元，增长4.5%；二产增加值完成105.07亿元，增长7.1%；三产增加值完成144.35亿元，增长9.9%。固定资产投资210亿元，增长25.9%，增速居全市第一。公共财政预算收入12.23亿元，增长10%，增速居全市第一。城镇、农村居民人均可支配收入分别达到31378元和14789元，同比分别增长8.6%和8.9%，增速分别居全市第三和全市第一。实现进出口总额35190万美元，增长12.1%。实际利用外资8982万美元，增长16.3%。市达节能减排目标任务全面完成。

（一）农业农村经济加快发展

粮食生产稳定增长，实现总产量26.4万吨，增长1.88%。大力发展设施农业、高端农业、高效农业，果菜、畜牧、水产等优势产业得到巩固和提升。梯次推进省市县三级农业园区发展，环城现代农业园区围绕“五大功能区”建设有序推进；中堡万事达现代农业示范园区蔬菜、果品、苗木、养殖四大生产、观光区全面建设；姜各庄现代农业园区畜禽养殖、果树蔬菜种植、绿化苗木种植与休闲旅游有机融合，辐射带动周边20个村开展农业生态观光。申报认定万事达、姜各庄2个省级现代农业园区和齐顺、丰汇等4个市级现代农业园区。新增市级以上农业重点龙头企业6家，申报国家级农民专业合作社示范社1家、省级示范社4家，农业产业化经营率达到76%。更新51个村老化陈旧饮水设备，解决22个村、1.54万人的饮水不安全问题。发展高效节水灌溉面积1466.67公顷，为农业增效、农民增收打下了坚实基础。

（二）工业经济实力持续提升

规上工业总产值达到290.49亿元，增长15.5%，利润6.9亿元，增长171.1%。工业投资和工业技改投资持续加大，中厚板高效除尘升级改造、德龙40MW煤气发电等111个技改项目深入实施，累计完成投资100.27亿元，同比增长22.4%。大力培育新兴产业，重点实施了上海电气风机制造、北京环卫新能源电动车、河北建投海上风电等一批战略新兴产业项目，整体工业实力实现了质的提升。加快市场主体培育，推动个转企，小升规，新增规上工业企业13家，新增各类市场主体5184户。持续提升园区档次和水平，经济开发区和城区工业园区目前共入驻企业169家，主营业务收入分别达到382.28亿元和17.63亿元，同比分别增长42.75%和150.4%。其中经济开发区位列全省150家经济开发区第34位，城区工业园区被确定为全国首家县级中小企业孵化基地和省级重大项目孵化器。

（三）现代服务业发展不断壮大

全县服务业增加值完成144.35亿元，增长9.9%，新增规上服务业企业17家。商贸物流业和金融保险业日益壮大，税收支撑作用日渐凸显。商贸物流业和金融保险业税收超百万元企业39家，占全县102家的38.2%，实现税收3.4亿元，占纳税额百万元企业总纳税额的25.3%。其中境界仓储有限公司、河北港湾贸易有限公司、通港货运有限公司等7家企业纳税均在1000万元以上。全国电子商务进农村综合示范县建设取得显著成果，“一中心多功能”模式在全省推广。圣大物流、吊桥食品两家企业获批为物流标准化试点企业。阎各庄、姜各庄、胡坨三个集贸市场升级改造项目全部完工。金田果菜、鼎晖食品等农产品冷链物流企业健康运营，临港物流进一步发展壮大。李大钊纪念馆和故居红色经典景区建设有序实施，滦河口生态旅游景区开发引向深入，乡村旅游全面推进。

（四）重点项目建设数量和质量实现“双提升”

抢抓京津冀协同发展、国家“一带一路”倡议深入实施等重大历史机遇，坚持精准对接、广泛招商，实现项目建设数量质量“双提升”。2016年，全县共实施固定资产投资千万元以上重点项目202个，涉及总投资355.6亿元，其中：亿元以上项目61个。境界实业50万吨/年甲醇制高清洁燃料、中心渔港综合项目等46个续建项目扎实推进；北京燕化永乐环保农药制剂、海德润生物制药、北京环卫新能源电动车、华阳区域能源中心等156个项目开工建设。诚佑年产10万吨新型节能润滑油、实宝来游乐设备、惠唐乐港金属科技、丞起戴卡轮毂加工技改扩能等66个项目完工投产。河钢乐亭临港基地、中船重工（重庆）海上风电项目等57个项目签约待上，且有实质性进展；中通远航通用航空产业园、上海泰胜塔筒等60个项目深入洽谈。承接京津产业转移步伐加快，依托打造的食品·生物医药、化工、建材、装备制造等重点产业，开展多种途径、灵活多样的招商活动，共承接京津两地签约、落地项目69项。中国（乐亭）拉美产业园完成规划编制，国际经贸合作平台成功搭建。项目建设已呈现出开工一批、待上一批、洽谈一批的良性梯次发展格局。在2016年全市四次重点项目观摩活动中，我县综合测评成绩始终稳居前两名。

（五）城乡统筹加快发展

坚持城乡发展融合互动，城乡规划体系进一步完善，形成了“多规合一”的体系。城区集中供热改造，重点道路雨污分流等工程的实施，使城区基础配套功能更加完善。与北京环卫集团合作实施环卫一体化服务项目，有力提升城市档次和水平。以棚户区改造为重点的搬迁改造全面展开，以省级重点村、市级示范区为重点，组织开展农村面貌专项整治行动，推进美丽乡村增亮添色。

（六）人民生活质量不断提高

落实更加积极的就业政策，实现城镇新增就业5601人，城镇登记失业率控制在3.02%以内。再次提高城乡低保标准，县城低保标准达到每人每月550元，农村低保标准达到每人每年3912元。教育强县建设积极推进，高中全部进城，城乡教育布局更加科学合理，公办教育与民办教育互动互促。唐山职业技术学院乐亭校区在综合职校正式挂牌，办学档次进一步提升。高考成绩再创新高，一本上段率19.49%，增长5.4个百分点，本科上段率80.98%。医疗卫生服务明显增强，在全市首家被确定为河北省云医疗健康管理平台试点，县医院与北京301医院远程会诊平台正式启用，乡镇卫生院建设加快推进。科技、文化等各项工作也取得了新的进步。

在肯定成绩的同时，我们也深深地认识到全县经济社会发展过程中还存在着一些问题和不足：一是沿海临港优势还需做强，对外开放水平与先进地区相比还有差距；二是产业结构不够优化，传统产业占比大，新兴产业体量小，产业层次偏低，新的发展动能有待增强；三是财税结构不尽合理，税源支撑弱，新增税源少，财政收支矛盾仍然突出；四是城镇化步伐还不够快，城乡发展仍有短板，农村基础设施欠账较多；五是民生稳定压力较大，环境保护、安全生产等任务繁重。

二、2017 年国民经济和社会发展计划安排（草案）

2017 年是实施“十三五”规划的攻坚之年，更是乐亭加速崛起、增比进位的关键之年。我们要深入贯彻落实中央、省、市、县委决策部署，大力实施“123348”战略，强力抓好项目建设，不断优化产业结构调整，全面深化改革开放，加强生态环境建设，持续保障和改善民生，促进经济社会持续健康发展和社会和谐稳定。按照县委十三届一次全会确定的发展思路和工作目标，提出 2017 年国民经济和社会发展主要预期目标：地区生产总值 369 亿元，增长 7.5% 以上。其中，第一产业增加值 98.9 亿元，增长 5.3%；第二产业增加值 113.5 亿元，增长 8% 以上；第三产业增加值 156.6 亿元，增长 8.5% 以上。农业总产值 144 亿元，增长 5%。工业总产值 359 亿元，增长 8% 以上。全部财政收入 25.6 亿元，增长 24.7%。公共财政预算收入 12.96 亿元，增长 10%。固定资产投资 262 亿元，增长 25% 以上。社会消费品零售总额 146 亿元，增长 10%。进出口总额 36950 万美元，增长 5%。实际利用外资 9430 万美元，增长 5%。城镇居民人均可支配收入 34050 元，增长 8.5%。农村居民人均可支配收入 16050 元，增长 8.5%。节能减排指标以市达计划为准。

三、全面完成 2017 年目标任务需采取的主要措施

（一）狠抓项目建设，加快培育新的经济增长点

扎实开展“重大产业支撑项目攻坚年”活动，精准抓实项目建设，完善产业体系。一是抓项目进度。持续开展项目攻坚行动，进一步完善重点项目建设协调、监督和检查机制。对河钢乐亭临港基地、中船重工（重庆）海上风电、腾龙华北综合再生资源环保基地等已签约项目，千方百计做好跟踪服务，完善手续，确保早日落地开工。对北京环卫集团新能源电动汽车、唐山境界实业有限公司 50 万吨 / 年甲醇制高清洁燃料、华阳区域能源中心、中心渔港综合项目等 13 个在建项目实行“倒排工期”，加大督导协调力度，促进项目早日竣工投产。积极谋划抓好京东科技医疗器械、博拓精密机械配件、瞻望世纪工业涂料等 57 个签约项目的落地开工，抢抓时机确保一季度新开工项目 10 个以上。二是抓破解瓶颈。加强银企对接，拓宽融资渠道，探索 PPP 市场合作模式，激活民营资本参与到重点建设项目中。积极对接上级政策，进一步加强项目谋划、包装和跑办力度，协助项目单位争取上级资金支持。有效盘活存量用地，全力争取省、市新增用地指标，推进节约集约用地，发挥土地最大效益。三是抓园区建设。坚持把园区作为经济发展的发力点，承载项目建设的大舞台，全面加快园区建设，提升配套水平，强化园区管理，抓好招商引资，加速项目和产业向园区聚集，做到税收有贡献、就业有拉动、产业链条有延伸、产业聚集有支撑。四是抓招商引资。以对接京津为重点，充分调动招商顾问、文化顾问、挂职干部等各方力量，精准对接、精准招商，把对接京津这篇文章进一步做大。同时，瞄准珠三角、长三角等发达地区和省市产业转移，开展全方位、多领域、广地域对接联络，提高项目引进数量和质量。对接好国家“一带一路”倡议，按照国家级标准打造中国（乐亭）拉美产业园，积极探索深化国际互联合作，形成大开放大合作的新格局。同时，进一步拓展开放思维，围绕精品钢铁、临港化工、装备制造、新型能源等主导产业对项目的吸附作用，在产业链延伸和提高产业竞争力上引项目、上项目，以大招商推动大开放，促进大发展。

（二）促进传统产业转型升级，推动经济健康协调发展

全面深化供给侧结构性改革，不断优化产业结构，提高发展质量和效益。一是大力发展现代农业。以推进全国产业融合发展示范县创建为契机，做好“接二连三”文章，构建现代加工流通体系。立足精品果菜、畜禽养殖、水产品等优势产业，加快推进规模化经营和标准化生产。以深化国家农业综合标准化示范县建设为主线，提升现代农业发展水平。推进高端设施农业发展，加强与北京、天津以及国内各大城市的对接。以大力推进“互联网+现代农业”为发展目标，加快建立农业农村大数据实验室，将农业科研与推广应用相结合，推进新技术、新产品转化应用与示范推广。二是加快新型工业化建设。鼓励和支持唐钢中厚板、德龙钢铁、旭阳化工、境界实业等既有工业企业实施技术改造，着力在提质、增效、升级上下功夫。全力培育行业龙头，深入实施规上企业培育工程和小微企业成长计划，不断壮大市场主体。以上海电气风机装备制造、北京环卫新能源汽车、丞起汽车零部件、惠唐科技为重点，加快发展先进装备制造产业；以北京曙光药业、海德润生物制药为重点，加快发展生物医药产业；以国电电力、河北建投、国电龙源、中船重工集团为重点，加快发展新型能源产业。通过不断壮大新兴支柱产业，加速县域经济整体实力的提升。三是拓宽搞活服务业。立足临港优势，大力发展临港物流业。加快形成集运输、仓储、代理、加工、信息于一体的现代物流体系。不断健全金融保险业，积极引进新兴金融机构，构建多层次、广覆盖、有差异的银行机构体系，推进金融主体多元化发展。以满足群众多样化需求为目标，大力发展休闲旅游、商贸服务、居家养老、健康服务、社区服务等产业，推进“互联网+服务业”融合式发展，实现服务业快速发展。积极推动红蓝绿三色旅游互动发展，加快李大钊纪念馆和故居红色经典景区推进步伐，加大滦河口生态旅游区开发建设力度，拓展旅游发展空间。深入推进产学研合作，鼓励既有企业与京津高校、科研院所优势互补、深度融合，积极引进科技型企业，促进科技成果转化为现实生产力。

（三）加快推进城镇化建设，构建现代城镇体系

以建设沿海中等城市为目标，推进城乡统筹发展，实现扩大规模与提高质量相统一、人口聚集与产业壮大相协调。科学编制消防、电力、通信、供水、供热、地下管线等专项规划，完善“多规合一”的规划体系。积极推进产城教融合发展，加快教育、医疗资源整合，大力发展城市经济和都市服务业，增强县城吸纳产业、集聚人气的功能。实施县城建设三年攻坚行动，加大城中村搬迁改造力度。完善城区路网格局。逐步推进新东外环、西外环等重要路网建设，推进城区集中供水、供热、供气、污水处理、垃圾处理等基础设施建设，提升县城综合承载能力。围绕河钢乐亭临港基地建设随迁人群、棚户区改造货币化安置人群的住房需求，加快房地产去库存，培育新的经济增长点。全面推进城市数字化管理，提高城市管理综合效能。以巩固提升全国文明县城创建水平为动力，进一步拓展“京环模式”，在更多领域探索政府购买服务方式，推动县城管理更加精细、更宜人居。坚持因地制宜、突出特色的原则，加快阎各庄、汀流河、姜各庄等特色小城镇建设。以实施“四美五改·美丽乡村”行动为载体，统筹实施30个省级重点村道路硬化、村庄绿化等“12个专项行动”。积极推进农发行贷款项目，实施农村村内道路硬化工程，不断提高美丽乡村建设水平。

（四）加强环境建设，打造服务高地

创新机制体制改革，做好国家和省行政审批事项下放以及扩权强县衔接工作，及时削减对接和调整行政审批事项，缩短审批流程，提高行政效率。深化行政审批体制改革，按照上级要求成立行政审批局，完善事中事后监管，大力推行“互联网+政务服务”，最大程度方便群众和企业。深入开展“为项目建设提速、为企业发展排忧”活动，切实解决产业项目建设和企业生产经营中存在的突出问题。深入开展“僵尸企业”清理工作，有效集约利用资源，腾出更多发展空间。梳理完善有利于企业发展的各项政策，坚持非禁即准、非限即许，全面放开民营资本准入门槛，鼓励民营资本进入基础设施、基础产业、金融服务等领域。谋划推出一批项目清单，吸引民营资本投资建设和运营管理。加强生态环境建设，强化源头治理，发展低碳经济，下大力推广工业、交通、建筑等领域节能新技术。全力抓好节能减排工作，巩固大气污染防治成果，确保完成年度任务。

（五）持续保障和改善民生，不断提升百姓福祉

坚持以创业促就业，完善就业服务体系，努力增加就业岗位。完善社会保障制度，继续狠抓社保扩面征缴工作，扩大参保范围。统筹推进各类教育均衡发展，实施一批标准化学校建设，落实薄弱校改造计划，创新职业教育办学模式，提升办学层次。逐步引进医疗设备，培养和引进医疗人才，推动医疗服务水平全面提升。加快推进古河、乐亭镇、汤家河、大相各庄4所乡镇卫生院改扩建项目，启动实施县医院新建6000平方米综合楼项目。完善群众体育设施，深入实施文化惠民工程，抓好县图书馆、博物馆、文化馆改造升级。加强公共文化服务体系建设，统筹推进教育、卫生、医疗、文化、科技等各项事业发展，促进社会和谐稳定。

各位代表，新的一年，新的跨越，新的篇章。让我们在新一届县委的坚强领导下，以更加饱满的工作热情，更加振奋的精神状态，更加务实的工作作风，坚定信心，锐意进取，真抓实干，围绕“建设沿海强县美丽乐亭、在全省增比进位、在全国争创百强”的目标而努力奋斗！

关于乐亭县2016年财政预算执行情况和2017年财政预算（草案）的报告（书面）

——2017年2月27日在乐亭县第十六届人民代表大会第一次会议上

乐亭县财政局局长　付　兴

各位代表：

受县人民政府委托，我向大会提交2016年财政预算执行情况和2017年财政预算（草案）的报告，请予审议，并请县政协委员和其他列席人员提出意见和建议。

一、2016年财政预算执行情况

2016年，面对严峻的经济形势，我们在县委的正确领导和县人大的有效监督下，科学应对经济下行压力、"营改增"政策减收等不利影响，全面落实积极财政政策，解放思想、深化改革、科学理财，确保了全县财政收支平稳运行。

（一）预算执行情况

1. 一般公共预算

公共财政预算收入完成122301万元（国税28147万元、地税61516万元、财政32638万元），比上年增长10%，按完成计划及增长率排名均位列全市第一；全部财政收入完成205316万元（国税96441万元、地税76237万元、财政32638万元），比上年增长26.37%。

公共财政预算支出292601万元，增长1.6%，其中：上级专款支出54634万元，下降11.9%；县内支出237967万元（人员支出116244万元，正常公用支出11350万元，项目支出110373万元），增长5.2%。

按现行财政体制计算，公共财政预算收入122301万元，上年结转5313万元，税收返还及转移支付收入158491万元，债券转贷收入3855万元，抵公共财政预算支出292601万元，上解支出21936万元，结转下年4757万元，财政缺口为29334万元。通过调入预算稳定调节基金和土地出让金弥补财政缺口，实现了全年财政收支平衡。

2. 政府性基金预算

政府性基金收入60944万元，上年结余2810万元，上级补助收入3934万元，债券转贷收入13100万元，政府性基金支出60538万元，调出资金19520万元，结转下年730万元。

3. 社会保险基金预算

社会保险基金收入85756万元，社会保险基金支出72711万元，收支结余13045万元。

（二）落实县人大决议情况及2016年预算执行效果

2016年，面对严峻复杂的经济形势和艰巨繁重的改革任务，财税部门认真落实县委决策部署，严格执行县人大有关决议，围绕中心、服务大局、改革创新、攻坚克难，坚持科学理财，积极打造公共财政。主要开展了以下几项工作。

1. 强化增收节支，确保预算平稳运行

一是加强税费征管。强化税收督导、协调，落实财税工作联席会议制度，协调财税部门严格按时间任务节点均衡入库；实施综合治税，组织开展"四个专项行动"；加强非税收入征管，强化征管措施，拓宽增收渠道，规范减免程序，努力实现应收尽收。二是严格支出管理。严格控制一般性支出，从严审批临时预算；坚持厉行节约，在确保各项重点支出资金需求的同时，严格落实中央“八项规定”，努力降低行政运行成本。2016年三公经费支出2041万元，同比下降21%。三是积极争取上级资金。全年共争取上级财政资金4.89亿元，较好地保障了重点项目建设支出需求。

2. 持续改善民生，提高群众幸福指数

确保行政事业单位在职、离退休人员工资及时发放，落实公用经费保障，确保了全县各级各单位正常运转。落实教育经费保障机制、贫困学生资助、民办代课教师教龄补助等各项政策，教育基础设施及硬件装备水平全面提升。农村低保年标准、城镇低保月标准分别提高到3912元、550元，享受低保人数达11148人。五保集中供养、居家托养年标准分别提高到6000元、5000元，城乡居民基础养老金月标准提高到95元，落实残疾人两项补贴，设立再就业小额担保贷款贴息基金。落实基本药物制度及基层医疗卫生机构运行机制，稳步实施城乡居民医疗制度。开展文化宣传，支持农村公益电影放映、农村综合文体活动广场建设等惠民文化工程。落实计划生育各项奖励、扶助及救助补助政策，惠及2万余户计生家庭。治理城区环境；支持环境监控平台建设，保障污水处理厂正常运营；推进大气和水污染防治，支持燃煤锅炉改造，推广新能源汽车。

3. 助力“三农”事业，统筹城乡协调发展

开展农村环境卫生综合整治，实施垃圾集中清扫清运，推进农村改厕稳步实施；全县473个行政村实现公共服务全覆盖，建成省级美丽乡村42个，使农村生活环境明显改善。建设高标准农田，支持农业园区基础设施建设，推进第一、第二、第三产业融合发展，实施千亿斤粮食田间工程及农机购置、农机深松项目。开展农村种养殖业保险，降低农民收入风险；发放农业支持保护补贴6134万元，补贴面积67.6万亩，11.4万农户受益；落实良种补贴、水库移民及农村老党员补贴，增加农民收入。

4. 完善体制机制，构建科学理财体系

成功入选全省绩效预算管理示范县，实行了规范的绩效预算管理结构；建立健全“全口径”预算；加强专项资金管理，加快项目资金拨付，努力提高预算执行率和准确率；积极盘活财政存量资金，全面清理财政借款；认真执行政府采购和投资评审；推进公车改革，规范公务用车配备，公开拍卖超标超编公车49辆；组织开展存量资金核查、项目绩效评价、部门预决算公开监督检查、财政专项及大额资金使用的自查自纠等工作；规范镇级、村级财务管理，确保财政资金安全。

二、2017年财政预算安排（草案）

2017年财政预算安排的指导思想：全面贯彻党的十八大和十八届三中、四中、五中、六中全会精神，深入贯彻习近平总书记系列讲话精神，认真落实中央、省、市经济工作会议以及县第十三次党代会提出的目标任务，围绕“123348”战略和“重大产业支撑项目攻坚年”活动，抢抓省财政直管改革重大机遇，支持招商引资和项目建设，不断涵养壮大县域财源，努力增收节支，着力保障和改善民生，为建设沿海强县美丽乐亭、在全省增比进位、在全国争创百强提供强大的财力保障。

根据上述指导思想，2017年财政预算安排如下。

（一）2017年预算草案

1. 一般公共预算

公共财政预算收入安排12.96亿元，剔除上年三岛区域收入4429万元不可比因素增长10%。其中，国税5.46亿元，增长94%；地税4.5亿元，下降21%；财政3亿元，下降8%。全部财政收入安排25.6亿元，增长24.7%。其中，国税17.1亿元，增长77%；地税5.5亿元，下降28%；财政3亿元，下降8%。

公共财政预算支出安排302395万元，其中，上级专项转移支付安排53000万元，县内支出安排249395万元。县内具体安排情况：人员经费125170万元，用于公教人员工资和社会保障支出；正常公用经费8340万元，用于机关事业单位的正常运转；项目经费115885万元，重点用于事关社会民生和人民群众切身利益的民政优抚、社会保障、卫生计生、教育文化等必保性支出。

按现行财政体制测算，公共财政预算收入129600万元，税收返还及上级转移支付收入154528万元，上解上级支出21852万元，可用财

力为262276万元，抵公共财政预算支出302395万元，财政缺口为40119万元，拟通过调入预算稳定调节基金等可用资金实现财政收支平衡。

2.政府性基金预算

政府性基金收入安排57780万元，政府性基金支出安排57780万元。

3.社会保险基金预算

社会保险基金收入安排87386万元，社会保险基金支出安排78872万元，收支结余8514万元。

（二）重大支出政策及预算安排情况

1.精准保障和改善民生

一是全力保障基本支出。安排资金133809万元，确保行政事业单位在职、离退休人员工资及时发放，落实公职人员及离退休人员工资等调标政策，落实公用经费保障，确保全县各级各单位正常运转。二是健全社保体系。安排资金17948万元，全面落实农村五保户、孤儿、残疾人、特困群众、优抚对象救助政策，解决低收入群众生活困难，落实计划生育家庭奖扶救助政策，进一步完善城乡居民基本养老保障制度，我县城乡居民养老保险基础养老金由每人每月95元提高至105元。落实机关事业单位养老保险改革。三是发展社会事业。安排教育资金14973万元，落实城乡义务教育保障经费，资助家庭经济困难学生，提升学前和义务教育办学条件，促进教育事业发展。安排医疗卫生资金19102万元，推进公立医院改革，完善城乡基本公共卫生服务经费保障机制，足额保障城乡居民医疗保险补助资金，不断提高公共卫生服务水平。安排文化体育资金890万元，支持非物质文化遗产传承保护，开展文化、体育惠民系列活动，促进文体事业发展。四是加强社会治安管理。安排资金2736万元，支持政法机关正常运转，开展社区矫正、司法救助、见义勇为等社会维稳和综合治理工作，加快公安网络安全、犯罪侦查、业务技术建设，提高现代化办案能力和水平，提升社会公共管理水平。

2.支持项目建设和招商引资

紧紧围绕“重大产业支撑项目攻坚年”活动，安排资金2930万元，促进全方位招商，全面引进项目、资金、技术、人才等先进生产要素，支持驻京等地联络招商，全面提高招商实效；加大对园区的投入力度，安排资金2735万元，继续推进园区建设，优化发展环境，提高服务能力，提升项目承载能力，助推河钢、中船重工等重大产业项目尽快落地。积极争取省市支持沿海地区发展激励政策，促进沿海经济提速发展。

3.持续推进城乡发展

一方面，支持宜居城市建设。紧紧围绕建设沿海中等城市的目标，持续助力县城建设攻坚行动，安排资金6072万元，用于城区路灯、信号灯安装，城区绿化、道路清扫及垃圾处理，力促县城品味和形象的提升。另一方面，支持农业农村发展。安排资金13835万元，支持农村饮水安全、农村改厕、道路硬化、环境整治等重点工作，继续开展村级“一事一议”奖补，持续推进美丽乡村建设，着力改善农村面貌和生产生活条件，保障农村干部基础职务补贴发放和村级组织运转。积极争取利用上级资金，投资1302万元实施高标准农田建设示范工程项目。落实惠农政策，继续实施各类农业保险，提高农业抗灾和抗风险能力，认真做好粮食直补、农资综合补贴、良种补贴等各项涉农补贴的发放工作。

4.全力助推转型升级

一是助推创新驱动。落实科技创新奖励资金，促进科技进步和成果转化，安排资金360万元，鼓励企业和个人开展技术创新和发明创造，积极支持我县科技进步和成果转化。二是支持大气污染防治。筹措资金3813万元，支持企业燃煤锅炉改造、推广清洁燃烧炉具、配送洁净型煤。支持节能减排、重点区域污染治理、重点企业钢铁节能改造，淘汰落后装备、降低工业污染物排放，促进环境持续改善。

三、完成2017年预算任务的主要措施

2017年，国际经济仍将低位徘徊，国内经济继续保持中高速增长态势，我省处于转型发展的关键期，产业结构调整、化解过剩产能、治理大气污染、结构性减税等多种因素交织，我县财政增收越发困难；民生和重大项目等刚性支出仍将持续增长，收支矛盾越发尖锐。

挑战与机遇并存，困难与希望同在。我们也要看到，我国经济长期向好的基本面没有变，我县在京津冀协同发展重大机遇面前，具有发展基础坚实、竞争优势强、发展潜力大等有利条件。

我们将在县委的正确领导下，牢牢把握京津冀协同发展的战略机遇，精准发力，增比进位，充分发挥财政职能，全力应对经济下行压力，努力实现转型升级、绿色崛起的新发展、新突破。

（一）科学组织收入，提高财源质量

进一步强化收入目标考核，加强重点企业税源调查，对新入驻重点企业和已有的重点企业进行纳税评估，强化税源管控，堵塞征管漏洞，消除监管盲点。继续开展综合治税四个专项行动，重点加大对土地使用税、契税的征收力度。进一步加强非税收入管理，健全和完善非税收入征管机制，制定非税收入执收考核办法，将非税收入纳入全县目标考核。

（二）用活财政政策，积极争取资金

准确研判国家、省市政策走向和趋势，紧紧抓住京津冀协同发展重大机遇，谋划筛选符合我县实际的对接项目，利用上级在政策、资金和贷款等方面的最大限度支持，推动我县重点项目建设顺利开展；以纳入省直管县范围为契机，搞好基数测算和衔接工作，积极争取我县的既得财力，同时最大限度地争取省级基本财力补助资金和转移支付资金；积极争取置换债券和新增债券的额度，合理置换政府存量债务，降低债务成本，充分发挥政府债券资金对稳增长的促进作用；积极推进 PPP、股权投资、担保融资、融资租赁等方式拓宽筹资渠道，积极引导和撬动金融资本、社会资本投入，放大财政资金乘数效应。

（三）加强预算管理，降低运行成本

加强预算指标管理，强化预算约束，严格按人大批准的预算安排执行，严格控制和规范预算追加，优先保障重点支出，严控一般性支出，从紧从严控制非预算支出；严格执行中央“八项规定”，严控“三公”经费支出，反对铺张浪费，切实降低行政运行成本。

（四）强化财政监督，确保资金安全

继续深化部门预算改革，加强预算绩效管理，提高资金使用效益；加大对涉农补贴、改善民生等重点专项资金的监管，确保政策有效落实；继续深化国库集中支付电子化管理改革，扩大授权支付范围；建立健全政府采购监督体系，规范政府采购管理；健全财政投资评审机制，提高财政资金使用效率。

各位代表，有效应对当前经济形势，做好2017年各项财政经济工作，任务十分艰巨，深感责任重大。我们将在县委的正确领导和县人大的监督支持下，充分发挥财政职能作用，坚定信心、锐意进取、攻坚克难、进位突破，确保完成全年预算和各项工作任务，为加快建设沿海强县美丽乐亭、在全省增比进位、在全国争创百强做出新的更大贡献！

统计资料

2016 年国民经济和社会发展统计公报

2016 年，是“十三五”时期的开局之年，全县坚持“协同发展、转型升级、又好又快”的工作主基调，主动适应经济发展新常态，抢抓京津冀协同发展、省市打造沿海增长极等重大战略机遇，经济保持整体平稳运行，转型升级取得新成效，人民群众幸福感不断提升。

一、综合

全年地区生产总值 345.18 亿元，比上年增长 7.6%。其中，第一产业增加值 93.92 亿元，增长 4.5%；第二产业增加值 106.91 亿元，增长 7.1%；第三产业增加值 144.35 亿元，增长 9.9%。人均地区生产总值达 76080 元，比上年增长 7.2%。三次产业结构 27.2 ∶ 31 ∶ 41.8（见图 1）。

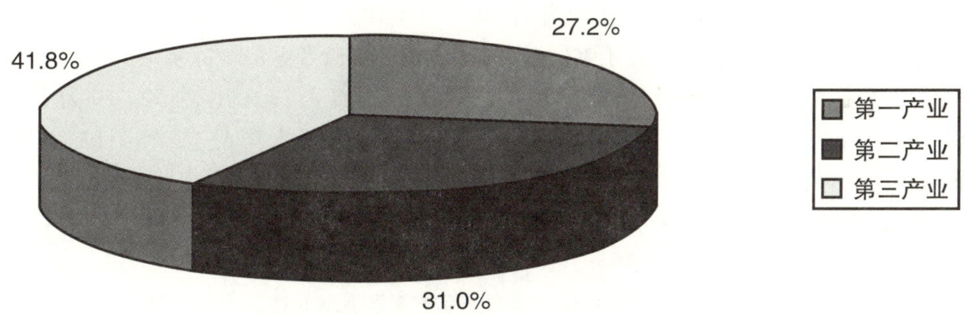

图 1　三次产业构成

全年居民消费价格指数比上年上涨 1.4%，商品零售价格上涨 1.3%，农业生产资料价格上涨 1.9%（见表 14）。

表 14　2016 年居民消费价格指数

指标名称	全年平均值（%）
居民消费价格指数	101.4
食品烟酒	101.9
粮食	100.8
鲜菜	102.5
衣着	102.1
居住	100.8

续　表

指标名称	全年平均值（%）
生活用品及服务	98.2
交通和通信	99.4
教育文化和娱乐	102.1
医疗保健	104.3
其他用品和服务	102.1

二、农业

全年全县农林牧渔业总产值137.26亿元，比上年增长4.5%。其中，农业产值91.47亿元，增长4.8%；林业产值0.6亿元，下降5.9%；牧业产值19.66亿元，增长8.7%；渔业产值24.92亿元，下降0.3%；农林牧渔服务业产值0.61亿元，增长5.8%。蔬菜、水果、毛皮、水产四大主导产业产值127.93亿元，占农业总产值比重达93.2%，比上年提高0.2个百分点。农业产业化经营率达76.01%。

全年粮食播种面积62.79万亩，比上年下降1.8%，粮食总产量26.42万吨，增长1.9%，单产421公斤/亩，增长3.7%。蔬菜播种面积49.4万亩，比上年增加0.62万亩，总产量266.68万吨，增长1.4%，单产5399公斤/亩，与上年基本持平。其中设施蔬菜播种面积32.76万亩，设施蔬菜面积比重达到66.3%。

全年果品面积18.3万亩，果品产量54.86万吨，面积、产量与上年基本持平。其中，桃产量26.32万吨，与上年基本持平。

全年肉类总产量3.54万吨，与上年基本持平。其中，猪肉产量2.01万吨，增长1.2%；牛肉产量1960吨，下降15.8%；羊肉产量1746吨，下降7.4%。年末生猪出栏26.45万头，增长5.5%，存栏16.91万头，增长7.2%；牛出栏1.24万头，下降14.8%，存栏1.9万头，下降8.8%；羊出栏12.31万头，下降7.7%，存栏10.55万头，下降11.8%；珍稀皮毛动物存栏134.23万只，减少3.27万只，出栏529.19万只，减少9.71万只。

全年水产品总产量13.76万吨，比上年增长0.3%，其中海水产品产量13.4万吨，增长0.3%；淡水产品产量0.36万吨，增长0.2%（见表15）。

表15　　2016年主要农产品产量及其增长速度

指标名称	产量（吨）	比上年增长（%）
粮食	264166	1.9
棉花	440	–27.2
油料	10384	–4.1
蔬菜	2666779	1.4
果品	548583	持平
肉类	35363	持平
禽蛋	14787	–15.4
奶类	57180	–10.4
水产品	137640	0.3

全年农业机械总动力70.94万千瓦，比上年下降29.3%。农田有效灌溉面积81.28万亩，与上年基本持平，年末实有机电井2.59万眼，增长0.7%。全年农村用电量11550.51万千瓦时，与上年基本持平。

三、工业和建筑业

全年全部工业增加值88.82亿元，比上年增长7.0%。规模以上工业增加值75.52亿元，增长7.7%（见图2）。按注册类型分，国有企业0.09亿元，下降85.2%；有限责任公司17.7亿元，增长16.5%；外商及港澳台商投资企业29.61亿元，下降1.5%；私营企业28.12亿元，增长51.1%。按轻重工业分，轻工业增加值6.17亿元，增长3.7%；重工业增加值69.35亿元，增长18.5%。

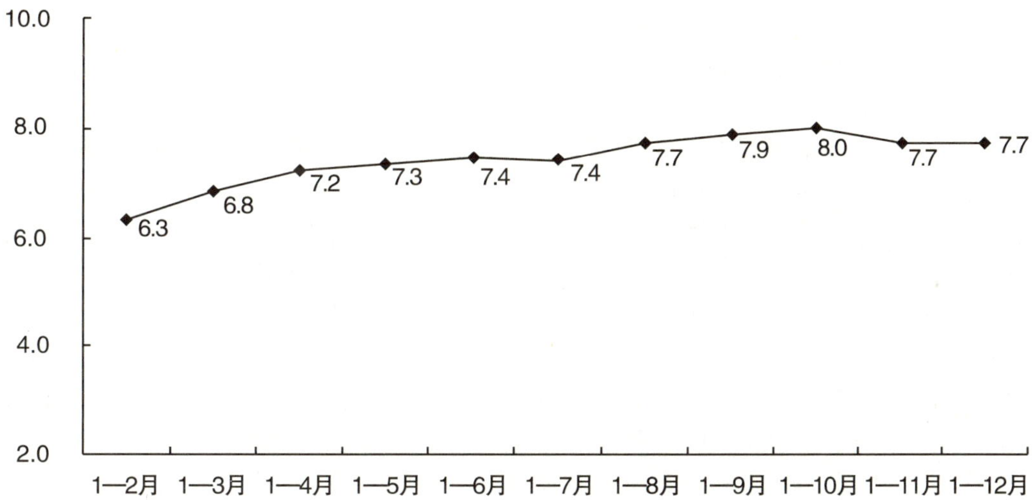

图2　2016年规模以上工业增加值增速

在规模以上工业中，黑色金属冶炼和压延加工业增加值增长5%，金属制品业下降34.3%，化学原料和化学制品制造业增长0.5%，汽车制造业下降3.8%。

表16　　2016年主要工业产品产量

指标名称	单位	产量	比上年增长（%）
发电量	万千瓦时	8998	-4.0
软饮料	吨	43176	8.8
纯苯	吨	248004	21.6
生铁	吨	3592823	11.6
粗钢	吨	3588897	9.9
钢材	吨	4426077	15.1
纱	吨	2134	6.7
商品混凝土	立方米	1105570	7.0

全年规模以上工业利润实现7.91亿元，增长271.4%。

年末规模以上工业企业74家，比上年减少3家，其中年内新建投产企业5家（主要工业产品产量见表16）。

全年建筑业增加值22亿元，比上年增长7.7%。具有资质等级以上建筑企业15家，资质等级以上建筑企业房屋施工面积157.9万平方米，比上年增长11%；房屋竣工面积63.4万平方米，比上年增长20.5%。

四、固定资产投资

全年全社会固定资产投资完成 223.56 亿元，比上年增长 25%。其中固定资产投资完成 209.96 亿元，增长 25.9%，农户投资 13.6 亿元，增长 13.4%。

2016 年以来，投资一直保持较快增长的势头。在固定资产投资中，项目投资 204.04 亿元，增长 26.7%；房地产开发投资 5.91 亿元，增长 2.6%。按产业分，三次产业呈现“一产高速增长，二产逐步增长，三产平稳增长”的态势，一产增长 93.1%，二产增长 24.1%，比上月提高 4.9 个百分点，比上半年提高 27.8 个百分点，三产增长 14.4%。在固定资产投资中，工业投入 133.56 亿元，增长 24.9%，其中，工业技改投资 100.27 亿元，增长 22.4%。

全年固定资产投资施工项目个数 274 个，比上年增加 20 个。其中，亿元以上项目 72 个，比上年减少 15 个；本年新开工项目 194 个，比上年增加 13 个。

五、国内贸易

全年全县社会消费品零售总额完成 132.84 亿元，比上年增长 10.7%，增速比上年提高 0.5 个百分点。城镇、乡村零售额同步提升，分别完成零售额 61.91 亿元和 70.94 亿元，同比分别增长 11.1% 和 10.3%。按行业分，批发业零售额 19.5 亿元，增长 10.7%，零售业零售额 103.71 亿元，增长 10.7%；住宿业零售额 0.51 亿元，增长 15.6%，餐饮业零售额 9.12 亿元，增长 9.9%。

限额以上批发和零售业商品零售额 6.1 亿元，同比增长 16.5%。受雾霾天气影响，中西药品类零售额增长最高，增长 178.5%；人们生活品质不断提高，家具类增长 118.5%；作为生活必需品，粮油、食品类增长 18.6%。

六、对外经济和旅游

全年进出口总额完成 35190 万美元，比上年增长 12.1%。其中，出口总额完成 8290 万美元，下降 6.5%，进口总额完成 26900 万美元，增长 19.5%；实际利用外资完成 8982 万美元，比上年增长 16.3%。

全年接待国内外游客 342.46 万人次，比上年增长 116.5%；旅游总收入 30.94 亿元，增长 132.6%。年末全县拥有旅行社 29 家，比上年增加 6 家，星级饭店 7 家（包括港口 2 家）。

七、交通运输和邮电

全年交通运输、仓储和邮政业实现增加值 41.2 亿元，比上年增长 3.6%。年末公路通车里程 1844 千米，比上年增加 113 千米。其中高速公路通车里程 68 千米，省道通车里程 138 千米，县道通车里程 75 千米，乡道公路通车里程 537 千米，农村公路通车里程 1026 千米。

全年邮电业务总收入 1.73 亿元，比上年增长 8.2%。年末固定电话用户 4.87 万户，下降 5%；移动电话用户 45.4 万户，增长 11.6%，互联网宽带接入用户 8.39 户，增长 57.6%。

八、财政、税收、金融

全年全部财政收入 20.53 亿元，比上年增长 26.4%。其中，公共财政预算收入 12.23 亿元，比上年增长 14.2%。公共财政预算支出 29.26 亿元，比上年增长 1.6%。

全年税收收入 18.15 亿元，比上年增长 28.5%。其中，国税收入 10.52 亿元，增长 67.9%；地税收入 7.62 亿元，下降 2.9%。

年末全县金融机构各项存款余额 309.27 亿元，比年初增加了 39.53 亿元，比上年增长 14.7%。各项贷款余额 142.7 亿元，比年初减少了 8.62 亿元，比上年下降 5.7%.

九、城镇建设和环境保护

全年县城建成区面积 17.9 平方千米，建成区绿化覆盖总面积 728.95 公顷，绿化覆盖率 40.72%；园林绿地总面积 628.29 公顷，绿地率 35.1%；公园绿地总面积 176.81 公顷，人均公园绿地面积 12.1 平方米。县城建成区生活垃圾无害化处理率 98%。

2016 年，城镇化率 49.6%，比上年提高了 3.09 个百分点（见图 3）。

全社会能源消费总量 308.53 万吨标准煤，比上年增长 3.8%。万元地区生产总值能耗 0.9080 吨标准煤，下降 3.51%。规上工业企业煤炭消费总量 37.75 万吨，比上年减少 2.13 万吨，比 2012 年减少 13.37 万吨。

全年环境空气质量二级及优于二级天数 220 天，比上年增加 56 天；重度污染以上天数 28 天，减少 10 天。大气环境质量达标率 60.3%，比上年提高 15.2 个百分点。

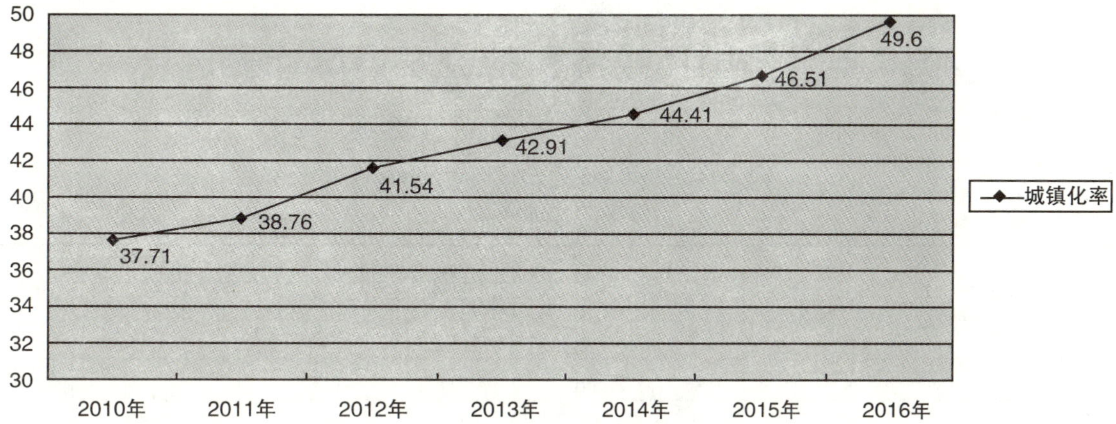

图3 2010—2016年城镇化率(%)

十、教育、文化、卫生

全县拥有各级各类学校155所，其中学前教育46所，小学80所，初中20所，高中6所，职业中学1所，成人中专学校1所，特殊教育学校1所。本年招生13901人，在校学生50314人，本年毕业生14170人，教职工5076人，其中专职教师4500人。全县高考本科上线率80.98%。

全县拥有文化事业机构18个，从业人员120人，其中专业艺术表演团体1个，从业人员10人，公共图书馆1个，从业人员10人，共藏书15.52万册，比上年增加2000册。全年组织文艺活动209次。全县广播电台1座、电视台1座，有线广播电视用户9万户，数字电视用户5万户，有线广播电视覆盖率达100%，入户率60%。

全县重点体育项目3项，全年参加市级以上比赛500人。拥有一级裁判员4人，二级裁判员30人。全年向市以上输送体育人才18人。

全县共有各类医疗机构21个，其中医院2所，卫生院13所，妇幼保健院1所，疾病预防控制中心1所。卫生技术人员1356人，比上年增加16人，其中执业医师和执业助理医师616人，注册护士528人，药剂人员54人。卫生床位数1439张，比上年增加50张，其中医院823张，卫生院566张，妇幼保健院50张。

十一、人民生活和社会保障

全年城镇居民人均可支配收入31378元，比上年增长8.6%。其中，工资性收入增长3.1%，转移净收入增长217%，经营净收入下降57.9%，财产净收入增长63%；人均消费性支出17729元，增长7.0%；城镇居民恩格尔系数为22.3%。农村居民人均可支配收入14789元，增长8.9%。其中，工资性收入增长31.3%，经营净收入下降0.5%，财产净收入下降64%，转移净收入下降60.2%；人均消费性支出9805元，增长7.1%；农村恩格尔系数为26.1%。

年末全县基本养老保险参保人数33.19万人，比上年减少0.37万人。其中城镇职工养老保险参保人数6.75万人，城乡居民基本养老保险参保人数26.44万人；城镇职工基本医疗保险参保人数4.16万人；失业保险参保人数2.62万人，全年实际失业保险基金支出2230万元。

十二、人口

年末全县户籍人口43.12万人，比上年年末增加328人。其中，男性人口21.66万人，女性人口21.46万人，男女性别比例100.9 ∶ 100。全年出生人口3453人，出生率为8.01‰；死亡人口2533人，死亡率5.87‰；人口自然增长率2.14‰。

年末全县常住人口45.42万人，比上年增加0.1万人，其中城镇人口22.53万人，增加1.45万人。常住人口城镇化率49.6%，比上年提高3.09个百分点。

2016年全县国民经济和社会发展统计表选录

表17　2016年全县地区生产总值构成情况统计表

（按当年价格计算）　单位：万元

项目 \ 数量 \ 分项目	增加值	劳动者报酬	生产税净额	固定资产折旧	营业盈余
地区生产总值	3451769	1986180	230530	561203	673856
农林牧渔业	941931	884351	——	57580	——
农　业	677666	636244	——	41422	——
林　业	3417	3208	——	209	——
畜牧业	96587	90684	——	5903	——
渔　业	161538	151659	——	9879	——
农林牧渔服务业	2723	2556	——	167	——
工　业	849062	155751	135663	235033	322615
建筑业	220000	107940	9211	15242	87607
批发和零售业	195827	96043	37858	14897	47029
交通运输、仓储及邮政业	412002	371568	3060	34240	3134
住宿和餐饮业	30018	22793	1431	3101	2693
信息传输、计算机服务和软件业	68794	10821	12108	12865	33000
金融业	176092	62469	16207	26914	70502
房地产业	157969	2019	5708	105212	45030
租赁和商务服务业	70648	20667	3811	3088	43082
科学研究、技术服务和地质勘查业	4250	3116	54	183	897
水利、环境和公共设施管理业	6063	3862	86	1245	870
居民服务和其他服务业	198184	147967	2898	38615	8704
教　育	46863	41059	838	4242	724
卫生、社会保障和社会福利业	16746	13180	215	2193	1158
文化、体育和娱乐业	12451	5560	1382	1440	4069
公共管理和社会组织	44869	37014	——	5113	2742
第一产业	939208	881795	——	57413	——
第二产业	1069062	263691	144874	250275	410222
第三产业	1443499	840694	85656	253515	263634

注：2016年，国家GDP核算中实施了研究支出核算方法改革，省统计局经研究决定在地区实施研发支出核算方法改革，将研发支出计入地区GDP。

表 18

1978—2016 年全县地区生产总值统计表

（按当年价格计算） 单位：万元

项目 / 年度	地区生产总值					三次产业占 GDP 比重（%）			人均地区生产总值（元）
	总计	第一产业	第二产业	工业	第三产业	第一产业	第二产业	第三产业	
1978	19949	9197	7595	5625	3157	46.1	38.1	15.8	446
1980	21966	11482	6794	5425	3690	52.3	30.9	16.8	491
1985	35239	22536	6331	5854	6372	64.0	17.9	18.1	755
1990	61160	32701	13227	10900	15232	53.5	21.6	24.9	1267
1995	284255	163441	51041	43623	69773	57.5	18.0	24.5	5731
1996	360824	193751	72168	67540	94905	53.7	20.0	26.3	7279
1997	445269	232975	98605	81216	113689	52.3	22.2	25.5	8984
1998	492430	249636	108148	88594	134646	50.7	22.0	27.3	9952
1999	537278	263794	127857	106876	145627	49.1	23.8	27.1	9956
2000	587759	273043	147772	123140	166944	46.5	25.1	28.4	11888
2001	631052	283907	164589	137740	182556	45.0	26.1	28.9	12792
2002	723706	329248	190984	160785	203474	45.5	26.4	28.1	14689
2003	825772	341273	245502	198044	238997	41.3	29.8	28.9	16777
2004	988776	381053	310643	246417	297080	38.5	31.5	30.0	20085
2005	1150433	410429	377721	313505	362283	35.7	32.8	31.5	23345
2006	1377570	411315	508129	422128	458126	29.9	36.8	33.3	27943
2007	1663703	469628	637925	532925	556150	28.2	38.4	33.4	33692
2008	1944373	488379	834359	719109	621635	25.1	42.9	32.0	39217
2009	2182405	498119	942788	799788	741498	22.8	43.2	34.0	43912
2010	2394331	570649	969214	823764	854468	23.8	40.5	35.7	48322
2011	2750203	648522	1095255	931255	1006426	23.6	39.8	36.6	55695
2012	2896520	713622	1037805	860505	1145093	24.6	35.8	39.6	58717
2013	3235310	925319	1129468	944468	1180523	28.6	34.9	36.5	66009
2014	3062546	799764	1049363	854363	1213419	26.1	34.3	39.6	70566
2015	3158516	863597	985083	777083	1309836	27.3	31.2	41.5	69848
2016	3451769	939208	1069062	849062	1443499	27.2	31.0	41.8	76080

表 19

2016 年各乡镇地区生产总值统计表

（按当年价格计算） 单位：万元

项目 / 单位	合计	第一产业	第二产业	工业	第三产业	人均地区生产总值（元）
乐亭镇	193616	109380	36952	25420	47284	51126
毛庄镇	150593	42704	26207	14940	81682	46665
汤家河镇	193737	76852	24907	15588	91978	77076
胡家坨镇	194823	47287	37425	17463	11011	92154
阎各庄镇	223812	96516	42661	29335	84635	64078
马头营镇	101788	40969	32131	11409	28688	43021
新寨镇	118620	50648	8060	6380	59912	47471
庞各庄乡	133270	75817	22484	16748	31708	63047

续 表

单位	合计	第一产业	第二产业	工业	第三产业	人均地区生产总值（元）
大相各庄乡	180559	54600	74136	57797	51823	85557
古河乡	312236	31550	210916	171423	69770	144641
汀流河镇	430940	68268	304897	296702	57775	165174
中堡镇	167042	65732	24130	20170	77180	52781
姜各庄镇	299340	139027	99389	63747	60924	60611
乐安街道办事处	168449	10221	92196	81996	65807	27755

表 20　　2016 年全县总户数、总人口及人口变动情况统计表　　单位：户、人

单位	总户数	总人口			城镇人口	乡村人口	年内出生	年内死亡	出生率（‰）	死亡率（‰）	自然增长率（‰）	迁入	迁出
		合计	男	女									
合计	140553	431240	216591	214649	107424	323816	3453	2533	8.01	5.87	2.14	963	2800
乐亭镇	12435	37846	18898	18948	9632	28214	275	187	7.27	4.94	2.33	129	257
毛庄镇	9877	32271	16221	16050	3121	29150	210	222	6.51	6.88	–0.37	54	156
汤家河镇	8177	25136	12661	12475	1854	23282	202	141	8.04	5.61	2.43	28	186
胡家坨镇	6925	21141	10729	10412	2673	18468	130	136	6.15	6.43	–0.28	29	153
阎各庄镇	12163	34637	17449	17188	3559	31078	229	230	6.61	6.64	–0.03	73	216
马头营镇	8432	23660	11827	11833	3637	20023	167	193	7.06	8.16	–1.10	32	127
新寨镇	8498	24904	12632	12272	6055	18849	180	177	7.23	7.11	0.12	58	184
庞各庄乡	6980	21138	10593	10545	337	20801	148	201	7.00	9.51	–2.51	30	112
大相各庄乡	6587	21104	10644	10460	219	20885	153	159	7.25	7.53	–0.28	30	93
古河乡	6957	21587	10836	10751	280	21307	167	136	7.74	6.30	1.44	27	50
汀流河镇	8077	26090	13183	12907	8404	17686	215	198	8.24	7.59	0.65	64	199
中堡镇	10053	31648	15846	15802	1806	29842	242	99	7.65	3.13	4.52	60	199
姜各庄镇	15842	49387	24792	24595	5156	44231	401	290	8.12	5.87	2.25	92	189
乐安街道办事处	19550	60691	30280	30411	60691	——	734	164	12.09	2.70	9.39	257	679

表 21　　2016 年全县耕地面积统计表　　单位：亩

单位	合计	水田	水浇地	旱地
总计	819664	43326	706076	70262
乐亭镇	84893	——	84648	245
毛庄镇	75912	——	72498	3414
汤家河镇	59494	336	47256	11902
胡家坨镇	45803	——	42749	3054
阎各庄镇	62204	140	61779	285
马头营镇	68423	15217	50131	3075

续 表

项目 / 数量 / 单位	合计	水田	水浇地	旱地
新寨镇	33033	——	32968	65
庞各庄乡	28025	2	27943	80
大相各庄乡	42680	17	42519	144
古河乡	71030	24603	45913	514
汀流河镇	50801	——	50715	86
中堡镇	68666	——	66546	2120
姜各庄镇	127966	3011	79937	45018
乐安街道办事处	——	——	——	——
姜各庄林场	734	——	474	260

注：自 2014 年起，耕地面积以国土局数据为最终数据。

表 22

2015 年全县农林牧渔业总产值统计表

（现行价）

单位：万元

项目 / 数量 / 单位	合计	农业	林业	牧业	渔业	农林牧渔服务业
总计	1372617	914740	5996	196649	249177	6055
乐亭镇	133980	119273	178	14486	43	——
毛庄镇	88287	75250	389	12648	——	——
汤家河镇	113017	39316	577	13278	59197	649
胡家坨镇	69540	56393	283	12864	——	——
阎各庄镇	139529	101576	393	36562	55	943
马头营镇	59721	31226	357	9360	18688	90
新寨镇	74935	61185	453	13297	——	——
庞各庄乡	115053	107129	239	7663	22	——
大相各庄乡	75207	60176	142	14655	234	——
古河乡	48886	17568	230	22095	6582	2411
汀流河镇	99516	88637	122	10747	10	——
中堡镇	88095	72365	1026	14481	——	223
姜各庄镇	246065	69969	720	13734	161642	——
乐安街道办事处	15632	14677	176	779	——	——
县直合计	5154	——	711	——	2704	1739

表 23

2016 年全县农林牧渔业增加值统计表

（现行价）

单位：万元

项目	农林牧渔业总产值	农林牧渔业中间消耗	农林牧渔业增加值
总 计	1372617	430686	941931
农业	914740	237074	677666
林业	5996	2579	3417
牧业	196649	100062	96587
渔业	249177	87639	161538
农林牧渔服务业	6055	3332	2723

表 24　**2016 年全部工业企业总产值完成情况统计表**　单位：万元

指标名称	现价工业总产值
总计	3337144
规模以上企业	2920544
国有企业	4290
有限责任公司	684238
私营企业	1086497
港澳台商投资企业	375623
外商投资企业	769896
规模以下企业	416600

表 25　**2016 年全县社会消费品零售总额统计表**　单位：万元

指标名称	合计	第一季度	第二季度	第三季度	第四季度
社会消费品零售总额	1328426	284238	269770	362597	411821
按销售单位所在地分	——	——	——	——	——
城　镇	619068	121595	117058	205586	174829
乡　村	709358	162643	152712	157011	236992
按行业分组	——	——	——	——	——
批发业	195040	47190	23160	44006	80684
限额以上企业	9604	2449	1553	1898	3704
零售业	1037120	211501	225188	291457	308974
限额以上企业	51412	12808	11172	12679	14753
住宿业	5066	967	1882	1126	1091
限额以上企业	1904	322	271	606	705
餐饮业	91200	24580	19540	26008	21072
限额以上企业	661	134	86	290	151

表 26　**2006—2016 年全社会固定资产投资统计表**　单位：万元

数量 项目 / 年度	全社会固定资产投资	项目投资	房地产开发投资	农户投资
2006	500309	421421	30838	48050
2007	512941	416319	42150	54472
2008	800859	706059	47527	47273
2009	900136	807474	32162	60500
2010	1201614	1082872	53764	64978
2011	1205106	1069507	75599	60000
2012	981446	672646	145507	163293
2013	1162277	725667	130779	305831
2014	1390937	1180204	117398	93335
2015	1787882	1610328	57631	119923
2016	2235621	2040448	59134	136039

表 27　　2016 年各乡镇固定资产投资统计表　　单位：万元

单位＼数量＼项目	计划	累计完成	完成占计划（%）
合计	1716500	2096334	122.1
乐亭镇	220000	330440	150.2
毛庄镇	112000	124229	110.9
汤家河镇	118800	149450	125.8
胡家坨镇	89000	107350	120.6
阎各庄镇	65000	71045	109.3
马头营镇	102000	134899	132.3
新寨镇	86000	93998	109.3
庞各庄乡	89100	112131	125.8
大相各庄乡	68000	68078	100.1
古河乡	300000	300600	100.2
汀流河镇	89000	109466	123.0
中堡镇	73600	110400	150.0
姜各庄镇	170900	206161	120.6
乐安街道办事处	133100	178087	133.8